中华国学文库

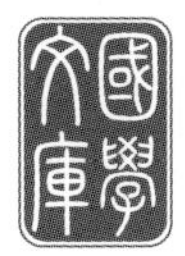

# 通鉴纪事本末 二

〔宋〕袁　枢　撰

中　华　书　局

# 通鉴纪事本末卷第十



## 吴蜀通好

汉献帝建安二十年。初，刘备在荆州，周瑜、甘宁等数劝孙权取蜀。权遣使谓备曰："刘璋不武，不能自守，若使曹操得蜀，则荆州危矣。今欲先攻取璋，次取张鲁，一统南方，虽有十操，无所忧也。"备报曰："益州民富地险，刘璋虽弱，足以自守。今暴师于蜀、汉，转运于万里，欲使战克攻取，举不失利，此孙、吴所难也。议者见曹操失利于赤壁，谓其力屈，无复远念。今操三分天下已有其二，将欲饮马于沧海，观兵于吴会，何肯守此，坐须老乎？而同盟无故自相攻伐，借枢于操，使敌承其隙，非长计也。且备与璋托为宗室，冀凭英灵以匡汉朝。今璋得罪于左右，备独悚惧，非所敢闻，愿加宽贷。"权不听，遣孙瑜率水军住夏口。备不听军过，谓瑜曰："汝欲取蜀，吾当被发入山，不失信于天下也。"使关羽屯江陵、张飞屯秭归，诸葛亮据南郡，备自住孱陵。权不得已，召瑜还。及备西攻刘璋，权曰："猾虏，乃敢挟诈如此！"备留关羽守江陵，鲁肃与羽邻界，羽数生疑贰，肃常以欢好抚之。

及备已得益州，权令中司马诸葛瑾从备求荆州诸郡，备不许，曰："吾方图凉州，凉州定，乃尽以荆州相与耳。"权曰："此假而不反，乃欲以虚辞引岁也。"遂置长沙、零陵、桂阳三郡长吏。关羽尽逐之。权大怒，遣吕蒙督兵二万以取三郡。

蒙移书长沙、桂阳，皆望风归服，惟零陵太守郝普城守不降。刘备闻之，自蜀亲至公安，遣关羽争三郡。孙权进住陆口，为诸军节度。使鲁肃将万人屯益阳以拒羽，飞书召吕蒙，使舍零陵急还助肃。蒙得书，秘之，夜召诸将授以方略。晨，当攻零陵，顾谓郝普故人南阳邓玄之曰："郝子太闻世间有忠义事，亦欲为之，而不知时也。今左将军在汉中，为夏侯渊所围，关羽在南郡，至尊身自临之。彼方首尾倒悬，救死不给，岂有余力复营此哉。今吾计力度虑而以攻此，曾不移日而城必破，城破之后，身死何益于事，而令百岁老母戴白受诛，岂不痛哉！度此家不得外问，谓援可恃，故至于此耳。君可见之，为陈祸福。"玄之见普，具宣蒙意，普惧而出降。蒙迎，执其手与俱下船。语毕，出书示之，因拊手大笑。普见书，知备在公安而羽在益阳，惭恨入地。蒙留孙(河)〔皎〕委以后事，即日引军赴益阳。

鲁肃欲与关羽会语，诸将疑恐有变，议不可往。肃曰："今日之事，宜相开譬。刘备负国，是非未决，羽亦何敢重欲干命！"乃邀羽相见，各驻兵马百步上，但诸将军单刀俱会。肃因责数羽以不返三郡，羽曰："乌林之役，左将军身在行间，戮力破敌，岂得徒劳，无一块土，而足下来欲收地邪？"肃曰："不然。始与豫州觐于长阪，豫州之众不当一校，计穷虑极，志势摧弱，图欲远窜，望不及此。主上矜愍豫州之身无有处所，不爱土地士民之力，使有所庇荫以济其患，而豫州私独饰情，愆德堕好。今已借手于西州矣，又欲翦并荆州之土，斯盖凡夫所不忍行，而况整领人物之主乎！”羽无以答。会闻魏公操将攻汉中，刘备惧失益州，使使求和于权。权令诸葛瑾报命，更寻盟好。遂分荆州，以湘水为界，长沙、江夏、桂阳以东属权，南郡、零陵、武陵以西属备。

二十四年。初，鲁肃常劝孙权以曹操尚存，宜且抚辑关羽，与之同仇，不可失也。及吕蒙代肃屯陆口，以为羽素骁雄，有兼并之心，且居国上流，其势难久，密言于权曰：“今令征虏守南郡，潘璋住白帝，蒋钦将游兵万人循江上下，应敌所在，蒙为国家前据襄阳，如此何忧于操，何赖于羽。且羽君臣矜其诈力，所在反覆，不可以腹心待也。今羽所以未便东向者，以至尊圣明，蒙等尚存也。今不于强壮时图之，一旦僵仆，欲复陈力，其可得邪！”权曰：“今欲先取徐州，然后取羽，何如？”对曰：“今操远在河北，抚集幽、冀，未暇东顾，徐土守兵，闻不足言，往自可克。然地势陆通，骁骑所骋，至尊今日取徐州，操后旬必来争，虽以七八万人守之，犹当怀忧。不如取羽，全据长江，形势益张，易为守也。”权善之。

权尝为其子求昏于羽，羽骂其使，不许昏，权由是怒。及羽攻樊，关羽攻曹仁于樊事，见孙氏据江东。吕蒙上疏曰：“羽讨樊而多留备兵，必恐蒙图其后故也。蒙常有病，乞分士众还建业，以治疾为名。羽闻之，必撤备兵，尽赴襄阳。大军浮江，昼夜驰上，袭其空虚，则南郡可下而羽可禽也。”遂称病笃。权乃露檄召蒙还，阴与图计。蒙下至芜湖，定威校尉陆逊谓蒙曰：“关羽接境，如何远下，后不当可忧也？”蒙曰：“诚如来言，然我病笃。”逊曰：“羽矜其骁气，陵轹于人，始有大功，意骄志逸，但务北进，未嫌于我，有相闻病，必益无备，今出其不意，自可禽制。下见至尊，宜好为计。”蒙曰：“羽素勇猛，既难为敌，且已据荆州，恩信大行，兼始有功，胆势益盛，未易图也。”蒙至都，权问：“谁可代卿者？”蒙对曰：“陆逊意思深长，才堪负重，观其规虑，终可大任，而未有远名，非羽所忌，无复是过也。若用之，当令外自韬隐，内察形便，然后可克。”权乃召逊，拜偏将军、右部督，以代蒙。逊至陆口，为书与羽，称其功美，深自谦抑，为尽忠自托之意。羽意大安，无复所嫌，稍撤兵以赴樊。逊具启形状，陈其可禽之要。

羽得于禁等人马数万，粮食乏绝，擅取权湘关米。权闻之，遂发兵袭羽。权欲令征虏将军孙皎与吕蒙为左、右部大督。蒙曰：“若至尊以征虏能，宜用之；以蒙能，宜用蒙。昔周瑜、程普为左右部督，督兵攻江陵，虽事决于瑜，普自恃久将，且俱是督，遂共不睦，几败国事，此目前之戒也。”权寤，谢蒙曰：“以卿为大督，命皎为后继可也。”

魏王操之出汉中也，使平寇将军徐晃屯宛，以助曹仁以攻羽。孙权为笺与魏王操，请以讨羽自效。及晃击败羽，羽遂撤围退，然舟船犹据沔水，襄阳隔绝不通。

吕蒙至寻阳，尽伏其精兵𦨴䑿中，使白衣摇橹，作商贾人服，昼夜兼行，羽所置江边屯候尽收缚之，是故羽不闻知。麋芳、傅士仁素皆嫌羽轻己，羽之出军，芳、仁供给军资不悉相及，羽言“还，当治之”，芳、仁咸惧。于是蒙令故骑都尉虞翻为书说仁，为陈成败，仁得书即降。翻谓蒙曰：“此谲兵也，当将仁行，留兵备城。”遂将仁至南郡。麋芳城守，蒙以仁示之，芳遂开门出降。蒙入江陵，释于禁之囚，得关羽及将士家属，皆抚慰之，约令军中不得干历人家，有所求取。蒙旦暮使亲近存恤耆老，问所不足，疾病者给医药，饥寒者赐衣粮。羽府藏财宝，皆封闭以待权至。

关羽闻南郡破，即走南还。羽数使人与吕蒙相闻，蒙辄厚遇其使，周游城中，家家致问，或手书示信。羽人还，私相参讯，咸知家门无恙，见待过于平时，故羽吏士无斗心。会权至江陵，荆州将吏悉皆归附。

十一月，汉中王备所置宜都太守樊友委郡走，诸城长吏及蛮夷君长皆降于逊。逊请金、银、铜印以假授初附，击蜀将詹晏等及秭归大姓拥兵者，皆破降之，前后斩获、招纳凡数万计。权以逊为右护军、镇西将军，进封娄侯，屯夷陵，守峡口。

关羽自知孤穷，乃西保麦城。孙权使诱之，羽伪降，立幡旗为象人于城上，因遁走，兵皆解散，才十余骑。权先使朱然、潘璋断其径路。十二月，璋司马马忠获羽及其子平于章乡，斩之，遂定荆州。

初，偏将军吴郡全琮上疏陈关羽可取之计，权恐事泄，寝而不答。及已禽羽，权置酒公安，顾谓琮曰："君前陈此，孤虽不相答，今日之捷，抑亦君之功也。"于是封琮阳华亭侯。

魏文帝黄初二年六月，汉主耻关羽之没，将击孙权。翊军将军赵云曰："国贼，曹操，非孙权也。若先灭魏，则权自服。今操身虽毙，子丕篡盗，当因众心，早图关中，居河、渭上流以讨凶逆，关东义士必裹粮策马以迎王师。不应置魏，先与吴战。兵势一交，不得卒解，非策之上也。"群臣谏者甚众，汉主皆不听。广汉处士秦宓陈天时必无利，坐下狱幽闭，然后贷出。

初，车骑将军张飞，雄壮威猛亚于关羽，羽善待卒伍而骄于士大夫，飞爱礼君子而不恤军人。汉主常戒飞曰："卿刑杀既过差，又日鞭檛健儿，而令在左右，此取祸之道也。"飞犹不悛。汉主将伐孙权，飞当率兵万人自阆中会江州，临发，其帐下将张达、范强杀飞以其首顺流奔孙权。汉主闻飞营都督有表，曰："噫，飞死矣！”

陈寿评曰：关羽、张飞皆称万人之敌，为世虎臣。羽报效曹公，飞义释严颜，并有国士之风。然羽刚而自矜，飞暴而无恩，以短取败，理数之常也。

秋七月，汉主自率诸军击孙权，权遣使求和于汉。南郡太守诸葛瑾遗汉主笺曰：“陛下以关羽之亲，何如先帝？荆州大小，孰与海内？俱应仇疾，谁当先后？若审此数，易于反掌矣。”汉主不听。时或言瑾别遣亲人与汉主相闻者，权曰：“孤与子瑜有死生不易之誓，子瑜之不负孤，犹孤之不负子瑜也。”然谤言流闻于外，陆逊表明瑾必无此，宜有以散其意。权报曰：“子瑜与孤从事积年，恩如骨肉，深相明究。其为人非道不行，非义不言。玄德昔遣孔明至吴，孤尝语子瑜曰：‘卿与孔明同产，且弟随兄，于义为顺，何以不留孔明？孔明若留从卿者，孤当以书解玄德，意自随人耳。’子瑜答孤言：‘弟亮已失身于人，委质定分，义无二心。弟之不留，犹瑾之不往也。’其言足贯神明，今岂当有此乎？前得妄语文疏，即封示子瑜，并手笔与之。孤与子瑜，可谓神交，非外言所间。知卿意至，辄封来表以示子瑜，使知卿意。”

汉主遣将军吴班、冯习攻破权将李异、刘阿等于巫，进军秭归，兵四万余人。武陵蛮夷皆遣使往请兵，权以镇西将军陆逊为大都督、假节，督将军朱然、潘璋、宋谦、韩当、徐盛、鲜于丹、孙桓等五万人拒之。

初，帝诏群臣令料刘备当为关羽出报孙权否？众议咸云：“蜀小国耳，名将唯羽，羽死军破，国内忧惧，无缘复出。”侍中刘晔独曰：“蜀虽狭弱，而备之谋欲以威武自强，势必用众以示有余。且关羽与备，义为君臣，恩犹父子；羽死不能为兴军报敌，于终始之分不足矣。”

三年春二月，汉主自秭归将进击吴，治中从事黄权谏曰：“吴人悍战，而水军沿流，进易退难。臣请为先驱以当寇，陛下宜为后镇。”汉主不从，以权为镇北将军，使督江北诸军，自率诸将，自江南缘山截岭，军于夷道猇亭。吴将皆欲迎击之，陆逊曰：“备举军东下，锐气始盛，且乘高守险，难可卒攻，攻之纵下，犹难尽克，若有不利，损我大势，非小故也。今但且奖厉将士，广施方略，以观其变。若此间是平原旷野，当恐有颠沛交逐之忧，今缘山行军，势不得展，自当罢于木石之间，徐制其敝耳。”诸将不解，以为逊畏之，各怀愤恨。

夏五月，汉人自巫峡建平连营至夷陵界，立数十屯，以冯习为大督，张南为前部督，自正月与吴相拒，至六月不决。汉主遣吴班将数千人，于平地立营。吴将帅皆欲击之，陆逊曰：“此必有谲，且观之。”汉主知其计不行，乃引伏兵八千，从谷中出。逊曰：“所以不听诸君击班者，揣之必有巧故也。”逊上疏于吴王曰：“夷陵要害，国之关限，虽为易得，亦复易失。失之非徒损一郡之地，荆州可忧，今日争之，当令必谐。备干天常，不安窟穴而敢自送，臣虽不材，凭奉威灵，以顺讨逆，破坏在近，无可忧者。臣初嫌之水陆俱进，今反舍船就步，处处结营，察其布置，必无他变。伏愿至尊高枕，不以为念也。”

闰月，逊将进攻汉军，诸将并曰：“攻备当在初，今乃令入五六百里，相守经七八月，其诸要害皆已固守，击之必无利矣。”逊曰：“备是猾虏，更尝事多，其军始集，思虑精专，未可干也。今住已久，不得我便，兵疲意沮，计不复生。掎角此寇，正在今日。”乃先攻一营，不利，诸将皆曰：“空杀兵耳。”逊曰：“吾已晓破之之术。”乃敕各持一把茅，以火攻，拔之。一尔势成，通率诸军，同时俱攻，斩张南、冯习及胡王沙摩柯等首，破其四十余营。汉将杜路、刘宁等穷逼请降。

汉主升马鞍山，陈兵自绕，逊督促诸军四面蹙之，土崩瓦解，死者万数。汉主夜遁，驿人自担烧铙铠断后，仅得入白帝城。其舟船、器械，水、步军资，一时略尽，尸骸塞江而下。汉主大惭恚，曰：“吾乃为陆逊所折辱，岂非天邪！”将军义阳傅彤为后殿，兵众尽死，彤气益烈。吴人谕之使降，彤骂曰：“吴狗，安有汉将军而降者！”遂死之。从事祭酒程畿溯江而退，众曰：“后追将至，宜解舫轻行。”畿曰：“吾在军，未习为敌之走也。”亦死之。

初，吴安东中郎将孙桓别击汉前锋于夷道，为汉所围，求救于陆逊。逊曰：“未可。”诸将曰：“孙安东公族，见围已困，奈何不救？”逊曰：“安东得士众心，城牢粮足，无可忧也。待吾计展，欲不救安东，安东自解。”及方略大施，汉果奔溃。桓后见逊曰：“前实怨不见救，定至今日，乃知调度自有方耳。”

初，逊为大都督，诸将或讨逆时旧将，或公室贵戚，各自矜恃，不相听从。逊按剑曰：“刘备天下知名，曹操所惮，今在境界，此强对也。诸君并荷国恩，当相辑睦，共翦此虏，上报所受，而不相顺，何也？仆虽书生，受命主上，国家所以屈诸君使相承望者，以仆尺寸可称，能忍辱负重故也。各在其事，岂复得辞。军令有常，不可犯也。”及至破备，计多出逊，诸将乃服。吴王闻之曰：“公何以初不启诸将违节度者邪？”对曰：“受恩深重，此诸将或任腹心，或堪爪牙，或是功臣，皆国家所当与共克定大事者，臣窃慕相如、寇恂相下之义以济国事。”王大笑称善，加逊辅国将军，领荆州牧，改封江陵侯。

初,诸葛亮与尚书令法正好尚不同,而以公义相取,亮每奇正智术。及汉主伐吴而败,时正已卒,亮叹曰:"孝直若在,必能制主上东行。就使东行,必不倾危矣。"汉主在白帝,徐盛、潘璋、宋谦等各竞表言:"备必可禽,乞复攻之。"吴王以问陆逊,逊与朱然、骆统上言曰:"曹丕大合士众,外托助国讨备,内实有奸心,谨决计辄还。"

初,帝闻汉兵树栅连营七百余里,谓群臣曰:"备不晓兵,岂有七百里营,可以拒敌者乎?'苞原隰险阻而为军者为敌所禽',此兵忌也。孙权上事今至矣。"后七日,吴破汉书到。

冬十一月,吴王使太中大夫郑泉聘于汉,汉太中大夫宗玮报之,吴汉复通。

四年夏四月癸巳,汉主殂于永安。五月,太子禅即位。秋八月,汉尚书义阳邓芝言于诸葛亮曰:"今主上幼弱,初即尊位,宜遣大使,重申吴好。"亮曰:"吾思之久矣,未得其人耳,今日始得之。"芝问:"其人为谁?"亮曰:"即使君也。"乃遣芝以中郎将修好于吴。冬十月,芝至吴,时吴王犹未与魏绝,狐疑,不时见芝。芝乃自表请见曰:"臣今来亦欲为吴,非但为蜀也。"吴王见之曰:"孤诚愿与蜀和亲,然恐蜀主幼弱,国小势逼,为魏所乘,不自保全耳。"芝对曰:"吴、蜀二国,四州之地。大王命世之英,诸葛亮亦一时之杰也。蜀有重险之固,吴有三江之阻。合此二长,共为唇齿,进可并兼天下,退可鼎足而立,此理之自然也。大王今若委质于魏,魏必上望大王之入朝,下求太子之内侍,若不从命,则奉辞伐叛,蜀亦顺流,见可而进,如此,江南之地非复大王之有也。"吴王默然良久曰:"君言是也。"遂绝魏,专与汉连和。

五年夏四月,吴王使辅义中郎将吴郡张温聘于汉,自是吴蜀信使不绝。时事所宜,吴王常令陆逊语诸葛亮。又刻印置逊所,王每与汉主及诸葛亮书,常过示逊,轻重、可否有所不安,便令改定,以印封之。汉复遣邓芝聘于吴,吴王谓之曰:"若天下太平,二主分治,不亦乐乎?"芝对曰:"天无二日,土无二王。如并魏之后,大王未深识天命,君各茂其德,臣各尽其忠,将提枹鼓,则战争方始耳。"吴王大笑曰:"君之诚款,乃当尔耶!"

明帝太和三年夏四月,吴主使以并尊二帝之议往告于汉。汉人以为交之无益而名体弗顺,宜显明正义,绝其盟好。丞相亮曰:"权有僭逆之心久矣,国家所以略其衅情者,求掎角之援也。今若加显绝,仇我必深。更当移兵东戍,与之角力,须并其土,乃议中原。彼贤才尚多,将相辑穆,未可一朝定也。顿兵相守,坐而须老,使北贼得计,非算之上者。昔孝文卑辞匈奴,先帝优与吴盟,皆应权通变,深思远益,非若匹夫之忿者也。今议者咸以权利在鼎足,不能并力,且志望已满,无上岸之情。推此,皆似是而非也。何者?其智力不侔,故限江自保,权之不能越江,犹魏贼之不能渡汉,非力有余而利不取也。若大军致讨,彼高当分裂其地以为后规,下当略民广境,示武于内,非端坐者也。若就其不动而睦于我,我之北伐,无东顾忧,河南之众不得尽西,此之为利,亦已深矣。权僭逆之罪,未宜明也。"乃遣卫尉陈震使于吴,贺称尊号。吴主与汉人盟约中分天下,以豫、青、徐、幽属吴,兖、冀、并、凉属汉,其司州之土以函谷关为界。





## 诸葛亮出师　平南中附

魏文帝黄初四年春三月,汉主病笃,命丞相亮辅太子,以尚书令李严为副。汉主谓亮曰:“君才十倍曹丕,必能安国,终定大事。若嗣子可辅,辅之;如其不才,君可自取。”亮涕泣曰:“臣敢不竭股肱之力,效忠贞之节,继之以死。”汉主又为诏敕太子曰:“人五十不称夭,吾年已六十有余,何所复恨,但以卿兄弟为念耳。勉之,勉之! 勿以恶小而为之,勿以善小而不为。惟贤惟德,可以服人。汝父德薄,不足效也。汝与丞相从事,事之如父。”

夏四月癸巳,汉主殂于永安,谥曰昭烈。丞相亮奉丧还成都,以李严为中都护,留镇永安。五月,太子禅即位,时年十七。尊皇后曰皇太后,大赦,改元建兴。封丞相亮为武乡侯,领益州牧。政事无巨细,咸决于亮。

亮尝自校簿书,主簿杨颙直入,谏曰:“为治有体,上下不可相侵。请为明公以作家譬之:今有人,使奴执耕稼,婢典炊爨,鸡主司晨,犬主吠盗,牛负重载,马涉远路,私业无旷,所求皆足,雍容高枕,饮食而已。忽一旦尽欲以身亲其役,不复付任,劳其体力,为此碎务,形疲神困,终无一成。岂其智之不如奴、婢、鸡、狗哉? 失为家主之法也。是故古人称‘坐而论道,谓之王公;作而行之,谓之士大夫’。故丙吉不问横道死人而忧牛喘,陈平不肯知钱谷之数,云自有主者,彼诚达于位分之体也。今明公为治,乃躬自校簿书,流汗终日,不亦劳乎!”亮谢之。

初,益州郡耆帅雍闿杀太守正昂,因士燮以求附于吴,又执太守成都张裔以与吴,吴以闿为永昌太守。永昌功曹吕凯、府丞王伉率吏士闭境拒守,闿不能进,使郡人孟获诱扇诸夷,诸夷皆从之。牂柯太守朱褒、越巂夷王高定皆叛应闿。诸葛亮以新遭大丧,皆抚而不讨,务农殖谷,闭关息民,民安食足,而后用之。

六年春二月，汉诸葛亮率众讨雍闿等，参军马谡送之数十里。亮曰："虽共谋之历年，今可更惠良规。"谡曰："南中恃其险远，不服久矣，虽今日破之，明日复反耳。今公方倾国北伐以事强贼，彼知官势内虚，其叛亦速。若殄尽遗类以除后患，既非仁者之情，且又不可仓卒也。夫用兵之道，攻心为上，攻城为下，心战为上，兵战为下。愿公服其心而已。"亮纳其言。谡，良之弟也。

秋七月，汉诸葛亮至南中，所在战捷。亮由越巂入，斩雍闿及高定。使庲降督益州李恢由益州入，门下督巴西马忠由牂柯入，击破诸县，复与亮合。孟获收闿余众以拒亮。获素为夷、汉所服，亮募生致之，既得，使观于营阵之间，问曰："此军何如？"获曰："向者不知虚实，故败。今蒙赐观营阵，若祇如此，即定易胜耳。"亮笑，纵使更战。七纵七禽，而亮犹遣获。获止不去，曰："公，天威也，南人不复反矣。"亮遂至滇池。益州、永昌、牂柯、越巂四郡皆平，亮即其渠率而用之，悉收其俊杰孟获等以为官属，出其金银、丹漆、耕牛、战马以给军国之用。自是，终亮之世，夷不复反。

七年春正月，汉丞相亮欲出军汉中，前将军李严当知后事，移屯江州，留护军陈到驻永安而统属于严。

明帝太和元年春三月，蜀丞相亮率诸军北驻汉中，使长史张裔、参军蒋琬统留府事。临发，上疏曰："先帝创业未半而中道崩殂，今天下三分，益州疲敝，此诚危急存亡之秋也。然侍卫之臣不懈于内，忠志之士忘身于外者，盖追先帝之殊遇，欲报之于陛下也。诚宜开张圣听，以光先帝遗德，恢弘志士之气，不宜妄自菲薄，引喻失义，以塞忠谏之路也。宫中、府中，俱为一体，陟罚臧否，不宜异同。若有作奸犯科及为忠善者，宜付有司论其刑赏，以昭陛下平明之理，不宜偏私，使内外异法也。侍中、侍郎郭攸之、费祎、董允等，此皆良实，志虑忠纯，是以先帝简拔以遗陛下。愚以为宫中之事，事无大小，悉以咨之，然后施行，必能裨补阙漏，有所广益。将军向宠，性行淑均，晓畅军事，试用于昔日，先帝称之曰能，是以众议举宠为督。愚以为营中之事，悉以咨之，必能使行阵和睦，优劣得所。亲贤臣，远小人，此先汉所以兴隆也；亲小人，远贤臣，此后汉所以倾颓也。先帝在时，每与臣论此事，未尝不叹息痛恨于桓、灵也。侍中、尚书、长史、参军，此悉端良死节之臣，愿陛下亲之信之，则汉室之隆，可计日而待也。臣本布衣，躬耕南阳，苟全性命于乱世，不求闻达于诸侯。先帝不以臣卑鄙，猥自枉屈，三顾臣于草庐之中，谘臣以当世之事，由是感激，遂许先帝以驱驰。后值倾覆，受任于败军之际，奉命于危难之间，尔来二十有一年矣。先帝知臣谨慎，故临崩寄臣以大事也。受命以来，夙夜忧叹，恐托付不效，以伤先帝之明，故五月渡泸，深入不毛。今南方已定，兵甲已足，当奖率三军，北定中原，庶竭驽钝，攘除奸凶，兴复汉室，还于旧都，此臣所以报先帝，而忠陛下之职分也。至于斟酌损益，进尽忠言，则攸之、祎、允之任也。愿陛下托臣以讨贼兴复之效，不效则治臣之罪，以告先帝之灵。责攸之、祎、允等之慢，以彰其咎。陛下亦宜自谋，以谘诹善道，察纳雅言。深追先帝遗诏，臣不胜受恩感激。今当远离，临表涕零，不知所言。”遂行，屯于沔北阳平石马。

亮辟广汉太守姚胄为掾，胄并进文武之士，亮称之曰：“忠益者莫大于进人，进人者各务其所尚。今姚掾并存刚柔以广文武之用，可谓博雅矣。愿诸掾各希此事以属其望。”

帝闻诸葛亮在汉中，欲大发兵就攻之，以问散骑常侍孙资。资曰："昔武皇帝征南郑，取张鲁，阳平之役，危而后济。又自往拔出夏侯渊军，数言'南郑直为天狱，中斜谷道为五百里石穴耳'，言其深险，喜出渊军之辞也。又武皇帝圣于用兵，察蜀贼栖于山岩，视吴虏窜于江湖，皆挠而避之，不责将士之力，不争一朝之忿，诚所谓见胜而战，知难而退也。今若进军就南郑讨亮，道既险阻，计用精兵及转运镇守南方四州，遏御水贼，凡用十五六万人，必当复更有所发兴，天下骚动，费力广大，此诚陛下所宜深虑。夫守战之力，力役参倍。但以今日见兵，分命大将据诸要险，威足以震慑强寇，镇静疆埸，将士虎睡，百姓无事，数年之间，中国日盛，吴、蜀二虏必自罢敝。"帝乃止。

六月，以司马懿都督荆、豫州诸军事，率所领镇宛。

初，孟达既为文帝所宠，又与桓阶、夏侯尚亲善。及文帝殂，阶、尚皆卒，达心不自安。诸葛亮闻而诱之，达数与通书，阴许归蜀。达与魏兴太守申仪有隙，仪密表告之。达闻之，惶惧，欲举兵叛。司马懿以书慰解之，达犹豫未决，懿乃潜军进讨。诸将言："达与吴、汉交通，宜观望而后动。"懿曰："达无信义，此其相疑之时也，当及其未定促决之。"乃倍道兼行，八日到其城下。吴、汉各遣偏将向西城安桥、木阑塞以救达，懿分诸将以距之。初，达与亮书曰："宛去洛八百里，去吾一千二百里。闻吾举事，当表上天子，比相反覆，一月间也，则吾城已固，诸军足办。吾所在深险，司马公必不自来；诸将来，吾无患矣。"及兵到，达又告亮曰："吾举事八日，而兵至城下，何其神速也！"

二年春正月，司马懿攻新城，旬有六日，拔之，斩孟达。申仪久在魏兴，擅承制刻印，多所假授，懿召而执之，归于洛阳。

诸葛亮将入寇，与群下谋之。丞相司马魏延曰："闻夏侯楙，主婿也，怯而无谋。今假延精兵五千，负粮五千，直从褒中出，循秦岭而东，当子午而北，不过十日，可到长安。楙闻延奄至，必弃城逃走，长安中惟御史、京兆太守耳。横门邸阁与散民之谷，足周食也。比东方相合聚，尚二十许日，而公从斜谷来，亦足以达。如此，则一举而咸阳以西可定矣。"亮以为此危计，不如安从坦道，可以平取陇右，十全必克而无虞，故不用延计。

亮扬声由斜谷道取郿，使镇东将军赵云、扬武将军邓芝为疑军，据箕谷。帝遣曹真都督关右诸军，军郿。亮身率大军攻祁山，戎阵整齐，号令明肃。始，魏以汉昭烈既死，数岁寂然无闻，是以略无备豫，而卒闻亮出，朝野恐惧。于是天水、南安、安定皆叛应亮，关中响震，朝臣未知计所出。帝曰："亮阻山为固，今者自来，正合兵书'致人'之术，破亮必也。"乃勒兵马步骑五万，遣右将军张郃督之，西拒亮。丁未，帝行如长安。

初，越巂太守马谡，才器过人，好论军计，诸葛亮深加器异。汉昭烈临终谓亮曰："马谡言过其实，不可大用，君其察之。"亮犹谓不然，以谡为参军，每引见谈论，自昼达夜。及出军祁山，亮不用旧将魏延、吴懿等为先锋，而以谡督诸军在前，与张郃战于街亭。

谡违亮节度，举措烦扰，舍水上山，不下据城。张郃绝其汲道，击，大破之，士卒离散。亮进无所据，乃拔西县千余家还汉中。收谡下狱，杀之。亮自临祭，为之流涕，抚其遗孤，恩若平生。蒋琬谓亮曰："昔楚杀得臣，文公喜可知也。天下未定而戮智计之士，岂不惜乎！"亮流涕曰："孙武所以能制胜于天下者，用法明也。是以扬干乱法，魏绛戮其仆。四海分裂，兵交方始，若复废法,何用讨贼邪!”

谡之未败也,裨将军巴西王平连规谏谡,谡不能用。及败,众尽星散,惟平所领千人鸣鼓自守,张郃疑其有伏兵,不往逼也,于是平徐徐收合诸营遗迸,率将士而还。亮既诛马谡及将军李盛,夺将军黄袭等兵,平特见崇显,加拜参军,统五部兼当营事,进位讨寇将军,封亭侯。亮上疏请自贬三等,汉主以亮为右将军,行丞相事。

是时,赵云、邓芝兵亦败于箕谷。云敛众固守,故不大伤,云亦坐贬为镇军将军。亮问邓芝曰:“街亭军退,兵将不复相录,箕谷军退,兵将初不相失,何故?”芝曰:“赵云身自断后,军资什物,略无所弃,兵将无缘相失。”云有军资余绢,亮使分赐将士,云曰:“军事无利,何为有赐,其物请悉入赤岸库,须十月为冬赐。”亮大善之。

或劝亮更发兵者,亮曰:“大军在祁山、箕谷,皆多于贼,而不破贼,乃为贼所破,此病不在兵少也,在一人耳。今欲减兵省将,明罚思过,校变通之道于将来,若不能然者,虽兵多何益?自今已后,诸有忠虑于国,但勤攻吾之阙,则事可定,贼可死,功可跷足而待矣。”于是考微劳,甄壮烈,引咎责躬,布所失于境内,厉兵讲武,以为后图,戎士简练,民忘其败矣。

亮之出祁山也,天水参军姜维诣亮降。亮美维胆智,辟为仓曹掾,使典军事。

曹真讨安定等三郡,皆平。真以诸葛亮惩于祁山,后必出从陈仓,乃使将军郝昭等守陈仓,治其城。

冬十一月,汉诸葛亮闻曹休败,魏兵东下,关中虚弱,欲出兵击魏,群臣多以为疑。亮上言于汉主曰:“先帝深虑以汉、贼不两立，王业不偏安，故托臣以讨贼。以先帝之明，量臣之才，固当知臣伐贼，才弱敌强。然不伐贼，王业亦亡，惟坐而待亡，孰与伐之？是故托臣而弗疑也。臣受命之日，寝不安席，食不甘味，思惟北征，宜先入南，故五月渡泸，深入不毛。臣非不自惜也，顾王业不可偏全于蜀都，故冒危难以奉先帝之遗意也，而议者谓为非计。今贼适疲于西，又务于东，兵法乘劳，此进趋之时也，谨陈其事如左：高帝明并日月，谋臣渊深，然涉险被创，危然后安。今陛下未及高帝，谋臣不如良、平，而欲以长计取胜，坐定天下，此臣之未解一也。刘繇、王朗各据州郡，论安言计，动引圣人，群疑满腹，众难塞胸，今岁不战，明年不征，使孙策坐大，遂并江东，此臣之未解二也。曹操智计殊绝于人，其用兵也，仿佛孙、吴，然困于南阳，险于乌巢，危于祁连，逼于黎阳，几败伯山，殆死潼关，然后伪定一时耳。况臣才弱，而欲以不危而定之，此臣之未解三也。曹操五攻昌霸不下，四越巢湖不成，任用李服而李服图之，委夏侯而夏侯败亡。先帝每称操为能，犹有此失，况臣驽下，何能必胜？此臣之未解四也。自臣到汉中，中间期年耳，然丧赵云、阳群、马玉、阎芝、丁立、白寿、刘郃、邓铜等及曲长屯将七十余人，突将、无前、賨叟、青羌、散骑、武骑一千余人，皆数十年之内，所纠合四方之精锐，非一州之所有。若复数年，则损三分之二，当何以图敌？此臣之未解五也。今民穷兵疲，而事不可息，事不可息，则住与行劳费正等，而不及虚图之，欲以一州之地与贼支久，此臣之未解六也。夫难平者，事也。昔先帝败军于楚，当此时曹操拊手，谓天下已定。然后先帝东连吴、越，西取巴、蜀，举兵北征，夏侯授首，此操之失计而汉事将成也。然后吴更违盟，关羽毁败，秭归蹉跌，曹丕称帝。凡事如是，难可逆见。臣鞠躬尽力，死而后已，至于成败利钝，非臣之明所能逆睹也。”

十二月，亮引兵出散关，围陈仓。陈仓已有备，亮不能克。亮使郝昭乡人靳详于城外遥说昭，昭于楼上应之曰：“魏家科法，卿所练也。我之为人，卿所知也。我受国恩多而门户重，卿无可言者，但有必死耳。卿还谢诸葛，便可攻也。”详以昭语告亮，亮又使详重说昭，言“人兵不敌，无为空自破灭”。昭谓详曰：“前言已定矣，我识卿耳，箭不识也。”详乃去。亮自以有众数万，而昭兵才千余人，又度东救未能便到，乃进兵攻昭，起云梯、冲车以临城。昭于是以火箭逆射其梯，梯然，梯上人皆烧死。昭又以绳连石磨压其冲车，冲车折。亮乃更为井阑百尺以射城中，以土丸填堑，欲直攀城，昭又于内筑重墙，亮又为地突欲踊出于城里，昭又于城内穿地横截之。昼夜相攻拒二十余日。曹真遣将军费耀等救之。帝召张郃于方城，使击亮。帝自幸河南城，置酒送郃，问郃曰：“迟将军到，亮得无已得陈仓乎？”郃知亮深入无谷，屈指计曰：“比臣到，亮已走矣。”郃晨夜进道，未至，亮粮尽引去。将军王双追之，亮击斩双。诏赐郝昭爵关内侯。

三年春，汉诸葛亮遣其将陈戒攻武都、阴平二郡，雍州刺史郭淮引兵救之。亮自出至建威，淮退，亮遂拔二郡以归。汉主复策拜亮为丞相。

十二月，汉丞相亮徙府营于南山下原上，筑汉城于沔阳，筑乐城于成固。

四年秋七月，大司马曹真以“汉人数入寇，请由斜谷伐之，诸将数道并进，可以大克”，帝从之。诏大将军司马懿溯汉水由西城入，与真会汉中，诸将或由子午谷，或由武威入。司空陈群谏曰：“太祖昔到阳平攻张鲁，多收豆麦以益军粮，鲁未下而食犹乏。今既无所因，且斜谷阻险，难以进退，转运必见钞截，多留兵守要则损战士，不可不熟虑也。”帝从群议。真复表从子午道，群又陈其不便，并言军事用度之计。诏以群议下真，真据之遂行。

八月，汉丞相亮闻魏兵至，次于成固赤坂以待之。召李严使将二万人赴汉中，表严子丰为江州都督，督军典严后事。会天大雨三十余日，栈道断绝。太尉华歆上疏曰：“陛下以圣德当成、康之隆，愿先留心于治道，以征伐为后事。为国者以民为基，民以衣食为本。使中国无饥寒之患，百姓无离上之心，则二贼之衅可坐而待也。”帝报曰：“贼凭恃山川，二祖劳于前世，犹不克平，朕岂敢自多，谓必灭之哉！诸将以为不一探取，无由自敝，是以观兵以窥其衅。若天时未至，周武还师，乃前事之鉴，朕敬不忘所戒。”

少府杨阜上疏曰：“昔武王白鱼入舟，君臣变色。动得吉瑞，犹尚忧惧，况有灾异而不战竦者哉！今吴、蜀未平，而天屡降变，诸军始进，便有天雨之患，稽阂山险，已积日矣。转运之劳，担负之苦，所费已多，若有不继，必违本图。传曰‘见可而进，知难而退，军之善政也’。徒使六军困于山谷之间，进无所略，退又不得，非王兵之道也。”

散骑常侍王肃上疏曰：“前志有之，‘千里馈粮，士有饥色，樵苏后爨，师不宿饱’，此谓平途之行军者也。又况于深入阻险，凿路而前，则其为劳必相百也。今又加之以霖雨，山坂峻滑，众迫而不展，粮远而难继，实行军者之大忌也。闻曹真发已逾月而行裁半谷，治道功夫，战士悉作，是贼偏得以逸待劳，乃兵家之所惮也。言之前代，则武王伐纣，出关而复还；论之近事，则武、文征权，临江而不济；岂非所谓顺天知时，通于权变者哉！兆民知上圣以水雨艰剧之故，休而息之，后日有衅，乘而用之，则所谓'悦以犯难，民忘其死'者矣。"肃，朗之子也。九月，诏曹真等班师。

冬十二月，丞相亮以蒋琬为长史。亮数外出，琬常足食兵，以相供给。亮每言："公琰托志忠雅，当与吾共赞王业者也。"

五年春二月，汉丞相亮命李严以中都护署府事。严更名平。亮率诸军入寇，围祁山，以木牛运。于是大司马曹真有疾，帝命司马懿西屯长安，督将军张郃、费曜、戴陵、郭淮等以御之。

三月，邵陵元侯曹真卒。

司马懿使费曜、戴陵留精兵四千守上邽，余众悉出，西救祁山。张郃欲分兵驻雍、郿，懿曰："料前军能独当之者，将军言是也。若不能当，而分为前后，此楚之三军，所以为黥布禽也。"遂进。亮分兵留攻祁山，自逆懿于上邽。郭淮、费曜等徼亮，亮破之，因大芟刈其麦，与懿遇于上邽之东。懿敛军依险，兵不得交，亮引还。

懿等寻亮后至于卤城。张郃曰："彼远来逆我，请战不得，谓我利在不战，欲以长计制之也。且祁山知大军已在近，人情自固，可止屯于此，分为奇兵，示出其后，不宜进前而不敢逼，坐失民望也。今亮孤军食少，亦行去矣。"懿不从，故寻亮。既至，又登山掘营，不肯战。贾栩、魏平数请战，因曰："公畏蜀如虎，奈天下笑何！"懿病之。诸将咸请战。夏五月辛巳，懿乃使张郃攻无当监何平于南围，自按中道向亮。亮使魏延、高翔、吴班逆战，魏兵大败，汉人获甲首三千人，懿还保营。

六月，亮以粮尽退军，司马懿遣张郃追之。郃进至木门，与亮战，蜀人乘高布伏，弓弩乱发，飞矢中郃右膝而卒。

丞相亮之攻祁山也，李平留后，主督运事。会天霖雨，平恐运粮不继，遣参军狐忠、督军成藩喻指，呼亮来还，亮承以退军。平闻军退，乃更阳惊，说"军粮饶足，何以便归"！又欲杀督运岑述，以解己不办之责。又表汉主，说"军伪退，欲以诱贼与战"。亮具出其前后手笔书疏，本末违错。平辞穷情竭，首谢罪负。于是亮表平前后过恶，免官，削爵土，徙梓潼郡。复以平子丰为中郎将，参军事。

青龙元年，诸葛亮劝农讲武，作木牛、流马，运米集斜谷口，治斜谷邸阁，息民休士，三年而后用之。

二年春二月，亮悉大众十万由斜谷入寇，遣使约吴同时大举。夏四月，诸葛亮至郿，军于渭水之南。司马懿引军渡渭，背水为垒以拒之，谓诸将曰："亮若出武功，依山而东，诚为可忧；若西上五丈原，诸将无事矣。"亮果屯五丈原。

雍州刺史郭淮言于懿曰："亮必争北原，宜先据之。"议者多谓不然，淮曰："若亮跨渭登原，连兵北山，隔绝陇道，摇荡民夷，此非国之利也。"懿乃使淮屯北原，堑垒未成，汉兵大至，淮逆击，却之。

亮以前者数出，皆以运粮不继，使己志不伸，乃分兵屯田为久驻之基，耕者杂于渭滨居民之间，而百姓安堵，军无私焉。

六月，帝使征蜀护军秦朗督步骑二万助司马懿御诸葛亮，敕懿："但坚壁拒守以挫其锋，彼进不得志，退无与战，久停则粮尽，虏略无所获，则必走。走而追之，全胜之道也。"

秋八月，司马懿与诸葛亮相守百余日，亮数挑战，懿不出，亮乃遗懿巾帼妇人之服。懿怒，上表请战，帝使卫尉辛毗杖节为军师以制之。护军姜维谓亮曰："辛佐治杖节而到，贼不复出矣。"

亮曰："彼本无战情，所以固请战者，以示武于其众耳。将在军，君命有所不受，苟能制吾，岂千里而请战邪！"

亮遣使者至懿军，懿问其寝食及事之烦简，不问戎事。使者对曰："诸葛公夙兴夜寐，罚二十已上皆亲览焉。所啖食，不至数升。"懿告人曰："诸葛孔明食少事烦，其能久乎！"

亮病笃，汉主使尚书仆射李福省侍，因谘以国家大计。福至，与亮语已，别去，数日复还。亮曰："孤知君还意，近日言语虽弥日，有所不尽，更来亦决耳。公所问者，公琰其宜也。"福谢："前实失不谘请，如公百年后，谁可任大事者，故辄还耳。乞复请蒋琬之后，谁可任者？"亮曰："文伟可以继之。"又问其次，亮不答。

是月，亮卒于军中。长史杨仪整军而出，百姓奔告司马懿，懿追之。姜维令仪反旗鸣鼓，若将向懿者。懿敛军退，不敢逼。于是仪结阵而去，入谷然后发丧。百姓为之谚曰："死诸葛走生仲达。"懿闻之，笑曰："吾能料生，不能料死故也。"懿按行亮之营垒处所，叹曰："天下奇才也！"追至赤岸，不及而还。

初，汉前军师魏延勇猛过人，善养士卒。每随亮出，辄欲请兵万人，与亮异道会于潼关，如韩信故事，亮制而不许。延常谓亮为怯，叹恨己才用之不尽。杨仪为人干敏，亮每出军，仪常规画分部，筹度粮谷，不稽思虑，斯须便了，军戎节度，取办于仪。延性矜高，当时皆避下之，唯仪不假借延，延以为至忿，有如水火。亮深惜二人之才，不忍有所偏废也。

费祎使吴，吴主醉，问祎曰："杨仪、魏延，牧竖小人也，虽尝有鸣吠之益于时务，然既已任之，势不得轻，若一朝无诸葛亮，必为祸乱矣。诸君愦愦，不知防虑于此，岂所谓贻厥孙谋乎？"祎对曰："仪、延之不协，起于私忿耳，而无黥、韩难御之心也。今方扫除强贼，混一函夏，功以才成，业由才广，若舍此不任，防其后患，是犹备有风波而逆废舟楫，非长计也。”

亮病困，与仪及司马费祎、姜维等作身殁之后退军节度，令延断后，姜维次之；若延或不从命，军便自发。亮卒，仪秘不发丧，令祎往揣延意指。延曰：“丞相虽亡，吾自见在。府亲官属，便可将丧还葬，吾自当率诸军击贼，云何以一人死废天下之事邪？且魏延何人，当为杨仪所部勒，作断后将乎！”自与祎共作行留部分，令祎手书与己连名，告下诸将。祎绐延曰：“当为君还解杨长史，长史文吏，稀更军事，必不违命也。”祎出门，奔马而去。延寻悔之，已不及矣。

延遣人觇仪等，欲按亮成规，诸营相次引军还。延大怒，搀仪未发，率所领径先南归，所过烧绝阁道。延、仪各相表叛逆，一日之中，羽檄交至。汉主以问侍中董允、留府长史蒋琬，琬、允咸保仪而疑延。仪等令槎山通道，昼夜兼行，亦继延后。延先至，据南谷口，遣兵逆击仪等，仪等令将军何平于前御延。平叱先登曰：“公亡，身尚未寒，汝辈何敢乃尔！”延士众知曲在延，莫为用命，皆散。延独与其子数人逃亡，奔汉中。仪遣将马岱追斩之，遂夷延三族。蒋琬率宿卫诸营赴难北行，行数十里，延死问至，乃还。始延欲杀仪等，冀时论以己代诸葛辅政，故不北降魏而南还击仪，实无反意也。

诸军还成都，大赦，谥诸葛亮曰忠武侯。

## 吴侵淮南

魏明帝太和二年夏五月，吴王使鄱阳太守周鲂密求山中旧族名帅为北方所闻知者，令谲挑扬州牧曹休。鲂曰："民帅小丑，不足杖任，事或漏泄，不能致休。乞遣亲人赍笺以诱休，言被谴惧诛，欲以郡降北，求兵应接。"吴王许之。时频有郎官诣鲂诘问诸事，鲂因诣郡门下，下发谢。休闻之，率步骑十万向皖以应鲂，帝又使司马懿向江陵，贾逵向东关，三道俱进。

秋八月，吴王至皖，以陆逊为大都督，假黄钺，亲执鞭以见之。以朱桓、全琮为左右督，各督三万人以击休。休知见欺，而恃其众，欲遂与吴战。朱桓言于吴王曰："休本以亲戚见任，非智勇名将也。今战必败，败必走，走当由夹石、挂车。此两道皆险厄，若以万兵柴路，则彼众可尽而休可生虏。臣请将所部以断之，若蒙天威，得以休自效，便可乘胜长驱，进取寿春，割有淮南，以规许、洛，此万世一时，不可失也。"权以问陆逊，逊以为不可，乃止。

尚书蒋济上疏曰："休深入虏地，与权精兵对，而朱然等在上流，乘休后，臣未见其利也。"前将军满宠上疏曰："曹休虽明果而希用兵，今所从道，背湖旁江，易进难退，此兵之饥地也。若入无强口，宜深为之备。"宠表未报，休与陆逊战于石亭。逊自为中部，令朱桓、全琮为左右翼，三道俱进，冲休伏兵，因驱走之，追亡逐北，径至夹石，斩获万余，牛马骡驴车乘万两，军资器械略尽。

初，休表求深入以应周鲂，帝命贾逵引兵东与休合。逵曰："贼无东关之备，必并军于皖，休深入与贼战，必败。"乃部署诸将，水陆并进，行二百里，获吴人，言休战败，吴遣兵断夹石。诸将不知所出，或欲待后军，逵曰："休兵败于外，路绝于内，进不能战，退不得还，安危之机，不及终日。贼以军无后继，故至此，今疾进，出其不意，此所谓'先人以夺其心'也，贼见吾兵必走。若待后军，贼已断险，兵虽多何益？”乃兼道进军，多设旗鼓为疑兵。吴人望见逵军，惊走，休乃得还。逵据夹石，以兵粮给休，休军乃振。初，逵与休不善，及休败，赖逵以免。

九月，长平壮侯曹休上书谢罪，帝以宗室，不问。休惭愤，疽发于背，庚子，卒。帝以满宠都督扬州以代之。

四年十二月，吴主扬声欲至合肥，征东将军满宠表召兖、豫诸军，皆集。吴寻退还，诏罢其兵。宠以为：“今贼大举而还，非本意也，此必欲伪退以罢吾兵，而倒还乘虚，掩不备也。”表不罢兵。后十余日，吴果更来到合肥城，不克而还。

五年冬十月，吴主使中郎将孙布诈降以诱扬州刺史王凌，吴主伏兵于阜陵以俟之。布遣人告凌云：“道远不能自致，乞兵见迎。”凌腾布书，请兵马迎之。征东将军满宠以为必诈，不与兵，而为凌作报书曰：“知识邪正，欲避祸就顺，去暴归道，甚相嘉尚。今欲遣兵相迎，然计兵少则不足相卫，多则事必远闻。且先密计以成本志，临时节度其宜。”会宠被书入朝，敕留府长史：“若凌欲往迎，勿与兵也。”凌于后索兵不得，乃单遣一督将步骑七百人往迎之，布夜掩击，督将迸走，死伤过半。凌，允之兄子也。

先是，凌表宠年过耽酒，不可居方任。帝将召宠，给事中郭谋曰：“宠为汝南太守、豫州刺史二十余年，有勋方岳，及镇淮南，吴人惮之。若不如所表，将为所窥，可令还朝，问以东方事以察之。”帝从之。既至，体气康强，帝慰劳遣还。

六年十二月，吴陆逊引兵向庐江，论者以为宜速救之。满宠曰：“庐江虽小，将劲兵精，守则经时。又贼舍船二百里来，后尾空绝，不来尚欲诱致，今宜听其遂进，但恐走不可及耳。”乃整军趋杨宜口。吴人闻之，夜遁。

是时吴人岁有来计。满宠上疏曰："合肥城南临江、湖，北远寿春，贼攻围之，得据水为势；官兵救之，当先破贼大辈，然后围乃得解。贼往甚易，而兵往救之甚难，宜移城内之兵，其西三十里，有奇险可依，更立城以固守，此为引贼平地而掎其归路，于计为便。"护军将军蒋济议以为："既示天下以弱，且望贼烟火而坏城，此为未攻而自拔。一至于此，劫略无限，必淮北为守。"帝未许。宠重表曰："孙子言'兵者，诡道也，故能而示之不能，骄之以利，示之以慑'，此为形实不必相应也。又曰'善动敌者形之'。今贼未至而移城却内，所谓形而诱之也。引贼远水，择利而动，举得于外，则福生于内矣。"尚书赵咨以宠策为长，诏遂报听。

青龙元年，吴主出兵欲围新城，以其远水，积二十余日不敢下船。满宠谓诸将曰："孙权得吾移城，必于其众中有自大之言，今大举来欲要一切之功，虽不敢至，必当上岸耀兵以示有余。"乃潜遣步骑六千伏肥水隐处以待之。吴主果上岸耀兵，宠伏军卒起击之，斩首数百，或有赴水死者。吴主又使全琮攻六安，亦不克。

二年五月，吴主入居巢湖口向合肥新城，众号十万。又遣陆逊、诸葛瑾将万余人入江夏、沔口，向襄阳，将军孙韶、张承入淮，向广陵、淮阴。六月，满宠欲率诸军救新城，殄夷将军田豫曰："贼悉众大举，非图小利，欲质新城以致大军耳。宜听使攻城，挫其锐气，不当与争锋也。城不可拔，众必罢怠，罢怠然后击之，可大克也。若贼见计，必不攻城，势将自走。若便进兵，适入其计矣。"

时东方吏士皆分休，宠表请中军兵，并召所休将士，须集击之。散骑常侍广平刘卲议以为:“贼众新至,心专气锐,宠以少人自战其地,若便进击,必不能制。宠请待兵,未有所失也,以为可先遣步兵五千,精骑三千,先军前发,扬声进道,震曜形势。骑到合肥,疏其行队,多其旌鼓,曜兵城下,引出贼后,拟其归路,要其粮道。贼闻大军来,骑断其后,必震怖遁走,不战自破矣。”帝从之。

宠欲拔新城守,致贼寿春。帝不听,曰:“昔汉光武遣兵据略阳,终以破隗嚣。先帝东置合肥,南守襄阳,西固祁山,贼来辄破于三城之下者,地有所必争也。纵权攻新城,必不能拔。敕诸将坚守,吾将自往征之,比至,恐权走也。”秋七月壬寅,帝御龙舟东征。

满宠募壮士焚吴攻具,射杀吴主之弟子泰。又吴吏士多疾病。帝未至数百里,疑兵先至,吴主始谓帝不能出,闻大军至,遂遁。孙韶亦退。

陆逊遣亲人韩扁奉表诣吴主,逻者得之。诸葛瑾闻之甚惧,书与逊云:“大驾已还,贼得韩扁,具知吾阔狭。且水干,宜当急去。”逊未答,方催人种葑、豆,与诸将弈棋、射戏如常。瑾曰:“伯言多智略,其必当有以。”乃自来见逊。逊曰:“贼知大驾已还,无所复忧,得专力于吾。又已守要害之处,兵将意动,且当自定以安之,施设变术,然后出耳。今便示退,贼当谓吾怖,仍来相蹙,必败之势也。”乃密与瑾立计,令瑾督舟船,逊悉上兵马以向襄阳城。魏人素惮逊名,遽还赴城。瑾便引船出,逊徐整部伍,张拓声势,步趋船,魏人不敢逼。行到白围,托言住猎,潜遣将军周峻、张梁等击江夏、新市、安陆、石阳,斩获千余人而还。

群臣以为司马懿方与诸葛亮相守未解,车驾可西幸长安。帝曰:“权走,亮胆破,大军足以制之,吾无忧矣。”遂进军至寿春，录诸将功，封赏各有差。

## 魏平辽东

魏明帝太和二年。初，公孙康卒，子晃、渊等皆幼，官属立其弟恭。恭劣弱，不能治国。渊既长，胁夺恭位，上书言状。侍中刘晔曰："公孙氏汉时所用，遂世官相承，水则由海，陆则阻山，外连胡夷，绝远难制，而世权日久。今若不诛，后必生患。若怀贰阻兵，然后致诛，于事为难。不如因其新立，有党有仇，先其不意，以兵临之，开设赏募，可不劳师而定也。"帝不从，拜渊扬烈将军、辽东太守。

六年秋九月，公孙渊阴怀贰心，数与吴通。帝使汝南太守田豫督青州诸军自海道，幽州刺史王雄自陆道讨之。散骑常侍蒋济谏曰："凡非相吞之国，不侵叛之臣，不宜轻伐。伐之而不能制，是驱使为贼也。故曰'虎狼当路，不治狐狸'。先除大害，小害自已。今海表之地，累世委质，岁选计、孝，不乏职贡，议者先之。正使一举便克，得其民不足益国，得其财不足为富；傥不如意，是为结怨失信也。"帝不听。豫等往，皆无功，诏令罢军。

青龙元年春二月，公孙渊遣校尉宿舒、郎中令孙综奉表称臣于吴，吴主大悦，为之大赦。三月，吴主遣太常张弥、执金吾许晏、将军贺达将兵万人，金宝珍货，九锡备物，乘海授渊，封渊为燕王。举朝大臣自顾雍以下皆谏，以为"渊未可信，而宠待太厚，但可遣吏兵护送舒、综而已"。吴主不听。张昭曰："渊背魏惧讨，远来求援，非本志也。若渊改图，欲自明于魏，两使不反，不亦取笑于天下乎？"吴主反覆难昭，昭意弥切，吴主不能堪，按刀而怒曰："吴国士人入宫则拜孤，出宫则拜君，孤之敬君亦为至矣，而数于众中折孤，孤常恐失计。"昭孰视吴主曰："臣虽知言不用，每竭愚忠者，诚以太后临崩，呼老臣于床下，遗诏顾命之言故在耳。"因涕泣横流。吴主掷刀于地，与之对泣，然卒遣弥、晏往。昭忿言之不用，称疾不朝。吴主恨之，土塞其门，昭又于内以土封之。

夏六月，公孙渊知吴远难恃，乃斩张弥、许晏等首，传送京师，悉没其兵资、珍宝。冬十二月，诏拜渊大司马，封乐浪公。吴主闻之，大怒曰："朕年六十，世事难易靡所不尝。近为鼠子所前却，令人气踊如山。不自截鼠子头以掷于海，无颜复临万国。就令颠沛，不以为恨。"

陆逊上疏曰："陛下以神武之姿，诞膺期运，破操乌林，败备西陵，禽羽荆州，斯三虏者，当世雄杰，皆摧其锋。圣化所绥，万里草偃，方荡平华夏，总一大猷。今不忍小忿而发雷霆之怒，违垂堂之戒，轻万乘之重，此臣之所惑也。臣闻之，行万里者不中道而辍足，图四海者不怀细以害大。强寇在境，荒服未庭，陛下乘桴远征，必致窥阔，戚至而忧，悔之无及。若使大事时捷，则渊不讨自服。今乃远惜辽东众之与马，奈何独欲捐江东万安之本业而不惜乎？"

尚书仆射薛综上疏曰："昔汉元帝欲御楼船，薛广德请刎颈以血染车。何则？水火之险至危，非帝王所宜涉也。今辽东戎貊小国，无城隍之固，备御之术，器械铢钝，犬羊无政，往必禽克，诚如明诏。然其方土寒埆，谷稼不殖，民习鞍马，转徙无常。卒闻大军之至，自度不敌，鸟惊兽骇，长驱奔窜，一人匹马不可得见，虽获空地，守之无益，此不可一也。加又洪流滉瀁，有成山之难，海行无常，风波难免，倏忽之间，人船异势，虽有尧、舜之德，智无所施，贲、育之勇，力不得设，此不可二也。加以郁雾冥其上，碱水蒸其下，善生流肿，转相洿染，凡行海者，稀无斯患，此不可三也。天生神圣，当乘时平乱，康此民物。今逆虏将灭，海内垂定，乃违必然之图，寻至危之阻，忽九州之固，肆一朝之忿，既非社稷之重计，又开辟以来所未尝有，斯诚群僚所以倾身侧息，食不甘味，寝不安席者也。”

选曹尚书陆瑁上疏曰：“北寇与国，壤地连接，苟有间隙，应机而至。夫所以为越海求马，曲意于渊者，为赴目前之急，除腹心之疾也。而更弃本追末，捐近治远，忿以改规，激以动众，斯乃猾虏所愿闻，非大吴之至计也。又兵家之术，以功役相疲，劳逸相待，得失之间，所觉辄多。且沓渚去渊，道里尚远，今到其岸，兵势三分，使强者进取，次当守船，又次运粮，行人虽多，难得悉用。加以单步负粮，经远深入，贼地多马，邀截无常。若渊狙诈，与北未绝，动众之日，唇齿相济。若实孑然无所凭赖，其畏怖远迸，或难卒灭，使天诛稽于朔野，山虏承间而起，恐非万安之长虑也。”吴主未许。

瑁重上疏曰：“夫兵革者，固前代所以诛暴乱、威四夷也。然其役皆在奸雄已除，天下无事，从容庙堂之上，以余议议之耳。至于中夏鼎沸，九域盘互之时，率须深根固本，爱力惜费，未有正于此时舍近治远，以疲军旅者也。昔尉佗叛逆，僭号称帝，于时天下乂安，百姓康阜，然汉文犹以远征不易，告喻而已。今凶桀未殄，疆埸犹警，未宜以渊为先。愿陛下抑威任计，暂宁六师，潜神默规，以为后图，天下幸甚。”吴主乃止。

景初元年秋七月，公孙渊数对国中宾客出恶言，帝欲讨之，以荆州刺史河东毌丘俭为幽州刺史。俭上疏曰："陛下即位已来，未有可书。吴、蜀恃险，未可卒平，聊可以此方无用之士克定辽东。"光禄大夫卫臻曰："俭所陈皆战国细术，非王者之事也。吴频岁称兵，寇乱边境，而犹按甲养士，未果致讨者，诚以百姓疲劳故也。渊生长海表，相承三世，外抚戎夷，内修战射，而俭欲以偏军长驱，朝至夕卷，知其妄矣。"帝不听，使俭率诸军及鲜卑、乌桓屯辽东南界，玺书征渊。渊遂发兵反，逆俭于辽隧。会天雨十余日，辽水大涨，俭与战不利，引军还右北平。渊因自立为燕王，改元绍汉，置百官，遣使假鲜卑单于玺，封拜边民，诱呼鲜卑以侵扰北方。

二年春正月，帝召司马懿于长安，使将兵四万讨辽东。议臣或以为四万兵多，役费难供。帝曰："四千里征伐，虽云用奇，亦当任力，不当稍计役费也。"帝谓懿曰："公孙渊将何计以待君？"对曰："渊弃城豫走，上计也。据辽东拒大军，其次也。坐守襄平，此成禽耳。"帝曰："然则三者何出？"对曰："唯明智能审量彼我，乃豫有所割弃，此既非渊所及。"又谓："今往孤远，不能支久，必先拒辽水，后守襄平也。"帝曰："还往几日？"对曰："往百日，攻百日，还百日，以六十日为休息，如此一年足矣。"

公孙渊闻之，复遣使称臣，求救于吴，吴人欲戮其使。羊道曰："不可。是肆匹夫之怒，而捐霸王之计也。不如因而厚之，遣奇兵潜往以要其成。若魏伐不克，而我军远赴，是恩结遐夷，义形万里；若兵连不解，首尾离隔，则我虏其傍郡，驱略而归，亦足以致天之罚，报雪曩事矣。"吴主曰："善。"乃大勒兵，谓渊使曰："请俟后问，当从简书，必与弟同休戚。"又曰："司马懿所向无前，深为弟忧之。"

帝问于护军将军蒋济曰："孙权其救辽东乎？"济曰："彼知官备已固，利不可得，深入则非力所及，浅入则劳而无获。权虽子弟在危，犹将不动，况异域之人，兼以往者之辱乎？今所以外扬此声者，谲其行人，疑之于我，我之不克，冀其折节事已耳。然沓渚之间，去渊尚远，若大军相守，事不速决，则权之浅规，或得轻兵掩袭，未可测也。"

六月，司马懿军至辽东，公孙渊使大将军卑衍、杨祚将步骑数万屯辽隧，围堑二十余里。诸将欲击之，懿曰："贼所以坚壁，欲老吾兵也，今攻之，正堕其计。且贼大众在此，其巢窟空虚，直指襄平，破之必矣。"乃多张旗帜，欲出其南，衍等尽锐趣之。懿潜济水，出其北，直趣襄平。衍等恐，引兵夜走。诸军进至首山，渊复使衍等逆战，懿击，大破之，遂进围襄平。

秋七月，大霖雨，辽水暴涨，运船自辽口径至城下。雨月余不止，平地水数尺，三军恐，欲移营。懿令军中："敢有言徙者斩！"都督令史张静犯令，斩之，军中乃定。贼恃水，樵牧自若，诸将欲取之，懿皆不听。司马陈珪曰："昔攻上庸，八部并进，昼夜不息，故能一旬之半，拔坚城，斩孟达。今者远来，而更安缓，愚窃惑焉。"懿曰："孟达众少而食支一年，将士四倍于达而粮不淹月，以一月图一年，安可不速？以四击一，正令失半而克，犹当为之，是以不计死伤与粮竞也。今贼众我寡，贼饥我饱，水雨乃尔，功力不设，虽当促之，亦何所为。自发京师，不忧贼攻，但恐贼走。今贼粮垂尽而围落未合，掠其牛马，抄其樵采，此故驱之走也。夫兵者诡道，善因事变。贼凭众恃雨，故虽饥困，未肯束手，当示无能以安之。取小利以惊之，非计也。"朝廷闻师遇雨，咸欲罢兵，帝曰："司马懿临危制变，禽渊可计日待也。"

雨霁，懿乃合围，作土山地道，楯橹钩冲，昼夜攻之，矢石如雨。渊窘急粮尽，人相食，死者甚多，其将杨祚等降。八月，渊使相国王建、御史大夫柳甫请解围却兵，当君臣面缚。懿命斩之，檄告渊曰："楚、郑列国，而郑伯犹肉袒牵羊迎之。孤，天子上公，而建等欲孤解围退舍，岂得礼邪！二人老耄，传言失指，已相为斩之。若意有未已，可更遣年少有明决者来。"渊复遣侍中卫演乞克日送任，懿谓演曰："军事大要有五，能战当战，不能战当守，不能守当走，余二事惟有降与死耳。汝不肯面缚，此为决就死也，不须送任。"壬午，襄平溃，渊与子修将数百骑突围东南走，大兵急击之，斩渊父子于梁水之上。懿既入城，诛其公卿以下及兵民七千余人，筑为京观。辽东、带方、乐浪、玄菟四郡皆平。

渊之将反也，将军纶直、贾范等苦谏，渊皆杀之。懿乃封直等之墓，显其遗嗣，释渊叔父恭之囚。中国人欲还旧乡者，恣听之。遂班师。

初，渊兄晃为恭任子在洛阳，先渊未反，数陈其变，欲令国家讨渊。及渊谋逆，帝不忍市斩，欲就狱杀之。廷尉高柔上疏曰："臣窃闻晃先数自归，陈渊祸萌，虽为凶族，原心可恕。夫仲尼亮司马牛之忧，祁奚明叔向之过，在昔之美义也。臣以为晃信有言，宜贷其死；苟自无言，便当市斩。今进不赦其命，退不彰其罪，闭着囹圄，使自引分，四方观国，或疑此举也。"帝不听，竟遣使赍金屑饮晃及其妻子，赐以棺衣，殡敛于宅。

## 明帝奢靡

魏明帝青龙三年。帝好土功，既作许昌宫，又治洛阳宫，起昭阳太极殿，筑总章观，高十余丈，力役不已，农桑失业。司空陈群上疏曰："昔禹承唐、虞之盛，犹卑宫室而恶衣服。况今丧乱之后，人民至少，比汉文、景之时不过一大郡。加边境有事，将士劳苦，若有水旱之患，国家之深忧也。昔刘备自成都至白水，多作传舍，兴费人役，太祖知其疲民也。今中国劳力，亦吴、蜀之所愿。此安危之机也，惟陛下虑之。"帝答曰："王业、宫室，亦宜并立，灭贼之后，但当罢守御耳，岂可复兴役邪？是固君之职，萧何之大略也。"群曰："昔汉祖唯与项羽争天下，羽已灭，宫室烧焚，是以萧何建武库、太仓，皆是要急，然高祖犹非其壮丽。今二虏未平，诚不宜与古同也。夫人之所欲，莫不有辞，况乃天王，莫之敢违。前欲坏武库，谓不可不坏也；后欲置之，谓不可不置也。若必作之，固非臣下辞言所屈；若少留神，卓然回意，亦非臣下之所及也。汉明帝欲起德阳殿，钟离意谏，即用其言。后乃复作之，殿成，谓群臣曰：'钟离尚书在，不得成此殿也。'夫王者岂惮一臣，盖为百姓也。今臣曾不能少凝圣听，不及意远矣。"帝乃为之少有减省。

帝耽于内宠，妇官秩石拟百官之数，自贵人以下至掖庭洒扫者，凡数千人。选女子知书可付信者六人，以为女尚书，使典省外奏事，处当画可。廷尉高柔上疏曰："昔汉文惜十家之资，不营小台之娱；去病虑匈奴之害，不遑治第之事。况今所损者非惟百金之费，所忧者非徒北狄之患乎。可粗成见所营立以充朝宴之仪，讫罢作者，使得就农，二方平定，复可徐兴。周礼，天子后妃以下百二十人，嫔嫱之仪，既已盛矣。窃闻后庭之数，或复过之，圣嗣不昌，殆能由此。臣愚以为可妙简淑媛以备内官之数，其余尽遣还家，且以育精养神，专静为宝，如此则螽斯之征可庶而致矣。”帝报曰：“辄克昌言，他复以闻。”

帝又欲平北芒，令于其上作台观望见孟津。卫尉辛毗谏曰：“天地之性，高高下下。今而反之，既非其理，加以损费人功，民不堪役。且若九河盈溢，洪水为害，而丘陵皆夷，将何以御之？”帝乃止。

少府杨阜上疏曰：“陛下奉武皇帝开拓之大业，守文皇帝克终之元绪，诚宜思齐往古圣贤之善治，总观季世放荡之恶政。曩使桓、灵不废高祖之法度，文、景之恭俭，太祖虽有神武，于何所施，而陛下何由处斯尊哉？今吴、蜀未定，军旅在外，诸所缮治，惟陛下务从约节。”帝优诏答之。阜复上疏曰：“尧尚茅茨而万国安其居，禹卑宫室而天下乐其业；及至殷、周，或堂崇三尺，度以九筵耳。桀作璇室象廊，纣为倾宫鹿台，以丧其社稷；楚灵以筑章华而身受祸；秦始皇作阿房，二世而灭。夫不度万民之力，以从耳目之欲，未有不亡者也。陛下当以尧、舜、禹、汤、文、武为法则，夏桀、殷纣、楚灵、秦皇为深诫，而乃自暇自逸，惟宫台是饰，必有颠覆危亡之祸矣。君作元首，臣为股肱，存亡一体，得失同之。臣虽驽怯，敢忘争臣之义。言不切至，不足以感寤陛下。陛下不察臣言，恐皇祖烈考之祚坠于地。使臣身死有补万一，则死之日，犹生之年也。谨叩棺沐浴，伏俟重诛。”奏御，帝感其忠言，手笔诏答。

帝尝著帽，被缥绫半袖。阜问帝曰：“此于礼何法服也？”帝默然不答。自是不法服不以见阜。

阜又上疏，欲省宫人诸不见幸者，乃召御府吏问后宫人数。吏守旧令，对曰：“禁密，不得宣露。”阜怒，杖吏一百，数之曰：“国家不与九卿为密，反与小吏为密乎！”帝愈严惮之。散骑常侍蒋济上疏曰："昔句践养胎以待用，昭王恤病以雪仇，故能以弱燕服强齐，羸越灭劲吴。今二敌强盛，当身不除，百世之责也。以陛下圣明神武之略，舍其缓者，专心讨贼，臣以为无难矣。"

中书侍郎东莱王基上疏曰："臣闻古人以水喻民，曰'水所以载舟，亦所以覆舟'。颜渊云'东野子之御，马力尽矣，而求进不已，殆将败矣'。今事役劳苦，男女离旷，愿陛下深察东野之敝，留意舟水之喻，息奔驷于未尽，节力役于未困。昔汉有天下，至孝文时唯有同姓诸侯，而贾谊忧之，曰'置火积薪之下而寝其上，因谓之安'。今寇贼未殄，猛将拥兵，检之则无以应敌，久之则难以遗后，当盛明之世，不务以除患，若子孙不竞，社稷之忧也。使贾谊复起，必深切于曩时矣。"帝皆不听。

殿中监督役，擅收兰台令史，右仆射卫臻奏按之。诏曰："殿舍不成，吾所留心，卿推之何也？"臻曰："古制侵官之法，非恶其勤事也，诚以所益者小，所堕者大也。臣每察校事，类皆如此，若又纵之，惧群司将遂越职，以至陵夷。"

尚书涿郡孙礼固请罢役，帝诏曰："钦纳谠言。"促遣民作，监作者复奏留一月，有所成讫。礼径至作所，不复重奏，称诏罢民，帝奇其意而不责。帝虽不能尽用群臣直谏之言，然皆优容之。

秋七月，洛阳崇华殿灾，帝问侍中领太史令泰山高堂隆曰："此何咎也？于礼，宁有祈禳之义乎？"对曰："易传曰：'上不俭，下不节，孽火烧其室。'又曰：'君高其台，天火为灾。'此人君务饰宫室，不知百姓空竭，故天应之以旱，火从高殿起也。"诏问隆："吾闻汉武帝时柏梁灾，而大起宫殿以厌之，其义云何？"对曰："夷越之巫所为，非圣贤之明训也。五行志曰：'柏梁灾，其后有江充巫蛊事。’如志之言，越巫建章无所厌也。今宜罢散民役。宫室之制，务从约节，清扫所灾之处，不敢于此有所立作，则萐莆、嘉禾必生此地。若乃疲民之力，竭民之财，非所以致符瑞而怀远人也。”

秋八月，诏复立崇华殿，更名曰九龙。通引谷水过九龙殿前，为玉井绮栏，蟾蜍含受，神龙吐出。使博士扶风马钧作司南车，水转百戏。陵霄阙始构，有鹊巢其上，帝以问高堂隆，对曰："诗曰：‘惟鹊有巢，惟鸠居之。’今兴宫室，起陵霄阙，而鹊巢之，此宫未成身不得居之象也。天意若曰，宫室未成，将有他姓制御之，斯乃上天之戒也。夫天道无亲，惟与善人，太戊、武丁睹灾竦惧，故天降之福。今若休罢百役，增崇德政，则三王可四，五帝可六，岂惟商宗转祸为福而已哉。”帝为之动容。

帝性严急，其督修宫室有稽限者，帝亲召问，言犹在口，身首已分。散骑常侍领秘书监王肃上疏曰："今宫室未就，见作者三四万人，九龙可以安圣体，其内足以列六宫，惟泰极已前，功夫尚大。愿陛下取常食禀之士，非急要者之用，选其丁壮，择留万人，使一期而更之，咸知息代有日，则莫不悦以即事，劳而不怨矣。计一岁有三百六十万夫，亦不为少。当一岁成者，听且三年，分遣其余，使皆即农，无穷之计也。夫信之于民，国家大宝也。前车驾当幸洛阳，发民为营，有司命以营成而罢。既成，又利其功力，不以时遣。有司徒营目前之利，不顾经国之体。臣愚以为自今已后，傥复使民，宜明其令，使必如期，以次有事，宁复更发，无或失信。凡陛下临时之所行刑，皆有罪之吏宜死之人也。然众庶不知，谓为仓卒。故愿陛下下之于吏而暴其罪，钧其死也，无使污于宫掖而为远近所疑。且人命至重，难生易杀，气绝而不续者也，是以圣贤重之。昔汉文帝欲杀犯跸者，廷尉张释之曰：'方其时，上使诛之则已。今下廷尉，廷尉天下之平，不可倾也。'臣以为大失其义，非忠臣所宜陈也。廷尉者，天子之吏也，犹不可以失平，而天子之身反可以惑谬乎！斯重于为己而轻于为君，不忠之甚也，不可不察。"

四年冬十月甲申，有星孛于大辰，又孛于东方。高堂隆上疏曰："凡帝王徙都立邑，皆先定天地社稷之位，敬恭以奉之。将营宫室，则宗庙为先，厩库为次，居室为后。今圜丘、方泽、南北郊、明堂、社稷，神位未定，宗庙之制又未如礼，而崇饰居室，士民失业。外人咸云宫人之用，与军国之费略齐，民不堪命，皆有怨怒。书曰'天聪明自我民聪明，天明畏自我民明威'，言天之赏罚，随民言，顺民心也。夫采椽卑宫，唐、虞、大禹之所以垂皇风也，玉台琼室，夏癸、商辛之所以犯昊天也。今宫室过盛，天彗章灼，斯乃慈父恳切之训，当崇孝子祗耸之礼，不宜有忽，以重天怒。"隆数切谏，帝颇不悦。侍中卢毓进曰："臣闻君明则臣直，古之圣王惟恐不闻其过，此乃臣等所以不及隆也。"帝乃解。毓，植之子也。

景初元年，徙长安钟虡、橐佗、铜人、承露盘于洛阳。盘折，声闻数十里。铜人重，不可致，留于霸城。大发铜铸铜人二，号曰"翁仲"，列坐于司马门外。又铸黄龙、凤皇各一，龙高四丈，凤高三丈余，置内殿前。起土山于芳林园西北陬，使公卿群僚皆负土，树松、竹、杂木、善草于其上，捕山禽、杂兽致其中。司徒军议掾董寻上疏谏曰："臣闻古之直士，尽言于国，不避死亡，故周昌比高祖于桀、纣，刘辅譬赵后于人婢。天生忠直，虽白刃、沸汤，往而不顾者，诚为时主爱惜天下也。建安以来，野战死亡，或门殚户尽，虽有存者，遗孤老弱。若今宫室狭小，当广大之，犹宜随时，不妨农务，况乃作无益之物，黄龙、凤皇、九龙、承露盘，此皆圣明之所不兴也，其功三倍于殿舍。陛下既尊群臣，显以冠冕，被以文绣，载以华舆，所以异于小人；而使穿方举土，面目垢黑，沾体涂足，衣冠了鸟，毁国之光以崇无益，甚非谓也。孔子曰'君使臣以礼，臣事君以忠'，无忠无礼，国何以立？臣知言出必死，而臣自比于牛之一毛，生既无益，死亦何损？秉笔流涕，心与世辞。臣有八子，臣死之后，累陛下矣。"将奏，沐浴以待命。帝曰："董寻不畏死邪？"主者奏收寻，有诏勿问。

高堂隆上疏曰："今之小人，好说秦、汉之奢靡以荡圣心，求取亡国不度之器，劳役费损以伤德政，非所以兴礼乐之和，保神明之休也。"帝不听。

隆又上书曰："昔洪水滔天二十二载。尧、舜君臣南面而已。今无若时之急，而使公卿大夫并与厮徒共供事役，闻之四夷，非嘉声也，垂之竹帛，非令名也。今吴、蜀二贼，非徒白地小虏、聚邑之寇，乃僭号称帝，欲与中国争衡。今若有人来告'权、禅并修德政，轻省租赋，动咨耆贤，事遵礼度'，陛下闻之，岂不惕然恶其如此，以为难卒讨灭，而为国忧乎？若使告者曰'彼二贼并为无道，崇侈无度，役其士民，重其赋敛，下不堪命，吁嗟日甚'，陛下闻之，岂不幸彼疲敝，而取之不难乎？苟如此，则可易心而度，事义之数亦不远矣。亡国之主，自谓不亡，然后至于亡；贤圣之君，自谓亡，然后至于不亡。今天下凋敝，民无儋石之储，国无终年之畜，外有强敌，六军暴边，内兴土功，州郡骚动，若有寇警，则臣惧版筑之士不能投命虏庭矣。又将吏奉禄，稍见折减，方之于昔，五分居一，诸受休者又绝禀赐，不应输者今皆出半，此为官入兼多于旧，其所出与参少于昔。而度支经用，更每不足，牛肉小赋，前后相继。反而推之，凡此诸费，必有所在。且夫禄赐谷帛，人主所以惠养吏民而为之司命者也，若今有废，是夺其命矣。既得之而又失之，此生怨之府也。”帝览之，谓中书监、令曰：“观隆此奏，使朕惧哉？”

尚书卫觊上疏曰：“今议者多好悦耳，其言政治则比陛下于尧、舜，其言征伐则比二虏于狸鼠。臣以为不然。四海之内，分而为三，群士陈力，各为其主，是与六国分治无以为异也。当今千里无烟，遗民困苦，陛下不善留意，将遂凋敝，难可复振。武皇帝之时，后宫食不过一肉，衣不用锦绣，茵蓐不缘饰，器物无丹漆，用能平定天下，遗福子孙，此皆陛下之所览也。当今之务，宜君臣上下，计校府库，量入为出，犹恐不及，而工役不辍，侈靡日崇，帑藏日竭。昔汉武信神仙之道，谓当得云表之露以餐玉屑，故立仙掌以承高露，陛下通明，每所非笑。汉武有求于露而犹尚见非，陛下无求于露而空设之，不益于好而糜费功夫，诚皆圣虑所宜裁制也。”

时有诏录夺士女，前已嫁为吏民妻者，还以配士，听以生口自赎。又简选其有姿色者内之掖庭。太子舍人沛国张茂上书谏曰：“陛下，天之子也，百姓吏民，亦陛下子也，今夺彼以与此，亦无以异于夺兄之妻妻弟也，于父母之恩偏矣。又诏书听得以生口年纪、颜色与妻相当者自代，故富者则倾家尽产，贫者举假贷贳，贵买生口以赎其妻。县官以配士为名，而实内之掖庭，其丑恶乃出与士。得妇者未必喜，而失妻者必有忧，或穷或愁，皆不得志。夫君有天下而不得万姓之欢心者，鲜不危殆。且军师在外数十万人，一日之费非徒千金，举天下之赋以奉此役，犹将不给，况复有宫庭非员无录之女，椒房母后之家，赏赐横与，内外交引，其费半军。昔汉武帝掘地为海，封土为山，赖是时天下为一，莫敢与争者耳。自衰乱以来四五十载，马不舍鞍，士不释甲，强寇在疆，图危魏室。陛下不战战业业，念崇节约，而乃奢靡是务，中尚方作玩弄之物，后园建承露之盘，斯诚快耳目之观，然亦足以骋寇仇之心矣。惜乎，舍尧、舜之节俭，而为汉武之侈事，臣窃为陛下不取也。"帝不听。

高堂隆疾笃，口占上疏曰："曾子有言曰：'人之将死，其言也善。'臣寝疾有增无损，常恐奄忽，忠款不昭，臣之丹诚，愿陛下少垂省览。臣观三代之有天下，圣贤相承，历数百载，尺土莫非其有，一民莫非其臣。然癸、辛之徒，纵心极欲，皇天震怒，宗国为墟，纣枭白旗，桀放鸣条，天子之尊，汤、武有之，岂伊异人，皆明王之胄也。黄初之际，天兆其戒，异类之鸟，育长燕巢，口爪胸赤，此魏室之大异也，宜防鹰扬之臣于萧墙之内。可选诸王，使君国典兵，往往棋跱，镇抚皇畿，翼亮帝室。夫'皇天无亲，惟德是辅'。民咏德政，则延期过历，下有怨叹，则辍录授能。由此观之，天下乃天下之天下，非独陛下之天下也。"帝手诏深慰劳之。未几而卒。

陈寿评曰：高堂隆学业修明，志存匡君，因变陈戒，发于恳诚，忠矣哉！及至必改正朔，俾魏祖虞，所谓意过其通者与？





## 司马懿诛曹爽

魏明帝景初二年。初，太祖为魏公，以赞令刘放、参军事孙资皆为秘书郎。文帝即位，更命秘书曰中书，以放为监，资为令，遂掌机密。帝即位，尤见宠任，皆加侍中、光禄大夫，封本县侯。是时帝亲览万机，数兴军旅，腹心之任，皆二人管之。每有大事，朝臣会议，常令决其是非，择而行之。中护军蒋济上疏曰："臣闻大臣太重者国危，左右太亲者身蔽，古之至戒也。往者大臣秉事，外内扇动，陛下卓然自览万机，莫不祗肃。夫大臣非不忠也，然威权在下，则众心慢上，势之常也。陛下既已察之于大臣，愿无忘之于左右，左右忠正远虑，未必贤于大臣，至于便辟取合，或能工之。今外所言，辄云中书虽使恭慎，不敢外交。但有此名，犹惑世俗，况实握事要，日在目前，傥因疲倦之间有所割制，众臣见其能推移于事，即亦因时而向之。一有此端，私招朋援，臧否毁誉，必有所兴，功负赏罚，必有所易；直道而上者或壅，曲附左右者反达，因微而入，缘形而出，意所狎信，不复猜觉。此宜圣智所当早闻，外以经意，则形际自见。或恐朝臣畏言不合而受左右之怨，莫适以闻。臣窃亮陛下潜神默思，公听并观，若事有未尽于理，而物有未周于用，将改曲易调，远与黄、唐角功，近昭武、文之绩，岂牵近习而已哉！然人君不可悉任天下之事，必当有所付，若委之一臣，自非周公旦之忠，管夷吾之公，则有弄机败官之敝。当今柱石之士虽少，至于行称一州，智效一官，忠信竭命，各奉其职，可并驱策，不使圣明之朝有专吏之名也。"帝不听。

及寝疾，深念后事，乃以武帝子燕王宇为大将军，与领军将军夏侯献、武卫将军曹爽、屯骑校尉曹肇、骁骑将军秦朗等对辅政。爽，真之子；肇，休之子也。帝少与燕王宇善，故以后事属之。

刘放、孙资久典机任，献、肇心内不平，殿中有鸡栖树，二人相谓曰："此亦久矣，其能复几！"放、资惧有后害，阴图间之。燕王性恭良，陈诚固辞。帝引放、资入卧内，问曰："燕王正尔为？"对曰："燕王实自知不堪大任故耳。"帝曰："谁可任者？"时惟曹爽独在帝侧，放、资因荐爽，且言宜召司马懿与相参。帝曰："爽堪其事不？"爽流汗不能对。放蹑其足，耳之曰："臣以死奉社稷。"帝从放、资言，欲用爽、懿，既而中变，敕停前命。放、资复入见说帝，帝又从之。放曰："宜为手诏。"帝曰："我困笃，不能。"放即上床，执帝手强作之，遂赍出，大言曰："有诏免燕王宇等官，不得停省中。"皆流涕而出。甲申，以曹爽为大将军。帝嫌爽才弱，复拜尚书孙礼为大将军长史以佐之。

是时，司马懿在汲，帝令给使辟邪赍手诏召之。先是，燕王为帝画计，以为关中事重，宜遣懿便道自轵关西还长安，事已施行。懿斯须得二诏，前后相违，疑京师有变，乃疾驱入朝。

三年春正月，懿至，入见，帝执其手曰："吾以后事属君，君与曹爽辅少子。死乃可忍，吾忍死待君，得相见，无所复恨矣。"乃召齐、秦二王以示懿，别指齐王芳谓懿曰："此是也，君谛视之，勿误也。"又教齐王令前抱懿颈。懿顿首流涕。是日，立齐王为皇太子。帝寻殂。

> 孙盛论曰：闻之长老，魏明帝天姿秀出，立发垂地，口吃少言，而沉毅好断。初，诸公受遗辅导，帝皆以方任处之，政自己出。优礼大臣，开容善直，虽犯颜极谏，无所摧戮，其君人之量如此之伟也。然不思建德垂风，不固维城之基，至使大权偏据，社稷无卫，悲夫！

太子即位，年八岁，大赦。尊皇后曰皇太后。加曹爽、司马懿侍中，假节钺，都督中外诸军、录尚书事。诸所兴作宫室之役，皆以遗诏罢之。

爽、懿各领兵三千人更宿殿内。爽以懿年位素高，常父事之，每事谘访，不敢专行。

初，并州刺史东平毕轨及邓飏、李胜、何晏、丁谧皆有才名，而急于富贵，趋时附势，明帝恶其浮华，皆抑而不用。曹爽素与亲善，及辅政，骤加引擢，以为腹心。晏，进之孙；谧，斐之子也。晏等咸共推戴爽，以为重权不可委之于人。丁谧为爽画策，使爽白天子发诏，转司马懿为太傅，外以名号尊之，内欲令尚书奏事，先来由己，得制其轻重也。爽从之。二月丁丑，以司马懿为太傅。以爽弟羲为中领军，训为武卫将军，彦为散骑常侍、侍讲，其余诸弟皆以列侯侍从，出入禁闼，贵宠莫盛焉。

爽事太傅，礼貌虽存，而诸所兴造，希复由之。爽徙吏部尚书卢毓为仆射，而以何晏代之。以邓飏、丁谧为尚书，毕轨为司隶校尉。晏等依势用事，附会者升进，违忤者罢退，内外望风，莫敢忤旨。黄门侍郎傅嘏谓爽弟羲曰："何平叔外静而内躁，铦巧好利，不念务本，吾恐必先惑子兄弟，仁人将远而朝政废矣。"晏等遂与嘏不平，因微事免嘏官。又出卢毓为廷尉，毕轨复枉奏毓免官，众论多讼之，乃复以为光禄勋。孙礼亮直不挠，爽心不便，出为扬州刺史。

邵陵厉公正始四年冬十一月，宗室曹冏上书曰："古之王者必建同姓以明亲亲，必树异姓以明贤贤。亲亲之道专用，则其渐也微弱；贤贤之道偏任，则其敝也劫夺。先圣知其然也，故博求亲疏而并用之，故能保其社稷，历纪长久。今魏尊尊之法虽明，亲亲之道未备，或任而不重，或释而不任。臣窃惟此，寝不安席，谨撰合所闻，论其成败曰：昔夏、商、周历世数十，而秦二世而亡。

何则？三代之君与天下共其民，故天下同其忧；秦王独制其民，故倾危而莫救也。秦观周之敝，以为小弱见夺，于是废五等之爵，立郡县之官，内无宗子以自毗辅，外无诸侯以为藩卫，譬犹芟刈股肱，独任胸腹，观者为之寒心，而始皇晏然，自以为子孙帝王万世之业也，岂不悖哉！故汉祖奋三尺之剑，驱乌集之众，五年之中，遂成帝业。何则？伐深根者难为功，摧枯朽者易为力，理势然也。汉监秦之失，封殖子弟，及诸吕擅权，图危刘氏，而天下所以不倾动者，徒以诸侯强大，磐石胶固故也。然高祖封建，地过古制，故贾谊以为'欲天下之治安，莫若众建诸侯而少其力'，文帝不从。至于孝景，猥用晁错之计，削黜诸侯，遂有七国之患。盖兆发高帝，衅钟文、景，由宽之过制，急之不渐故也。所谓'末大必折，尾大难掉'，尾同于体，犹或不从，况乎非体之尾，其可掉哉？武帝从主父之策，下推恩之令，自是之后，遂以陵夷，子孙微弱，衣食租税，不预政事。至于哀、平，王氏秉权，假周公之事，而为田常之乱，宗室王侯，或乃为之符命，颂莽恩德，岂不哀哉！由斯言之，非宗子独忠孝于惠、文之间，而叛逆于哀、平之际也，徒权轻势弱，不能有定耳。赖光武皇帝挺不世之姿，擒王莽于已成，绍汉嗣于既绝，斯岂非宗子之力也？而曾不监秦之失策，袭周之旧制，至于桓、灵，阉宦用事，君孤立于上，臣弄权于下，由是天下鼎沸，奸宄并争，宗庙焚为灰烬，宫室变为榛薮。太祖皇帝龙飞凤翔，扫除凶逆。大魏之兴，于今二十有四年矣。观五代之存亡而不用其长策，睹前车之倾覆而不改于辙迹，子弟王空虚之地，君有不使之民，宗室窜于闾阎，不闻邦国之政，权均匹夫，势齐凡庶，内无深根不拔之固，外无磐石宗盟之助，非所以安社稷，为万世之业也。且今之州牧、郡守，古之方伯、诸侯。皆跨有千里之土，兼军武之任，或比国数人，或兄弟并据，而宗室子弟曾无一人间厕其间，与相维制，非所以强干弱枝，备万一之虞也。今之用贤，或超为名都之主，或为偏师之帅，而宗室有文者必限小县之宰，有武者必致百人之上，非所以劝进贤能，褒异宗室之礼也。语曰'百足之虫，至死不僵'，以其扶之者众也。此言虽小，可以譬大。是以圣王安不忘危，存不忘亡，故天下有变，而无倾危之患矣。"冏冀以此论感寤曹爽，爽不能用。

八年二月，日有食之。时尚书何晏等朋附曹爽，好变改法度，太尉蒋济上疏曰："昔大舜佐治，戒在比周；周公辅政，慎于其朋。夫为国法度，惟命世大才乃能张其纲维以垂于后，岂中下之吏所宜改易哉。终无益于治，适足伤民。宜使文武之臣，各守其职，率以清平，则和气祥瑞可感而致也。"

大将军爽用何晏、邓飏、丁谧之谋，迁太后于永宁宫，专擅朝政，多树亲党，屡改制度。太傅懿不能禁，与爽有隙。五月，懿始称疾，不与政事。

九年，大将军爽骄奢无度，饮食、衣服拟于乘舆，尚方珍玩充牣其家。又私取先帝才人以为伎乐。作窟室，绮疏四周，数与其党何晏等纵酒其中。弟羲深以为忧，数涕泣谏止之，爽不听。爽兄弟数俱出游，司农沛国桓范谓曰："总万机，典禁兵，不宜并出，若有闭城门，谁复内人者？"爽曰："谁敢尔邪！"

初，清河、平原争界，八年不能决，冀州刺史孙礼请天府所藏烈祖封平原时图以决之。爽信清河之诉，云图不可用。礼上疏自辨，辞颇刚切。爽大怒，劾礼怨望，结刑五岁。久之，复为并州刺史，往见太傅懿，有忿色而无言。懿曰："卿得并州少邪？恚理分界失分乎？"礼曰："何明公言之乖也？礼虽不德，岂以官位往事为意邪。本谓明公齐踪伊、吕，匡辅魏室，上报明帝之托，下建万世之勋。今社稷将危，天下凶凶，此礼之所以不悦也。”因涕泣横流。懿曰：“且止，忍不可忍。”

冬，河南尹李胜出为荆州刺史，过辞太傅懿。懿令两婢侍，持衣，衣落；指口言渴，婢进粥，懿不持杯而饮，粥皆流出沾胸。胜曰：“众情谓明公旧风发动，何意尊体乃尔！”懿使声气才属，说：“年老枕疾，死在旦夕。君当屈并州，并州近胡，好为之备。恐不复相见，以子师、昭兄弟为托。”胜曰：“当还忝本州，非并州。”懿乃错乱其辞曰：“君方到并州？”胜复曰：“当忝荆州。”懿曰：“年老意荒，不解君言。今还为本州，盛德壮烈，好建功勋。”胜退告爽曰：“司马公尸居余气，形神已离，不足虑矣。”他日又向爽等垂泣曰：“太傅病不可复济，令人怆然。”故爽等不复设备。

何晏闻平原管辂明于术数，请与相见。十二月丙戌，辂往诣晏，晏与之论易。时邓飏在坐，谓辂曰：“君自谓善易，而语初不及易中辞义，何也？”辂曰：“夫善易者不言易也。”晏含笑赞之曰：“可谓要言不烦也。”因谓辂曰：“试为作一卦，知位当至三公不？”又问：“连梦见青蝇数十来集鼻上，驱之不去，何也？”辂曰：“昔元、凯辅舜，周公佐周，皆以和惠谦恭，享有多福，此非卜筮所能明也。今君侯位尊势重，而怀德者鲜，畏威者众，殆非小心求福之道也。又鼻者天中之山，‘高而不危，所以长守贵’。今青蝇臭恶而集之，位峻者颠，轻豪者亡，不可不深思也。愿君侯裒多益寡，非礼不履，然后三公可至，青蝇可驱也。”飏曰：“此老生之常谭。”辂曰：“夫老生者见不生，常谭者见不谭。”辂还邑舍，具以语其舅，舅责辂言太切至。辂曰：“与死人语，何所畏邪？”舅大怒，以辂为狂。

太傅懿阴与其子中护军师、散骑常侍昭谋诛曹爽。

嘉平元年春正月甲午，帝谒高平陵，大将军爽与弟中领军羲、武卫将军训、散骑常侍彦皆从。太傅懿以皇太后令，闭诸城门，勒兵据武库，授兵出屯洛水浮桥。召司徒高柔假节、行大将军事，据爽营；太仆王观行中领军事，据羲营。因奏爽罪恶于帝曰："臣昔从辽东还，先帝诏陛下、秦王及臣升御床，把臣臂，深以后事为念。臣言'太祖、高祖亦属臣以后事，此自陛下所见，无所忧苦。万一有不如意，臣当以死奉明诏'。今大将军爽背弃顾命，败乱国典，内则僭拟，外则专权，破坏诸营，尽据禁兵，群官要职，皆置所亲，殿中宿卫，易以私人，根据槃互，纵恣日甚。又以黄门张当为都监，伺察至尊，离间二宫，伤害骨肉。天下汹汹，人怀危惧。陛下便为寄坐，岂得久安？此非先帝诏陛下及臣升御床之本意也。臣虽朽迈，敢忘往言。太尉臣济等皆以爽为有无君之心，兄弟不宜典兵宿卫奏永宁宫，皇太后令敕臣如奏施行。臣辄敕主者及黄门令罢爽、羲、训吏兵，以侯就第，不得逗留，以稽车驾；敢有稽留，便以军法从事。臣辄力疾将兵屯洛水浮桥，伺察非常。"爽得懿奏事，不通，迫窘不知所为，留车驾宿伊水南，伐木为鹿角，发屯田兵数千人以为卫。

懿使侍中高阳许允及尚书陈泰说爽，宜早自归罪。又使爽所信殿中校尉尹大目谓爽，唯免官而已，以洛水为誓。泰，群之子也。

初，爽以桓范乡里老宿，于九卿中特礼之，然不甚亲也。及懿起兵，以太后令召范，欲使行中领军。范欲应命，其子止之曰："车驾在外，不如南出。"范乃出。至平昌城门，城门已闭；门候司蕃，故范举吏也，范举手中版以示之，矫曰："有诏召我，卿促开门。"蕃欲求见诏书,范呵之曰:"卿非我故吏邪?何以敢尔!"乃开之。范出城,顾谓蕃曰:"太傅图逆,卿从我去。"蕃徒行不能及,遂避侧。懿谓蒋济曰:"智囊往矣。"济曰:"范则智矣,然驽马恋栈豆,爽必不能用也。"

范至,劝爽兄弟以天子诣许昌,发四方兵以自辅。爽疑未决。范谓羲曰:"此事昭然,卿用读书何为邪?于今日卿等门户,求贫贱复可得乎?且匹夫质一人,尚欲望活。卿与天子相随,令于天下,谁敢不应也。"俱不言。范又谓羲曰:"卿别营近在阙南,洛阳典农治在城外,呼召如意。今诣许昌,不过中宿,许昌别库,足相被假,所忧当在谷食,而大司农印章在我身。"羲兄弟默然不从,自甲夜至五鼓,爽乃投刀于地曰:"我亦不失作富家翁。"范哭曰:"曹子丹佳人,生汝兄弟,豚犊耳,何图今日坐汝等族灭也!"

爽乃通懿奏事,白帝下诏免己官,奉帝还宫。爽兄弟归家,懿发洛阳吏卒围守之,四角作高楼,令人在楼上察视爽兄弟举动。爽挟弹到后园中,楼上人便唱言:"故大将军东南行。"爽愁闷不知为计。

戊戌,有司奏"黄门张当私以所择才人与爽,疑有奸"。收当付廷尉考实,辞云:"爽与尚书何晏、邓飏、丁谧、司隶校尉毕轨、荆州刺史李胜等阴谋反逆,须三月中发。"于是收爽、羲、训、晏、飏、谧、轨、胜并桓范皆下狱,劾以大逆不道,与张当俱夷三族。

初,爽之出也,司马鲁芝留在府,闻有变,将营骑斫津门出赴爽。及爽解印绶,将出,主簿杨综止之曰:"公挟主握权,舍此以至东市乎?"有司奏收芝、综治罪,太傅懿曰:"彼各为其主也。"

宥之。顷之，以芝为御史中丞，综为尚书郎。

鲁芝将出，呼参军辛敞欲与俱去。敞，毗之子也。其姊宪英为太常羊耽妻，敞与之谋曰："天子在外，太傅闭城门，人云'将不利国家'，于事可得尔乎？"宪英曰："以吾度之，太傅此举，不过以诛曹爽耳。"敞曰："然则事就乎？"宪英曰："得无殆就。爽之才非太傅之偶也。"敞曰："然则敞可以无出乎？"宪英曰："安可以不出？职守，人之大义也。凡人在难，犹或恤之，为人执鞭而弃其事，不祥莫大焉。且为人任，为人死，亲昵之职也，从众而已。"敞遂出。事定之后，敞叹曰："吾不谋于姊，几不获于义。"

先是，爽辟王沈及泰山羊祜，沈劝祜应命。祜曰："委质事人，复何容易。"沈遂行。及爽败，沈以故吏免，乃谓祜曰："吾不忘卿前语。"祜曰："此非始虑所及也。"

爽从弟文叔妻夏侯令女，早寡而无子，其父文宁欲嫁之，令女刀截两耳以自誓，居常依爽。爽诛，其家上书绝昏，强迎以归，复将嫁之。令女窃入寝室，引刀自断其鼻。其家惊惋，谓之曰："人生世间，如轻尘栖弱草耳，何至自苦乃尔？且夫家夷灭已尽，守此欲谁为哉？"令女曰："吾闻仁者不以盛衰改节，义者不以存亡易心。曹氏前盛之时，尚欲保终，况今衰亡，何忍弃之，此禽兽不行，吾岂为乎！"司马懿闻而贤之，听使乞子字养为曹氏后。

何晏等方用事，自以为一时才杰，人莫能及。晏尝为名士品目曰："'唯深也故能通天下之志'，夏侯泰初是也。'唯几也故能成天下之务'，司马子元是也。'惟神也不疾而速，不行而至'，吾闻其语，未见其人。"盖欲以神况诸己也。

选部郎刘陶，晔之子也，少有口辩，邓飏之徒称之，以为伊、吕。陶尝谓傅玄曰："仲尼不圣。何以知之？智者于群愚，如弄一丸于掌中,而不能得天下,何以为圣?”玄不复难,但语之曰:“天下之变无常也,今见卿穷。”及曹爽败,陶退居里舍,乃谢其言之过。

管辂之舅谓辂曰:“尔前何以知何、邓之败?”辂曰:“邓之行步,筋不束骨,脉不制肉,起立倾倚,若无手足,此为鬼躁。何之视候则魂不守宅,血不华色,精爽烟浮,容若槁木,此为鬼幽。二者,皆非遐福之象也。”

何晏性自喜,粉白不去手,行步顾影。尤好老、庄之书,与夏侯玄、荀粲及山阳王弼之徒竞为清谈,祖尚虚无,谓六经为圣人糟粕。由是天下士大夫争慕效之,遂成风流,不可复制焉。

## 吴易太子

魏邵陵厉公正始二年五月,吴太子登卒。

三年春正月,吴主立其子和为太子。

八月,吴主封子霸为鲁王。霸,和母弟也,宠爱崇特,与和无殊。尚书仆射是仪领鲁王傅,上疏谏曰:“臣窃以鲁王天挺懿德,兼资文武,当今之宜,宜镇四方,为国藩辅,宣扬德美,广耀威灵,乃国家之良规,海内所瞻望。且二宫宜有降杀,以正上下之序,明教化之本。”书三四上,吴主不听。

六年春正月,吴太子和与鲁王同宫,礼秩如一,群臣多以为言。吴主乃命分宫别僚,二子由是有隙。卫将军全琮遣其子寄事鲁王,以书告丞相陆逊,逊报曰:“子弟苟有才,不忧不用,不宜私出以要荣利。若其不佳,终为取祸。且闻二宫势敌,必有彼此,此古人之厚忌也。”寄果阿附鲁王,轻为交构。逊书与琮曰:

"卿不师日磾而宿留阿寄,终为足下门户致祸矣。"琮既不纳逊言,更以致隙。

鲁王曲意交结当时名士,偏将军朱绩以胆力称,王自至其廨,就之坐,欲与结好。绩下地住立,辞而不当。绩,然之子也。

于是自侍御、宾客,造为二端,仇党疑贰,滋延大臣,举国中分。吴主闻之,假以精学,禁断宾客往来。督军使者羊道上疏曰:"闻明诏省夺二宫备卫,抑绝宾客,使四方礼敬不复得通,远近悚然,大小失望。或谓二宫不遵典式,就如所嫌,犹宜补察,密加斟酌,不使远近得容异言。臣惧积疑成谤,久将宣流,而西北二隅,去国不远,将谓二宫有不顺之愆,不审陛下何以解之?"

吴主长女鲁班适左护军全琮,少女小虎适票骑将军朱据。全公主与太子母王夫人有隙,吴主欲立王夫人为后,公主阻之,恐太子立怨己,心不自安,数谮毁太子。吴主寝疾,遣太子祷于长沙桓王庙,太子妃叔父张休居近庙,邀太子过所居。全公主使人觇视,因言"太子不在庙中,专就妃家计议"。又言"王夫人见上寝疾,有喜色"。吴主由是发怒,夫人以忧死,太子宠益衰。

鲁王之党杨竺、全寄、吴安、孙奇等共谮毁太子,吴主惑焉。陆逊上疏谏曰:"太子正统,宜有磐石之固。鲁王藩臣,当使宠秩有差。彼此得所,上下获安。"书三四上,辞情危切。又欲诣都,口陈嫡庶之义,吴主不悦。

太常顾谭,逊之甥也,亦上疏曰:"臣闻有国有家者,必明嫡庶之端,异尊卑之礼,使高下有差,等级逾邈,如此,则骨肉之恩全,觊觎之望绝。昔贾谊陈治安之计,论诸侯之势,以为'势重虽亲,必有逆节之累,势轻虽疏,必有保全之祚'。故淮南亲弟,不终飨国,失之于势重也;吴芮疏臣,传祚长沙,得之于势轻也。昔汉文帝使慎夫人与皇后同席，袁盎退夫人之位，帝有怒色。及盎辨上下之义，陈'人彘'之戒，帝既悦怿，夫人亦悟。今臣所陈，非有所偏，诚欲以安太子而便鲁王也。"由是鲁王与谭有隙。

芍陂之役，谭弟承及张休皆有功。全琮子端、绪与之争功，谮承、休于吴主，吴主徙谭、承、休于交州，又追赐休死。

太子太傅吾粲请使鲁王出镇夏口，出杨竺等，不得令在京师。又数以消息语陆逊。鲁王与杨竺共谮之，吴主怒，收粲下狱，诛。数遣中使责问陆逊，逊愤恚而卒。其子抗为建武校尉，代领逊众，送葬东还，吴主以杨竺所白逊二十事问抗，抗事事条答，吴主意乃稍解。

嘉平二年。初，会稽潘夫人有宠于吴主，生少子亮，吴主爱之。全公主既与太子和有隙，欲豫自结，数称亮美，以其夫之兄子尚女妻之。吴主以鲁王霸结朋党以害其兄，心亦恶之，谓侍中孙峻曰："子弟不睦，臣下分部，将有袁氏之败，为天下笑。若使一人立者，安得不乱乎？"遂有废和立亮之意，然犹沉吟者历年。峻，静之曾孙也。

秋，吴主遂幽太子和。票骑将军朱据谏曰："太子国之本根，加以雅性仁孝，天下归心。昔晋献用骊姬而申生不存，汉武信江充而戾太子冤死。臣窃惧太子不堪其忧，虽立思子之宫，无所复及矣。"吴主不听。据与尚书仆射屈晃率诸将吏泥头自缚，连日诣阙请和。吴主登白爵观见，甚恶之，敕据、晃等"无事匆匆"。无难督陈正、五营督陈象各上书切谏，据、晃亦固谏不已，吴主大怒，族诛正、象。牵据、晃入殿，据、晃犹口谏，叩头流血，辞气不挠。吴主杖之各一百，左迁据为新都郡丞，晃斥归田里。群司坐谏诛放者以十数。遂废太子和为庶人，徙故鄣。赐鲁王霸死。

杀杨竺，流其尸于江。又诛全寄、吴安、孙奇，皆以其党霸谮和故也。初，杨竺少获声名，而陆逊谓之终败，劝竺兄穆，令与之别族。及竺败，穆以数谏戒竺，得免死。朱据未至官，中书令孙弘以诏书追赐死。

冬十一月，吴主立子亮为太子。

三年夏四月，吴主立潘夫人为皇后。

吴主颇寤太子和之无罪。冬十一月，吴主祀南郊，还得风疾，欲召和还，全公主及侍中孙峻、中书令孙弘固争之，乃止。

四年春正月，吴主立故太子和为南阳王，使居长沙；仲姬子奋为齐王，居武昌；王夫人子休为琅邪王，居虎林。

吴潘后性刚戾，吴主疾病，后使人问孙弘以吕后称制故事。左右不胜其虐，伺其昏睡，缢杀之，托言中恶。后事泄，坐死者六七人。

夏四月，吴主殂，太子亮即位。太傅恪不欲诸王处滨江兵马之地，乃徙齐王奋于豫章，琅邪王休于丹阳。奋不肯徙，又数越法度，恪为笺以遗奋曰："帝王之尊，与天同位，是以家天下，臣父兄。仇雠有善，不得不举，亲戚有恶，不得不诛，所以承天理物，先国后身，盖圣人立制，百代不易之道也。昔汉初兴，多王子弟，至于太强，辄为不轨，上则几危社稷，下则骨肉相残，其后惩戒，以为大讳。自光武以来，诸王有制，惟得自娱于宫内，不得临民干与政事，其与交通，皆有重禁，遂以全安，各保福祚。此则前世得失之验也。大行皇帝览古戒今，防芽遏萌，虑于千载，是以寝疾之日，分遣诸王各早就国，诏策勤渠，科禁严峻，其所戒敕，无所不至。诚欲上安宗庙，下全诸王，使百世相承，无凶国害家之悔也。大王宜上惟太伯顺父之志，中念河间献王、东海王强恭顺之节，下存前世骄恣荒乱之王以为警戒。而闻顷至武昌以来，多违诏敕，不拘制度，擅发诸将兵治护宫室。又左右常从有罪过者，当以表闻，公付有司，而擅私杀，事不明白。中书杨融亲受诏敕，所当恭肃，乃云'正自不听禁，当如我何'？闻此之日，小大惊怪，莫不寒心。里语曰：'明鉴所以照形，古事所以知今。'大王宜深以鲁王为戒，改易其行，战战兢兢，尽礼朝廷。如此，则无求不得。若弃忘先帝法教，怀轻慢之心，臣下宁负大王，不敢负先帝遗诏；宁为大王所怨疾，岂敢忘尊主之威，而令诏敕不行于藩臣邪！向使鲁王早纳忠直之言，怀惊惧之虑，则享祚无穷，岂有灭亡之祸哉！夫良药苦口，唯病者能甘之；忠言逆耳，唯达者能受之。今者，恪等慺慺，欲为大王除危殆于萌芽，广德庆之基原，是以不自知言至，愿蒙三思。"王得笺惧，遂移南昌。

五年冬十月，孙峻杀诸葛恪。齐王奋闻诸葛恪诛，下住芜湖，欲至建业观变。傅相谢慈等谏，奋杀之。坐废为庶人，徙章安。

南阳王和妃张氏，诸葛恪之甥也。先是，恪有徙都之意，使治武昌宫，民间或言恪欲迎和立之。及恪被诛，丞相峻因此夺和玺绶，徙新都，又遣使者赐死。初，和妾何氏生子皓，诸姬子德、谦、俊。和将死，与张妃别，妃曰："吉凶当相随，终不独生。"亦自杀。何姬曰："若皆从死，谁当字孤？"遂抚育皓及其三弟，皆赖以获全。

## 诸葛恪寇淮南 孙綝逆节附

魏邵陵厉公嘉平三年冬十一月，吴主以太子亮幼少，议所付托，孙峻荐大将军诸葛恪可付大事。吴主嫌恪刚狠自用，峻曰："当今朝臣之才，无及恪者。"乃召恪于武昌。恪将行，上大将军吕岱戒之曰："世方多难，子每事必十思。"恪曰："昔季文子三思而后行，夫子曰'再思可矣'。今君令恪十思，明恪之劣也。"岱无以答，时咸谓之失言。

虞喜论曰：夫托以天下，至重也；以人臣行主威，至难也；兼二至而管万机，能胜之者鲜矣。吕侯，国之元耆，志度经远，甫以十思戒之，而便以示劣见拒，此元逊之疏，机神不俱者也。若因十思之义，广谘当世之务，闻善速于雷动，从谏急于风移，岂得陨首殿堂，死于凶竖之刃！世人奇其英辩，造次可观，而哂吕侯无对为陋，不思安危终始之虑，是乐春藻之繁华而忘秋实之甘口也。昔魏人伐蜀，蜀人御之，精严垂发，而费祎方与来敏对棋，意无厌倦。敏以为必能办贼，言其明略内定，貌无忧色也。况长宁以为君子临事而惧，好谋而成，蜀为蕞尔之国，而方向大敌，所规所图，唯守与战，何可矜己有余，晏然无戚。斯乃祎性之宽简，不防细微，卒为降人郭循所害，岂非兆见于彼而祸成于此哉？往闻长宁之甄文伟，今睹元逊之逆吕侯，二事体同，皆足以为世鉴也。

恪至建业，见吴主于卧内，受诏床下，以大将军领太子太傅，孙弘领少傅，诏有司诸事一统于恪，惟杀生大事然后以闻。为制群官百司拜揖之仪，各有品序。又以会稽太守北海滕胤为太常。胤，吴主婿也。

四年春二月，吴主病困，召诸葛恪、孙弘、滕胤及将军吕据、侍中孙峻入卧内，属以后事。夏四月，吴主殂。孙弘素与诸葛恪不平，惧为恪所治，秘不发丧，欲矫诏诛恪。孙峻以告恪，恪请弘咨事，于坐中杀之，乃发丧。谥吴主曰大皇帝。太子亮即位，大赦，改元建兴。闰月，以诸葛恪为太傅，滕胤为卫将军，吕岱为大司马。

初，吴大帝筑东兴堤以遏巢湖，其后入寇淮南，败，以内船，遂废不复治。冬十月，太傅恪会众于东兴，更作大堤，左右结山，侠筑两城，各留千人，使将军全端守西城，都尉留略守东城，引军而还。

镇东将军诸葛诞言于大将军师曰："今因吴内侵，使文舒逼江陵，仲恭向武昌，以羁吴之上流，然后简精卒攻其两城，比救至，可大获也。"是时征南大将军王昶、征东将军胡遵、镇南将军毌丘俭等各献征吴之计。朝廷以三征计异，诏问尚书傅嘏。嘏对曰："议者或欲泛舟径济，横行江表；或欲四道并进，攻其城垒；或欲大佃疆埸，观衅而动；诚皆取贼之常计也。然自治兵以来，出入三载，非掩袭之军也。贼之为寇，几六十年矣，君臣相保，吉凶共患，又丧其元帅，上下忧危，设令列船津要，坚城据险，横行之计，其殆难捷。今边壤之守，与贼相远，贼设罗落，又特重密，间谍不行，耳目无闻。夫军无耳目，校察未详，而举大众以临巨险，此为希幸徼功，先战而后求胜，非全军之长策也。唯有进军大佃，最差完牢。可诏昶、遵等择地居险，审所错置，及令三方一时前守。夺其肥壤，使还塉土，一也。兵出民表，寇钞不犯，二也。招怀近路，降附日至，三也。罗落远设，间构不来，四也。贼退其守，罗落必浅，佃作易立，五也。坐食积谷，士不运输，六也。衅隙时闻，讨袭速决，七也。凡此七者，军事之急务也。不据则贼擅便资，据之则利归于国，不可不察也。夫屯垒相逼，形势已交，智勇得陈，巧拙得用，策之而知得失之计，角之而知有余不足，虏之情伪，将焉所逃？夫以小敌大则役烦力竭，以贫敌富则敛重财匮，故曰‘敌逸能劳之，饱能饥之’，此之谓也。”司马师不从。

十一月，诏王昶等三道击吴。十二月，王昶攻南郡，毌丘俭向武昌，胡遵、诸葛诞率众七万攻东兴。甲寅，吴太傅恪将兵四万，晨夜兼行，救东兴。胡遵等敕诸军作浮桥以渡，陈于堤上，分兵攻两城。城在高峻，不可卒拔。诸葛恪使冠军将军丁奉与吕据、留赞、唐咨为前部，从山西上。奉谓诸将曰：“今诸军行缓，若贼据便地，则难以争锋，我请趋之。”乃辟诸军使下道，奉自率麾下三千人径进。时北风，奉举帆二日即至东关，遂据徐塘。时天雪，寒，胡遵等方置酒高会，奉见其前部兵少，谓其下曰：“取封侯爵赏，正在今日。”乃使兵皆解铠，去矛戟，但兜鍪刀楯，裸身缘堨。魏人望见，大笑之，不即严兵。吴兵得上，便鼓噪，斫破魏前屯。吕据等继至，魏军惊扰散走，争渡浮桥，桥坏绝，自投于水，更相蹈藉。前部督韩综、乐安太守桓嘉等皆没，死者数万。综故吴叛将，数为吴害，吴大帝常切齿恨之，诸葛恪命送其首以白大帝庙。获车乘、牛、马、驴、骡各以千数，资器山积，振旅而归。

五年春正月，光禄大夫张缉言于师曰：“恪虽克捷，见诛不久。”师曰：“何故？”缉曰：“威震其主，功盖一国，求不死，得乎？”

二月，吴军还自东兴，进封太傅恪阳都侯，加荆、扬州牧，督中外诸军事。恪遂有轻敌之心，复欲出军，诸大臣以为数出罢劳，同辞谏恪，恪不听。中散大夫蒋延固争，恪命扶出。因著论以谕众曰：“凡敌国欲相吞，即仇雠欲相除也。有仇而长之，祸不在己则在后人，不可不为远虑也。昔秦但得关西耳，尚以并吞六国，今以魏比古之秦，土地数倍，以吴与蜀比古六国，不能半也。然今所以能敌之者，但以操时兵众，于今适尽，而后生者未悉长大，正是贼衰少未盛之时。加司马懿先诛王凌，续自陨毙，其子幼弱而专彼大任，虽有智计之士，未得施用。当今伐之，是其厄会。圣人急于趋时，诚谓今日。若顺众人之情，怀偷安之计，以为长江之险可以传世，不论魏之终始，而以今日遂轻其后，此吾所以长叹息者也。今闻众人或以百姓尚贫，欲务闲息，此不知虑其大危，而爱其小勤者也。昔汉祖幸已自有三秦之地，何不闭关守险，以自娱乐，空出攻楚，身被创痍，介胄生虮虱，将士厌困苦，岂甘锋刃而忘安宁哉？虑于长久，不得两存者耳。每鉴荆邯说公孙述以进取之图，近见家叔父表陈与贼争竞之计，未尝不喟然叹息也。夙夜反侧，所虑如此，故聊疏愚言，以达二三君子之末。若一朝陨没，志画不立，贵令来世，知我所忧，可思于后耳。”众人虽皆心以为不可，然莫敢复难。

丹阳太守聂友素与恪善，以书谏恪曰："大行皇帝本有遏东关之计，计未施行。今公辅赞大业，成先帝之志，寇远自送，将士凭赖威德，出身用命，一旦有非常之功，岂非宗庙神灵社稷之福邪！宜且按兵养锐，观衅而动。今乘此势，欲复大出，天时未可，而苟任盛意，私心以为不安。”恪题论后，为书答友曰："足下虽有自然之理，然未见大数，熟省此论，可以开悟矣。"

滕胤谓恪曰："君受伊、霍之托，入安本朝，出摧强敌，名声振于海内，天下莫不震动，万姓之心，冀得蒙君而息。今猥以劳役之后，兴师出征，民疲力屈，远主有备。若攻城不克，野略无获，是丧前劳而招后责也。不如按甲息师，观隙而动。且兵者大事，事以众济，众苟不悦，君独安之？”恪曰："诸云不可，皆不见计算，怀居苟安者也。而子复以为然，吾何望乎？夫以曹芳暗劣，而政在私门，彼之民臣，固有离心。今吾因国家之资，藉战胜之威，则何往而不克哉！”三月，恪大发州郡二十万众复入寇，以滕胤为都下督，掌统留事。

夏四月，吴诸葛恪入寇淮南，驱略民人。诸将或谓恪曰：“今引军深入，疆埸之民必相率远遁，恐兵劳而功少。不如止围新城，新城困，救必至，至而图之，乃可大获。”恪从其计。五月，还军围新城。

诏太尉司马孚督诸军二十万往赴之。大将军师问于虞松曰：“今东西有事，二方皆急，而诸将意沮，若之何？”松曰：“昔周亚夫坚壁昌邑而吴、楚自败，事有似弱而强，不可不察也。今恪悉其锐众，足以肆暴，而坐守新城，欲以致一战耳。若攻城不拔，请战不可，师老众疲，势将自走，诸将之不径进，乃公之利也。姜维有重兵而悬军应恪，投食我麦，非深根之寇也。且谓我并力于东，西方必虚，是以径进。今若使关中诸军倍道急赴，出其不意，殆将走矣。”师曰：“善。”乃使郭淮、陈泰悉关中之众，解狄道之围，敕毌丘俭等按兵自守，以新城委吴。陈泰进至洛门，姜维粮尽，退还。

扬州牙门将涿郡张特守新城，吴人攻之连月。城中兵合三千人，疾病战死者过半，而恪起土山急攻，城将陷，不可护。特乃谓吴人曰：“今我无心复战也。然魏法，被攻过百日而救不至者，虽降，家不坐。自受敌以来，已九十余日矣，此城中本有四千余人，战死者已过半，城虽陷，尚有半人不欲降，我当还为相语，条别善恶，明日早送名，且以我印绶去为信。”乃投其印绶与之。吴人听其辞，而不取印绶。特乃投夜彻诸屋材栅，补其缺为二重。

明日，谓吴人曰："我但有斗死耳。"吴人大怒，进攻之，不能拔。

会大暑，吴士疲劳，饮水，泄下、流肿，病者太半，死伤涂地。诸营吏日白病者多，恪以为诈，欲斩之，自是莫敢言。恪内惟失计，而耻城不下，忿形于色。将军朱异以军事迕恪，恪立夺其兵，斥还建业。都尉蔡林数陈军计，恪不能用，策马来奔。诸将伺知吴兵已疲，乃进救兵。秋七月，恪引军去，士卒伤病，流曳道路，或顿仆坑壑，或见略获，存亡哀痛，大小嗟呼。而恪晏然自若，出住江渚一月，图起田于浔阳，诏召相衔，徐乃旋师。由此众庶失望，怨讟兴矣。

汝南太守邓艾言于司马师曰："孙权已没，大臣未附，吴名宗大族皆有部曲，阻兵仗势，足以违命。诸葛恪新秉国政，而内无其主，不念抚恤上下，以立根基，竞于外事，虐用其民，悉国之众，顿于坚城，死者万数，载祸而归，此恪获罪之日也。昔子胥、吴起、商鞅、乐毅皆见任时君，主没犹败，况恪才非四贤，而不虑大患，其亡可待也。"

八月，吴军还建业，诸葛恪陈兵导从，归入府馆，即召中书令孙嘿厉声谓曰："卿等何敢数妄作诏！"嘿惶惧辞出，因病还家。

恪征行之后，曹所奏署令长职司，一罢更选，愈治威严，多所罪责，当进见者无不竦息。又改易宿卫，用其亲近。复敕兵严，欲向青、徐。

孙峻因民之多怨，众之所嫌，构恪于吴主，云欲为变。冬十月，孙峻与吴主谋置酒请恪。恪将入之夜，精爽扰动，通夕不寐，又家数有妖怪，恪疑之。旦日，驻车宫门，峻已伏兵于帷中，恐恪不时入事泄，乃自出见恪曰："使君若尊体不安，自可须后，峻当具白主上。"欲以尝知恪意。恪曰："当自力入。"散骑常侍张约、朱恩等密书与恪曰:“今日张设非常,疑有他故。”恪以书示滕胤,胤劝恪还。恪曰:“儿辈何能为,正恐因酒食中人耳。”恪入,剑履上殿,进谢,还坐。设酒,恪疑未饮。孙峻曰:“使君病未善平,有常服药酒,可取之。”恪意乃安,别饮所赍酒。数行,吴主还内,峻起如厕,解长衣,着短服,出曰:“有诏收诸葛恪。”恪惊起,拔剑未得,而峻刀交下。张约从旁斫峻,裁伤左手,峻应手斫约断右臂。武卫之士皆趋上殿,峻曰:“所取者恪也,今已死。”悉令复刃,乃除地更饮。恪二子竦、建闻难,载其母欲来奔,峻使人追杀之。以苇席裹恪尸,篾束腰,投之石子冈。又遣无难督施宽就将军施绩、孙壹军,杀恪弟奋威将军融于公安,及其三子。恪外甥都乡侯张震、常侍朱恩,皆夷三族。

临淮臧均表乞收葬恪曰:“震雷电激,不崇一朝,大风冲发,希有极日,然犹继以云雨,因以润物。是则天地之威不可经日浃辰,帝王之怒不宜讫情尽意。臣以狂愚,不知忌讳,敢冒破灭之罪,以邀风雨之会。伏念故太傅诸葛恪,罪积恶盈,自致夷灭,父子三首,枭市积日,观者数万,詈声成风。国之大刑,无所不震,长老孩幼,无不毕见。人情之于品物,乐极则哀生,见恪贵盛,世莫与贰,身处台辅,中间历年,今之诛夷,无异禽兽,观讫情反,能不憯然!且已死之人,与土壤同域,凿掘斫刺,无所复加。愿圣朝稽则乾坤,怒不极旬,使其乡邑若故吏民,收以士伍之服,惠以三寸之棺。昔项籍受殡葬之施,韩信获收敛之恩,斯则汉高发神明之誉也。惟陛下敦三皇之仁,垂哀矜之心,使国泽加于辜戮之骸,复受不已之恩,于以扬声遐方,沮劝天下,岂不大哉!昔栾布矫命彭越,臣窃恨之,不先请主上而专名以肆情,其得不诛,实为幸耳。今臣不敢章宣愚情以露天恩,谨伏手书,冒昧陈闻,乞圣明哀察。”于是吴主及孙峻听恪故吏敛葬。

初，恪少有盛名，大帝深器重之，而恪父瑾常以为戚，曰：“非保家之主也。”父友奋威将军张承亦以为恪必败诸葛氏。陆逊尝谓恪曰：“在我前者，吾必奉之同升，在我下者，则扶接之。今观君气陵其上，意蔑乎下，非安德之基也。”汉侍中诸葛瞻，亮之子也。恪再攻淮南，越巂太守张嶷与瞻书曰：“东主初崩，帝实幼弱，太傅受寄托之重，亦何容易？亲有周公之才，犹有管、蔡流言之变，霍光受任，亦有燕、盖、上官逆乱之谋，赖成、昭之明以免斯难耳。昔每闻东主杀生赏罚不任下人，又今以垂没之命，卒召太傅，属以后事，诚实可虑。加吴、楚剽急，乃昔所记，而太傅离少主，履敌庭，恐非良计长算也。虽云东家纲纪肃然，上下辑睦，百有一失，非明者之虑也。取古则今，今则古也，自非郎君进忠言于太傅，谁复有尽言者邪？旋军广农，务行德惠，数年之中，东西并举，实为不晚，愿深采察。”恪果以此败。

吴群臣共议上奏，推孙峻为太尉，滕胤为司徒。有媚峻者言曰：“万机宜在公族，若承嗣为亚公，声名素重，众心所附，不可量也。”乃表峻为丞相、大将军，督中外诸军事，又不置御史大夫。由是士人失望。滕胤女为恪子竦妻，胤以此辞位。孙峻曰：“鲧、禹罪不相及，滕侯何为？”峻与胤虽内不沾洽，而外相苞容，进胤爵高密侯，共事如前。

高贵乡公正元元年，孙峻骄矜淫暴，国人侧目。司马桓虑谋杀峻，立太子登之子吴侯英，不克，皆死。

二年秋七月，吴将军孙仪、张怡、林恂谋杀孙峻，不克，死者数十人。全公主谮朱公主于峻曰：“与仪同谋。”峻遂杀朱公主。

甘露元年秋九月，孙峻使票骑将军吕据及车骑将军刘纂、镇南将军朱异、前将军唐咨自江都入淮、泗，以图青、徐。峻饯之于石头，遇暴疾，以后事付从父弟偏将军綝。峻卒，吴以綝为侍中、武卫将军，都督中外诸军事，召吕据等还。

吕据闻孙綝代孙峻辅政，大怒，与诸督将连名共表荐滕胤为丞相，綝更以胤为大司马，代吕岱驻武昌。据引兵还，使人报胤，欲共废綝。冬十月丁未，綝遣从兄宪将兵逆据于江都，使中使敕文钦、刘纂、唐咨等共击取据，又遣侍中左将军华融、中书丞丁晏告喻胤宜速去意。胤自以祸及，因留融、晏，勒兵自卫，召典军杨崇、将军孙咨，告以綝为乱，迫融等使有书难綝；綝不听，表言胤反，许将军刘承以封爵，使率兵骑攻围胤。胤又劫融等使诈为诏发兵，融等不从，皆杀之。或劝胤引兵至苍龙门，将士见公出，必委綝就公。时夜已半，胤恃与据期，又难举兵向宫，乃约令部曲，说吕侯已在近道，故皆为胤尽死，无离散者。胤颜色不变，谈笑如常。时大风，比晓，据不至，綝兵大会，遂杀胤及将士数十人，夷胤三族。己酉，大赦，改元太平。或劝吕据奔魏者，据曰："吾耻为叛臣。"遂自杀。

十一月，吴孙綝迁大将军。綝负贵倨傲，多行无礼。峻从弟宪尝与诛诸葛恪，峻厚遇之，官至右将军、无难督，平九官事。綝遇宪薄于峻时，宪怒，与将军王惇谋杀綝。事泄，綝杀惇，宪服药死。

二年夏四月，吴主临正殿，大赦，始亲政事。孙綝表奏，多见难问。又科兵子弟十八以下、十五以上三千余人，选大将子弟年少有勇力者使将之，日于苑中教习，曰："吾立此军，欲与之俱长。"又数出中书，视大帝时旧事，问左右侍臣曰："先帝数有特制，今大将军问事，但令我书可邪？"

三年秋八月，吴孙綝以吴主亲览政事，多所难问，甚惧。返自镬里，遂称疾不朝，使弟威远将军据入苍龙门宿卫，武卫将军恩、偏将军幹、长水校尉闿分屯诸营，欲以自固。吴主恶之，乃推朱公主死意。全公主惧曰："我实不知，皆朱据二子熊、损所白。"是时熊为虎林督，损为外部督，吴主皆杀之。损妻即孙峻妹也。綝谏不从，由是益惧。

吴主阴与全公主及将军刘承谋诛綝。全后父尚为太常、卫将军，吴主谓尚子黄门侍郎纪曰："孙綝专势，轻小于孤。孤前敕之使速上岸，为唐咨等作援，而留湖中不上岸一步。事见淮南三叛。又委罪于朱异，擅杀功臣，不先表闻。筑第桥南，不复朝见。此为自在，无复所畏，不可久忍，今规取之。卿父作中军都督，使密严整士马，孤当自出临桥，率宿卫虎骑、左右无难一时围之，作版诏敕綝所领皆解散，不得举手。正尔，自当得之。卿去，但当使密耳。卿宣诏卿父，勿令卿母知之。女人既不晓大事，且綝同堂姊，邂逅漏泄，误孤非小也。"纪承诏，以告尚。尚无远虑，以语纪母，母使人密语綝。

九月戊午，綝夜以兵袭尚，执之，遣弟恩杀刘承于苍龙门外，比明，遂围宫。吴主大怒，上马带鞬执弓欲出，曰："孤大皇帝适子，在位已五年，谁敢不从者！"侍中近臣及乳母共牵攀止之，不得出，叹咤不食，骂全后曰："尔父愦愦，败我大事。"又遣呼纪，纪曰："臣父奉诏不谨，负上，无面目复见。"因自杀。綝使光禄勋孟宗告太庙，废吴主为会稽王。召群臣议曰："少帝荒病昏乱，不可以处大位，承宗庙，已告先帝废之。诸君若有不同者，下异议。"皆震怖曰："唯将军令！"綝遣中书郎李崇夺吴主玺绶，以吴主罪班告远近。尚书桓彝不肯署名，綝怒，杀之。典军施正劝綝迎立琅邪王休，綝从之。己未，綝使宗正楷与中书郎董朝迎琅邪王于会稽，遣将军孙耽送会稽王亮之国。亮时年十六。徙全尚于零陵，寻追杀之。迁全公主于豫章。

冬十月戊午，琅邪王行至曲阿，有老公遮王叩头曰："事久变生，天下喁喁，愿陛下速行。"王善之。是日，进及布塞亭。孙綝以琅邪王未至，欲入居宫中，召百官会议，皆惶怖失色，徒唯唯而已。选曹郎虞汜曰："明公为国伊、周，处将相之任，擅废立之威，将上安宗庙，下惠百姓，大小踊跃，自以伊、霍复见。今迎王未至，而欲入宫，如是群下摇荡，众听疑惑，非所以永终忠孝，扬名后世也。"綝不怿而止。汜，翻之子也。



綝命弟恩行丞相事，率百僚以乘舆法驾迎琅邪王于永昌亭，筑宫，以武帐为便殿，设御坐。己卯，王至便殿，止东厢，孙恩奉上玺符，王三让，乃受。群臣以次奉引，王就乘舆，百官陪位。綝以兵千人迎于半野，拜于道侧，王下车答拜。即日，御正殿，大赦，改元永安。孙綝称"草莽臣诣阙上书，上印绶、节钺，求避贤路"。吴主引见，慰谕。下诏以綝为丞相、荆州牧，增邑五县；以恩为御史大夫、卫将军、中军督，封县侯；孙据、幹、闿皆拜将军，封侯。又以长水校尉张布为辅义将军，封永康侯。

先是，丹阳太守李衡数以事侵琅邪王，其妻习氏谏之，衡不听。琅邪王上书乞徙他郡，诏徙会稽。及琅邪王即位，李衡忧惧，谓妻曰："不用卿言，以至于此。吾欲奔魏，何如？"妻曰："不可。君本庶民耳，先帝相拔过重，既数作无礼，而复逆自猜嫌，逃叛求活，以此北归，何面目见中国人乎？"衡曰："计何所出？"妻曰："琅邪王素好善慕名，方欲自显于天下，终不以私嫌杀君明矣。可自囚诣狱，表列前失，显求受罪。如此，乃当逆见优饶，非但直活而已。”衡从之。吴主诏曰：“丹阳太守李衡以往事之嫌，自拘司败。夫射钩、斩袪，在君为君。其遣衡还郡，勿令自疑。”又加威远将军，授以棨戟。

己丑，吴主封故南阳王和子皓为乌程侯。

群臣奏立皇后、太子。吴主曰：“朕以寡德，奉承洪业，莅事日浅，恩泽未敷，后妃之号，嗣子之位，非所急也。”有司固请，吴主不许。

孙綝奉牛酒诣吴主，吴主不受，赍诣左将军张布。酒酣，出怨言曰：“初废少主，时多劝吾自为之者。吾以陛下贤明，故迎之。帝非我不立，今上礼见拒，是与凡臣无异，当复改图耳。”布以告吴主。吴主衔之，恐其有变，数加赏赐。戊戌，吴主诏曰：“大将军掌中外诸军事，事统烦多，其加卫将军、御史大夫恩侍中，与大将军分省诸事。”或有告綝怀怨侮上欲图反者，吴主执以付綝，綝杀之。由是益惧，因孟宗求出屯武昌，吴主许之。綝尽敕所督中营精兵万余人，皆令装载。又取武库兵器，吴主咸令给与。綝求中书两郎典知荆州诸军事，主者奏中书不应外出，吴主特听之。其所请求，一无违者。

将军魏邈说吴主曰：“綝居外，必有变。”武卫士施朔又告綝谋反。吴主将讨綝，密问辅义将军张布，布曰：“左将军丁奉，虽不能吏书，而计略过人，能断大事。”吴主召奉告之，且问以计画。奉曰：“丞相兄弟支党甚盛，恐人心不同，不可卒制，可因腊会有陛兵以诛之。”吴主从之。

十二月丁卯，建业中谣言明会有变，綝闻之，不悦。夜大风，发屋扬沙，綝益惧。戊辰，腊会，綝称疾不至。吴主强起之，使者十余辈，綝不得已，将入，众止焉。綝曰：“国家屡有命，不可辞。

可豫整兵，令府内起火，因是可得速还。”遂入，寻而火起，綝求出。吴主曰：“外兵自多，不足烦丞相也。”綝起离席，奉、布目左右缚之。綝叩头曰：“愿徙交州。”吴主曰：“卿何以不徙滕胤、吕据于交州乎？”綝复曰：“愿没为官奴。”吴主曰：“卿何不以胤、据为奴乎？”遂斩之。以綝首令其众曰：“诸与綝同谋者，皆赦之。”放仗者五千人。孙闿乘船欲降北，追杀之。夷綝三族，发孙峻棺，取其印绶，斫其木而埋之。

吴主改葬诸葛恪，朝臣有乞为诸葛恪立碑者，吴主诏曰：“盛夏出军，士卒伤损，无尺寸之功，不可谓能。受托孤之任，死于竖子之手，不可谓智。”遂寝。

# 通鉴纪事本末卷第十一



## 魏灭蜀

魏邵陵厉公嘉平五年，汉卫将军姜维自以练西方风俗，兼负其才武，欲诱诸羌胡以为羽翼，谓自陇以西可断而有。每欲兴军大举，大将军费祎常裁制不从，与其兵不过万人，曰："吾等不如丞相亦已远矣，丞相犹不能定中夏，况吾等乎！不如且保国治民，谨守社稷，如其功业，以俟能者。无为希冀徼幸，决成败于一举；若不如志，悔之无及。"及祎死，维得行其志，乃将数万人出石营，围狄道。

高贵乡公正元元年夏四月，狄道长李简密书请降于汉。六月，姜维寇陇西。

冬十月，汉姜维自狄道进拔河间、临洮。将军徐质与战，杀其荡寇将军张嶷，汉兵乃还。

二年秋七月，姜维复议出军，征西大将军张翼廷争，以为"国小民劳，不宜黩武"。维不听，率车骑将军夏侯霸及翼同进。八月，维将数万人至枹罕，趋狄道。

征西将军陈泰，敕雍州刺史王经进屯狄道，须泰军到，东西合势乃进。泰军陈仓，经所统诸军于故关与汉人战，不利，经辄渡洮水。泰以经不坚据狄道，必有他变，率诸军以继之。经已与维战于洮西，大败，以万余人还保狄道城，余皆奔散，死者万计。张翼谓维曰："可以止矣，不宜复进，进或毁此大功，为蛇画足。"维大怒，遂进围狄道。

辛未，诏长水校尉邓艾行安西将军，与陈泰并力拒维。戊辰，复以太尉孚为后继。泰进军陇西，诸将皆曰："王经新败，蜀众大盛，将军以乌合之卒，继败军之后，当乘胜之锋，殆必不可。古人有言：'蝮蛇螫手，壮士解腕。'孙子曰：'兵有所不击，地有所不守。'盖小有所失而大有所全故也。不如据险自保，观衅待敝，然后进救，此计之得者也。"泰曰："姜维提轻兵深入，正欲与我争锋原野，求一战之利。王经当高壁深垒，挫其锐气，今乃与战，使贼得计。经既破走，维若以战克之威，进兵东向，据栎阳积谷之实，放兵收降，招纳羌胡，东争关、陇，传檄四郡，此我之所恶也。而乃以乘胜之兵，挫峻城之下，锐气之卒，屈力致命，攻守势殊，客主不同。兵书云：'修橹轒辒，三月乃成，拒堙三月而后已。'诚非轻军远入之利也。今维孤军远侨，粮谷不继，是我速进破贼之时，所谓疾雷不及掩耳，自然之势也。洮水带其表，维等在其内，今乘高据势，临其项领，不战必走。寇不可纵，围不可久，君等何言如是！"遂进军度高城岭，潜行，夜至狄道东南高山上，多举烽火，鸣鼓角。狄道城中将士见救至，皆愤踊。维不意救兵卒至，缘山急来攻之，泰与交战，维退。泰引兵扬言欲向其还路，维惧，九月甲辰，维遁走，城中将士乃得出。王经叹曰："粮不至旬，向非救兵速至，举城屠裂，覆丧一州矣。"泰慰劳将士，前后遣还，更差军守，并治城垒，还屯上邽。

泰每以一方有事，辄以虚声扰动天下，故希简上事，驿书不过六百里。大将军昭曰："陈征西沉勇能断，荷方伯之重。救将陷之城而不求益兵，又希简上事，必能办贼者也，都督大将不当尔邪。"

姜维退驻钟提。

甘露元年春正月，姜维进位大将军。夏六月，姜维在钟提，议者多以为维力已竭，未能更出。安西将军邓艾曰："洮西之败，非小失也，士卒凋残，仓廪空虚，百姓流离。今以策言之，彼有乘胜之势，我有虚弱之实，一也。彼上下相习，五兵犀利，我将易兵新，器仗未复，二也。彼以船行，吾以陆军，劳逸不同，三也。狄道、陇西、南安、祁山各当有守，彼专为一，我分为四，四也。从南安、陇西因食羌谷，若趣祁山，熟麦千顷，为之外仓，五也。贼有黠计，其来必矣。"

秋七月，姜维复率众出祁山，闻邓艾已有备，乃回，从董亭趣南安。艾据武城山以拒之。维与艾争险不克，其夜渡渭东行，缘山趣上邽，艾与战于段谷，大破之。以艾为镇西将军、都督陇右诸军事。维与其镇西大将军胡济期会上邽，济失期不至，故败，士卒星散，死者甚众。蜀人由是怨维。维上书谢，求自贬黜，乃以卫将军行大将军事。

二年冬十二月，姜维闻魏分关中兵以赴淮南，欲乘虚向秦川，率数万人出骆谷，至沈岭。时长城积谷甚多，而守兵少，征西将军、都督雍凉诸军事司马望及安西将军邓艾进兵据之以拒维。维壁于芒水，数挑战，望、艾不应。

是时，维数出兵，蜀人愁苦，中散大夫谯周作仇国论以讽之曰："或问：'往古能以弱胜强者，其术何如？'曰：'吾闻之，处大无患者常多慢，处小有忧者常思善。多慢则生乱，思善则生治，理之常也。故周文养民以少取多，句践恤众以弱毙强，此其术也。'或曰：'曩者项强汉弱，相与战争，项羽与汉约分鸿沟，各归息民；张良以为民志既定则难动也，率兵追羽，终毙项氏，岂必由文王之事乎？'曰：'当商、周之际，王侯世尊，君臣久固，民习所专；深根者难拔，据固者难迁。当此之时，虽汉祖安能仗剑鞭马取天下乎？及秦罢侯置守之后，民疲秦役，天下土崩，或岁改主，或月易公，鸟惊兽骇，莫知所从，于是豪强并争，虎裂狼分，疾搏者获多，迟后者见吞。今我与彼皆传国易世矣，既非秦末鼎沸之时，实有六国并据之势，故可为文王，难为汉祖。夫民之疲劳则骚扰之兆生，上慢下暴则瓦解之形起。谚曰"射幸数跌，不如审发"。是故智者不为小利移目，不为意似改步，时可而后动，数合而后举，故汤、武之师不再战而克，诚重民劳而度时审也。如遂极武黩征，土崩势生，不幸遇难，虽有智者将不能谋之矣。'"

三年春二月，姜维退还成都，复拜大将军。

初，汉昭烈留魏延镇汉中，皆实兵诸围以御外敌，敌若来攻，使不得入。及兴势之役，王平捍拒曹爽，皆承此制。及姜维用事，建议以为"错守诸围，适可御敌，不获大利，不若使闻敌至，诸围皆敛兵聚谷，退就汉、乐二城，听敌入平，重关头镇守以捍之，令游军旁出以伺其虚。敌攻关不克，野无散谷，千里运粮，自然疲乏。引退之日，然后诸城并出，与游军并力搏之，此殄敌之术也。"于是汉主令督汉中胡济却住汉寿，监军王含守乐城，护军蒋斌守汉城。

四年。尚书令陈祗以巧佞有宠于汉主，姜维虽位在祗上，而多率众在外，希亲朝政，权任不及祗。秋八月丙子，祗卒，汉主以仆射义阳董厥为尚书令，尚书诸葛瞻为仆射。

元皇帝景元二年冬十月，汉主以董厥为辅国大将军，诸葛瞻为都护、卫将军，共平尚书事，以侍中樊建为尚书令。时中常侍黄皓用事，厥、瞻皆不能矫正，士大夫多附之，唯建不与皓往来。秘书令郤正久在内职，与皓比屋，周旋三十余年，澹然自守，以书自娱，既不为皓所爱，亦不为皓所憎，故官不过六百石，而亦不罹其祸。汉主弟甘陵王永憎皓，皓谮之，使十年不得朝见。

吴主使五官中郎将薛珝聘于汉，及还，吴主问汉政得失，对曰："主闇而不知其过，臣下容身以求免罪。入其朝不闻直言，经其野民皆菜色。臣闻燕雀处堂，子母相乐，自以为至安也，突决栋焚，而燕雀怡然，不知祸之将及，其是之谓乎。"珝，综之子也。

三年秋八月，大将军姜维将出军，右车骑将军廖化曰："兵不戢，必自焚，伯约之谓也。智不出敌而力少于寇，用之无厌，将何以存！"

冬十月，维入寇洮阳，邓艾与战于侯和，破之，维退住沓中。初，维以羁旅依汉，身受重任，兴兵累年，功绩不立。黄皓用事于中，与右大将军阎宇亲善，阴欲废维树宇。维知之，言于汉主曰："皓奸巧专恣，将败国家，请杀之。"汉主曰："皓趋走小臣耳，往董允每切齿，吾常恨之，君何足介意。"维见皓枝附叶连，惧于失言，逊辞而出。汉主敕皓诣维陈谢，维由是自疑惧。返自洮阳，因求种麦沓中，不敢归成都。

司马昭患姜维数为寇，官骑路遗求为刺客入蜀。从事中郎荀勖曰："明公为天下宰，宜杖正义以伐违贰，而以刺客除贼，非所以刑于四海也。"昭善之。勖，爽之曾孙也。

昭欲大举伐汉，朝臣多以为不可，独司隶校尉锺会劝之。昭谕众曰:“自定寿春以来,息役六年,治兵缮甲,以拟二虏。今吴地广大而下湿,攻之用功差难,不如先定巴、蜀,三年之后,因顺流之势,水陆并进,此灭虢取虞之势也。计蜀战士九万,居守成都及备他境不下四万,然则余众不过五万。今绊姜维于沓中,使不得东顾,直指骆谷,出其空虚之地以袭汉中,以刘禅之闇,而边城外破,士女内震,其亡可知也。”乃以钟会为镇西将军,都督关中。征西将军邓艾以为蜀未有衅,屡陈异议。昭使主簿师纂为艾司马以谕之,艾乃奉命。



姜维表汉主:“闻钟会治兵关中,欲规进取,宜并遣左、右车骑张翼、廖化督诸军,分护阳安关口及阴平之桥头,以防未然。”黄皓信巫鬼,谓敌终不自致,启汉主寝其事,群臣莫知。

四年夏五月,诏诸军大举伐汉,遣征西将军邓艾督三万余人自狄道趣甘松、沓中,以连缀姜维,雍州刺史诸葛绪督三万余人自祁山趣武街、桥头,绝维归路;钟会统十余万众分从斜谷、骆谷、子午谷趣汉中。以廷尉卫瓘持节监艾、会军事,行镇西军司。瓘,觊之子也。

会过幽州刺史王雄之孙戎,问“计将安出”?戎曰:“道家有言:‘为而不恃。’非成功难,保之难也。”或以问参相国军事平原刘寔曰:“钟、邓其平蜀乎?”寔曰:“破蜀必矣,而皆不还。”客问其故,寔笑而不答。



秋八月,军发洛阳,大赉将士,陈师誓众。将军邓敦谓蜀未可讨,司马昭斩以徇。

汉人闻魏兵且至,乃遣廖化将兵诣沓中为姜维继援,张翼、董厥等诣阳安关口为诸围外助。大赦,改元炎兴。敕诸围皆不得战,退保汉、乐二城,城中各有兵五千人。翼、厥比至阴平,闻诸葛绪将向建威，留住月余待之。钟会率诸军平行至汉中。九月，锺会使前将军李辅统万人围王含于乐城，护军荀恺围蒋斌于汉城，会径过西趣阳安口，遣人祭诸葛亮墓。

初，汉武兴督蒋舒在事无称，汉朝令人代之，使助将军傅佥守关口，舒由是恨。锺会使护军胡烈为前锋攻关口。舒诡谓佥曰："今贼至不击，而闭城自守，非良图也。"佥曰："受命保城，惟全为功。今违命出战，若丧师负国，死无益矣。"舒曰："子以保城获全为功，我以出战克敌为功，请各行其志。"遂率其众出。佥谓其战也，不设备。舒率其众迎降胡烈，烈乘虚袭城，佥格斗而死。佥，肜之子也。锺会闻关口已下，长驱而前，大得库藏、积谷。

邓艾遣天水太守王颀直攻姜维营，陇西太守牵弘邀其前，金城太守杨欣趣甘松。维闻锺会诸军已入汉中，引兵还。欣等追蹑于强川口，大战，维败走。闻诸葛绪已塞道屯桥头，乃从孔函谷入北道，欲出绪后。绪闻之，却还三十里。维入北道三十余里，闻绪军却，寻还，从桥头过，绪趣截维，较一日不及。维遂还至阴平，合集士众，欲赴关城。未到，闻其已破，退趣白水，遇廖化、张翼、董厥等，合兵守剑阁以拒会。

冬十月，邓艾进至阴平，简选精锐，欲与诸葛绪自江油趣成都。绪以本受节度邀姜维，西行非本诏，遂引军向白水，与锺会合。会欲专军势，密白绪畏懦不进，槛车征还。军悉属会。

姜维列营守险，会攻之不能克，粮道险远，军食乏，欲引还。邓艾上言："贼已摧折，宜遂乘之。若从阴平由邪径经汉德阳亭趣涪，出剑阁西百里，去成都三百余里，奇兵冲其腹心。出其不意，剑阁之守必还赴涪，则会方轨而进；剑阁之军不还，则应涪之兵寡矣。"遂自阴平行无人之地七百余里,凿山通道,造作桥阁。山高谷深,至为艰险,又粮运将匮,濒于危殆。艾以毡自裹,推转而下。将士皆攀木缘崖,鱼贯而进。先登至江油,蜀守将马邈降。诸葛瞻督诸军拒艾,至涪,停住不进。尚书郎黄崇,权之子也,屡劝瞻宜速行据险,无令敌得入平地。瞻犹豫未纳,崇再三言之,至于流涕,瞻不能从。艾遂长驱而前,击破瞻前锋,瞻退住绵竹。艾以书诱瞻曰:"若降者,必表为琅邪王。"瞻怒,斩艾使,列陈以待艾。艾遣子惠唐亭侯忠等出其右,司马师纂等出其左。忠、纂战不利,并引还,曰:"贼未可击。"艾怒曰:"存亡之分,在此一举,何不可之有?"叱忠、纂等,将斩之。忠、纂驰还更战,大破,斩瞻及黄崇。瞻子尚叹曰:"父子荷国重恩,不早斩黄皓,使败国殄民,用生何为!"策马冒阵而死。

汉人不意魏兵卒至,不为城守调度。闻艾已入平土,百姓扰扰,皆迸山野,不可禁制。汉主使群臣会议,或以为"蜀之与吴,本为与国,宜可奔吴"。或以为"南中七郡,阻险斗绝,易以自守,宜可奔南"。光禄大夫谯周以为:"自古以来,无寄他国为天子者。今若入吴国,亦当臣服。且治政不殊,则大能吞小,此数之自然也。由此言之,则魏能并吴,吴不能并魏明矣。等为称臣,为小孰与为大,再辱之耻,何与一辱。且若欲奔南,则当早为之计,然后可往。今大敌已近,祸败将及,群小之心,无一可保,恐发足之日,其变不测,何至南之有乎?"或曰:"今艾已不远,恐不受降,如之何?"周曰:"方今东吴未宾,事势不得不受,受之不得不礼。若陛下降魏,魏不裂土以封陛下者,周请身诣京都,以古义争之。"众人皆从周议。汉主犹欲入南,狐疑未决。周上疏曰:"南方远夷之地,平常无所供为,犹数反叛,自丞相亮以兵威逼之，穷乃率从。今若至南，外当拒敌，内供服御，费用张广，他无所取，耗损诸夷，其叛必矣。”汉主乃遣侍中张绍等奉玺绶以降于艾。北地王谌怒曰：“若理穷力屈，祸败将及，便当父子君臣背城一战，同死社稷，以见先帝可也，奈何降乎！”汉主不听。是日，谌哭于昭烈之庙，先杀妻、子，而后自杀。

张绍等见邓艾于雒，艾大喜，报书褒纳。汉主遣太仆蒋显别敕姜维，使降锺会。又遣尚书郎李虎送士民簿于艾，户二十八万，口九十四万，甲士十万二千，吏四万人。艾至成都城北，汉主率太子、诸王及群臣六十余人，面缚舆榇诣军门。艾持节解缚、焚榇，延请相见。检御将士，无得虏略，绥纳降附，使复旧业。辄依邓禹故事，承制拜汉主禅行骠骑将军，太子奉车、诸王驸马都尉；汉群司各随高下拜为王官，或领艾官属。以师纂领益州刺史，陇西太守牵弘等领蜀中诸郡。艾闻黄皓奸险，收闭，将杀之，皓赂艾左右，卒以得免。

姜维等闻诸葛瞻败，未知汉主所向，乃引军东入于巴。锺会进军至涪，遣胡烈等追维。维至郪，得汉主敕命，乃令兵悉放仗，送节传于胡烈，自从东道与廖化、张翼、董厥等同诣会降。将士咸怒，拔刀斫石。于是诸郡县围守皆被汉主敕罢兵降。锺会厚待姜维等，皆权还其印绶节盖。

魏之伐蜀也，吴人或谓襄阳张悌曰：“司马氏得政以来，大难屡作，百姓未服，今又劳力远征，败于不暇，何以能克？”悌曰：“不然。曹操虽功盖中夏，民畏其威而不怀其德也。丕、睿承之，刑繁役重，东西驱驰，无有宁岁。司马懿父子累有大功，除其烦苛而布其平惠，为之谋主而救其疾苦，民心归之亦已久矣，故淮南三叛而腹心不扰，曹髦之死四方不动，任贤使能，各尽其心，其本根固矣，奸计立矣。今蜀阉宦专朝，国无政令，而玩戎黩武，民劳卒敝，竞于外利，不修守备。彼强弱不同，智算亦胜，因危而伐，殆无不克。噫！彼之得志，我之忧也。”吴人笑其言，至是乃服。

十二月乙卯，以邓艾为太尉，锺会为司徒。

邓艾在成都颇自矜伐，谓蜀士大夫曰：“诸君赖遭艾，故得有今日耳。如遇吴汉之徒，已殄灭矣。”艾以书言于晋公昭曰：“兵有先声而后实者，今因平蜀之势以乘吴，吴人震恐，席卷之时也。然大举之后，将士疲劳，不可便用，且徐缓之。留陇右兵二万人，蜀兵二万人，煮盐兴冶，为军农要用，并作舟船，豫为顺流之事，然后发使告以利害，吴必归化，可不征而定也。今宜厚刘禅以致孙休，封禅为扶风王，锡其资财，供其左右。郡有董卓坞，为之宫舍。爵其子为公侯，食郡内县，以显归命之宠。开广陵、城阳以待吴人，则畏威怀德，望风而从矣。”昭使监军卫瓘喻艾：“事当须报，不宜辄行。”艾重言曰：“衔命征行，奉指授之策，元恶既服。至于承制拜假，以安初附，谓合权宜。今蜀举众归命，地尽南海，东接吴会，宜早镇定。若待国命，往复道途，延引日月。春秋之义‘大夫出疆，有可以安社稷，利国家，专之可也’。今吴未宾，势与蜀连，不可拘常，以失事机。兵法‘进不求名，退不避罪’，艾虽无古人之节，终不自嫌以损国家计也。”

锺会内有异志，姜维知之，欲构成扰乱，乃说会曰：“闻君自淮南已来，算无遗策，晋道克昌，皆君之力。今复定蜀，威德振世，民高其功，主畏其谋，欲以此安归乎？何不法陶朱公泛舟绝迹，全功保身邪！”会曰：“君言远矣，我不能行。且为今之道，或未尽于此也。”维曰：“其他则君智力之所能，无烦于老夫矣。”由是情好欢甚，出则同舆，坐则同席。会因邓艾承制专事，乃与卫瓘密白艾有反状。会善效人书，于剑阁要艾章表、白事，皆易其言，令辞指悖傲，多自矜伐。又毁晋公昭报书，手作以疑之。

咸熙元年春正月壬辰，诏以槛车征邓艾。晋公昭恐艾不从命，敕锺会进军成都，又遣贾充将兵入斜谷，昭自将大军从帝幸长安。以诸王公皆在邺，乃以山涛为行军司马，镇邺。

初，锺会以才能见任，昭夫人王氏言于昭曰："会见利忘义，好为事端，宠过必乱，不可大任。"及会将伐汉，西曹属邵悌言于晋公曰："今遣锺会率十万余众伐蜀，愚谓会单身无任，不若使余人行也。"晋公笑曰："我宁不知此邪。蜀数为边寇，师老民疲，我今伐之，如指掌耳，而众言蜀不可伐。夫人心豫怯则智勇并竭，智勇并竭而强使之，适所以为敌禽耳。惟锺会与人意同，今遣会伐蜀，蜀必可灭。灭蜀之后，就如卿虑，何忧其不能办邪？夫蜀已破亡，遗民震恐，不足与共图事，中国将士各自思归，不肯与同也。会若作恶，只自灭族耳。卿不须忧此，慎勿使人闻也。"及晋公将之长安，悌复曰："锺会所统兵五六倍于邓艾，但可敕会取艾，不须自行。"晋公曰："卿忘前言邪，而云不须行乎？虽然，所言不可宣也。我要自当以信意待人，但人不当负我耳，我岂可先人生心哉。近日贾护军问我：'颇疑钟会不？'我答言：'如今遣卿行，宁可复疑卿邪？'贾亦无以易我语也。我到长安，则自了矣。"

锺会遣卫瓘先至成都收邓艾，会以瓘兵少，欲令艾杀瓘，因以为艾罪。瓘知其意，然不可得距，乃夜至成都，檄艾所统诸将，称"奉诏收艾，其余一无所问。若来赴官军，爵赏如先。敢有不出，诛及三族"。比至鸡鸣，悉来赴瓘，唯艾帐内在焉。平旦开门，瓘乘使者车径入至艾所居，艾尚卧未起，遂执艾父子，置艾于槛车。诸将图欲劫艾，整仗趣瓘营，瓘轻出迎之，伪作表草，将申明艾事，诸将信之而止。

丙子，会至成都，送艾赴京师。会所惮惟艾，艾父子既禽，会独统大众，威震西土，遂决意谋反。会欲使姜维将五万人出斜谷为前驱，会自将大众随其后。既至长安，令骑士从陆道，步兵从水道顺流浮渭入河，以为五日可到孟津，与骑兵会洛阳，一旦天下可定也。会得晋公书云："恐邓艾或不就征，今遣中护军贾充将步骑万人径入斜谷屯乐城，吾自将十万屯长安，相见在近。"会得书惊，呼所亲语之曰："但取邓艾，相国知我独办之。今来大重，必觉我异矣，便当速发。事成，可得天下，不成，退保蜀、汉，不失作刘备也。"丁丑，会悉请护军、郡守、牙门骑督以上及蜀之故官，为太后发哀于蜀朝堂。矫太后遗诏，使会起兵废司马昭，皆班示坐上人，使下议讫，书版署置，更使所亲信代领诸军。所请群官，悉闭着益州诸曹屋中，城门宫门皆闭，严兵围守。卫瓘诈称疾笃，出就外廨，会信之，无所复惮。

姜维欲使会尽杀北来诸将，己因杀会，尽坑魏兵，复立汉主。密书与刘禅曰："愿陛下忍数日之辱，臣欲使社稷危而复安，日月幽而复明。"会欲从维言诛诸将，犹豫未决。

会帐下督丘建本属胡烈，会爱信之。建愍烈独坐，启会，使听内一亲兵出取饮食，诸牙门随例各内一人。烈绐语亲兵及疏与其子渊曰："丘建密说消息，会已作大坑，白棓数千，欲悉呼外兵入，人赐白帢，拜散将，以次棓杀内坑中。"诸牙门亲兵亦咸说此语，一夜转相告，皆遍。己卯，日中，胡渊率其父兵雷鼓出门，诸军不期皆鼓噪而出，曾无督促之者，而争先赴城。时会方给姜维铠杖，白外有匈匈声，似失火者，有顷，白兵走向城。会惊，谓维曰："兵来似欲作恶，当云何？"维曰："但当击之耳。"会遣兵悉杀所闭诸牙门、郡守，内人共举机以拄门，兵斫门，不能破。斯须，城外倚梯登城，或烧城屋，蚁附乱进，矢下如雨，牙门、郡守各缘屋出，与其军士相得。姜维率会左右战，手杀五六人，众格斩维，争前杀会。会将士死者数百人。杀汉太子璇及姜维妻子，军众钞略，死丧狼籍。卫瓘部分诸将，数日乃定。

邓艾本营将士追出艾于槛车，迎还。卫瓘自以与会共陷艾，恐其为变，乃遣护军田续等将兵袭艾，遇于绵竹西，斩艾父子。艾之入江油也，田续不进，艾欲斩续，既而舍之。及瓘遣续，谓曰："可以报江油之辱矣。"镇西长史杜预言于众曰："伯玉其不免乎！身为名士，位望已高，既无德音，又不御下以正，将何以堪其责乎？"瓘闻之，不俟驾而谢预。预，恕之子也。邓艾余子在洛阳者悉伏诛，徙其妻及孙于西城。

钟会兄毓尝密言于晋公曰："会挟术难保，不可专任。"及会反，毓已卒，晋公思钟繇之勋与毓之贤，特原毓子峻、辿，官爵如故。会功曹向雄收葬会尸，晋公召而责之曰："往者王经之死，卿哭于东市而我不问。钟会躬为叛逆，又辄收葬，若复相容，其如王法何！"雄曰："昔先王掩骼埋胔，仁流朽骨，当时岂先卜其功罪而后收葬哉？今王诛既加，于法已备，雄感义收葬，教亦无阙。法立于上，教弘于下，以此训物，不亦可乎，何必使雄背死违生以立于世。明公仇对枯骨，捐之中野，岂仁贤之度哉！"晋公悦，与宴谈而遣之。

三月，刘禅举家东迁洛阳。时扰攘仓卒，禅之大臣无从行者，惟秘书令郤正及殿中督汝南张通舍妻子单身随禅，禅赖正相导宜适，举动无阙，乃慨然叹息，恨知正之晚。

初，汉建宁太守霍弋都督南中，闻魏兵至，欲赴成都，刘禅以备敌既定，不听。成都不守，弋素服大临三日。诸将咸劝弋宜速降，弋曰："今道路隔塞，未详主之安危，去就大故，不可苟也。若魏以礼遇主上，则保境而降不晚也。若万一危辱，吾将以死拒之，何论迟速邪。"得禅东迁之问，始率六郡将守上表曰："臣闻人生于三，事之如一，惟难所在，则致其命。今臣国败主附，守死无所，是以委质，不敢有贰。"晋王善之，拜南中都尉，委以本任。

丁亥，封刘禅为安乐公，子孙及群臣封侯者五十余人。晋王与禅宴，为之作故蜀技，旁人皆为之感怆，而禅喜笑自若。王谓贾充曰："人之无情，乃至于是，虽使诸葛亮在，不能辅之久全，况姜维邪！"他日，王问禅曰："颇思蜀否?"禅曰："此间乐，不思蜀也。"郤正闻之，谓禅曰："若王后问，宜泣而答曰：'先人坟墓远在岷、蜀，乃心西悲，无日不思。'因闭其目。"会王复问，禅对如前。王曰："何乃似郤正语邪?"禅惊视曰："诚如尊命。"左右皆笑。

初，锺会之伐汉也，辛宪英谓其夫之从子羊祜曰："会在事纵恣，非持久处下之道，吾畏其有他志也。"会请其子郎中琇为参军，宪英忧曰："他日吾为国忧，今日难至吾家矣。"琇固请于晋王，王不听。宪英谓琇曰："行矣，戒之，军旅之间可以济者，其惟仁恕乎。"琇竟以全归。癸巳，诏以琇尝谏会反，赐爵关内侯。

晋武帝泰始五年春二月，济阴太守巴西文立上言："故蜀之名臣子孙流徙中国者，宜量才叙用，以慰巴、蜀之心，倾吴人之望。"帝从之。己未，诏曰："诸葛亮在蜀，尽其心力，其子瞻临难而死义，其孙京宜随才署吏。"又诏曰："蜀将傅佥父子死于其主，天下之善一也，岂由彼此以为异哉。佥息著、募没入奚官，宜免为庶人。”

七年。安乐思公刘禅卒。

九年。初，邓艾之死，人皆冤之，而朝廷无为之辨者。及帝即位，议郎敦煌段灼上疏曰：“邓艾心怀至忠而荷反逆之名，平定巴、蜀而受三族之诛。艾性刚急，矜功伐善，不能协同朋类，故莫肯理之。臣窃以为艾本屯田掌犊人，宠位已极，功名已成，七十老公，复何所求。正以刘禅初降，远郡未附，矫令承制，权安社稷。锺会有悖逆之心，畏艾威名，因其疑似，构成其事。艾被诏书，即遣强兵，束身就缚，不敢顾望，诚自知奉见先帝，必无当死之理也。会受诛之后，艾官属将吏愚戆相聚，自共追艾，破坏槛车，解其囚执。艾在困地，狼狈失据，未尝与腹心之人有平素之谋，独受腹背之诛，岂不哀哉！陛下龙兴，阐弘大度，谓可听艾归葬旧墓，还其田宅，以平蜀之功继封其后，使艾阖棺定谥，死无所恨，则天下徇名之士，思立功之臣，必投汤火，乐为陛下死矣。”帝善其言而未能从。会帝问给事中樊建以诸葛亮之治蜀，曰：“吾独不得如亮者而臣之乎？”建稽首曰：“陛下知邓艾之冤而不能直，虽得亮，得无如冯唐之言乎。”帝笑曰：“卿言起我意。”乃以艾孙朗为郎中。





## 淮南三叛　文钦　毌丘俭　诸葛诞

魏高贵乡公正元元年。初，扬州刺史文钦，骁果绝人，曹爽以乡里故爱之。钦恃爽势，多所陵傲。及爽诛，钦已内惧，又好增虏级以邀功赏，司马师常抑之，由是怨望。镇东将军毌丘俭素与夏侯玄、李丰善，玄等死，俭亦不自安，乃以计厚待钦。俭子治书侍御史甸谓俭曰："大人居方岳重任，国家倾覆而晏然自守，将受四海之责矣。"俭然之。

二年春正月，俭、钦矫太后诏，起兵于寿春，移檄州郡，以讨司马师。又表言："相国懿忠正，有大勋于社稷，宜宥及后世。请废师以侯就第，以弟昭代之。太尉孚忠孝小心，护军望忠公亲事，皆宜亲宠，授以要任。"望，孚之子也。俭又遣使邀镇南将军诸葛诞，诞斩其使。俭、钦将五六万众渡淮，西至项。俭坚守，使钦在外为游兵。

司马师问计于河南尹王肃，肃曰："昔关羽虏于禁于汉滨，有北向争天下之志，后孙权袭取其将士家属，羽士众一旦瓦解。今淮南将士父母妻子皆在内州，但急往御卫，使不得前，必有关羽土崩之势矣。"时师新割目瘤，创甚，或以为大将军不宜自行，不如遣太尉孚拒之。唯王肃与尚书傅嘏、中书侍郎钟会劝师自行。师疑未决，嘏曰："淮、楚兵劲，而俭等负力远斗，其锋未易当也。若诸将战有利钝，大势一失，则公事败矣。"师蹶然起曰："我请舆疾而东。"戊午，师率中外诸军以讨俭、钦，以弟昭兼中领军，留镇洛阳，召三方兵会于陈、许。

师问计于光禄勋郑袤，袤曰："毌丘俭好谋而不达事情，文钦勇而无算。今大军出其不意，江、淮之卒锐而不能固，宜深沟高垒以挫其气，此亚夫之长策也。"师称善。

师以荆州刺史王基为行监军，假节，统许昌军。基言于师曰："淮南之逆，非吏民思乱也，俭等诳诱迫胁，畏目下之戮，是以尚屯聚耳。若大兵一临，必土崩瓦解，俭、钦之首不终朝而致于军门矣。"师从之，以基为前军，既而复敕基停驻。基以为："俭等举军足以深入,而久不进者,是其诈伪已露,众心疑沮也。今不张示威形以副民望,而停军高垒,有似畏懦,非用兵之势也。若俭、钦虏略人民以自益,又州郡兵家为贼所得者更怀离心,俭等所迫胁者,自顾罪重,不敢复还,此为错兵无用之地而成奸宄之源。吴寇因之,则淮南非国家之有,谯、沛、汝、豫危而不安,此计之大失也。军宜速进据南顿,南顿有大邸阁,计足军人四十日粮。保坚城,因积谷,先人有夺人之心,此平贼之要也。"基屡请,乃听,进据㶏水。

闰月甲申,师次于㶏桥,俭将史招、李续相次来降。王基复言于师曰:"兵闻拙速,未睹巧之久也。方今外有强寇,内有叛臣,若不时决,则事之深浅未可测也。议者多言将军持重。将军持重是也,停军不进非也。持重非不行之谓也,进而不可犯耳。今保壁垒,以积实资虏而远运军粮,甚非计也。"师犹未许,基曰:"将在军,君令有所不受。彼得则利,我得亦利,是谓争地,南顿是也。"遂辄进据南顿。俭等从项亦欲往争,发十余里,闻基先到,乃复还保项。

吴丞相峻率票骑将军吕据、左将军会稽留赞袭寿春,司马师命诸军皆深壁高垒,以待东军之集。诸将请进军攻项,师曰:"诸军得其一,未知其二。淮南将士本无反志,俭、钦说诱与之举事,谓远近必应。而事起之日,淮北不从,史招、李续前后瓦解,内乖外叛,自知必败。困兽思斗,速战更合其志,虽云必克,伤人亦多。且俭等欺诳将士,诡变万端,小与持久,诈情自露,此不战而克之术也。"乃遣诸葛诞督豫州诸军自安风向寿春;征东将军胡遵督青、徐诸军出谯、宋之间,绝其归路;师屯汝阳。毌丘俭、文钦进不得斗,退恐寿春见袭,计穷不知所为。淮南将士家皆在北，众心沮散，降者相属，惟淮南新附农民为之用。

俭之初起，遣健步赍书至兖州，兖州刺史邓艾斩之，将兵万余人兼道前进，先趋乐嘉城，作浮桥以待师。俭使文钦将兵袭之。师自汝阳潜兵就艾于乐嘉，钦猝见大军，惊愕未知所为。钦子鸯年十八，勇力绝人，谓钦曰："及其未定，击之可破也。"于是分为二队，夜夹攻军，鸯率壮士先至鼓噪，军中震扰。师惊骇，所病目突出，恐众知之，啮被皆破。钦失期不应，会明，鸯见兵盛，乃引还。师谓诸将曰："贼走矣，可追之。"诸将曰："钦父子骁猛，未有所屈，何苦而走？"师曰："夫一鼓作气，再而衰。鸯鼓噪失应，其势已屈，不走何待。"钦将引而东，鸯曰："不先折其势，不得去也。"乃与骁骑十余摧锋陷陈，所向皆披靡，遂引去。师使左长史司马班率骁骑八千翼而追之，鸯以疋马入数千骑中，辄杀伤百余人乃出，如此者六七，追骑莫敢逼。

殿中人尹大目少为曹氏家奴，常在天子左右，师将与俱行。大目知师一目已出，启云："文钦本是明公腹心，但为人所误耳。又天子乡里，素与大目相信，乞为公追解语之，令还与公复好。"师许之。大目单身乘大马，被铠胄，追钦，遥相与语，大目心实欲为曹氏，谬言："君侯何苦不可复忍数日中也。"欲使钦解其旨。钦殊不悟，乃更厉声骂大目曰："汝先帝家人，不念报恩，而反与司马师作逆，不顾上天，天不祐汝！"张弓傅矢，欲射大目。大目涕泣曰："世事败矣，善自努力。"

是日，毌丘俭闻钦退，恐惧，夜走，众遂大溃。钦还至项，以孤军无继，不能自立，欲还寿春，寿春已溃，遂奔吴。吴孙峻至东兴，闻俭等败，壬寅，进至橐皋，文钦父子诣军降。毌丘俭走，比至慎县，左右人兵稍弃俭去，俭藏水边草中。甲辰，安风津民张属就杀俭，传首京师，封属为侯。诸葛诞至寿春，寿春城中十余万口，惧诛，或流迸山泽，或散走入吴。诏以诞为镇东大将军、仪同三司，都督扬州诸军事。夷毌丘俭三族。俭党七百余人系狱，侍御史杜友治之，惟诛首事者十人，余皆奏免之。

吴孙峻闻诸葛诞已据寿春，乃引兵还。以文钦为都护、镇北大将军、幽州牧。

甘露元年秋九月，吴孙峻卒，孙綝辅政。

二年夏四月，征东大将军诸葛诞素与夏侯玄、邓飏等友善，玄等死，王凌、毌丘俭相继诛灭，诞内不自安，乃倾帑藏振施，曲赦有罪以收众心，畜养扬州轻侠数千人以为死士。因吴人欲向徐堨，请十万众以守寿春，又求临淮筑城以备吴寇。司马昭初秉政，长史贾充请遣参佐慰劳四征，且观其志。昭遣充至淮南，充见诞论说时事，因曰："洛中诸贤皆愿禅代，君以为如何？"诞厉声曰："卿非贾豫州子乎？世受魏恩，岂可欲以社稷输人乎！若洛中有难，吾当死之。"充默然。还，言于昭曰："诸葛诞再在扬州，得士众心。今召之，必不来，然反疾而祸小；不召，则反迟而祸大，不如召之。"昭从之。甲子，昭以诞为司空，召赴京师。诞得诏书，愈恐，疑扬州刺史乐綝间己，遂杀綝，敛淮南及淮北郡县屯田口十余万官兵，扬州新附胜兵者四五万人，聚谷足一年食，为闭门自守之计。遣长史吴纲将小子靓至吴，称臣请救，并请以牙门子弟为质。

司马昭奉帝及太后讨诸葛诞。

吴纲至吴，吴人大喜，使将军全怿、全端、唐咨、王祚将三万众，与文钦同救诞。以诞为左都护、假节、大司徒、票骑将军、青州牧，封寿春侯。怿，琮之子，端其从子也。

六月甲子，车驾次项，司马昭督诸军二十六万进屯丘头，以镇南将军王基行镇东将军，都督扬、豫诸军事，与安东将军陈骞等围寿春。基始至，围城未合，文钦、全怿等从城东北，因山乘险，得将其众突入城。昭敕基敛军坚壁。基累求进讨。会吴朱异率三万人进屯安丰，为文钦外势，诏基引诸军转据北山。基谓诸将曰："今围垒转固，兵马向集，但当精修守备以待越逸，而更移兵守险，使得放纵，虽有智者不能善其后矣。"遂守便宜，上疏曰："今与贼家对敌，当不动如山。若迁移依险，人心摇荡，于势大损。诸军并据深沟高垒，众心皆定，不可倾动，此御兵之要也。"书奏，报听。于是基等四面合围，表里再重，堑垒甚峻。文钦等数出犯围，逆击，走之。司马昭又使奋武将军、监青州诸军事石苞督兖州刺史州泰、徐州刺史胡质等，简锐卒为游军，以备外寇。泰击破朱异于阳渊，异走，泰追之，杀伤二千人。

秋七月，吴大将军綝大发卒出屯镬里，复遣朱异帅将军丁奉、黎斐等五人前解寿春之围。异留辎重于都陆，进屯黎浆，石苞、州泰又击破之。泰山太守胡烈以奇兵五千袭都陆，尽焚异资粮，异将余兵食葛叶，走归孙綝。綝使异更死战，异以士卒乏食，不从綝命。綝怒，九月己巳，綝斩异于镬里。辛未，引兵还建业。綝既不能拔出诸葛诞，而丧败士众，自戮名将，由是吴人莫不怨之。

司马昭曰："异不得至寿春，非其罪也，而吴人杀之，欲以谢寿春而坚诞意，使其犹望救耳。今当坚围备其越逸，而多方以误之。"乃纵反间，扬言"吴救方至，大军乏食，分遣羸疾就谷淮北，势不能久"。诞等益宽恣食，俄而城中乏粮，外救不至。将军蒋班、焦彝皆诞腹心谋主也，言于诞曰："朱异等以大众来而不能进，孙綝杀异而归江东，外以发兵为名，内实坐须成败。今宜及众心尚固，士卒思用，并力决死，攻其一面，虽不能尽克，犹有可全者，空坐守死，无为也。”文钦曰：“公今举十余万之众归命于吴，而钦与全端等皆同居死地，父兄子弟尽在江表，就孙綝不欲来，主上及其亲戚岂肯听乎？且中国无岁无事，军民并疲，今守我一年，内变将起，奈何舍此欲乘危徼幸乎！”班、彝固劝之，钦怒。诞欲杀班、彝，二人惧，十一月弃诞逾城来降。全怿兄子辉、仪在建业，与其家内争讼，携其母将部曲数十家来奔。于是怿与兄子靖及全端弟翩、缉皆将兵在寿春城中，司马昭用黄门侍郎锺会策，密为辉、仪作书，使辉、仪所亲信赍入城告怿等，说吴中怒怿等不能拔寿春，欲尽诛诸将家，故逃来归命。十二月，怿等率其众数千人开门出降，城中震惧，不知所为。诏拜怿平东将军，封临湘侯，端等封拜各有差。

三年春正月，文钦谓诸葛诞曰：“蒋班、焦彝谓我不能出而走，全端、全怿又率众逆降，此敌无备之时也，可以战矣。”诞及唐咨等皆以为然，遂大为攻具，昼夜五六日攻南围，欲决围而出。围上诸军临高发石车火箭，逆烧破其攻具，矢石雨下，死伤蔽地，血流盈堑，复还城。城内食转竭，出降者数万口。钦欲尽出北方人，省食，与吴人坚守，诞不听，由是争恨。钦素与诞有隙，徒以计合，事急愈相疑。钦见诞计事，诞遂杀钦。钦子鸯、虎将兵在小城中，闻钦死，勒兵赴之，众不为用，遂单走，逾城出，自归于司马昭。军吏请诛之，昭曰：“钦之罪不容诛，其子固应就戮，然鸯、虎以穷归命，且城未拔，杀之是坚其心也。”乃赦鸯、虎，使将数百骑巡城呼曰：“文钦之子犹不见杀，其余何惧！”又表鸯、虎皆为将军，赐爵关内侯。城内皆喜，且日益饥困。司马昭身自临围，见城上持弓者不发，曰："可攻矣。"乃四面进军，同时鼓噪登城。二月乙酉，克之。诞窘急，单马将其麾下突小城欲出，司马胡奋部兵击斩之，夷其三族。诞麾下数百人皆拱手为列，不降，每斩一人，辄降之，卒不变，以至于尽。吴将于诠曰："大丈夫受命其主，以兵救人，既不能克，又束手于敌，吾弗取也。"乃免胄冒陈而死。唐咨、王祚等皆降。吴兵万众，器仗山积。

司马昭初围寿春，王基、石苞等皆欲急攻之，昭以为："寿春城固而众多，攻之必力屈，若有外寇，表里受敌，此危道也。今三叛相聚于孤城之中，天其或者使同就戮，吾当以全策縻之。但坚守三面，若吴贼陆道而来，军粮必少，吾以游兵轻骑绝其转输，可不战而破也。吴贼破，钦等必成擒矣。"乃命诸军按甲以守之，卒不烦攻而破。议者又以为"淮南仍为叛逆，吴兵室家在江南，不可纵，宜悉坑之"。昭曰："古之用兵，全国为上，戮其元恶而已。吴兵就得亡还，适可以示中国之大度耳。"一无所杀，分布三河近郡以安处之。拜唐咨安远将军，其余裨将咸假位号，众皆悦服。其淮南将士、吏民为诞所胁略者，皆赦之。听文鸯兄弟收敛父丧，给其车牛，致葬旧墓。

昭遗王基书曰："初议者云云，求移者甚众，时未临履，亦谓宜然。将军深算利害，独秉固志，上违诏命，下拒众议，终至制敌禽贼，虽古人所述，不是过也。"昭欲遣诸军轻兵深入，招迎唐咨等子弟，因衅有灭吴之势。王基谏曰："昔诸葛恪乘东关之胜，竭江表之兵以围新城，城既不拔，而众死者太半。姜维因洮西之利，轻兵深入，粮饷不继，军覆上邽。夫大捷之后，上下轻敌，轻敌则虑难不深。今贼新败于外，又内患未弭，是其修备设虑之时也。且兵出逾年，人有归志，今俘馘十万，罪人斯得，自历代征伐，未有全兵独克如今之盛者也。武皇帝克袁绍于官渡，自以所获已多，不复追奔，惧挫威也。"昭乃止。以基为征东将军，都督扬州诸军事，进封东武侯。

习凿齿曰：君子谓司马大将军于是役也，可谓能以德攻矣。夫建业者异道，各有所尚而不能兼并也，故穷武之雄毙于不仁，存义之国丧于懦退。今一征而禽三叛，大虏吴众，席卷淮浦，俘馘十万，可谓壮矣。而未及安坐，赏王基之功；种惠吴人，结异类之情；宠鸯葬钦，忘畴昔之隙；不咎诞众，使扬土怀愧。功高而人乐其成，业广而敌怀其德。武昭既敷，文算又洽，推此道也，天下其孰能当之哉！

## 司马氏篡魏

魏高贵乡公正元元年春二月，杀中书令李丰。初，丰年十七八已有清名，海内翕然称之。其父太仆恢不愿其然，敕使闭门断客。曹爽专政，司马懿称疾不出，丰为尚书仆射，依违二公间，故不与爽同诛。丰子韬，以选尚齐长公主。司马师秉政，以丰为中书令。是时太常夏侯玄有天下重名，以曹爽亲故，不得在势任，居常怏怏。张缉以后父去郡家居，亦不得意。丰皆与之亲善。师虽擢用丰，丰私心常在玄。丰在中书二岁，帝数独召丰与语，不知所说。师知其议己，请丰相见以诘丰，丰不以实告，师怒，以刀镮筑杀之，送尸付廷尉，遂收丰子韬及夏侯玄、张缉等皆下廷尉。锺毓按治云："丰与黄门监苏铄、永宁署令乐敦、冗从仆射刘贤等谋曰：'拜贵人日，诸营兵皆屯门，陛下临轩，因此同奉陛下，将群僚人兵，就诛大将军，陛下傥不从人，便当劫将去耳。'又云

‘谋以玄为大将军，缉为票骑将军’。玄、缉皆知其谋。”庚戌，诛韬、玄、缉、铄、敦、贤，皆夷三族。

帝以李丰之死，意殊不平。安东将军司马昭镇许昌，诏召之使击姜维。九月，昭领兵入见，帝幸平乐观以临军过。左右劝帝因昭辞，杀之，勒兵以退大将军。已书诏于前，帝惧，不敢发。

昭引兵入城，大将军师乃谋废帝。甲戌，师以皇太后令召群臣会议，以“帝荒淫无度，亵近倡优，不可以承天绪”。群臣皆莫敢违，乃奏收帝玺绶，归藩于齐。使郭芝入白太后，太后方与帝对坐，芝谓帝曰：“大将军欲废陛下，立彭城王据。”帝乃起去。太后不悦，芝曰：“太后有子不能教，今大将军意已成，又勒兵于外以备非常，但当顺旨，将复何言。”太后曰：“我欲见大将军，口有所说。”芝曰：“何可见邪？但当速取玺绶。”太后意折，乃遣傍侍御取玺绶着坐侧。芝出报师，师甚喜。又遣使者授帝齐王印绶，使出就西宫。帝与太后垂涕而别，遂乘王车，从太极殿南出，群臣送者数十人，司马孚悲不自胜，余多流涕。

师又使使者请玺绶于太后。太后曰：“彭城王，我之季叔也，今来立，我当何之？且明皇帝当永绝嗣乎？高贵乡公，文皇帝之长孙，明皇帝之弟子，于礼，小宗有后大宗之义，其详议之。”丁丑，师更召群臣，以太后令示之，乃定迎高贵乡公髦于元城。髦者，东海定王霖之子也，时年十四，使太常王肃持节迎之。

师又使请玺绶。太后曰：“我见高贵乡公，小时识之，我自欲以玺绶手授之。”冬十月己丑，高贵乡公至玄武馆，群臣奏请舍前殿，公以先帝旧处，避止西厢。群臣又请以法驾迎，公不听。庚寅，公入于洛阳，群臣迎拜西掖门南，公下舆答拜，傧者请曰：“仪不拜。”公曰：“吾人臣也。”遂答拜。至止车门下舆，左右曰：“旧乘舆入。”公曰：“吾被皇太后征，未知所为。”遂步至太极东堂，见太后。其日即皇帝位于太极前殿，百僚陪位者皆欣欣焉。大赦，改元。为齐王筑宫于河内。

二年春，文钦、毌丘俭起兵寿春，司马师率中外诸军讨之。事见淮南三叛。

舞阳忠武侯司马师疾笃还许昌，卫将军昭自洛阳往省师，师令昭总统诸军。辛亥，师卒于许昌。

二月丁巳，诏以司马昭为大将军、录尚书事。

甘露元年夏四月庚戌，赐大将军昭衮冕之服，赤舄副焉。秋八月庚午，诏司马昭加号大都督，奏事不名，假黄钺。

二年。司马昭奉帝讨诸葛诞。事见淮南三叛。

三年夏五月，诏以司马昭为相国，封晋公，食邑八郡，加九锡。昭前后九让，乃止。

四年春正月，黄龙二见宁陵井中。先是顿丘、冠军、阳夏井中屡有龙见，群臣以为吉祥，帝曰：“龙者，君德也。上不在天，下不在田，而数屈于井，非嘉兆也。”作潜龙诗以自讽，司马昭见而恶之。

元皇帝景元元年夏四月，诏有司率遵前命，复进大将军昭位相国，封晋公，加九锡。

帝见威权日去，不胜其忿。五月己丑，召侍中王沈、尚书王经、散骑常侍王业谓曰：“司马昭之心，路人所知也。吾不能坐受废辱，今日当与卿自出讨之。”王经曰：“昔鲁昭公不忍季氏，败走失国，为天下笑。今权在其门，为日久矣，朝廷四方皆为之致死，不顾逆顺之理，非一日也。且宿卫空阙，兵甲寡弱，陛下何所资用？而一旦如此，无乃欲除疾而更深之邪！祸殆不测，宜见重详。”帝乃出怀中黄素诏投地曰：“行之决矣。正使死，何惧？况不必死邪！”于是入白太后。沈、业奔走告昭，呼经欲与俱，经不从。帝遂拔剑升辇，率殿中宿卫、苍头、官僮鼓躁而出。昭弟屯骑校尉伷遇帝于东止车门，左右呵之，伷众奔走。中护军贾充自外入，逆与帝战于南阙下，帝自用剑。众欲退，骑督成倅弟太子舍人济问充曰：“事急矣，当云何？”充曰：“司马公畜养汝等，正为今日。今日之事，无所问也。”济即抽戈前刺帝，殒于车下。昭闻之，大惊，自投于地。太傅孚奔往，枕帝股而哭甚哀，曰：“杀陛下者，臣之罪也。”

昭入殿中，召群臣会议。尚书左仆射陈泰不至，昭使其舅尚书荀顗召之。泰曰：“世之论者以泰方于舅，今舅不如泰也。”子弟内外咸共逼之，乃入见昭，悲恸，昭亦对之泣，曰：“玄伯，卿何以处我？”泰曰：“独有斩贾充，少可以谢天下耳。”昭久之曰：“卿更思其次。”泰曰：“泰言惟有进于此，不知其次。”昭乃不复更言。顗，彧之子也。

太后下令，罪状高贵乡公，废为庶人，葬以民礼。收王经及其家属付廷尉。经谢其母，母颜色不变，笑而应曰：“人谁不死，正恐不得其所。以此并命，何恨之有！”及就诛，故吏向雄哭之，哀动一市。王沈以功封安平侯。庚寅，太傅孚等上言，请以王礼葬高贵乡公，太后许之。使中护军司马炎迎燕王宇之子常道乡公璜于邺，以为明帝嗣。炎，昭之子也。

癸卯，司马昭固让相国、晋公、九锡之命，太后诏许之。

戊申，昭上言“成济兄弟大逆不道”，夷其族。

六月癸丑，太后诏常道乡公更名奂。甲寅，常道乡公入洛阳，是日即皇帝位，年十五。大赦，改元。丙辰，诏进司马昭爵位九锡如前，昭固让，乃止。

二年秋八月甲寅，复命司马昭进爵位如前，不受。

四年春二月，复命司马昭进爵位如前，又辞不受。冬十月，复命大将军昭进位，爵赐一如前诏，昭乃受命。昭辟任城魏舒为相国参军。

咸熙元年春三月己卯，进晋公爵为王，增封十郡。王祥、何曾、荀顗共诣晋王，顗谓祥曰："相王增重，何侯与一朝之臣皆已尽敬，今日便当相率而拜，无所疑也。"祥曰："相国虽尊，要是魏之宰相，吾等魏之三公；王公相去，一阶而已，安有天子三公可辄拜人者！损魏朝之望，亏晋王之德，君子爱人以礼，我不为也。"及入，顗遂拜，而祥独长揖。王谓祥曰："今日然后知君见顾之重也。"

夏五月癸未，追命舞阳文宣侯懿为晋宣王，忠武侯师为景王。

秋八月庚寅，命中抚军司马炎副贰相国事。

九月戊午，以司马炎为抚军大将军。

冬十月丙午，立炎为世子。

晋武帝泰始元年夏五月，魏帝加文王殊礼，进王妃曰后，世子曰太子。

秋八月辛卯，文王卒，太子嗣为相国、晋王。

戊子，以魏司徒何曾为晋丞相。癸亥，以票骑将军司马望为司徒。

冬十二月壬戌，魏帝禅位于晋，甲子，出舍于金墉城。太傅司马孚拜辞，执帝手，流涕歔欷不自胜，曰："臣死之日，固大魏之纯臣也。"丙寅，王即皇帝位，大赦，改元。丁卯，奉魏帝为陈留王，即宫于邺。优崇之礼，皆仿魏初故事。魏氏诸王皆降为侯。追尊宣王为宣皇帝，景王为景皇帝，文王为文皇帝。尊王太后曰皇太后。以石苞为大司马，郑冲为太傅，王祥为太保，何曾为太尉，贾充为车骑将军，王沈为票骑将军，其余文武增位、进爵有差。

诏除魏宗室禁锢。

初置谏官，以散骑常侍傅玄、皇甫陶为之。玄，幹之子也。玄以魏末士风颓敝，上疏曰："臣闻先王之御天下，教化隆于上，清议行于下。近者魏武好法术而天下贵刑名，魏文慕通达而天下贱守节，其后纲维不摄，放诞盈朝，遂使天下无复清议。陛下龙兴受禅，弘尧、舜之化，惟未举清远有礼之臣以敦风节，未退虚鄙之士以惩不恪，臣是以犹敢有言。"上嘉纳其言，使玄草诏进之，然亦不能革也。

二年春正月丁亥，即用魏庙祭征西府君以下，并景帝凡七室。

秋九月戊戌，有司奏："大晋受禅于魏，宜一用前代正朔、服色，如虞遵唐故事。"从之。

八年春二月壬辰，安平献王孚卒，年九十三。孚性忠慎，宣帝执政，孚常自退损。后逢废立之际，未尝预谋，景、文二帝以孚属尊，亦不敢逼。及帝即位，恩礼尤重，元会，诏孚乘舆上殿，帝于阼阶迎拜。既坐，亲奉觞上寿，如家人礼。帝每拜，孚跪而止之。孚虽见尊宠，不以为荣，常有忧色。临终，遗令曰："有魏贞士河内司马孚字叔达，不伊不周，不夷不惠，立身行道，终始若一。当衣以时服，敛以素棺。"诏赐东园温明秘器，诸所施行，皆依汉东平献王故事。其家遵孚遗旨，所给器物，一不施用。

十年，邵陵厉公曹芳卒。初，芳之废迁金墉也，太宰中郎陈留范粲素服拜送，哀动左右，遂称疾不出，阳狂不言，寝所乘车，足不履地。子孙有婚宦大事，辄密咨焉，合者则色无变，不合则眠寝不安，妻子以此知其旨。子乔等三人，并弃学业，绝人事，侍疾家庭，足不出邑里。及帝即位，诏以二千石禄养病，加赐帛百匹，乔以父疾笃，辞不敢受。粲不言凡三十六年，年八十四，终于所寝之车。

惠帝太安元年，陈留王薨，谥曰魏元皇帝。

## 晋灭吴

魏元帝景元三年冬十月，吴主以濮阳兴为丞相，廷尉丁密、光禄勋孟宗为左右御史大夫。初，兴为会稽太守，吴主在会稽，兴遇之厚。左将军张布尝为会稽王左右督将。故吴主即位，二人皆贵宠用事，布典宫省，兴关军国，以佞巧更相表里，吴人失望。

咸熙元年秋七月，吴主寝疾，口不能言，乃手书呼丞相濮阳兴入，令子𩅦出拜之。休把兴臂，指𩅦以托之。癸未，吴主殂，谥曰景帝。群臣尊朱后为皇太后。

吴人以蜀初亡，交趾携叛，国内恐惧，欲得长君。左典军万彧尝为乌程令，与乌程侯皓相善，称"皓才识明断，长沙桓王之畴也，又加之好学，奉遵法度"，屡言之于丞相兴、左将军布。兴、布说朱太后，欲以皓为嗣。朱后曰："我寡妇人，安知社稷之虑，苟吴国无陨，宗庙有赖，可矣。"于是遂迎立皓，改元元兴，大赦。

冬十月丁亥，诏以寿春所获吴相国参军事徐绍为散骑常侍，水曹掾孙彧为给事黄门侍郎，以使于吴，其家人在此者悉听自随，不必使还，以开广大信。晋王因致书吴主，谕以祸福。

初，吴主之立，发优诏，恤士民，开仓廪，振贫乏，科出宫女以配无妻者，禽兽养于苑中者皆放之，当时翕然称为明主。及既得志，粗暴骄盈，多忌讳，好酒色，大小失望。濮阳兴、张布窃悔之。或谮诸吴主，十一月朔，兴、布入朝，吴主执之，徙于广州，道杀之，夷三族。

晋武帝泰始元年春三月，吴主使光禄大夫纪陟、五官中郎将洪璆与徐绍、孙彧偕来报聘。绍行至濡须，有言绍誉中国之美者，吴主怒，追还，杀之。

冬，吴西陵督步阐表请吴主徙都武昌，吴主从之，使御史大夫丁固、右将军诸葛靓守建业。

二年春三月，吴主大会群臣，庐江王蕃沉醉顿伏，吴主疑其诈，舆蕃出外。顷之召还，蕃行止自若。吴主大怒，斩之。

五官中郎将丁忠说吴主曰："北方无守战之备，弋阳可袭而取。"吴主以问群臣，镇西大将军陆凯曰："北方新并巴、蜀，遣使求和，非求援于我也，欲蓄力以俟时耳。敌势方强，而欲徼幸求胜，未见其利也。"吴主虽不出兵，然遂与晋绝。

秋八月，吴主以陆凯为左丞相，万彧为右丞相。吴主恶人视己，群臣侍见，莫敢举目。陆凯曰："君臣无不相识之道，若猝有不虞，不知所赴。"吴主乃听凯自视，而他人如故。

吴主居武昌，扬州之民溯流供给，甚苦之。又奢侈无度，公私穷匮。凯上疏曰："今四边无事，当务养民丰财，而更穷奢极欲，无灾而民命尽，无为而国财空，臣窃痛之。昔汉室既衰，三家鼎立，今曹、刘失道，皆为晋有，此目前之明验也。臣愚，但为陛下惜国家耳。武昌土地，危险塉确，非王者之都。且童谣曰：'宁饮建业水，不食武昌鱼；宁还建业死，不止武昌居。'以此观之，足明民心与天意矣。今国无一年之蓄，民有离散之怨，国有露根之渐，而官吏务为苛急，莫之或恤。大帝时，后宫列女及诸织络数不满百，景帝以来乃有千数，此耗财之甚者也。又左右之臣，率非其人，群党相扶，害忠隐贤，此皆蠹政病民者也。臣愿陛下省息百役，罢去苛扰，科出宫女，清选百官，则天悦民附，国家永安矣。"吴主虽不悦，以其宿望，特优容之。

冬十二月，吴主使黄门遍行州郡，科取将吏家女，其二千石大臣子女，皆岁岁言名，年十五六一简阅，简阅不中，乃得出嫁。后宫以千数，而采择无已。

三年夏六月，吴主作昭明宫，二千石以下皆自入山督伐木。大开苑囿，起土山、楼观，穷极伎巧，功役之费以亿万计。陆凯谏，不听。中书丞华核上疏曰："汉文之世，九州晏然，贾谊独以为如抱火厝于积薪之下而寝其上。今大敌据九州之地，有太半之众，欲与国家为相吞之计，非徒汉之淮南、济北而已也，比于贾谊之世，孰为缓急。今仓库空匮，编户失业，而北方积谷养民，专心东向。又交趾沦没，岭表动摇，胸背有嫌，首尾多难，乃国朝之厄会也。若舍此急务，尽力功作，卒有风尘不虞之变，当委版筑而应烽燧，驱怨民而赴白刃，此乃大敌所因以为资者也。"时吴俗奢侈，核又上疏曰："今事多而役繁，民贫而俗奢，百工作无用之器，妇人为绮靡之饰，转相仿效，耻独无有。兵民之家，犹复逐俗，内无甔石之储，而出有绫绮之服，上无尊卑等级之差，下有耗财费力之损，求其富给，庸可得乎！"吴主皆不听。

五年春二月，帝有灭吴之志。壬寅，以尚书左仆射羊祜都督荆州诸军事，镇襄阳；征东大将军卫瓘都督青州诸军事，镇临淄；镇东大将军东莞王伷都督徐州诸军事，镇下邳。祜绥怀远近，甚得江、汉之心，与吴人开布大信，降者欲去皆听之，减戍逻之卒，以垦田八百余顷。其始至也，军无百日之粮，及其季年，乃有十年之积。祜在军，常轻裘缓带，身不被甲，铃合之下，侍卫不过十数人。

初，汝南何定尝为吴大帝给使，及吴主即位，自表先帝旧人，求还内侍。吴主以为楼下都尉，典知酤籴事，遂专为威福，吴主信任之，委以众事。左丞相陆凯面责定曰："卿见前后事主不忠，倾乱国政，宁有得以寿终者邪！何以专为奸邪，尘秽天听？宜自改厉。不然，方见卿有不测之祸。"定大恨之。凯竭心公家，忠恳内发，表疏皆指事不饰。及疾病，吴主遣中书令董朝问所欲言，凯陈"何定不可信用，宜授以外任。奚熙小吏，建起浦里田，亦不可听。姚信、楼玄、贺邵、张悌、郭逴、薛莹、滕修及族弟喜、抗，或清白忠勤，或资才卓茂，皆社稷之良辅，愿陛下重留神思，访以时务，使各尽其忠，拾遗万一。"邵，齐之孙。莹，综之子。玄，沛人。修，南阳人也。凯寻卒。吴主素衔其切直，且日闻何定之谮，久之，竟徙凯家于建安。

六年夏四月，吴左大司马施绩卒。以镇军大将军陆抗都督信陵、西陵、夷道、乐乡、公安诸军事，治乐乡。抗以吴主政事多阙，上疏曰："臣闻德均则众者胜寡，力侔则安者制危，此六国所以并于秦，西楚所以屈于汉也。今敌之所据，非特关右之地，鸿沟以西，而国家外无连衡之援，内非西楚之强，庶政陵迟，黎民未乂，议者所恃，徒以长江、峻山限带封域，此乃守国之末事，非智者之所先也。臣每念及此，中夜抚枕，临餐忘食。夫事君之义，犯而勿欺,谨陈时宜十七条以闻。”吴主不纳。

吴主遣监军李勖、督军徐存从建安海道击交趾,勖以建安道不利,杀导将冯斐,引军还。初,何定尝为子求婚于勖,勖不许,乃白勖枉杀冯斐,擅彻军还,诛勖及徐存并其家属,仍焚勖尸。定又使诸将各上御犬,一犬至直缣数十匹,缨绁直钱一万,以捕兔供厨。吴人皆归罪于定,而吴主以为忠勤,赐爵列侯。陆抗上疏曰:“小人不明理道,所见既浅,虽使竭情尽节,犹不足任,况其奸心素笃而憎爱移易哉?”吴主不从。

冬十一月,吴主从弟前将军秀为夏口督,吴主恶之,民间皆言秀当见图。会吴主遣何定将兵五千人猎夏口,秀惊,夜将妻子亲兵数百人来奔。十二月,拜秀票骑将军、开府仪同三司,封会稽公。

七年春正月,吴人刁玄诈增谶文云:“黄旗紫盖,见于东南,终有天下者,荆、杨之君。”吴主信之。是月晦,大举兵出华里,载太后、皇后及后宫数千人,从牛渚西上。东观令华核等固谏,不听。行遇大雪,道涂陷坏,兵士被甲持仗,百人共引一车,寒冻殆死,皆曰:“若遇敌,便当倒戈。”吴主闻之,乃还。帝遣义阳王望统中军二万、骑三千屯寿春以备之,闻吴师退,乃罢。

八年。初,广汉太守弘农王濬为羊祜参军,祜深知之。祜兄子暨白:“濬为人志大奢侈,不可专任,宜有以裁之。”祜曰:“濬有大才,将以济其所欲,必可用也。”更转为车骑从事中郎。濬在益州,明立威信,蛮夷多归附之。俄迁大司农,时帝与羊祜阴谋伐吴,祜以为伐吴宜藉上流之势,密表留王濬,复为益州刺史,使治水军。寻加龙骧将军,监益、梁诸军事。

诏濬罢屯田兵,大作舟舰。别驾何攀以为“屯田兵不过五六百人，作船不能猝办，后者未成，前者已腐。宜召诸郡兵合万余人造之，岁终可成”。浚欲先上须报，攀曰：“朝廷猝闻召万兵，必不听。不如辄召，设当见却，功夫已成，势不得止。”浚从之，令攀典造船舰、器仗。于是作大舰，长百二十步，受二千余人，以木为城，起楼橹，开四出门，其上皆得驰马往来。时作船木柹，蔽江而下。吴建平太守吴郡吾彦取流柹以白吴主曰：“晋必有攻吴之计，宜增建平兵以塞其冲要。”吴主不从，彦乃为铁锁横断江路。

秋八月，吴主征昭武将军、西陵督步阐。阐世在西陵，猝被征，自以失职，且惧有谗，九月，据城来降。

冬十月，吴陆抗闻步阐叛，亟遣将军左奕、吾彦等讨之。帝遣荆州刺史杨肇迎阐于西陵，车骑将军羊祜帅步军出江陵，巴东监军徐胤帅水军击建平以救阐。陆抗敕西陵诸军筑严围，自赤溪至于故市，内以围阐，外以御晋兵。昼夜催切，如敌已至，众甚苦之。诸将谏曰：“今宜及三军之锐，急攻阐，比晋救至，必可拔也，何事于围，以敝士民之力？”抗曰：“此城处势既固，粮谷又足，且凡备御之具，皆抗所宿规，今反攻之，不可猝拔。北兵至而无备，表里受难，何以御之？”诸将皆欲攻阐，抗欲服众心，听令一攻，果无利。围备始合，而羊祜兵五万至江陵。诸将咸以抗不宜上。抗曰：“江陵城固兵足，无可忧者。假令敌得江陵，必不能守，所损者小。若晋据西陵，则南山群夷皆当扰动，其患不可量也。”乃自帅众赴西陵。

初，抗以江陵之北道路平易，敕江陵督张咸作大堰遏水，渐渍平土以绝寇叛。羊祜欲因所遏水以船运粮，扬声将破堰以通步军。抗闻之，使咸亟破之。诸将皆惑，屡谏不听。祜止当阳，闻堰败，乃改船以车运粮，大费功力。

十一月，杨肇至西陵。陆抗令公安督孙遵循南岸御羊祜，水军督留虑拒徐胤，抗自将大军凭围对肇。将军朱乔营都督俞赞亡诣肇。抗曰："赞军中旧吏，知吾虚实。吾常虑夷兵素不简练，若敌攻围，必先此处。"即夜易夷兵，皆以精兵守之。明日，肇果攻故夷兵处，抗命击之，矢石雨下，肇众伤死者相属。十二月，肇计屈，夜遁。抗欲追之，而虑步阐畜力伺间，兵不足分，于是但鸣鼓戒众，若将追者。肇众凶惧，悉解甲挺走。抗使轻兵蹑之，肇兵大败，祜等皆引军还。抗遂拔西陵，诛阐及同谋将吏数十人，皆夷三族，自余所请赦者数万口。东还乐乡，貌无矜色，谦冲如常。吴主加抗都护。羊祜坐贬平南将军，杨肇免为庶人。

吴主既克西陵，自谓得天助，志益张大，使术士尚广筮取天下，对曰："吉。庚子岁，青盖当入洛阳。"吴主喜，不修德政，专为兼并之计。

吴主之游华里也，右丞相万彧与右大司马丁奉、左将军留平密谋曰："若至华里不归，社稷事重，不得不自还。"吴主颇闻之，以彧等旧臣，隐忍不发。是岁，吴主因会，以毒酒饮彧，传酒人私减之。又饮留平，平觉之，服他药以解，得不死。彧自杀，平忧懑月余亦死，徙彧子弟于庐陵。

初，彧请选忠清之士以补近职，吴主以大司农楼玄为宫下镇，主殿中事。玄正身帅众，奉法而行，应对切直，吴主浸不悦。中书令领太子太傅贺邵上疏谏曰："自顷年以来，朝列纷错，真伪相贸，忠良排坠，信臣被害。是以正士摧方，而庸臣苟媚，先意承指，各希时趣。人执反理之评，士吐诡道之论，遂使清流变浊，忠臣结舌。陛下处九天之上，隐百里之室，言出风靡，令行景从，亲洽宠媚之臣，日闻顺意之辞，将谓此辈实贤，而天下已平也。臣闻兴国之君乐闻其过，荒乱之主乐闻其誉，闻其过者过日消而福臻，闻其誉者誉日损而祸至。陛下严刑法以禁直辞，黜善士以逆谏口，杯酒造次，死生不保，仕者以退为幸，居者以出为福，诚非所以保光洪绪，熙隆道化也。何定本仆隶小人，身无行能，而陛下爱其佞媚，假以威福。夫小人求入，必进奸利，定间者妄兴事役，发江边戍兵以驱麋鹿，老弱饥冻，大小怨叹。传曰：'国之兴也，视民如赤子；其亡也，以民为草芥。'今法禁转苛，赋调益繁，中官、近臣，所在兴事，而长吏畏罪，苦民求办，是以人力不堪，家户离散，呼嗟之声，感伤和气。今国无一年之储，家无经月之畜，而后宫之中坐食者万有余人。又北敌注目，伺国盛衰，长江之限，不可久恃，苟我不能守，一苇可杭也。愿陛下丰基强本，割情从道，则成、康之治兴，圣祖之祚隆矣。"吴主深恨之。

于是左右共诬楼玄、贺邵相逢，驻共耳语大笑，谤讪政事，俱被诘责。

羊祜归自江陵，务修德信以怀吴人。每交兵，刻日方战，不为掩袭之计。将帅有欲进谲计者，辄饮以醇酒，使不得言。祜出军行吴境，刈谷为粮，皆计所侵，送绢偿之。每会众江、沔游猎，常止晋地，若禽兽先为吴人所伤而为晋兵所得者，皆送还之。于是吴边人皆悦服。祜与陆抗对境，使命常通。抗遗祜酒，祜饮之不疑。抗疾求药于祜，祜以成药与之，抗即服之。人多谏抗，抗曰："岂有酖人羊叔子哉。"抗告其边戍曰："彼专为德，我专为暴，是不战而自服也。各保分界而已，无求细利。"吴主闻二境交和以诘抗，抗曰："一邑一乡，不可以无信义，况大国乎？臣不如此，正是彰其德，于祜无伤也。"

吴主用诸将之谋，数侵盗晋边。陆抗上疏曰："昔有夏多罪而殷汤用师，纣作淫虐而周武授钺。苟无其时，虽复大圣，亦宜养威自保，不可轻动也。今不务力农富国，审官任能，明黜陟，慎刑赏，训诸司以德，抚百姓以仁，而听诸将徇名，穷兵黩武，动费万计，士卒凋瘁，寇不为衰，而我已大病矣。今争帝王之资，而昧十百之利，此人臣之奸便，非国家之良策也。昔齐、鲁三战，鲁人再克，而亡不旋踵。何则？大小之势异也。况今师所克获，不补所丧哉。"吴主不从。

九年春三月，吴以陆抗为大司马、荆州牧。

十年秋七月，吴大司马陆抗疾病，上疏曰："西陵、建平，国之蕃表，既处上流，受敌二境，若敌泛舟顺流，星奔电迈，非可恃援他部以救倒县也。此乃社稷安危之机，非徒封疆侵陵小害也。臣父逊昔在西垂，上言：'西陵国之西门，虽云易守，亦复易失。若有不守，非但失一郡，荆州非吴有也。如其有虞，当倾国争之。'臣前乞屯精兵三万，而主者循常，未肯差赴。自步阐以后，益更损耗。今臣所统千里，外御强对，内怀百蛮，而上下见兵财有数万，羸敝日久，难以待变。臣愚以为诸王幼冲，无用兵马以妨要务。又黄门宦官开立占募，兵民避役，逋逃入占。乞特诏简阅，一切(科)〔料〕出，以补疆埸受敌常处，使臣所部足满八万，省息众务，并力备御，庶几无虞。若其不然，深可忧也。臣死之后，乞以西方为属。"及卒，吴使其子晏、景、玄、机、云分将其兵。

咸宁二年秋七月，吴人或言于吴主曰："临平湖自汉末薉塞，长老言：'此湖塞，天下乱；此湖开，天下平。'近无故忽更开通，此天下当太平，青盖入洛之祥也。"吴主以问奉禁都尉历阳陈训，对曰："臣止能望气，不能达湖之开塞。"退而告其友曰："青盖入洛者，将有衔璧之事，非吉祥也。”

冬十月，以羊祜为征南大将军。祜上疏请伐吴，曰：“先帝西平巴、蜀，南和吴会，庶几海内得以休息。而吴复背信，使边事更兴。夫期运虽天所授，而功业必因人而成，不一大举扫灭，则兵役无时得息也。蜀平之时，天下皆谓吴当并亡，自是以来，十有三年矣。夫谋之虽多，决之欲独。凡以险阻得全者，谓其势均力敌耳。若轻重不齐，强弱异势，虽有险阻，不可保也。蜀之为国，非不险也，皆云一夫荷戟，千人莫当。及进兵之日，曾无藩篱之限，乘胜席卷，径至成都，汉中诸城皆鸟栖而不敢出，非无战心，诚力不足以相抗也。及刘禅请降，诸营堡索然俱散。今江、淮之险不如剑阁，孙皓之暴过于刘禅，吴人之困甚于巴、蜀，而大晋兵力盛于往时，不于此际平壹四海，而更阻兵相守，使天下困于征戍，经历盛衰，不可长久也。今若引梁、益之兵水陆俱下，荆、楚之众进临江陵，平南、豫州直指夏口，徐、扬、青、兖并会秣陵。以一隅之吴，当天下之众，势分形散，所备皆急。巴、汉奇兵出其空虚，一处倾坏，则上下震荡，虽有智者不能为吴谋矣。吴缘江为国，东西数千里，所敌者大，无有宁息。孙皓恣情任意，与下多忌，将疑于朝，士困于野，无有保世之计，一定之心；平常之日，犹怀去就，兵临之际，必有应者，终不能齐力致死，已可知也。其俗急速不能持久，弓弩戟楯不如中国，唯有水战是其所便，一入其境，则长江非复所保，还趣城池，去长入短，非吾敌也。官军县进，人有致死之志，吴人内顾，各有离散之心，如此军不逾时，克可必矣。”帝深纳之。而朝议方以秦、凉为忧，祜复表曰：“吴平则胡自定，但当速济大功耳。”议者多有不同，贾充、荀勖、冯紞尤以伐吴为不可。祜难曰：“天下不如意事十常居七八。天与不取，岂非更事者恨于后时哉！”唯度支尚书杜预、中书令张华与帝意合，赞成其计。

三年夏五月，吴将邵顗、夏祥帅众七千余人来降。

冬十二月，吴夏口督孙慎入江夏、汝南，略千余家而去。诏遣侍臣诘羊祜不追讨之意，并欲移荆州。祜曰："江夏去襄阳八百里，比知贼问，贼已去经日，步军安能追之。劳师以免责，非臣志也。昔魏武帝置都督，类皆与州相近，以兵势好合、恶离故也。疆埸之间，一彼一此，慎守而已；若辄徙州，贼出无常，亦未知州之所宜据也。"

四年夏六月，羊祜以病求入朝，既至，帝命乘辇入殿，不拜而坐。祜面陈伐吴之计，帝善之。以祜病，不宜数入，更遣张华就问筹策。祜曰："孙皓暴虐已甚，于今可不战而克。若皓不幸而没，吴人更立令主，虽有百万之众，长江未可窥也，将为后患矣。"华深然之。祜曰："成吾志者子也。"帝欲使祜卧护诸将，祜曰："取吴不必臣行，但既平之后，当劳圣虑耳。功名之际，臣不敢居，若事了，当有所付授，愿审择其人也。"

冬十月，吴人大佃皖城，欲谋入寇。都督扬州诸军事王浑遣扬州刺史应绰攻破之，斩首五千级，焚其积谷百八十余万斛，践稻苗四千余顷，毁船六百余艘。

十一月，羊祜疾笃，举杜预自代。辛卯，以预为镇南大将军，都督荆州诸军事。祜卒，帝哭之甚哀。南州民闻祜卒，为之罢市，巷哭声相接。吴守边将士亦为之泣。祜好游岘山，襄阳人建碑立庙于其地，岁时祭祀，望其碑者无不流涕，因谓之"堕泪碑"。

杜预至镇，简精锐袭吴西陵督张政，大破之。政，吴之名将也，耻以无备取败，不以实告吴主。预欲间之，乃表还其所获。

吴主果召政还，遣武昌监留宪代之。

五年，吴主每宴群臣，咸令沉醉。又置黄门郎十人为司过，宴罢之后，各奏其阙失，迕视谬言，罔有不举，大者即加刑戮，小者记录为罪。或剥人面，或凿人眼。由是上下离心，莫为尽力。

益州刺史王濬上疏曰："孙皓荒淫凶逆，宜速征伐，若一旦皓死更立贤主，则强敌也。臣作船七年，日有朽败。臣年七十，死亡无日。三者一乖，则难图也。诚愿陛下无失事机。"帝于是决意伐吴。会安东将军王浑表孙皓欲北上，边戍皆戒严，朝廷乃更议明年出师。王濬参军何攀奉使在洛，上疏称："皓必不敢出，宜因戒严，掩取甚易。"

杜预上表曰："自闰月以来，贼但敕严，下无兵上。以理势推之，贼之穷计，力不两完，必保夏口以东，以延视息，无缘多兵西上，空其国都。而陛下过听，便用委弃大计，纵敌患生，诚可惜也。向使举而有败，勿举可也。今事为之制，务从完牢，若或有成，则开太平之基；不成，不过费损日月之间，何惜而不一试之？若当须后年，天时人事，不得如常，臣恐其更难也。今有万安之举，无倾败之虑，臣心实了，不敢以暧昧之见自取后累，惟陛下察之。"旬月未报，预复上表曰："羊祜不先博谋于朝臣，而密与陛下共施此计，故益令朝臣多异同之议。凡事当以利害相校，今此举之，利十有八九而其害一二，止于无功耳。必使朝臣言破败之形，亦不可得，直是计不出己，功不在身，各耻其前言之失而固守之也。自顷朝廷事无大小，异意锋起，虽人心不同，亦由恃恩不虑后患，故轻相同异也。自秋已来，讨贼之形颇露，今若中止，孙皓或怖而生计，徙都武昌，更完修江南诸城，远其居民，城不可攻，野无所掠，则明年之计或无所及矣。"帝方与张华围棋，预表适至，华推枰敛手曰："陛下圣武，国富兵强，吴主淫虐，诛杀贤能，当今讨之，可不劳而定，愿勿以为疑。"帝乃许之。以华为度支尚书，量计运漕。贾充、荀勖、冯紞固争之，帝大怒，充免冠谢罪。仆射山涛退而告人曰："'自非圣人，外宁必有内忧。'今释吴为外惧，岂非算乎！"

冬十一月，大举伐吴。遣镇军将军琅邪王伷出涂中，安东将军王浑出江西，建威将军王戎出武昌，平南将军胡奋出夏口，镇南大将军杜预出江陵，龙骧将军王濬、巴东监军鲁国唐彬下巴、蜀，东西凡二十余万。命贾充为使持节、假黄钺、大都督，以冠军将军杨济副之。充固陈伐吴不利，且自言衰老，不堪元帅之任。诏曰："君若不行，吾便自出。"充不得已，乃受节钺，将中军南屯襄阳，为诸军节度。

太康元年春正月，杜预向江陵，王浑出横江，攻吴镇戍，所向皆克。二月戊午，王濬、唐彬击破丹阳监盛纪。吴人于江碛要害之处，并以铁锁横截之，又作铁锥，长丈余，暗置江中，以逆拒舟舰。濬作大筏数十，方百余步，缚草为人，被甲持仗，令善水者以筏先行，遇铁锥，锥辄着筏而去。又作大炬，长十余丈，大数十围，灌以麻油，在船前，遇锁，然炬烧之，须臾融液断绝，于是船无所碍。庚申，濬克西陵，杀吴都督留宪等。壬戌，克荆门、夷道二城，杀夷道监陆晏。杜预遣牙门周旨等帅奇兵八百泛舟夜渡江，袭乐乡，多张旗帜，起火巴山。吴都督孙歆惧，与江陵督伍延书曰："北来诸军，乃飞渡江也。"旨等伏兵乐乡城外，歆遣军出拒王濬，大败而还。旨等发伏兵随歆军而入，歆不觉，直至帐下，虏歆而还。乙丑，王濬击杀吴水军都督陆景。杜预进攻江陵，甲戌，克之，斩伍延。于是沅、湘以南，接于交、广，州郡皆望风送印绥，预仗节称诏而绥抚之。凡所斩获吴都督、监军十四，牙门、郡守百二十余人。胡奋克江安。

乙亥，诏："王濬、唐彬既定巴丘，与胡奋、王戎共平夏口、武昌，顺流长骛，直造秣陵。杜预当镇静零、桂，怀辑衡阳。大兵既过，荆州南境固当传檄而定。预等各分兵以益濬、彬。太尉充移屯项。"

王戎遣参军襄阳罗尚、南阳刘乔将兵与王濬合攻武昌，吴江夏太守刘朗、督武昌诸军虞昺皆降。昺，翻之子也。

杜预与众军会议，或曰："百年之寇，未可尽克。方春水生，难于久驻，宜俟来冬，更为大举。"预曰："昔乐毅藉济西一战以并强齐，今兵威已振，譬如破竹，数节之后，皆迎刃而解，无复着手处也。"遂指授群帅方略，径造建业。

吴主闻王浑南下，使丞相张悌督丹阳太守沈莹、护军孙震、副军师诸葛靓帅众三万渡江逆战。至牛渚，沈莹曰："晋治水军于蜀久矣，上流诸军素无戒备，名将皆死，幼少当任，恐不能御也。晋之水军必至于此，宜畜众力以待其来，与之一战，若幸而胜之，江西自清。今渡江与晋大军战，不幸而败，则大事去矣。"悌曰："吴之将亡，贤愚所知，非今日也。吾恐蜀兵至此，众心骇惧，不可复整。及今渡江，犹可决战。若其败丧，同死社稷，无所复恨。若其克捷，北敌奔走，兵势万倍，便当乘胜南上，逆之中道，不忧不破也。若如子计，恐士众散尽，坐待敌到，君臣俱降，无复一人死难者，不亦辱乎！"

三月，悌等济江，围浑部将城阳都尉张乔于杨荷，乔众才七千，闭栅请降。诸葛靓欲屠之，悌曰："强敌在前，不宜先事其小，且杀降不祥。"靓曰："此属以救兵未至，力少不敌，故且伪降以缓我，非真伏也。若舍之而前，必为后患。”悌不从，抚之而进。悌与扬州刺史汝南周浚结陈相对。沈莹帅丹阳锐卒、刀楯五千，三冲晋兵，不动。莹引退，其众乱，将军薛胜、蒋班因其乱而乘之，吴兵以次奔溃，将帅不能止，张乔自后击之，大败吴兵于版桥。诸葛靓帅数百人遁去，使过迎张悌，悌不肯去，靓自往牵之，曰：“存亡自有大数，非卿一人所支，奈何故自取死？”悌垂涕曰：“仲思，今日是我死日也。且我为儿童时，便为卿家丞相所识拔，常恐不得其死，负名贤知顾。今以身徇社稷，复何道邪！”靓再三牵之，不动，乃流泪放去，行百余步，顾之，已为晋兵所杀，并斩孙震、沈莹等七千八百级，吴人大震。

初，诏书使王浚下建平受杜预节度，至建业受王浑节度。预至江陵谓诸将曰：“若浚得建平，则顺流长驱，威名已着，不宜令受制于我。若不能克，则无缘得施节度。”浚至西陵，预与之书曰：“足下既摧其西藩，便当径取建业，讨累世之逋寇，释吴人于涂炭，振旅还都，亦旷世一事也。”浚大悦，表呈预书。及张悌败死，扬州别驾何恽谓周浚曰：“张悌举全吴精兵殄灭于此，吴之朝野莫不震慑。今王龙骧既破武昌，乘胜东下，所向辄克，土崩之势见矣。谓宜速引兵渡江，直指建业，大军猝至，夺其胆气，可不战禽也。”浚善其谋，使白王浑。恽曰：“浑闇于事机，而欲慎己免咎，必不我从。”浚固使白之，浑果曰：“受诏但令屯江北以抗吴军，不使轻进，贵州虽武，岂能独平江东乎！今者违命，胜不足多，若其不胜，为罪已重。且诏令龙骧受我节度，但当具君舟楫，一时俱济耳。”恽曰：“龙骧克万里之寇，以既成之功来受节度，未之闻也。且明公为上将，见可而进，岂得一一须诏令乎？今乘此渡江，十全必克，何疑何虑而淹留不进，此鄙州上下所以恨恨也。”浑不听。

王濬自武昌顺流径趣建业，吴主遣游击将军张象帅舟师万人御之，象众望旗而降。濬兵甲满江，旌旗烛天，威势甚盛，吴人大惧。

吴主之嬖臣岑昏，以倾险谀佞致位九列，好兴功役，为众患苦。及晋兵将至，殿中亲近数百人叩头请于吴主曰：“北军日近而兵不举刃，陛下将如之何？”吴主曰：“何故？”对曰：“正坐岑昏耳。”吴主独言：“若尔，当以奴谢百姓。”众因曰：“唯。”遂并起收昏；吴主络绎追止，已屠之矣。

陶濬将讨郭马，至武昌，闻晋兵大入，引兵东还。至建业，吴主引见，问水军消息，对曰：“蜀船皆小，今得二万兵乘大船以战，自足破之。”于是合众，授濬节钺。明日，当发，其夜，众悉逃溃。

时王浑、王濬及琅邪王伷皆临近境，吴司徒何植、建威将军孙晏悉送印节诣浑降。吴主用光禄勋薛莹、中书令胡冲等计，分遣使者奉书于浑、濬、伷以请降。又遗其群臣书，深自咎责，且曰：“今大晋平治四海，是英俊展节之秋，勿以移朝改朔用损厥志。”使者先送玺绶于琅邪王伷。壬寅，王濬舟师过三山，王浑遣信要濬暂过论事，濬举帆直指建业，报曰：“风利，不得泊也。”是日，濬戎卒八万，方舟百里，鼓噪入于石头，吴主晧面缚、舆榇，诣军门降。濬解缚焚榇，延请相见。收其图籍，克州四，郡四十三，户五十二万三千，兵二十三万。

朝廷闻吴已平，群臣皆贺，上寿，帝执爵流涕曰：“此羊太傅之功也。”票骑将军孙秀不贺，南向流涕曰：“昔讨逆弱冠以一校尉创业，今后主举江南而弃之，宗庙山陵，于此为墟，悠悠苍天，此何人哉！”

吴之未下也，大臣皆以为未可轻进，独张华坚执，以为必克。贾充上表称："吴地未可悉定，方夏，江、淮下湿，疾疫必起，宜召诸军还，以为后图。虽腰斩张华，不足以谢天下。"帝曰："此是吾意，华但与吾同耳。"荀勖复奏"宜如充表"，帝不从。杜预闻充奏乞罢兵，驰表固争，使至轘辕而吴已降。充惭惧，诣阙请罪，帝抚而不问。

夏四月甲申，诏赐孙皓爵归命侯。乙酉，大赦，改元。大酺五日。遣使者分诣荆、扬抚慰，吴牧、守已下皆不更易。除其苛政，悉从简易，吴人大悦。

滕修讨郭马未克，闻晋伐吴，帅众赴难，至巴丘闻吴亡，缟素流涕，还，与广州刺史闾丰、苍梧太守王毅各送印绶请降。孙皓遣陶璜之子融持手书谕璜，璜流涕数日，亦送印绶降。帝皆复其本职。

王濬之东下也，吴城戍皆望风款附，独建平太守吾彦婴城不下，闻吴亡，乃降。帝以彦为金城太守。

初，朝廷尊宠孙秀、孙楷，欲以招来吴人。及吴亡，降秀为伏波将军，楷为度辽将军。

琅邪王伷遣使送孙皓及其宗族诣洛阳。五月丁亥朔，皓至，与其太子瑾等泥头面缚，诣东阳门。诏遣谒者解其缚，赐衣服、车乘、田三十顷，岁给钱谷绵绢甚厚。拜瑾为中郎，诸子为王者皆为郎中。吴之旧望，随才擢叙。孙氏将吏渡江者复十年，百姓复二十年。

庚寅，帝临轩，大会文武有位及四方使者，国子学生皆预焉。引见归命侯皓及吴降人。皓登殿稽颡，帝谓皓曰："朕设此座以待卿久矣。"皓曰："臣于南方亦设此座以待陛下。"贾充谓皓曰：

"闻君在南方凿人目,剥人面皮,此何等刑也?"皓曰:"人臣有弑其君及奸回不忠者,则加此刑耳。"充默然甚愧,而皓颜色无怍。

帝从容问散骑常侍薛莹,孙皓所以亡,对曰:"皓昵近小人,刑罚放滥,大臣诸将人不自保,此其所以亡也。"他日又问吾彦,对曰:"吴主英俊,宰辅贤明。"帝笑曰:"若是何故亡?"彦曰:"天禄永终,历数有属,故为陛下禽耳。"帝善之。

王濬之入建业也,其明日王浑乃济江,以濬不待己至,先受孙皓降,意甚愧忿,将攻濬。何攀劝濬送皓与浑,由是事得解。何恽以浑与濬争功,与周浚笺曰:"书贵克让,易大谦光。前破张悌,吴人失气,龙骧因之,陷其区宇。论其前后,我实缓师,既失机会,不及于事,而今方竞其功。彼既不吞声,将亏雍穆之弘,兴矜争之鄙,斯愚情之所不取也。"浚得笺,即谏止浑。浑不纳,表濬违诏不受节度,诬以罪状。浑子济尚常山公主,宗党强盛。有司奏请槛车征濬,帝弗许,但以诏书责让濬以不从浑命,违制昧利。濬上书自理曰:"前被诏书,令臣直造秣陵,又令受太尉充节度。臣以十五日至三山,见浑军在北岸,遣书邀臣。臣水军风发,乘势径造贼城,无缘回船过浑。臣以日中至秣陵,暮乃被浑所下当受节度之符,欲令臣明十六日悉将所领还围石头,又索蜀兵及镇南诸军人名定见。臣以为皓已来降,无缘空围石头;又兵人定见,不可仓猝得就,皆非当今之急,不可承用,非敢忽弃明制也。皓众叛亲离,匹夫独坐,雀鼠贪生,苟乞一活耳。而江北诸军不知虚实,不早缚取,自为小误。臣至便得,更见怨恚,并云守贼百日,而令他人得之。臣愚以为事君之道,苟利社稷,死生以之。若其顾嫌疑以避咎责,此是人臣不忠之利,实非明主社稷之福也。"浑又腾周浚书,云濬军得吴宝物,又云濬牙门将李高放火烧皓伪宫。濬复表曰："臣孤根独立，结恨强宗。夫犯上干主，其罪可救，乖忤贵臣，祸在不测。伪中郎将孔摅说：'去二月武昌失守，水军行至，皓按行石头还，左右人皆跳刀大呼云："要当为陛下一死战决之。"皓意大喜，谓必能然，便尽出金宝以赐与之。小人无状，得便持走。皓惧，乃图降首。降使适去，左右劫夺财物，略取妻妾，放火烧宫。皓逃身窜首，恐不脱死。'臣至，遣参军主者救断其火耳。周浚先入皓宫，浑又先登皓舟，臣之入观，皆在其后。皓宫之中，乃无席可坐，若有遗宝，则浚与浑先得之矣。浚等云臣屯聚蜀人，不时送皓，欲有反状。又恐动吴人，言臣皆当诛杀，取其妻子，冀其作乱，得骋私忿。谋反大逆，尚以见加，其余谤嗜，故其宜耳。今年平吴，诚为大庆，于臣之身，更受咎累。"濬至京师，有司奏"濬违诏，大不敬，请付廷尉科罪"。诏不许。又奏"濬赦后烧贼船百三十五艘，辄敕付廷尉禁推"。诏勿推。

浑、浚争功不已，帝命守廷尉广陵刘颂校其事，以浑为上功，浚为中功。帝以颂折法失理，左迁京兆太守。庚辰，增贾充邑八千户，以王濬为辅国大将军，封襄阳县侯；杜预为当阳县侯；王戎为安丰县侯；封琅邪王伷二子为亭侯；增京陵侯王浑邑八千户，进爵为公；尚书关内侯张华进封广武县侯，增邑万户；荀勖以专典诏命功，封一子为亭侯；其余诸将及公卿以下，赏赐各有差。帝以平吴策告羊祜庙，乃封其夫人夏侯氏为万岁乡君，食邑五千户。

王濬自以功大，而为浑父子及党与所挫抑，每进见，陈其攻伐之劳及见枉之状，或不胜忿愤，径出不辞，帝每容恕之。益州护军范通谓濬曰："卿功则美矣，然恨所以居美者未尽善也。卿旋旆之日，角巾私第，口不言平吴之事，若有问者，辄曰：‘圣主之德，群帅之力，老夫何力之有？’此蔺生所以屈廉颇也，王浑能无愧乎！”浚曰：“吾始惩邓艾之事，惧祸及身，不得无言；其终不能遣诸胸中，是吾褊也。”时人咸以浚功重报轻，为之愤邑。博士秦秀等并上表讼浚之屈，帝乃迁浚镇军大将军。王浑尝诣浚，浚严设备卫，然后见之。

杜预还襄阳，以为天下虽安，忘战必危，乃勤于讲武，申严戍守。又引滍、淯水以浸田万余顷，开杨口通零、桂之漕，公私赖之。预身不跨马，射不穿札，而用兵制胜，诸将莫及。预在镇，数饷遗洛中贵要，或问其故，预曰：“吾但恐为害，不求益也。”王浑迁征东大将军，复镇寿阳。

诸葛靓逃窜不出。帝与靓有旧，靓姊为琅邪王妃，帝知靓在姊间，因就见焉。靓逃于厕，帝又逼见之，谓曰：“不谓今日复得相见。”靓流涕曰：“臣不能漆身皮面，复睹圣颜，诚为惭恨。”诏以为侍中，固辞不拜，归于乡里，终身不向朝廷而坐。

## 羌胡之叛　树机能　齐万年

晋武帝泰始五年春二月，分雍、凉、梁州置秦州，以胡烈为刺史。先是，邓艾纳鲜卑降者数万，置于雍、凉之间，与民杂居，朝廷恐其久而为患，以烈素著名于西方，故使镇抚之。

六年夏六月戊午，胡烈讨鲜卑秃发树机能于万斛堆，兵败被杀。都督雍、凉州诸军事扶风王亮，遣将军刘旗救之，旗观望不进。亮坐贬为平西将军，旗当斩。亮上言：“节度之咎，由亮而出，乞丐旗死。”诏曰：“若罪不在旗，当有所在。”乃免亮官。

遣尚书乐陵石鉴行安西将军，都督秦州诸军事，讨树机能。树机能兵盛，鉴使秦州刺史杜预出兵击之，预以虏乘胜马肥，而官军县乏，宜并力大运刍粮，须春进讨。鉴奏预稽乏军兴，槛车征诣廷尉，以赎论。既而鉴讨树机能，卒不能克。

七年夏四月，北地胡寇金城，凉州刺史牵弘讨之。众胡皆内叛，与树机能共围弘于青山，弘军败而死。初，大司马陈骞言于帝曰："胡烈、牵弘皆勇而无谋，强于自用，非绥边之材也，将为国耻。"时弘为扬州刺史，多不承顺骞命，帝以为骞与弘不协而毁之。于是征弘，既至，寻复以为凉州刺史。骞窃叹息，以为必败。二人果失羌戎之和，兵败身没，征讨连年，仅而能定，帝乃悔之。

咸宁三年春三月，平虏护军文鸯督凉、秦、雍州诸军，讨树机能，破之，诸胡二十万口来降。

四年春正月，司马督东平马隆上言："凉州刺史杨欣失羌戎之和，必败。"

夏六月，欣与树机能之党若罗拔能等战于武威，败死。

冬十二月，鲜卑树机能久为边患，仆射李喜请发兵讨之。朝议皆以为出兵重事，虏不足忧。

五年春正月，树机能攻陷凉州。帝甚悔之，临朝而叹曰："谁能为我讨此虏者？"司马督马隆进曰："陛下能任臣，臣能平之。"帝曰："必能平贼，何为不任，顾方略何如耳。"隆曰："臣愿募勇士三千人，无问所从来，帅之以西，虏不足平也。"帝许之。乙丑，以隆为讨虏护军、武威太守。公卿皆曰："见兵已多，不宜横设赏募。隆小将妄言，不足信也。"帝不听。隆募能引弓四钧、挽弩九石者取之，立标简试，自旦至日中，得三千五百人。隆曰："足矣。"又请自至武库选仗，武库令与隆忿争，御史中丞劾奏隆。隆曰："臣当毕命战场，武库令乃给以魏时朽仗，非陛下所以使臣之意也。"帝命惟隆所取，仍给三年军资而遣之。

十一月，马隆西渡温水，树机能等以众数万据险拒之。隆以山路狭隘，乃作扁箱车，为木屋，施于车上，转战而前，行千余里，杀伤甚众。自隆之西，音问断绝，朝廷忧之，或谓已没。后隆使夜到，帝抚掌欢笑，诘朝，召群臣谓曰："若从诸卿言，无凉州矣。"乃诏假隆节，拜宣威将军。隆至武威，鲜卑大人猝跋韩且万能等帅万余落来降。十二月，隆与树机能大战，斩之，凉州遂平。



太康元年。汉、魏以来羌胡、鲜卑降者，多处之塞内诸郡，其后数因忿恨，杀害长吏，渐为民患。侍御史西河郭钦上疏曰："戎狄强犷，历古为患。魏初民少，西北诸郡皆为戎居，内及京兆、魏郡、弘农往往有之。今虽服从，若百年之后，有风尘之警，胡骑自平阳、上党不三日而至孟津，北地、西河、太原、冯翊、安定、上郡尽为狄庭矣。宜及平吴之威，谋臣猛将之略，渐徙内郡杂胡于边地，峻四夷出入之防，明先王荒服之制，此万世之长策也。"帝不听。

惠帝元康四年夏五月，匈奴郝散反，攻上党，杀长吏。秋八月，郝散帅众降，冯翊都尉杀之。

六年夏，郝散弟度元与冯翊、北地马兰羌、卢水胡俱反，杀北地太守张损，败冯翊太守欧阳建。



征西大将军赵王伦与雍州刺史济南解系争军事，更相表奏，朝廷以梁王肜为征西大将军，都督雍、凉二州诸军事。

秋八月，解系为郝度元所败，秦、雍、氐、羌悉反，立氐帅齐万年为帝，围泾阳。御史中丞周处弹劾不避权戚，梁王肜尝违法，处按劾之。冬十一月，诏以处为建威将军，与振威将军卢播俱隶安西将军夏侯骏，以讨齐万年。中书令陈准言于朝曰："骏及梁王皆贵戚，非将帅之才，进不求名，退不畏罪。周处吴人，忠直勇果，有仇无援。宜诏积弩将军孟观，以精兵万人为处前锋，必能殄寇，不然，梁王当使处先驱，而不救以陷之，其败必也。"朝廷不从。齐万年闻处来曰："周府君尝为新平太守，有文武才，若专断而来，不可当也；或受制于人，此成禽耳。"

七年春正月，齐万年屯梁山，有众七万，梁王肜、夏侯骏使周处以五千兵击之。处曰："军无后继，必败，不徒亡身，为国取耻。"肜、骏不听，逼遣之。癸丑，处与卢播、解系攻万年于六陌。处军士未食，肜促令速进，自旦战至暮，斩获甚众。弦绝矢尽，救兵不至。左右劝处退，处按剑曰："是吾效节致命之日也。"遂力战而死。朝廷虽以尤肜，而亦不能罪也。

八年秋九月，张华、陈准以赵王、梁王相继在关中，皆雍容骄贵，师老无功，乃荐孟观沉毅有文武材用，使讨齐万年。观身当矢石，大战十数，皆破之。

九年春正月，孟观大破氐众于中亭，获齐万年。

太子洗马陈留江统以为戎狄乱华，宜早绝其原，乃作徙戎论以警朝廷，曰：

> 夫夷、蛮、戎、狄，地在要、荒，禹平九土，而西戎即叙。其性气贪婪，凶悍不仁，四夷之中，戎、狄为甚。弱则畏服，强则侵叛。当其强也，以汉之高祖困于白登，孝文军于霸上；及其弱也，以元、成之微，而单于入朝，此其已然之效也。是以有道之君牧夷狄也，惟以待之有备，御之有常，虽稽颡执贽，而边城不弛固守，强暴为寇，而兵甲不加远征，期令境内获安，疆埸不侵而已。

及至周室失统，诸侯专征，封疆不固，而利害异心，戎狄乘间，得入中国，或招诱安抚以为己用，自是四夷交侵，与中国错居。及秦始皇并天下，兵威旁达，攘胡走越，当是时，中国无复四夷也。

汉建武中，马援领陇西太守，讨叛羌，徙其余种于关中，居冯翊、河东空地。数岁之后，族类蕃息，既恃其肥强，且苦汉人侵之。永初之元，群羌叛乱，覆没将守，屠破城邑，邓骘败北，侵及河内，十年之中，夷夏俱敝，任尚、马贤，仅乃克之。自此之后，余烬不尽，小有际会，辄复侵叛，中世之寇，惟此为大。魏兴之初，与蜀分隔，疆埸之戎，一彼一此。武帝徙武都氐于秦川，欲以弱寇强国，捍御蜀虏。此盖权宜之计，非万世之利也，今者当之，已受其敝矣。

夫关中土沃物丰，帝王所居，未闻戎狄宜在此土也。非我族类，其心必异。而因其衰敝，迁之畿服，士庶玩习，侮其轻弱，使其怨恨之气毒于骨髓，至于蕃育众盛，则坐生其心。以贪悍之性，挟愤怒之情，候隙乘便，辄为横逆。而居封域之内，无障塞之隔，掩不备之人，收散野之积，故能为祸滋蔓，暴害不测，此必然之势，已验之事也。当今之宜，宜及兵威方盛，众事未罢，徙冯翊、北地、新平、安定界内诸羌，着先零、罕开、析支之地，徙扶风、始平、京兆之氐，出还陇右，着阴平、武都之界，廪其道路之粮，令足自致，各附本种，反其旧土，使属国、抚夷就安集之。戎晋不杂，并得其所，纵有猾夏之心，风尘之警，则绝远中国，隔阂山河，虽为寇暴，所害不广矣。

难者曰：氐寇新平，关中饥疫，百姓愁苦，咸望宁息，而欲使疲悴之众，徙自猜之寇，恐势尽力屈，绪业不卒，前害未及弭而后变复横出矣。答曰：子以今者群氐为尚挟余资，悔恶反善，怀我德惠而来柔附乎？将势穷道尽，智力俱困，惧我兵诛以至于此乎？曰：无有余力，势穷道尽故也。然则我能制其短长之命，而令其进退由己矣。夫乐其业者不易事，安其居者无迁志。方其自疑危惧，畏怖促遽，故可制以兵威，使之左右无违也。迨其死亡散流，离逖未鸠，与关中之人户皆为仇，故可遐迁远处，令其心不怀土也。夫圣贤之谋事也，为之于未有，治之于未乱，道不着而平，德不显而成。其次则能转祸为福，因败为功，值困必济，遇否能通。今子遭敝事之终，而不图更制之始，爱易辙之勤，而遵覆车之轨，何哉？且关中之人百余万口，率其少多，戎狄居半，处之与迁，必须口实。若有穷乏，糁粒不继者，故当倾关中之谷以全其生生之计，必无挤于沟壑，而不为侵掠之害也。今我迁之，传食而至，附其种族，自使相赡，而秦地之人得其半谷，此为济行者以廪粮，遗居者以积仓，宽关中之逼，去盗贼之原，除旦夕之损，建终年之益。若惮暂举之小劳，而忘永逸之弘策，惜日月之烦苦，而遗累世之寇敌，非所谓能创业垂统，谋及子孙者也。

并州之胡，本实匈奴桀恶之寇也，建安中，使右贤王去卑诱质呼厨泉，听其部落散居六郡。咸熙之际，以一部太强，分为三率，泰始之初，又增为四。于是刘猛内叛，连结外虏。近者郝散之变，发于谷远。今五部之众，户至数万，人口之盛，过于西戎，其天性骁勇，弓马便利，倍于氐、羌。若有不虞，风尘之虑，则并州之域可为寒心。

正始中，毌丘俭讨句骊，徙其余种于荥阳。始徙之时，户落百数，子孙孳息，今以千计，数世之后，必至殷炽。今百姓失职，犹或亡叛，犬马肥充，则有噬啮。况于夷狄，能不为变，但顾其微弱，势力不逮耳。夫为邦者，忧不在寡而在不安，以四海之广，士民之富，岂须夷虏在内然后取足哉！此等皆可申谕发遣，还其本域，慰彼羁旅怀土之思，释我华夏纤介之忧，"惠此中国，以绥四方"，德施永世，于计为长也。

朝廷不能用。



## 陈敏之叛

晋惠帝太安二年〔夏五月〕，新野庄王歆，为政严急，失蛮夷心，义阳蛮张昌聚党数千人，欲为乱。荆州以壬午诏书发武勇赴益州讨李流，号"壬午兵"。民惮远征，皆不欲行。诏书督遣严急，所经之界停留五日者，二千石免官。由是郡县官长皆亲出驱逐，展转不远，辄复屯聚为群盗。时江夏大稔，民就食者数千口。张昌因之，诳惑百姓，更姓名曰李辰，募众于安陆石岩山，诸流民及避戍役者多往从之。太守弓钦遣兵讨之，不胜。昌遂攻郡，钦兵败，与部将朱伺奔武昌。歆遣骑督靳满讨之，满复败走。



昌遂据江夏，造妖言云："当有圣人出为民主。"得山都县吏丘沈，更其姓名曰刘尼，诈云汉后，奉以为天子，曰："此圣人也。"昌自为相国。诈作凤皇玉玺之瑞，建元神凤，郊祀、服色悉依汉故事。有不应募者，族诛之，士民莫敢不从。又流言云："江、淮已南皆反，官军大起，当悉诛之。"互相扇动，人情惶惧，江、沔间所在起兵以应昌，旬月间众至三万，皆着绛帽，以马尾作髯。诏遣监军华宏讨之，败于障山。

歆上言："妖贼犬羊万计，绛头毛面，挑刀走戟，其锋不可当。请台敕诸军三道救助。"朝廷以屯骑校尉刘乔为豫州刺史，宁朔将军沛国刘弘为荆州刺史，又诏河间王颙遣雍州刺史刘沈将州兵万人并征西府五千人出蓝田关以讨昌。颙不奉诏，沈自领州兵至蓝田，颙又逼夺其众。于是刘乔屯汝南，刘弘及前将军赵骧、平南将军羊伊屯宛。昌遣其将黄林帅二万人向豫州，刘乔击却之。昌至樊城，歆出拒之，众溃，为昌所杀。诏以刘弘代歆为镇南将军，都督荆州诸军事。

秋七月，张昌党石冰寇扬州，败刺史陈徽，诸郡尽没。又攻破江州，别将陈贞等攻武陵、零陵、豫章、武昌、长沙，皆陷之。临淮人封云起兵寇徐州以应冰。于是荆、江、扬、豫、徐五州之境，多为昌所据。昌更置牧守，皆桀盗小人，专以劫掠为务。刘弘遣陶侃等攻昌于竟陵，刘乔遣其将李杨等向江夏。侃等屡与昌战，大破之，前后斩首数万级，昌逃于下俊山，其众悉降。

冬十二月，议郎周玘、前南平内史长沙王矩起兵江东以讨石冰，推前吴兴太守吴郡顾秘都督扬州九郡诸军事，传檄州郡，杀冰所署将吏。于是前侍御史贺循起兵于会稽，庐江内史广陵华谭及丹杨葛洪、甘卓皆起兵以应秘。玘，处之子；循，邵之子；卓，宁之曾孙也。

冰遣其将羌毒帅兵数万拒玘，玘击斩之。冰自临淮退趋寿春。征东将军刘准闻冰至，惶惧不知所为，广陵度支庐江陈敏统众在寿春，谓准曰："此等本不乐远戍，逼迫成贼，乌合之众，其势易离，敏请督帅运兵为公破之。"准乃益敏兵，使击之。

永兴元年二月，陈敏与石冰战数十合，冰众十倍于敏，敏击之，所向皆捷，遂与周玘合攻冰于建康。三月，冰北走投封云，云司马张统斩冰及云以降，扬、徐二州平。周玘、贺循皆散众还家，不言功赏。朝廷以陈敏为广陵相。

秋八月，荆州兵擒斩张昌，同党皆夷三族。

二年。初，陈敏既克石冰，自谓勇略无敌，有割据江东之志。其父怒曰："灭我门者，必此儿也。"遂以忧卒。敏以丧去职，司空越起敏为右将军、前锋都督。越为刘祐所败，敏请东归收兵，遂据历阳叛。吴王常侍甘卓弃官东归，至历阳，敏为子景娶卓女，使卓假称皇太弟令，拜敏扬州刺史。

敏使弟恢及别将钱端等南略江州，弟斌东略诸郡，江州刺史应邈、扬州刺史刘机、丹杨太守王旷皆弃官走。敏遂据有江东，以顾荣为右将军，贺循为丹杨内史，周玘为安丰太守，凡江东豪桀、名士，咸加收礼，为将军、郡守者四十余人。或有老疾，就加秩命。循诈为狂疾，得免，乃以荣领丹杨内史。玘亦称疾，不之郡。敏疑诸名士终不为己用，欲尽诛之。荣说敏曰："中国丧乱，胡夷内侮，观今日之势，不能复振，百姓将无遗种。江南虽经石冰之乱，人物尚全，荣常忧无孙、刘之主有以存之。今将军神武不世，勋效已着，带甲数万，舳舻山积。若能委信君子，使各得尽怀，散蒂芥之嫌，塞谗谄之口，则上方数州可传檄而定，不然终不济也。"敏乃止。敏命僚佐推己为都督江东诸军事、大司马、楚公，加九锡，列上尚书，称被中诏，自江入沔、汉，奉迎銮驾。

太宰颙以张光为顺阳太守，帅步骑五千诣荆州讨敏。刘弘遣江夏太守陶侃、武陵太守苗光屯夏口，又遣南平太守汝南应詹督水军以继之。

侃与敏同郡，又同岁举吏。随郡内史扈怀言于弘曰："侃居大郡，统强兵，脱有异志，则荆州无东门矣。”弘曰：“侃之忠能，吾得之已久，必无是也。”侃闻之，遣子洪及兄子臻诣弘以自固，弘引为参军，资而遣之，曰：“贤叔征行，君祖母年高，便可归也。匹夫之交尚不负心，况大丈夫乎！”

敏以陈恢为荆州刺史，寇武昌，弘加侃前锋督护以御之。侃以运船为战舰，或以为不可。侃曰：“用官船击官贼，何为不可？”侃与恢战，屡破之。又与皮初、张光、苗光共破钱端于长岐。南阳太守卫展说弘曰：“张光，太宰腹心，公既与东海，宜斩光以明向背。”弘曰：“宰辅得失，岂张光之罪。危人自安，君子弗为也。”乃表光殊勋，乞加迁擢。

怀帝永嘉元年，陈敏刑政无章，不为英俊所附，子弟凶暴，所在为患。顾荣、周玘等忧之。庐江内史华谭遗荣等书曰：“陈敏盗据吴会，命危朝露。诸君或剖符名郡，或列为近臣，而更辱身奸人之朝，降节叛逆之党，不亦羞乎？吴武烈父子皆以英杰之才，继承大业。今以陈敏凶狡，七弟顽冗，欲蹑桓王之高踪，蹈大皇之绝轨，远度诸贤，犹当未许也。皇舆东返，俊彦盈朝，将举六师以清建业，诸贤何颜复见中州之士邪！”荣等素有图敏之心，及得书，甚惭，密遣使报征东大将军刘准，使发兵临江，己为内应，翦发为信。准遣扬州刺史刘机等出历阳讨敏。

敏使其弟广武将军昶将兵数万屯乌江，历阳太守宏屯牛渚。敏弟处知顾荣等有贰心，劝敏杀之，敏不从。昶司马钱广，周玘同郡人也。玘密使广杀昶，因宣言“州下已杀敏，敢动者诛三族”。广勒兵朱雀桥南。敏遣甘卓讨广，坚甲精兵尽委之。顾荣虑敏疑之，故往就敏。敏曰：“卿当四出镇卫，岂得就我邪！”荣乃出，与周玘共说甘卓曰：“若江东之事可济，当共成之。然卿观兹事势，当有济理不？敏既常才，政令反覆，计无所定，其子弟各已骄矜，其败必矣。而吾等安然受其官禄，事败之日，使江西诸军函首送洛，题曰'逆贼顾荣、甘卓之首'，此万世之辱也。"卓遂诈称疾，迎女，断桥，收船南岸，与玘、荣及前松滋侯相丹杨纪瞻共攻敏。

敏自帅万余人讨卓，军人隔水语敏众曰："本所以戮力陈公者，正以顾丹杨、周安丰耳。今皆异矣，汝等何为？"敏众狐疑未决，荣以白羽扇麾之，众皆溃去。敏单骑北走，追获之于江乘，叹曰："诸人误我，以至今日！"谓弟处曰："我负卿，卿不负我。"遂斩敏于建业，夷三族。于是会稽等郡尽杀敏诸弟。

时平东将军周馥代刘准镇寿春。三月己未朔，馥传敏首至京师。诏征顾荣为侍中，纪瞻为尚书郎。太傅越辟周玘为参军，陆玩为掾。玩，机之从弟也。荣等至徐州，闻北方愈乱，疑不进。越与徐州刺史裴盾书曰："若荣等顾望，以军礼发遣。"荣等惧，逃归。盾，楷之兄子，越妃兄也。

# 通鉴纪事本末卷第十二

## 西晋之乱　贾氏　诸王　胡羯　江左中兴附

魏元帝咸熙元年。初，晋王娶王肃之女，生炎及攸，以攸继景王后。攸性孝友，多材艺，清和平允，名闻过于炎。晋王爱之，常曰："天下者，景王之天下也，吾摄居相位，百年之后，大业宜归攸。"炎立发委地，手垂过膝，尝从容问裴秀曰："人有相否？"因以异相示之，秀由是归心。羊琇与炎善，为炎画策，察时政所宜损益，皆令炎豫记之，以备晋王访问。晋王欲以攸为世子，山涛曰："废长立少，违礼不祥。"贾充曰："中抚军有君人之德，不可易也。"何曾、裴秀曰："中抚军聪明神武，有超世之才，人望既茂，天表如此，固非人臣之相也。"晋王由是意定，丙午，立炎为世子。

晋武帝泰始元年五月，魏帝加文王殊礼，进王妃曰后，世子曰太子。秋八月辛卯，文王卒，太子嗣为晋王。

冬十二月壬戌，魏帝禅位于晋。丙寅，王即皇帝位。丁卯，封皇叔祖父孚为安平王，叔父干为平原王，亮为扶风王，伷为东莞王，骏为汝阴王，肜为梁王，伦为琅邪王，弟攸为齐王，鉴为乐安王，机为燕王。又封群从司徒望等十七人皆为王。帝惩魏氏孤立之敝，故大封宗室，授以职任，又诏诸王皆得自选国中长吏。卫将军齐王攸独不敢，皆令上请。

三年春正月丁卯，立子衷为皇太子。

七年。侍中、尚书令、车骑将军贾充，自文帝时宠任用事，帝之为太子，充颇有力，故益有宠于帝。充为人巧谄，与太尉行太子太傅荀顗、侍中中书监荀勖、越骑校尉安平冯紞相为党友，朝野恶之。帝问侍中裴楷以方今得失，对曰："陛下受命，四海承风，所以未比德于尧、舜者，但以贾充之徒尚在朝耳。宜引天下贤人，与弘政道，不宜示人以私。"侍中乐安任恺、河南尹颍川庾纯皆与充不协，充欲解其近职，乃荐恺忠贞，宜在东宫；帝以恺为太子少傅，而侍中如故。会树机能乱秦、雍，帝以为忧，恺曰："宜得威望重臣有智略者以镇抚之。"帝曰："谁可者？"恺因荐充，纯亦称之。秋七月癸酉，以充为都督秦、凉二州诸军事，侍中、车骑将军如故；充患之。

冬十一月，贾充将之镇。公卿饯于夕阳亭。充私问计于荀勖，勖曰："公为宰相，乃为一夫所制，不亦鄙乎，然是行也，辞之实难，独有结婚太子，可不辞而自留矣。"充曰："然。孰可寄怀？"勖曰："勖请言之。"因谓冯紞曰："贾公远出，吾等失势。太子婚尚未定，何不劝帝纳贾公之女乎？"紞亦然之。初，帝将纳卫瓘女为太子妃，充妻郭槐赂杨后左右，使后说帝求纳其女。帝曰："卫公女有五可，贾公女有五不可。卫氏种贤而多子，美而长、白；贾氏种妒而少子，丑而短、黑。"后固以为请，荀顗、荀勖、冯紞皆称充女绝美，且有才德，帝遂从之。留充复居旧任。

八年春二月辛卯，皇太子纳贾妃。妃年十五，长于太子二岁。妒忌多权诈，太子嬖而畏之。秋七月，以贾充为司空，侍中、尚书令、领兵如故。

十年秋七月丙寅，皇后杨氏殂。初，帝以太子不慧，恐不堪为嗣，常密以访后。后曰："立子以长不以贤，岂可动也！"镇军大将军胡奋女为贵嫔，有宠于帝，后疾笃，恐帝立贵嫔为后，致太子不安，枕帝膝泣曰："叔父骏女芷有德色，愿陛下以备六宫。"帝流涕许之。

咸宁二年。初，齐王攸有宠于文帝，每见攸，辄抚床呼其小字曰："此桃符座也！"几为太子者数矣。临终，为帝叙汉淮南王、魏陈思王事而泣，执攸手以授帝。太后临终，亦流涕谓帝曰："桃符性急，而汝为兄不慈。我若不起，必恐汝不能相容，以是属汝，勿忘我言！"及帝疾甚，朝野皆属意于攸。攸妃，贾充之长女也。河南尹夏侯和谓充曰："卿二婿，亲疏等耳。立人当立德。"充不答。攸素恶荀勖及左卫将军冯紞倾谄，勖乃使紞说帝曰："陛下前日疾若不愈，齐王为公卿百姓所归，太子虽欲高让，其得免乎！宜遣还藩，以安社稷。"帝阴纳之，乃徙和为光禄勋，夺充兵权，而位遇无替。

冬十月丁卯，立皇后杨氏，大赦。后，元皇后之从妹也，美而有妇德。帝初聘后，后叔父珧上表曰："自古一门二后，未有能全其宗者。乞藏此表于宗庙，异日如臣之言，得以免祸。"帝许之。十二月，以后父镇军将军骏为车骑将军，封临晋侯。尚书褚䂮、郭奕皆表"骏小器，不可任社稷之重"。帝不从。骏骄傲自得，胡奋谓骏曰："卿恃女更益豪邪！历观前世，与天家婚，未有不灭门者，但早晚事耳。"骏曰："卿女不在天家乎？"奋曰："我女与卿女作婢耳，何能为损益乎！"

三年秋七月，卫将军杨珧等建议，以为“古者封建诸侯，所以藩卫王室，今诸王公皆在京师，非捍城之义。又异姓诸将居边，宜参以亲戚”。帝乃诏诸王各以户邑多少为三等：大国置三军，五千人；次国二军，三千人；小国一军，一千一百人。诸王为都督者，各徙其国使相近。八月癸亥，徙扶风王亮为汝南王，出为镇南大将军，都督豫州诸军事；琅邪王伦为赵王，督邺城守事；勃海王辅为太原王，监并州诸军事。以东莞王胄在徐州，徙封琅邪王；汝阴王骏在关中，徙封扶风王。又徙太原王颙为河间王，汝南王柬为南阳王。辅，孚之子；颙，孚之孙也。其无官者，皆遣就国。诸王公恋京师，皆涕泣而去。又封皇子玮为始平王，允为濮阳王，该为新都王，遐为清河王。其异姓之臣，有大功者，皆封郡公、郡侯。

四年冬十月，征征北大将军卫瓘为尚书令。是时，朝野咸知太子昏愚，不堪为嗣，瓘每欲陈启而未敢发。会侍宴陵云台，瓘阳醉，跪帝床前曰：“臣欲有所启。”帝曰：“公所言何邪？”瓘欲言而止者三，因以手抚床曰：“此座可惜！”帝意悟，因谬曰：“公真大醉邪？”瓘于此不复有言。帝悉召东宫官属，为设宴会，而密封尚书疑事，令太子决之。贾妃大惧，倩外人代对，多引古义。给使张泓曰：“太子不学，陛下所知，而答诏多引古义，必责作草主，更益谴负，不如直以意对。”妃大喜，谓泓曰：“便为我好答，富贵与汝共之。”泓即具草，令太子自写，帝省之甚悦。先以示瓘，瓘大踧踖，众人乃知瓘尝有言也。贾充密遣人语妃云：“卫瓘老奴，几破汝家！”

太康元年。侍御史郭钦上疏，请徙内郡羌胡、鲜卑于边地，帝不听。事见羌胡之叛。

二年。帝既平吴，颇事游宴，怠于政事，掖庭殆将万人。后父杨骏及弟珧、济始用事，交通请谒，势倾内外，时人谓之"三杨"，旧臣多被疏退。山涛数有规讽，帝虽知而不能改。

三年春正月，帝喟然问司隶校尉刘毅曰："朕可方汉之何帝？"对曰："桓、灵。"帝曰："何至于此？"对曰："桓、灵卖官钱入官库，陛下卖官钱入私门，以此言之，殆不如也。"帝大笑曰："桓、灵之世，不闻此言，今朕有直臣，固为胜之。"

尚书张华，以文学才识，名重一时，论者皆谓华宜为三公。中书监荀勖、侍中冯紞，以伐吴之谋深疾之。会帝问华："谁可托后事者？"华对以"明德至亲，莫如齐王"。由是忤旨，勖因而谮之。甲午，以华都督幽州诸军事。

齐王攸德望日隆，荀勖、冯紞、杨珧皆恶之。紞言于帝曰："陛下诏诸侯之国，宜从亲者始。亲者莫如齐王，今独留京师，可乎？"勖曰："百僚内外皆归心齐王，陛下万岁后，太子不得立矣。陛下试诏齐王之国，必举朝以为不可，则臣言验矣。"帝以为然。冬十二月甲申，诏曰："古者九命作伯，或入毗朝政，或出御方岳，其揆一也。侍中、司空齐王攸，佐命立勋，劬劳王室，其以为大司马、都督青州诸军事，侍中如故，仍加崇典礼，主者详案旧制施行。"以汝南王亮为太尉、录尚书事、领太子太傅，光禄大夫山涛为司徒，尚书令卫瓘为司空。

征东大将军王浑上书，以为："攸至亲，盛德侔于周公，宜赞皇朝，与闻政事。今出攸之国，假以都督虚号，而无典戎干方之实，亏友于款笃之义，惧非陛下追述先帝、文明太后待攸之宿意也。若以同姓宠之太厚，则有吴、楚逆乱之谋，汉之吕、霍、王氏皆何人也！历观古今，苟事之轻重所在，无不为害，唯当任正道而求忠良耳。若以智计猜物，虽亲见疑，至于疏者，庸可保乎，愚以为太子太保缺，宜留攸居之，与汝南王亮、杨珧共干朝事。三人齐位，足相持正，既无偏重相倾之势，又不失亲亲仁覆之恩，计之尽善者也。”于是扶风王骏、光禄大夫李喜、中护军羊琇、侍中王济、甄德皆切谏，帝并不从。济使其妻常山公主及德妻长广公主俱入，稽颡涕泣，请帝留攸。帝怒，谓侍中王戎曰：“兄弟至亲，今出齐王，自是朕家事，而甄德、王济连遣妇来生哭人邪！”乃出济为国子祭酒，德为大鸿胪。羊琇与北军中候成粲谋见杨珧，手刃杀之。珧知之，辞疾不出，讽有司奏琇，左迁太仆。琇愤怨，发病卒。李喜亦以年老逊位，卒于家。



四年春正月，帝命太常议崇锡齐王之物。博士庾旉、太叔广、刘暾、缪蔚、郭颐、秦秀、傅珍上表曰：“昔周选建明德以左右王室，周公、康叔、聃季皆入为三公，明股肱之任重，守地之位轻也。汉诸王侯，位在丞相、三公上，其入赞朝政者乃有兼官，其出之国亦不复假台司虚名为隆宠也。今使齐王贤邪，则不宜以母弟之亲尊，居鲁、卫之常职；不贤邪，不宜大启土宇，表建东海也。古礼，三公无职，坐而论道，不闻以方任婴之。惟宣王救急朝夕，然后命召穆公征淮夷，故其诗曰‘徐方不回，王曰旋归’，宰相不得久在外也。今天下已定，六合为家，将数延三事，与论太平之基，而更出之去王城二千里，违旧章矣。”旉，纯之子；暾，毅之子也。旉既具草，先以呈纯，纯不禁。



事过太常郑默、博士祭酒曹志，志怆然叹曰：“安有如此之才，如此之亲，不得树本助化，而远出海隅！晋室之隆，其殆矣乎！”乃奏议曰：“古之夹辅王室，同姓则周公，异姓则太公，皆身居朝廷，五世反葬。及其衰也，虽有五霸代兴，岂与周、召之治同日而论哉！自羲皇以来，岂一姓所能独有？当推至公之心，与天下共其利害，乃能享国久长。是以秦、魏欲独擅其权而才得没身，周、汉能分其利而亲疏为用，此前事之明验也。志以为当如博士等议。”帝览之大怒，曰：“曹志尚不明吾心，况四海乎！”且谓：“博士不答所问，而答所不问，横造异论。”下有司策免郑默。于是尚书朱整、褚䂮等奏：“志等侵官离局，迷罔朝廷，崇饰恶言，假托无讳。请收志等付廷尉科罪。”诏免志官，以公还第，其余皆付廷尉科罪。

庾纯诣廷尉自首：“旉以议草见示，愚浅听之。”诏免纯罪。廷尉刘颂奏旉等大不敬，当弃市。尚书奏请报听廷尉行刑。尚书夏侯骏曰：“官立八座，正为此时。”乃独为驳议。左仆射下邳王晃亦从骏议。奏留中七日，乃诏曰：“旉是议主，应为戮首；但旉家人自首，宜并广等七人皆丐其死命，并除名。”

二月，诏以济南郡益齐国。己丑，立齐王攸子长乐亭侯寔为北海王。命攸备物典策，设轩(辕)〔县〕之乐，六佾之舞，黄钺朝车，乘舆之副从焉。

三月，齐献王攸愤怨发病，乞守先后陵。帝不许，遣御医诊视，诸医希旨，皆言无疾。河南尹向雄谏曰：“陛下子弟虽多，然有德望者少。齐王卧居京邑，所益实深，不可不思也。”帝不纳，雄愤恚而卒。攸疾转笃，帝犹催上道。攸自强入辞，素持容仪，疾虽困，尚自整厉，举止如常，帝益疑其无疾。辞出数日，欧血而薨。帝往临丧，攸子冏号踊，诉父病为医所诬。诏即诛医，以冏为嗣。

初，帝爱攸甚笃，为荀勖、冯紞等所构，欲为身后之虑，故出之。及薨，帝哀恸不已。冯紞侍侧，曰：“齐王名过其实，天下归之，今自薨殒，社稷之福也，陛下何哀之过！”帝收泪而止。诏攸丧礼依安平献王故事。攸举动以礼，鲜有过事，虽帝亦敬惮之。每引之同处，必择言而后发。

十年，帝极意声色，遂至成疾。杨骏忌汝南王亮，排出之。冬十一月甲申，以亮为侍中、大司马、假黄钺、大都督，督豫州诸军事，镇许昌；徙南阳王柬为秦王，都督关中诸军事；始平王玮为楚王，都督荆州诸军事；濮阳王允为淮南王，都督扬、江二州诸军事；并假节之国。立皇子乂为长沙王，颖为成都王，晏为吴王，炽为豫章王，演为代王，皇孙遹为广陵王。又封淮南王子迪为汉王，楚王子仪为毗陵王，徙扶风王畅为顺阳王，畅弟歆为新野公。畅，骏之子也。琅邪王觐弟澹为东武公，繇为东安公。觐，伷之子也。

初，帝以才人谢玖赐太子，生皇孙遹。宫中尝夜失火，帝登楼望之，遹年五岁，牵帝裾入闇中曰：“暮夜仓猝，宜备非常，不可令照见人主。”帝由是奇之。尝对群臣称遹似宣帝，故天下咸归仰之。帝知太子不才，然恃遹明慧，故无废立之心。复用王佑之谋，以太子母弟柬、玮、允分镇要害。又恐杨氏之逼，复以佑为北军中候，典禁兵。帝为皇孙遹高选僚佐，以散骑常侍刘寔志行清素，命为广陵王傅。

惠帝永熙元年春三月，帝疾笃，未有顾命。勋旧之臣多已物故，侍中、车骑将军杨骏独侍疾禁中，大臣皆不得在左右。骏因辄以私意改易要近，树其心腹。会帝小间，见其新所用者，正色谓骏曰：“何得便尔！”时汝南王亮尚未发，乃令中书作诏，以亮与骏同辅政，又欲择朝士有闻望者数人佐之。骏从中书借诏观之，得便藏去，中书监华廙恐惧，自往索之，终不与。会帝复迷乱，皇后奏以骏辅政，帝颔之。夏四月辛丑，皇后召华廙及中书令何劭，口宣帝旨作诏，以骏为太尉、太子太傅、都督中外诸军事、侍中、录尚书事。诏成，后对廙、劭以呈帝，帝视而无言。廙，歆之孙；劭，曾之子也。遂趋汝南王亮赴镇。帝寻小间，问"汝南王来未？"左右言"未至"。帝遂困笃。己酉，崩于含章殿。帝宇量弘厚，明达好谋，容纳直言，未尝失色于人。太子即皇帝位，大赦，改元。尊皇后曰皇太后，立妃贾氏为皇后。

杨骏入居太极殿，梓宫将殡，六宫出辞，而骏不下殿，以虎贲百人自卫。诏石鉴与中护军张劭监作山陵。汝南王亮畏骏，不敢临丧，哭于大司马门外。出营城外，表求过葬而行。或告亮欲举兵讨骏者，骏大惧，白太后，令帝为手诏与石鉴、张劭，使帅陵兵讨亮。劭，骏甥也，即帅所领趋鉴速发。鉴以为不然，保持之。亮问计于廷尉何勖，勖曰："今朝野皆归心于公，公不讨人而畏人讨邪！"亮不敢发，夜驰赴许昌，乃得免。骏弟济及甥河南尹李斌皆劝骏留亮，骏不从。济谓尚书左丞傅咸曰："家兄若征大司马，退身避之，门户庶几可全。"咸曰："宗室外戚，相恃为安。但召大司马还，共崇至公以辅政，无为避也。"济又使侍中石崇见骏言之，骏不从。

五月辛未，葬武帝于峻阳陵。

杨骏自知素无美望，欲依魏明帝即位故事，普进封爵，以求媚于众。左军将军傅祗与骏书曰："未有帝王始崩，臣下论功者也。"骏不从。祗，嘏之子也。丙子，诏中外群臣皆增位一等，预丧事者增二等，二千石已上皆封关中侯，复租调一年。散骑常侍石崇、散骑侍郎何攀共上奏，以为"帝正位东宫二十余年，今承大业，而班赏行爵，优于泰始革命之初及诸将平吴之功，轻重不称。

且大晋卜世无穷，今之开制，当垂于后，若有爵必进，则数世之后，莫非公侯矣”。不从。

诏以太尉骏为太傅、大都督、假黄钺，录朝政，百官总己以听。傅咸谓骏曰：“谅闇不行久矣。今圣上谦冲，委政于公，而天下不以为善，惧明公未易当也。周公大圣，犹致流言，况圣上春秋非成王之年乎！窃谓山陵既毕，明公当审思进退之宜。苟有以察其忠款，言岂在多！”骏不从。咸数谏骏，骏渐不平，欲出咸为郡守。李斌曰：“斥逐正人，将失人望。”乃止。杨济遗咸书曰：“谚云：‘生子痴，了官事。’官事未易了也。想虑破头，故具有白。”咸复书曰：“卫公有言：‘酒色杀人，甚于作直。’坐酒色死，人不为悔，而逆畏以直致祸，此由心不能正，欲以苟且为明哲耳。自古以直致祸者，当由矫枉过正，或不忠笃，欲以亢厉为声，故致忿耳，安有悾悾忠益而返见怨疾乎！”

杨骏以贾后险悍，多权略，忌之，故以其甥段广为散骑常侍，管机密；张劭为中护军，典禁兵。凡有诏命，帝省讫，入呈太后，然后行之。

骏为政严碎专愎，中外多恶之。冯翊太守孙楚谓骏曰：“公以外戚居伊、霍之任，当以至公、诚信、谦顺处之。今宗室强盛，而公不与共参万机，内怀猜忌，外树私昵，祸至无日矣！”骏不从。楚，资之孙也。

弘训少府蒯钦，骏之姑子也，数以直言犯骏，他人皆为之惧。钦曰：“杨文长虽闇，犹知人之无罪不可妄杀，不过疏我，我得疏，乃可以免，不然，与之俱族矣。”

骏辟匈奴东部人王彰为司马，彰逃避不受。其友新兴张宣子怪而问之，彰曰：“自古一姓二后，未有不败。况杨太傅昵近小人，疏远君子，专权自恣，败无日矣。吾逾海出塞以避之犹恐及祸，奈何应其辟乎！且武帝不惟社稷大计，嗣子既不克负荷，受遗者复非其人，天下之乱，可立待也。”

秋八月壬午，立广陵王遹为皇太子。以中书监何劭为太子太师，卫尉裴楷为少师，吏部尚书王戎为太傅，前太常张华为少傅，卫将军杨济为太保，尚书和峤为少保。拜太子母谢氏为淑媛。贾后常置谢氏于别室，不听与太子相见。初，和峤尝从容言于武帝曰：“皇太子有淳古之风，而末世多伪，恐不了陛下家事。”武帝默然。后与荀勖等同侍武帝，武帝曰：“太子近入朝差长进，卿可俱诣之，粗及世事。”既还，勖等并称太子明识雅度，诚如明诏。峤曰：“圣质如初。”武帝不悦而起。及帝即位，峤从太子遹入朝，贾后使帝问曰：“卿昔谓我不了家事，今日定如何？”峤曰：“臣昔事先帝，曾有斯言。言之不效，国之福也。”

元康元年。初，贾后之为太子妃也，尝以妒，手杀数人，又以戟掷孕妾，子随刃堕。武帝大怒，修金墉城，将废之。荀勖、冯紞、杨珧及充华赵粲共营救之，曰：“贾妃年少，妒者妇人常情，长自当差。”杨后曰：“贾公闾有大勋于社稷，妃亲其女，正复妒忌，岂可遽忘其先德邪！”妃由是得不废。

后数诫厉妃，妃不知后之助己，返以后为构己于武帝，更恨之。及帝即位，贾后不肯以妇道事太后，又欲干预政事，而为太傅骏所抑。殿中中郎渤海孟观、李肇，皆骏所不礼也，阴构骏，云将危社稷。黄门董猛，素给事东宫，为寺人监，贾后密使猛与观、肇谋诛骏，废太后。又使肇报汝南王亮，使举兵讨骏，亮不可。肇报都督荆州诸军事楚王玮，玮欣然许之，乃求入朝。骏素惮玮勇锐，欲召之而未敢，因其来朝，遂听之。二月癸酉，玮及都督扬州诸军事淮南王允来朝。

三月辛卯，孟观、李肇启帝，夜作诏，诬骏谋反，中外戒严，遣使奉诏废骏，以侯就第。命东安公繇帅殿中四百人讨骏，楚王玮屯司马门，以淮南相刘颂为三公尚书，屯卫殿中。段广跪言于帝曰："杨骏孤公无子，岂有反理，愿陛下审之！"帝不答。

时骏居曹爽故府，在武库南，闻内有变，召众官议之。太傅主簿朱振说骏曰："今内有变，其趣可知，必是阉竖为贾后设谋，不利于公，宜烧云龙门以胁之，索造事者，首开万春门，引东宫及外营兵拥皇太子入宫，取奸人，殿内振惧，必斩送之。不然，无以免难。"骏素怯懦，不决，乃曰："云龙门，魏明帝所造，功费甚大，奈何烧之！"侍中傅祗白骏，请与尚书武茂入宫观察事势，因谓群僚曰："宫中不宜空。"遂揖而下阶。众皆走，茂犹坐。祗顾曰："君非天子臣邪？今内外隔绝，不知国家所在，何得安坐！"茂乃惊起。骏党左军将军刘豫陈兵在门，过右军将军裴頠，问太傅所在，頠绐之曰："向于西掖门遇公乘素车，从二人西出矣。"豫曰："吾何之？"頠曰："宜至廷尉。"豫从頠言，遂委而去。寻诏頠代豫领左军将军，屯万春门。頠，秀之子也。皇太后题帛为书射之城外，曰"救太傅者有赏"，贾后因宣言太后同反。寻而殿中兵出烧骏府，又令弩士于阁上临骏府而射之，骏兵皆不得出。骏逃于马厩，就杀之。孟观等遂收骏弟珧、济、张劭、李斌、段广、刘豫、武茂及散骑常侍杨邈、中书令蒋骏、东夷校尉文鸯，皆夷三族，死者数千人。

珧临刑告东安公繇曰："表在石函，可问张华。"众谓宜依锺毓例为之申理，繇不听，而贾氏族党趣使行刑。珧号叫不已，刑者以刀破其头。繇，诸葛诞之外孙也，故忌文鸯，诬以为骏党而诛之。是夜，诛赏皆自繇出，威振内外。王戎谓繇曰："大事之后，宜深远权势。"繇不从。

壬辰，赦天下，改元。

贾后矫诏，使后军将军荀悝送太后于永宁宫，特全太后母高都君庞氏之命，听就太后居。寻复讽群公有司奏曰："皇太后阴渐奸谋，图危社稷，飞箭系书，要募将士，同恶相济，自绝于天。鲁侯绝文姜，春秋所许。盖奉祖宗，任至公于天下，陛下虽怀无已之情，臣下不敢奉诏。"诏曰："此大事，更详之。"有司又奏："宜废皇太后为峻阳庶人。"中书监张华议："皇太后非得罪于先帝，今党其所亲，为不母于圣世，宜依汉废赵太后为孝成后故事，贬皇太后之号，还称武皇后，居异宫，以全始终之恩。"左仆射荀恺与太子少师下邳王晃等议曰："皇太后谋危社稷，不可复配先帝，宜贬尊号，废诣金墉城。"于是有司奏请从晃等议，废太后为庶人，诏可。又奏："杨骏造乱，家属应诛，诏原其妻庞命，以慰太后之心。今太后废为庶人，请以庞付廷尉行刑。"诏不许。有司复固请，乃从之。庞临刑，太后抱持号叫，截发稽颡，上表诣贾后称妾，请全母命，不见省。董养游太学，升堂叹曰："朝廷建斯堂，将以何为乎？每览国家赦书，谋反大逆皆赦，至于杀祖父母、父母不赦者，以为王法所不容故也。奈何公卿处议，文饰礼典，乃至此乎！天人之理既灭，大乱将作矣！"

有司收骏官属，欲悉诛之。侍中傅祗启曰："昔鲁芝为曹爽司马，斩关赴爽，宣帝用为青州刺史。骏之僚佐，不可悉加罪。"诏赦之。

壬寅，征汝南王亮为太宰，与太保卫瓘皆录尚书事，辅政。以秦王柬为大将军，东平王楙为抚军大将军，楚王玮为卫将军、领北军中候，下邳王晃为尚书令，东安公繇为尚书左仆射，进爵为王。楙，望之子也。封董猛为武安侯，三兄皆为亭侯。

亮欲取悦众心，论诛杨骏之功，督将侯者千八十一人。御史中丞傅咸遗亮书曰："今封赏熏赫，震动天地，自古以来，未之有也。无功而获厚赏，则人莫不乐国之有祸，是祸原无穷也。凡作此者，由东安公。人谓殿下既至，当有以正之。正之以道，众亦何怒？众之所怒者，在于不平耳，而今皆更倍论，莫不失望！"亮颇专权势，咸复谏曰："杨骏有震主之威，委任亲戚，此天下所以喧哗。今之处重，宜反此失，静默颐神，有大得失，乃维持之，自非大事，一皆抑遣。比过尊门，冠盖车马，填塞街衢，此之翕习，既宜弭息。又夏侯长容无功而暴擢为少府，论者谓长容，公之姻家，故至于此。流闻四方，非所以为益也！"亮皆不从。

贾后族兄车骑司马模、从舅右卫将军郭彰、女弟之子贾谧与楚王玮、东安王繇并预国政。贾后暴戾日甚，繇密谋废后，贾氏惮之。繇兄东武公澹素恶繇，屡谮之于太宰亮曰："繇专行诛赏，欲擅朝政。"庚戌，诏免繇官，又坐有悖言，废徙带方。

于是贾谧、郭彰权势愈盛，宾客盈门。谧虽骄奢而好学，喜延士大夫，郭彰、石崇、陆机、机弟云、和郁及荥阳潘岳、清河崔基、勃海欧阳建、兰陵缪徵、京兆杜斌、挚虞、琅邪诸葛诠、弘农王粹、襄城杜育、南阳邹捷、齐国左思、沛国刘瓌、周恢、安平牵秀、颍川陈眕、高阳许猛、彭城刘讷、中山刘舆、舆弟琨皆附于谧，号曰"二十四友"。郁，峤之弟也。崇与岳尤谄事谧，每候谧及广城君郭槐出，皆降车路左，望尘而拜。

太宰亮、太保瓘以楚王玮刚愎好杀，恶之，欲夺其兵权，以临海侯裴楷代玮为北军中候。玮怒，楷闻之，不敢拜。亮复与瓘谋,遣玮与诸王之国,玮益忿怨。玮长史公孙宏、舍人岐盛皆有宠于玮,劝玮自昵于贾后,后留玮领太子少傅。盛素善于杨骏,卫瓘恶其反覆,将收之。盛乃与宏谋,因积弩将军李肇矫称玮命,谮亮、瓘于贾后,云将谋废立。后素怨瓘,且患二公执政,己不得专恣,夏六月,后使帝作手诏赐玮曰:"太宰、太保欲为伊、霍之事,王宜宣诏,令淮南、长沙、成都王屯诸宫门,免亮及瓘官。"夜,使黄门赍以授玮。玮欲覆奏,黄门曰:"事恐漏泄,非密诏本意也。"玮亦欲因此复私怨,遂勒本军,复矫诏召三十六军,告以"二公潜图不轨,吾今受诏都督中外诸军,诸在直卫者皆严加警备,其在外营,便相帅径诣行府,助顺讨逆"。又矫诏"亮、瓘官属,一无所问,皆罢遣之;若不奉诏,便军法从事"。遣公孙宏、李肇以兵围亮府,侍中、清河王遐收瓘。亮帐下督李龙白"外有变,请拒之",亮不听。俄而兵登墙大呼,亮惊曰:"吾无贰心,何故至此!诏书其可见乎?"宏等不许,趣兵攻之。长史刘准谓亮曰:"观此必是奸谋。府中俊乂如林,犹可力战。"又不听。遂为肇所执,叹曰:"我之赤心,可破示天下也!"与世子矩俱死。

卫瓘左右亦疑遐矫诏,请拒之,须自表,得报就戮未晚。瓘不听。初,瓘为司空,帐下督荣晦有罪,斥遣之。至是,晦从遐收瓘,辄杀瓘及子孙共九人,遐不能禁。

岐盛说玮:"宜因兵势,遂诛贾、郭,以正王室,安天下。"玮犹豫未决。会天明,太子少傅张华使董猛说贾后曰:"楚王既诛二公,则天下威权尽归之矣,人主何以自安?宜以玮专杀之罪诛之。"贾后亦欲因此除玮,深然之。是时内外扰乱,朝廷恟惧,不知所出。张华白帝,遣殿中将军王宫赍驺虞幡出麾众曰:"楚王矫诏,勿听也!"众皆释仗而走。玮左右无复一人,窘迫不知所为，遂执之下廷尉；乙丑，斩之。玮出怀中青纸诏，流涕以示监刑尚书刘颂曰："幸托体先帝，而受枉乃如此乎！"公孙宏、岐盛并夷三族。

玮之起兵也，陇西王泰严兵将助玮，祭酒丁绥谏曰："公为宰相，不可轻动。且夜中仓猝，宜遣人参审定问。"泰乃止。

卫瓘女与国臣书曰："先公名谥未显，每怪一国蔑然无言，春秋之失，其咎安在？"于是太保主簿刘繇等执黄幡，挝登闻鼓，上言曰："初，矫诏者至，公即奉送章绶，单车从命。如矫诏之文唯免公官，而故给使荣晦辄收公父子及孙，一时斩戮。乞验尽情伪，加以明刑。"乃诏族诛荣晦，追复亮爵位，谥曰文成。封瓘兰陵郡公，谥曰成。

于是贾后专朝，委任亲党，以贾模为散骑常侍，加侍中。贾谧与后谋，以张华庶姓，无逼上之嫌，而儒雅有筹略，为众望所依，欲委以朝政。疑未决，以问裴頠，頠赞成之。乃以华为侍中、中书监，頠为侍中，又以安南将军裴楷为中书令，加侍中，与右仆射王戎并管机要。华尽忠帝室，弥缝遗阙，贾后虽凶险，犹知敬重华。贾模与华、頠同心辅政，故数年之间，虽闇主在上，而朝野安静，华等之功也。

二年春二月己酉，故杨太后卒于金墉城。是时太后尚有侍御十余人，贾后悉夺之，绝膳八日而卒。贾后恐太后有灵，或诉冤于先帝，乃覆而殡之，仍施诸厌劾符书、药物等。

六年夏，赵王伦信用嬖人琅邪孙秀，与雍州刺史济南解系争军事，更相表奏，欧阳建亦表伦罪恶。朝廷以伦挠乱关右，征伦为车骑将军。伦至洛阳，用秀计，深交贾、郭。贾后大爱信之，伦因求录尚书事，又求尚书令，张华、裴頠固执以为不可，伦、秀由是怨之。

七年。王衍为尚书令，南阳乐广为河南尹，皆善清谈，宅心事外，名重当世，朝野之人争慕效之。衍与弟澄好题品人物，举出以为仪准。衍神情明秀，少时山涛见之，嗟叹良久，曰："何物老妪，生宁馨儿！然误天下苍生者，未必非此人也。"

九年春正月，太子洗马江统以为戎狄乱华，宜早绝其原，作徙戎论以警朝廷。语在羌胡之叛。

夏六月，贾后淫虐日甚，私于太医令程据等，又以簏箱载道上年少入宫，复恐其漏泄，往往杀之。贾模恐祸及己，甚忧之。裴頠与模及张华议，废后，更立谢淑妃。模、华皆曰："主上自无废黜之意，而吾等专行之，傥上心不以为然，将若之何！且诸王方强，朋党各异，恐一旦祸起，身死国危，无益社稷。"頠曰："诚如公言，然中宫逞其昏虐，乱可立待也。"华曰："卿二人于中宫皆亲戚，言或见信，宜数为陈祸福之戒，庶无大悖，则天下尚未至于乱，吾曹得以优游卒岁而已。"頠旦夕说其从母广城君，令戒谕贾后以亲厚太子。贾模亦数为后言祸福，后不能用，反以模为毁己而疏之。模不得志，忧愤而卒。

秋八月，以裴頠为尚书仆射。頠虽贾后亲属，然雅望素隆，四海唯恐其不居权位。寻诏頠专任门下事，頠上表固辞，以"贾模适亡，复以臣代之，崇外戚之望，彰偏私之举，为圣朝累"。不听。或谓頠曰："君可以言，当尽言于中宫。言而不从，当远引而去。傥二者不立，虽有十表，难以免矣。"頠慨然久之，竟不能从。

帝为人戆騃，尝在华林园闻虾蟆，谓左右曰："此鸣者，为官乎？为私乎？"时天下荒馑，百姓饿死，帝闻之曰："何不食肉糜？"由是权在群下，政出多门，势位之家，更相荐托，有如互市。

贾、郭恣横，货赂公行。南阳鲁褒作钱神论以讥之，曰："钱之为体，有乾、坤之象，亲之如兄，字曰孔方。无德而尊，无势而热，排金门，入紫闼，危可使安，死可使活，贵可使贱，生可使杀。是故忿争非钱不胜，幽滞非钱不拔，怨仇非钱不解，令闻非钱不发。洛中朱衣当涂之士，爱我家兄，皆无已已，执我之手，抱我终始。凡今之人，惟钱而已。"

裴頠荐平阳韦忠于张华，华辟之，忠辞疾不起。人问其故，忠曰："张茂先华而不实，裴逸民欲而无厌，弃典礼而附贼后，此岂大丈夫之所为哉！逸民每有心托我，我常恐其溺于深渊而余波及我，况可褰裳而就之哉！"关内侯敦煌索靖，知天下将乱，指洛阳宫门铜驼叹曰："会见汝在荆棘中耳！"

初，广城君郭槐以贾后无子，常劝后使慈爱太子。贾谧骄纵，数无礼于太子，广城君恒切责之。广城君欲以韩寿女为太子妃，太子亦欲婚韩氏以自固，寿妻贾午及后皆不听，而为太子聘王衍少女。太子闻衍长女美，而后为贾谧聘之，心不能平，颇以为言。及广城君病，临终执后手，令尽心于太子，言甚切至。又曰："赵粲、贾午，必乱汝家事，我死后勿复听入。深记吾言！"后不从，更与粲、午谋害太子。

太子幼有令名，及长不好学，惟与左右嬉戏，贾后复使黄门辈诱之为奢靡威虐。由是名誉浸减，骄慢益彰，或废朝侍而纵游逸，于宫中为市，使人屠酤，手揣斤两，轻重不差。其母本屠家女也，故太子好之。东宫月俸钱五十万，太子常探取二月用之，犹不足，又令西园卖葵菜、蓝子、鸡、面等物而收其利。又好阴阳小数，多所拘忌。洗马江统上书陈五事："一曰虽有微苦，宜力疾朝侍。二曰宜勤见保傅，咨询善道。三曰画室之功，可且减省，后园刻镂杂作，一皆罢遣。四曰西园卖葵、蓝之属，亏败国体，贬损令闻。五曰缮墙正瓦，不必拘挛小忌。”太子皆不从。中舍人杜锡，恐太子不得安其位，每尽忠谏，劝太子修德业，保令名，言辞恳切。太子患之，置针着锡常所坐毡中，刺之流血。锡，预之子也。

太子性刚，知贾谧恃中宫骄贵，不能假借之。谧时为侍中，至东宫，或舍之，于后庭游戏。詹事裴权谏曰："谧，后所亲昵，一旦交构，则事危矣。"不从。谧谮太子于后曰："太子多畜私财以结小人者，为贾氏故也。若宫车晏驾，彼居大位，依杨氏故事，诛臣等，废后于金墉，如反手耳。不如早图之，更立慈顺者，可以自安。"后纳其言，乃宣扬太子之短，布于远近。又诈为有娠，内藁物、产具，取妹夫韩寿子慰祖养之，欲以代太子。

于时朝野咸知贾后有害太子之意，中护军赵俊请太子废后，太子不听。左卫率东平刘卞以贾后之谋问张华，华曰："不闻。"卞曰："卞自须昌小吏，受公成拔，以至今日。士感知己，是以尽言，而公更有疑于卞邪！"华曰："假令有此，君欲如何？"卞曰："东宫俊乂如林，四率精兵万人；公居阿衡之任，若得公命，皇太子因朝入录尚书事，废贾后于金墉城，两黄门力耳。"华曰："今天子当阳，太子人子也，吾又不受阿衡之命，忽相与行此，是无君父而以不孝示天下也。虽能有成，犹不免罪，况权戚满朝，威柄不一，成可必乎！"贾后常使亲党微服听察于外，颇闻卞言，乃迁卞为雍州刺史。卞知言泄，饮药而死。

十二月，太子长子虨病，太子为虨求王爵，不许。虨病笃，太子为之祷祀求福。贾后闻之，乃诈称帝不豫，召太子入朝。既至，后不见，置于别室，遣婢陈舞以帝命赐太子酒三升，使尽饮之。太子辞以不能饮三升，舞逼之曰："不孝邪！天赐汝酒而不饮，酒中有恶物邪！"太子不得已，强饮至尽，遂大醉。后使黄门侍郎潘岳作书草，令小婢承福以纸笔及草，因太子醉，称诏使书之，文曰："陛下宜自了；不自了，吾当入了之。中宫又宜速自了；不自了，吾当手了之。并与谢妃共要，刻期两发，勿疑犹豫，以致后患。茹毛饮血于三辰之下，皇天许当扫除患害，立道文为王，蒋氏为内主，愿成，当三牲祠北君。"太子醉迷不觉，遂依而写之。其字半不成，后补成之，以呈帝。壬戌，帝幸式乾殿，召公卿入，使黄门令董猛以太子书及青纸诏示之，曰："遹书如此，今赐死。"遍示诸公王，莫有言者。张华曰："此国之大祸，自古以来，常因废黜正嫡，以致丧乱。且国家有天下日浅，愿陛下详之！"裴頠以为宜先检校传书者，又请比校太子手书，不然，恐有诈妄。贾后乃出太子启事十余纸，众人比视，亦无敢言非者。贾后使董猛矫以长广公主辞白帝曰："事宜速决，而群臣各不同，其不从诏者，宜以军法从事。"议至日西不决。后见华等意坚，惧事变，乃表免太子为庶人；诏许之。于是使尚书和郁等持节诣东宫，废太子为庶人。太子改服出，再拜受诏，步出承华门，乘粗犊车，东武公澹以兵仗送太子及妃王氏，三子虨、臧、尚同幽于金墉城。王衍自表离婚，许之，妃恸哭而归。杀太子母谢淑媛及虨母保林蒋俊。

永康元年春正月，西戎校尉司马阎缵舆棺诣阙上书，以为："汉戾太子称兵拒命，言者犹曰罪当笞耳。今遹受罪之日，不敢失道，犹为轻于戾太子。宜重选师傅，先加严诲，若不悛改，弃之未晚也。"书奏，不省。缵，圃之孙也。

贾后使黄门自首，欲与太子为逆。诏以黄门首辞班示公卿，遣东武公澹以千兵防卫太子，幽于许昌宫，令治书御史刘振持节守之，诏宫臣不得辞送。洗马江统、潘滔、舍人王敦、杜蕤、鲁瑶等冒禁至伊水，拜辞涕泣。司隶校尉满奋收缚统等送狱。其系河南狱者，乐广悉解遣之。系洛阳县狱者，犹未释，都官从事孙琰说贾谧曰："所以废徙太子，以其为恶故耳。今宫臣冒罪拜辞，而加以重辟，流闻四方，乃更彰太子之德也，不如释之。"谧乃语洛阳令曹摅使释之，广亦不坐。敦，览之孙；摅，肇之孙也。太子至许，遗王妃书，自陈诬枉，妃父衍不敢以闻。

三月，尉氏雨血，妖星见南方，太白昼见，中台星拆。张华少子韪劝华逊位，华不从，曰："天道幽远，不如静以待之。"

太子既废，众情愤怒，(有)〔右〕卫督司马雅、常从督许超皆尝给事东宫，与殿中郎士猗等谋废贾后，复太子。以张华、裴頠安常保位，难与行权，右军将军赵王伦执兵柄，性贪冒，可假以济事。乃说孙秀曰："中宫凶妒无道，与贾谧等共诬废太子。今国无嫡嗣，社稷将危，大臣将起大事。而公名奉事中宫，与贾、郭亲善，太子之废，皆云豫知，一朝事起，祸必相及，何不先谋之乎！"秀许诺，言于伦。伦纳焉，遂告通事令史张林及省事张衡等，使为内应。

事将起，孙秀言于伦曰："太子聪明刚猛，若还东宫，必不受制于人。明公素党于贾后，道路皆知之。今虽建大功于太子，太子谓公特逼于百姓之望，翻覆以免罪耳。虽含忍宿忿，必不能深德明公，若有瑕衅，犹不免诛。不若迁延缓期，贾后必害太子，然后废贾后为太子报仇，岂徒免祸而已，乃更可以得志。"伦然之。

秀因使人行反间，言殿中人欲废皇后迎太子，贾后数遣宫婢微服于民间听察，闻之甚惧。伦、秀因劝谧等早除太子，以绝众望。癸未，贾后使太医令程据和毒药，矫诏使黄门孙虑至许昌毒太子。太子自废黜，恐被毒，常自煮食于前。虑以告刘振，振乃徙太子于小坊中，绝其食，宫人犹窃于墙上过食与之。虑逼太子以药，太子不肯服，虑以药杵椎杀之。有司请以庶人礼葬，贾后表请以广陵王礼葬之。

夏四月，赵王伦、孙秀将讨贾后，告右卫佽飞督闾和，和从之，期以癸巳丙夜一筹，以鼓声为应。癸巳，秀使司马雅告张华曰："赵王欲与公共匡社稷，为天下除害，使雅以告。"华拒之，雅怒曰："刃将加颈，犹为是言邪！"不顾而出。



及期，伦矫诏敕三部司马曰："中宫与贾谧等杀吾太子，今使车骑入废中宫，汝等皆当从命，事毕赐爵关中侯，不从者诛三族。"众皆从之。又矫诏开门，夜入，陈兵道南，遣翊军校尉齐王冏将百人排合而入，华林令骆休为内应。迎帝幸东堂，以诏召贾谧于殿前，将诛之，谧走入西钟下呼曰："阿后救我！"就斩之。贾后见齐王冏，惊曰："卿何为来？"冏曰："有诏收后。"后曰："诏当从我出，何诏也？"后至上合遥呼帝曰："陛下有妇，使人废之，亦行自废矣！"是时，梁王肜亦预其谋，后问冏曰："起事者谁？"冏曰："梁、赵。"后曰："系狗当系颈，反系其尾，何得不然！"遂废后为庶人，幽之于建始殿。收赵粲、贾午等付暴室考竟。诏尚书收捕贾氏亲党，召中书监、侍中、黄门侍郎八坐皆夜入殿。尚书始疑诏有诈，郎师景露版奏请手诏，伦等斩之以徇。



伦阴与秀谋篡位，欲先除朝望，且报宿怨，乃执张华、裴頠、解系、解结等于殿前。华谓张林曰："卿欲害忠臣邪！"林称诏诘之曰："卿为宰相，太子之废，不能死节，何也？"华曰："式乾之议，臣谏事具存，可覆按也。"林曰："谏而不从，何不去位？"华无以对。遂皆斩之,仍夷三族。解结女适裴氏,明日当嫁而祸起,裴氏欲认活之,女曰:"家既若此,我何以活为!"亦坐死。朝廷由是议革旧制,女不从死。甲午,伦坐端门,遣尚书和郁持节送贾庶人于金墉,诛刘振、董猛、孙虑、程据等,司徒王戎及内外官坐张、裴亲党黜免者甚众。阎缵抚张华尸恸哭曰:"早语君逊位而不肯,今果不免,命也!"

于是赵王伦称诏赦天下,自为使持节、都督中外诸军事、相国、侍中,一依宣、文辅魏故事,置府兵万人。以其世子散骑常侍荂领冗从仆射;子馥为前将军,封济阳王;虔为黄门郎,封汝阴王;诩为散骑侍郎,封霸城侯。孙秀等皆封大郡,并据兵权,文武官封侯者数千人,百官总己以听于伦。伦素庸愚,复受制于孙秀。秀为中书令,威权振朝廷,天下皆事秀而无求于伦。

诏追复故太子遹位号,使尚书和郁帅东宫官属迎太子丧于许昌。追封遹子虨为南阳王,封虨弟臧为临淮王,尚为襄阳王。有司奏:"尚书令王衍备位大臣,太子被诬,志在苟免,请禁锢终身。"从之。

相国伦欲收人望,选用海内名德之士,以前平阳太守李重、荥阳太守荀组为左右长史,东平王堪、沛国刘谟为左右司马,尚书郎阳平束皙为记室,淮南王文学荀崧、殿中郎陆机为参军。组,勖之子;崧,彧之玄孙也。李重知伦有异志,辞疾不就,伦逼之不已,忧愤成疾,扶曳受拜,数日而卒。

太子遹之废也,将立淮南王允为太弟,议者不合。会赵王伦废贾后,乃以允为骠骑将军、开府仪同三司、领中护军。己亥,相国伦矫诏遣尚书刘弘赍金屑酒赐贾后死于金墉城。

五月己巳,诏立临淮王臧为皇太孙,还妃王氏以母之;太子官属即转为太孙官属，相国伦行太孙太傅。

己卯，谥故太子曰愍怀。六月壬寅，葬于显平陵。

中护军淮南王允，性沉毅，宿卫将士皆畏服之。允知相国伦及孙秀有异志，阴养死士，谋讨之。伦、秀深惮之。秋八月，转允为太尉，外示优崇，实夺其兵权。允称疾不拜，秀遣御史刘机逼允，收其官属以下，劾以“拒诏，大逆不敬”。允视诏，乃秀手书也，大怒，收御史将斩之；御史走免，斩其令史二人。厉色谓左右曰：“赵王欲破我家！”遂帅国兵及帐下七百人直出，大呼曰：“赵王反，我将讨之，从我者左袒。”于是归之者甚众。允将赴宫，尚书左丞王舆闭掖门，允不得入，遂围相府。允所将兵皆精锐，伦与战屡败，死者千余人。太子左率陈徽勒东宫兵，鼓躁于内以应允。允结阵于承华门前，弓弩齐发射伦，飞矢雨下。主书司马眭秘以身蔽伦，箭中其背而死。伦官属皆隐树而立，每树辄中数百箭，自辰至未。中书令陈淮，徽之兄也，欲应允，言于帝曰：“宜遣白虎幡以解斗。”乃使司马督护伏胤将骑四百，持幡从宫中出，侍中汝阴王虔在门下省，阴与胤誓曰：“富贵当与卿共之。”胤乃怀空板出，诈言有诏助淮南王。允不之觉，开阵内之，下车受诏，胤因杀之，并杀允子秦王郁、汉王迪，坐允夷灭者数千人。曲赦洛阳。

初，孙秀尝为小吏，事黄门郎潘岳，岳屡挞之。卫尉石崇之甥欧阳建，素与相国伦有隙。崇有爱妾曰绿珠，孙秀使求之，崇不与。及淮南王允败，秀因称石崇、潘岳、欧阳建奉允为乱，收之。崇叹曰：“奴辈利吾财耳！”收者曰：“知财为祸，何不早散之？”崇不能答。初，潘岳母常诮责岳曰：“汝当知足，而乾没不已乎！”及败，岳谢母曰：“负阿母！”遂与崇、建皆族诛。籍没崇家。

相国伦收淮南王母弟吴王晏欲杀之，光禄大夫傅祗争之于朝堂，众皆谏止伦，伦乃贬晏为宾徒县王。

齐王冏以功迁游击将军，冏意不满，有恨色。孙秀觉之，且惮其在内，乃出为平东将军，镇许昌。

孙秀议加相国伦九锡，百官莫敢异议。吏部尚书刘颂曰："昔汉之锡魏，魏之锡晋，皆一时之用，非可通行。周勃、霍光其功至大，皆不闻有九锡之命也。"张林积忿不已，以颂为张华之党，将杀之。孙秀曰："杀张、裴已伤时望，不可复杀颂。"林乃止。以颂为光禄大夫。遂下诏加伦九锡，复加其子荂抚军将军，虔中军将军，诩为侍中。又加孙秀侍中、辅国将军、相国司马，右率如故。张林等并居显要。增相府兵为二万人，与宿卫同，并所隐匿之兵，数逾三万。

九月，改司徒为丞相，以梁王肜为之，肜固辞不受。

伦及诸子皆顽鄙无识，秀狡黠贪淫，所与共事者皆邪佞之士，惟竞荣利，无深谋远略，志趣乖异，互相憎疾。秀子会为射声校尉，形貌短陋，如奴仆之下者，秀使尚帝女河东公主。

冬十一月甲子，立皇后羊氏，赦天下。后，尚书郎泰山羊玄之之女也。外祖平南将军乐安孙旗，与孙秀善，故秀立之。拜玄之光禄大夫、特进、散骑常侍，封兴晋侯。

永宁元年春正月，相国伦与孙秀使牙门赵奉诈传宣帝神语，云"伦宜早入西宫"。散骑常侍义阳王威，望之孙也，素谄事伦，伦以威兼侍中，使威逼夺帝玺绶，作禅诏，又使尚书令满奋持节奉玺绶禅位于伦。左卫将军王舆、前军将军司马雅等帅甲士入殿，晓谕三部司马，示以威赏，无敢违者。张林等屯守诸门。

乙丑，伦备法驾入宫，即帝位，赦天下，改元建始。帝自华林西门出居金墉城，伦使张衡将兵守之。丙寅，尊帝为太上皇，改金墉曰永昌宫。废皇太孙为濮阳王，立世子荂为皇太子。封子馥为京兆王，虔为广平王，诩为霸城王，皆侍中、将兵。以梁王肜为宰衡，何劭为太宰，孙秀为侍中、中书监、票骑将军、仪同三司，义阳王威为中书令，张林为卫将军。其余党与皆为卿、将，超阶越次，不可胜纪，下至奴卒，亦加爵位。每朝会，貂蝉盈坐，时人为之谚曰："貂不足，狗尾续。"

初，平南将军孙旗之子弼、弟子髦、辅、琰皆附会孙秀，与之合族，旬月间致位通显。及伦称帝，四子皆为将军，封郡侯，以旗为车骑将军，开府。旗以弼等受伦官爵过差，必为家祸，遣幼子回责之。弼等不从，旗不能制，恸哭而已。

癸酉，杀濮阳哀王臧。孙秀专执朝政，伦所出诏令，秀辄改更与夺，自书青纸为诏，或朝行夕改，百官转易如流。张林素与秀不相能，且怨不得开府，潜与太子荂笺，言："秀专权，不合众心，而功臣皆小人，挠乱朝廷，可悉诛之。"荂以书白伦，伦以示秀。秀劝伦收林，杀之，夷其三族。秀以齐王冏、成都王颖、河间王颙各拥强兵，据方面，恶之，乃尽用其亲党为三王参佐，加冏镇东大将军，颖征北大将军，皆开府仪同三司，以宠安之。

三月，齐王冏谋讨赵王伦，遣使告成都王颖、河间王颙、常山王乂及南中郎将新野公歆，移檄征、镇、州、郡、县、国，称："逆臣孙秀，迷误赵王，当共诛讨。有不从命者，诛及三族！"

使者至邺，成都王颖召邺令卢志谋之。志曰："赵王篡逆，人神共愤。殿下收英俊以从人望，杖大顺以讨之，百姓必不召自至，攘臂争进，蔑不克矣。"颖从之，以志为谘议参军，仍补左长史。志，毓之孙也，颖以兖州刺史王彦、冀州刺史李毅、督护赵骧、石超等为前锋，远近响应，至朝歌，众二十余万。超，苞之孙也。常山王乂在其国，与太原内史刘暾各帅众为颖后继。

新野公歆得冏檄，未知所从。嬖人王绥曰："赵亲而强，齐疏而弱，公宜从赵。"参军孙(洵)〔询〕大言于众曰："赵王凶逆，天下当共诛之，何亲疏、强弱之有！"歆乃从冏。

前安西参军夏侯奭在始平，合众数千人以应冏，遣使邀河间王颙。颙用长史陇西李含谋，遣振武将军河间张方讨擒奭及其党，腰斩之。冏檄至，颙执冏使送于伦，遣张方将兵助伦。方至华阴，颙闻二王兵盛，复召方还，更附二王。

冏檄至扬州，州人皆欲应冏。刺史郗隆，虑之玄孙也，以兄子鉴及诸子悉在洛阳，疑未决，悉召僚吏谋之。主簿淮南赵诱、前秀才虞潭皆曰："赵王篡逆，海内所疾，今义兵四起，其败必矣。为明使君计，莫若自将精兵，径赴许昌，上策也；遣将将兵会之，中策也；量遣小军，随形助胜，下策也。"隆退密与别驾顾彦谋之，彦曰："诱等下策，乃上计也。"治中留宝、主簿张褒、西曹留承闻之，请见曰："不审明使君今当何施？"隆曰："我俱受二帝恩，无所偏助，欲守州而已。"承曰："天下者，世祖之天下也。太上承代已久，今上取之，不平，齐王顺时举事，成败可见。使君不早发兵应之，狐疑迁延，变难将生，此州岂可保也！"隆不应。潭，翻之孙也。隆停檄六日不下，将士愤怒。参军王邃镇石头，将士争往归之。隆遣从事于牛渚禁之，不能止，将士遂奉邃攻隆，隆父子及顾彦皆死，传首于冏。

安南将军监沔北诸军事孟观，以为紫宫帝坐无他变，伦必不败，乃为之固守。

伦、秀闻三王兵起，大惧，诈为冏表，曰："不知何贼，猝见攻围，臣懦弱不能自固，乞中军见救，庶得归死。"以其表宣示内外，遣上军将军孙辅、折冲将军李严帅兵七千自延寿关出，征虏将军张泓、左军将军蔡璜、前军将军闾和帅兵九千自堮阪关出，镇军将军司马雅、扬威将军莫原帅兵八千自成皋关出，以拒冏。遣孙秀子会督将军士猗、许超帅宿卫兵三万，以拒颖。召东平王楙为卫将军，都督诸军。又遣京兆王馥、广平王虔帅兵八千，为三军继援。伦、秀日夜祷祈、厌胜以求福，使巫觋选战日。又使人于嵩山着羽衣，诈称仙人王乔，作书述伦祚长久，欲以惑众。

闰月，张泓等进据阳翟，与齐王冏战，屡破之。冏军颍阴，夏四月，泓乘胜逼之，冏遣兵逆战。诸军不动，而孙辅、徐建军夜乱，径归洛自首曰："齐王兵盛不可当，泓等已没矣！"赵王伦大恐，秘之，而召其子虔及许超还。会泓破冏露布至，伦乃复遣之。泓等悉帅诸军济颍攻冏营，冏出兵击其别将孙髦、司马谭等破之，泓等乃退。孙秀诈称已破冏营，擒得冏，令百官皆贺。

成都王颖前锋至黄桥，为孙会、士猗、许超所败，杀伤万余人，士众震骇。欲退保朝歌，卢志、王彦曰："今我军失利，敌新得志，有轻我之心。我若退缩，士气沮衄，不可复用。且战何能无胜负？不若更选精兵，星行倍道，出敌不意，此用兵之奇也。"颖从之。伦赏黄桥之功，士猗、许超与孙会皆持节。由是各不相从，军政不一，且恃胜轻颖而不设备。颖帅诸军击之，大战于溴水，会等大败，弃军南走。颖乘胜长驱济河。

自冏等起兵，百官将士皆欲诛伦、秀，秀惧，不敢出中书省。及闻河北军败，忧懑不知所为。孙会、许超、士猗等至，与秀谋，或欲收余卒出战，或欲焚宫室诛不附己者，挟伦南就孙旂、孟观，或欲乘船东走入海，计未决。辛酉，左卫将军王舆与尚书广陵公漼帅营兵七百余人，自南掖门入宫，三部司马为应于内，攻孙秀、许超、士猗于中书省，皆斩之，遂杀孙奇、孙弼及前将军谢惔等。漼，伷之子也。王舆屯云龙门，召八坐皆入殿中，使伦为诏曰："吾为孙秀所误，以怒三王，今已诛秀。其迎太上皇复位，吾归老于农亩。"传诏以驺虞幡敕将士解兵，黄门将伦自华林东门出，及太子荂皆还汶阳里第。遣甲士数千迎帝于金墉城，百姓咸称万岁。帝自端门入，升殿，群臣顿首谢罪。诏送伦、荂等付金墉城。广平王虔自河北还至九曲，闻变，弃军，将数十人归里第。

癸亥，赦天下，改元，大酺五日。分遣使者慰劳三王。梁王肜等表赵王伦父子凶逆，宜伏诛。丁卯，遣尚书袁敞持节，赐伦死，收其子荂、馥、虔、诩，皆诛之。凡百官为伦所用者皆斥免，台省府卫仅有存者。是日，成都王颖至。己巳，河间王颙至。颖使赵骧、石超助齐王讨张泓等于阳翟，泓等皆降。自兵兴六十余日，战斗死者近十万人。斩张衡、闾和、孙髦于东市，蔡璜自杀。五月，诛义阳王威。襄阳太守宗岱承冏檄斩孙旗，永饶冶令空桐机斩孟观，皆传首洛阳，夷三族。

六月乙卯，齐王冏帅众入洛阳，顿军通章署，甲士数十万，威震京师。

甲戌，诏以齐王冏为大司马，加九锡，备物典策，如宣、景、文、武辅魏故事；成都王颖为大将军，都督中外诸军事，假黄钺，录尚书事，加九锡，入朝不趋，剑履上殿；河间王颙为侍中、太尉，加三锡之礼；常山王乂为抚军大将军，领左军；进广陵公漼爵为王，领尚书，加侍中；进新野公歆爵为王，都督荆州诸军事，加镇南大将军。齐、成都、河间三府各置掾属四十人，武号森列，文官备员而已，识者知兵之未戢也。己卯，以梁王肜为太宰，领司徒。

光禄大夫刘蕃女为赵世子荂妻，故蕃及二子散骑侍郎舆、冠军将军琨皆为赵王伦所委任。大司马冏以琨父子有才望，特宥之，以舆为中书郎，琨为尚书左丞。又以前司徒王戎为尚书令，刘暾为御史中丞，王衍为河南尹。

新野王歆将之镇，与冏同乘谒陵，因说冏曰："成都王至亲，同建大勋，今宜留之与辅政；若不能尔，当夺其兵权。"常山王乂与成都王颖俱拜陵，乂谓颖曰："天下者，先帝之业，王宜维正之。"闻其言者莫不忧惧。卢志谓颖曰："齐王众号百万，与张泓等相持不能决，大王迳前济河，功无与贰。然今齐王欲与大王共辅朝政，志闻两雄不俱立。宜因太妃微疾，求还定省，委重齐王，以收四海之心，此计之上也。"颖从之。帝见颖于东堂，慰劳之。颖拜谢曰："此大司马冏之勋，臣无豫焉。"因表称冏功德，宜委以万机，自陈母疾，请归藩。即辞出，不复还营，便谒太庙，出自东阳城门，遂归邺。遣信与冏别，冏大惊，驰出送颖，至七里涧及之。颖住车言别，流涕滂沱，惟以太妃疾苦为忧，不及时事。由是士民之誉皆归颖。

冏辟新兴刘殷为军咨祭酒，洛阳令曹摅为记室督，尚书郎江统、阳平太守河内荀晞参军事，吴国张翰为东曹掾，孙惠为户曹掾，前廷尉正顾荣及顺阳王豹为主簿。惠，贲之曾孙；荣，雍之孙也。冏以何勖为中领军，董艾典枢机。又封其将佐有功者葛旟、路秀、卫毅、刘真、韩泰皆为县公，委以心膂，号曰"五公"。成都王颖至邺，诏遣使者就申前命；颖受大将军，让九锡殊礼。表论兴义功臣，皆封公侯。又表称："大司马前在阳翟，与贼相持既久，百姓困敝，乞运河北邸阁米十五万斛以振阳翟饥民。"造棺八千余枚，以成都国秩为衣服，敛祭黄桥战士，旌显其家，加常战亡二等。又命温县瘗赵王伦战士万四千余人。皆卢志之谋也。颖形美而神昏，不知书，然气性敦厚，委事于志，故得成其美焉。诏复遣使谕颖入辅，并使受九锡。颖嬖人孟玖不欲还洛，又程太妃爱恋邺都，故颖终辞不拜。

初，大司马冏疑中书郎陆机为赵王伦撰禅诏，收欲杀之，大将军颖为之辨理，得免死，因表为平原内史，以其弟云为清河内史。机友人顾荣及广陵戴渊，以中国多难，劝机还吴；机以受颖全济之恩，且谓颖有时望，可与立功，遂留不去。

秋七月，复封常山王乂为长沙王。

冬十二月，封大司马冏子冰为乐安王，英为济阳王，超为淮南王。

太安元年。大司马冏欲久专大政，以帝子孙俱尽，大将军颖有次立之势。清河王覃，遐之子也，方八岁，乃上表请立之。夏五月癸卯，立覃为皇太子，以冏为太子太师，东海王越为司空、领中书监。

齐武闵王冏既得志，颇骄奢擅权，大起府第，坏公私庐舍以百数，制与西宫等，中外失望。侍中嵇绍上疏曰："存不忘亡，易之善戒也。臣愿陛下无忘金墉，大司马无忘颍上，大将军无忘黄桥，则祸乱之萌，无由可兆矣。"又与冏书，以为："唐、虞茅茨，夏禹卑宫。今大兴第舍及为三王立宅，岂今日之所急邪！"冏逊辞谢之，然不能从。

冏耽于宴乐，不入朝见，坐拜百官，符敕三台，选举不均，嬖宠用事？殿中御史桓豹奏事，不先经冏府，即加考竟。南阳处士郑方上书谏冏曰："今大王安不虑危，燕乐过度，一失也。宗室骨肉，当无纤介，今则不然，二失也。蛮夷不静，大王谓功业已隆，不以为念，三失也。兵革之后，百姓穷困，不闻振救，四失也。大王与义兵盟约，事定之后，赏不逾时，而今犹有有功未论者，五失也。”冏谢曰：“非子，孤不闻过。”

孙惠上书曰：“天下有五难、四不可，而明公皆居之。冒犯锋刃，一难也。聚致英豪，二难也。与将士均劳苦，三难也。以弱胜强，四难也。兴复皇业，五难也。大名不可久荷，大功不可久任，大权不可久执，大威不可久居。大王行其难而不以为难，处其不可而谓之可，惠窃所不安也。明公宜思功成身退之道，崇亲推近，委重长沙、成都二王，长揖归藩，则太伯、子臧不专美于前矣。今乃忘高亢之可危，贪权势以受疑，虽遨游高台之上，逍遥重墉之内，愚窃谓危亡之忧过于在颍、翟之时也。”冏不能用，惠辞疾去。

冏谓曹摅曰：“或劝吾委权还国，何如？”摅曰：“物禁太盛。大王诚能居高虑危，褰裳去之，斯善之善者也。”冏不听。

张翰、顾荣皆虑及祸，翰因秋风起，思菰菜、莼羹、鲈鱼脍，叹曰：“人生贵适志耳，富贵何为！”即引去。荣故酣饮，不省府事，长史葛旟以其废职，白冏，徙荣为中书侍郎。

颍川处士庾衮闻冏期年不朝，叹曰：“晋室卑矣，祸乱将兴！”帅妻子逃于林虑山中。

王豹致笺于冏曰：“伏思元康已来，宰相在位，未有一人获终者，乃事势使然，非皆为不善也。今公克平祸乱，安国定家，乃复寻覆车之轨，欲冀长存，不亦难乎！今河间树根于关右，成都盘桓于旧魏，新野大封于江、汉，三王各以方刚强盛之年，并典戎马，处要害之地；而明公以难赏之功，挟震主之威，独据京都，专执大权，进则亢龙有悔，退则据于蒺藜，冀此求安，未见其福也！”因请悉遣王侯之国，依周、召之法，以成都王为北州伯，治邺，冏自为南州伯，治宛，分河为界，各统王侯，以夹辅天子。冏优令答之。长沙王乂见豹笺，谓冏曰：“小子离间骨肉，何不铜驼下打杀！”冏乃奏豹“谗内间外，坐生猜嫌，不忠不义”，鞭杀之。豹将死曰：“县吾头大司马门，见兵之攻齐也！”

冏以河间王颙本附赵王伦，心常恨之。梁州刺史安定皇甫商与颙长史李含不平，含被征为翊军校尉。时商参冏军事，夏侯奭兄亦在冏府。含心不自安，又与冏右司马赵骧有隙，遂单马奔颙，诈称受密诏使颙诛冏，因说颙曰：“成都王至亲，有大功，推让还藩，甚得众心。齐王越亲而专政，朝廷侧目。今檄长沙王使讨齐，齐王必诛长沙，吾因以为齐罪而讨之，必可禽也。去齐立成都，除逼建亲，以安社稷，大勋也。”颙从之。是时，武帝族弟范阳王虓都督豫州诸军事。颙上表陈冏罪状，且言勒兵十万，欲与成都王颖、新野王歆、范阳王虓共会洛阳，请长沙王乂废冏还第，以颖代冏辅政。颙遂举兵，以李含为都督，帅张方等趋洛阳，复遣使邀颖。颖将应之，卢志谏，不听。

十二月丁卯，颙表至，冏大惧，会百官议之，曰：“孤首唱义兵，臣子之节，信着神明。今二王信谗作难，将若之何?”尚书令王戎曰：“公勋业诚大，然赏不及劳，故人怀贰心。今二王兵盛，不可当也；若以王就第，委权崇让，庶可求安。”冏从事中郎葛旟怒曰：“三台纳言，不恤王事，赏报稽缓，责不在府。谗言逆乱，当共诛讨，奈何虚承伪书，遽令公就第乎！汉、魏以来，王侯就第，宁有得保妻子者邪！议者可斩！”百官震悚失色，戎伪药发堕厕，得免。

李含屯阴盘，张方帅兵二万军新安，檄长沙王乂使讨冏。冏遣董艾袭乂，乂将左右百余人驰入宫，闭诸门，奉天子攻大司马府，董艾陈兵宫西，纵火烧千秋神武门。冏使人执驺虞幡唱云："长沙王矫诏。"乂又称"大司马谋反"。是夕，城内大战，飞矢雨集，火光属天。帝幸上东门，矢集御前，群臣死者相枕。连战三日，冏众大败，大司马长史赵渊杀何勖，因执冏以降。冏至殿前，帝恻然，欲活之。乂叱左右趣牵出，斩于阊阖门外，徇首六军，同党皆夷三族，死者二千余人。囚冏子超、冰、英于金墉城，废冏弟北海王寔。赦天下，改元。李含等闻冏死，引兵还长安。



长沙王乂虽在朝廷，事无巨细，皆就邺咨大将军颖。颖以孙惠为参军，陆云为右司马。

二年。初，李含以长沙王乂微弱，必为齐王冏所杀，因欲以为冏罪而讨之，遂废帝，立大将军颖，以河间王颙为宰相，己得用事。既而冏为乂所杀，颖、颙犹守藩，不如所谋。颖恃功骄奢，百度弛废，甚于冏时。犹嫌乂在内，不得逞其欲，欲去之。时皇甫商复为乂参军，商兄重为秦州刺史。含说颙曰："商为乂所任，重终不为人用，宜早除之。可表迁重为内职，因其过长安执之。"重知之，露檄上尚书，发陇上兵以讨含。乂以兵方少息，遣使诏重罢兵，征含为河南尹。含就征，而重不奉诏，颙遣金城太守游楷、陇西太守韩稚等合四郡兵攻之。颙密使含与侍中冯荪、中书令卞粹谋杀乂；皇甫商以告乂，收含、荪、粹杀之。骠骑从事琅邪诸葛玫、前司徒长史武邑牵秀皆出奔邺。



河间王颙闻李含等死，即起兵讨长沙王乂。大将军颖上表请讨张昌，许之；闻昌已平，因欲与颙共攻乂。卢志谏曰："公前有大功而委权辞宠，时望美矣。今宜顿军关外，文服入朝，此霸主之事也。”参军魏郡邵续曰：“人之有兄弟，如左右手。明公欲当天下之敌，而先去其一手，可乎！”颖皆不从。八月，颙、颖共表：“乂论功不平，与右仆射羊玄之、左将军皇甫商专擅朝政，杀害忠良。请诛玄之、商，遣乂还国。”诏曰：“颙敢举大兵内向京辇，吾当亲帅六军以诛奸逆。其以乂为太尉、都督中外诸军事以御之。”

颙以张方为都督，将精兵七万自函谷东趋洛阳。颖引兵屯朝歌，以平原内史陆机为前将军、前锋都督，督北中郎将王粹、冠军将军牵秀、中护军石超等军二十余万，南向洛阳。机以羁旅事颖，一旦顿居诸将之右，王粹等心皆不服。白沙督孙惠与机亲厚，劝机让都督于粹。机曰：“彼将谓吾首鼠两端，适所以速祸也。”遂行。颖列军自朝歌至河桥，鼓声闻数百里。

乙丑，帝如十三里桥。太尉乂使皇甫商将万余人拒张方于宜阳。己巳，帝还军宣武场。庚午，舍于石楼。九月丁丑，屯于河桥。壬子，张方袭皇甫商，败之。甲申，帝军于芒山。丁亥，幸偃师。辛卯，舍于豆田。大将军颖进屯河南，阻清水为垒。癸巳，羊玄之忧惧而卒，帝旋军城东。丙申，幸缑氏，击牵秀走之。大赦。张方入京城，大掠，死者万计。

石超进逼缑氏。冬十月壬寅，帝还宫。丁未，败牵秀于东阳门外。大将军颖遣将军马咸助陆机。戊申，太尉乂奉帝与机战于建春门，乂司马王瑚使数千骑系戟于马以突咸陈，咸军乱，执而斩之。机军大败，赴七里涧死者如积，水为之不流。斩其大将贾崇等十六人，石超遁去。

初，宦人孟玖有宠于大将军颖，玖欲用其父为邯郸令，左长史卢志等皆不敢违。右司马陆云固执不许，曰：“此县，公府掾资，岂有黄门父居之邪！”玖深怨之。玖弟超领万人为小督，未战，纵兵大掠，陆机录其主者。超将铁骑百余人直入机麾下，夺之，顾谓机曰：“貉奴，能作督不！”机司马吴郡孙拯劝机杀之，机不能用。超宣言于众曰：“陆机将反。”又还书与玖，言机持两端，故军不速决。及战，超不受机节度，轻兵独进，败没。玖疑机杀之，谮之于颖曰：“机有贰心于长沙。”牵秀素谄事玖，将军王阐、郝昌、帐下督阳平公师藩皆玖所引用，相与共证之。颖大怒，使秀将兵收机。参军事王彰谏曰：“今日之举，强弱异势，庸人犹知必克，况机之明达乎！但机吴人，殿下用之太过，北土旧将皆疾之耳。”颖不从。机闻秀至，释戎服，著白帢，与秀相见，为笺辞颖，既而叹曰：“华亭鹤唳，可复闻乎！”秀遂杀之。颖又收机弟清河内史云、平东祭酒耽及孙拯皆下狱。记室江统、陈留蔡克、颍川枣嵩等上疏，以为“陆机浅谋致败，杀之可也，至于反逆，则众共知其不然。宜先检校机反状，若有征验，诛云等未晚也”。统等恳请不已，颖迟回者三日。蔡克入至颖前，叩头流血曰：“云为孟玖所怨，远近莫不闻。今果见杀，窃为明公惜之！”僚属随克入者数十人，流涕固请。颖恻然有宥云之色，孟玖扶颖入，催令杀云、耽，夷机三族。狱吏考掠孙拯数百，两踝骨见，终言机冤。吏知拯义烈，谓拯曰：“二陆之枉，谁不知之，君可不爱身乎？”拯仰天叹曰：“陆君兄弟，世之奇士。吾蒙知爱，今既不能救其死，忍复从而诬之乎！”玖等知拯不可屈，乃令狱吏诈为拯辞。颖既杀机，意常悔之，及见拯辞，大喜，谓玖等曰：“非卿之忠，不能穷此奸！”遂夷拯三族。拯门人费慈、宰意二人诣狱明拯冤，拯譬遣之曰：“吾义不负二陆，死自吾分，卿何为尔邪！”曰：“君既不负二陆，仆又安可负君！”固言拯冤，玖又杀之。

太尉乂奉帝攻张方，方兵望见乘舆皆退走，方遂大败，死者五千余人。方退屯十三里桥，众惧，欲夜遁，方曰："胜负兵家之常。善用兵者，能因败为成。今我更前作垒，出其不意，此奇策也。"乃夜潜进逼洛城七里，筑垒数重，外引廪谷以足军食。乂既战胜，以为方不足忧。闻方垒成，十一月，引兵攻之，不利。朝议以乂、颖兄弟，可辞说而释，乃使中书令王衍等往说颖，令与乂分陕而居，颖不从。乂因致书于颖，为陈利害，欲与之和解。颖复书请斩皇甫商等首，则引兵还邺，乂不可。

颖进兵逼京师，张方决千金堨，水碓皆涸，乃发王公奴婢手舂给兵，一品已下不从征者，男子十三已上皆从役。又发奴助兵。公私穷踧，米石万钱。诏命所行，一城而已。骠骑主簿范阳祖逖言于乂曰："刘沈忠义果毅，雍州兵力足制河间，宜启上为诏与沈，使发兵袭颙。颙窘急，必召张方以自救。此良策也。"乂从之。沈奉诏，驰檄四境，诸郡多起兵应之。沈合七郡之众凡万余人趣长安。乂又使皇甫商间行，赍帝手诏，命游楷等罢兵，敕皇甫重进军讨颙。商行至新平，遇其从甥，从甥素憎商，以告颙，颙捕商杀之。

永兴元年春正月，长沙厉王乂屡与大将军颖战，破之，前后斩获六七万人。而乂未尝亏奉上之礼。城中粮食日窘，而士卒无离心。张方以为洛阳未可克，欲还长安。而东海王越虑事不济，癸亥，潜与殿中诸将夜收乂送别省。甲子，越启帝，下诏免乂官，置金墉城。大赦，改元。城既开，殿中将士见外兵不盛，悔之，更谋劫出乂以拒颖。越惧，欲杀乂以绝众心。黄门侍郎潘滔曰："不可，将自有静之者。"乃遣人密告张方。丙寅，方取乂于金墉城，至营，炙而杀之，方军士亦为之流涕。公卿皆诣邺谢罪。

大将军颖入京师，复还镇于邺。诏以颖为丞相，加东海王越守尚书令。颖遣奋武将军石超等帅兵五万屯十二城门，殿中宿所忌者颖皆杀之，悉代去宿卫兵。表卢志为中书监，留邺参署丞相府事。

河间王颙顿军于郑，为东军声援，闻刘沈兵起，还镇渭城，遣督护虞夔逆战于好畤。夔兵败，颙惧，退入长安，急召张方。方掠洛中官私奴婢万余人而西，军中乏食，杀人杂牛马肉食之。刘沈渡渭而军，与颙战，颙屡败。沈使安定太守衙博、功曹皇甫澹以精甲五千袭长安，入其门，力战，至颙帐下。沈兵来迟，冯翊太守张辅见其无继，引兵横击之，杀博及澹，沈兵遂败，收余卒而退。张方遣其将敦伟夜击之，沈军惊溃，沈与麾下南走，追获之。沈谓颙曰："知己之惠轻，君臣之义重，沈不可以违天子之诏，量强弱以苟全。投袂之日，期之必死，菹醢之戮，其甘如荠。"颙怒，鞭之而后腰斩。新平太守江夏张光数为沈画计，颙执而诘之。光曰："刘雍州不用鄙计，故令大王得有今日。"颙壮之，引与欢宴，表为右卫司马。

二月乙酉，丞相颖表废皇后羊氏，幽于金墉城；废皇太子覃为清河王。

三月，河间王颙表请立丞相颖为太弟。戊申，诏以颖为皇太弟，都督中外诸军事，丞相如故。大赦。乘舆服御皆迁于邺，制度一如魏武帝故事。以颙为太宰、大都督、雍州牧，前太傅刘寔为太尉。寔以老固让，不拜。

太弟颖僭侈日甚，嬖幸用事，大失众望。司空东海王越与右卫将军陈眕及长沙王故将上官巳等谋讨之。秋七月丙申朔，陈眕勒兵入云龙门，以诏召三公百僚入殿中，戒严讨颖。石超奔邺。戊戌，大赦，复皇后羊氏及太子覃。己亥，越奉帝北征，以越为大都督，征前侍中嵇绍诣行在。侍中秦准谓绍曰："今往，安危难测，卿有佳马乎？"绍正色曰："臣子扈卫乘舆，死生以之，佳马何为！"

越檄召四方兵，赴者云集，比至安阳，众十余万。邺中震恐。颖会群僚问计，东安王繇曰："天子亲征，宜释甲缟素，出迎请罪。"颖不从，遣石超帅众五万拒战。折冲将军乔智明劝颖奉迎乘舆，颖怒曰："卿名晓事，投身事孤。今主上为群小所逼，卿奈何欲使孤束手就刑邪！"

陈眕二弟匡、规自邺赴行在，云"邺中皆已离散"，由是不甚设备。己未，石超军奄至，乘舆败绩于荡阴，帝伤颊，中三矢，百官侍御皆散。嵇绍朝服下马，登辇以身卫帝，兵人引绍于辕中斫之。帝曰："忠臣也，勿杀！"对曰："奉太弟令，惟不犯陛下一人耳。"遂杀绍，血溅帝衣。帝堕于草中，亡六玺。石超奉帝幸其营，帝馁甚，超进水，左右奉秋桃。

颖遣卢志迎帝。庚申，入邺，大赦，改元曰建武。左右欲浣帝衣，帝曰："嵇侍中血，勿浣也。"

陈眕、上官巳等奉太子覃守洛阳。司空越奔下邳，徐州都督东平王楙不纳，越径还东海。太弟颖以越兄弟宗室之望，下令招之，越不应命。前奋威将军孙惠上书，劝越邀结藩方，同奖王室；越以惠为记室参军，与参谋议。北军中候苟晞奔范阳王虓，虓承制以晞行兖州刺史。

初，三王之起兵讨赵王伦也，安北将军王浚拥众挟两端，禁所部士民不得赴三王召募。太弟颖欲讨之而未能，浚心亦欲图颖。颖以右司马和演为幽州刺史，密使杀浚。演与乌桓单于审登谋，与浚游蓟城南清泉，因而图之。会天暴雨，兵器沾湿，不果而还。审登以为浚得天助，乃以演谋告浚。浚与审登密严兵，约并州刺史东嬴公腾共围演，杀之，自领幽州营兵。腾，越之弟也。太弟颖称诏征浚，浚与鲜卑段务勿尘、乌桓羯朱及东嬴公腾同起兵讨颖，颖遣北中郎将王斌及石超击之。

太弟颖怨东安王繇前议，八月戊辰，收繇杀之。初，繇兄琅邪恭王觐薨，子睿嗣。睿沉敏有度量，为左将军，与东海参军王导善。导，敦之从父弟也，识量清远，以朝廷多故，每劝睿之国。及繇死，睿从帝在邺，恐及祸，将逃归。颖先敕诸关津无得出贵人，睿至河阳，为津吏所止。从者宋典自后来，以鞭拂睿而笑曰："舍长，官禁贵人，汝亦被拘邪？"吏乃听过。至洛阳，迎太妃夏侯氏俱归国。

丞相从事中郎王澄发孟玖奸利事，劝太弟颖诛之，颖从之。

司空越之讨太弟颖也，太宰颙遣右将军冯翊太守张方将兵二万救之，闻帝已入邺，因命方镇洛阳。上官巳与别将苗愿拒之，大败而还。太子覃夜袭巳、愿，巳、愿出走。方入洛阳，覃于广阳门迎方而拜，方下车扶止之。复废覃及羊后。

初，太弟颖表匈奴左贤王刘渊为冠军将军，使将兵在邺，以渊子聪为积弩将军。右贤王宣等，谋共立渊为大单于。事见刘渊僭汉。

王浚、东嬴公腾起兵，渊说颖曰："今二镇跋扈，众十余万，恐非宿卫及近郡士众所能御也。请为殿下还说五部以赴国难。"颖曰："五部之众，果可发否？就能发之，鲜卑、乌桓未易当也。吾欲奉乘舆还洛阳以避其锋，徐传檄天下，以逆顺制之，君意何如？"渊曰："殿下武皇帝之子，有大勋于王室，威恩远着，四海之内孰不愿为殿下尽死力者，何难发之有！王浚竖子，东嬴疏属，岂能与殿下争衡邪！殿下一发邺宫，示弱于人，洛阳不可得至；虽至洛阳，威权不复在殿下也。愿殿下抚勉士众，靖以镇之。渊请为殿下以二部摧东嬴，三部枭王浚，二竖之首，可指日而悬也。”颖悦，拜渊为北单于，参丞相军事。

渊至左国城，刘宣等上“大单于”之号，二旬之间，有众五万，都于离石。以聪为鹿蠡王。遣左于陆王宏帅精骑五千会颖将王粹拒东嬴公腾。粹已为腾所败，宏无及而归。

王浚、东嬴公腾合兵击王斌，大破之。浚以主簿祁弘为前锋，败石超于平棘，乘胜进军。候骑至邺，邺中大震，百僚奔走，士卒分散。卢志劝颖奉帝还洛阳。时甲士尚有万五千人，志夜部分，至晓将发，而程太妃恋邺不欲去，颖狐疑未决。俄而众溃，颖遂将帐下数十骑，与志奉帝御犊车南奔洛阳。仓猝上下无赍，中黄门被囊中赍私钱三千，诏贷之，于道中买饭，夜则御中黄门布被，食以瓦盆。至温，将谒陵，帝丧履，纳从者之履，下拜流涕。及济河，张方自洛阳遣其子罴帅骑三千，以所乘车奉迎帝。至芒山下，方自帅万余骑迎帝。方将拜谒，帝下车自止之。帝还宫，奔散者稍还，百官粗备。辛巳，大赦。王浚入邺，士众暴掠，死者甚众。使乌桓羯朱追太弟颖，至朝歌，不及。浚还蓟，以鲜卑多掠人妇女，命：“有敢挟藏者斩！”于是沈于易水者八千人。

刘渊闻太弟颖去邺，叹曰：“不用吾言，逆自奔溃，真奴才也！然吾与之有言矣，不可以不救。”将发兵击鲜卑、乌桓，刘宣等谏曰：“晋人奴隶御我，今其骨肉相残，是天弃彼而使我复呼韩邪之业也。鲜卑、乌桓，我之气类，可以为援，奈何击之！”渊曰：“善。大丈夫当为汉高、魏武，呼韩邪何足效哉！”宣等稽首曰：“非所及也。”

冬十月，帝既还洛阳，张方拥兵专制朝政，太弟颖不得复预事。豫州都督范阳王虓、徐州都督东平王楙等上言：“颖弗克负荷，宜降封一邑，特全其命。太宰宜委以关右之任，自州郡以下，选举授任，一皆仰成，朝之大事，废兴损益，每辄畴咨。张方为国效节而不达变通，未即西还，宜遣还郡，所加方官，请悉如旧。司徒戎、司空越，并忠国小心，宜干机事，委以朝政。王浚有定社稷之勋，宜特崇重，遂抚幽朔，长为北藩。臣等竭力捍城，藩屏皇家，则陛下垂拱，四海自正矣。”



张方在洛既久，兵士剽掠殆竭，众情喧喧，无复留意。议欲奉帝迁都长安，恐帝及公卿不从，欲须帝出而劫之。乃请帝谒庙，帝不许。十一月乙未，方引兵入殿，以所乘车迎帝。帝驰避后园竹中，军人引帝出，逼使上车，帝垂泣从之。方于马上稽首曰：“今寇贼纵横，宿卫单少，愿陛下幸臣垒，臣尽死力以备不虞。”时群臣皆逃匿，唯中书监卢志侍侧，曰：“陛下今日之事，当一从右将军。”帝遂幸方垒，令方具车载宫人、宝物。军人因妻略后宫，分争府藏，割流苏武帐为马鞯，魏、晋以来蓄积，扫地无遗。方将焚宗庙、宫室以绝人返顾之心，卢志曰：“昔董卓无道，焚烧洛阳，怨毒之声，百年犹存，何为袭之？”乃止。



帝停方垒三日，方拥帝及太弟颖、豫章王炽等趋长安，王戎出奔郏。太宰颙帅官属步骑三万迎于霸上，颙前拜谒，帝下车止之。帝入长安，以征西府为宫。唯尚书仆射荀藩、司隶刘暾、河南尹周馥等在洛阳，为留台，承制行事，号东、西台。藩，勖之子也。丙午，留台大赦，改元复为永安。辛丑，复皇后羊氏。

十二月丁亥，诏太弟颖以成都王还第，更立豫章王炽为皇太弟。帝兄弟二十五人，时存者惟颖、炽及吴王晏。晏材质庸下，炽冲素好学，故太宰颙立之。诏以司空越为太傅，与颙夹辅帝室，王戎参录朝政。又以光禄大夫王衍为尚书左仆射；高密王略为镇南将军，领司隶校尉，权镇洛阳；东中郎将模为宁北将军，都督冀州诸军事，镇邺。百官各还本职。令州郡蠲除苛政，爱民务本，清通之后，当还东京。大赦，改元。略、模皆越之弟也。王浚既去邺，越使模镇之，颙以四方乖离，祸难不已，故下此诏和解之，冀获少安。越辞太傅不受。又诏以太宰颙都督中外诸军事；张方为中领军、录尚书事，领京兆太守。

二年夏四月，张方废羊后。

游楷等攻皇甫重，累年不能克，重遣其养子昌求救于外。昌诣司空越，越以太宰颙新与山东连和，不肯出兵。昌乃与故殿中人杨篇诈称越命，迎羊后于金墉城，入宫，以后令发兵讨张方，奉迎大驾。事起仓猝，百官初皆从之，俄知其诈，相与诛昌。颙请遣御史宣诏喻重令降，重不奉诏。先是城中不知长沙厉王及皇甫商已死，重获御史驺人问曰："我弟将兵来，欲至未？"驺人曰："已为河间王所害。"重失色，立杀驺人。于是城中知无外救，共杀重以降。颙以冯翊太守张辅为秦州刺史。

东海中尉刘洽以张方劫迁车驾，劝司空越起兵讨之。秋七月，越传檄山东征、镇、州郡，云"欲纠帅义旅，奉迎天子还复旧都"。东平王楙闻之惧，长史王修说楙曰："东海宗室重望，今兴义兵，公宜举徐州以授之，则免于难，且有克让之美矣。"楙从之。越乃以司空领徐州都督，楙自为兖州刺史，诏即遣使者刘虔授之。是时越兄弟并据方任，于是范阳王虓及王浚等共推越为盟主。越辄选置刺史以下，朝士多赴之。

成都王颖既废，河北人多怜之。颖故将公师藩等自称将军，起兵于赵、魏，众至数万。初，上党武乡羯人石勒有胆力，善骑射。并州大饥，建威将军阎粹说东嬴公腾执诸胡于山东卖充军实，勒亦被掠，卖为茌平人师欢奴，欢奇其状貌而免之。欢家邻于马牧，勒乃与牧帅汲桑结壮士为群盗。及公师藩起，桑与勒帅数百骑赴之。桑始命勒以石为姓，勒为名。藩攻陷郡县，杀二千石、长吏，转前攻邺。平昌公模甚惧。范阳王虓遣其将苟晞救邺，与广平太守谯国丁绍共击藩，走之。

八月，司空越以琅玡王睿为平东将军，监徐州诸军事，留守下邳。睿请王导为司马，委以军事。越帅甲卒三万，西屯萧县，范阳王虓自许屯于荥阳。越承制以豫州刺史刘乔为冀州刺史，以范阳王虓领豫州刺史。乔以虓非天子命，发兵拒之。虓以刘琨为司马。越以刘藩为淮北护军，刘舆为颍川太守。乔上尚书列舆兄弟罪恶，因引兵攻许，遣其长子祐将兵拒越于萧县之灵壁，越兵不能进。东平王楙在兖州，征求不已，郡县不堪命。范阳王虓遣苟晞还兖州，徙楙都督青州。楙不受命，背山东诸侯与刘乔合。

太宰颙闻山东兵起，甚惧。以公师藩为成都王颖起兵，壬午，表颖为镇军大将军，都督河北诸军事，给兵千人；以卢志为魏郡太守，随颖镇邺，欲以抚安之。又遣建武将军吕朗屯洛阳。颙发诏，令东海王越等各就国，越等不从。会得刘乔上事，冬十月丙子，下诏称："刘舆迫胁范阳王虓造构凶逆。其令镇南大将军刘弘、平南将军彭城王释、征东大将军刘准，各勒所统，与刘乔并力；以张方为大都督，统精卒十万与吕朗共会许昌，诛舆兄弟。"释，宣帝弟子穆王权之孙也。

丁丑，颙使成都王颖领将军楼褒等，前车骑将军石超领北中郎将王阐等，据河桥为刘乔继援。进乔镇东将军，假节。

刘弘遗乔及司空越书，欲使之解怨释兵，同奖王室，皆不听。弘又上表曰："自顷兵戈纷乱，猜祸锋生，疑隙构于群王，灾难延于宗子。今夕为忠，明旦为逆，翩其反而，互为戎首。载籍以来，骨肉之祸，未有如今者也，臣窃悲之！今边陲无备豫之储，中华有杼轴之困，而股肱之臣不惟国体，职竞寻常，自相楚剥。万一四夷乘虚为变，此亦猛虎交斗，自效于卞庄者矣！臣以为宜速发明诏，诏越等令两释猜嫌，各保分局。自今以后，其有不被诏书擅兴兵马者，天下共伐之！"时太宰颙方拒关东，倚乔为助，不纳其言。乔乘虚袭许，破之。刘琨将兵救许不及，遂与兄舆及范阳王虓俱奔河北。琨父母为乔所执。刘弘以张方残暴，知颙必败，乃遣参军刘盘为督护，帅诸军受司空越节度。

十一月，立节将军周权诈被檄，自称平西将军，复立羊后。洛阳令何乔攻权杀之，复废羊后。太宰颙矫诏，以羊后屡为奸人所立，遣尚书田淑敕留台赐后死。诏书累至，司隶校尉刘暾等上奏，固执以为："羊庶人门户残破，废放空宫，门禁峻密，无缘得与奸人构乱，众无愚智，皆谓其冤。今杀一枯穷之人，而令天下伤惨，何益于治！"颙怒，遣吕朗收暾，暾奔青州依高密王略。然羊后亦以是得免。

十二月，吕朗等东屯荥阳，成都王颖进据洛阳。

刘琨说冀州刺史太原温羡，使让位于范阳王虓。虓领冀州，遣琨诣幽州乞师于王浚。浚以突骑资之，击王阐于河上，杀之。琨遂与虓引兵济河，斩石超于荥阳。刘乔自考城引退。虓遣琨及督护田徽东击东平王楙于廪丘，楙走还国。琨、徽引兵东迎越，击刘祐于谯。祐败死，乔众遂溃，乔奔平氏。司空越进屯阳武，王浚遣其将祁弘帅突骑鲜卑、乌桓为越先驱。

光熙元年。初，太弟中庶子兰陵缪播有宠于司空越，播从弟右卫率胤，太宰颙前妃之弟也。越之起兵，遣播、胤诣长安说颙，令奉帝还洛，约与颙分陕为伯。颙素信重播兄弟，即欲从之。张方自以罪重，恐为诛首，谓颙曰："今据形胜之地，国富兵强，奉天子以号令，谁敢不从？奈何拱手受制于人！"颙乃止。及刘乔败，颙惧，欲罢兵与山东和解，恐张方不从，犹豫未决。

方素与长安富人郅辅亲善，以为帐下督。颙参军河间毕垣尝为方所侮，因说颙曰："张方久屯霸上，闻山东兵盛，盘桓不进，宜防其未萌。其亲信郅辅具知其谋。"缪播、缪胤复说颙："宜急斩方以谢，山东可不劳而定。"颙使人召辅，垣迎说辅曰："张方欲反，人谓卿知之，王若问卿，何辞以对？"辅惊曰："实不闻方反，为之奈何？"垣曰："王若问卿，但言尔尔，不然必不免祸。"辅入，颙问之曰："张方反，卿知之乎？"辅曰："尔。"颙曰："遣卿取之，可乎？"又曰："尔。"颙于是使辅送书于方，因杀之。辅既昵于方，持刀而入，守合者不疑。方火下发函，辅斩其头。还报，颙以辅为安定太守。送方头于司空越以请和，越不许。宋胄袭河桥，楼褒西走，平昌公模遣前锋督护冯嵩会宋胄逼洛阳。成都王颖西奔长安，至华阴，闻颙已与山东和亲，留不敢进。吕朗屯荥阳，刘琨以张方首示之，遂降。甲子，司空越遣祁弘、宋胄、司马纂帅鲜卑西迎车驾，以周馥为司隶校尉，假节，都督诸军，屯渑池。

夏四月己巳，司空越引兵屯温。初，太宰颙以为张方死，东方兵必可解。既而东方兵闻方死，争入关，颙悔之，乃斩郅辅，遣弘农太守彭随、北地太守刁默将兵拒祁弘等于湖。五月壬辰，弘等击随、默，大破之，遂西入关，又败颙将马瞻、郭伟于霸水，颙单马逃入太白山。弘等入长安，所部鲜卑大掠，杀二万余人，百官奔散，入山中拾橡实食之。己亥，弘等奉帝乘牛车东还，以太弟太保梁柳为镇西将军，守关中。六月丙辰朔，帝至洛阳，复羊后。辛未，大赦，改元。

马瞻等入长安，杀梁柳，与始平太守梁迈共迎太宰颙于南山。弘农太守裴廙、秦国内史贾龛、安定太守贾疋等起兵击颙，斩马瞻、梁迈。疋，诩之曾孙也。司空越遣督护麋晃将兵击颙，至郑，颙使平北将军牵秀屯冯翊。颙长史杨腾诈称颙命，使秀罢兵，腾遂杀秀，关中皆服于越，颙保城而已。

八月，以司空越为太傅，录尚书事；范阳王虓为司空，镇邺；平昌公模为镇东大将军，镇许昌；王浚为骠骑大将军，都督东夷、河北诸军事，领幽州刺史。越以吏部郎颍川庾敳为军咨祭酒，前太弟中庶子胡母辅之为从事中郎，黄门侍郎河南郭象为主簿，鸿胪丞阮修为行参军，谢鲲为掾。辅之荐乐安光逸于越，越亦辟之。敳等皆尚虚玄，不以世务婴心，纵酒放诞。敳殖货无厌，象薄行，好招权，越皆以其名重于世，故辟之。

祁弘之入关也，成都王颖自武关奔新野。会新城元公刘弘卒，司马郭劢作乱，欲迎颖为主，治中顺阳郭舒奉弘子璠以讨劢，斩之。诏南中郎将刘陶收颖。颖北渡河，奔朝歌，收故将士，得数百人，欲赴公师藩。九月，顿丘太守冯嵩执之送邺，范阳王虓不忍杀而幽之。公师藩自白马南渡河，兖州刺史苟晞讨斩之。

进东嬴公腾爵为东燕王，平昌公模为南阳王。

冬十月，范阳王虓薨，长史刘舆以成都王颖素为邺人所附，秘不发丧，伪令人为台使，称诏，夜赐颖死，并杀其二子。颖官属先皆逃散，惟卢志随从，至死不怠，收而殡之。太傅越召志为军咨祭酒。越将召刘舆，或曰："舆犹腻也，近则污人。"及至，越疏之。舆密视天下兵簿及仓库、牛马、器械、水陆之形，皆默识之。时军国多事，每会议，自长史潘滔以下莫知所对，舆应机辨画，越倾膝酬接，以为左长史，军国之务，悉以委之。舆说越遣其弟琨镇并州，以为北面之重，越表琨为并州刺史。以东燕王腾为车骑将军，都督邺城诸军事，镇邺。

十一月己巳，夜，帝食饼中毒，庚午，崩于显阳殿。羊后自以于太弟炽为嫂，恐不得为太后，将立清河王覃。侍中华混谏曰："太弟在东宫已久，民望素定，今日宁可易乎！"即露版驰告太傅越，召太弟入宫。后已召覃至尚书合，疑变，托疾而返。癸酉，太弟即皇帝位，大赦。尊皇后曰惠皇后，居弘训宫；追尊母王才人曰皇太后，立妃梁氏为皇后。怀帝始遵旧制，于东堂听政，每至宴会，辄与群官论众务，考经籍。黄门侍郎傅宣叹曰："今日复见武帝之世矣！"

十二月，太傅越以诏书征河间王颙为司徒，颙乃就征。南阳王模遣其将梁臣邀之于新安，车上扼杀之，并杀其三子。

刘琨至上党，东燕王腾即自井陉东下。时并州饥馑，数为胡寇所掠，郡县莫能自保。州将田甄、甄弟兰、任祉、祁济、李恽、薄盛等及吏民万余人，悉随腾就谷冀州，号为"乞活"，所余之户不满二万，寇贼纵横，道路断塞。琨募兵上党，得五百人，转斗而前。至晋阳，府寺焚毁，邑野萧条，琨抚循劳徕，流民稍集。

怀帝永嘉元年二月，东莱王弥寇青、徐二州，自称征东大将军，攻杀二千石。太傅越以公车令东莱鞠羡为本郡太守以讨弥，弥击杀之。

三月，诏追复杨太后尊号，丁卯，改葬之，谥曰武悼。

庚午，立清河王覃弟豫章王诠为皇太子。辛未，大赦。

帝亲览大政，留心庶事。太傅越不悦，固求出藩。庚辰，越出镇许昌。

以高密王略为征南大将军，都督荆州诸军事，镇襄阳；南阳王模为征西大将军，都督秦雍梁益四州诸军事，镇长安；东燕王腾为新蔡王，都督司冀二州诸军事，仍镇邺。

公师藩既死，汲桑逃还苑中，更聚众劫掠郡县，自称大将军，声言为成都王报仇。以石勒为前驱，所向辄克，署勒扫虏将军，遂进攻邺。时邺中府库空竭，而新蔡武哀王腾资用甚饶。腾性吝啬，无所振惠，临急乃赐将士米各数升，帛各丈尺，以是人不为用。夏五月，桑大破魏郡太守冯嵩，长驱入邺，腾轻骑出奔，为桑将李丰所杀。桑出成都王颖棺，载之车中，每事启而后行。遂烧邺宫，火旬日不灭，杀士民万余人，大掠而去。济自延津，南击兖州。太傅越大惧，使苟晞及将军王赞等讨之。

石勒与苟晞等相持于平原、阳平间数月，大小三十余战，互有胜负。秋七月己酉朔，太傅越屯官渡，为晞声援。

己未，以琅邪王睿为安东将军，都督扬州江南诸军事，假节，镇建业。

八月己卯朔，苟晞击汲桑于东武阳，大破之，桑退保清渊。

九月戊申，琅邪王睿至建业。睿以安东司马王导为谋主，推心亲信，每事咨焉。睿名论素轻，吴人不附，居久之，士大夫莫有至者，导患之。会睿出观禊，导使睿乘肩舆，具威仪，导与诸名胜皆骑从。纪瞻、顾荣等见之惊异，相帅拜于道左。导因说睿曰：

"顾荣、贺循,此土之望,宜引之以结人心。二子既至,则无不来矣。"睿乃使导躬造循、荣,二人皆应命而至。以循为吴国内史,荣为军司,加散骑常侍,凡军府政事,皆与之谋议。又以纪瞻为军祭酒,卞壶为从事中郎,周玘为仓曹属,琅邪刘超为舍人,张闿及鲁国孔衍为参军。壶,粹之子;闿,昭之曾孙也。王导说睿谦以接士,俭以足用,以清静为政,抚绥新旧,故江东归心焉。睿初至,颇以酒废事,导以为言;睿命酌,引觞覆之,于此遂绝。

苟晞追击汲桑,破其八垒,死者万余人。桑与石勒收余众将奔汉,冀州刺史丁绍邀之于赤桥,又破之,桑奔马牧,勒奔乐平。太傅越还许昌,加苟晞抚军将军,都督青、兖诸军事,丁绍宁北将军,监冀州诸军事,皆假节。



胡部大张訇督、冯莫突等拥众数千壁于上党,石勒往从之,因说訇督等曰:"刘单于举兵击晋,部大拒而不从,自度终能独立乎?"曰:"不能。"勒曰:"然则安可不早有所属!今部落皆已受单于赏募,往往聚议,欲叛部大而归单于矣。"訇督等以为然。冬十月,訇督等随勒单骑归汉,汉王渊署訇督为亲汉王,莫突为都督部大,以勒为辅汉将军、平晋王以统之。乌桓张伏利度有众二千,壁于乐平,渊屡招不能致。勒伪获罪于渊,往奔伏利度。伏利度喜,结为兄弟,使勒帅诸胡寇掠,所向无前,诸胡畏服。勒知众心之附己,乃因会执伏利度,谓诸胡曰:"今起大事,我与伏利度谁堪为主?"诸胡咸推勒。勒于是释伏利度,帅其众归汉。渊加勒督山东征讨诸军事,以伏利度之众配之。



十一月甲寅,以尚书右仆射和郁为征北将军,镇邺。乙亥,以王衍为司徒。

十二月戊寅,乞活田甄、田兰、薄盛等起兵为新蔡王腾复仇,斩汲桑于乐陵。弃成都王颖棺于故井中,颖故臣收葬之。

前北军中候吕雍、度支校尉陈颜等谋立清河王覃为太子,事觉,太傅越矫诏囚覃于金墉城。

初,太傅越与苟晞亲善,引升堂,结为兄弟。司马潘滔说越曰:"兖州冲要,魏武以之创业。苟晞有大志,非纯臣也,久令处之,则患生心腹矣。若迁于青州,厚其名号,晞必悦。公自牧兖州,经纬诸夏,藩卫本朝,此所谓为之于未乱者也。"越以为然。癸卯,越自为丞相,领兖州牧,都督兖、豫、司、冀、幽、并诸军事。以晞为征东大将军、开府仪同三司,加侍中,假节,都督青州诸军事,领青州刺史,封东平郡公。越、晞由是有隙。

初,阳平刘灵,少贫贱,力制奔牛,走及奔马,时人虽异之,莫能举也。灵抚膺叹曰:"天乎,何当乱也!"及公师藩起,灵自称将军,寇掠赵、魏。会王弥为苟纯所败,灵亦为王赞所败,遂俱遣使降汉。汉拜弥镇东大将军、青徐二州牧、都督缘海诸军事,封东莱公;以灵为平北将军。纯,晞之弟也。

二年春正月,汉王渊遣抚军将军聪等十将南据太行,辅汉将军石勒等十将东下赵、魏。

二月辛卯,太傅越杀清河王覃。三月,太傅越自许昌徙镇(甄)〔鄄〕城。

王弥收集亡散,兵复大振,分遣诸将攻掠青、徐、兖、豫四州,所过攻陷郡县,多杀守令,有众数万。苟晞与之连战,不能克。夏四月丁亥,弥入许昌。太傅越遣司马王斌帅甲士五千人卫京师,凉州刺史张轨亦遣督护北宫纯将兵卫京师。五月,弥入自轘辕,败官军于伊北,京师大震,宫城门昼闭。壬戌,弥至洛阳,屯于津阳门。诏以王衍都督征讨诸军事。甲子,衍与王斌等出战,北宫纯募勇士百余人突陈，弥兵大败。乙丑，弥烧建春门而东，衍遣左卫将军王秉追之，战于七里涧，又败之。弥走渡河，与王桑自轵关如平阳。汉王渊遣侍中兼御史大夫郊迎，令曰：“孤亲行将军之馆，拂席洗爵，敬待将军。”及至，拜司隶校尉，加侍中、特进；以桑为散骑侍郎。

北宫纯等与汉刘聪战于河东，败之。秋七月甲辰，汉王渊寇平阳，太守宋抽弃郡走，河东太守路述战死，渊徙都蒲子。上郡鲜卑陆逐延、氐酋单征并降于汉。



八月丁亥，太傅越自鄄城徙屯濮阳，未几又徙屯荥阳。

九月，汉王弥、石勒寇邺，和郁弃城走。诏豫州刺史裴宪屯白马以拒弥，车骑将军王堪屯东燕以拒勒，平北将军曹武屯大阳以备蒲子。宪，楷之子也。

石勒、刘灵帅众三万寇魏郡、汲郡、顿丘，百姓望风降附者五十余垒，皆假垒主将军、都尉印绶，简其强壮五万为军士，老弱安堵如故。己酉，勒执魏郡太守王粹于三台，杀之。

三年春正月辛丑朔，荧惑犯紫微。汉太史令宣于修之言于汉主渊曰：“不出三年，必克洛阳。蒲子崎岖，难以久安，平阳气象方昌，请徙都之。”渊从之。

三月丁巳，太傅越自荥阳入京师，中书监王敦谓所亲曰：“太傅专执威权，而选用表请，尚书犹以旧制裁之；今日之来，必有所诛。”



帝之为太弟也，与中庶子缪播亲善，及即位，以播为中书监，缪胤为太仆卿，委以心膂。帝舅散骑常侍王延、尚书何绥、太史令高堂冲并参机密。越疑朝臣贰于己，刘舆、潘滔劝越悉诛播等。越乃诬播等欲为乱，乙丑，遣平东将军王秉帅甲士三千入宫，执播等十余人于帝侧，付廷尉杀之。帝叹息流涕而已。

绥，曾之孙也。初，何曾侍武帝宴，退谓诸子曰："主上开创大业，吾每宴见，未尝闻经国远图，惟说平生常事，非贻厥孙谋之道也，及身而已，后嗣其殆乎！汝辈犹可以免。"指诸孙曰："此属必及于难！"及绥死，兄嵩哭之曰："我祖其殆圣乎！"

臣光曰：何曾讥武帝偷惰，取过目前，不为远虑；知天下将乱，子孙必与其忧；何其明也。然身为僭侈，使子孙承流，卒以骄奢亡族，其明安在哉？且身为宰相，知其君之过，不以告而私语于家，非忠臣也。

丁卯，诏以王衍为太尉。太傅越解兖州牧，领司徒。越以顷来兴事多由殿省，乃奏宿卫有侯爵者皆罢之。时殿中武官并封侯，由是出者略尽，皆泣涕而去。更使右卫将军何伦、左卫将军王秉领东海国兵数百人宿卫。

左积弩将军朱诞奔汉，具陈洛阳孤弱，劝汉主渊攻之。渊以诞为前锋都督，以灭晋大将军刘景为大都督，将兵攻黎阳，克之。又败王堪于延津，沈男女三万余人于河。渊闻之，怒曰："景何面复见朕？且天道岂能容之！吾所欲除者司马氏耳，细民何罪！"黜景为平虏将军。

夏，汉安东大将军石勒寇钜鹿、常山，众至十余万，集衣冠人物，别为"君子营"，以赵郡张宾为谋主，刁膺为股肱，夔安、孔苌、支雄、桃豹、逯明为爪牙，并州诸胡羯多从之。

初，张宾好读书，阔达有大志，常自比张子房。及石勒徇山东，宾谓所亲曰："吾历观诸将，无如此胡将军者，可与共成大业。"乃提剑诣军门，大呼请见，勒亦未之奇也。宾数以策干勒，已而皆如所言，勒由是奇之，署为军功曹，动静咨之。

汉主渊以王弥为侍中，都督青徐兖豫荆扬六州诸军事、征东大将军、青州牧，与楚王聪共攻壶关；以石勒为前锋都督。刘琨遣护军黄肃、韩述救之，聪败述于西涧，勒败肃于封田，皆杀之。

太傅越遣淮南内史王旷、将军施融、曹超将兵拒聪等。旷济河，欲长驱而前，融曰："彼乘险间出，我虽有数万之众，犹是一军独受敌也。且当阻水为固，以量形势，然后图之。"旷怒曰："君欲沮众邪！"融退曰："彼善用兵，旷闇于事势，吾属今必死矣！"旷等逾太行与聪遇战于长平之间，旷兵大败，融、超皆死。聪遂破屯留、长子，凡斩获万九千级。上党太守庞淳以壶关降汉。刘琨以都尉张倚领上党太守，据襄垣。

秋八月，汉主渊命楚王聪等进攻洛阳。诏平北将军曹武等拒之，皆为聪所败。聪长驱至宜阳，自恃骤胜，怠不设备。九月，弘农太守垣延诈降，夜袭聪军，聪大败而还。

冬十月，汉主渊复遣楚王聪、王弥、始安王曜、汝阴王景帅精骑五万寇洛阳，大司空雁门刚穆公呼延翼帅步卒继之。丙辰，聪等至宜阳，朝廷以汉兵新败，不意其复至，大惧。辛酉，聪屯西明门，北宫纯等夜帅勇士千余人出攻汉壁，斩其征虏将军呼延颢。壬戌，聪南屯洛水。乙丑，呼延翼为其下所杀，其众自大阳溃归。渊敕聪等还师，聪表称"晋兵微弱，不可以翼、颢死故还师"，固请留攻洛阳，渊许之。太傅越婴城自守。戊寅，聪亲祈嵩山，留平晋将军安阳哀王厉、冠军将军呼延朗督摄留军；太傅参军孙询说越乘虚出击朗，斩之，厉赴水死。王弥谓聪曰："今军既失利，洛阳守备犹固，运车在陕，粮食不支数日。殿下不如与龙骧还平阳，裹粮发卒，更为后举，下官亦收兵谷待命于兖、豫，不亦可乎!”聪自以请留,未敢还。宣于修之言于渊曰:“岁在辛未,乃得洛阳。今晋气犹盛,大军不归,必败。”渊乃召聪等还。

十一月甲申,汉楚王聪、始安王曜归于平阳。王弥南出轘辕,流民之在颍川、襄城、汝南、南阳、河南者数万家,素为居民所苦,皆烧城邑,杀二千石、长吏以应弥。

石勒寇信都,杀冀州刺史王斌。王浚自领冀州。诏车骑将军王堪、北中郎将裴宪将兵讨勒,勒引兵还,拒之;魏郡太守刘矩以郡降勒。勒至黎阳,裴宪弃军奔淮南,王堪退保仓垣。

十二月,汉王弥表左长史曹嶷行安东将军,东徇青州。

四年春正月,汉镇东大将军石勒济河,拔白马,王弥以三万众会之,共寇徐、豫、兖州。二月,勒袭鄄城,杀兖州刺史袁孚,遂拔仓垣,杀王堪。复北济河,攻冀州,诸郡民从之者九万余口。

秋七月,汉楚王聪、始安王曜、石勒及安北大将军赵国围河内太守裴整于怀,诏征虏将军宋抽救怀。勒与平北大将军王桑逆击抽,杀之。河内人执整以降,汉主渊以整为尚书左丞。河内督将郭默收整余众,自为坞主,刘琨以默为河内太守。

己卯,汉主渊卒。

九月,雍州流民多在南阳,诏书遣还乡里。流民以关中荒残,皆不愿归。征南将军山简、南中郎将杜蕤各遣兵送之,促期令发。京兆王如遂潜结壮士,夜袭二军,破之。于是冯翊严嶷、京兆侯脱各聚众攻城镇,杀令长以应之,未几众至四五万,自号大将军,领司、雍二州牧,称藩于汉。

冬十月,汉河内王粲、始安王曜及王弥帅众四万寇洛阳,石勒帅骑二万会粲于大阳,败监军裴邈于渑池,遂长驱入洛川。粲出轘辕,掠梁、陈、汝、颍间。勒出成皋关,壬寅,围陈留太守王赞于仓垣，为赞所败，退屯文石津。

京师饥困日甚，太傅越遣使以羽檄征天下兵，使入援京师。帝谓使者曰："为我语诸征、镇，今日尚可救，后则无及矣！"既而卒无至者。征南将军山简遣督护王万将兵入援，军于涅阳，为王如所败。如遂大掠沔、汉，进逼襄阳，简婴城自守。荆州刺史王澄自将欲援京师，至沶口，闻简败，众散而还。朝议多欲迁都以避难，王衍以为不可，卖车牛以安众心。山简为严嶷所逼，自襄阳徙屯夏口。

石勒引兵济河，将趣南阳，王如、侯脱、严嶷等闻之，遣众一万屯襄城以拒勒。勒击之，尽俘其众，进屯宛北。是时侯脱据宛，王如据穰。如素与脱不协，遣使重赂勒，结为兄弟，说勒使攻脱。勒攻宛，克之，严嶷引兵救宛，不及而降。勒斩脱，囚嶷送于平阳，尽并其众，遂南寇襄阳，攻拔江西垒壁三十余所。还趣襄城，王如遣弟璃袭勒，勒迎击灭之，复屯江西。

太傅越既杀王延等，大失众望。又以胡寇益盛，内不自安，乃戎服入见，请讨石勒，且镇集兖、豫。帝曰："今胡虏侵逼郊畿，人无固志，朝廷社稷倚赖于公，岂可远出，以孤根本！"对曰："臣出幸而破贼，则国威可振，犹愈于坐待困穷也。"十一月甲戌，越帅甲士四万向许昌，留妃裴氏、世子毗及龙骧将军李恽、右卫将军何伦守卫京师，防察宫省。以潘滔为河南尹，总留事。越表以行台自随，用太尉衍为军司，朝贤素望悉为佐吏，名将劲卒咸入其府。于是宫省无复守卫，荒馑日甚，殿内死人交横，盗贼公行，府寺营署，并掘堑自守。越东屯项，以冯嵩为左司马，自领豫州牧。竟陵王楙白帝遣兵袭何伦，不克。帝委罪于楙，楙逃窜得免。

扬州都督周馥以洛阳孤危，上书请迁都寿春。太傅越以馥不先白己而直上书，大怒，召馥及淮南太守裴硕。馥不肯行，令硕帅兵先进。硕诈称受越密旨，袭馥，为馥所败，退保东城。

初，帝以王弥、石勒侵逼京畿，诏苟晞督帅州郡讨之。会曹嶷破琅邪，北收齐地，兵势甚盛，苟纯闭城自守。晞还救青州，与嶷连战，破之。

五年春正月，苟晞为曹嶷所败，弃城奔高平。

裴硕求救于琅邪王睿，睿（渡沔寇江夏拔之）使扬威将军甘卓等攻周馥于寿春。馥众溃，奔项，新蔡王确执之，馥忧愤而卒。确，腾之子。

二月，石勒攻新蔡，杀新蔡庄王确于南顿。进拔许昌，杀平东将军王康。

东海孝献王越既与苟晞有隙，河南尹潘滔、尚书刘望等复从而谮之。晞怒，表求滔等首，阳言："司马元超为宰相不平，使天下淆乱！苟道将岂可以不义使之！"乃移檄诸州，自称功伐，陈越罪状。帝亦恶越专权多违诏命，所留将士何伦等抄掠公卿，逼辱公主，密赐晞手诏，使讨之。晞数与帝文书往来，越疑之，使游骑于成皋间伺之，果获晞使及诏书。乃下檄罪状晞，以从事中郎杨瑁为兖州刺史，使与徐州刺史裴盾共讨晞。晞遣骑收潘滔，滔夜遁得免，执尚书刘曾、侍中程延斩之。越忧愤成疾，以后事付王衍，三月丙子，薨于项，秘不发丧。众共推衍为元帅，衍不敢当，以让襄阳王范，范亦不受。范，玮之子也。于是衍等相与奉越丧还葬东海。何伦、李恽等闻越薨，奉裴妃及世子毗自洛阳东走，城中士民争随之。帝追贬越为县王，以苟晞为大将军、大都督，督青徐兖豫荆扬六州诸军事。

夏四月，石勒帅轻骑追太傅越之丧，及于苦县宁平城，大败晋兵，纵骑围而射之，将士十余万人，相践如山，无一人得免者。执太尉衍、襄阳王范、任城王济、武陵庄王澹、西河王喜、梁怀王禧、齐王超、吏部尚书刘望、廷尉诸葛铨、豫州刺史刘乔、太傅长史庾敳等，坐之幕下，问以晋故。衍具陈祸败之由，云计不在己；且自言少无宦情，不豫世事，因劝勒称尊号，冀以自免。勒曰："君少壮登朝，名盖四海，身居重任，何得言无宦情邪？破坏天下，非君而谁！"命左右扶出。众人畏死，多自陈述。独襄阳王范神色俨然，顾呵之曰："今日之事，何复纷纭！"勒谓孔苌曰："吾行天下多矣，未尝见此辈人，当可存乎？"苌曰："彼皆晋之王公，终不为吾用。"勒曰："虽然，要不可加以锋刃。"夜使人排墙杀之。济，宣帝弟子景王陵之子；禧，澹之子也。剖越柩，焚其尸，曰："乱天下者，此人也！吾为天下报之，故焚其骨以告天地。"

何伦等至洧仓，遇勒，战败，东海世子毗及宗室四十八王皆没于勒。何伦奔下邳，李恽奔广宗。裴妃为人所掠卖，久之渡江。初，琅邪王睿之镇建业，裴妃意也，故睿德之，厚加存抚，以其子冲继越后。

五月，以太子太傅傅祗为司徒，尚书令荀藩为司空，加王浚大司马、侍中、大都督，督幽冀诸军事，南阳王模为太尉、大都督；张轨为车骑大将军；琅邪王睿为镇东大将军，兼督扬江湘交广五州诸军事。

荀晞表请迁都仓垣，使从事中郎刘会将船数十艘、宿卫五百人、谷千斛迎帝。帝将从之，公卿犹豫，左右恋资财，遂不果行。既而洛阳饥困，人相食，百官流亡者什八九。帝召公卿议，将行而卫从不备。帝抚手叹曰："如何曾无车舆！"乃使傅祗出诣河阴治舟楫，朝士数十人导从。帝步出西掖门，至铜驼街，为盗所掠，不得进而还。度支校尉东郡魏浚帅流民数百家保河阴之硖石，时劫掠得谷麦献之，帝以为扬威将军、平阳太守，度支如故。

汉主聪使前军大将军呼延晏将兵二万七千寇洛阳，比及河南，晋兵前后十二败，死者三万余人。始安王曜、王弥、石勒皆引兵会之，未至，晏留辎重于张方故垒，癸未，先至洛阳，甲申，攻平昌门，丙戌，克之，遂焚东阳门及诸府寺。六月丁亥朔，晏以外继不至，俘掠而去。帝具舟于洛水，将东走，晏尽焚之。庚寅，荀藩及弟光禄大夫组奔轘辕。辛卯，王弥至宣阳门。壬辰，始安王曜至西明门。丁酉，王弥、呼延晏克宣阳门，入南宫，升太极前殿，纵兵大掠，悉收宫人、宝珍。帝出华林园门欲奔长安，汉兵追执之，幽于端门。曜自西明门入屯武库。戊戌，曜杀太子诠、吴孝王晏、竟陵王楙、右仆射曹馥、尚书闾丘冲、河南尹刘默等，士民死者三万余人。遂发掘诸陵，焚宫庙、官府皆尽。曜纳惠帝羊皇后，迁帝及六玺于平阳。石勒引兵出轘辕，屯许昌。光禄大夫刘蕃、尚书卢志奔并州。

丁未，汉主聪大赦，改元嘉平。以帝为特进左光禄大夫，封平阿公，以侍中庾珉、王俊为光禄大夫。岷，敳之兄也。

初，始安王曜以王弥不待己至先入洛阳，怨之。弥说曜曰："洛阳天下之中，山河四塞，城池、宫室不假修营，宜白主上自平阳徙都之。"曜以天下未定，洛阳四面受敌，不可守，不用弥策而焚之。弥骂曰："屠各子岂有帝王之意邪！"遂与曜有隙，引兵东屯项关。前司隶校尉刘暾说弥曰："今九州糜沸，群雄竞逐。将军于汉建不世之功，又与始安王相失，将何以自容？不如东据本州，徐观天下之势，上可以混壹四海，下不失鼎峙之业，策之上者也。”弥心然之。

司徒傅祗建行台于河阴，司空荀藩在阳城，河南尹华荟在成皋，汝阴太守平阳李矩为之立屋，输谷以给之。荟，歆之曾孙也。藩与弟组、族子中护军崧，荟与弟中领军恒，建行台于密，传檄四方，推琅邪王睿为盟主。藩承制以崧为襄城太守，矩为荥阳太守，前冠军将军河南褚翜为梁国内史。扬威将军魏浚屯洛北石梁坞，刘琨承制假浚河南尹。浚诣荀藩咨谋军事，藩邀李矩同会，矩夜赴之。矩官属皆曰：“浚不可信，不宜夜往。”矩曰：“忠臣同心，何所疑乎！”遂往，相与结欢而去。浚族子该聚众据一泉坞，藩以为武威将军。

豫章王端，太子诠之弟也，东奔仓垣，苟晞帅群官奉以为皇太子，置行台。端承制以晞领太子太傅、都督中外诸军、录尚书事，自仓垣徙屯蒙城。

抚军将军秦王业，吴孝王之子，荀藩之甥也，年十二，南奔密，藩等奉之南趣许昌。前豫州刺史天水阎鼎聚西州流民数千人于密，欲还乡里。荀藩以鼎有才而拥众，用鼎为豫州刺史，以中书令李絙、司徒左长史彭城刘畴、镇军长史周顗、司马李述等为之参佐。顗，浚之子也。

时海内大乱，独江东差安，中国士民避乱者多南渡江。镇东司马王导说琅邪王睿，收其贤俊，与之共事。睿从之，辟掾属百余人，时人谓之“百六掾”。以前颍川太守勃海刁协为军咨祭酒，前东海太守王承、广陵相卞壸为从事中郎，江宁令诸葛恢、历阳参军陈国陈頵为行参军，前太傅掾庾亮为西曹掾。

南阳王模使牙门赵染戍蒲坂，染帅众降汉。汉兵围长安，模战败，遂降于汉。九月，河内王粲杀模。关西饥馑，白骨蔽野，士民存者百无一二。聪以始安王曜为车骑大将军、雍州牧，更封中山王，镇长安。以王弥为大将军，封齐公。

苟晞骄奢苛暴，众心离怨，加以疾疫、饥馑。石勒攻王赞于阳夏，擒之，遂袭蒙城，执晞及豫章王端。锁晞颈，以为左司马。汉主聪拜勒幽州牧。

王弥与勒外相亲而内相忌。弥闻勒擒苟晞，心恶之，以书贺勒曰："公获苟晞而用之，何其神也，使晞为公左，弥为公右，天下不足定也。"勒谓张宾曰："王公位重而言卑，其图我必矣。"宾因劝勒乘弥小衰，诱而取之。

冬十月，勒请弥燕于己吾，酒酣，勒手斩弥而并其众，表汉主聪，称弥叛逆。聪大怒，遣使让勒专害公辅，有无君之心。然犹加勒镇东大将军，督并幽二州诸军事，领并州刺史，以慰其心。苟晞、王赞潜谋叛勒，勒杀之，并晞弟纯。勒引兵掠豫州诸郡，临江而还，屯于葛陂。

初，南阳王模以从事中郎索綝为冯翊太守。綝，靖之子也。模死，綝与安夷护军金城麹允、频阳令梁肃俱奔安定。时安定太守贾疋与诸氐、羌皆送任子于汉，綝等遇之于阴密，拥还临泾，与疋谋兴复晋室。疋从之，乃共推疋为平西将军，帅众五万向长安。雍州刺史麹特、新平太守竺恢皆不降于汉，闻疋起兵，与扶风太守梁综帅众十万会之。综，肃之兄也。汉河内王粲在新丰，使其将刘雅、赵染攻新平，不克。索綝救新平，大小百战，雅等败退。中山王曜与疋等战于黄丘，曜众大败。疋遂袭汉梁州刺史彭荡仲，杀之。麹特等击破粲于新丰，粲还平阳。于是疋等兵势大振，关西胡、晋翕然响应。

阎鼎欲奉秦王业入关，据长安以号令四方。河阴令傅畅，祗之子也，亦以书劝之，鼎遂行。荀藩、刘畴、周顗、李述等皆山东人，不欲西行，中涂逃散，鼎遣兵追之，不及，杀李緄等。鼎与业自宛趣武关，遇盗于上洛，士卒败散，收其余众，进至蓝田，使人告贾疋，疋遣兵迎之。十二月，入于雍城，使梁综将兵卫之。

周顗奔琅邪王睿，睿以顗为军咨祭酒。前骑都尉谯国桓彝亦避乱过江，见睿微弱，谓顗曰："我以中州多故，来此求全，而单弱如此，将何以济！"既而见王导，共论世事，退谓顗曰："向见管夷吾，无复忧矣！"诸名士相与登新亭游宴，周顗中坐叹曰："风景不殊，举目有江河之异！"因相视流涕。王导愀然变色曰："当共戮力王室，克复神州，何至作楚囚对泣邪！"众皆收泪谢之。陈頵遗王导书曰："中华所以倾弊者，正以取才失所，先白望而后实事，浮竞驱驰，互相贡荐，言重者先显，言轻者后叙，遂相波扇，乃至陵迟。加有庄、老之俗，倾惑朝廷，养望者为弘雅，政事者为俗人，王职不恤，法物坠丧。夫欲制远，先由近始。今宜改张，明赏信罚，拔卓茂于密县，显朱邑于桐乡，然后大业可举，中兴可冀耳。"导不能从。

六年春正月，汉镇北将军靳冲、平北将军卜珝寇并州，辛未，围晋阳。

二月，石勒筑垒于葛陂，课农造舟，将攻建业。琅邪王睿大集江南之众于寿春，以镇东长史纪瞻为扬威将军，都督诸军以讨之。会大雨三月不止，勒军中饥、疫，死者太半，闻晋军将至，集将佐议之。右长史刁膺请先送款于睿，求扫平河朔以自赎，俟其军退，徐更图之。勒愀然长啸。中坚将军夔安请就高避水。勒曰："将军何怯邪！"孔苌等三十余将请各将兵分道夜攻寿春，斩吴将头，据其城，食其粟，要以今年破丹阳，定江南。勒笑曰："是勇将之计也。”各赐铠马一疋。顾谓张宾曰：“于君意何如？”宾曰：“将军攻陷京师，囚执天子，杀害王公，妻略妃主。擢将军之发，不足以数将军之罪，奈何复相臣奉乎！去年既杀王弥，不当来此。今天降霖雨于数百里中，示将军不应留此也。邺有三台之固，西接平阳，山河四塞，宜北徙据之，以经营河北。河北既定，天下无处将军之右者矣。晋之保寿春，畏将军往攻之耳。彼闻吾去，喜于自全，何暇追袭吾后，为吾不利邪！将军宜使辎重从北道先发，将军引大兵向寿春。辎重既远，大兵徐还，何忧进退无地乎！”勒攘袂鼓髯曰：“张君计是也！”责刁膺曰：“君既相辅佐，当共成大功，奈何遽劝孤降？此策应斩，然素知君怯，特相宥耳。”于是黜膺为将军，擢宾为右长史，号曰“右侯”。

勒引兵发葛陂，遣石虎帅骑二千向寿春，遇晋运船，虎将士争取之，为纪瞻所败。瞻追奔百里，前及勒军，勒结陈待之，瞻不敢击，退还寿春。

汉主聪封帝为会稽郡公，加仪同三司。聪从容谓帝曰：“卿昔为豫章王，朕与王武子造卿，武子称朕于卿，卿言‘闻其名久矣’，赠朕柘弓、银研，卿颇记否？”帝曰：“臣安敢忘之！但恨尔日不早识龙颜！”聪曰：“卿家骨肉，何相残如此？”帝曰：“大汉将应天受命，故为陛下自相驱除。此殆天意，非人事也！且臣家若能奉武皇帝之业，九族敦睦，陛下何由得之！”聪喜，以小刘贵人妻帝，曰：“此名公之孙也，卿善遇之。”

代公猗卢遣兵救晋阳，三月乙未，汉兵败走。卜珝之卒先奔，靳冲擅收珝斩之；聪大怒，遣使持节斩冲。

贾疋等围长安数月，汉中山王曜连战皆败，驱掠士女八万余口奔于平阳。秦王业自雍入于长安。五月，汉主聪贬曜为龙骧大将军,行大司马。聪使河内王粲攻傅祗于三渚,右将军刘参攻郭默于怀。会祗病薨,城陷,粲迁祗子孙并其士民二万余户于平阳。

石勒自葛陂北行,所过皆坚壁清野,虏掠无所获,军中饥甚,士卒相食。至东燕,闻汲郡向冰聚众数千壁枋头,勒将济河,恐冰邀之。张宾曰:"闻冰船尽在渎中未上,宜遣轻兵间道袭取,以济大军,大军既济,冰必可擒也。"秋七月,勒使支雄、孔苌自文石津缚筏潜渡,取其船,勒引兵自棘津济河,击冰,大破之,尽得其资储,军势复振,遂长驱至邺。

刘演保三台以自固,临深、牟穆等复帅其众降于勒。诸将欲攻三台,张宾曰:"演虽弱,众犹数千,三台险固,攻之未易猝拔,舍而去之,彼将自溃。方今王彭祖、刘越石,公之大敌也,宜先取之,演不足顾也。且天下饥乱,明公虽拥大兵,游行羁旅,人无定志,非所以保万全制四方也。不若择便地而据之,广聚粮储,西禀平阳,以图幽并,此霸王之业也。邯郸、襄国,形胜之地,请择一而都之。"勒曰:"右侯之计是也。"遂进据襄国。

宾复言于勒曰:"今吾居此,彭祖、越石所深忌也。恐城堑未固,资储未广,二寇交至。宜亟收野谷,且遣使至平阳,具陈镇此之意。"勒从之。分命诸将攻冀州,郡县壁垒多降,运其谷以输襄国,且表于汉主聪。聪以勒为都督冀幽并营四州诸军事、冀州牧,进封上党公。

刘琨移檄州郡,期以十月会平阳击汉。琨素奢豪,喜声色,河南徐润以音律得幸于琨,琨以为晋阳令。润骄恣,干预政事,护军令狐盛数以为言,且劝琨杀之,琨不从。润谮盛于琨,琨收盛杀之。琨母曰:"汝不能驾御豪杰以恢远略,而专除胜己,祸必及我！”盛子泥奔汉，具言虚实，汉主聪大喜，遣河内王粲、中山王曜将兵寇并州，以令狐泥为乡导。琨闻之，东出收兵于常山及中山，使其将郝诜、张乔将兵拒粲，且遣使求救于代公猗卢。诜、乔俱败死，粲、曜乘虚袭晋阳，太原太守高乔、并州别驾郝聿以晋阳降汉。八月庚戌，琨还救晋阳，不及，帅左右数十骑奔常山。辛亥，粲、曜入晋阳。壬子，令狐泥杀琨父母。

粲、曜送尚书卢志、侍中许遐、太子右卫率崔玮于平阳。聪复以曜为车骑大将军；以前将军刘丰为并州刺史，镇晋阳。九月，聪以卢志为太弟太师，崔玮为太傅，许遐为太保，高乔、令狐泥皆为武卫将军。

辛巳，贾疋等奉秦王业为皇太子，建行台于长安，登坛告类，建宗庙、社稷，大赦。以阎鼎为太子詹事，总摄百揆。加贾疋征西大将军，以秦州刺史、南阳王保为大司马。命司空荀藩督摄远近，光禄大夫荀组领司隶校尉，行豫州刺史，与藩共保开封。

冬十月，代公猗卢遣其子六修及兄子普根、将军卫雄、范班、箕澹帅众数万为前锋以攻晋阳，猗卢自帅众二十万继之，刘琨收散卒数千为之乡导。六修与汉中山王曜战于汾东，曜兵败，坠马，中七创。讨虏将军傅虎以马授曜，曜不受曰：“卿当乘以自免，吾创已重，自分死此。”虎泣曰：“虎蒙大王识拔至此，常思效命，今其时矣。且汉室初基，天下可无虎，不可无大王也。”乃扶曜上马，驱令渡汾，自还战死。曜入晋阳，夜与大将军粲、镇北大将军丰掠晋阳之民，逾蒙山而归。十一月，猗卢追之，战于蓝谷，汉兵大败，擒刘丰，斩邢延等三千余级，伏尸数百里。猗卢因大猎寿阳山，陈阅皮肉，山为之赤。刘琨自营门步入拜谢，固请进军。猗卢曰：“吾不早来，致卿父母见害，诚以相愧。今卿已复州境，吾远来士马疲弊，且待后举，刘聪未可灭也。”遗琨马牛羊各千余匹，车百乘而还，留其将箕澹、段繁等戍晋阳。琨徙居阳曲，招集亡散。卢谌为刘粲参军，亡归琨，汉人杀其父志及弟谧、诜；赠傅虎幽州刺史。

十二月，彭天护攻贾疋，杀之。阎鼎杀梁综，麹允、索綝等攻鼎，鼎奔雍，为氐所杀。

愍帝建兴元年春正月丁丑朔，汉主聪宴群臣于光极殿，使怀帝着青衣行酒。庾珉、王俊等不胜悲愤，因号哭，聪恶之。有告珉等谋以平阳应刘琨者，二月丁未，聪杀珉、俊等故晋臣十余人，怀帝亦遇害。

荀崧曰：怀帝天姿清劭，少着英猷，若遇承平，足为守文佳主。而继惠帝扰乱之后，东海专政，故无幽、厉之衅，而有流亡之祸矣。

夏四月丙午，怀帝凶问至长安，皇太子举哀，因加元服；壬申，即皇帝位，大赦，改元。以卫将军梁芬为司徒，雍州刺史麹允为尚书左仆射、录尚书事，京兆太守索綝为尚书右仆射、领吏部、京兆尹。是时长安城中户不盈百，蒿棘成林，公私有车四乘，百官无章服、印绶，唯桑版署号而已。寻以索綝为卫将军，领太尉，军国之事，悉以委之。

汉中山王曜、司隶校尉乔智明寇长安，平西将军赵染帅众赴之，诏麹允屯黄白城以拒之。

石勒使石虎攻邺，邺溃，刘演奔廪丘，三台流民皆降于勒。勒以桃豹为魏郡太守以抚之。久之，以石虎代豹镇邺。

五月壬辰，以琅邪王睿为左丞相、大都督，督陕东诸军事；南阳王保为右丞相、大都督，督陕西诸军事。诏曰：“今当扫除鲸鲵，奉迎梓宫。令幽、并两州勒卒三十万直造平阳，右丞相宜帅秦、凉、梁、雍之师三十万径诣长安，左丞相帅所领精兵二十万径造洛阳，同赴大期，克成元勋。”

汉中山王曜屯蒲坂。

六月，刘琨与代公猗卢会于陉北，谋击汉。秋七月，琨进据蓝谷，猗卢遣拓跋普根屯于北屈。琨遣监军韩据自西河而南，将攻西平。汉主聪遣大将军粲等拒琨，骠骑将军易等拒普根，荡晋将军兰阳等助守西平。琨等闻之，引兵还。聪使诸军仍屯所在，为进取之计。

帝遣殿中都尉刘蜀诏左丞相睿以时进军，与乘舆会(除)〔于〕中原。八月癸亥，蜀至建康，睿辞以方平定江东，未暇北伐。以镇东长史刁协为丞相左长史，从事中郎彭城刘隗为司直，邵陵内史广陵戴邈为军咨祭酒，参军丹阳张闿为从事中郎，尚书郎颍川锺雅为记室参军，谯国桓宣为舍人，豫章熊远为主簿，会稽孔愉为掾。刘隗雅习文史，善伺候睿意，故睿特亲爱之。

九月，汉中山王曜、赵染攻麹允于黄白城，允累战皆败。诏以索綝为征东大将军，将兵助允。

冬十月，汉赵染谓中山王曜曰："麹允帅大众在外，长安空虚，可袭也。"曜使染帅精骑五千袭长安，庚寅夜，入外城，帝奔射雁楼，染焚龙尾及诸营，杀掠千余人。辛卯旦，退屯逍遥园。壬辰，将军麹鉴自阿城帅众五千救长安。癸巳，染引还，鉴追之，与曜遇于零武，鉴兵大败。

汉中山王曜恃胜而不设备，十一月，麹允引兵袭之，汉兵大败，杀其冠军将军乔智明，曜引归平阳。

二年夏五月，汉中山王曜、赵染寇长安。六月，曜屯渭汭，染屯新丰，索綝将兵出拒之。染有轻綝之色，长史鲁徽曰："晋之君臣自知强弱不敌，将致死于我，不可轻也。"染曰："以司马模之强，吾取之如拉朽。索綝小竖，岂能污吾马蹄、刀刃邪！"晨帅轻骑数百逆之，曰："要当获綝而后食。"綝与战于城西，染兵败而归，悔曰："吾不用鲁徽之言，以至此，何面目见之！"先命斩徽，徽曰："将军愚愎以取败，乃复忌前害胜，诛忠良以逞忿。犹有天地，将军其得死于枕席乎！"诏加索綝骠骑大将军、尚书左仆射、录尚书，承制行事。曜、染复与将军殷凯帅众数万向长安。麴允逆战于冯翊，允败，收兵，夜袭凯营，凯败死。曜乃还攻河内太守郭默于怀，列三屯围之。默食尽，送妻子为质，请籴于曜；籴毕，复婴城固守。曜怒，沈默妻子于河而攻之。默欲投李矩于新郑，矩使其甥郭诵迎之，兵少不敢进。会刘琨遣参军张肇帅鲜卑五百余骑诣长安，道阻不通，还过矩营，矩说肇使击汉兵。汉兵望见鲜卑，不战而走，默遂帅众归矩。汉主聪召曜还屯蒲阪。

秋，赵染攻北地，麴允拒之，染中弩而死。

三年春三月丙子，以琅邪王睿为丞相，大都督，督中外诸军事；南阳王保为相国；荀组为太尉，领豫州牧；刘琨为司空，都督并冀幽三州诸军事。琨辞司空不受。

夏六月，汉大司马曜攻上党。秋八月癸亥，败刘琨之众于襄垣。曜欲进攻阳曲，汉主聪遣使谓之曰："长安未平，宜以为先。"曜乃还屯蒲阪。

九月，汉大司马曜寇北地，诏以麴允为大都督、骠骑将军，以御之。

冬十月，以索綝为尚书仆射，都督宫城诸军事。曜进拔冯翊，太守梁肃奔万年。曜转寇上郡，麴允去黄白城军于灵武，以兵弱不敢进。帝屡征兵于丞相保，保左右皆曰："蝮蛇螫手，壮士断腕。今胡寇方盛，且宜断陇道以观其变。"从事中郎裴诜曰："今蛇已螫头，头可断乎！"保乃以镇军将军胡崧行前锋都督，须诸军集乃发。麹允欲奉帝往就保，索綝曰："保得天子，必逞其私志。"乃止。于是自长安以西，不复贡奉朝廷，百官饥乏，采稆以自存。

四年秋七月，汉大司马曜围北地太守麹昌，大都督麹允将步骑三万救之。曜绕城纵火，烟起蔽天，使反间绐允曰："郡城已陷，往无及也。"众惧而溃。曜追败允于磻石谷，允奔还灵武，曜遂取北地。

允性仁厚，无威断，喜以爵位悦人。新平太守竺恢、始平太守杨像、扶风太守竺爽、安定太守焦嵩，皆领征、镇，杖节，加侍中、常侍，村坞主帅，小者犹假银青、将军之号。然恩不及下，故诸将骄恣，士卒离怨。关中危乱，允告急于焦嵩，嵩素侮允，曰："须允困，当救之。"曜进至泾阳，渭北诸城悉溃。八月，汉大司马曜逼长安。九月，焦嵩、竺恢、宋哲皆引兵救长安，散骑常侍华辑监京兆、冯翊、弘农、上洛四郡兵屯霸上，皆畏汉兵强，不敢进。相国保遣胡崧将兵入援，击汉大司马曜于灵台，破之。崧恐国威复振，则麹、索势盛，乃帅城西诸郡兵屯渭北不进，遂还槐里。曜攻陷长安外城，麹允、索綝退守小城以自固。内外断绝，城中饥甚，米斗直金二两，人相食，死者太半，亡逃不可制，唯凉州义众千人守死不移。太仓有麹数十饼，麹允屑之为粥以供帝，既而亦尽。冬十一月，帝泣谓允曰："今穷厄如此，外无救援，当忍耻出降，以活士民。"因叹曰："误我事者，麹、索二公也！"使侍中宗敞送降笺于曜。索綝潜留敞，使其子说曜曰："今城中食犹足支一年，未易克也。若许綝以车骑、仪同、万户郡公者，请以城降。”曜斩而送之曰：“帝王之师，以义行也。孤将兵十五年，未尝以诡计败人，必穷兵极势然后取之。今索綝所言如此，天下之恶一也，辄相为戮之。若兵食审未尽者，便可勉强固守；如其粮竭兵微，亦宜早寤天命。”

甲午，宗敞至曜营。乙未，帝乘羊车，肉袒、衔璧、舆榇，出东门降。群臣号泣，攀车执帝手，帝亦悲不自胜。御史中丞冯翊吉朗叹曰：“吾智不能谋，勇不能死，何忍君臣相随，北面事贼虏乎！”乃自杀。曜焚榇受璧，使宗敞奉帝还宫。丁酉，迁帝及公卿以下于其营。辛丑，送至平阳。壬寅，汉主聪临光极殿，帝稽首于前。麹允伏地恸哭，扶不能起。聪怒，囚之，允自杀。聪以帝为光禄大夫，封怀安侯。以大司马曜为假黄钺、大都督，督陕西诸军事，太宰，封秦王。大赦，改元麟嘉。以麹允忠烈，赠车骑将军，谥节愍侯。以索綝不忠，斩于都市。尚书梁允、侍中梁浚等及诸郡守皆为曜所杀。华辑奔南山。

干宝论曰：昔高祖宣皇帝，以雄才硕量，应时而起。性深阻有若城府，而能宽绰以容纳；行数术以御物，而知人善采拔。于是百姓与能，大象始构。世宗承基，太祖继业，咸黜异图，用融前烈。至于世祖，遂享皇极，仁以厚下，俭以足用，和而不弛，宽而能断，掩唐、虞之旧域，班正朔于八荒，于时有“天下无穷人”之谚，虽太平未洽，亦足以明民乐其生矣。

武皇既崩，山陵未干，而变难继起。宗子无维城之助，师尹无具瞻之贵，朝为伊、周，夕成桀、跖。国政迭移于乱人，禁兵外散于四方，方岳无钧石之镇，关门无结草之固。

戎、羯称制，二帝失尊。何哉？树立失权，托付非才，四维不张，而苟且之政多也！

夫基广则难倾，根深则难拔，理节则不乱，胶结则不迁。昔之有天下者，所以能长久，用此道也。周自后稷爱民，十六王而武始君之，其积基树本，如此其固。今晋之兴也，其创基立本固异于先代矣。加以朝寡纯德之人，乡乏不贰之老，风俗淫僻，耻尚失所。学者以庄、老为宗而黜六经，谈者以虚荡为辩而贱名检，行身者以放浊为通而狭节信，进仕者以苟得为贵而鄙居正，当官者以望空为高而笑勤恪。是以刘颂屡言治道，傅咸每纠邪正，皆谓之俗吏；其倚杖虚旷，依阿无心者，皆名重海内。若夫文王日昃不暇食，仲山甫夙夜匪懈者，盖共嗤(点)〔黜〕以为灰尘矣！由是毁誉乱于善恶之实，情慝奔于货欲之涂，选者为人择官，官者为身择利，世族、贵戚之子弟，陵迈超越，不拘资次。悠悠风尘，皆奔竞之士；列官千百，无让贤之举。子真著崇让而莫之省，子雅制九班而不得用。其妇女不知女工，任情而动，有逆于舅姑，有杀戮妾媵，父兄弗之罪也，天下莫之非也，礼法刑政，于此大坏。“国之将亡，本必先颠”，其此之谓乎！

故观阮籍之行而觉礼教崩弛之所由，察庾纯、贾充之争而见师尹之多僻，考平吴之功而知将帅之不让，思郭钦之谋而寤戎狄之有衅，览傅玄、刘毅之言而得百官之邪，核傅咸之奏、钱神之论而睹宠赂之彰。民风国势，既已如此，虽以中庸之才守文之主治之，犹惧致乱，况我惠帝以放荡之德临之哉！怀帝承乱得位，羁以强臣。愍帝奔播之后，徒守虚名。天下之势既去，非命世之雄才，不能复取之矣！

十二月,丞相睿闻长安不守,出师露次,躬擐甲胄,移檄四方,刻日北征。以漕运稽期,丙寅,斩督运令史淳于伯。刑者以刀拭柱,血逆流上,至柱末二丈余而下,观者咸以为冤。丞相司直刘隗上言:“伯罪不至死,请免从事中郎周筵等官。”于是右将军王导等上疏引咎,请解职。睿曰:“政刑失中,皆吾闇塞所致。”一无所问。

元帝建武元年春正月,宋哲奔江东。二月辛巳,宋哲至建康,称受愍帝诏,令丞相琅邪王睿统摄万机。三月,琅邪王素服出次,举哀三日。于是西阳王羕及官属等共上尊号,王不许。羕等固请不已,王慨然流涕曰:“孤,罪人也。诸贤见逼不已,当归琅邪耳。”呼私奴命驾将归国,羕等乃请依魏、晋故事称晋王,许之。辛卯,即晋王位,大赦,改元。始备百官,立宗庙,建社稷。

有司请立太子,王爱次子宣城公裒,欲立之,谓王导曰:“立子当以德。”导曰:“世子、宣城俱有朗俊之美,而世子年长。”王从之。丙辰,立世子绍为王太子。封裒为琅邪王,奉恭王后,仍以裒都督青徐兖三州诸军事,镇广陵。以西阳王羕为太保。封谯刚王逊之子承为谯王。逊,宣帝之弟子也。又以征南大将军王敦为大将军、江州牧、扬州刺史,王导为骠骑将军、都督中外诸军事、领中书监、录尚书事,丞相左长史刁协为尚书左仆射,右长史周顗为吏部尚书,军咨祭酒贺循为中书令,右司马戴渊、王邃为尚书,司直刘隗为御史中丞,行参军刘超为中书舍人,参军事孔愉长兼中书郎,自余参军悉拜奉车都尉,掾属拜驸马都尉,行参军舍人拜骑都尉。王敦辞州牧,王导以敦统六州,辞中外都督,贺循以老病辞中书令,王皆许之。以循为太常。是时,承丧乱之后,江东草创,刁协久宦中朝,谙练旧事,贺循为世儒宗,明习礼学，凡有疑议，皆取决焉。

夏六月丙寅，温峤等至建康，王导、周顗、庾亮等皆爱峤才，争与之交。是时太尉豫州牧荀组、冀州刺史邵续、青州刺史曹嶷、宁州刺史王逊、东夷校尉崔毖等皆上表劝进，王不许。冬十一月，汉主聪出畋，以愍帝行车骑将军，戎服执戟前导。见者指之曰："此故长安天子也。"聚而观之，故老有泣者。太子粲言于聪曰："昔周武王岂乐杀纣乎，正恐同恶相求，为患故也。今兴兵聚众者皆以子业为名，不如早除之。"聪曰："吾前杀庾珉辈而民心犹如是，吾未忍复杀也。且小观之。"十二月，聪飨群臣于光极殿，使愍帝行酒、洗爵，已而更衣，又使之执盖，晋臣多涕泣有失声者。尚书郎陇西辛宾起抱帝大哭，聪命引出斩之。

赵固与河内太守郭默侵汉河东至绛，右司隶部民奔之者三万余人，骑兵将军刘勋追击之，杀万余人，固、默引归。太子粲帅将军刘雅生等步骑十万屯小平津，固扬言曰："要当生缚刘粲以赎天子。"粲表于聪曰："子业若死，民无所望，则不为李矩、赵固之用，不攻而自灭矣。"戊戌，愍帝遇害于平阳。粲遣雅生攻洛阳，固奔阳城山。

大兴元年春三月癸丑，愍帝凶问至建康，王斩缞居庐。百官请上尊号，王不许。纪瞻曰："晋氏统绝，于今二年，陛下当承大业。顾望宗室，谁复与让！若光践大位，则神民有所凭依；苟为逆天时，违人事，大势一去，不可复还。今两都燔荡，宗庙无主，刘聪窃号于西北，而陛下方高让于东南，此所谓揖让而救火也。"王犹不许，使殿中将军韩绩彻去御坐。瞻叱绩曰："帝坐上应列星，敢动者斩！"王为之改容。奉朝请周嵩上疏曰："古之王者义全而后取，让成而后得，是以享世长久，重光万载也。今梓宫未返，旧京未清，义夫泣血，士女遑遑。宜开延嘉谋，训卒厉兵，先雪社稷大耻，副四海之心，则神器将安适哉！”由是忤旨，出为新安太守，又坐怨望抵罪。嵩，顗之弟也。丙辰，王即皇帝位，百官皆陪列。帝命王导升御床共坐，导固辞曰：“若太阳下同万物，苍生何由仰照！”帝乃止。大赦，改元，文武增位二等。

# 通鉴纪事本末卷第十三

## 刘渊据平阳 杀太弟义附

汉灵帝中平五年春三月，诏发南匈奴兵配刘虞讨张纯，单于羌渠遣左贤王将骑诣幽州。国人恐发兵无已，于是右部醯落反，与屠各胡合，凡十余万人，攻杀羌渠。国人立其子右贤王於扶罗为持至尸逐侯单于。

六年。初，南单于於扶罗既立，国人杀其父者遂叛，共立须卜骨都侯为单于。於扶罗诣阙自讼。会灵帝崩，天下大乱，於扶罗将数千骑与白波贼合兵寇郡县。时民皆保聚，钞掠无利，而兵遂挫伤。复欲归国，国人不受，乃止河东平阳。须卜骨都侯为单于，一年而死，南庭遂虚其位，以老王行国事。

献帝兴平二年冬十二月，南单于於扶罗死，弟呼厨泉立，居于平阳。

建安二十一年秋七月，南单于呼厨泉入朝于魏，魏王操因留之于邺，使右贤王去卑监其国。单于岁给绵、绢、钱、谷如列侯，子孙传袭其号。分其众为五部，各立其贵人为帅，选汉人为司马以监督之。

魏邵陵厉公嘉平三年。初,南匈奴自谓其先本汉室之甥,因冒姓刘氏。太祖留单于呼厨泉于邺,分其众为五部,居并州境内。左贤王豹,单于於扶罗之子也,为左部帅,部族最强。城阳太守邓艾上言:"单于在内,羌夷失统,合散无主。今单于之尊日疏而外土之威日重,则胡虏不可不深备也。闻刘豹部有叛胡,可因叛割为二国,以分其势。去卑功显前朝,而子不继业,宜加其子显号,使居雁门。离国弱寇,追录旧勋,此御边长计也。"又陈"羌胡与民同处者,宜以渐出之,使居民表,以崇廉耻之教,塞奸宄之路"。司马师皆从之。

晋武帝泰始六年。初,魏人居南匈奴五部于并州诸郡,与中国民杂居,自谓其先汉氏外孙,因改姓刘氏。

咸宁五年。初,南单于呼厨泉以兄於扶罗子豹为左贤王,及魏武帝分匈奴为五部,以豹为左部帅。豹子渊,幼而俊异,师事上党崔游,博习经史。尝谓同门生上党朱纪、雁门范隆曰:"吾常耻随、陆无武,绛、灌无文。随、陆遇高帝而不能建封侯之业,绛、灌遇文帝而不能兴庠序之教,岂不惜哉!"于是兼学武事。及长,猿臂善射,膂力过人,姿貌魁伟。为任子在洛阳,王浑及子济皆重之,屡荐于帝。帝召与语,悦之。济曰:"渊有文武长才,陛下任以东南之事,吴不足平也。"孔恂、杨珧曰:"非我族类,其心必异。渊才器诚少比,然不可重任也。"及凉州覆没,帝问将于李熹,对曰:"陛下诚能发匈奴五部之众,假刘渊一将军之号,使将之而西,树机能之首可指日而枭也。"孔恂曰:"渊果枭树机能,则凉州之患方更深耳。"帝乃止。

东莱王弥,家世二千石。弥有学术勇略,善骑射,青州人谓之"飞豹"。然喜任侠,处士陈留董养见而谓之曰:"君好乱乐祸，若天下有事，不作士大夫矣。”渊与弥友善，谓弥曰：“王、李以乡曲见知，每相称荐，适足为吾患耳。”因歔欷流涕。齐王攸闻之，言于帝曰：“陛下不除刘渊，臣恐并州不得久安。”王浑曰：“大晋方以信怀殊俗，奈何以无形之疑杀人侍子乎？何德度之不弘也！”帝曰：“浑言是也。”会豹卒，以渊代为左部帅。

太康十年冬十一月，诏以刘渊为匈奴北部都尉。渊轻财好施，倾心接物，五部豪杰，幽、冀名儒，多往归之。

惠帝永熙元年冬十月，以刘渊为建威将军、匈奴五部大都督。

永兴元年。初，太弟颖表匈奴左贤王刘渊为冠军将军，监五部军事，使将兵在邺。渊子聪骁勇绝人，博涉经史，善属文，弯弓三百斤。弱冠游京师，名士莫不与交。颖以聪为积弩将军。渊从祖右贤王宣谓其族人曰：“自汉亡以来，我单于徒有虚号，无复尺土，自余王侯，降同编户。今吾众虽衰，犹不减二万，奈何敛手受役，奄过百年！左贤王英武超世，天苟不欲兴匈奴，必不虚生此人也。今司马氏骨肉相残，四海鼎沸，复呼韩邪之业此其时矣！”乃相与谋推渊为大单于，使其党呼延攸诣邺告之。渊白颖，请归会葬，颖弗许。渊令攸先归告宣等，使招集五部及杂胡，声言助颖，实欲叛之。王浚、东嬴公腾攻颖，渊请归发五部兵以击浚、腾，颖许之。渊至左国城，宣等上大单于号，二旬之间，有众五万，都于离石。渊闻颖去邺，命刘景等将兵击鲜卑，刘宣等谏而止。事并见西晋之乱。

冬十月，刘渊迁都左国城，胡、晋归之者愈众。渊谓群臣曰：“昔汉有天下久长，恩结于民。吾汉氏之甥，约为兄弟，兄亡弟绍，不亦可乎！”乃建国号曰汉。刘宣等请上尊号，渊曰：“今四方未定，且可依高祖称汉王。”于是即汉王位，大赦，改元曰元熙。追尊安乐公禅为孝怀皇帝，作汉三祖、五宗神主而祭之。立其妻呼延氏为王后。以右贤王宣为丞相，崔游为御史大夫，左于陆王宏为太尉，范隆为大鸿胪，朱纪为太常，上党崔懿之、后部人陈元达皆为黄门郎，族子曜为建武将军。游固辞不就。

元达少有志操，渊尝招之，元达不答。及渊为汉王，或谓元达曰：“君其惧乎？”元达笑曰：“吾知其人久矣，彼亦亮吾之心，但恐不过三二日，驿书必至。”其暮，渊果征元达。元达事渊，屡进忠言，退而削草，虽子弟莫得知也。

曜生而眉白，目有赤光。幼聪慧，有胆量。早孤，养于渊。及长，仪观魁伟，性拓落高亮，与众不群。好读书，善属文。铁厚一寸，射而洞之。常自比乐毅及萧、曹，时人莫之许也，惟刘聪重之，曰：“永明，汉世祖、魏武之流，数公何足道哉！”

怀帝永嘉二年冬十月甲戌，汉王渊即皇帝位，大赦，改元永凤。

十一月，以其子和为大将军，聪为车骑大将军，族子曜为龙骧大将军。

十二月乙亥，汉主渊以大将军和为大司马，封梁王；尚书令欢乐为大司徒，封陈留王；后父御史大夫呼延翼为大司空，封雁门郡公。宗室以亲疏悉封郡县王，异姓以功伐悉封郡县公侯。

三年春正月，徙都平阳，大赦，改元河瑞。五月，汉主渊封子裕为齐王，隆为鲁王。汉主渊遣楚王聪等寇洛阳，军失利，渊召聪等还。事见西晋之乱。

十二月，汉主渊以陈留王欢乐为太傅，楚王聪为大司徒，江都王延年为大司空。遣都护大将军曲阳王贤与征北大将军刘灵、安北将军赵固、平北将军王桑东屯内黄。王弥表左长史曹嶷行安东将军，东徇青州，且迎其家，渊许之。

四年春正月，汉主渊立单征女为皇后，梁王和为皇太子，大赦。封子义为北海王。以长乐王洋为大司马。

秋七月庚午，汉主渊寝疾。辛未，以陈留王欢乐为太宰，长乐王洋为太傅，江都王延年为太保，楚王聪为大司马、大单于，并录尚书事。置单于台于平阳西。以齐王裕为大司徒，鲁王隆为尚书令，北海王义为抚军大将军、领司隶校尉，始安王曜为征讨大都督、领单于左辅，廷尉乔智明为冠军大将军、领单于右辅，光禄大夫刘殷为左仆射，王育为右仆射，任颢为吏部尚书，朱纪为中书监，护军马景领左卫将军，永安王安国领右卫将军，安昌王盛、安邑王钦、西阳王璇皆领武卫将军，分典禁兵。丁丑，渊召太宰欢乐等入禁中，受遗诏辅政。己卯，渊卒，太子和即位。

和性猜忌无恩。宗正呼延攸，翼之子也，渊以其无才行，终身不迁官。侍中刘乘素恶楚王聪，卫尉西昌王锐耻不预顾命，乃相与谋，说和曰："先帝不惟轻重之势，使三王总强兵于内，大司马拥十万众屯于近郊，陛下便为寄坐耳。宜早为之计！"和，攸之甥也，深信之。辛巳夜，召安昌王盛、安邑王钦等告之。盛曰："先帝梓宫在殡，四王未有逆节，一旦自相鱼肉，天下谓陛下何！且大业甫尔，陛下勿信谗夫之言以疑兄弟。兄弟尚不可信，他人谁足信哉？"攸、锐怒之曰："今日之议，理无有二，领军是何言乎！"命左右刃之。盛既死，钦惧，曰："惟陛下命。"壬午，锐帅马景攻楚王聪于单于台，攸帅永安王安国攻齐王裕于司徒府，乘帅安邑王钦攻鲁王隆，使尚书田密、武卫将军刘璇攻北海王义。密、璇挟义斩关归于聪，聪命贯甲以待之。锐知聪有备，驰还，与攸、乘共攻隆、裕。攸、乘疑安国、钦有异志，杀之。是日斩裕。癸未，斩隆。甲申，聪攻西明门，克之，锐等走入南宫，前锋随之。乙酉，杀和于光极西室，收锐、攸、乘，枭首通衢。

群臣请聪即帝位，聪以北海王乂，单后之子也，以位让之。乂涕泣固请，聪久而许之，曰："乂及群公正以祸难尚殷，贪孤年长故耳。此家国之事，孤何敢辞！俟乂年长，当以大业归之。"遂即位，大赦，改元光兴。尊单氏曰皇太后，其母张氏曰帝太后，以乂为皇太弟，领大单于、大司徒。立其妻呼延氏为皇后。呼延氏，渊后之从父妹也。封其子粲为河内王，易为河间王，翼为彭城王，悝为高平王。仍以粲为抚军大将军，都督中外诸军事。以石勒为并州刺史，封汲郡公。九月辛未，葬汉主渊于永光陵，谥曰光文皇帝，庙号高祖。汉主聪自以越次而立，忌其嫡兄恭，因恭寝，穴其壁间，刺而杀之。

汉太后单氏卒，汉主聪尊母张氏为皇太后。单氏年少美色，聪烝焉。太弟乂屡以为言，单氏惭恚而死。乂宠由是渐衰，然以单氏故，尚未之废也。呼延后言于聪曰："父死子继，古今常道。陛下承高祖之业，太弟何为者哉，陛下百年后，粲兄弟必无种矣！"聪曰："然，吾当徐思之。"呼延氏曰："事留变生。太弟见粲兄弟浸长，必有不安之志，万一有小人交构其间，未必不祸发于今日也。"聪心然之。乂舅光禄大夫单冲泣谓乂曰："疏不间亲。主上有意于河内王矣，殿下何不避之？"乂曰："河瑞之末，主上自惟嫡庶之分，以大位让乂。乂以主上齿长，故相推奉。天下者，高祖之天下，兄终弟及，何为不可？粲兄弟既壮，犹今日也。且子弟之间，亲疏讵几，主上宁可有此意乎！"

愍帝建兴二年春正月，聪置丞相等七公，又置辅汉等十六大将军，各配兵二千，以诸子为之。又置左右司隶，各领户二十余万，万户置一内史。单于左右辅各主六夷十万落，万落置一都尉。左右选曹尚书，并典选举。自司隶以下，六官皆位亚仆射。以其子粲为丞相、领大将军、录尚书事，进封晋王。江都王延年录尚书六条事，汝阴王景为太师，王育为太傅，任顗为太保，马景为大司徒，朱纪为大司空，中山王曜为大司马。

十一月，汉主聪以晋王粲为相国、大单于，总百揆。粲少有俊才，自为宰相，骄奢专恣，远贤亲佞，严刻愎谏，国人始恶之。

三年三月，雨血于汉东宫延明殿。太弟义恶之，以问太傅崔玮、太保许遐。玮、遐说义曰："主上往日以殿下为太弟者，欲以安众心耳。其志在晋王久矣，王公已下莫不希旨附之。今复以晋王为相国，羽仪威重，逾于东宫，万机之事，无不由之。诸王皆置营兵以为羽翼。事势已去，殿下非徒不得立也，朝夕且有不测之危，不如早为之计。今四卫精兵不减五千，相国轻佻，正烦一刺客耳。大将军无日不出其营，可袭而取。余王并幼，固易夺也。苟殿下有意，二万精兵指顾可得，鼓行入云龙门，宿卫之士孰不倒戈以迎殿下者？大司马不虑其为异也。"义弗从。东宫舍人荀裕告玮、遐劝义谋反，汉主聪收玮、遐于诏狱，假以他事杀之。使冠威将军卜抽将兵监守东宫，禁义不听朝会。义忧惧不知所为，上表乞为庶人，并除诸子之封，褒美晋王，请以为嗣；抽抑而弗通。

四年。汉中常侍王沈、宣怀、中宫仆射郭猗等皆宠幸用事。汉主聪游宴后宫，或三日不醒，或百日不出，自去冬不视朝，政事一委相国粲，唯杀生、除拜乃使沈等入白之。沈等多不白，而自以其私意决之，故勋旧或不叙，而奸佞小人有数日至二千石者。

军旅岁起，将士无钱帛之赏，而后宫之家赐及僮仆，动至数千万。沈等车服、第舍逾于诸王，子弟中表为守令者三十余人，皆贪残为民害。靳準阖宗谄事之。

郭猗与準皆有怨于太弟义。猗谓相国粲曰："殿下，光文帝之世孙，主上之嫡子，四海莫不属心，奈何欲以天下与太弟乎！且臣闻太弟与大将军谋，因三月上巳大宴作乱，事成许以主上为太上皇，大将军为皇太子，又许卫将军为大单于。二王处不疑之地，并握重兵，以此举事，无不成者。然二王贪一时之利，不顾父兄，事成之后，主上岂有全理？殿下兄弟固不待言！东宫、相国、单于，当在武陵兄弟，何肯与人也！今祸期甚迫，宜早图之。臣屡言于主上，主上笃于友爱，以臣刀锯之余，终不之信。愿殿下勿泄，密表其状。殿下傥不信臣言，可召大将军从事中郎王皮、卫军司马刘惇，假之恩意，许其归首以问之，必可知也。"粲许之。猗密谓皮、惇曰："二王逆状，主上及相国具知之矣，卿同之乎？"二人惊曰："无之。"猗曰："兹事已决，吾怜卿亲旧并见族耳。"因歔欷流涕。二人大惧，叩头求哀，猗曰："吾为卿计，卿能用之乎？相国问卿，卿但云'有之'；若责卿不先启，卿即云'臣诚负死罪，然仰惟主上宽仁，殿下敦睦，苟言不见信，则陷于诬谮不测之诛，故不敢言也。'"皮、惇许诺。粲召问之，二人至不同时，而其辞若一，粲以为信然。

靳準复说粲曰："殿下宜自居东宫以领相国，使天下早有所系。今道路之言，皆云'大将军、卫将军欲奉太弟为变，期以季春'。若使太弟得天下，殿下无容足之地矣！"粲曰："为之奈何？"準曰："人告太弟为变，主上必不信。宜缓东宫之禁，使宾客得往来；太弟雅好待士，必不以此为嫌，轻薄小人不能无迎合太弟之意为之谋者。然后下官为殿下露表其罪，殿下收其宾客与太弟交通者考问之，狱辞既具，则主上无不信之理也。”粲乃命卜抽引兵去东宫。少府陈休、左卫将军卜崇，为人清直，素恶沈等，虽在公座，未尝与语，沈等深疾之。侍中卜幹谓休、崇曰：“王沈等势力足以回天地，卿辈自料亲贤孰与窦武、陈蕃？”休、崇曰：“吾辈年逾五十，职位已崇，唯欠一死耳。死于忠义，乃为得所，安能俯首低眉以事阉竖乎！去矣卜公，勿复有言！”

二月，汉主聪出临上秋阁，命收陈休、卜崇及特进綦毋达、太中大夫公师彧、尚书王琰、田歆、大司农朱诸，并诛之，皆宦官所恶也。卜幹泣谏曰：“陛下方侧席求贤，而一旦戮卿大夫七人，皆国之忠良，无乃不可乎！藉使休等有罪，陛下不下之有司，暴明其状，天下何从知之？诏尚在臣所，未敢宣露，愿陛下熟思之。”因叩头流血。王沈叱幹曰：“卜侍中欲拒诏乎！”聪拂衣而入，免幹为庶人。太宰河间王易、大将军勃海王敷、御史大夫陈元达、金紫光禄大夫西河王延等皆诣阙表谏曰：“王沈等矫弄诏旨，欺诬日月，内谄陛下，外佞相国，威权之重，侔于人主，多树奸党，毒流海内。知休等忠臣，为国尽节，恐发其奸状，故巧为诬陷。陛下不察，遽加极刑，痛彻天地，贤愚伤惧。今遗晋未殄，巴、蜀不宾，石勒谋据赵、魏，曹嶷欲王全齐，陛下心腹四支，何处无患？乃复以沈等助乱，诛巫咸，戮扁鹊，臣恐遂成膏肓之疾，后虽救之，不可及已！请免沈等官，付有司治罪。”聪以表示沈等，笑曰：“群儿为元达所引，遂成痴也。”沈等顿首泣曰：“臣等小人，过蒙陛下识拔，得洒扫闺阁，而王公朝士疾臣等如仇，又深恨陛下。愿以臣等膏鼎镬，则朝廷自然雍穆矣。”聪曰：“此等狂言常然，卿何足恨乎！”聪问沈等于相国粲，粲盛称沈等忠清，聪悦，封沈等为列侯。太宰易又诣阙上疏极谏，聪大怒，手坏其疏。三月，易忿恚而卒。易素忠直，陈元达倚之为援，得尽谏争。及卒，元达哭之恸，曰："'人之云亡，邦国殄瘁！'吾既不复能言，安用默默苟生乎！"归而自杀。

九月，汉主宴群臣于光极殿，引见太弟义。义容貌憔悴，鬓发苍然，涕泣陈谢。聪亦为之恸哭，乃纵酒极欢，待之如初。

元帝建武元年春三月，汉相国粲使其党王平谓太弟义曰："适奉中诏，云京师将有变，宜衷甲以备非常。"义信之，命宫臣皆衷甲以居。粲驰遣告靳凖、王沈，凖以白汉主聪曰："太弟将为乱，已衷甲矣。"聪大惊曰："宁有是邪！"王沈等皆曰："臣等闻之久矣，屡言之而陛下不之信也。"聪使粲以兵围东宫，粲使凖、沈收氐、羌酋长十余人穷问之，皆悬首高格，烧铁灼目，酋长自诬与义谋反。聪谓沈等曰："吾今而后知卿等之忠也。当念知无不言，勿恨往日言而不用也。"于是诛东宫官属及义素所亲厚，凖、沈等素所憎怨者大臣数十人，坑士卒万五千余人。夏四月，废义为北部王，粲寻使凖贼杀之。义形神秀爽，宽仁有器度，故士心多附之。聪闻其死，哭之恸，曰："吾兄弟止余二人，而不相容，安得使天下知吾心邪！"秋七月，汉主聪立晋王粲为皇太子，领相国、大单于，总摄朝政如故，大赦。

大兴元年夏四月，汉中常侍王沈养女有美色，汉主聪立以为左皇后。尚书令王鉴、中书监崔懿之、中书令曹恂谏曰："臣闻王者立后，比德乾坤，生承宗庙，没配后土，必择世德名宗，幽闲令淑，乃副四海之望，称神祇之心。孝成帝以赵飞燕为后，使继嗣绝灭，社稷为墟，此前鉴也。自麟嘉以来，中宫之位，不以德举。借使沈之弟女，刑余小丑，犹不可以尘污椒房，况其家婢邪！六宫妃嫔，皆公子公孙，奈何一旦以婢主之？臣恐非国家之福也。”聪大怒，使中常侍宣怀谓太子粲曰：“鉴等小子，狂言侮慢，无复君臣上下之礼，其速考实！”于是收鉴等送市，皆斩之。金紫光禄大夫王延驰将入谏，门者弗通。鉴等临刑，王沈以杖叩之曰：“庸奴，复能为恶乎？乃公何与汝事！”鉴瞋目叱之曰：“竖子，灭大汉者，正坐汝鼠辈与靳準耳！要当诉汝于先帝，取汝于地下治之。”準谓鉴曰：“吾受诏收君，有何不善，君言汉灭由吾也？”鉴曰：“汝杀皇太弟，使主上获不友之名。国家畜养汝辈，何得不灭！”懿之谓準曰：“汝心如枭镜，必为国患。汝既食人，人亦当食汝。”

## 慕容据邺

晋武帝太康二年。初，鲜卑莫护跋始自塞外入居辽西棘城之北，号曰慕容部。莫护跋生木延，木延生涉归，迁于辽东之北，世附中国，数从征讨，有功拜大单于。冬十月，涉归始寇昌黎。

三年三月，安北将军严询败慕容涉归于昌黎，斩获万计。

四年。鲜卑慕容涉归卒，弟删篡立。将杀涉归子廆，廆亡匿于辽东徐郁家。

六年。慕容删为其下所杀，部众复迎涉归子廆而立之。涉归与宇文部素有隙，廆请讨之，朝廷弗许。廆怒，入寇辽西，杀略甚众。帝遣幽州军讨廆，战于肥如，廆众大败。自是每岁犯边，又东击扶馀。扶馀王依虑自杀，子弟走保沃沮。廆夷其国城，驱万余人而归。

七年夏，慕容廆寇辽东，故扶馀王依虑子依罗求帅见人还复旧国，请援于东夷校尉何龛，龛遣督护贾沈将兵送之。廆遣其将孙丁帅骑邀之于路，沈力战斩丁，遂复扶馀。

十年夏四月，慕容廆遣使请降。五月，诏拜廆鲜卑都督。廆谒见何龛，以士大夫礼，巾衣诣门；龛严兵以见之，廆乃改服戎衣而入。人问其故，廆曰："主人不以礼待客，客何为哉！"龛闻之甚惭，深敬异之。时鲜卑宇文氏、段氏方强，数侵掠廆，廆卑辞厚币以事之。段国单于阶以女妻廆，生皝、仁、昭。廆以辽东僻远，徙居徒(何)〔河〕之青山。

惠帝元康四年。慕容廆徙居大棘城。

太安元年。鲜卑宇文单于莫圭部众强盛，遣其弟屈云攻慕容廆，廆击其别帅素怒延，破之。素怒延耻之，复发兵十万围廆于棘城。廆众皆惧，廆曰："素怒延兵虽多而无法制，已在吾算中矣。诸君但为力战，无所忧也。"遂出击，大破之，追奔百里，俘斩万计。辽东孟晖，先没于宇文部，帅其众数千家降于廆，廆以为建威将军。廆以其臣慕舆句勤恪廉靖，使掌府库。句心计默识，不案簿书，始终无漏。以慕舆河明敏精审，使典狱讼，覆讯清允。

怀帝永嘉元年冬十二月，慕容廆自称鲜卑大单于。拓跋猗卢与廆通好。

三年。初，辽东太守庞本袭杀东夷校尉李臻，诏以勃海封释代之，释收斩本。

五年。初，东夷校尉李臻之死也，辽东附塞鲜卑素喜连、木丸津托为臻报仇，攻陷诸县，杀掠士民，屡败郡兵，连年为寇。东夷校尉封释不能讨，请与连和，连、津不从。民失业，归慕容廆者甚众，廆禀给遣还，愿留者即抚存之。

廆少子鹰扬将军翰言于廆曰："自古有为之君，莫不尊天子以从民望,成大业。今连、津外以庞本为名,内实幸灾为乱。封使君已诛本请和,而寇暴不已。中原离乱,州师不振,辽东荒散,莫之救恤。单于不若数其罪而讨之,上则兴复辽东,下则并吞二部,忠义彰于本朝,私利归于我国,此霸王之基也。”廆笑曰:“孺子乃能及此乎!”遂帅众东击连、津,以翰为前锋,破斩之,尽并二部之众。得所掠民三千余家,及前归廆者悉以付郡,辽东赖以复存。封释疾病,属其孙奕于廆。释卒,廆召奕与语,说之,曰:“奇士也。”补小都督。释子冀州主簿悛、幽州参军抽来奔丧,廆见之曰:“此家抎抎千斤犍也。”以道不通,丧不得还,皆留仕廆,廆以抽为长史,悛为参军。王浚以妻舅崔毖为东夷校尉。

愍帝建兴元年。初,中国士民避乱者多北依王浚,浚不能存抚,又政法不立,士民往往复去之。段氏兄弟专尚武勇,不礼士大夫。唯慕容廆政事修明,爱重人物,故士民多归之。廆举其英俊,随才授任,以河东裴嶷、北平阳耽、庐江黄泓、代郡鲁昌为谋主,广平游邃、北海逄羡、北平西方虔、西河宋奭及封抽、裴开为股肱,平原宋该、安定皇甫岌、岌弟真、兰陵缪恺、昌黎刘斌及封奕、封裕典机要。裕,抽之子也。

裴嶷清方有干略,为昌黎太守。兄武为玄菟太守。武卒,嶷与武子开以其丧归,过廆,廆敬礼之,及去,厚加资送。行及辽西,道不通,嶷欲还就廆。开曰:“乡里在南,奈何北行?且等为流寓,段氏强,慕容氏弱,何必去此而就彼也!”嶷曰:“中国丧乱,今往就之,是相帅而入虎口也。且道远,何由可达。若俟其清通,又非岁月可冀。今欲求托足之地,岂可不慎择其人。汝观诸段,岂有远略,且能待国士乎?慕容公修仁行义,有霸王之志,加以国丰民安,今往从之,高可以立功名,下可以庇宗族,汝何疑焉!”开乃从之。既至,廆大喜。阳耽清直沉敏,为辽西太守。慕容翰破段氏于阳乐,获之,廆礼而用之。游邃、逄羡、宋奭皆尝为昌黎太守,与黄泓俱避地于蓟,后归廆。王浚屡以手书召邃兄畅,畅欲赴之。邃曰:“彭祖刑政不修,华戎离叛,以邃度之,必不能久,兄且磐桓以俟之。”畅曰:“彭祖忍而多疑,顷者流民北来,命所在追杀之。今手书殷勤,我稽留不往,将累及卿。且乱世宗族宜分,以冀遗种。”邃从之,卒与浚俱没。宋该与平原杜群、刘翔先依王浚,又依段氏,皆以为不足托,帅诸流寓同归于廆。东夷校尉崔毖请皇甫岌为长史,卑辞说谕,终莫能致。廆招之,岌与弟真即时俱至。辽东张统据乐浪、带方二郡,与高句丽王乙弗利相攻,连年不解。乐浪王遵说统帅其民千余家归廆,廆为之置乐浪郡,以统为太守,遵参军事。

元帝建武元年三月,晋王以鲜卑大都督慕容廆为都督辽左杂夷、流民诸军事、龙骧将军、大单于、昌黎公,廆不受。征虏将军鲁昌说廆曰:“今两京覆没,天子蒙尘,琅邪王承制江东,为四海所系属。明公虽雄据一方,而诸部犹阻兵未服者,盖以官非王命故也。谓宜通使琅邪,劝承大统,然后奉诏令以伐有罪,谁敢不从?”处士辽东高诩曰:“霸王之资,非义不济。今晋室虽微,人心犹附之。宜遣使江东,示有所尊,然后杖大义以征诸部,不患无辞矣。”廆从之,遣长史王济浮海诣建康劝进。

大兴元年三月,帝复遣使授慕容廆龙骧将军、大单于、昌黎公,廆辞公爵不受。廆以游邃为龙骧长史,刘翔为主簿,命邃创定府朝仪法。裴嶷言于廆曰:“晋室衰微,介居江表,威德不能及远,中原之乱,非明公不能拯也。今诸部虽各拥兵,然皆顽愚相聚,宜以渐并取,以为西讨之资。”廆曰:“君言大,非孤所及也。

然君中朝名德，不以孤僻陋而教诲之，是天以君赐孤而祐其国也。"乃以嶷为长史，委以军国之谋，诸部弱小者稍稍击取之。

二年。平州刺史崔毖自以中州人望镇辽东，而士民多归慕容廆，心不平。数遣使招之，皆不至，意廆拘留之。乃阴说高句丽、段氏、宇文氏，使共攻之，约灭廆分其地。毖所亲勃海高瞻力谏，毖不从。三国合兵伐廆，诸将请击之。廆曰："彼为崔毖所诱，欲邀一切之利。军势初合，其锋甚锐，不可与战，当固守以挫之。彼乌合而来，既无统壹，莫相归服，久必携贰，一则疑吾与毖诈而覆之，二则三国自相猜忌。待其人情离贰，然后击之，破之必矣。"三国进攻棘城，廆闭门自守，遣使独以牛酒犒宇文氏。二国疑宇文氏与廆有谋，各引兵归。宇文大人悉独官曰："二国虽归，吾当独取之。"

宇文氏士卒数十万，连营四十里。廆使召其子翰于徒河，翰遣使白廆曰："悉独官举国为寇，彼众我寡，易以计破，难以力胜。今城中之众足以御寇，翰请为奇兵于外，伺其间而击之。内外俱奋，使彼震骇，不知所备，破之必矣。今并兵为一，彼得专意攻城，无复他虞，非策之得者也。且示众以怯，恐士气不战先沮矣。"廆犹疑之，辽东韩寿言于廆曰："悉独官有凭陵之志，将骄卒惰，军不坚密。若奇兵卒起，掎其无备，必破之策也。"廆乃听翰留徒河。

悉独官闻之曰："翰素名骁果，今不入城，或能为患。当先取之，城不足忧。"乃分遣数千骑袭翰。翰知之，诈为段氏使者，逆于道曰："慕容翰久为吾患，闻当击之，吾已严兵相待，宜速进也。"使者既去，翰即出城设伏以待之。宇文氏之骑见使者，大喜，驰行，不复设备，进入伏中。翰奋击，尽获之，乘胜径进，遣间使语廆出兵大战。廆使其子皝与长史裴嶷将精锐为前锋，自将大兵继之。悉独官初不设备，闻廆至，惊，悉众出战。前锋始交，翰将千骑从旁直入其营，纵火焚之，众皆惶扰，不知所为，遂大败，悉独官仅以身免。廆尽俘其众，获皇帝玉玺三纽。

崔毖闻之，惧，使其兄子焘诣棘城伪贺。会三国使者亦至请和，曰："非我本意，崔平州教我耳。"廆以示焘，临之以兵；焘惧，首服。廆乃遣焘归谓毖曰："降者上策，走者下策也。"引兵随之。毖与数十骑弃家奔高句丽，其众悉降于廆。廆以其子仁为征虏将军，镇辽东，官府、市里案堵如故。

高句丽将如奴子据于河城，廆遣将军张统掩击，擒之，俘其众千余家。以崔焘、高瞻、韩恒、石琮归于棘城，待以客礼。恒，安平人；琮，鉴之孙也。廆以高瞻为将军，瞻称疾不就，廆数临候之，抚其心曰："君之疾在此，不在他也。今晋室丧乱，孤欲与诸君共清世难，翼戴帝室。君中州望族，宜同斯愿，奈何以华夷之异，介然疏之哉！夫立功立事，惟问志略何如耳，华夷何足问乎！"瞻犹不起，廆颇不平。龙骧主簿宋该与瞻有隙，劝廆除之，廆不从。瞻以忧卒。

宋该劝廆献捷江东，廆使该为表，裴嶷奉之，并所得三玺诣建康献之。

三年三月，裴嶷至建康，盛称慕容廆之威德，贤俊皆为之用，朝廷始重之。帝谓嶷曰："卿中朝名臣，当留江东，朕别诏龙骧送卿家属。"嶷曰："臣少蒙国恩，出入省闼，若得复奉辇毂，臣之至荣。但以旧京沦没，山陵穿毁，虽名臣宿将，莫能雪耻，独慕容龙骧竭忠王室，志除凶逆，故使臣万里归诚。今臣来而不返，必谓朝廷以其僻陋而弃之，孤其向义之心，使懈体于讨贼，此臣之所甚惜，是以不敢徇私而忘公也！”帝曰：“卿言是也。”乃遣使随嶷拜廆安北将军、平州刺史。

四年十二月，以慕容廆为都督幽平二州东夷诸军事、车骑将军、平州牧，封辽东公，单于如故，遣谒者即授印绶，听承制置官司守宰。廆于是备置僚属，以裴嶷、游邃为长史，裴开为司马，韩寿为别驾，阳耽为军咨祭酒，崔焘为主簿，黄泓、郑林参军事。廆立子皝为世子。作东横，以平原刘讚为祭酒，使皝与诸生同受业，廆得暇亦亲临听之。皝雄毅多权略，喜经术，国人称之。廆徙慕容翰镇辽东，慕容仁镇平郭。翰抚安民夷，甚有威惠，仁亦次之。

成帝咸和六年冬，慕容廆遣使与太尉陶侃笺，劝以兴兵北伐，共清中原。僚属宋该等共议，以“廆立功一隅，位卑任重，等差无别，不足以镇华夷，宜表请进廆官爵”。参军韩恒驳曰：“夫立功者患信义不著，不患名位不高。桓、文有匡复之功，不先求礼命以令诸侯。宜缮甲兵，除群凶，功成之后，九锡自至，比于邀君以求宠，不亦荣乎！”廆不悦，出恒为新昌令。于是东夷校尉封抽等疏上侃府，请封廆为燕王，行大将军事。侃复书曰：“夫功成进爵，古之成制也。车骑虽未能为官摧勒，然忠义竭诚。今腾笺上听，可不、迟速，当在天台也。”

八年夏五月甲寅，辽东武宣公慕容廆卒。六月，世子皝以平北将军行平州刺史，督摄部内；赦系囚。以长史裴开为军谘祭酒，郎中令高诩为玄菟太守。皝以带方太守王诞为左长史，诞以辽东太守阳骛为才而让之；皝从之，以诞为右长史。

秋七月，慕容皝遣长史勃海王济等来告丧。

九年秋八月，王济还辽东，诏遣侍御史王齐祭辽东公廆，又遣谒者徐孟策拜慕容皝镇军大将军、平州刺史、大单于、辽东公，持节、都督、承制、封拜一如廆故事。

咸康元年秋七月，慕容皝立子儁为世子。冬十月，王齐南还。十二月，慕容皝始受朝命。

二年秋九月，慕容皝遣长史刘斌、兼郎中令辽东阳景送徐孟等还建康。

三年秋九月，镇军左长史封奕等劝慕容皝称燕王，皝从之。于是备置群司，以封奕为国相，韩寿为司马，裴开为奉常，阳骛为司隶，王寓为太仆，李洪为大理，杜群为纳言令，宋该、刘睦、石琮为常伯，皇甫真、阳协为冗骑常侍，宋晃、平熙、张泓为将军，封裕为记室监。洪，臻之孙；晃，奭之子也。冬十月丁卯，皝即燕王位，大赦。十一月甲寅，追尊武宣公曰武宣王，夫人段氏曰武宣后。立夫人段氏为王后；世子儁为王太子，如魏武、晋文辅政故事。

四年十二月，燕王皝讨段辽。事见燕讨段辽。

五年。燕王皝自以称王未受晋命，冬，遣长史刘翔、参军鞠运来献捷论功，且言权假之意，并请刻期大举，共平中原。

七年春正月，燕王皝使唐国内史阳裕等筑城于柳城之北龙山之西，立宗庙、宫阙，命曰龙城。二月，刘翔至建康，帝引见，问慕容镇军平安。对曰："臣受遣之日，朝服拜章。"翔为燕王皝求大将军、燕王章玺。朝议以为"故事，大将军不处边，自汉、魏以来不封异姓为王，所求不可许"。翔曰："自刘、石构乱，长江以北翦为戎薮，未闻中华公卿之胄，有一人能攘臂挥戈，摧破凶逆者也。独慕容镇军父子竭力，心存本朝，以寡击众，屡殄强敌，使石虎畏惧，悉徙边陲之民散居三魏，蹙国千里，以蓟城为北境。

功烈如此，而惜海北之地，不以为封邑，何哉？昔汉高祖不爱王爵于韩、彭，故能成其帝业；项羽(玩)〔刓〕印不忍授，卒用危亡。吾之至心，非苟欲尊其所事，窃惜圣朝疏忠义之国，使四海无所劝慕耳！”尚书诸葛恢，翔之姊夫也，独主异议，以为“夷狄相攻，中国之利，惟器与名，不可轻许”。乃谓翔曰：“借使慕容镇军能除石虎，乃是复得一石虎也，朝廷何赖焉！”翔曰：“嫠妇犹知恤宗周之陨。今晋室阽危，君位侔元、凯，曾无忧国之心邪！向使靡、鬲之功不立，则少康何以祀夏；桓、文之战不捷，则周人皆为左衽矣。慕容镇军枕戈待旦，志殄凶逆，而君更唱邪惑之言，忌间忠臣。四海所以未壹，良由君辈耳！”翔留建康岁余，众议终不决。

翔乃说中常侍彧弘曰：“石虎苞八州之地，带甲百万，志吞江、汉，自索头、宇文暨诸小国，无不臣服。惟慕容镇军翼戴天子，精贯白日，而更不获殊礼之命，窃恐天下移心解体，无复南向者矣！公孙渊无尺寸之益于吴，吴主封为燕王，加以九锡。今慕容镇军屡摧贼锋，威振秦、陇，虎比遣重使，甘言厚币，欲授以曜威大将军、辽西王，慕容镇军恶其非正，却而不受。今朝廷乃矜惜虚名，沮抑忠顺，岂社稷之长计乎？后虽悔之，恐无及已！”弘为之入言于帝，帝意亦欲许之。会皝上表称“庾氏兄弟擅权召乱，宜加斥退，以安社稷”。又与庾冰书，责其当国秉权，不能为国雪耻。冰甚惧，以其绝远，非所能制，乃与何充奏从其请。乙卯，以慕容皝为使持节、大将军、都督河北诸军事、幽州牧、大单于、燕王，备物典策，皆从殊礼。又以其世子儁为假节、安北将军、东夷校尉、左贤王，赐军资器械以千万计。又封诸功臣百余人，以刘翔为代郡太守，封临泉乡侯，加员外散骑常侍。翔固辞不受。

翔疾江南士大夫以骄奢酣纵相尚，尝因朝贵宴集，谓何充等曰："四海板荡，奄逾三纪，宗社为墟，黎民涂炭，斯乃庙堂焦虑之时，忠臣毕命之秋也。而诸君宴安江沱，肆情纵欲，以奢靡为荣，以傲诞为贤，謇谔之言不闻，征伐之功不立，将何以尊主济民乎！"充等甚惭。诏遣兼大鸿胪郭悕持节诣棘城，册命燕王，与翔等偕北。公卿饯于江上，翔谓诸公曰："昔少康资一旅以灭有穷，句践凭会稽以报强吴。蔓草犹宜早除，况寇仇乎，今石虎、李寿志相吞噬，王师纵未能澄清北方，且当从事巴、蜀。一旦石虎先人举事，并寿而有之，据形便之地以临东南，虽有智者不能善其后矣！"中护军谢广曰："是吾心也。"



秋七月，郭悕、刘翔等至燕。燕王皝以翔为东夷护军、领大将军长史，以唐国内史阳裕为左司马，典书令李洪为右司马，中尉郑林为军谘祭酒。

八年冬十月，燕王皝迁都龙城，赦其境内。

## 成李据蜀

晋惠帝元康八年。初，张鲁在汉中，賨人李氏自巴西宕渠往依之。魏武帝克汉中，李氏将五百余家归之，拜为将军，迁于略阳北土，号曰巴氐。其孙特、庠、流皆有材武，善骑射，性任侠，州党多附之。



及齐万年反，关中荐饥，略阳、天水等六郡民流移就谷入汉川者数万家，道路有疾病穷乏者，特兄弟常营护振救之，由是得众心。流民至汉中，上书求寄食巴、蜀，朝议不许，遣侍御史李苾持节慰劳，且监察之，不令入剑阁。苾至汉中，受流民赂，表言："流民十万余口，非汉中一郡所能振赡。蜀有仓储，人复丰稔，宜令就食。"朝廷从之。由是散在梁、益，不可禁止。李特至剑阁，太息曰："刘禅有如此地，面缚于人，岂非庸才邪！"闻者异之。

永康元年冬十一月，诏征益州刺史赵廞为大长秋，以成都内史中山耿滕为益州刺史。廞，贾后之姻亲也。闻征，甚惧，且以晋室衰乱，阴有据蜀之志，乃倾仓廪赈流民，以收众心。以李特兄弟材武，其党类皆巴西人，与廞同郡，厚遇之，以为爪牙。特等凭恃廞势，专聚众为盗，蜀人患之。滕数密表"流民刚剽，蜀人懦弱，主不能制客，必为乱阶，宜使还本居。若留之险地，恐秦、雍之祸更移于梁、益矣。"廞闻而恶之。

州被诏书，遣文武千余人迎滕。是时成都治少城，益州治太城，廞犹在太城未去。滕欲入州，功曹陈恂谏曰："今州郡构怨日深，入城必有大祸，不如留少城以观其变，檄诸县合村保以备秦氏，陈西夷行至，且当待之。不然，退保犍为，西渡江源，以防非常。"滕不从。是(月)〔日〕帅众入州，廞遣兵逆之，战于西门，滕败死。郡吏皆窜走，惟陈恂面缚诣廞，请滕丧；廞义而许之。

廞又遣兵逆西夷校尉陈总。总至江阳，闻廞有异志，主簿蜀郡赵模曰："今州郡不协，必生大变，当速行赴之。府是兵要，助顺讨逆，谁敢动者！"总更缘道停留，比至南安鱼涪津，已遇廞军。模白总"散财募士以拒战，若克州军，则州可得；不克，顺流而退，必无害也"。总曰："赵益州忿耿侯，故杀之；与吾无嫌，何为如此！"模曰："今州起事，必当杀君以立威，虽不战，无益也。"言至垂涕。总不听，众遂自溃。总逃草中，模着总服格战。廞兵杀模，见其非是，更搜求得总，杀之。

廞自称大都督、大将军、益州牧，署置僚属，改易守命，王官被召，无敢不往。李庠帅妹婿李含、天水任回、上官晶、扶风李攀、始平费他、氐符成、隗伯等四千骑归廞。廞以庠为威寇将军，封阳泉亭侯，委以心膂，使招合六郡壮勇至万余人，以断北道。

永宁元年春正月，李庠骁勇得众心，赵廞浸忌之而未言。长史蜀郡杜淑、张粲说廞曰："将军起兵始尔，而遽遣李庠握强兵于外。非我族类，其心必异，此倒戈授人也，宜早图之。"会庠劝廞称尊号，淑、粲因白廞，以庠大逆不道，引斩之，并其子侄十余人。时李特、李流皆将兵在外，廞遣人慰抚之曰："庠非所宜言，罪应死。兄弟罪不相及。"复以特、流为督将。特、流怨廞，引兵归绵竹。

廞牙门将涪陵许弇求为巴东监军，杜淑、张粲固执不许。弇怒，手杀淑、粲于廞閤下，淑、粲左右复杀弇。三人皆廞之腹心也，廞由是遂衰。

廞遣长史犍为费远、蜀郡太守李苾、督护常俊督万余人断北道，屯绵竹之石亭。李特密收兵得七千余人，夜袭远等军，烧之，死者什八九，遂进攻成都。费远、李苾及军祭酒张微夜斩关走，文武尽散。廞独与妻子乘小船走，至广都，为从者所杀。特入成都，纵兵大掠。遣使诣洛阳，陈廞罪状。

初，梁州刺史罗尚闻赵廞反，表："廞素非雄才，蜀人不附，败亡可计日而待。"诏拜尚平西将军、益州刺史，督牙门将王敦、蜀郡太守徐俭、广汉太守辛冉等七千余人入蜀。特等闻尚来，甚惧，使其弟骧于道奉迎，并献珍玩。尚悦，以骧为骑督。特、流复以牛酒劳尚于绵竹。王敦、辛冉说尚曰："特等专为盗贼，宜因会斩之；不然，必为后患。"尚不从。冉与特有旧，谓特曰："故人相逢，不吉当凶矣。”特深自猜惧。三月，尚至成都。

初，朝廷符下秦、雍州，使召还流民入蜀者，又遣御史冯该、张昌督之。李特兄辅自略阳至蜀，言“中国方乱，不足复还”。特然之，累遣天水阎式诣罗尚，求权停至秋，又纳赂于尚及冯该，尚、该许之。朝廷论讨赵廞功，拜特宣威将军，弟流奋威将军，皆封侯。玺书下益州，条列六郡流民与特同讨廞者，将加封赏。广汉太守辛冉欲以灭廞为己功，寝朝命，不以实上，众咸怨之。

罗尚遣从事督遣流民，限七月上道。时流民布在梁、益，为人佣力，闻州郡逼遣，人人愁怨，不知所为。且水潦方盛，年谷未登，无以为行资。特复遣阎式诣尚求停至冬，辛冉及犍为太守李苾以为不可。尚举别驾蜀郡杜弢秀才，式为弢说逼移利害，弢亦欲宽流民一年。尚用冉、苾之谋，不从。弢乃致秀才板，出还家。冉性贪暴，欲杀流民首领，取其资货。乃与苾白尚，言“流民前因赵廞之乱，多所剽掠，宜因移设关以夺取之”。尚移书令梓潼太守张演于诸要施关，搜索宝货。

特数为流民请留，流民皆感而恃之，多相帅归特。特乃结大营于绵竹以处流民，移辛冉求自宽。冉大怒，遣人分榜通衢，购募特兄弟，许以重赏。特见之，悉取以归，与弟骧改其购云：“能送六郡之豪李、任、阎、赵、杨、上官及氐、叟侯王一首，赏百匹。”于是流民大惧，归特者愈众，旬月间过二万人。流亦聚众数千人。

特又遣阎式诣罗尚求申期，式见营栅冲要，谋掩流民，叹曰：“民心方危，今而速之，乱将作矣！”又知辛冉、李苾意不可回，乃辞尚还绵竹。尚谓式曰：“子且以吾意告诸流民，今听宽矣。”式曰：“明公惑于奸说，恐无宽理。弱而不可轻者民也，今趣之不以理，众怒难犯，恐为祸不浅。”尚曰：“然。吾不欺子，子其行矣。”式至绵竹，言于特曰：“尚虽云尔，然未可信也。何者？尚威刑不立，冉等各拥强兵，一旦为变，亦非尚所能制。深宜为备。”特从之。

冬十月，特分为二营，特居北营，流居东营，缮甲厉兵，戒严以待之。

冉、苾相与谋曰：“罗侯贪而无断，日复一日，令流民得展奸计。李特兄弟并有雄才，吾属将为所虏矣！宜为决计，罗侯不足复问也。”乃遣广汉都尉曾元、牙门张显、刘並等潜帅步骑三万袭特营。罗尚闻之，亦遣督护田佐助元。元等至，特安卧不动，待其众半入，发伏击之，死者甚众。杀田佐、曾元、张显，传首以示尚、冉。尚谓将佐曰：“此虏成去矣，而广汉不用吾言，以张贼势，今若之何！”

于是六郡流民李含等共推特行镇北大将军，承制封拜，以其弟流行镇东大将军，号东督护，以相镇统；又以兄辅为票骑将军，弟骧为骁骑将军，进兵攻冉于广汉。尚遣李苾、费远帅众救冉，畏特，不敢进。冉出战屡败，溃围奔德阳。特入据广汉，以李超为太守，进兵攻尚于成都。尚以书谕阎式，式复书曰：“辛冉倾巧，曾元小竖，李叔平非将帅之材。式前为节下及杜景文论留徙之宜，人怀桑梓，孰不愿之？但往日初至，随谷庸赁，一室五分，复值秋潦，乞须冬熟，而终不见听。绳之太过，穷鹿抵虎，流民不肯延颈受刀，以致为变。即听式言，宽使治严，不过去九月尽集，十月进道，命达乡里，何有如此也！”

特以兄辅、弟骧、子始、荡、雄及李含、含子国、离、任回、李攀、攀弟恭、上官晶、任臧、杨褒、上官惇等为将帅，阎式、李远等为僚佐。罗尚素贪残，为百姓患。特与蜀民约法三章，施舍振贷，礼贤拔滞，军政肃然，蜀民大悦。尚频为特所败，乃阻长围，缘郫水作营，连延七百里，与特相拒，求救于梁州及南夷校尉。

太安元年夏五月，河间王颙遣督护衙博讨李特，军于梓潼；朝廷复以张微为广汉太守，军于德阳；罗尚遣督护张龟军于繁城。特使其子镇军将军荡等袭博，而自将击龟，破之。荡败博兵于阳沔，梓潼太守张演委城走，巴西丞毛植以郡降。荡进攻博于葭萌，博走，其众尽降。河间王颙更以许雄为梁州刺史。特自称大将军、益州牧、都督梁益二州诸军事。

秋八月，李特攻张微，微击破之，遂进攻特营。李荡引兵救之，山道险狭，荡力战而前，遂破微兵。特欲还涪，荡及司马王幸谏曰："微军已败，智勇俱竭，宜乘锐气遂禽之。"特复进攻微，杀之，生禽微子存，以微丧还之。

特以其将蹇硕守德阳。李骧军毗桥，罗尚遣军击之，屡为骧所败。骧遂进攻成都，烧其门。李流军成都之北。尚遣精勇万人攻骧，骧与流合击，大破之，还者什一二。许雄数遣军攻特，不胜。特势益盛。

建宁大姓李叡、毛诜逐太守杜俊，朱提大姓李猛逐太守雍约以应特，众各数万。南夷校尉李毅讨破之，斩诜。李猛奉笺降，而辞意不逊，毅诱而杀之。

二年春正月，李特潜渡江击罗尚，水上军皆散走。蜀郡太守徐俭以少城降，特入据之，惟取马以供军，余无侵掠。赦其境内，改元建初。罗尚保太城，遣使求和于特。蜀民相聚为坞者，皆送款于特。特遣使就抚之，以军中粮少，乃分六郡流民于诸坞就食。李流言于特曰："诸坞新附，人心未固，宜质其大姓子弟，聚兵自守，以备不虞。”又与特司马上官惇书曰：“纳降如待敌，不可易也。”前将军雄亦以为言。特怒曰：“大事已定，但当安民，何为更逆加疑忌，使之离叛乎！”

朝廷遣荆州刺史宗岱、建平太守孙阜帅水军三万以救罗尚。岱以阜为前锋，进逼德阳；特遣李荡及蜀郡太守李璜就德阳太守任臧共拒之。岱、阜军势甚盛，诸坞皆有贰志，益州兵曹从事蜀郡任叡言于罗尚曰：“李特散众就食，骄怠无备，此天亡之时也。宜密约诸坞，刻期同发，内外击之，破之必矣。”尚使叡夜缒出城，宣旨于诸坞，期以二月十日同击特。叡因诣特诈降，特问城中虚实，叡曰：“粮储将尽，但余货帛耳。”叡求出省家，特许之，遂还报尚。二月，尚遣兵掩袭特营，诸坞皆应之，特兵大败，斩特及李辅、李远，皆焚尸，传首洛阳。流民大惧。李流、李荡、李雄收余众还保赤祖。流自称大将军、大都督、益州牧，保东营，荡、雄保北营。孙阜破德阳，获蹇硕，任臧退屯涪陵。

三月，罗尚遣督护何冲、常深等攻李流，涪陵民药绅等亦起兵攻流。流与李骧拒深，使李荡、李雄拒绅。何冲乘虚攻北营，氐苻成、隗伯在营中叛应之。荡母罗氏擐甲拒战，伯手刃伤其目，罗氏气益壮。营垂破，会流等破深、绅引兵还，与冲等战，大破之。成、伯帅其党突出诣尚。流等乘胜进抵成都，尚复闭城自守。荡驰马逐北，中矛而死。

朝廷遣侍中燕国刘沈假节统罗尚、许雄等军，讨李流。行至长安，河间王颙留沈为军师，遣席薳代之。李流以李特、李荡继死，宗岱、孙阜将至，甚惧。李含劝流降，流从之；李骧、李雄迭谏，不纳。

夏五月，流遣其子世及含子胡为质于阜军。胡兄离为梓潼太守，闻之，自郡驰还，欲谏不及，退与雄谋袭皇军。雄曰："为今计，当如是，而二翁不从，奈何？"离曰："当劫之耳！"雄大喜，乃共说流民曰："吾属前已残暴蜀民，今一旦束手，便为鱼肉，惟有同心袭皇以取富贵耳。"众皆从之。雄遂与离袭击皇军，大破之。会宗岱卒于垫江，荆州军遂退。流甚惭，由是奇雄才，军事悉以任之。六月，李雄攻杀汶山太守陈图，遂取郫城。

秋七月，李流徙屯郫。蜀民皆保险结坞，或南入宁州，或东下荆州，城邑皆空，野无烟火。流虏掠无所得，士众饥乏，唯涪陵千余家，依青城山处士范长生。平西参军涪陵徐舆说罗尚，求为汶山太守，邀结长生与共讨流。尚不许，舆怒，出降于流，流以舆为安西将军。舆说长生使资给流军粮，长生从之，流军由是复振。

九月，李流疾笃，谓诸将曰："骁骑仁明，固足以济大事；然前军英武，殆天所相，可共受事于前军。"流卒，众推李雄为大都督、大将军、益州牧，治郫城。雄使武都朴泰绐罗尚，使袭郫城，云已为内应。尚使隗伯将兵攻郫，泰约举火为应，李骧伏兵于道，泰出长梯于外。隗伯兵见火起，争缘梯上，骧纵兵击，大破之。追奔，夜至城下，诈称万岁，曰："已得郫城矣！"入少城，尚乃觉之，退保太城。隗伯创甚，雄生获之，赦不杀。李骧攻犍为，断尚运道，获太守龚恢，杀之。闰十二月，李雄急攻罗尚，尚军无食，留牙门张罗守城，夜由牛鞞水东走，罗开门降。雄入成都。军士饥甚，乃帅众就谷于郪，掘野芋而食之。许雄坐讨贼不进，征，即罪。

永兴元年春正月，罗尚逃至江阳，遣使表状，诏尚权统巴东、巴郡、涪陵以供军赋。尚遣别驾李兴诣镇南将军刘弘求粮，弘纲纪以运道阻远，且荆州自空乏，欲以零陵米五千斛与尚。弘曰："天下一家，彼此无异，吾今给之，则无西顾之忧矣。"遂以三万斛给之，尚赖以自存。

李雄以范长生有名德，为蜀人所重，欲迎以为君而臣之，长生不可。诸将固请雄即尊位。

冬十月，雄即成都王位，大赦，改元曰建兴。除晋法，约法七章。以其叔父骧为太傅，兄始为太保，李离为太尉，李云为司徒，李璜为司空，李国为太宰，阎式为尚书令，杨褒为仆射。尊母罗氏为王太后，追尊父特为成都景王。雄以李国、李离有智谋，凡事必咨而后行，然国、离事雄弥谨。



十一月，罗尚移屯巴郡，遣兵掠蜀中，获李骧妻昝氏及子寿。

光熙元年春三月，范长生诣成都，成都王雄门迎，执板，拜为丞相，尊之曰范贤。

夏六月，成都王雄即皇帝位，大赦，改元曰晏平，国号大成。追尊父特曰景皇帝，庙号始祖；尊王太后曰皇太后。以范长生为天地太师，复其部曲，皆不豫征税。诸将恃恩，互争班位，尚书令阎式上疏，请考汉、晋故事，立百官制度，从之。

## 张氏据凉



晋惠帝永宁元年春正月，以散骑常侍安定张轨为凉州刺史。轨以时方多难，阴有保据河西之志，故求为凉州。时州境盗贼纵横，鲜卑为寇，轨至，以宋配、氾瑗为谋主，悉讨破之，威著西土。

怀帝永嘉二年春二月，凉州刺史张轨病风，口不能言，使其子茂摄州事。陇西内史晋昌张越，凉州大族，欲逐轨而代之，与其兄酒泉太守镇及西平太守曹祛谋,遣使诣长安告南阳王模,称轨废疾,请以秦州刺史贾龛代之。龛将受之,其兄让龛曰:“张凉州一时名士,威著西州,汝何德以代之!”龛乃止。镇、祛上疏,更请刺史,未报,遂移檄废轨,以军司杜耽摄州事,使耽表越为刺史。

轨下教,欲避位归老宜阳。长史王融、参军孟畅蹋折镇檄,排闼入言曰:“晋室多故,明公抚宁西夏,张镇兄弟敢肆凶逆,当鸣鼓诛之!”遂出戒严。会轨长子寔自京师还,乃以寔为中督护,将兵讨镇。遣镇甥太府主簿令狐亚先往说镇,为陈利害。镇流涕曰:“人误我!”乃诣寔归罪。寔南击曹祛,走之。

朝廷得镇、祛疏,以侍中袁瑜为凉州刺史。治中杨澹驰诣长安,割耳盘上,诉轨之被诬。南阳王模表请停瑜,武威太守张琠亦上表留轨;诏依模所表,且命诛曹祛。轨于是命寔帅步骑三万讨祛,斩之。张越奔邺,凉州乃定。

五月,诏封张轨西平郡公,轨辞不受。时州郡之使莫有至者,轨独遣使贡献,岁时不绝。

四年十一月,诏加张轨镇西将军、都督陇右诸军事。光禄大夫傅祗、太常挚虞遗轨书,告以京师饥匮,轨遣参军杜勋献马五百匹,毯布三万匹。

六年春三月,凉州主簿马鲂说张轨:“宜命将出师,翼戴帝室。”轨从之,驰檄关中,共尊辅秦王。且言:“今遣前锋督护宋配帅步骑二万径趋长安,西中郎将寔帅中军三万,武威太守张玙帅胡骑二万,络驿继发。”

秋九月,秦州刺史裴苞据险以拒凉州兵,张寔、宋配等击破之,苞奔柔凶坞。

愍帝建兴二年二月壬寅，以张轨为太尉、凉州牧，封西平郡公。朝廷以张轨老病，拜其子寔为副刺史。

夏五月，西平武穆公张轨寝疾，遗令文武将佐务安百姓，上思报国，下以宁家。己丑，轨薨，长史张玺等表世子寔摄父位。冬十月，以张寔为都督凉州诸军事、凉州刺史、西平公。

三年冬十月，凉州军士张冰得玺，文曰"皇帝行玺"，献于张寔。僚属皆贺，寔曰："是非人臣所得留。"遣使归于长安。

四年夏四月，张寔下令所部吏民，有能举其过者，赏以布帛羊米。贼曹佐高昌隗瑾曰："今明公为政，事无巨细皆自决之。或兴师发令，府朝不知，万一违失，谤无所分。群下畏威，受成而已。如此，虽赏之千金，终不敢言也。谓宜少损聪明，凡百政事皆延访群下，使各尽所怀，然后采而行之，则嘉言自至，何必赏也！"寔悦，从之，增瑾位三等。

寔遣将军王该帅步骑五千入援长安，且送诸郡贡计。诏拜寔都督陕西诸军事，以寔弟茂为秦州刺史。

元帝建武元年春正月，黄门郎史淑、侍御史王冲自长安奔凉州，称愍帝出降前一日，使淑等赍诏赐张寔，拜寔大都督、凉州牧、侍中、司空，承制行事。且曰："朕已诏琅邪王时摄大位，君其协赞琅邪，共济多难。"淑等至姑臧，寔大临三日，辞官不受。

初，寔叔父肃为西海太守，闻长安危逼，请为先锋入援。寔以其老，弗许。及闻长安不守，肃悲愤而卒。

寔遣太府司马韩璞、抚戎将军张阆等帅步骑一万东击汉，命讨虏将军陈安、〔安〕故太守贾骞、陇西太守吴绍各统郡兵为前驱。又遗相国保书曰："王室有事，不忘投躯。前遣贾骞瞻公举动，中被符命敕骞还军。俄闻寇逼长安，胡崧不进，麹允持金五百请救于崧，遂决遣骞等进军度岭。会闻朝廷倾覆，为忠不遂，愤痛之深，死有余责。今更遣璞等唯公命是从。”璞等卒不能进而还。至南安，诸羌断路，相持百余日，粮竭矢尽。璞杀车中牛以飨士，泣谓之曰：“汝曹念父母乎？”曰：“念。”“念妻子乎？”曰：“念。”“欲生还乎？”曰：“欲。”“从我令乎？”曰：“诺。”乃鼓噪进战。会张阆帅金城兵继至，夹击，大破之，斩首数千级。

先是长安谣曰：“秦川中，血没腕，唯有凉州倚柱观。”及汉兵覆关中，氐、羌掠陇右，雍、秦之民死者什八九，独凉州安全。

大兴元年春三月，寔遣牙门蔡忠奉表诣建康，比至，帝已即位。寔不用江东年号，犹称建兴。

三年夏六月，京兆人刘弘客居凉州天梯山，以妖术惑众，从受道者千余人，西平元公张寔左右皆事之。帐下阎涉、牙门赵印皆弘乡人，弘谓之曰：“天与我神玺，应王凉州。”涉、印信之，密与寔左右十余人谋杀寔，奉弘为主。寔弟茂知其谋，请诛弘。寔令牙门将史初收之，未至，涉等怀刃而入，杀寔于外寝。弘见史初至，谓曰：“使君已死，杀我何为！”初怒，截其舌而囚之，轘于姑臧市，诛其党与数百人。左司马阴元等以寔子骏尚幼，推张茂为凉州刺史、西平公，赦其境内，以骏为抚军将军。

秋八月，西平公张茂立兄子骏为世子。

四年春二月，张茂筑灵钧台，基高九仞。武陵阎曾夜叩府门呼曰：“武公遣我来，言‘何故劳民筑台！’”有司以为妖，请杀之。茂曰：“吾信劳民。曾称先君之命以规我，何谓妖乎！”乃为之罢役。

永昌元年冬十二月，张茂使将军韩璞帅众取陇西、南安之地，置秦州。

明帝大宁元年八月，赵主曜自陇上西击凉州，遣其将刘咸攻韩璞于冀城，呼延晏攻宁羌护军阴鉴于桑壁，曜自将戎卒二十八万军于河上，列营百余里，金鼓之声动地，河水为沸，张茂临河诸戍皆望风奔溃。曜扬声欲百道俱济，直抵姑臧，凉州大震。参军马岌劝茂亲出拒战，长史氾袆怒，请斩之。岌曰："氾公糟粕书生，刺举小才，不思家国大计。明公父子欲为朝廷诛刘曜有年矣，今曜自至，远近之情，共观明公此举，当立信勇之验，以副秦、陇之望。力虽不敌，势不可以不出。"茂曰："善。"乃出屯石头。茂谓参军陈珍曰："刘曜举三秦之众，乘胜席卷而来，将若之何？"珍曰："曜兵虽多，精卒至少，大抵皆氐、羌乌合之众，恩信未洽，且有山东之虞，安能舍其腹心之疾，旷日持久，与我争河西之地邪！若二旬不退，珍请得弊卒数千，为明公擒之。"茂喜，使珍将兵救韩璞。赵诸将争欲济河，赵主曜曰："吾军势虽盛，然畏威而来者三分有二，中军疲困，其实难用。今但案甲勿动，以吾威声震之，若出中旬张茂之表不至者，吾为负卿矣。"茂寻遣使称藩，献马牛羊珍宝不可胜纪。曜拜茂侍中、都督凉南北秦梁益巴汉陇右西域杂夷匈奴诸军事、太师、凉州牧，封凉王，加九锡。

张茂大城姑臧，修灵钧台。别驾吴绍谏曰："明公所以修城筑台者，盖惩既往之患耳。愚以为苟恩未洽于人心，虽处层台，亦无所益，适足以疑群下忠信之志，失士民系托之望，示怯弱之形，启邻敌之谋，将何以佐天子、霸诸侯乎！愿亟罢兹役，以息劳费。"茂曰："亡兄一旦失身于物，岂无忠臣义士欲尽节者哉！顾祸生不意，虽有智勇无所施耳。王公设险，勇夫重闭，古之道也。今国家未靖，不可以太平之理责人于屯邅之世也。"卒为之。

二年夏五月甲申，张茂疾病，执世子骏手泣曰："吾家世以孝友忠顺著称，今虽天下大乱，汝奉承之，不可失也。”且下令曰：“吾官非王命，苟以集事，岂敢荣之！死之日，当以白帢入棺，勿以朝服敛。”是日薨。愍帝使者史淑在姑臧，左长史氾祎、右长史马谟等使淑拜骏大将军、凉州牧、西平公，赦其境内。前赵主曜遣使赠茂太宰，谥曰成烈王，拜骏上大将军、凉州牧、凉王。

冬十二月，凉州将辛晏据抱罕，不服，张骏将讨之。从事刘庆谏曰：“霸王之师，必须天时、人事相得，然后乃起。辛晏凶狂安忍，其亡可必，奈何以饥年大举，盛寒攻城乎！”骏乃止。

骏遣参军王骘聘于赵，赵主曜谓之曰：“贵州款诚和好，卿能保之乎？”骘曰：“不能。”侍中徐邈曰：“君来结好，而云不能保，何也？”骘曰：“齐桓贯泽之盟，忧心兢兢，诸侯不召自至；葵丘之会，振而矜之，叛者九国。赵国之化，常如今日可也；若政教陵迟，尚未能察迩者之变，况鄙州乎！”曜曰：“此凉州之君子也，择使可谓得人矣！”厚礼而遣之。

三年春二月，张骏承元帝凶问，大临三日。会黄龙见嘉泉，氾祎等请改年以章休祥，骏不许。辛晏以枹罕降骏，复收河南之地。

成帝咸和元年。张骏畏赵人之逼，是岁徙陇西、南安民二千余家于姑臧。又遣使修好于成，以书劝成主雄去尊号，称藩于晋。雄复书曰：“吾过为士大夫所推，然本无心于帝王，思为晋室元功之臣，扫除氛埃；而晋室陵迟，德声不振，引领东望，有年月矣。会获来贶，情在暗至，有何已已。”自是聘使相继。

二年夏五月，张骏闻赵兵为后赵所败，乃去赵官爵，复称晋大将军、凉州牧。遣武威太守窦涛、金城太守张阆、武兴太守辛岩、扬烈将军宋辑等帅众数万，东会韩璞攻掠赵秦州诸郡。赵南阳王胤将兵击之，屯狄道。枹罕护军辛晏告急，秋，骏使韩璞、辛岩救之。璞进度沃干岭，岩欲速战，璞曰："夏末以来，日星数有变，不可轻动。且曜与石勒相攻，胤必不能久与我相守也。"与胤夹洮相持七十余日。

冬十月，璞遣辛岩督运于金城，胤闻之曰："韩璞之众十倍于吾，吾粮不多，难以持久。今虏分兵运粮，天授我也。若败辛岩，璞等自溃。"乃帅骑三千袭岩于沃干岭，败之，遂前逼璞营。璞众大溃，胤乘胜追奔，济河，攻拔令居，斩首二万级，进据振武。河西大骇。张阆、辛晏帅其众数万降赵，骏遂失河南之地。

三年。张骏治兵，欲乘虚袭长安。理曹郎中索询谏曰："刘曜虽东征，其子胤守长安，未易轻也。借使小有所获，彼若释东方之图还与我校，祸难之期，未可量也。"骏乃止。

五年夏五月，张骏因前赵之亡，复收河南地，至于狄道，置五屯护军，与赵分境。六月，赵遣鸿胪孟毅拜骏征西大将军、凉州牧，加九锡。骏耻为之臣，不受，留毅不遣。

七年。凉州僚属劝张骏称凉王，领秦、凉二州牧，置公卿百官，如魏武、晋文故事。骏曰："此非人臣所宜言也。敢言此者，罪不赦！"然境内皆称之为王。骏立次子重华为世子。

八年。初，张骏欲假道于成以通表建康，成主雄不许。骏乃遣治中从事张淳称藩于成以假道，雄伪许之，将使盗覆诸东峡。蜀人桥赞密以告淳，淳谓雄曰："寡君使小臣行无迹之地，万里通诚于建康者，以陛下嘉尚忠义，能成人之美故也。若欲杀臣者，当斩之都市，宣示众目曰：'凉州不忘旧德，通使琅邪，主圣臣明，发觉杀之。'如此则义声远播，天下畏威。今使盗杀之江中，威刑不显，何足以示天下乎！"雄大惊曰："安有此邪？"司隶校尉景骞言于雄曰："张淳壮士，请留之。"雄曰："壮士安肯留！且试以卿意观之。"骞谓淳曰："卿体丰大，天热，可且遣下吏，小住须凉。"淳曰："寡君以皇舆播越，梓宫未返，生民涂炭，莫之振救，故遣淳通诚上都。所论事重，非下吏所能传。使下吏可了，则淳亦不来矣。虽火山汤海，犹将赴之，岂寒暑之足惮哉！"雄谓淳曰："贵主英名盖世，土险兵强，何不亦称帝自娱一方？"淳曰："寡君祖考以来，世笃忠贞，以仇耻未雪，枕戈待旦，何自娱之有！"雄甚惭，曰："我之祖考本亦晋臣，遭天下大乱，与六郡之民避难此州，为众所推，遂有今日。琅邪若能中兴大晋于中国者，亦当帅众辅之。"厚为淳礼而遣之。淳卒致命于建康。

长安之失守也，敦煌计吏耿访自汉中入江东，屡上书请遣大使慰抚凉州。朝廷以访守持书御史，拜张骏镇西大将军，选陇西贾陵等十二人配之。访至梁州，道不通，以诏书付贾陵，诈为贾客以达之。是岁，陵始至凉州，骏遣部曲督王丰等报谢。

九年春二月丁卯，诏遣耿访、王丰赍印绶授张骏大将军、都督陕西雍秦凉州诸军事。自是每岁使者不绝。

咸康元年。初，张轨及二子寔、茂虽保据河右，而军旅之事无岁无之。及张骏嗣位，境内渐平。骏勤修庶政，总御文武，咸得其用，民富兵强，远近称之以为贤君。骏遣将杨宣伐龟兹、鄯善，于是西域诸国焉耆、于窴之属，皆诣姑臧朝贡。骏于姑臧南作五殿，官属皆称臣。

骏有兼秦、雍之志，遣参军麹护上疏，以为："勒、雄既死，虎、期继逆，兆庶离主，渐冉经世。先老消落，后生不识，慕恋之心，日远日忘。乞敕司空鉴、征西亮等泛舟江、沔，首尾齐举。"

五年九月，张骏立辟雍、明堂以行礼。十一月，以世子重华行凉州事。

六年春三月，张骏遣别驾马诜入贡于赵，表辞蹇傲。赵王虎怒，欲斩诜。侍中石璞谏曰："今国家所当先除者，遗晋也；河西僻陋，不足为意。今斩马诜，必征张骏，则兵力分而为二，建康复延数年之命矣。"乃止。璞，苞之曾孙也。

穆帝永和元年十二月，张骏伐焉耆，降之。是岁，骏分武威等十一郡为凉州，以世子重华为刺史。分兴晋等八郡为河州，以宁戎校尉张瓘为刺史。分敦煌等三郡及西域都护等三营为沙州，以西胡校尉杨宣为刺史。骏自称大都督、大将军、假凉王，督摄三州。始置祭酒、郎中、大夫、舍人、谒者等官，官号皆仿天朝，而微变其名。车服旌旗，拟于王者。

二年夏五月丙戌，西平忠成公张骏薨。官属上世子重华为使持节、大都督、太尉、护羌校尉、凉州牧、西平公、假凉王，赦其境内。尊嫡母严氏为大王太后，母马氏为王太后。

赵将军王擢击张重华，袭武街，执护军曹权、胡宣，徙七千余户于雍州。凉州刺史麻秋、将军孙伏都攻金城，太守张冲请降，凉州震动。重华悉发境内兵使征南将军裴恒将之以御赵。恒壁于广武，久而不战。凉州司马张耽言于重华曰："国之存亡在兵，兵之胜败在将。今议者举将，多推宿旧。夫韩信之举，非旧德也。盖明主之举，用无常人，才之所堪，则授以大事。今强寇在境，诸将不进，人情危惧。主簿谢艾，兼资文武，可用以御赵。"重华召艾，问以方略，艾愿请兵七千人，必破赵以报。重华拜艾中坚将军，给步骑五千使击秋。艾引兵出振武，夜有二枭鸣于牙中，艾曰："六博得枭者胜。今枭鸣牙中，克敌之兆也。"进与赵战，大破之，斩首五千级。重华封艾为福禄伯。

三年夏四月，赵凉州刺史麻秋攻枹罕。晋昌太守郎坦以城大难守，欲弃外城。武成太守张悛曰："弃外城则动众心，大事去矣！"宁戎校尉张璩从悛言，固守大城。秋帅众八万围堑数重，云梯地突，百道皆进。城中御之，秋众死伤数万。赵王虎复遣其将刘浑等帅步骑二万会之。郎坦恨言不用，教军士李嘉潜引赵兵千余人登城。璩督诸将力战，杀二百余人，赵兵乃退。璩烧其攻具，秋退保大夏。

虎以中书监石宁为征西将军，帅并、司州兵二万余人为秋等后继。张重华将宋秦等帅户二万降于赵。重华以谢艾为使持节、军师将军，帅步骑三万进军临河。艾乘轺车，戴白帢，鸣鼓而行。秋望见，怒曰："艾年少书生，冠服如此，轻我也。"命黑稍龙骧三千人驰击之，艾左右大扰。或劝艾宜乘马，艾不从，下车，踞胡床，指麾处分。赵人以为有伏兵，惧不敢进。别将张瑁自间道引兵截赵军后，赵军退，艾乘势进击，大破之，斩其将杜勋、汲鱼，获首虏一万三千级，秋单马奔大夏。

五月，秋与石宁复帅众十二万进屯河南，刘宁、王擢略地晋兴、广武、武街，至于曲柳。张重华使将军牛旋御之，退守枹罕，姑臧大震。重华欲亲出拒之，谢艾固谏。别驾从事索遐曰："君者一国之镇，不可轻动。"乃以艾为使持节、都督征讨诸军事、行卫将军，遐为军正将军，帅步骑二万拒之。别将杨康败刘宁于沙阜，宁退屯金城。

秋七月，赵王虎复遣征西将军孙伏都、将军刘浑帅步骑二万会麻秋军，长驱济河，击张重华遂城、长最。谢艾建牙誓众，有风吹旌旗东南指，索遐曰："风为号令，今旌旗指敌，天所赞也。"艾军于神鸟，王擢与艾前锋战，败走还河南。八月戊午，艾进击秋，大破之，秋遁归金城。虎闻之，叹曰："吾以偏师定九州，今以九州之力困于枹罕，彼有人焉，未可图也。"艾还讨叛虏斯骨真等万余落，皆破平之。

九月，赵麻秋又袭张重华将张瑁，败之，斩首三千余级。枹罕护军李逵帅众七千降于赵。自河以南，氐、羌皆附于赵。

冬十月乙丑，遣侍御史俞归至凉州，授张重华侍中、大都督、督陇右关中诸军事、大将军、凉州刺史、西平公。归至姑臧，重华欲称凉王，未肯受诏，使所亲沈猛私谓归曰："主公奕世为晋忠臣，今曾不如鲜卑，何也？朝廷封慕容皝为燕王，而主公才为大将，何以表劝忠贤乎！明台宜移河右，共劝州主为凉王。人臣出使，苟利社稷，专之可也。"归曰："吾子失言。昔三代之王也，爵之贵者莫若上公。及周之衰，吴、楚始僭号称王，而诸侯亦不之非，盖以蛮夷畜之也。借使齐、鲁称王，诸侯岂不四面攻之乎，汉高祖封韩、彭为王，寻皆诛灭，盖权时之宜，非厚之也。圣上以贵公忠贤，故爵以上公，任以方伯，宠荣极矣，岂鲜卑夷狄所可比哉！且吾闻之，功有大小，赏有重轻。今贵公始继世而为王，若帅河右之众东平胡羯，修复陵庙，迎天子返洛阳，将何以加之乎？"重华乃止。

五年秋九月，凉州官属共上张重华为丞相、凉王、雍秦凉三州牧。重华屡以钱帛赐左右宠臣，又喜博奕，颇废政事。征事索振谏曰："先王夙夜勤俭，以实府库，正以仇耻未雪，志平海内故也。殿下嗣位之初，强寇侵逼，赖重饵之故，得战士死力，仅保杜稷。今蓄积已虚，而寇仇尚在，岂可轻有耗散，以与无功之人乎，昔汉光武躬亲万机，章奏诣阙，报不终日，故能隆中兴之业。今章奏停滞，动经时月，下情不得上通，沉冤困于囹圄，殆非明主之事也!”重华谢之。

## 王敦平湘汉

晋怀帝永嘉五年。巴、蜀流民布在荆、湘间,数为土民所侵苦。蜀人李骧聚众据乐乡反,南平太守应詹与醴陵令杜弢共击破之。荆州刺史王澄使成都内史王机讨骧,骧请降。澄伪许而袭杀之,以其妻子为赏,沉八千余人于江;流民益怨忿。蜀人杜畴等复反。湘州参军冯素与蜀人汝班有隙,言于刺史荀眺曰:“巴、蜀流民皆欲反。”眺信之,欲尽诛流民。流民大惧,四五万家一时俱反,以杜弢州里重望,共推为主。弢自称梁、益二州牧,领湘州刺史。

王敦为扬州刺史,寻加都督征讨诸军事。

夏四月,杜弢攻长沙。五月,荀眺弃城奔广州,弢追擒之。于是弢南破零、桂,东掠武昌,杀二千石、长吏甚众。

六年。故新野王歆牙门将胡亢聚众于竟陵,自号楚公,寇掠荆土,以歆南蛮司马新野杜曾为竟陵太守。曾勇冠三军,能被甲游于水中。

王澄在荆州,悦成都内史王机,谓为(巳)〔己〕亚,使之内综心膂,外为爪牙。澄屡为杜弢所败,望实俱损,犹傲然自得,无忧惧之意,但与机日夜纵酒博奕,由是上下离心。南平太守应詹屡谏,不听。

澄自出军击杜弢,军于作塘。故山简参军王冲拥众迎应詹为刺史,詹以冲无赖,弃之还南平,冲乃自称刺史。澄惧,使其将杜蕤守江陵,徙治孱陵,寻又奔沓中。别驾郭舒谏曰:“使君临州，虽无异政，然一州人心所系。今西收华容之兵，足以擒此小丑，奈何自弃，遽为奔亡乎！”澄不从，欲将舒东下。舒曰：“舒为万里纪纲，不能匡正，令使君奔亡，诚不忍渡江。”乃留屯（沔）〔沌〕口。琅邪王睿闻之，召澄为军谘祭酒，以军咨祭酒周顗代之，澄乃赴召。

顗始至州，建平流民傅密等叛迎杜弢，弢别将王真袭沔阳，顗狼狈失据。征讨都督王敦遣武昌太守陶侃、寻阳太守周访、历阳内史甘卓共击弢，敦进屯豫章，为诸军继援。

王澄过诣敦，自以名声素出敦右，犹以旧意侮敦。敦怒，诬其与杜弢通信，遣壮士搤杀之。王机闻澄死，惧祸，以其父毅、兄矩皆尝为广州刺史，就敦求广州，敦不许。会广州将温邵等叛刺史郭讷，迎机为刺史，机遂将奴客门生千余人入广州。讷遣兵拒之，将士皆机父兄时部曲，不战迎降；讷乃避位，以州授之。

愍帝建兴元年。胡亢性猜忌，杀其骁将数人。杜曾惧，潜引王冲之兵使攻亢。亢悉精兵出拒之，城中空虚，曾因杀亢而并其众。

周顗屯浔水城，为杜弢所困。陶侃使明威将军朱伺救之，弢退保泠口。侃曰：“弢必步向武昌。”乃自径道还郡以待之，弢果来攻。侃使朱伺逆击，大破之，弢遁归长沙。周顗出浔水投王敦于豫章，敦留之。陶侃使参军王贡告捷于敦，敦曰：“若无陶侯，便失荆州矣！”乃表侃为荆州刺史，屯沔江。左丞相睿召周顗，复以为军谘祭酒。

〔秋九月〕，王贡自王敦所还，至竟陵，矫陶侃之命，以杜曾为前锋大都督，击王冲，斩之，悉降其众。侃召曾，曾不至。贡恐以矫命获罪，遂与曾反击侃。冬十月，侃兵大败，仅以身免。敦表侃以白衣领职。侃复帅周访等进击杜弢，大破之，敦乃奏复侃官。

二年春三月，杜弢将王真袭陶侃于(休)〔林〕障，侃奔滠中。周访救侃，击弢兵破之。

三年春二月，王敦遣陶侃、甘卓等讨杜弢，前后数十战，弢将士多死，乃请降于丞相睿，睿不许。弢遗南平太守应詹书，自陈昔与詹"共讨乐乡，本同休戚。后在湘中，惧死求生，遂相结聚。傥以旧交之情，为明枉直，使得输诚盟府，厕列义徒，或北清中原，或西取李雄，以赎前愆，虽死之日，犹生之年也！"詹为启呈其书，且言："弢，益州秀才，素有清望，为乡人所逼。今悔恶归善，宜命使抚纳，以息江、湘之民。"睿乃使前南海太守王运受弢降，赦其反逆之罪，以弢为巴东监军。弢既受命，诸将犹攻之不已。弢不胜愤怒，遂杀运复反，遣其将杜弘、张彦杀临川内史谢摛，遂陷豫章。三月，周访击彦，斩之，弘奔临贺。

秋八月，陶侃与杜弢相攻，弢使王贡出挑战，侃遥谓之曰："杜弢为益州小吏，盗用库钱，父死不奔丧。卿本佳人，何为随之？天下宁有白头贼邪！"贡初横脚马上，闻侃言，敛容下脚。侃知可动，复遣使谕之，截发为信，贡遂降于侃。弢众溃，遁走，道死。侃与南平太守应詹进克长沙，湘州悉平。丞相睿承制赦其所部，进王敦镇东大将军，加都督江扬荆湘交广六州诸军事、江州刺史。敦始自选置刺史以下，浸益骄横。

初，朝廷闻张光死，以侍中第五猗为安南将军、监荆梁益宁四州诸军事、荆州刺史，自武关出。杜曾迎猗于襄阳，为兄子娶猗女，遂聚兵万人，与猗分据汉、沔。

陶侃既破杜弢，乘胜进击曾，有轻曾之志。司马鲁恬谏曰：

"凡战当先料其将。今使君诸将,无及曾者,未易可逼也。"侃不从,进围曾于石城。曾军多骑兵,密开门突侃陈,出其后反击之,侃兵死者数百人。曾将趋顺阳,下马拜侃,告辞而去。

时荀崧都督荆州江北诸军事,屯宛,曾引兵围之。崧兵少食尽,欲求救于故吏襄阳太守石览。崧小女灌,年十三,帅勇士数十人,逾城突围夜出,且战且前,遂达览所。又为崧书,求救于南中郎将周访。访遣子抚帅兵三千,与览共救崧,曾乃遁去。

曾复致笺于崧,求讨丹水贼以自效,崧许之。陶侃遗崧书曰:"杜曾凶狡,所谓鸱枭,食母之物。此人不死,州土未宁,足下当识吾言!"崧以宛中兵少,藉曾为外援,不从。曾复帅流亡二千余人围襄阳,数日,不克而还。

王敦嬖人吴兴钱凤疾陶侃之功,屡毁之。侃将还江陵,欲诣敦自陈,朱伺及安定皇甫方回谏曰:"公入必不出。"侃不从。既至,敦留侃不遣,左转广州刺史,以其从弟丞相军谘祭酒廙为荆州刺史。荆州将吏郑攀、马儁等诣敦,上书留侃,敦怒,不许。攀等以侃始灭大贼,而更被黜,众情愤惋。又以廙忌戾难事,遂帅其徒三千人屯涢口,西迎杜曾。廙为攀等所袭,奔于江安。杜曾与攀等北迎第五猗以拒廙。廙督诸军讨曾,复为曾所败。敦意攀承侃风旨,被甲持矛将杀侃,出而复还者数四。侃正色曰:"使君雄断,当裁天下,何此不决乎!"因起如厕。谘议参军梅陶、长史陈颁言于敦曰:"周访与侃亲姻,如左右手,安有断人左手而右手不应者乎!"敦意解,乃设盛馔以饯之。侃便夜发,敦引其子瞻为参军。

初,交州刺史顾秘卒,州人以秘子寿领州事。帐下督梁硕起兵攻寿,杀之,硕遂专制交州。王机自以盗据广州,恐王敦讨之,更求交州。会杜弘诣机降，敦欲因机以讨硕，乃以降杜弘为机功，转交州刺史。机至郁林，硕迎前刺史修则子湛行州事以拒之。机不得进，乃更与杜弘及广州将温卲、交州秀才刘沈谋，复还据广州。陶侃至始兴，州人皆言"宜观察形势，不可轻进"。侃不听，直至广州，诸郡县皆已迎机矣。杜弘遣使伪降，侃知其谋，进击弘，破之，遂执刘沈于小桂。遣督护许高讨王机，走之。机病死于道，高掘其尸斩之。诸将皆请乘胜击温卲，侃笑曰："吾威名已着，何事遣兵！但一函纸自定耳。"乃下书谕之。卲惧而走，追获于始兴。杜弘诣王敦降，广州遂平。敦以杜弘为将，宠任之。

元帝建武元年〔秋八月〕，郑攀等相与拒王廙，众心不壹，散还横桑口，欲入杜曾。王敦遣武昌太守赵诱、襄阳太守朱轨击之，攀等惧，请降。杜曾亦请击第五猗于襄阳以自赎。

廙将赴荆州，留长史刘浚镇扬口垒。竟陵内史朱伺谓廙曰："曾猾贼也，外示屈服，欲诱官军使西，然后兼道袭扬口耳。宜大部分，未可便西。"廙性矜厉自用，以伺为老怯，遂西行。曾等果还趋扬口，廙乃遣伺归，裁至垒，即为曾所围。刘浚自守北门，使伺守南门。马儁从曾来攻垒，儁妻子先在垒中，或欲皮其面以示之。伺曰："杀其妻子，未能解围，但益其怒耳。"乃止。曾攻陷北门，伺被伤，退入船，开船底以出，沉行五十步，乃得免。曾遣人说伺曰："马儁德卿全其妻子，今尽以卿家内外百口付儁，儁已尽心收视，卿可来也。"伺报曰："吾年六十余，不能复与卿作贼。吾死亦当南归，妻子付汝裁之。"乃就王廙于甑山，病创而卒。

戊寅，赵诱、朱轨及陵江将军黄峻舆曾战于女观湖，诱等皆败死。曾乘胜径造沔口，威震江、沔。

王使豫章太守周访击之。访有众八千，进至沌阳。曾锐气甚盛，访使将军李恒督左甄，许朝督右甄，访自领中军。曾先攻左右甄，访于阵后射雉以安众心。令其众曰："一甄败，鸣三鼓；两甄败，鸣六鼓。"赵诱子胤，将父余兵属左甄，力战，败而复合，驰马告访。访怒，叱令更进，胤号哭还战。自旦至申，两甄皆败。访选精锐八百人，自行酒饮之，敕不得妄动，闻鼓音乃进。曾兵未至三十步，访亲鸣鼓，将士皆腾跃奔赴，曾遂大溃，杀千余人。访夜追之，诸将请待明日。访曰："曾骁勇能战，向者彼劳我逸，故克之。宜及其衰乘之，可灭也。"乃鼓行而进，遂定汉、沔。曾走保武当，王廙始得至荆州。访以功迁梁州刺史，屯襄阳。



大兴元年冬十一月，诏以王敦为荆州牧，加陶侃都督交州诸军事。敦固辞州牧，乃听为刺史。

二年夏四月，周访击杜曾，大破之。马儁等执曾以降，访斩之，并获第五猗送于武昌。访以猗本中朝所署，加有时望，白王敦不宜杀，敦不听而斩之。

## 石勒寇河朔

晋惠帝太安二年。安北将军、都督幽州诸军事王浚，以天下方乱，欲结援夷狄，乃以一女妻鲜卑段务勿尘，又表以辽西郡封务勿尘为辽西公。



怀帝永嘉四年冬十月壬子，以刘琨为平北大将军，王浚为司空，进鲜卑段务勿尘为大单于。

五年秋七月，王浚设坛告类，立皇太子，布告天下，称受中诏承制封拜，备置百官，列署征、镇，以荀藩为太尉，琅邪王睿为大将军。浚自领尚书令，以裴宪及其婿枣嵩为尚书，以田徽为兖州刺史，李恽为青州刺史。

刘琨长于招怀，而短于抚御，一日之中，虽归者数千，而去者亦相继。〔冬十二月〕，琨遣子遵请兵于代公猗卢，又遣族人高阳内史希合众于中山，幽州所统代郡、上谷、广宁之民多归之，众至三万。王浚怒，遣燕相胡矩督诸军，与辽西公段疾陆眷共攻希，杀之，驱略三郡士女而去。疾陆眷，务勿尘之子也。

六年冬十二月，广平游纶、张豺拥众数万据苑乡，受王浚假署；石勒遣夔安、支雄等七将攻之，破其外垒。浚遣督护王昌帅诸军及辽西公段疾陆眷、疾陆眷弟匹磾、文鸯、从弟末柸部众五万攻勒于襄国。

疾陆眷屯于渚阳，勒遣诸将出战，皆为疾陆眷所败。疾陆眷大造攻具，将攻城。勒众甚惧。勒召将佐谋之曰："今城堑未固，粮储不多，彼众我寡，外无救援。吾欲悉众与之决战，何如？"诸将皆曰："不如坚守以疲敌，待其退而击之。"张宾、孔苌曰："鲜卑之种，段氏最为勇悍，而末柸尤甚，其锐卒皆在末柸所。今闻疾陆眷刻日攻北城，其大众远来，战斗连日，谓我孤弱不敢出战，意必懈惰。宜且勿出，示之以怯，凿北城为突门二十余道，俟其来至，列守未定，出其不意，直冲末柸帐，彼必震骇，不暇为计，破之必矣。末柸败，则其余不攻而溃矣。"勒从之，密为突门。既而疾陆眷攻北城，勒登城望之，见其将士或释仗而寝，乃命孔苌督锐卒自突门出击之，城上鼓噪以助其势。苌攻末柸帐，不能克而退。末柸逐之，入其垒门，为勒众所获。疾陆眷等军皆退走。苌乘胜追击，枕尸三十余里，获铠马五千匹。疾陆眷收其余众，还屯渚阳。

勒质末柸，遣使求和于疾陆眷，疾陆眷许之。文鸯谏曰："今以末柸一人之故而纵垂亡之虏，得无为王彭祖所怨，招后患乎！"疾陆眷不从，复以铠马金银赂勒，且以末柸三弟为质而请末柸。诸将皆劝勒杀末柸，勒曰："辽西鲜卑健国也，与我素无仇雠，为王浚所使耳。今杀一人而结一国之怨，非计也。归之必深德我，不复为浚用矣。"乃厚以金帛报之，遣石虎与疾陆眷盟于渚阳，结为兄弟。疾陆眷引归，王昌等不能独留，亦引兵还蓟。勒召末柸，与之燕饮，誓为父子，遣还辽西。末柸在涂，日南向而拜者三，由是段氏专心附勒，王浚之势遂衰。



游纶、张豺请降于勒。勒攻信都，杀冀州刺史王象。浚复以邵举行冀州刺史，保信都。

愍帝建兴元年夏四月，石勒使石虎攻邺，邺溃，刘演奔廪丘。刘琨复以刘演为兖州刺史，镇廪丘。

石勒攻李恽于上白，斩之。王浚复以薄盛为青州刺史。

王浚使枣嵩督诸军屯易水，召段疾陆眷，欲与之共击石勒。疾陆眷不至。浚怒，以重币赂拓跋猗卢，并檄慕容廆等共讨疾陆眷。猗卢遣右贤王六脩将兵会之，为疾陆眷所败。

五月，石勒使孔苌击定陵，杀田徽；薄盛帅所部降勒。山东郡县，相继为勒所取。汉主聪以勒为侍中、征东大将军。乌桓亦叛王浚，潜附于勒。



冬十一月，王浚以其父字处道，自谓应"当涂高"之谶，谋称尊号。前勃海太守刘亮、北海太守王抟、司空掾高柔切谏，浚皆杀之。燕国霍原，志节清高，屡辞征辟。浚以尊号事问之，原不答。浚诬原与群盗通，杀而枭其首。于是士民骇怨，而浚矜豪日甚，不亲政事，所任皆苛刻小人，枣嵩、朱硕贪横尤甚。北州谣曰:“府中赫赫朱丘伯,十囊五囊入枣郎。”调发殷烦,下不堪命,多叛入鲜卑。从事韩咸监护柳城,盛称慕容廆能接纳士民,欲以讽浚;浚怒,杀之。

浚始者唯恃鲜卑、乌桓以为强,既而皆叛之。加以蝗旱连年,兵势益弱。石勒欲袭之,未知虚实,将遣使觇之。参佐请用羊祜、陆抗故事,致书于浚。勒以问张宾,宾曰:“浚名为晋臣,实欲废晋自立,但患四海英雄莫之从耳。其欲得将军,犹项羽之欲得韩信也。将军威振天下,今卑辞厚礼折节事之,犹惧不信,况为羊、陆之亢敌乎!夫谋人而使人觉其情,难以得志矣。”勒曰:“善。”十二月,勒遣舍人王子春、董肇多赍珍宝,奉表于浚曰:“勒本小胡,遭世饥乱,流离屯厄,窜命冀州,窃相保聚以救性命。今晋祚沦夷,中原无主;殿下州乡贵望,四海所宗,为帝王者,非公复谁?勒所以捐躯起兵,诛讨暴乱者,正为殿下驱除尔。伏愿殿下应天顺人,早登皇祚。勒奉戴殿下如天地父母,殿下察勒微心,亦当视之如子也。”又遗枣嵩书,厚赂之。

浚以段疾陆眷新叛,士民多弃己去,闻勒欲附之,甚喜。谓子春曰:“石公一时英杰,据有赵、魏,乃欲称藩于孤,其可信乎?”子春曰:“石将军才力强盛,诚如圣旨。但以殿下中州贵望,威行夷夏,自古胡人为辅佐名臣则有矣,未有为帝王者也。石将军非恶帝王不为而让于殿下,顾以帝王自有历数,非智力之所取,虽强取之,必不为天人之所与故也。项羽虽强,终为汉有。石将军之比殿下,犹阴精之与太阳,是以远鉴前事,归身殿下,此乃石将军之明识,所以远过于人也,殿下又何怪乎!”浚大悦,封子春、肇皆为列侯,遣使报聘,以厚币酬之。

游纶兄统为浚司马,镇范阳,遣使私附于勒。勒斩其使以送浚。浚虽不罪统，益信勒为忠诚，无复疑矣。

二年春正月壬辰，王子春等及王浚使者至襄国，石勒匿其劲卒精甲，羸师虚府以示之，北面拜使者而受书。浚遗勒麈尾，勒阳不敢执，悬之于壁，朝夕拜之，曰："我不得见王公，见其所赐，如见公也。"复遣董肇奉表于浚，期以三月中旬亲诣幽州奉上尊号，亦修笺于枣嵩，求并州牧、广平公。

勒问浚之政事于王子春，子春曰："幽州去岁大水，人不粒食，浚积粟百万，不能赈赡。刑政苛酷，赋役殷烦，忠贤内离，夷狄外叛。人皆知其将亡，而浚意气自若，曾无惧心。方更置立台阁，布列百官，自谓汉高、魏武不足比也。"勒抚几笑曰："王彭祖真可擒也！"浚使者还蓟，具言石勒形势寡弱，款诚无二。浚大悦，益骄怠，不复设备。

二月，石勒纂严，将袭王浚，而犹豫未发。张宾曰："夫袭人者，当出其不意。今军严经日而不行，岂非畏刘琨及鲜卑、乌桓为吾后患乎？"勒曰："然。为之奈何？"宾曰："彼三方智勇无及将军者，将军虽远出，彼必不敢动，且彼未谓将军便能悬军千里取幽州也。轻军往返，不出二旬，藉使彼虽有心，比其谋议出师，吾已还矣。且刘琨、王浚虽同名晋臣，实为仇敌。若修笺于琨，送质请和，琨必喜我之服，而快浚之亡，终不救浚而袭我也。用兵贵神速，勿后时也。"勒曰："吾所未了，右侯已了之，吾复何疑！"遂以火宵行，至柏人，杀主簿游纶，以其兄统在范阳，恐泄军谋故也。遣使奉笺送质于刘琨，自陈罪恶，请讨浚以自效。琨大喜，移檄州郡，称："已与猗卢方议讨勒，勒走伏无地，求拔幽都以赎罪。今便当遣六脩南袭平阳，除僭伪之逆类，降知死之逋羯，顺天副民，翼奉皇家，斯乃曩年积诚灵祐之所致也！"

三月，勒军达易水，王浚督护孙纬驰遣白浚，将勒兵拒之，游统禁之。浚将佐皆曰："胡贪而无信，必有诡计。请击之！"浚怒曰："石公来，正欲奉戴我耳。敢言击者斩！"众不敢复言。浚设飨以待之。壬申，勒晨至蓟，叱门者开门。犹疑有伏兵，先驱牛羊数千头，声言上礼，实欲塞诸街巷。浚始惧，或坐或起。勒既入城，纵兵大掠，浚左右请御之，浚犹不许。勒升其听事，浚乃走出堂皇，勒众执之。勒召浚妻，与之并坐，执浚立于前。浚骂曰："胡奴调乃公，何凶逆如此！"勒曰："公位冠元台，手握强兵，坐观本朝倾覆，曾不救援，乃欲自尊为天子，非凶逆乎？又委任奸贪，残虐百姓，贼害忠良，毒遍燕土，此谁之罪也？"使其将王洛生以五百骑先送浚于襄国。浚自投于水，束而出之，斩于襄国市。

勒杀浚麾下精兵万人。浚将佐等争诣军门谢罪，馈赂交错。前尚书裴宪、从事中郎荀绰独不至，勒召而让之曰："王浚暴虐，孤讨而诛之，诸人皆来庆谢，二君独与之同恶，将何以逃其戮乎！"对曰："宪等世仕晋朝，荷其荣禄，浚虽凶粗，犹是晋之藩臣，故宪等从之，不敢有贰。明公苟不修德义，专事威刑，则宪等死自其分，又何逃乎！请就死。"不拜而出。勒召而谢之，待以客礼。绰，勖之孙也。勒数朱硕、枣嵩等以纳贿乱政，为幽州患，责游统以不忠所事，皆斩之。籍浚将佐亲戚家赀，皆至巨万，惟裴宪、荀绰止有书百余帙，盐米各十余斛而已。勒曰："吾不喜得幽州，喜得二子。"以宪为从事中郎，绰为参军。分遣流民各还乡里。勒停蓟二日，焚浚宫殿，以故尚书燕国刘翰行幽州刺史，戍蓟，置守宰而还。孙纬遮击之，勒仅而得免。

勒至襄国，遣使奉王浚首献捷于汉，汉以勒为大都督、督陕东诸军事、骠骑大将军、东单于，增封十二郡。勒固辞，受二郡而已。

初，王浚以邵续为乐陵太守，屯厌次。浚败，续附于石勒，勒以续子乂为督护。浚所署勃海太守东莱刘胤弃郡依续，谓续曰："凡立大功，必仗大义。君晋之忠臣，奈何从贼以自污乎！"会段匹磾以书邀续同归左丞相睿，续从之。其人皆曰："今弃勒归匹磾，其如乂何？"续泣曰："我岂得顾子而为叛臣哉！"杀异议者数人。勒闻之，杀乂。续遣刘胤使江东，睿以胤为参军，以续为平原太守。石勒遣兵围续，匹磾使其弟文鸯救之，勒引去。

四年夏四月，石勒使石虎攻刘演于廪丘，幽州刺史段匹磾使其弟文鸯救之。虎拔廪丘，演奔文鸯军，虎获演弟启以归。

冬十一月，石勒围乐平太守韩据于坫城，据请救于刘琨。琨新得拓跋猗卢之众，欲因其锐气以讨勒。箕澹、卫雄谏曰："此虽晋民，久沦异域，未习明公之恩信，恐其难用。不若且内收鲜卑之余谷，外抄胡贼之牛羊，闭关守险，务农息兵，待其服化感义，然后用之，则功无不济矣。"琨不从，悉发其众，命澹帅步骑二万为前驱，琨屯广牧，为之声援。

石勒闻澹至，将逆击之。或曰："澹士马精强，其锋不可当。不若且引兵避之，深沟高垒，以挫其锐，必获万全。"勒曰："澹兵虽众，远来疲弊，号令不齐，何精强之有！今寇敌垂至，何可舍去！大军一动，岂易中还！若澹乘我之退而逼之，顾逃溃不暇，焉得深沟高垒乎！此自亡之道也。"立斩言者。以孔苌为前锋都督，令三军："后出者斩！"勒据险要，设疑兵于山上，前设二伏，出轻骑与澹战，阳为不胜而走。澹纵兵追之，入伏中。勒前后夹击，大破之，获铠马万计。澹、雄帅骑千余奔代郡，韩据弃城走，并土震骇。十二月，司空长史李弘以并州降石勒。刘琨进退失据，不知所为。段匹磾遣信邀之，己未，琨帅众从飞狐奔蓟。匹磾见琨，甚相亲重，与之结婚，约为兄弟。勒分徙阳曲、乐平民于襄国，置守宰而还。

元帝建武元年春三月，刘琨、段匹磾相与歃血同盟，期以翼戴晋室。辛丑，琨檄告华夷，遣兼左长史、右司马温峤，匹磾遣左长史荣劭，奉表及盟文，诣建康劝进。

秋七月，段匹磾推刘琨为大都督，檄其兄辽西公疾陆眷及叔父涉复辰、弟末柸等会于固安，共讨石勒。末柸说疾陆眷、涉复辰曰："以父兄而从子弟，耻也；且幸而有功，匹磾独收之，吾属何有哉！"各引兵还。琨、匹磾不能独留，亦还蓟。

大兴元年春正月，辽西公疾陆眷卒，其子幼，叔父涉复辰自立。段匹磾自蓟往奔丧，段末柸宣言："匹磾之来，欲为篡也。"匹磾至右北平，涉复辰发兵拒之。末柸乘虚袭涉复辰，杀之，并其子弟党与，自称单于。迎击匹磾，败之，匹磾走还蓟。

段匹磾之奔疾陆眷丧也，刘琨使其世子群送之。匹磾败，群为段末柸所得，末柸厚礼之，许以琨为幽州刺史，欲与之袭匹磾。密遣使赍群书，请琨为内应，为匹磾逻骑所得。时琨别屯征北小城，不知也，来见匹磾。匹磾以群书示琨曰："意亦不疑公，是以白公耳。"琨曰："与公同盟，庶雪国家之耻，若儿书密达，亦终不以一子之故负公而忘义也！"匹磾雅重琨，初无害琨意，将听还屯。其弟叔军谓匹磾曰："我胡夷耳，所以能服晋人者，畏吾众也。今我骨肉乖离，是其良图之日；若有奉琨以起，吾族尽矣！"匹磾遂留琨。琨之庶长子遵惧诛，与琨左长史杨桥等闭门自守，匹磾攻拔之。代郡太守辟闾嵩、后将军韩据复潜谋袭匹磾，事泄，匹磾执嵩、据及其徒党悉诛之。五月癸丑，匹磾称诏收琨，缢杀之，并杀其子侄四人。琨从事中郎卢谌、崔悦等帅琨余众奔辽西依段末杯，奉刘群为主，将佐多奔石勒。悦，林之曾孙也。朝廷以匹磾尚强，冀其能平河朔，乃不为琨举哀。温峤表琨尽忠帝室，家破身亡，宜在褒恤。卢谌、崔悦因末杯使者，亦上表为琨讼冤。后数岁，乃赠琨太尉、侍中，谥曰愍。于是夷、晋以琨死故，皆不附匹磾。

末杯遣其弟攻匹磾，匹磾帅其众数千将奔邵续。勒将石越邀之于盐山，大败之，匹磾复还保蓟。末杯自称幽州刺史。

二年夏四月，石勒遣石虎击鲜卑日六延于朔方，大破之，斩首二万余级，俘虏三万余人。孔苌攻幽州诸郡，悉取之。段匹磾士卒饥散，欲移保上谷，代王郁律勒兵将击之，匹磾弃妻子奔乐陵依邵续。

三年春正月，段末杯攻段匹磾，破之。匹磾谓邵续曰："吾本夷狄，以慕义破家，君不忘久要，请相与共击末杯。"续许之，遂相与追击末杯，大破之。匹磾与弟文鸯攻蓟，后赵王勒知续势孤，遣中山公虎将兵围厌次，孔苌攻续别营十一，皆下之。二月，续自出击虎，虎伏骑断其后，遂执续，使降其城。续呼兄子竺等谓曰："吾志欲报国，不幸至此。汝等努力奉匹磾为主，勿有贰心。"匹磾自蓟还，未至厌次，闻续已没，众惧而散，复为虎所遮。文鸯以亲兵数百力战，始得入城，与续子缉、兄子存、竺等婴城固守。虎送续于襄国，勒以为忠，释而礼之，以为从事中郎。因下令："自今克敌获士人，毋得擅杀，必生致之。"

吏部郎刘胤闻续被攻，言于帝曰："北方藩镇尽矣，惟余邵续而已；如使复为石虎所灭，孤义士之心，阻归本之路，愚谓宜发兵救之。"帝不能从。闻续已没，乃下诏以续位任授其子缉。

六月，后赵孔苌攻段匹磾，恃胜而不设备，段文鸯袭击，大破之。

四年春三月，后赵中山公虎攻幽州刺史段匹磾于厌次，孔苌攻其统内诸城，悉拔之。段文鸯言于匹磾曰："我以勇闻，故为民所倚望。今视民被掠而不救，是怯也。民失所望，谁复为我致死！"遂帅壮士数十骑出战，杀后赵兵甚众。马乏，伏不能起。虎呼之曰："兄与我俱夷狄，久欲与兄同为一家。今天不违愿，于此得相见，何为复战！请释仗。"文鸯骂曰："汝为寇贼，当死日久，吾兄不用吾策，故令汝得至此。我宁斗死，不为汝屈！"遂下马苦战，槊折，执刀战不已，自辰至申。后赵兵四面解马罗披自鄣，前执文鸯；文鸯力竭被执，城内夺气。

匹磾欲单骑归朝，邵续之弟乐安内史洎勒兵不听。洎复欲执台使王英送于虎。匹磾正色责之曰："卿不能遵兄之志，逼吾不得归朝，亦已甚矣，复欲执天子使者。我虽夷狄，所未闻也！"洎与兄子缉、竺等舆榇出降。匹磾见虎曰："我受晋恩，志在灭汝，不幸至此，不能为汝敬也。"后赵王勒及虎素与匹磾结为兄弟，虎即起拜之。勒以匹磾为冠军将军，文鸯为左中郎将，散诸流民三万余户，复其本业，置守宰以抚之。于是幽、冀、并三州皆入于后赵。匹磾不为勒礼，常着朝服，持晋节。久之，与文鸯、邵续皆为后赵所杀。





## 前赵平秦陇

晋怀帝永嘉元年春三月，以南阳王模为征西大将军，都督秦雍梁益四州诸军事，镇长安。

五年。初，太傅越以南阳王模不能绥抚关中，表征为司空。将军淳于定说模使不就征，模从之，表遣世子保为平西中郎将，镇上邽。秦州刺史裴苞拒之，模使帐下都尉陈安攻苞，苞奔安定，太守贾疋纳之。

秋七月，南阳王模使牙门赵染戍蒲坂，染求冯翊太守不得而怒，帅众降汉，汉主聪以染为平西将军。八月，聪遣染与安西将军刘雅帅骑二万攻模于长安，河内王粲、始安王曜帅大众继之。染败模兵于潼关，长驱至下邽。凉州将北宫纯自长安帅其众降汉。汉兵围长安，模遣淳于定出战而败。模仓库虚竭，士卒离散，遂降于汉。赵染送模于河内王粲，九月，粲杀模。

愍帝建兴三年春二月丙子，以南阳王保为相国。

南阳王模之败也，都尉陈安往归世子保于秦州，保命安将千余人讨叛羌，宠待甚厚。保将张春疾之，谮安，云有异志，请除之。保不许，春辄伏刺客以刺安。安被创，驰还陇城，遣使诣保，贡献不绝。

元帝大兴元年春三月，焦嵩、陈安举兵逼上邽，相国保遣使告急于张寔，寔遣金城太守窦涛督步骑二万赴之。军至新阳，闻愍帝崩，保谋称尊号。破羌都尉张诜言于寔曰："南阳王国之疏属，忘其大耻而亟欲自尊，必不能成功。晋王近亲，且有名德，当帅天下以奉之。"寔从之，遣牙门蔡忠奉表诣建康。比至，帝已即位。寔不用江东年号，犹称建兴。

二年夏四月，南阳王保自称晋王，改元建康，置百官。以张寔为征西大将军、开府仪同三司。陈安自称秦州刺史，降于汉，又降于成。上邽大饥，士众困迫，张春奉保之南安祁山。寔遣韩璞帅步骑五千救之，陈安退保绵诸，保归上邽。未几，保复为安所逼，寔遣其将宋毅救之，安乃退。

（冬十二月），〔是岁〕，屠各路松多起兵于新平、扶风以附晋王保，保使其将杨曼、王连据陈仓，张顗、周庸据阴密，松多据草壁，秦、陇氐、羌多应之。赵主曜遣诸将攻之，不克；曜自将击之。

三年春正月，曜攻陈仓，王连战死，杨曼奔南氐。曜进拔草壁，路松多奔陇城。又拔阴密。晋王保惧，迁于桑城。曜还长安，以刘雅为大司徒。张春谋奉晋王保奔凉州，张寔遣其将阴监将兵迎之，声言翼卫，其实拒之。

闰三月，晋王保将张春、杨次与别将杨韬不协，劝保诛之，且请击陈安，保皆不从。夏五月，春、次幽保，杀之。保体肥大，重八百斤，喜睡，好读书，而暗弱无断，故及于难。保无子，张春立宗室子瞻为世子，称大将军。保众散，奔凉州者万余人。陈安表于赵主曜，请讨瞻等。曜以安为大将军，击瞻，杀之，张春奔枹罕。安执杨次于保柩前斩之，因以祭保。安以天子礼葬保于上邽，谥曰元王。

永昌元年春二月，秦州刺史陈安求朝于曜，曜辞以疾。安怒，以为曜已卒，大掠而归。曜疾甚，乘马舆而还，使其将呼延寔监辎重于后。安邀击，获之，谓寔曰："刘曜已死，子尚谁佐？吾当与子共定大业。"寔叱之曰："汝受人宠禄而叛之，自视智能何如主上？吾见汝不日枭首于上邽市，何谓大业！宜速杀我！"安怒，杀之，以寔长史鲁凭为参军。安遣其弟集帅骑三万追曜，卫将军呼延瑜逆击，斩之。安乃还上邽，遣将袭汧城，拔之。陇上氐、羌皆附于安，有众十余万，自称大都督、假黄钺、大将军、雍凉秦梁四州牧、凉王。以赵募为相国。鲁凭对安大哭曰："吾不忍见陈安之死也！"安怒，命斩之。凭曰："死自吾分，县吾头于上邽市，观赵之斩陈安也。”遂杀之。曜闻之，恸哭曰：“贤人，民之望也。陈安于求贤之秋而多杀贤者，吾知其无能为也！”

休屠王石武以桑城降赵，赵以武为秦州刺史，封酒泉王。

明帝大宁元年夏六月，陈安围赵征西将军刘贡于南安，休屠王石武自桑城引兵趣上邽以救之，与贡合击安，大破之。安收余骑八千，走保陇城。

秋七月，赵主曜自将围陇城，别遣兵围上邽。安频出战，辄败。右军将军刘幹攻平襄，克之，陇上诸县悉降。安留其将杨伯支、姜冲儿守陇城，自帅精骑突围，出奔陕中。曜遣将军平先等追之。安左挥七尺大刀，右运丈八蛇矛，近则刀矛俱发，辄殪五六人，远则左右驰射而走。先亦勇捷如飞，与安搏战，三交，遂夺其蛇矛。会日暮雨甚，安弃马与左右匿于山中，赵兵索之，不知所在。明日，安遣其将石容觇赵兵，赵辅威将军呼延青人获之，拷问安所在，容卒不肯言，青人杀之。雨霁，青人寻其迹，获安于涧曲，斩之。安善抚将士，与同甘苦，及死，陇上人思之，为作壮士之歌。杨伯支斩姜冲儿以陇城降，别将宋亭斩赵募，以上邽降。曜徙秦州大姓杨、姜诸族二千余户于长安。氐、羌皆送任请降，以赤亭羌酋姚弋仲为平西将军，封平襄公。





## 石勒灭前赵

晋元帝大兴元年夏六月，汉主聪寝疾，征大司马曜为丞相，石勒为大将军，皆录尚书事，受遗诏辅政。曜、勒固辞。乃以曜为丞相、领雍州牧，勒为大将军、领幽冀二州牧。勒辞不受。以上洛王景为太宰，济南王骥为大司马，昌国公顗为太师，朱纪为太傅，呼延晏为太保，并录尚书事；范隆守尚书令、仪同三司，靳準为大司空、领司隶校尉，皆迭决尚书奏事。癸亥，聪卒。甲子，太子粲即位，尊皇后靳氏为皇太后，樊氏号弘道皇后，武氏号弘德皇后，王氏号弘孝皇后。立其妻靳氏为皇后，子元公为太子。大赦，改元汉昌。葬聪于宣光陵，谥曰昭武皇帝，庙号烈宗。靳太后等皆年未盈二十，粲多行无礼，无复哀戚。

靳準阴有异志，私谓粲曰："如闻诸公欲行伊、霍之事，先诛太保及臣，以大司马统万机，陛下宜早图之！"粲不从。準惧，复使二靳氏言之，粲乃从之。收其太宰景、大司马骥、骥母弟车骑大将军吴王逞、太师顗、大司徒齐王劢，皆杀之。朱纪、范隆奔长安。八月，粲治兵于上林，谋讨石勒。以丞相曜为相国、都督中外诸军事，仍镇长安。靳準为大将军、录尚书事。粲常游宴后宫，军国之事，一决于準。準矫诏以从弟明为车骑将军，康为卫将军。

準将作乱，谋于王延。延弗从，驰将告之；遇靳康，劫延以归。準遂勒兵升光极殿，使甲士执粲，数而杀之，谥曰隐帝。刘氏男女，无少长皆斩东市。发永光、宣光二陵，斩聪尸，焚其宗庙。準自号大将军、汉天王，称制，置百官。谓安定胡嵩曰："自古无胡人为天子者，今以传国玺付汝，还如晋家。"嵩不敢受，準怒，杀之。遣使告司州刺史李矩曰："刘渊，屠各小丑，因晋之乱，矫称天命，使二帝幽没。辄帅众扶侍梓宫，请以上闻。"矩驰表于帝，帝遣太常韩胤等奉迎梓宫。汉尚书北宫纯等招集晋人，堡于东宫，靳康攻灭之。準欲以王延为左光禄大夫，延骂曰："屠各逆奴，何不速杀我，以吾左目置西阳门，观相国之入也；右目置建春门，观大将军之入也。"準杀之。

相国曜闻乱，自长安赴之。石勒帅精锐五万以讨準，据襄陵北原。準数挑战，勒坚壁以挫之。

冬十月，曜至赤壁，太保呼延晏等自平阳归之，与太傅朱纪等共上尊号。曜即皇帝位，大赦，惟靳準一门不在赦例。改元光初。以朱纪领司徒，呼延晏领司空，太尉范隆以下悉复本位。以石勒为大司马、大将军，加九锡，增封十郡，进爵为赵公。

勒进攻準于平阳，巴及羌、羯降者十余万落，勒皆徙之于所部郡县。汉主曜使征北将军刘雅、镇北将军刘策屯汾阴，与勒共讨準。

十一月，靳準使侍中卜泰送乘舆服御请和于石勒；勒囚泰，送于汉主曜。曜谓泰曰："先帝末年，实乱大伦。司空行伊、霍之权，使朕及此，其功大矣。若早迎大驾者，当悉以政事相委，况免死乎，卿为朕入城，具宣此意。"泰还平阳，準自以杀曜母兄，沉吟未从。十二月，左右车骑将军乔泰、王腾、卫将军靳康等相与杀準，推尚书令靳明为主，遣卜泰奉传国六玺降汉。石勒大怒，进军攻明，明出战，大败，乃婴城固守。

石虎帅幽、冀之兵会石勒攻平阳，靳明屡败，遣使求救于汉。汉主曜使刘雅、刘策迎之，明帅平阳士女万五千人奔汉。曜西屯粟邑，收靳氏男女，无少长皆斩之。曜迎其母胡氏之丧于平阳，葬于粟邑，号曰阳陵，谥曰宣明皇太后。石勒焚平阳宫室，使裴宪、石会修永光、宣光二陵，收汉主粲已下百余口葬之，置戍而归。

二年春二月，石勒遣左长史王脩献捷于汉，汉主曜遣兼司徒郭汜授勒太宰、领大将军，进爵赵王，加殊礼，出警入跸，如曹公辅汉故事。拜王脩及其副刘茂皆为将军，封(烈)〔列〕侯。脩舍人曹平乐从脩至粟邑，因留仕汉，言于曜曰："大司马遣脩等来，外表至诚，内觇大驾强弱。俟其复命，将袭乘舆。"时汉兵实疲弊，曜信之，乃追汜还，斩脩于市。三月，勒还至襄国，刘茂逃归，言脩死状。勒大怒曰："孤事刘氏，于人臣之职有加矣。彼之基业，皆孤所为，今既得志，还欲相图。赵王、赵帝，孤自为之，何待于彼邪！"乃诛曹平乐三族。汉主曜还，都长安。

夏六月，汉主曜立宗庙、社稷、南北郊于长安，诏曰："吾之先，兴于北方。光文立汉宗庙以从民望。今宜改国号，以单于为祖。亟议以闻。"群臣奏："光文始封卢奴伯，陛下又王中山。中山，赵分也，请改国号为赵。"从之。以冒顿配天，光文配上帝。

冬，石勒左右长史张敬、张宾，左右司马张屈六、程遐等劝勒称尊号，勒不许。十一月，将佐等复请勒称大将军、大单于、领冀州牧、赵王，依汉昭烈在蜀、魏武在邺故事，以河内等二十四郡为赵国，太守皆为内史，准禹贡复冀州之境，以大单于镇抚百蛮，罢并、朔、司三州，通置部司以监之；勒许之。戊寅，即赵王位，大赦，依春秋时列国称元年。

初，勒以世乱，律令烦多，命法曹令史贯志采集其要，作辛亥制五千文，施行十余年，乃用律令。以理曹参军上党续咸为律学祭酒；咸用法详平，国人称之。以中垒将军支雄、游击将军王阳领门臣祭酒，专主胡人辞讼。重禁胡人不得陵侮衣冠华族，号胡为国人。遣使循行州郡，劝课农桑。朝会始用天子礼乐，衣冠、仪物从容可观矣。加张宾大执法，专总朝政。以石虎为单于元辅、都督禁卫诸军事，寻加骠骑将军、侍中、开府，赐爵中山公。自余群臣，授位进爵各有差。

三年春二月，赵将尹安、宋始、宋恕、赵慎四军屯洛阳，叛降后赵。后赵将石生引兵赴之，安等复叛降司州刺史李矩。矩使颍川太守郭默将兵入洛。石生虏宋始一军，北渡河，于是河南之民皆相帅归矩，洛阳遂空。

明帝太宁二年春正月，后赵将兵都尉石瞻寇下邳、彭城，取东莞、东海，刘遐退保泗口。司州刺史石生击赵河南太守尹平于新安，斩之，掠五千余户而归。自是二赵构隙，日相攻掠，河东、弘农之间民不聊生矣。

石生寇许、颍，俘获万计。攻郭诵于阳翟，诵与战，大破之，生退守康城。后赵汲郡内史石聪闻生败，驰救之，进攻司州刺史李矩、颍川太守郭默，皆破之。

三年春三月，北羌王盆句除附于赵，后赵将石佗自雁门出上郡袭之，俘三千余落，获牛马羊百余万而归。赵主曜遣中山王岳追之，曜屯于富平为岳声援。岳与石佗战于河滨，斩之，后赵兵死者六千余人，岳悉收所虏而归。

夏五月，后赵将石生屯洛阳，寇掠河南，司州刺史李矩、颍川太守郭默军数败，又乏食，乃遣使附于赵。赵主曜使中山王岳将兵万五千人趣孟津，镇东将军呼延谟帅荆、司之众自崤、渑而东，欲会矩、默共攻石生。岳克孟津、石梁二戍，斩获五千余级，进围石生于金墉。后赵中山公虎帅步骑四万入自成皋关，与岳战于洛西。岳兵败，中流矢，退保石梁。虎作堑栅环之，遏绝内外。岳众饥甚，杀马食之。虎又击呼延谟，斩之。曜自将兵救岳，虎帅骑三万逆战。赵前军将军刘黑击虎将石聪于八特阪，大破之。曜屯于金谷，夜，军中无故大惊，士卒奔溃，乃退屯渑池。夜，又惊溃，遂归长安。六月，虎拔石梁，禽岳及其将佐八十余人，氐、羌三千余人，皆送襄国，坑其士卒九千人。遂攻王腾于并州，执腾杀之，坑其士卒七千余人。曜还长安，素服郊次，哭七日乃入城，因愤恚成疾。郭默复为石聪所败，弃妻子南奔建康。李矩将士阴谋叛降后赵，矩不能讨，亦帅众南归，众皆道亡，惟郭诵等百余人随之，卒于鲁阳。矩长史崔宣帅其余众二千降于后赵。于是司、豫、徐、兖之地，率皆入于后赵，以淮为境矣。

成帝咸和三年秋七月，后赵中山公虎帅众四万自轵关西入，击赵河东，应之者五十余县，遂进攻蒲阪。赵主曜遣河间王述发氐、羌之众屯秦州以备张骏、杨难敌，自将中外精锐水陆诸军以救蒲阪，自卫关北济。虎惧，引退。曜追之，八月，及于高候，与虎战，大破之，斩石瞻，枕尸二百余里，收其资仗亿计。虎奔朝歌。曜济自大阳，攻石生于金墉，决千金竭以灌之。分遣诸将攻汲郡、河内，后赵荥阳太守尹矩、野王太守张进等皆降之。襄国大震。

冬十一月，后赵王勒欲自将救洛阳，僚佐程遐等固谏曰："刘曜悬军千里，势不支久。大王不宜亲动，动无万全。"勒大怒，按剑叱遐等出。乃赦徐光，召而谓之曰："刘曜乘一战之胜，围守洛阳，庸人之情，皆谓其锋不可当。曜带甲十万，攻一城而百日不克，师老卒怠，以我初锐击之，可一战而禽也。若洛阳不守，曜必送死冀州，自河已北，席卷而来，吾事去矣！程遐等不欲吾行，卿以为何如？"对曰："刘曜乘高候之势，不能进临襄国，更守金墉，此其无能为可知也。以大王威略临之，彼必望旗奔败。平定天下，在今一举，不可失也。"勒笑曰："光言是也。"乃使内外戒严，有谏者斩。命石堪、石聪及豫州刺史桃豹等各统见众会荥阳，中山公虎进据石门，勒自统步骑四万趣金墉，济自大堨。

勒谓徐光曰："曜盛兵成皋关，上策也，沮洛水，其次也；坐守洛阳，此成擒耳。”十二月乙亥，后赵诸军集于成皋，步卒六万，骑二万七千。勒见赵无守兵，大喜，举手指天复加额曰：“天也！”卷甲衔枚，诡道兼行，出于巩、訾之间。

赵主曜专与嬖臣饮博，不抚士卒。左右或谏，曜怒，以为妖言，斩之。闻勒已济河，始议增荥阳戍，杜黄马关。俄而洛水候者与后赵前锋交战，擒羯送之。曜问：“大胡自来邪？其众几何？”羯曰：“王自来，军势甚盛。”曜色变，使摄金墉之围，陈于洛西，众十余万，南北十余里。勒望见，益喜，谓左右曰：“可以贺我矣。”勒帅步骑四万入洛阳城。

己卯，中山公虎引步卒三万自城北而西，攻赵中军，石堪、石聪等各以精骑八千自城西而北，击赵前锋，大战于西阳门。勒躬贯甲胄，出自阊阖门，夹击之。曜少而嗜酒，末年尤甚，将战，饮酒数斗。常乘赤马无故跼顿，乃乘小马。比出，复饮酒斗余。至西阳门，挥陈就平。石堪因而乘之，赵兵大溃。曜昏醉退走，马陷石渠，坠于冰上，被疮十余，通中者三，为堪所执。勒遂大破赵兵，斩首五万余级。下令曰：“所欲擒者一人耳，今已获之。其敕将士抑锋止锐，纵其归命之路。”曜见勒曰：“石王颇忆重门之盟否？”勒使徐光谓之曰：“今日之事，天使其然，复云何邪！”乙酉，勒班师，使征东将军石邃将兵卫送曜。邃，虎之子也。曜疮甚，载以马舆，使医李永与同载。己亥，至襄国，舍曜于永丰小城，给其妓妾，严兵围守。遣刘岳、刘震等从男女盛服以见之，曜曰：“吾谓卿等久为灰土，石王仁厚，乃全宥至今邪！我杀石佗，愧之多矣！今日之祸，自其分耳。”留宴终日而去。勒使曜与其太子熙书，谕令速降。曜但敕熙“与诸大臣匡维社稷，勿以吾易意也”。勒见而恶之，久之，乃杀曜。

四年春正月，赵太子熙闻赵主曜被擒，大惧，与南阳王胤谋西保秦州。尚书胡勋曰："今虽丧君，境土尚完，将士不叛，且当并力拒之；力不能拒，走未晚也。"胤怒，以为沮众，斩之。遂帅百官奔上邽，诸征、镇亦皆弃所守从之。关中大乱，将军蒋英、辛恕拥众数十万据长安，遣使降于后赵。后赵遣石生帅洛阳之众赴之。

秋八月，赵南阳王胤帅众数万自上邽趋长安，陇东、武都、安定、新平、北地、扶风、始平诸郡戎夏皆起兵应之。胤军于仲桥，石生婴城自守，后赵中山公虎帅骑二万救之。九月，虎大破赵兵于义渠，胤奔还上邽。虎乘胜追击之，枕尸千里。上邽溃，虎执赵太子熙、南阳王胤及其将、王公、卿校以下三千余人，皆杀之，徙其台省文武、关东流民、秦、雍大族九千余人于襄国，又坑五郡屠各五千余人于洛阳。

五年春二月，后赵群臣请后赵王勒即皇帝位，勒乃称大赵天王，行皇帝事。立妃刘氏为王后，世子弘为太子。以其子宏为骠骑大将军、都督中外诸军事、大单于，封秦王；斌为左卫将军，封太原王；恢为辅国将军，封南阳王。以中山公虎为太尉、尚书令，进爵为王；虎子邃为冀州刺史，封齐王；宣为左将军；挺为侍中，封梁王。又封石生为河东王，石堪为彭城王。以左长史郭敖为尚书左仆射，右长史程遐为右仆射、领吏部尚书，左司马夔安、右司马郭殷、从事中郎李凤、前中郎令裴宪皆为尚书，参军事徐光为中书令、领秘书监。自余文武，封拜各有差。

赵群臣固请正尊号，秋九月，赵王勒即皇帝位，大赦，改元建平。文武封进各有差。立其妻刘氏为皇后，太子弘为皇太子。

七年春正月，赵主勒大飨群臣，谓徐光曰："朕可方自古何等主?”对曰:“陛下神武谋略过于汉高,后世无可比者。”勒笑曰:“人岂不自知,卿言太过!朕若遇汉高祖,当北面事之,与韩、彭比肩;若遇光武,当并驱中原,未知鹿死谁手。大丈夫行事,宜礌礌落落,如日月皎然,终不效曹孟德、司马仲达欺人孤儿寡妇,狐媚以取天下也。”群臣皆顿首称万岁。勒虽不学,好使诸生读书而听之,时以其意论今古得失,闻者莫不悦服。尝使人读汉书,闻郦食其劝立六国后,惊曰:“此法当失,何以遂得天下?”及闻留侯谏,乃曰:“赖有此耳。”



## 氐据仇池

晋惠帝元康六年。初,略阳清水氐杨驹始居仇池。仇池方百顷,其旁平地二十余里,四面斗绝而高,为羊肠蟠道三十六回而上。至其孙千万附魏,封为百顷王。千万孙飞龙浸强盛,徙居略阳。飞龙以其甥令狐茂搜为子,茂搜避齐万年之乱,十二月,自略阳帅部落四千家还保仇池,自号辅国将军、右贤王。关中人士避乱者多依之,茂搜迎接抚纳,欲去者卫护资送之。

愍帝建兴元年。初,氐王杨茂搜之子难敌遣养子贩易于梁州,私卖良人子一人,梁州刺史张光鞭杀之。难敌怨曰:“使君初来,大荒之后,兵民之命仰我氐活,氐有小罪,不能贯也。”及光与杨虎相攻,各求救于茂搜,茂搜遣难敌救光。难敌求货于光,光不与。杨虎厚赂难敌,且曰:“流民珍货,悉在光所,今伐我,不如伐光。”难敌大喜。光与虎战,使张孟苌居前,难敌继后。难敌与虎夹击孟苌,大破之,孟苌及其弟援皆死。光婴城自守。九月,光愤激成疾,僚属劝光退据魏兴。光按剑曰:“吾受国重任,不能讨贼，今得死如登仙，何谓退也！”声绝而卒。州人推其少子迈领州事，又与氐战没，众推始平太守胡子序领梁州。

冬十月，杨虎、杨难敌急攻梁州，胡子序弃城走，难敌自称刺史。

二年春正月，杨虎掠汉中吏民以奔成，梁州人张咸等起兵逐杨难敌。难敌去，咸以其地归成，于是汉嘉、涪陵、汉中之地皆为成有。

元帝建武元年。氐王杨茂搜卒，长子难敌立，与少子坚头分领部曲。难敌号左贤王，屯下辨；坚头号右贤王，屯河池。

永昌元年春二月，赵主曜自将击杨难敌，难敌逆战不胜，退保仇池。仇池诸氐、羌及故晋王保将杨韬、陇西太守梁勋皆降于曜。曜迁陇西万余户于长安，进攻仇池。会军中大疫，曜亦得疾，将引兵还，恐难敌蹑其后，乃遣光国中郎将王犷说难敌，谕以祸福。难敌遣使称藩，曜以难敌为假黄钺、都督益宁南秦凉梁巴六州陇上西域诸军事、上大将军、益宁南秦三州牧，武都王。

明帝大宁元年。杨难敌闻陈安死，大惧，与弟坚头南奔汉中。赵镇西将军刘厚追击之，大获而还。赵主曜以大鸿胪田崧为镇南大将军、益州刺史，镇仇池。难敌送任请降于成，成安北将军李稚受难敌赂，不送难敌于成都。赵兵退，即遣还武都，难敌遂据险不服。稚自悔失计，亟请讨之。雄遣稚兄侍中、中领军琀与稚出白水，征东将军李寿及琀弟玝出阴平，以击难敌。群臣谏，不听。难敌遣兵拒之，寿、玝不得进。而琀、稚长驱至下辨，难敌遣兵断其归路，四面攻之。琀、稚深入无继，皆为难敌所杀，死者数千人。

三年春三月，杨难敌袭仇池，克之。执田崧，立之于前，左右令崧拜。崧瞋目叱之曰:“氐狗!安有天子牧伯而向贼拜乎!”难敌字谓之曰:“子岱,吾当与子共定大业,子忠于刘氏,岂不能忠于我乎!”崧厉色大言曰:“贼氐,汝本奴才,何谓大业,我宁为赵鬼,不为汝臣!”顾排一人,夺其剑,前刺难敌,不中,难敌杀之。

成帝咸和二年夏五月,赵武卫将军刘朗帅骑三万袭杨难敌于仇池,弗克,掠三千余户而归。

六年秋七月,成大将军寿攻阴平、武都,杨难敌降之。

九年春正月,仇池王杨难敌卒,子毅立,自称龙骧将军、左贤王、下辨公。以叔父坚头之子盘为冠军将军、右贤王、河池公。遣使来称藩。

咸康三年。仇池氐王杨毅族兄初袭杀毅,并有其众,自立为仇池公,称臣于赵。

穆帝永和三年冬十月,武都氐王杨初遣使来称藩,诏以初为使持节、征南将军、雍州刺史、仇池公。

十一年春正月,故仇池公杨毅弟宋奴使其姑子梁式王刺杀杨初,初子国诛式王及宋奴,自立为仇池公。桓温表国为镇北将军、秦州刺史。

十二年。仇池公杨国从父俊杀国自立,以俊为仇池公。国子安奔秦。

升平四年春正月,仇池公杨俊卒,子世立。

海西公太和三年。以仇池公杨世为秦州刺史,世弟统为武都太守。世亦称臣于秦,秦以世为南秦州刺史。

五年。仇池公杨世卒,子纂立,始与秦绝。叔父武都太守统与之争国,起兵相攻。

简文帝咸安元年春三月,秦西县侯雅、杨安、王统、徐成及羽林左监朱肜、扬武将军姚苌帅步骑七万伐仇池公杨纂。夏四月，秦兵至鹫峡，杨纂帅众五万拒之。梁州刺史弘农杨亮遣督护郭宝、卜靖帅千余骑助纂，与秦兵战于峡中。纂兵大败，死者什三四，宝等亦没，纂收散兵遁还。西县侯雅进攻仇池，杨统帅武都之众降秦。纂惧，面缚出降，雅送纂于长安。以统为南秦州刺史，加杨安都督南秦州诸军事，镇仇池。

〔孝〕武帝宁康元年秋八月，梁州刺史杨亮遣其子广袭仇池，与秦梁州刺史杨安战，广兵败，沮水诸戍皆委城奔溃。亮惧，退守磬险。九月，安进攻汉川。

冬，秦王坚使益州刺史王统、秘书监朱肜帅卒二万出汉川，前禁将军毛当、鹰扬将军徐成帅卒三万出剑门，入寇梁、益。梁州刺史杨亮帅巴獠万余拒之，战于青谷。亮兵败，奔固西城，肜遂拔汉中。徐成攻剑门，克之。杨安进攻梓潼，梓潼太守周虓固守涪城，遣步骑数千送母、妻自汉水趣江陵，朱肜邀而获之，虓遂降于安。十一月，安克梓潼。荆州刺史桓豁遣江夏相竺瑶救梁、益，瑶闻广汉太守赵长战死，引兵退。益州刺史周仲孙勒兵拒朱肜于绵竹，闻毛当将至成都，仲孙帅骑五千奔于南中。秦遂取梁、益二州，邛、莋、夜郎皆附于秦。秦王坚以杨安为益州牧，镇成都；毛当为梁州刺史，镇汉中；姚苌为宁州刺史，屯垫江；王统为南秦州刺史，镇仇池。

# 通鉴纪事本末卷第十四

## 祖逖北伐

晋愍帝建兴元年。初，范阳祖逖少有大志，与刘琨俱为司州主簿，同寝，中夜闻鸡鸣，蹴琨觉曰："此非恶声也！"因起舞。及渡江，左丞相睿以为军咨祭酒。逖居京口，纠合骁健，言于睿曰："晋室之乱，非上无道而下怨叛也，由宗室争权，自相鱼肉，遂使戎狄乘隙，毒流中土。今遗民既遭残贼，人思自奋，大王诚能命将出师，使如逖者统之以复中原，郡国豪杰必有望风响应者矣。"睿素无北伐之志，以逖为奋威将军、豫州刺史，给千人廪，布三千疋，不给铠仗，使自召募。〔秋八月〕，逖将其部曲百余家渡江，中流，击楫而誓曰："祖逖不能清中原而复济者，有如大江！"遂屯淮阴，起冶铸兵，募得二千余人而后进。

元帝建武元年。初，流民张平、樊雅各聚众数千人在谯，为坞主。王之为丞相也，遣行参军谯国桓宣往说平、雅，平、雅皆请降。及豫州刺史祖逖出屯芦洲，遣参军殷乂诣平、雅。乂意轻平，视其屋曰："可作马厩。"见大镬曰："可铸铁器。"平曰："此乃帝王镬，天下清平方用之，奈何毁之！"乂曰："卿未能保其头，而爱镬邪!”平大怒,于坐斩乂,勒兵固守。逖攻之,岁余不下,乃诱其部将谢浮使杀之。逖进据太丘,樊雅犹据谯城,与逖相拒。逖攻之不克,请兵于南中郎将王含。桓宣时为含参军,含遣宣将兵五百助逖。逖谓宣曰:“卿信义已著于彼,今复为我说雅。”宣乃单马从两人诣雅曰:“祖豫州方欲平荡刘、石,倚卿为援,前殷乂轻薄,非豫州意也。”雅即诣逖降。逖既入谯城,石勒遣石虎围谯,王含复遣桓宣救之,虎解去。逖表宣为谯国内史。

六月己巳,晋王传檄天下,称:“石虎敢帅犬羊,渡河纵毒,今遣琅邪王裒等九军,锐卒三万,水陆四道,径造贼场,受祖逖节度。”寻复召裒还建康。

大兴二年。初,蓬陂坞主陈川自称陈留太守,祖逖之攻樊雅也,川遣其将李头助之。头力战,有功,逖厚遇之。头每叹曰:“得此人为主,吾死无恨。”川闻而杀之。头党冯宠帅其众降逖,川益怒,大掠豫州诸郡,逖遣兵击破之。夏四月,川以浚仪叛降石勒。

祖逖攻陈川于蓬关,石勒遣石虎将兵五万救之。战于浚仪,逖兵败,退屯梁国。勒又遣桃豹将兵至蓬关,逖退屯淮南。虎徙川部众五千户于襄国,留豹守川故城。

三年夏六月,祖逖将韩潜与后赵将桃豹分据陈川故城,豹居西台,潜居东台,豹由南门,潜由东门,出入相守四旬。逖以布囊盛土如米状,使千余人运上台,又使数人担米息于道。豹兵逐之,弃担而走。豹兵久饥,得米,以为逖士众丰饱,益惧。后赵将刘夜堂以驴千头运粮馈豹,逖使韩潜及别将冯铁邀击于汴水,尽获之。豹宵遁,屯东燕城,逖使潜进屯封丘以逼之。冯铁据二台,逖镇雍丘,数遣兵邀击后赵兵,后赵镇戍归逖者甚多,境土渐蹙。

先是，赵固、上官巳、李矩、郭默互相攻击，逖驰使和解之，示以祸福，遂皆受逖节度。秋七月，诏加逖镇西将军。逖在军，与将士同甘苦，约己务施，劝课农桑，抚纳新附，虽疏贱者皆结以恩礼。河上诸坞先有任子在后赵者，皆听两属，时遣游军伪抄之，明其未附。坞主皆感恩，后赵有异谋，辄密以告，由是多所克获，自河以南多叛后赵归于晋。

逖练兵积谷，为取河北之计。后赵王勒患之，乃下幽州为逖修祖、父墓，置守冢二家，因与逖书，求通使及互市。逖不报书，而听其互市，收利十倍。逖牙门童建杀新蔡内史周密降于后赵，勒斩之，送首于逖曰："叛臣逃吏，吾之深仇。将军之恶，犹吾恶也。"逖深德之。自是后赵人叛归逖者，逖皆不纳，禁诸将不使侵暴后赵之民，边境之间，稍得休息。

四年秋七月甲戌，以尚书仆射戴渊为征西将军、都督司兖豫并雍冀六州诸军事、司州刺史，镇合肥。八月，豫州刺史祖逖以戴渊吴士，虽有才望，无弘致远识，且已翦荆棘收河南地，而渊雍容一旦来统之，意甚怏怏。又闻王敦与刘、刁构隙，将有内难。知大功不遂，感激发病。九月壬寅，卒于雍丘。豫州士女若丧父母，谯、梁间皆为立祠。王敦久怀异志，闻逖卒，益无所惮。

冬十月壬午，以逖弟约为平西将军、豫州刺史，领逖之众。约无绥御之才，不为士卒所附。初，范阳李产避乱依逖，见约志趣异常，谓所亲曰："吾以北方鼎沸，故远来就此，冀全宗族。今观约所为，有不可测之志。吾托名姻亲，当早自为计，无事复陷身于不义也，尔曹不可以目前之利而忘久长之策。"乃帅子弟十余人间行归乡里。

永昌元年冬十月，祖逖既卒，后赵屡寇河南，拔襄城、城父，围谯。豫州刺史祖约不能御，退屯寿春，后赵遂取陈留，梁、郑之间复骚然矣。

## 王敦之乱

晋元帝大兴二年。初，王敦患杜曾难制，谓梁州刺史周访曰："若擒曾，当相论为荆州。"及曾死而敦不用。王廙在荆州，多杀陶侃将佐，以皇甫方回为侃所敬，责其不诣己，收斩之。士民怨怒，上下不安。帝闻之，征廙为散骑常侍，以周访代廙为荆州刺史。王敦忌访威名，意难之。从事中郎郭舒说敦曰："鄙州虽荒弊，乃用武之国，不可以假人，宜自领之，访为梁州足矣。"敦从之。六月丙子，诏加访安南将军，余如故。访大怒，敦手书譬解，并遗玉环、玉碗以申厚意。访抵之于地曰："吾岂贾竖，可以宝悦邪！"访在襄阳，务农训兵，阴有图敦之志，守宰有缺辄补，然后言上。敦患之而不能制。

三年秋八月辛未，梁州刺史周访卒。访善于抚纳，士众皆为致死。知王敦有不臣之心，私常切齿，敦由是终访之世，未敢为逆。敦遣从事中郎郭舒监襄阳军，帝以湘州刺史甘卓为梁州刺史，督沔北诸军事，镇襄阳。舒既还，帝征为右丞，敦留不遣。

〔冬十月〕，王敦杀武陵内史向硕。帝之始镇江东也，敦与从弟导同心翼戴，帝亦推心任之。敦总征讨，导专机政，群从子弟布列显要。时人为之语曰："王与马，共天下。"后敦自恃有功，且宗族强盛，稍益骄恣，帝畏而恶之，乃引刘隗、刁协等以为腹心，稍抑损王氏之权，导亦渐见疏外。中书郎孔愉陈导忠贤，有佐命之勋，宜加委任。帝出愉为司徒左长史。导能任真推分，澹如也，有识皆称其善处兴废。而敦益怀不平，遂构嫌隙。

初，敦辟吴兴沈充为参军，充荐同郡钱凤于敦，敦以为铠曹参军。二人皆巧谄凶狡，知敦有异志，阴赞成之，为之画策，敦宠信之，势倾内外。敦上疏为导讼屈，辞语怨望。导封以还敦，敦复遣奏之。左将军谯王承，忠厚有志行，帝亲信之。夜，召承，以敦疏示之曰："王敦以顷年之功，位任足矣，而所求不已，言至于此，将若之何？"承曰："陛下不早裁之，以至今日，敦必为患。"

刘隗为帝谋，出心腹以镇方面。会敦表以宣城内史沈充代甘卓为湘州刺史，帝谓承曰："王敦奸逆已著，朕为惠皇，其势不远。湘州据上流之势，控三州之会，欲以叔父居之，何如？"承曰："臣奉承诏命，惟力是视，何敢有辞！然湘州经蜀寇之余，民物凋弊，若得之部，比及三年，乃可即戎；苟未及此，虽复灰身，亦无益也。"十二月，诏曰："晋室开基，方镇之任，亲贤并用，其以谯王承为湘州刺史。"长沙邓骞闻之，叹曰："湘州之祸，其在斯乎！"承行至武昌，敦与之宴，谓承曰："大王雅素佳士，恐非将帅才也。"承曰："公未见知耳，铅刀岂无一割之用。"敦谓钱凤曰："彼不知惧而学壮语，足知其不武，无能为也。"乃听之镇。时湘土荒残，公私困弊，承躬自俭约，倾心绥抚，甚有能名。

四年秋七月甲戌，以尚书仆射戴渊为征西将军，都督司兖豫并雍冀六州诸军事、司州刺史，镇合肥；丹杨尹刘隗为镇北将军，都督青徐幽平四州诸军事、青州刺史，镇淮阴：皆假节领兵，名为讨胡，实备王敦也。

隗虽在外，而朝廷机事，进退士大夫，帝皆与之密谋。敦遗隗书曰："顷承圣上顾眄足下，今大贼未灭，中原鼎沸，欲与足下及周生之徒戮力王室,共静海内。若其泰也,则帝祚于是乎隆;若其否也,则天下永无望矣。"隗答曰:"'鱼相忘于江湖,人相忘于道术','竭股肱之力,效之以忠贞',吾之志也。"敦得书,甚怒。

壬午,以骠骑将军王导为侍中、司空、假节、录尚书、领中书监。帝以敦故,并疏忌导。御史中丞周嵩上疏,以为:"导忠素竭诚,辅成大业。不宜听孤臣之言,惑疑似之说,放逐旧德,以佞伍贤,亏既往之恩,招将来之患。"帝颇感寤,导由是得全。



永昌元年春正月,王敦以郭璞为记室参军。璞善卜筮,知敦必为乱,已预其祸,甚忧之。大将军掾颍川陈述卒,璞哭之极哀,曰:"嗣祖,焉知非福也!"

敦既与朝廷乖离,乃羁录朝士有时望者置己幕府,以羊曼及陈国谢鲲为长史。曼,祜之兄孙也。曼、鲲终日酣醉,故敦不委以事。敦将作乱,谓鲲曰:"刘隗奸邪,将危社稷,吾欲除君侧之恶,何如?"鲲曰:"隗诚始祸,然城狐社鼠。"敦怒曰:"君庸才,岂达大体!"出为豫章太守,又留不遣。

戊辰,敦举兵于武昌,上疏罪状刘隗,称:"隗佞邪谗贼,威福自由,妄兴事役,劳扰士民,赋役烦重,怨声盈路。臣备位宰辅,不可坐视成败,辄进军致讨,隗首朝悬,诸军夕退。昔太甲颠覆厥度,幸纳伊尹之忠,殷道复昌。愿陛下深垂三思,则四海乂安,社稷永固矣。"沈充亦起兵于吴兴以应敦,敦以充为大都督、督护东吴诸军事。敦至芜湖,又上表罪状刁协。帝大怒,乙亥,诏曰:"王敦凭恃宠灵,敢肆狂逆,方朕太甲,欲见幽囚。是可忍也,孰不可忍!今亲帅六军以诛大逆,有杀敦者封五千户侯。"敦兄光禄勋含乘轻舟逃归于敦。

太子中庶子温峤谓仆射周顗曰："大将军此举似有所在，当无滥邪？"顗曰："不然。人主自非尧、舜，何能无失，人臣安可举兵以胁之。举动如此，岂得云非乱乎！处仲狼抗无上，其意宁有限邪？"

敦初起兵，遣使告梁州刺史甘卓，约与之俱下，卓许之。及敦升舟而卓不赴，使参军孙双诣武昌谏止敦。敦惊曰："甘侯前与吾语云何，而更有异，正当虑吾危朝廷耳。吾今但除奸凶，若事济，当以甘侯作公。"双还报，卓意狐疑。或说卓："且伪许敦，待敦至都而讨之。"卓曰："昔陈敏之乱，吾先从而后图之，论者谓吾惧逼而思变，心常愧之。今若复尔，何以自明！"

卓使人以敦旨告顺阳太守魏该，该曰："我所以起兵拒胡贼者，正欲忠于王室耳。今王公举兵向天子，非吾所宜与也。"遂绝之。

敦遣参军桓罴说谯王承，请承为军司。承叹曰："吾其死矣！地荒民寡，势孤援绝，将何以济？然得死忠义，夫复何求。"承檄长沙虞悝为长史，会悝遭母丧，承往吊之，曰："吾欲讨王敦而兵少粮乏，且新到，恩信未洽。卿兄弟湘中之豪俊，王室方危，金革之事，古人所不辞，将何以教之？"悝曰："大王不以悝兄弟猥劣，亲屈临之，敢不致死。然鄙州荒弊，难以进讨。宜且收众固守，传檄四方，敦势必分，分而图之，庶几可捷也。"承乃囚桓罴，以悝为长史，以其弟望为司马，督护诸军，与零陵太守尹奉、建昌太守长沙王循、衡阳太守淮陵刘翼、春陵令长沙易雄同举兵讨敦。雄移檄远近，列敦罪恶，于是一州之内皆应承。惟湘东太守郑澹不从，承使虞望讨斩之，以徇四境。澹，敦姊夫也。

承遣主簿邓骞至襄阳说甘卓曰："刘太连虽骄蹇失众心，非有害于天下。大将军以其私憾，称兵向阙，此忠臣义士竭节之时也。公受任方伯，奉辞伐罪，乃桓、文之功也。”卓曰：“桓、文则非吾所能，然志在徇国，当共详思之。”参军李梁说卓曰：“昔隗嚣跋扈，窦融保河西以奉光武，卒受其福。今将军有重望于天下，但当案兵坐以待之。使大将军事捷，当委将军以方面；不捷，朝廷必以将军代之。何忧不富贵，而释此庙胜，决存亡于一战邪？”謇谓梁曰：“光武当创业之初，故隗、窦可以文服从容顾望。今将军之于本朝，非窦融之比也；襄阳之于大府，非河西之固也。使大将军克刘隗，还武昌，增石城之戍，绝荆、湘之粟，将军欲安归乎？势在人手，而曰我处庙胜，未之闻也。且为人臣，国家有难，坐视不救，于义安乎！”卓尚疑之。謇曰：“今既不为义举，又不承大将军檄，此必至之祸，愚智所见也。且议者之所难，以彼强而我弱也。今大将军兵不过万余，其留者不能五千，而将军见众既倍之矣。以将军之威名，帅此府之精锐，杖节鸣鼓，以顺讨逆，岂王含所能御哉。溯流之众，势不自救，将军之举武昌，若摧枯拉朽，尚何顾虑邪？武昌既定，据其军实，镇抚二州，以恩意招怀士卒，使还者如归，此吕蒙所以克关羽也。今释必胜之策，安坐以待危亡，不可以言智矣。”

敦恐卓于后为变，又遣参军丹杨乐道融往邀之，必欲与之俱东。道融虽事敦，而忿其悖逆，乃说卓曰：“主上亲临万机，自用谯王为湘州，非专任刘隗也。而王氏擅权日久，卒见分政，便谓失职，背恩肆逆，举兵向阙。国家遇君至厚，今与之同，岂不违负大义，生为逆臣，死为愚鬼，永为宗党之耻，不亦惜乎！为君之计，莫若伪许应命，而驰袭武昌，大将军士众闻之，必不战自溃，大勋可就矣。”卓雅不欲从敦，闻道融之言，遂决，曰：“吾本意也。”乃与巴东监军柳纯、南平太守夏侯承、宜都太守谭该等露檄数敦逆状，帅所统致讨。遣参军司马讚、孙双奉表诣台。罗英至广州，约陶侃同进。戴渊在江西，先得卓书，表上之，台内皆称万岁。陶侃得卓信，即遣参军高宝帅兵北下。武昌城中传卓军至，人皆奔散。

敦遣从母弟南蛮校尉魏乂、将军李恒帅甲卒二万攻长沙。长沙城池不完，资储又阙，人情震恐。或说谯王承南投陶侃，或退据零、桂。承曰：“吾之起兵，志欲死于忠义，岂可贪生苟免，为奔败之将乎！事之不济，令百姓知吾心耳。”乃婴城固守。未几，虞望战死，甘卓欲留邓骞为参军，骞不可，卓乃遣参军虞冲与骞偕至长沙，遗谯王承书，劝之固守，当以兵出沔口断敦归路，则湘围自解。承复书称：“江左中兴，草创始尔，岂图恶逆萌自宠臣。吾以宗室受任，志在陨命，而至止尚浅，凡百茫然。足下能卷甲电赴，犹有所及，若其发疑，则求我于枯鱼之肆矣。”卓不能从。

帝征戴渊、刘隗入卫建康。隗至，百官迎于道，隗岸帻大言，意气自若。及入见，与刁协劝帝尽诛王氏，帝不许，隗始有惧色。

司空导帅其从弟中领军邃、左卫将军廙、侍中侃、彬及诸宗族二十余人，每旦诣台待罪。周顗将入，导呼之曰：“伯仁，以百口累卿。”顗直入不顾。既见帝，言导忠诚，申救甚至，帝纳其言。顗喜饮酒，至醉而出，导犹在门，又呼之。顗不与言，顾左右曰：“今年杀诸贼奴，取金印如斗大，系肘后。”既出，又上表明导无罪，言甚切至。导不之知，甚恨之。帝命还导朝服，召见之。导稽首曰：“逆臣贼子，何代无之，不意今者近出臣族。”帝跣而执其手曰：“茂弘，方寄卿以百里之命，是何言邪！”

三月，以导为前锋大都督，加戴渊骠骑将军。诏曰：“导以大义灭亲，可以吾为安东时节假之。”以周顗为尚书左仆射，王邃为右仆射。帝遣王廙往谕止敦，敦不从而留之，廙更为敦用。征虏将军周札素矜险好利，帝以为右将军、都督石头诸军事。敦将至，帝使刘隗军金城，札守石头，帝亲被甲徇师于郊外。以甘卓为镇南大将军、侍中、都督荆梁二州诸军事，陶侃领江州刺史，使各帅所统以蹑敦后。

敦至石头，欲攻刘隗。杜弘言于敦曰：“刘隗死士众多，未易可克。不如攻石头，周札少恩，兵不为用，攻之必败。札败则隗自走矣。”敦从之，以弘为前锋，攻石头，札果开门纳弘。敦据石头，叹曰：“吾不复得为盛德事矣！”谢鲲曰：“何为其然也。但使自今已往，日忘日去耳。”

帝命刁协、刘隗、戴渊帅众攻石头，王导、周顗、郭逸、虞潭等三道出战，协等兵皆大败。太子绍闻之，欲自帅将士决战。升车将出，中庶子温峤执鞚谏曰：“殿下国之储副，奈何以身轻天下！”抽剑斩鞅，乃止。

敦拥兵不朝，放士卒劫掠，宫省奔散，惟安东将军刘超案兵直卫，及侍中二人侍帝侧。帝脱戎衣，着朝服，顾而言曰：“欲得我处，当早言，何至害民如此。”又遣使谓敦曰：“公若不忘本朝，于此息兵，则天下尚可共安；如其不然，朕当归琅邪以避贤路。”

刁协、刘隗既败，俱入宫，见帝于太极东除。帝执协、隗手，流涕呜咽，劝令避祸。协曰：“臣当守死，不敢有贰。”帝曰：“今事逼矣，安可不行。”乃令给协、隗人马，使自为计。协老，不堪骑乘，素无恩纪，募从者皆委之，行至江乘，为人所杀，送首于敦。隗奔后赵，官至太子太傅而卒。

帝令公卿百官诣石头见敦。敦谓戴渊曰：“前日之战，有余力乎?”渊曰:“岂敢有余,但力不足耳。”敦曰:“吾今此举,天下以为何如?”渊曰:“见形者谓之逆,体诚者谓之忠。”敦笑曰:“卿可谓能言。”又谓周顗曰:“伯仁,卿负我。”顗曰:“公戎车犯顺,下官亲帅六军,不能其事,使王旅奔败,以此负公。”

辛未,大赦。以敦为丞相、都督中外诸军、录尚书事、江州牧,封武昌郡公,并让不受。

初,西都覆没,四方皆劝进于帝,敦欲专国政,忌帝年长难制,欲更议所立,王导不从。及敦克建康,谓导曰:“不用吾言,几至覆族。”

敦以太子有勇略,为朝野所向,欲诬以不孝而废之。大会百官,问温峤曰:“皇太子以何德称?”声色俱厉。峤曰:“钩深致远,盖非浅局所量。以礼观之,可谓孝矣。”众皆以为信然,敦谋遂沮。

帝召周顗于广室,谓之曰:“近日大事,二宫无恙,诸人平安,大将军固副所望邪?”顗曰:“二宫自如明诏,臣等尚未可知。”护军长史郝嘏等劝顗避敦,顗曰:“吾备位大臣,朝廷丧败,宁可复草间求活,外投胡、越邪!”敦参军吕猗尝为台郎,性奸谄,戴渊为尚书,恶之。猗说敦曰:“周顗、戴渊皆有高名,足以惑众,近者之言,曾无怍色,公不除之,恐必有再举之忧。”敦素忌二人之才,心颇然之,从容问王导曰:“周、戴南北之望,当登三司无疑也。”导不答。又曰:“若不三司,止应令仆邪?”又不答。敦曰:“若不尔,正当诛尔。”又不答。丙子,敦遣部将陈郡邓岳收顗及渊。先是,敦谓谢鲲曰:“吾当以周伯仁为尚书令,戴若思为仆射。”是日,又问鲲:“近来人情何如?”鲲曰:“明公之举,虽欲大存社稷,然悠悠之言实未达高义。若果能举用周、戴,则群情帖然矣。”敦怒曰："君粗疏邪！二子不相当，吾已收之矣。"鲲愕然自失。参军王峤曰："'济济多士，文王以宁'，奈何戮诸名士。"敦大怒，欲斩峤，众莫敢言。鲲曰："明公举大事，不戮一人。峤以献替忤旨，便以衅鼓，不亦过乎？"敦乃释之，黜为领军长史。峤，浑之族孙也。顗被收，路经太庙，大言曰："贼臣王敦，倾覆社稷，枉杀忠臣。神祇有灵，当速杀之！"收人以戟伤其口，血流至踵，容止自若，观者皆为流涕，并戴渊杀之于石头南门之外。

帝使侍中王彬劳敦。彬素与顗善，先往哭顗，然后见敦。敦怪其容惨，问之。彬曰："向哭伯仁，情不能已。"敦怒曰："伯仁自致刑戮，且凡人遇汝，汝何哀而哭之？"彬曰："伯仁长者，兄之亲友在朝，虽无謇愕，亦非阿党，而赦后加之极刑，所以伤惋也。"因勃然数敦曰："兄抗旌犯顺，杀戮忠良，图为不轨，祸及门户矣！"辞气慷慨，声泪俱下。敦大怒，厉声曰："尔狂悖乃至此，以吾为不能杀汝邪！"时王导在坐，为之惧，劝彬起谢。彬曰："脚痛不能拜，且此复何谢。"敦曰："脚痛孰若颈痛？"彬殊无惧容，竟不肯拜。王导后料检中书故事，乃见顗救己之表，执之流涕曰："吾虽不杀伯仁，伯仁由我而死，幽冥之中，负此良友。"沈充拔吴国，杀内史张茂。

初，王敦闻甘卓起兵，大惧。卓兄子卬为敦参军，敦使卬归说卓曰："君此自是臣节，不相责也。吾家计急，不得不尔。想便旋军襄阳，当更结好。"卓虽慕忠义，性多疑少决，军于猪口，欲待诸方同出军，稽留累旬不前。敦既得建康，乃遣台使以驺虞幡驻卓军。卓闻周顗、戴渊死，流涕谓卬曰："吾之所忧，正为今日。且使圣上元吉，太子无恙，吾临敦上流，亦未敢遽危社稷。适吾径据武昌，敦势逼，必劫天子以绝四海之望，不如还襄阳，更思后图。”即命旋军。都尉秦康与乐道融说卓曰:“今分兵断彭泽,使敦上下不得相赴,其众自然离散,可一战擒也。将军起义兵而中止,窃为将军不取。且将军之下,士卒各求其利,欲求西还,亦恐不可得也。”卓不从。道融昼夜泣谏,卓不听,道融忧愤而卒。卓性本宽和,忽更强塞,径还襄阳,意气骚扰,举动失常,识者知其将死矣。

王敦以西阳王羕为太宰,加王导尚书令,王廙为荆州刺史。改易百官及诸军镇,转徙黜免者以百数,或朝行暮改,惟意所欲。敦将还武昌,谢鲲言于敦曰:“公至都以来,称疾不朝,是以虽建勋而人心实有未达。今若朝天子,使君臣释然,则物情皆悦服矣。”敦曰:“君能保无变乎?”对曰:“鲲近日入觐,主上侧席,迟得见公,宫省穆然,必无虞也。公若入朝,鲲请侍从。”敦勃然曰:“正复杀君等数百人,亦复何损于时。”竟不朝而去。夏四月,敦还武昌。

初,宜都内史天门周级闻谯王承起兵,使其兄子该潜诣长沙,申款于承。魏乂等攻湘州急,承遣该及从事邵陵周崎间出求救,皆为逻者所得。乂使崎语城中,称“大将军已克建康,甘卓还襄阳,外援理绝”。崎伪许之,既至城下,大呼曰:“援兵寻至,努力坚守。”乂杀之。乂考该至死,竟不言其故,周级由是获免。

乂等攻战日逼,敦又送所得台中人书疏,令乂射以示承。城中知朝廷不守,莫不怅惋。相持且百日,刘翼战死,士卒死伤相枕。癸巳,乂拔长沙,承等皆被执。乂将杀虞悝,子弟对之号泣,悝曰:“人生会当有死,今阖门为忠义之鬼,亦复何恨。”

乂以槛车载承及易雄送武昌,佐吏皆奔散,惟主簿桓雄、西曹书佐韩阶、从事武延毁服为僮从承,不离左右。乂见桓雄姿貌举止非凡人，惮而杀之。韩阶、武延执志愈固。荆州刺史王廙承敦旨，杀承于道中，阶、延送承丧至都，葬之而去。易雄至武昌，意气忼慨，曾无惧容。敦遣人以檄示雄而数之，雄曰："此实有之，惜雄位微力弱，不能救国难耳。今日之死，固所愿也。"敦惮其辞正，释之，遣就舍。众人皆贺之，雄笑曰："吾安得生。"既而，敦遣人潜杀之。

魏乂求邓骞甚急，乡人皆为之惧。骞笑曰："此欲用我耳。彼新得州，多杀忠良，故求我以厌人望也。"乃往诣乂，乂喜曰："君，古之解扬也。"以为别驾。诏以陶侃领湘州刺史，王敦止侃复还广州，加散骑常侍。

甘卓家人皆劝卓备王敦，卓不从，悉散兵佃作，闻谏，辄怒。襄阳太守周虑密承敦意，诈言湖中多鱼，劝卓遣左右悉出捕鱼。五月乙亥，虑引兵袭卓于寝室，杀之，传首于敦，并杀其诸子。敦以从事中郎周抚督沔北诸军事，代卓镇沔中。抚，访之子也。

敦既得志，暴慢滋甚，四方贡献多入其府，将相岳牧皆出其门。以沈充、钱凤为谋主，唯二人之言是从，所谮无不死者。以诸葛瑶、邓岳、周抚、李恒、谢雍为爪牙。充等并凶险骄恣，大起营府，侵人田宅，剽掠市道，识者咸知其将败焉。

〔秋七月〕，王敦自领宁、益二州都督。冬十月己丑，荆州刺史武陵康侯王廙卒。王敦以下邳内史王邃都督青徐幽平四州诸军事，镇淮阴；卫将军王含都督沔南诸军事，领荆州刺史；武昌太守丹杨王谅为交州刺史。使谅收交州刺史修湛、新昌太守梁硕杀之。谅诱湛斩之，硕举兵围谅于龙编。

十一月，以临颍元公荀组为太尉；辛酉，薨。罢司徒，并丞相府。王敦以司徒官属为留府。

帝忧愤成疾，闰月己丑，崩。司空王导受遗诏辅政。帝恭俭有余而明断不足，故大业未复而祸乱内兴。庚寅，太子即皇帝位，大赦。

明帝太宁元年。王敦谋篡位，讽朝廷征己；帝手诏征之。夏四月，加敦黄钺、班剑，奏事不名，入朝不趋，剑履上殿。敦移镇姑孰，屯于湖，以司空导为司徒，敦自领扬州牧。敦欲为逆，王彬谏之甚苦。敦变色，目左右，将收之。彬正色曰："君昔岁杀兄，今又杀弟耶！"敦乃止，以彬为豫章太守。

帝畏王敦之逼，欲以郗鉴为外援，拜鉴兖州刺史，都督扬州江西诸军事，镇合肥。王敦忌之，表鉴为尚书令。八月，诏征鉴还，道经姑孰，敦与之论西朝人士，曰："乐彦辅短才耳，考其实，岂胜满武秋邪？"鉴曰："彦辅道韵平淡，愍怀之废，柔而能正。武秋失节之士，安得拟之！"敦曰："当是时，危机交急。"鉴曰："丈夫当死生以之。"敦恶其言，不复相见，久留不遣。敦党皆劝敦杀之，敦不从。鉴还台，遂与帝谋讨敦。

王敦从子允之，方总角，敦爱其聪警，常以自随。敦尝夜饮，允之辞醉先卧。敦与钱凤谋为逆，允之悉闻其言，即于卧处大吐，衣面并污。凤出，敦果照视，见允之卧于吐中，不复疑之。会其父舒拜廷尉，允之求归省父，悉以敦、凤之谋白舒。舒与王导俱启帝，阴为之备。敦欲强其宗族，陵弱帝室，冬十一月，徙王含为征东将军，都督扬州江西诸军事，王舒为荆州刺史，监荆州沔南诸军事，王彬为江州刺史。

〔是岁〕，会稽内史周札一门五侯，宗族强盛，吴士莫与为比，王敦忌之。敦有疾，钱凤劝敦早除周氏，敦然之。周嵩以兄顗之死，心常愤愤。敦无子，养王含子应为嗣，嵩尝于众中言应不宜统兵，敦恶之。嵩与札兄子莚皆为敦从事中郎。会道士李脱以妖术惑众，士民颇信事之。

二年春正月，王敦诬周嵩、周莚与李脱谋为不轨，收嵩、莚，于军中杀之。遣参军贺鸾就沈充于吴，尽杀周札诸兄子。进兵袭会稽，札拒战而死。

夏五月，王敦疾甚，矫诏拜王应为武卫将军以自副，以王含为骠骑大将军、开府仪同三司。钱凤谓敦曰："脱有不讳，便当以后事付应邪！"敦曰："非常之事，非常人所能为。且应年少，岂堪大事。我死之后，莫若释兵散众，归身朝廷，保全门户，上计也。退还武昌，收兵自守，贡献不废，中计也。及吾尚存，悉众而下，万一侥幸，下计也。"凤谓其党曰："公之下计，乃上策也。"遂与沈充定谋，俟敦死，即作乱。又以宿卫尚多，奏令三番休二。

初，帝亲任中书令温峤，敦恶之，请峤为左司马。峤乃缪为勤敬，综其府事，时进密谋以附其欲。深结钱凤，为之声誉，每曰"钱世仪精神满腹"。峤素有藻鉴之名，凤甚悦，深与峤结好。会丹杨尹缺，峤言于敦曰：京尹咽喉之地，公宜自选其才，恐朝廷用人，或不尽理。"敦然之，问峤："谁可者?"峤曰："愚谓无如钱凤。"凤亦推峤，峤伪辞之，敦不听。六月，表峤为丹杨尹，且使觇伺朝廷。峤恐既去而钱凤于后间止之，因敦饯别，峤起行酒，至凤，凤未及饮，峤伪醉，以手版击凤帻坠，作色曰："钱凤何人，温太真行酒而敢不饮！"敦以为醉，两释之。峤临去与敦别，涕泗横流，出閤复入者再三。行后，凤谓敦曰："峤于朝廷甚密，而与庾亮深交，未可信也。"敦曰："太真昨醉，小加声色，何得便尔相谗。"峤至建康，尽以敦逆谋告帝，请先为之备，又与庾亮共画讨敦之谋。敦闻之，大怒，曰："吾乃为小物所欺！"与司徒导书曰：

"太真别来几日,作如此事,当募人生致之,自拔其舌。"

帝将讨敦,以问光禄勋应詹,詹劝成之,帝意遂决。丁卯,加司徒导大都督、领扬州刺史,以温峤都督东安北部诸军事,与右将军卞敦守石头,应詹为护军将军,都督前锋及朱雀桥南诸军事,郗鉴行卫将军,都督从驾诸军事,庾亮领左卫将军;以吏部尚书卞壸行中军将军。郗鉴以为军号无益事实,固辞不受,请召临淮太守苏峻、兖州刺史刘遐同讨敦。诏征峻、遐及徐州刺史王邃、豫州刺史祖约、广陵太守陶瞻等入卫京师。帝屯于中堂。司徒导闻敦疾笃,帅子弟为敦发哀,众以为敦信死,咸有奋志。于是尚书腾诏下敦府,列敦罪恶曰:"敦辄立兄息以自承代,未有宰相继体而不由王命者也。顽凶相奖,无所顾忌,志骋凶丑,以窥神器。天不长奸,敦以陨毙。凤承凶宄,弥复煽逆。今遣司徒导等虎旅三万,十道并进;平西将军邃等精锐三万,水陆齐势;朕亲统诸军,讨凤之罪。有能杀凤送首,封五千户侯。诸文武为敦所授用者,一无所问,无或猜嫌,以取诛灭。敦之将士,从敦弥年,违离家室,朕甚愍之。其单丁在军,皆遣归家,终身不调;其余皆与假三年,休讫还台,当与宿卫同例三番。"

敦见诏甚怒,而病转笃,不能自将。将举兵伐京师,使记室郭璞筮之。璞曰:"无成。"敦素疑璞助温峤、庾亮,及闻卦凶,乃问璞曰:"卿更筮吾寿几何?"璞曰:"思向卦,明公起事,必祸不久;若住武昌,寿不可测。"敦大怒曰:"卿寿几何?"曰:"命尽今日日中。"敦乃收璞斩之。

敦使钱凤及冠军将军邓岳、前将军周抚等帅众向京师。王含谓敦曰:"此乃家事,吾当自行。"于是以含为元帅。凤等问曰:"事克之日,天子云何?"敦曰:"尚未南郊,何得称天子。便尽卿兵势，保护东海王及裴妃而已。”乃上疏，以诛奸臣温峤等为名。秋七月壬申朔，王含等水陆五万奄至江宁南岸，人情恟惧。温峤移屯水北，烧朱雀桁以挫其锋，含等不得渡。帝欲亲将兵击之，闻桥已绝，大怒。峤曰：“今宿卫寡弱，征兵未至，若贼豕突，危及社稷，宗庙且恐不保，何爱一桥乎！”

司徒导遗含书曰：“近承大将军困笃，或云已有不讳。寻知钱凤大严，欲肆奸逆。谓兄当抑制不逞，还藩武昌，今乃与犬羊俱下。兄之此举，谓可得如大将军昔年之事乎？昔年佞臣乱朝，人怀不宁，如导之徒，心思外济。今则不然。大将军来屯于湖，渐失人心，君子危怖，百姓劳弊。临终之日，委重安期，安期断乳几日，又于时望，便可袭宰相之迹邪？自开辟以来，颇有宰相以孺子为之者乎？诸有耳者，皆知将为禅代，非人臣之事也。先帝中兴，遗爱在民。圣主聪明，德洽朝野。兄乃欲妄萌逆节，凡在人臣，谁不愤叹。导门户小大受国厚恩，今日之事，明目张胆，为六军之首，宁为忠臣而死，不为无赖而生矣！”含不答。

或以为“王含、钱凤众力百倍，苑城小而不固，宜及军势未成，大驾自出拒战”。郗鉴曰：“群逆纵逸，势不可当，可以谋屈，难以力竞。且含等号令不一，抄盗相寻，吏民惩往年暴掠，皆人自为守。乘逆顺之势，何忧不克？且贼无经略远图，惟恃豕突一战，旷日持久，必启义士之心，令智力得展。今以此弱力敌彼强寇，决胜负于一朝，定成败於呼吸，万一蹉跌，虽有申胥之徒，义存投袂，何补于既往哉！”帝乃止。

帝帅诸军出屯南皇堂。癸酉夜，募壮士，遣将军段秀、中军司马曹浑等帅甲卒千人渡水，掩其未备。平旦，战于越城，大破之，斩其前锋将何康。秀，匹磾之弟也。

敦闻含败，大怒曰："我兄老婢耳。门户衰，世事去矣。"顾谓参军吕宝曰："我当力行。"因作势而起，困乏，复卧。乃谓其舅少府羊鉴及王应曰："我死，应便即位，先立朝廷百官，然后营葬事。"敦寻卒，应秘不发丧，裹尸以席，蜡涂其外，埋于厅事中。与诸葛瑶等日夜纵酒淫乐。帝使吴兴沈桢说沈充，许以为司空。充曰："三司具瞻之重，岂吾所任。币厚言甘，古人所畏也。且丈夫共事，终始当同，岂可中道改易，人谁容我乎！"遂举兵趣建康。宗正卿虞潭以疾归会稽，闻之，起兵馀姚以讨充。帝以潭领会稽内史。前安东将军刘超、宣城内史锺雅皆起兵以讨充。义兴人周蹇杀王敦所署太守刘芳，平西将军祖约逐敦所署淮南太守任台。

沈充帅众万余人与王含军合，司马顾飏说充曰："今举大事，而天子已扼其咽喉，锋摧气沮，相持日久，必致祸败。今若决破栅塘，因湖水以灌京邑，乘水势，纵舟师以攻之，此上策也。藉初至之锐，并东西军之力，十道俱进，众寡过倍，理必摧陷，中策也。转祸为福，召钱凤计事，因斩之以降，下策也。"充皆不能用，飏逃归于吴。

丁亥，刘遐、苏峻等帅精卒万人至，帝夜见，劳之，赐将士各有差。沈充、钱凤欲因北军初到疲困，击之。乙未夜，充、凤从竹格渚渡淮，护军将军应詹、建威将军赵胤等拒战，不利。充、凤至宣阳门，拔栅，将战，刘遐、苏峻自南塘横击，大破之，赴水死者三千人。遐又破沈充于青溪。寻阳太守周光闻敦举兵，帅千余人来赴。既至，求见敦，王应辞以疾。光退曰："今我远来而不得见，公其死乎？"遽见其兄抚曰："王公已死，兄何为与钱凤作贼？"众皆愕然。

丙申，王含等烧营夜遁。丁酉，帝还宫，大赦，惟敦党不原。命庾亮督苏峻等追沈充于吴兴，温峤督刘遐等追王含、钱凤于江宁，分命诸将追其党与。刘遐军人颇纵虏掠，峤责之曰："天道助顺，故王含剿绝，岂可因乱为乱也！"遐惶恐拜谢。

王含欲奔荆州，王应曰："不如江州。"含曰："大将军平素与江州云何而欲归之？"应曰："此乃所以宜归也。江州当人强盛时，能立同异，此非常人所及；今睹困厄，必有愍恻之心。荆州守文，岂能意外行事邪！"含不从，遂奔荆州。王舒遣军迎之，沉含父子于江。王彬闻应当来，密具舟以待之；不至，深以为恨。钱凤走至阖庐洲，周光斩之，诣阙自赎。沈充走失道，误入故将吴儒家。儒诱充内重壁中，因笑谓充曰："三千户侯矣。"充曰："尔以义存我，我家必厚报汝。若以利杀我，我死，汝族灭矣。"儒遂杀之，传首建康。敦党悉平。充子劲当坐诛，乡人钱举匿之，得免。其后劲竟灭吴氏。

有司发王敦瘗，出尸，焚其衣冠，跽而斩之，与沈充首同悬于南桁。郗鉴言于帝曰："前朝诛杨骏等，皆先极官刑，后听私殡。臣以为王诛加于上，私义行于下，宜听敦家收葬，于义为弘。"帝许之。司徒导等皆以讨敦功，受封赏。

周抚与邓岳俱亡，周光欲资给其兄而取岳。抚怒曰："我与伯山同亡，何不先斩我。"会岳至，抚出门遥谓之曰："何不速去！今骨肉尚欲相危，况他人乎！"岳回舟而走，与抚共入西阳蛮中。明年，诏原敦党，抚、岳出首，得免死，禁锢。

故吴内史张茂妻陆氏，倾家产，帅茂部曲为先登以讨沈充，报其夫仇。充败，陆氏诣阙上书，为茂谢不克之责，诏赠茂太仆。

有司奏："王彬等敦之亲族，皆当除名。"诏曰："司徒导以大义灭亲，犹将百世宥之，况彬等皆公之近亲乎！”悉无所问。

有诏：“王敦纲纪除名，参佐禁锢。”温峤上疏曰：“王敦刚愎不仁，忍行杀戮，朝廷所不能制，骨肉所不能谏。处其朝者，恒惧危亡，故人士结舌，道路以目，诚贤人君子道穷数尽，遵养时晦之辰也。原其私心，岂遑晏处。如陆玩、刘胤、郭璞之徒常与臣言，备知之矣。必其赞导凶悖，自当正以典刑；如其枉陷奸党，谓宜施之宽贷。臣以玩等之诚闻于圣听，当受同贼之责，苟默而不言，实负其心。惟陛下仁圣裁之。”郗鉴以为“先王立君臣之教，贵于伏节死义。王敦佐吏，虽多逼迫，然进不能止其逆谋，退不能脱身远遁，准之前训，宜加义责”。帝卒从峤议。

冬十月，以司徒导为太保，领司徒，加殊礼，西阳王羕领太尉，应詹为江州刺史，刘遐为徐州刺史，代王邃镇淮阴，苏峻为历阳内史，加庾亮护军将军，温峤前将军。导固辞不受。应詹至江州，吏民未安，詹抚而怀之，莫不悦服。

三年春二月，赠故谯王丞、甘卓、戴渊、周顗、虞望、郭璞、王澄等官。周札故吏为札讼冤。尚书卞壸议，以为“札守石头，开门延寇，不当赠谥”。司徒导以为“往年之事，敦奸逆未彰，自臣等有识以上皆所未悟，与札无异。即悟其奸，札便以身许国，寻取枭夷。臣谓宜与周、戴同例”。郗鉴以为“周、戴死节，周札延寇，事异赏均，何以劝沮。如司徒议，谓往年有识以上皆与札无异，则谯王、周、戴皆应受责，何赠谥之有？今三臣既褒，则札宜受贬明矣”。导曰：“札与谯王、周、戴虽所见有异同，皆人臣之节也。”鉴曰：“敦之逆谋，履霜日久，缘札开门，令王师不振。若敦前者之举，义同桓、文，则先帝可为幽、厉邪！”然卒用导议，赠札卫尉。

## 苏峻之乱

晋成帝咸和元年。初,王导辅政,以宽和得众。及庾亮用事,任法裁物,颇失人心。豫州刺史祖约,自以名辈不后郗、卞,而不豫顾命,又望开府复不得,及诸表请多不见许,遂怀怨望。及遗诏褒进大臣,又不及约与陶侃,二人皆疑庾亮删之。历阳内史苏峻有功于国,威望渐著,有锐卒万人,器械甚精,朝廷以江外寄之。而峻颇怀骄溢,有轻朝廷之志,招纳亡命,众力日多,皆仰食县官,运漕相属,稍不如意,辄肆忿言。亮既疑峻、约,又畏侃之得众,八月,以丹杨尹温峤为都督江州诸军事、江州刺史,镇武昌;尚书仆射王舒为会稽内史,以广声援;又修石头以备之。

丹杨尹阮孚以太后临朝,政出舅族,谓所亲曰:"今江东创业尚浅,主幼时艰,庾亮年少,德信未孚,以吾观之,乱将作矣。"遂求出为广州刺史。孚,咸之子也。

冬十月,南顿王宗自以失职怨望,又素与苏峻善,庾亮欲诛之,宗亦欲废执政。御史中丞锺雅劾宗谋反,亮使右卫将军赵胤收之。宗以兵拒战,为胤所杀,贬其族为马氏,三子绰、超、演皆废为庶人。免太宰西阳王羕,降封弋阳县王,大宗正虞胤左迁桂阳太守。宗,宗室近属。羕,先帝保傅。亮一旦翦黜,由是愈失远近之心。宗党卞阐亡奔苏峻,亮符峻送阐,峻保匿不与。宗之死也,帝不之知,久之,帝问亮曰:"常日白头公何在?"亮对以谋反伏诛。帝泣曰:"舅言人作贼便杀之,人言舅作贼当如何?"亮惧,变色。

二年冬十月,庾亮以苏峻在历阳,终为祸乱,欲下诏征之,访于司徒导。导曰："峻猜险，必不奉诏，不若且苞容之。"亮言于朝曰："峻狼子野心，终必为乱。今日征之，纵不顺命，为祸犹浅；若复经年，不可复制，犹七国之于汉也。"朝臣无敢难者，独光禄大夫卞壸争之曰："峻拥强兵，逼近京邑，路不终朝，一旦有变，易为蹉跌，宜深思之。"亮不从。壸知必败，与温峤书曰："元规召峻意定，此国之大事。峻已出狂意，而召之，是更速其祸也，必纵毒蠚以向朝廷。朝廷威力虽盛，不知果可擒不？王公亦同此情。吾与之争，甚恳切，不能如之何。本出足下以为外援，而今更恨足下在外，不得相与共谏止之，或当相从耳。"峤亦累书止亮。举朝以为不可，亮皆不听。

峻闻之，遣司马何仍诣亮曰："讨贼外任，远近惟命，至于内辅，实非所堪。"亮不许。召北中郎将郭默为后将军、领屯骑校尉，司徒右长史庾冰为吴国内史，皆将兵以备峻。冰，亮之弟也。于是下优诏征峻为大司农，加散骑常侍，位特进，以弟逸代领部曲。峻上表曰："昔明皇帝亲执臣手，使臣北讨胡寇。今中原未靖，臣何敢即安，乞补青州界一荒郡，以展鹰犬之用。"复不许。峻严装将赴召，犹豫未决。参军任让谓峻曰："将军求处荒郡而不见许，事势如此，恐无生路，不如勒兵自守。"阜陵令匡术亦劝峻反。峻遂不应命。

温峤闻之，即欲帅众下卫建康，三吴亦欲起义兵。亮并不听，而报峤书曰："吾忧西陲，过于历阳，足下无过雷池一步也。"朝廷遣使谕峻，峻曰："台下云我欲反，岂得活邪！我宁山头望廷尉，不能廷尉望山头。往者国家危如累卵，非我不济。狡兔既死，猎犬宜烹，但当死报造谋者耳。"

峻知祖约怨朝廷，乃遣参军徐会推崇约，请共讨庾亮。约大喜，其从子智、衍并劝成之。谯国内史桓宣谓智曰："本以强胡未灭，将戮力讨之。使君若欲为雄霸，何不助国讨峻，则威名自举。今乃与峻俱反，此安得久乎！"智不从。宣诣约请见，约知其欲谏，拒而不内。宣遂绝约，不与之同。十一月，约遣兄子沛内史涣、女婿淮南太守许柳以兵会峻。逖妻，柳之姊也，固谏不从。诏复以卞壸为尚书令、领右卫将军，以会稽内史王舒行扬州刺史事，吴兴太守虞潭督三吴等诸郡军事。

尚书左丞孔坦、司徒司马丹杨陶回言于王导，请"及峻未至，急断阜陵守江西当利诸口，彼少我众，一战决矣。若峻未来，可往逼其城。今不先往，峻必先至，峻至则人心危骇，难与战矣。此时不可失也。"导然之，庾亮不从。十二月辛亥，苏峻使其将韩晃、张健等袭陷姑孰，取盐、米，亮方悔之。

壬子，彭城王雄、章武王休叛奔峻。雄，释之子也。

庚申，京师戒严，假庾亮节，都督征讨诸军事。以左卫将军赵胤为历阳太守，使左将军司马流将兵据慈湖以拒峻。以前射声校尉刘超为左卫将军，侍中褚翜典征讨军事。亮使弟翼以白衣领数百人备石头。

宣城内史桓彝欲起兵以赴朝廷，其长史裨惠以郡兵寡弱，山民易扰，谓宜且案甲以待之。彝厉色曰："'见无礼于其君者，若鹰鹯之逐鸟雀。'今社稷危逼，义无宴安。"辛未，彝进屯芜湖，韩晃击破之，因进攻宣城。彝退保广德，晃大掠诸县而还。徐州刺史郗鉴欲帅所领赴难，诏以北寇，不许。

三年春正月，温峤入救建康，军于寻阳。韩晃袭司马流于慈湖。流素懦怯，将战，食炙不知口处，兵败而死。

丁未，苏峻帅祖涣、许柳等众二万人，济自横江，登牛渚，军于陵口。台兵御之,屡败。二月庚戌,峻至蒋陵覆舟山。陶回谓庾亮曰:“峻知石头有重戍,不敢直下,必向小丹杨,南道步来。宜伏兵邀之,可一战擒也。”亮不从。峻果自小丹杨来,迷失道,夜行,无复部分。亮闻,乃悔之。朝士以京邑危逼,多遣家人入东避难,左卫将军刘超独迁妻孥入居宫内。

诏以卞壸都督大桁东诸军事,与侍中锺雅帅郭默、赵胤等军及峻战于西陵。壸等大败,死伤以千数。丙辰,峻攻青溪栅,卞壸帅诸军拒击,不能禁。峻因风纵火,烧台省及诸营寺署,一时荡尽。壸背痈新愈,创犹未合,力疾帅左右苦战而死;二子眕、盱随父后亦赴敌而死。其母抚尸哭曰:“父为忠臣,子为孝子,夫何恨乎!”

丹杨尹羊曼勒兵守云龙门,与黄门侍郎周导、庐江太守陶瞻皆战死。庾亮帅众将陈于宣阳门内,未及成列,士众皆弃甲走,亮与弟怿、条、翼及郭默、赵胤俱奔寻阳。将行,顾谓锺雅曰:“后事深以相委。”雅曰:“栋折榱崩,谁之咎也!”亮曰:“今日之事,不容复言。”亮乘小船,乱兵相剥掠。亮左右射贼,误中柁工,应弦而倒。船上咸失色,欲散,亮不动,徐曰:“此手何可使著贼。”众乃安。

峻兵入台城,司徒导谓侍中褚翜曰:“至尊当御正殿,君可启令速出。”翜即入上閤,躬自抱帝登太极前殿,导及光禄大夫陆晔、荀崧、尚书张闿共登御床,拥卫帝。以刘超为右卫将军,使与锺雅、褚翜侍立左右,太常孔愉朝服守宗庙。时百官奔散,殿省萧然。峻兵既入,叱褚翜令下。翜正立不动,呵之曰:“苏冠军来觐至尊,军人岂得侵逼!”由是峻兵不敢上殿,突入后宫,宫人及太后左右侍人皆见掠夺。峻兵驱役百官,光禄勋王彬等皆被捶挞,令负担登蒋山。裸剥士女,皆以坏席苫草自鄣,无草者坐地以土自覆,哀号之声,震动内外。

初,姑孰既陷,尚书左丞孔坦谓人曰:"观峻之势,必破台城,自非战士,不须戎服。"及台城陷,戎服者多死,白衣者无他。时官有布二十万匹,金银五千斤,钱亿万,绢数万匹,他物称是,峻尽费之,太官惟有烧余米数石以供御膳。

或谓锺雅曰:"君性亮直,必不容于寇仇,盍早为之计。"雅曰:"国乱不能匡,君危不能济,各遁逃以求免,何以为臣!"

丁巳,峻称诏大赦,惟庾亮兄弟不在原例。以王导有德望,犹使以本官居己之右。祖约为侍中、太尉、尚书令,峻自为骠骑将军、录尚书事,许柳为丹杨尹,马雄为左卫将军,祖涣为骁骑将军。弋阳王羕诣峻,称述峻功,峻复以羕为西阳王、太宰、录尚书事。

峻遣兵攻吴国内史庾冰,冰不能御,弃郡奔会稽,至浙江,峻购之甚急。吴铃下卒引冰入船,以蘧蒢覆之,吟啸鼓枻,溯流而去。每逢逻所,辄以杖叩船曰:"何处觅庾冰,庾冰正在此。"人以为醉,不疑之,冰仅免。峻以侍中蔡谟为吴国内史。

温峤闻建康不守,号恸。人有候之者,悲哭相对。

庾亮至寻阳,宣太后诏,以峤为骠骑将军、开府仪同三司,又加徐州刺史郗鉴司空。峤曰:"今日当以灭贼为急,未有功而先拜官,将何以示天下!"遂不受。峤素重亮,亮虽奔败,峤愈推奉之,分兵给亮。

三月,苏峻南屯于湖。

夏四月,庾亮、温峤将起兵讨苏峻,而道路断绝,不知建康声闻。会南阳范汪至寻阳,言:"峻政令不壹,贪暴纵横,灭亡已兆,虽强易弱，朝廷有倒悬之急，宜时进讨。”峤深纳之。亮辟汪参护军事。

亮、峤互相推为盟主。峤从弟充曰：“陶征西位重兵强，宜共推之。”峤乃遣督护王愆期诣荆州，邀陶侃与之同赴国难。侃犹以不预顾命为恨，答曰：“吾疆埸外将，不敢越局。”峤屡说不能回，乃顺侃意，遣使谓之曰：“仁公且守，仆当先下。”使者去已二日，平南参军荥阳毛宝别使还，闻之，说峤曰：“凡举大事，当与天下共之。师克在和，不宜异同。假令可疑，犹当外示不觉，况自为携贰邪。宜急追信改书，言必应俱进，若不及前信，当更遣使。”峤意悟，即追使者改书。侃果许之，遣督护龚登帅兵诣峤。峤有众七千，于是列上尚书，陈祖约、苏峻罪状，移告征镇，洒泣登舟。

陶侃复追龚登还。峤遗侃书曰：“夫军有进而无退，可增而不可减。近已移檄远近，言于盟府，刻后月半大举，诸郡军并在路次，惟须仁公军至，便齐进耳。仁公今召军还，疑惑远近，成败之由，将在于此。仆才轻任重，实凭仁公笃爱，远禀成规。至于首启戎行，不敢有辞，仆与仁公，如首尾相卫，唇齿相依也。恐或者不达高旨，将谓仁公缓于讨贼，此声难追。仆与仁公并受方岳之任，安危休戚，理既同之。且自顷之顾，绸缪往来，情深义重，一旦有急，亦望仁公悉众见救，况社稷之难乎！今日之忧，岂惟仆一州，文武莫不翘企。假令此州不守，约、峻树置官长于此，荆楚西逼强胡，东接逆贼，因之以饥馑，将来之危，乃当甚于此州之今日也。仁公进当为大晋之忠臣，参桓、文之功；退当以慈父之情，雪爱子之痛。今约、峻凶逆无道，痛感天地，人心齐壹，咸皆切齿。今之进讨，若以石投卵耳，苟复召兵还，是为败于几成也。

愿深察所陈。”王愆期谓侃曰：“苏峻豺狼也，如得遂志，四海虽广，公宁有容足之地乎？”侃深感悟，即戎服登舟。瞻丧至不临，昼夜兼道而进。

郗鉴在广陵，城孤粮少，逼近胡寇，人无固志。得诏书，即流涕誓众，入赴国难，将士争奋。遣将军夏侯长等间行谓温峤曰：“或闻贼欲挟天子东入会稽，当先立营垒，屯据要害，既防其越逸，又断贼粮运，然后清野坚壁以待贼。贼攻城不拔，野无所掠，东道既断，粮运自绝，必自溃矣。”峤深以为然。



五月，陶侃帅众至寻阳。议者咸谓侃欲诛庾亮，以谢天下。亮甚惧，用温峤计，诣侃拜谢。侃惊止之曰：“庾元规乃拜陶士行邪！”亮引咎自责，风止可观，侃不觉释然曰：“君侯修石头以拟老子，今日反见求邪！”即与之谈宴终日，遂与亮、峤同趣建康。戎卒四万，旌旗七百余里，钲鼓之声震于远近。

苏峻闻西方兵起，用参军贾宁计，自姑孰还据石头，分兵以拒侃等。乙未，峻逼迁帝于石头，司徒导固争，不从。帝哀泣升车，宫中恸哭。时天大雨，道路泥泞，刘超、锺雅步侍左右，峻给马，不肯乘，而悲哀慷慨。峻闻而恶之，然未敢杀也。以其亲信许方等补司马督、殿中监，外托宿卫，内实防御超等。峻以仓屋为帝宫，日来帝前肆丑言。刘超、锺雅与右光禄大夫荀崧、金紫光禄大夫华恒、尚书荀邃、侍中丁潭侍从，不离帝侧。时饥馑米贵，峻问遗，超一无所受。缱绻朝夕，臣节愈恭，虽居幽厄之中，超犹启帝授孝经、论语。



峻使左光禄大夫陆晔守留台，逼迫居民，尽聚之后苑，使匡术守苑城。

尚书左丞孔坦奔陶侃，侃以为长史。

初，苏峻遣尚书张闿权督东军，司徒导密令以太后诏谕三吴吏士，使起义兵救天子。会稽内史王舒以庾冰行奋武将军，使将兵一万西渡浙江。于是吴兴太守虞潭、吴国内史蔡谟、前义兴太守顾众等，皆举兵应之。潭母孙氏谓潭曰："汝当舍生取义，勿以吾老为累。"尽遣其家僮从军，鬻其环珮以为军资。谟以庾冰当还旧任，即去郡以让冰。

苏峻闻东方兵起，遣其将管商、张健、弘徽等拒之。虞潭等与战，互有胜负，未能得前。

陶侃、温峤军于茄子浦。峤以南兵习水，苏峻兵便步，令将士有上岸者死。会峻送米万斛馈祖约，约遣司马桓抚等迎之。毛宝帅千人为峤前锋，告其众曰："兵法军令有所不从，岂可视贼可击，不上岸击之邪？"乃擅往袭抚，悉获其米，斩获万计，约由是饥乏。峤表宝为庐江太守。

陶侃表王舒监浙东军事，虞潭监浙西军事，郗鉴都督扬州八郡诸军事，令舒、潭皆受鉴节度。鉴帅众渡江，与侃等会于茄子浦，雍州刺史魏该亦以兵会之。

丙辰，侃等舟师直指石头，至于蔡州。侃屯查浦，峤屯沙门浦。峻登烽火楼，望见士众之盛，有惧色，谓左右曰："吾本知温峤能得众也。"

庾亮遣督护王彰击峻党张曜，反为所败。亮送节传以谢侃，侃答曰："古人三败，君侯始二。当今事急，不宜数尔。"亮司马陈郡殷融诣侃谢曰："将军为此，非融等所裁。"王彰至曰："彰自为之，将军不知也。"侃曰："昔殷融为君子，王彰为小人；今王彰为君子，殷融为小人。"

宣城内史桓彝闻京城不守，慷慨流涕，进屯泾县。时州郡多遣使降苏峻，禆惠复劝彝宜且与通使，以纾交至之祸。彝曰："吾受国厚恩，义在致死，焉能忍耻与逆臣通问。如其不济，此则命也。"彝遣将军俞纵守兰石，峻遣其将韩晃攻之。纵将败，左右劝纵退军。纵曰："吾受桓侯厚恩，当以死报。吾之不可负桓侯，犹桓侯之不负国也。"遂力战而死。晃进军攻彝，六月，城陷，执彝杀之。

诸军初至石头，即欲决战。陶侃曰："贼众方盛，难与争锋，当以岁月，智计破之。"既而屡战无功，监军部将李根请筑白石垒，侃从之。夜筑垒，至晓而成。闻峻军严声，诸将咸惧其来攻。孔坦曰："不然。若峻攻垒，必须东北风急，令我水军不得往救。今天清静，贼必不来。所以严者，必遣军出江乘，掠京口以东矣。"已而果然。侃使庾亮以二千人守白石，峻帅步骑万余四面攻之，不克。王舒、虞潭等数与峻兵战，不利。孔坦曰："本不须召郗公，遂使东门无限。今宜遣还，虽晚犹胜不也。"侃乃令鉴与后将军郭默还据京口，立大业、曲阿、庱亭三垒以分峻之兵势，使郭默守大业。

壬辰，魏该卒。

祖约遣祖涣、桓抚袭湓口，陶侃闻之，将自击之。毛宝曰："义军恃公，公不可动，宝请讨之。"侃从之。涣、抚过皖，因攻谯国内史桓宣，宝往救之，为涣、抚所败，箭贯宝髀，彻鞍，宝使人蹋鞍拔箭，血流满靴。还击涣、抚，破走之，宣乃得出，归于温峤。宝进攻祖约军于东关，拔合肥戍，会峤召之，复归石头。

祖约诸将阴与后赵通谋，许为内应。后赵将石聪、石堪引兵济淮攻寿春。秋七月，约众溃，奔历阳，聪等虏寿春二万余户而归。

苏峻腹心路永、匡术、贾宁闻祖约败，恐事不济，劝峻尽诛司徒导等诸大臣，更树腹心。峻雅敬导，不许。永等更贰于峻，导使参军袁耽潜诱永，使归顺。九月戊申，导携二子与永皆奔白石。耽，涣之曾孙也。

陶侃、温峤等与苏峻久相持不决，峻分遣诸将东西攻掠，所向多捷，人情恟惧。朝士之奔西军者皆曰："峻狡黠有胆决，其徒骁勇，所向无敌。若天讨有罪，则峻终灭亡；止以人事言之，未易除也。"温峤怒曰："诸君怯懦，乃更誉贼！"及累战不胜，峤亦惮之。

峤军食尽，贷于陶侃。侃怒曰："使君前云不忧无良将及兵食，惟欲得老仆为主耳。今数战皆北，良将安在？荆州接胡、蜀二虏，当备不虞，若复无食，仆便欲西归，更思良算，徐来殄贼，不为晚也。"峤曰："凡师克在和，古之善教也。光武之济昆阳，曹公之拔官渡，以寡敌众，杖义故也。峻、约小竖，凶逆滔天，何忧不灭。峻骤胜而骄，自谓无前，今挑之战，可一鼓而擒也。奈何舍垂立之功，设进退之计乎！且天子幽逼，社稷危殆，乃四海臣子肝脑涂地之日。峤等与公并受国恩，事若克济，则臣主同祚，如其不捷，当灰身以谢先帝耳。今之事势，义无旋踵，譬如骑虎，安可中下哉。公若违众独返，人心必沮。沮众败事，义旗将回指于公矣。"毛宝言于峤曰："下官能留陶公。"乃往说侃曰："公本应镇芜湖，为南北势援。前既已下，势不可还。且军政有进无退，非直整齐三军，示众必死而已，亦谓退无所据，终至灭亡。往者杜弢非不强盛，公竟灭之，何至于峻独不可破邪？贼亦畏死，非皆勇健，公可试与宝兵，使上岸断贼资粮，若宝不立效，然后公去，人心不恨矣。"侃然之，加宝督护而遣之。竟陵太守李阳说侃曰："今大事若不济，公虽有粟，安得而食诸。"侃乃分米五万石以饷峤军。毛宝烧峻句容、湖孰积聚，峻军乏食。侃遂留不去。

张健、韩晃等急攻大业，垒中乏水，人饮粪汁。郭默惧，潜突围出外，留兵守之。郗鉴在京口，军士闻之皆失色。参军曹纳曰："大业，京口之扞蔽也，一旦不守，则贼兵径至，不可当也。请还广陵，以俟后举。"鉴大会僚佐，责纳曰："吾受先帝顾托之重，正复捐躯九泉，不足报塞。今强寇在近，众心危逼，君腹心之佐，而生长异端，当何以帅先义众，镇壹三军邪！"将斩之，久乃得释。



陶侃将救大业，长史殷羡曰："吾兵不习步战，救大业而不捷，则大事去矣。不如急攻石头，则大业自解。"侃从之。羡，融之兄也。庚午，侃督水军向石头。庾亮、温峤、赵胤帅步兵万人从白石南上，欲挑战。峻将八千人逆战，遣其子硕及其将匡孝分兵先薄赵胤军，败之。峻方劳其将士，乘醉望见胤走，曰："孝能破贼，我更不如邪！"因舍其众，与数骑北下突陈，不得入，将回趋白木陂；马踬，侃部将彭世、李千等投之以矛，峻坠马，斩首，脔割之，焚其骨，三军皆称万岁。余众大溃。峻司马任让等共立峻弟逸为主，闭城自守。温峤乃立行台，布告远近，凡故吏二千石以下皆令赴台，于是至者云集。韩晃闻峻死，引兵趣石头。管商、弘徽攻庱亭垒，督护李闳、轻车长史滕含击破之。含，脩之孙也。商走诣庾亮降，余众皆归张健。



四年春正月，光禄大夫陆晔及弟尚书左仆射玩说匡术以苑城附于西军，百官皆赴之，推晔督宫城军事。陶侃命毛宝守南城，邓岳守西城。

右卫将军刘超、侍中锺雅与建康令管旆等谋奉帝出赴西军，事泄，苏逸使其将平原任让将兵入宫收超、雅。帝抱持悲泣曰：

"还我侍中、右卫!"让夺而杀之。初,让少无行,太常华恒为本州大中正,黜其品。及让为苏峻将,乘势多所诛杀,见恒辄恭敬,不敢纵暴。及锺、刘之死,苏逸欲并杀恒,让尽心救卫,恒乃得免。

冠军将军赵胤遣部将甘苗击祖约于历阳。戊辰,约夜帅左右数百人奔后赵,其将牵腾帅众出降。

苏逸、苏硕、韩晃并力攻台城,焚太极东堂及秘阁,毛宝登城,射杀数十人。晃谓宝曰:"君名勇果,何不出斗?"宝曰:"君名健将,何不入斗?"晃笑而退。

二月丙戌,诸军攻石头。建威长史滕含击苏逸,大破之。苏硕帅骁勇数百渡淮而战,温峤击斩之。韩晃等惧,以其众就张健于曲阿,门隘不得出,更相蹈藉,死者万数。西军获苏逸,斩之。滕含部将曹据抱帝奔温峤船,群臣见帝,顿首号泣请罪。杀西阳王羕,并其二子播、充、孙崧及彭城王雄。陶侃与任让有旧,为请其死。帝曰:"是杀吾侍中、右卫者,不可赦也。"乃杀之。司徒导入石头,令取故节。陶侃笑曰:"苏武节似不如是。"导有惭色。丁亥,大赦。

张健疑弘、徽等贰于己,皆杀之;帅舟师自延陵将入吴兴,乙未,扬烈将军王允之与战,大破之,获男女万余口。健复与韩晃、马雄等轻军西趋故鄣,郗鉴遣参军李闳追之,及于平陵山,皆斩之。

是时宫阙灰烬,以建平园为宫。温峤欲迁都豫章,三吴之豪请都会稽,二论纷纭,未决。司徒导曰:"孙仲谋、刘玄德俱言'建康王者之宅'。古之帝王,不必以丰俭移都。苟务本节用,何忧凋弊;若农事不修,则乐土为墟矣。且北寇游魂,伺我之隙,一旦示弱，窜于蛮越，求之望实，惧非良计。今特宜镇之以静，群情自安。”由是不复徙都。以褚翜为丹杨尹。时兵火之后，民物凋残，翜收集散亡，京邑遂安。

三月壬子，论平苏峻功，以陶侃为侍中、太尉，封长沙郡公，加都督交广宁州诸军事；郗鉴为侍中、司空、南昌县公；温峤为骠骑将军、开府仪同三司，加散骑常侍、始安郡公；陆晔进爵江陵公。自余赐爵侯、伯、子、男者甚众。卞壸及二子眕、盱、桓彝、刘超、锺雅、羊曼、陶瞻皆加赠谥。路永、匡术、贾宁皆苏峻之党也，峻未败，永等去峻归朝廷。王导欲赏以官爵，温峤曰：“永等皆峻之腹心，首为乱阶，罪莫大焉。晚虽改悟，未足以赎前罪，得全首领，为幸多矣，岂可复褒宠之哉！”导乃止。

陶侃以江陵偏远，移镇巴陵。朝议欲留温峤辅政，峤以王导先帝所任，固辞还藩，又以京邑荒残，资用不给，乃留资蓄具器用而后旋于武昌。

帝之出石头也，庾亮见帝，稽颡哽咽，诏亮与大臣俱升御座。明日，亮复泥首谢罪，乞骸骨，欲阖门投窜山海。帝遣尚书、侍中手诏慰喻曰：“此社稷之难，非舅之责也。”亮上疏自陈：“祖约、苏峻纵肆凶逆，罪由臣发，寸斩屠戮，不足以谢七庙之灵，塞四海之责。朝廷复何理齿臣于人次，臣亦何颜自次于人理。愿陛下虽垂宽宥，全其首领，犹宜弃之，任其自存自没，则天下粗知劝戒之纲矣。”优诏不许。亮又欲遁逃山海，自暨阳东出，诏有司录夺舟船。亮乃求外镇自效，出为都督豫州扬州之江西宣城诸军事、豫州刺史，领宣城内史，镇芜湖。

陶侃、温峤之讨苏峻也，移檄征镇，使各引兵入援。湘州刺史益阳侯卞敦拥兵不赴，又不给军粮，遣督护将数百人随大军而已，朝野莫不怪叹。及峻平，陶侃奏敦阻军顾望，不赴国难，请槛车收付廷尉。王导以丧乱之后，宜加宽宥，转敦安南将军、广州刺史；病不赴，征为光禄大夫，领少府。敦忧愧而卒，追赠本官，加散骑常侍，谥曰敬。

臣光曰：庾亮以外戚辅政，首发祸机，国破君危，窜身苟免。卞敦位列方镇，兵粮俱足，朝廷颠覆，坐观胜负。人臣之罪，孰大于此。既不能明正典刑，又以宠禄报之，晋室无政，亦可知矣，任是责者，岂非王导乎！

## 燕讨段辽　讨宇文附

晋明帝太宁三年冬十一月，慕容廆与段氏方睦，为段牙谋，使之徙都。牙从之，即去令支，国人不乐。段疾陆眷之孙辽欲夺其位，以徙都为牙罪，十二月，帅国人攻牙，杀之，自立。段氏自务勿尘以来，日益强盛，其地西接渔阳，东界辽水，所统胡、晋三万余户，控弦四五万骑。

成帝咸和八年夏五月甲寅，辽东武宣公慕容廆卒。六月，世子皝以平北将军行平州刺史，督摄部内。

慕容皝初嗣位，用法严峻，国人多不自安。主簿皇甫真切谏，不听。皝庶兄建威将军翰、母弟征虏将军仁，有勇略，屡立战功，得士心，季弟昭，有才艺；皆有宠于廆，皝忌之。翰叹曰："吾受事于先公，不敢不尽力，幸赖先公之灵，所向有功，此乃天赞吾国，非人力也。而人谓吾之所办，以为雄才难制，吾岂可坐而待祸邪。"乃与其子出奔段氏。段辽素闻其才，冀收其用，甚爱重之。

〔冬十月〕,仁自平郭来奔丧,谓昭曰:“吾等素骄,多无礼于嗣君。嗣君刚严,无罪犹可畏,况有罪乎!”昭曰:“吾辈皆体正嫡,于国有分。兄素得士心,我在内未为所疑,伺其间隙,除之不难。兄趣举兵以来,我为内应,事成之日,与我辽东。男子举事,不克则死,不能效建威偷生异域也。”仁曰:“善。”遂还平郭。闰月,仁举兵而西。

或以仁、昭之谋告皝,皝未之信,遣使按验。仁兵已至黄水,知事露,杀使者,还据平郭。皝赐昭死。遣军祭酒封奕慰抚辽东。以高诩为广武将军,将兵五千,与庶弟建武将军幼、稚、广威将军军、宁远将军汗、司马辽东佟寿共讨仁。与仁战于汶城北,皝兵大败,幼、稚军皆为仁所获。寿尝为仁司马,遂降于仁。前大农孙机等举辽东城以应仁,封奕不得入,与汗俱还。东夷校尉封抽、护军平原乙逸、辽东相太原韩矫皆弃城走,于是仁尽有辽东之地,段辽及鲜卑诸部皆与仁遥相应援。皝追思皇甫真之言,以真为平州别驾。

九年春二月,慕容仁以司马翟楷领东夷校尉,前平州别驾庞鉴领辽东相。

段辽遣兵袭徒河,不克,复遣其弟兰与慕容翰共攻柳城。柳城都尉石琮、城大慕舆埿并力拒守,兰等不克而退。辽怒,切责兰等,必令拔之。休息二旬,复益兵来攻。士皆重袍蒙楯,作飞梯,四面俱进,昼夜不息。琮、埿拒守弥固,杀伤千余人,卒不能拔。慕容皝遣慕容汗及司马封奕等共救之。皝戒汗曰:“贼气锐,勿与争锋。”汗性骁果,以千余骑为前锋直进。封奕止之,汗不从。与兰遇于牛尾谷,汗兵大败,死者太半。奕整阵力战,故得不没。

兰欲乘胜穷追，慕容翰恐遂灭其国，止之曰："夫为将当务慎重，审己量敌，非万全不可动。今虽挫其偏师，未能屈其大势。皝多权诈，好为潜伏，若悉国中之众自将以拒我，我悬军深入，众寡不敌，此危道也。且受命之日，正求此捷。若违命贪进，万一取败，功名俱丧，何以返面。"兰曰："此已成擒，无有余理，卿正虑遂灭卿国耳。今千年在东，若进而得志，吾将迎之以为国嗣，终不负卿，使宗庙不祀也。"千年者，慕容仁小字也。翰曰："吾投身相依，无复还理。国之存亡，于我何有！但欲为大国之计，且相为惜功名耳。"乃命所部欲独还，兰不得已而从之。

夏四月，慕容仁自称平州刺史、辽东公。

冬十一月，慕容皝讨辽东，甲申，至襄平。辽东人王岌密信请降。师进入城，翟楷、庞鉴单骑走，居就、新昌等县皆降。皝欲悉坑辽东民，高诩谏曰："辽东之叛，实非本图，直畏仁凶威，不得不从。今元恶犹存，始克此城，遽加夷灭，则未下之城无归善之路矣。"皝乃止。分徙辽东大姓于棘城。以杜群为辽东相，安辑遗民。

十二月，慕容仁遣兵袭新昌，督护新兴王寓击走之，遂徙新昌入襄平。

咸康二年春正月，慕容皝将讨慕容仁，司马高诩曰："仁叛弃君亲，民神共怒。前此海未尝冻，自仁反以来，连年冻者三矣。且仁专备陆道，天其或者欲使吾乘海冰以袭之也。"皝从之。群僚皆言涉冰危事，不若从陆道。皝曰："吾计已决，敢沮者斩。"壬午，皝帅其弟军师将军评等自昌黎东，践冰而进，凡三百余里。至历林口，舍辎重，轻兵趣平郭。去城七里，候骑以告仁，仁狼狈出战。张英之俘二使也，仁恨不穷追。及皝至，仁以为皝复遣偏师轻出寇抄，不知皝自来，谓左右曰："今兹当不使其匹马得返矣。"乙未，仁悉众阵于城之西北。慕容军帅所部降于皝，仁众沮动，皝从而纵击，大破之。仁走，其帐下皆叛，遂擒之。皝先为斩其帐下之叛者，然后赐仁死。丁衡、游毅、孙机等皆仁所信用也，皝执而斩之。王冰自杀。慕容幼、慕容稚、佟寿、郭充、翟楷、庞鉴皆东走，幼中道而还。皝兵追及楷、鉴，斩之，寿、充奔高丽。自余吏民为仁所诖误者，皝皆赦之。封高诩为汝阳侯。

夏六月，段辽遣中军将军李咏袭慕容皝。咏趣武兴，都尉张萌击擒之。辽别遣段兰将步骑数万屯柳城西回水，宇文逸豆归攻安晋以为兰声援。皝帅步骑五万向柳城，兰不战而遁。皝引兵北趣安晋，逸豆归弃辎重走，皝遣司马封奕帅轻骑追击，大破之。皝谓诸将曰："二虏耻无功，必将复至，宜于柳城左右设伏以待之。"乃遣封奕帅骑数千伏于马兜山。三月，段辽果将数千骑来寇抄，奕纵击，大破之，斩其将荣伯保。

三年春三月，慕容皝于乙连城东筑好城以逼乙连，留折冲将军兰勃守之。夏四月，段辽以车数千两输乙连粟，兰勃击而取之。六月，辽又遣其从弟扬威将军屈云将精骑夜袭皝子遵于兴国城，遵击破之。

初，北平阳裕事段疾陆眷及辽五世，皆见尊礼。辽数与皝相攻，裕谏曰："'亲仁善邻，国之宝也'，况慕容氏与我世婚，迭为甥舅。皝有才德，而我与之构怨，战无虚月，百姓凋弊，利不补害，臣恐社稷之忧将由此始。愿两追前失，通好如初，以安国息民。"辽不从，出裕为北平相。

段辽数侵赵边，〔冬十一月〕，燕王皝遣扬烈将军宋回称藩于赵，乞师以讨辽，自请尽帅国中之众以会之，并以其弟宁远将军汗为质。赵王虎大悦，厚加慰答，辞其质，遣还，密期以明年。

四年春正月，燕王皝遣都尉赵槃如赵，听师期。赵王虎将击段辽，募骁勇者三万人，悉拜龙腾中郎。会辽遣段屈云袭赵幽州，幽州刺史李孟退保易京。虎乃以桃豹为横海将军，王华为渡辽将军，帅舟师十万出漂渝津；支雄为龙骧大将军，姚弋仲为冠军将军，帅步骑七万为前锋，以伐辽。三月，赵槃还至棘城。燕王皝引兵攻掠令支以北诸城。段辽将追之，慕容翰曰："今赵兵在南，当并力御之，而更与燕斗。燕王自将而来，其士卒精锐，若万一失利，将何以御南敌乎！"段兰怒曰："吾前为卿所误，以成今日之患，吾不复堕卿计中矣。"乃悉将见众追之。皝设伏以待之，大破兰兵，斩首数千级，掠五千户及畜产万计以归。

赵王虎进屯金台，支雄长驱入蓟，段辽所署渔阳、上谷、代郡守相皆降，取四十余城。北平相阳裕帅其民数千家登燕山以自固。诸将恐其为后患，欲攻之。虎曰："裕儒生，矜惜名节，耻于迎降耳，无能为也。"遂过之，至徐无。段辽以弟兰既败，不敢复战，帅妻子、宗族、豪大千余家弃令支奔密云山。将行，执慕容翰手泣曰："不用卿言，自取败亡。我固甘心，令卿失所，深以为愧。"翰北奔宇文氏。

辽左右长史刘群、卢谌、崔悦等封府库请降。虎遣将军郭太、麻秋帅轻骑二万追辽，至密云山，获其母妻，斩首三千级。辽单骑走险，遣其子乞特真奉表及献名马于赵，虎受之。

虎入令支宫，论功封赏各有差。徙段国民二万余户于司、雍、兖、豫四州，士大夫之有才行者皆擢叙之。阳裕诣军门降，虎让之曰："卿昔为奴虏走，今为士人来，岂识知天命，将逃匿无地邪？"对曰："臣昔事王公，不能匡济；逃于段氏，复不能全。今陛下天网高张，笼络四海，幽、冀豪杰，莫不风从，如臣比肩，无所独愧。生死之命，惟陛下制之。”虎悦，即拜北平太守。

夏(四)〔五〕月，赵王虎以燕王皝不会赵兵攻段辽，而自专其利，欲伐之。太史令赵揽谏曰：“岁星守燕分，师必无功。”虎怒，鞭之。皝闻之，严兵设备，罢六卿、纳言、常伯、冗骑常侍官。赵戎卒数十万，燕人震恐。皝谓内史高诩曰：“将若之何？”对曰：“赵兵虽强，然不足忧，但坚守以拒之，无能为也。”

虎遣使四出，招诱民夷，燕成周内史崔焘、居就令游泓、武原令常霸、东夷校尉封抽、护军宋晃等皆应之，凡得三十六城。泓，邃之兄子也。冀阳流寓之士共杀太守宋烛以降于赵。烛，晃之从兄也。营丘内史鲜于屈亦遣使降赵，武宁令广平孙兴晓谕吏民共收屈，数其罪而杀之，闭城拒守。朝鲜令昌黎孙泳帅众拒赵，大姓王清等密谋应赵，泳收斩之，同谋数百人惶怖请罪，泳皆释之，与同拒守。乐浪太守鞠彭以境内皆叛，选乡里壮士二百余人共还棘城。

戊子，赵兵进逼棘城，燕王皝欲出亡，帐下将慕舆根谏曰：“赵强我弱，大王一举足，则赵之气势遂成，使赵人收略国民，兵强谷足，不可复敌。窃意赵人正欲大王如此耳，奈何入其计中乎？今固守坚城，其势百倍，纵其急攻，犹足枝持，观形察变，间出求利；如事之不济，不失于走，奈何望风委去，为必亡之理乎！”皝乃止，然犹惧形于色。玄菟太守河间刘佩曰：“今强寇在外，众心恟惧，事之安危，系于一人。大王此际无所推委，当自强以厉将士，不宜示弱。事急矣，臣请出击之，纵无大捷，足以安众。”乃将敢死数百骑出冲赵兵，所向披靡，斩获而还，于是士气自倍。皝问计于封奕，对曰：“石虎凶虐已甚，民神共疾，祸败之至，其何日之有。今空国远来，攻守势异，戎马虽强，无能为患。顿兵积日，衅隙自生，但坚守以俟之耳。"皝意乃安。或说皝降，皝曰："孤方取天下，何谓降也！"

赵兵四面蚁附缘城，慕舆根等昼夜力战，凡十余日，赵兵不能克，壬辰，引退。皝遣其子恪帅二千骑追击之，赵兵大败，斩获三万余级。赵诸军皆弃甲逃溃，惟游击将军石闵一军独全。

赵之攻棘城也，燕右司马李洪之弟普以为棘城必败，劝洪出避祸。洪曰："天道幽远，人事难知，且当委任，勿轻动取悔。"普固请不已，洪曰："卿意见明审者，当自行之。吾受慕容氏大恩，义无去就，当效死于此耳。"与普流涕而诀。普遂降赵，从赵军南归，死于丧乱。洪由是以忠笃著名。

赵王虎遣渡辽将军曹伏将青州之众戍海岛，运谷三百万斛以给之，又以船三百艘运谷三十万斛诣高句丽，使典农中郎将王典帅众万余屯田海滨，又令青州造船千艘，以谋击燕。

十二月，段辽自密云山遣使求迎于赵，既而中悔，复遣使求迎于燕。赵王虎遣征东将军麻秋帅众三万迎之，敕秋曰："受降如受敌，不可轻也。"以尚书左丞阳裕，辽之故臣，使为秋司马。燕王皝自帅诸军迎辽，辽密与燕谋覆赵军。皝遣慕容恪伏精骑七千于密云山，大败麻秋于三藏口，死者什六七。秋步走得免，阳裕为燕所执。赵将军范阳鲜于亮失马，步缘山不能进，因止端坐。燕兵环之，叱令起。亮曰："身是贵人，义不为小人所屈。汝曹能杀亟杀，不能则去。"亮仪观丰伟，声气雄厉，燕兵惮之，不敢杀，以白皝。皝以马迎之，与语，大悦，用为左常侍，以崔毖之女妻之。皝尽得段辽之众，待辽以上宾之礼，以阳裕为郎中令。

五年夏四月，段辽谋反于燕，燕人杀辽及其党与数十人，送辽首于赵。

冬，燕王皝遣长史刘翔参军鞠运来献捷论功。

燕王皝使其子恪、霸击宇文别部。霸年十三，勇冠三军。

六年。宇文逸豆归忌慕容翰才名，翰乃阳狂酣饮，或卧自便利，或被发歌呼，拜跪乞食。宇文举国贱之，不复省录，以故得行来自遂，山川形便，皆默记之。燕王皝以翰初非叛乱，以猜嫌出奔，虽在他国，常潜为燕计，乃遣商人王车通市于宇文部以窥翰。翰见车无言，抚膺颔之而已。皝曰："翰欲来也。"复使车迎之。翰弯弓三石余，矢尤长大，皝为之造可手弓矢，使车埋于道旁而密告之。二月，翰窃逸豆归名马，携其二子过取弓矢，逃归。逸豆归使骁骑百余追之。翰曰："吾久客思归，既得上马，无复还理。吾向日阳愚以诳汝，吾之故艺犹在，无为相逼，自取死也。"追骑轻之，直突而前。翰曰："吾居汝国久恨恨，不欲杀汝。汝去我百步立汝刀，吾射之，一发中者汝可还，不中者可来前。"追骑解刀立之，一发，正中其环，追骑散走。皝闻翰至，大喜，恩遇甚厚。

八年冬十月，建威将军翰言于皝曰："宇文强盛日久，屡为国患。今逸豆归篡窃得国，群情不附，加之性识庸暗，将帅非才，国无防卫，军无部伍。臣久在其国，悉其地形。虽远附强羯，声势不接，无益救援。今若击之，百举百克。然高句丽去国密迩，常有窥闟之志，彼知宇文既亡，祸将及己，必乘虚深入，掩吾不备。若少留兵则不足以守，多留兵则不足以行。此心腹之患也，宜先除之。观其势力，一举可克。宇文自守之虏，必不能远来争利。既取高句丽，还取宇文，如返手耳。二国既平，利尽东海，国富兵强，无返顾之忧，然后中原可图也。"皝曰："善。"将兵击高句丽，毁其城而还。

康帝建元元年春二月，宇文逸豆归遣其相莫浅浑将兵击燕。诸将争欲击之，燕王皝不许。莫浅浑以为皝畏之，酣饮纵猎，不复设备。皝使慕容翰出击之，莫浅浑大败，仅以身免，尽俘其众。

二年春正月，燕王皝与左司马高诩谋伐宇文逸豆归，诩曰："宇文强盛，今不取，必为国患。伐之必克，然不利于将。"出而告人曰："吾往必不返，然忠臣不避也。"于是皝自将伐逸豆归，以慕容翰为前锋将军，刘佩副之，分命慕容军、慕容恪、慕容霸及折冲将军慕舆根将兵三道并进。高诩将发，不见其妻，使人语以家事而行。

逸豆归遣南罗大涉夜干将精兵逆战，皝遣人驰谓慕容翰曰："涉夜干勇冠三军，宜小避之。"翰曰："逸豆归扫其国内精兵以属涉夜干，涉夜干素有勇名，一国所赖也。今我克之，其国不攻自溃矣。且吾孰知涉夜干之为人，虽有虚名，实易与耳，不宜避之，以挫吾兵气。"遂进战。翰自出冲阵，涉夜干出应之，慕容霸从傍邀击，遂斩涉夜干。宇文士卒见涉夜干死，不战而溃。燕兵乘胜逐之，遂克其都城。逸豆归走死漠北，宇文氏由是散亡。皝悉收其畜产、资货，徙其部众五千余落于昌黎，辟地千余里。更命涉夜干所居城曰威德城，使弟彪戍之而还。高诩、刘佩皆中流矢卒。

诩善天文，皝尝谓曰："卿有佳书而不见与，何以为忠尽？"诩曰："臣闻人君执要，人臣执职。执要者逸，执职者劳。是以后稷播种，尧不预焉。占候、天文，晨夜甚苦，非至尊之所宜亲，殿下将安用之。"皝默然。

初，逸豆归事赵甚谨，贡献属路。及燕人伐逸豆归，赵王虎使右将军白胜、并州刺史王霸自甘松出救之。比至，宇文氏已亡，因攻威德城，不克而还。慕容彪追击，破之。

慕容翰之与宇文氏战也，为流矢所中，卧病积时不出。后渐差，于其家试骋马。或告翰称病而私习骑乘，疑欲为变。燕王皝虽藉翰勇略，然中心终忌之，乃赐翰死。翰曰："吾负罪出奔，既而复还，今日死已晚矣。然羯贼跨据中原，吾不自量，欲为国家荡壹区夏，此志不遂，没有遗恨，命矣夫！"饮药而卒。



## 赵魏乱中原　冉闵灭石氏附

晋怀帝永嘉五年。初，石勒之为人所掠卖也，与其母王氏相失，刘琨得之，遣使并其从子虎送于勒。时虎年十七，残忍无度，为军中患。勒白母曰："此儿凶暴无赖，使军人杀之，声名可惜，不若自除之。"母曰："快牛为犊，多能破车，汝小忍之。"及长，便弓马，勇冠当时。勒以为征虏将军，每屠城邑，鲜有遗类。然御众严而不烦，莫敢犯者，指授攻讨，所向无前，勒遂宠任之。

成帝咸和五年春二月，后赵王勒以其子宏为大单于。中山王虎怒，私谓齐王邃曰："主上自都襄国以来，端拱仰成，以吾身当矢石，二十余年，南擒刘岳，北走索头，东平齐、鲁，西定秦、雍，克十有三州。成大赵之业者，我也。大单于当以授我，今乃以与黄吻婢儿，念之令人气塞，不能寝食。待主上晏驾之后，不足复留种也。"



后赵皇太子弘好属文，亲敬儒素。勒谓徐光曰："大雅愔愔，殊不似将家子。"光曰："汉祖以马上取天下，孝文以玄默守之。圣人之后，必有胜残去杀者，天之道也。"勒甚悦。光因说曰：

"皇太子仁孝温恭,中山王雄暴多诈,陛下一旦不讳,臣恐社稷非太子所有也。宜渐夺中山王权,使太子早参朝政。"勒心然之,而未能从。

七年夏四月,赵右仆射程遐言于赵主勒曰:"中山王勇悍权略,群臣莫及。观其志,自陛下之外,视之蔑如。加以残贼安忍,久为将帅,威振外内,其诸子年长,皆典兵权;陛下在,自当无他,恐非少主之臣也。宜早除之,以便大计。"勒曰:"今天下未安,大雅冲幼,宜得强辅。中山王骨肉至亲,有佐命之功,方当委以伊、霍之任,何至如卿所言?卿正恐不得擅帝舅之权耳,吾亦当参卿顾命,勿过忧也。"遐泣曰:"臣所虑者公家,陛下乃以私计拒之,忠言何自而入乎?中山王虽为皇太后所养,非陛下天属,虽有微功,陛下酬其父子恩荣亦足矣,而其志愿无极,岂将来有益者乎,若不除之,臣见宗庙不血食矣。"勒不听。

遐退告徐光,光曰:"中山王常切齿于吾二人,恐非但危国,亦将为家祸也。"他日,光承间言于勒曰:"今国家无事,而陛下神色若有不怡,何也?"勒曰:"吴、蜀未平,吾恐后世不以吾为受命之王也。"光曰:"魏承汉运,刘备虽兴于蜀,汉岂得为不亡乎。孙权在吴,犹今之李氏也。陛下苞括二都,平荡八州,帝王之统,不在陛下,复当在谁?且陛下不忧腹心之疾,而更忧四支乎,中山王藉陛下威略,所向辄克,而天下皆言其英武亚于陛下。且其资性不仁,见利忘义,父子并据权位,势倾王室,而耿耿常有不满之心。近于东宫侍宴,有轻皇太子之色。臣恐陛下万年之后,不可复制也。"勒默然,始命太子省可尚书奏事,且以中常侍严震参综可否,惟征伐、断斩大事乃呈之。于是严震之权过于主相,中山王虎之门可设雀罗矣。虎愈快快不悦。

八年夏六月，赵主勒寝疾，中山王虎入侍禁中，矫诏群臣、亲戚皆不得入，疾之增损，外无知者。又矫诏召秦王宏、彭城王堪还襄国。勒疾小瘳，见宏，惊曰："吾使王处藩镇，正备今日，有召王者邪？将自来邪？有召者当按诛之。"虎惧曰："秦王思慕暂还耳，今遣之。"仍留不遣。数日，复问之，虎曰："受诏即遣，今已半道矣。"广阿有蝗，虎密使其子冀州刺史邃帅骑三千游于蝗所。

秋七月，勒疾笃，遗命曰："大雅兄弟，宜善相保，司马氏，汝曹之前车也。中山王宜深思周、霍，勿为将来口实。"戊辰，勒卒。中山王虎劫太子弘使临轩，收右光禄大夫程遐、中书令徐光下廷尉，召邃使将兵入宿卫，文武皆奔散。弘大惧，自陈劣弱，让位于虎。虎曰："君终，太子立，礼之常也。"弘涕泣固让，虎怒曰："若不堪重任，天下自有大义，何足豫论！"弘乃即位，大赦。杀程遐、徐光。夜以勒丧潜瘗山谷，莫知其处。己卯，备仪卫，虚葬于高平陵，谥曰明帝，庙号高祖。

赵将石聪及谯郡太守彭彪各遣使来降。聪本晋人，冒姓石氏。朝廷遣督护乔球将兵救之，未至，聪等为虎所诛。

秋八月，赵主弘以中山王虎为丞相、魏王、大单于，加九锡，以魏郡等十三郡为国，总摄百揆。虎赦其境内，立妻郑氏为魏王后；子邃为魏太子，加使持节、侍中、都督中外诸军事、大将军、录尚书事；次子宣为使持节、车骑大将军、冀州刺史，封河间王；韬为前锋将军、司隶校尉，封乐安王；遵封齐王；鉴封代王；苞封乐平王。徙平原王斌为章武王。勒文武旧臣皆补散任，虎之府寮亲党悉署台省要职。以镇军将军夔安领左仆射，尚书郭殷为右仆射。更命太子宫曰崇训宫，太后刘氏以下皆徙居之。选勒宫人及车马、服玩之美者，皆入丞相府。

赵刘太后谓彭城王堪曰："先帝甫晏驾，丞相遽相陵藉如此。帝祚之亡，殆不复久，王将若之何？"堪曰："先帝旧臣皆被疏斥，军旅不复由人，宫省之内，无可为者。臣请奔兖州，挟南阳王恢为盟主，据廪丘，宣太后诏于牧、守、征、镇，使各举兵以诛暴逆，庶几犹有济也。"刘氏曰："事急矣，当速为之。"九月，堪微服轻骑袭兖州，不克，南奔谯城。丞相虎遣其将郭太追之，获堪于城父，送襄国，炙而杀之。征南阳王恢还襄国。刘氏谋泄，虎废而杀之，尊弘母程氏为皇太后。堪本田氏子，数有功，赵主勒养以为子。刘氏有胆略，勒每与之参决军事，佐勒建功业，有吕后之风，而不妒忌更过之。

赵河东王生镇关中，石朗镇洛阳。冬十月，生、朗皆举兵以讨丞相虎，生自称秦州刺史，遣使来降。氐帅蒲洪自称雍州刺史，西附张骏。

虎留太子邃守襄国，将步骑七万攻朗于金墉。金墉溃，获朗，刖而斩之。进向长安，以梁王挺为前锋大都督。生遣将军郭权帅鲜卑涉璝众二万为前锋以拒之，生将大军继发，军于蒲阪。权与挺战于潼关，大破之，挺及丞相左长史刘隗皆死，虎还奔渑池，枕尸三百余里。鲜卑潜与虎通谋，反击生。生不知挺已死，惧，单骑奔长安。权收余众退屯渭汭。生遂弃长安，匿于鸡头山。将军蒋英据长安拒守，虎进兵击英，斩之。生麾下斩生以降，权奔陇右。

虎还襄国，大赦。赵主弘命虎建魏台，一如魏武王辅汉故事。

十二月，郭权据上邽，遣使来降，京兆、新平、扶风、冯翊、北地皆应之。

九年春三月，赵丞相虎遣其将郭敖及章武王斌帅步骑四万西击郭权军于华阴。夏四月，上邽豪族杀权以降。虎徙秦州三万余户于青、并二州。长安人陈良夫奔黑羌，与北羌王薄句大等侵扰北地、冯翊。章武王斌、乐安王韬合击，破之，句大奔马兰山。郭敖乘胜逐北，为羌所败，死者什七八。斌等收军还三城。虎遣使诛郭敖。秦王宏有怨言，虎幽之。

冬十月，赵主弘自赍玺绶诣魏宫，请禅位于丞相虎。虎曰："帝王大业，天下自当有议，何为自论此邪！"弘流涕还宫，谓太后程氏曰："先帝种真无复遗矣。"于是尚书奏："魏台请依唐、虞禅让故事。"虎曰："弘愚暗，居丧无礼，不可以君万国，便当废之，何禅让也！"十一月，虎遣郭殷持节入宫，废弘为海阳王。弘安步就车，容色自若，谓群臣曰："庸昧不堪纂承大统，夫复何言。"群臣莫不流涕，宫人恸哭。群臣诣魏台劝进，虎曰："皇帝者，盛德之号，非所敢当，且可称居摄赵天王。"幽弘及太后程氏、秦王宏、南阳王恢于崇训宫，寻皆杀之。

西羌大都督姚弋仲称疾不贺，虎累召之，乃至。正色谓虎曰："弋仲常谓大王命世英雄，奈何把臂受托而返夺之邪？"虎曰："吾岂乐此哉！顾海阳年少，恐不能了家事，故代之耳。"心虽不平，然察其诚实，亦不之罪。

虎以夔安为侍中、太尉、守尚书令，郭殷为司空，韩晞为尚书左仆射，魏郡申锺为侍中，郎闿为光禄大夫，王波为中书令。文武封拜各有差。虎行如信都，复还襄国。

咸康元年秋九月，赵王虎迁都于邺，大赦。奉天竺僧佛图澄。

二年冬十一月，赵王虎作太武殿于襄国，作东、西宫于邺，十二月皆成。太武殿基高二丈八尺，纵六十五步，广七十五步，甃以文石。下穿伏室，置卫士五百人。以漆灌瓦，金珰、银楹，珠帘、玉璧，穷极工巧。殿上施白玉床，流苏帐，为金莲华以冠帐顶。又作九殿于显阳殿后，选士民之女以实之，服珠玉，被绮縠者万余人。教宫人占星气、马步射。置女太史及杂伎工巧，皆与外同。以女骑千人为卤簿，皆着紫纶巾，熟锦裤，金银镂带，五文织成靴，执羽仪，鸣鼓吹，游宴以自随。于是赵大旱，金一斤直粟二斗，百姓嗷然。而虎用兵不息，百役并兴。使牙门将张弥徙洛阳钟虡、九龙、翁仲、铜驼、飞廉于邺，载以四轮缠辋车，辙广四尺，深二尺。一钟没于河，募浮没三百人入河，系以竹絙，用牛百头，鹿栌引之，乃出，造万斛之舟以济之。既至邺，虎大悦，为之赦二岁刑，赉百官谷帛，赐民爵一级。又用尚方令解飞之言，于邺南投石于河，以作飞桥，功费数千万亿，桥竟不成，役夫饥甚，乃止。使令长帅民入山泽采橡及鱼以佐食，复为权豪所夺，民无所得。

三年春正月庚辰，赵太保夔安等文武五百余人入上尊号，庭燎油灌下盘，死者二十余人。赵王虎恶之，腰斩成公段。辛巳，虎依殷、周之制称大赵天王，即位于南郊，大赦。立其后郑氏为天王皇后，太子邃为天王皇太子，诸子为王者皆降为郡公，宗室为王者降为县侯。百官封署各有差。

赵太子邃素骁勇，赵王虎爱之，常谓群臣曰："司马氏父子兄弟自相残灭，故使朕得至此，如朕有杀阿铁理否？"既而邃骄淫残忍，好妆饰美姬，斩其首洗血置盘上，与宾客传观之，又烹其肉共食之。河间公宣、乐安公韬皆有宠于虎，邃疾之如仇。虎荒耽酒色，喜怒无常。使邃省可尚书事，每有所关白，虎恚曰："此小事，何足白也。"时或不闻，又恚曰："何以不白！"诮责笞捶，月至再三。邃私谓中庶子李颜等曰："官家难称，吾欲行冒顿之事，卿从我乎？"颜等伏不敢对。秋七月，邃称疾不视事，潜帅宫臣文武五百余骑饮于李颜别舍，因谓颜等曰："我欲至冀州杀河间公，有不从者斩。"行数里，骑皆逃散，颜叩头固谏，邃亦昏醉而归。其母郑氏闻之，私遣中人诮让邃，邃怒杀之。佛图澄谓虎曰："陛下不宜数往东宫。"虎将视邃疾，思澄言而还。既而瞋目大言曰："我为天下主，父子不相信乎！"乃命所亲信女尚书往察之，邃呼前与语，因抽剑击之。虎怒，收李颜等诘问，颜具言其状，杀颜等三十余人。幽邃于东宫，既而赦之，引见太武东堂，邃朝而不谢，俄顷即出。虎使谓之曰："太子应朝中宫，岂可遽去。"邃径出不顾。虎大怒，废邃为庶人。其夜，杀邃及其妃张氏，并男女二十六人，同埋于一棺。诛其宫臣支党二百余人。废郑后为东海太妃。立其子宣为天王皇太子，宣母杜昭仪为天王皇后。

五年秋七月，赵王虎以太子宣为大单于，建天子旌旗。

六年春三月，赵王虎以秦公韬为太尉，与太子宣迭日省可尚书奏事，专决赏刑，不复启白。司徒申锺谏曰："赏刑者，人君之大柄，不可以假人，所以防微杜渐，消逆乱于未然也。太子职在视膳，不当预政。庶人邃以预政致败，覆车未远也。且二政分权，鲜不阶祸，爱之不以道，适所以害之也。"虎不听。中谒者令申扁以慧悟辩给有宠于虎，宣亦昵之，使典机密。虎既不省事，而宣、韬皆好酣饮畋猎，由是除拜、生杀皆决于扁，自九卿已下率皆望尘而拜。太子詹事孙珍病目，求方于侍中崔约，约戏之曰："溺中则愈。"珍曰："目何可溺？"约曰："卿目睕睕，正耐溺中。"

珍恨之，以白宣。宣于兄弟中最胡状目深，闻之怒，诛约父子。于是公卿以下畏珍侧目。

八年冬十二月，赵王虎作台观四十余所于邺，又营长安、洛阳二宫，作者四十余万人。又欲自邺起阁道至襄国。敕河南四州治南伐之备，并、朔、秦、雍严西讨之资，青、冀、幽州为东征之计，皆三五发卒。诸州军造甲者五十余万人，船夫十七万人，为水所没、虎狼所食者三分居一。加之公侯、牧宰竞营私利，百姓失业愁困。贝丘人李弘因众心之怨，自言姓名应谶，连结党与，署置百寮。事发，诛之，连坐者数千家。

虎畋猎无度，晨出夜归，又多微行，躬察作役。侍中京兆韦謏谏曰："陛下忽天下之重，轻行斤斧之间，猝有狂夫之变，虽有智勇，将安所施。又兴役无时，废民耘获，吁嗟盈路，殆非仁圣之所忍为也。"虎赐謏谷帛，而兴缮滋繁，游察自若。

秦公韬有宠于虎，太子宣恶之。右仆射张离领五兵尚书，欲求媚于宣，说之曰："今诸侯吏兵过限，宜渐裁省，以壮本根。"宣使离为奏："秦、燕、义阳、乐平四公，听置吏一百九十七人，帐下兵二百人。自是以下，三分置一，余兵五万，悉配东宫。"于是诸公咸怨，嫌衅益深矣。

青州上言："济南平陵城北石虎一夕移于城东南，有狼狐千余迹随之，迹皆成蹊。"虎喜曰："石虎者，朕也。自西北徙而东南者，天意欲使朕平荡江南也。其敕诸州兵明年悉集，朕当亲董六师以奉天命。"群臣皆贺，上皇德颂者一百七人。制："征士五人出车一乘，牛二头，米十五斛，绢十匹，调不办者斩。"民至鬻子以供军须，犹不能给，自经于道树者相望。

康帝建元二年。初，赵领军王朗言于赵王虎曰："盛冬雪寒，而皇太子使人伐宫材，引于漳水，役者数万，吁嗟满道。陛下宜因出游罢之。”虎从之。太子宣怒。会荧惑守房，宣使太史令赵揽言于虎曰：“房为天王，今荧惑守之，其殃不细。宜以贵臣王姓者当之。”虎曰：“谁可者？”揽曰：“无贵于王领军。”虎意惜朗，使揽更言其次，揽无以对，因曰：“其次唯中书监王波耳。”虎乃下诏，追罪波前议楛矢事，腰斩之，及其四子，投尸漳水。既而愍其无罪，追赠司空，封其孙为侯。

虎作桥于灵昌津，用功五百余万不成，斩匠而罢。



穆帝永和元年春正月，赵王虎以乐平公苞代镇长安，发雍、洛、秦、并州十六万人治长安未央宫。

虎好猎，晚岁体重不能跨马，乃造猎车千乘，刻期校猎。自灵昌津南至荥阳，东极阳都为猎场，使御史监察其中禽兽，有犯者罪至大辟。民有美女、佳牛马，御史求之不得，皆诬以犯兽，论死者百余人。发诸州二十六万人修洛阳宫。发百姓牛二万头配朔州牧官。增置女官二十四等，东宫十二等，公侯七十余国皆九等，大发民女三万余人，料为三等以配之。太子、诸公私令采发者又将万人。郡县务求美色，多强夺人妻，杀其夫及夫自杀者三千余人。至邺，虎临轩简第，以使者为能，封侯者十二人。荆楚、扬、徐之民流叛略尽，守令坐不能绥怀，下狱诛者五十余人。金紫光禄大夫逯明因侍切谏，虎大怒，使龙腾拉杀之。



二年夏五月，赵中黄门严生恶尚书朱轨，会久雨，生谮轨不修道路，又谤讪朝政，赵王虎囚之。蒲洪谏曰：“陛下既有襄国、邺宫，又修长安、洛阳宫殿，将以何用？作猎车千乘，环数千里以养禽兽，夺人妻女十万余口以实后宫，圣帝明王之所为，固若是乎！今又以道路不修，欲杀尚书。陛下德政不修，天降淫雨，七旬乃霁。霁方二日，虽有鬼兵百万，亦未能去道路之涂潦，而况人乎。政刑如此，其如四海何，其如后代何！愿止作徒，罢苑囿，出宫女，赦朱轨，以副众望。”虎虽不悦，亦不之罪，为之罢长安、洛阳作役，而竟诛朱轨。又立私论朝政之法，听吏告其君，奴告其主。公卿以下，朝觐以目相顾，不敢复相过从谈语。

三年。赵王虎据十州之地，聚敛金帛及外国所献珍异，府库财物，不可胜纪，犹自以为不足，悉发前代陵墓，取其金宝。

沙门吴进言于虎曰：“胡运将衰，晋当复兴，宜苦役晋人以厌其气。”虎使尚书张群发近郡男女十六万人，车十万乘，运土筑华林苑及长墙于邺北，广袤数十里。申锺、石璞、赵揽等上疏陈天文错乱，百姓凋弊。虎大怒曰：“使苑、墙朝成，吾夕没，无恨矣。”促张群使然烛夜作；暴风大雨，死者数万人。郡国前后送苍麟十六，白鹿七，虎命司虞张曷柱调之以驾芝盖，大朝会列于殿庭。

九月，命太子宣出祈福于山川，因行游猎。宣乘大辂，羽葆华盖，建天子旌旗，十有六军戎卒十八万出自金明门，虎从其后宫升陵霄观望之，笑曰：“我家父子如是，自非天崩地陷，当复何愁。但抱子弄孙，日为乐耳。”

宣所舍，辄列人为长围，四面各百里，驱禽兽，至暮皆集其所。使文武跪立，重行围守，炬火如昼。命劲骑百余驰射其中，宣与姬妾乘辇临观，兽尽而止。或兽有迸逸，当围守者，有爵则夺马，步驱一日，无爵则鞭之一百。士卒饥冻死者万有余人，所过三州十五郡，资储皆无孑遗。

虎复命秦公韬继出，自并州至于秦、雍亦如之。宣怒其与己钧敌，愈嫉之。宦者赵生得幸于宣，无宠于韬，微劝宣除之，于是始有杀韬之谋矣。

四年。赵秦公韬有宠于赵王虎，欲立之，以太子宣长，犹豫未决。宣尝忤旨，虎怒曰："悔不立韬也。"韬由是益骄，造堂于太尉府，号曰宣光殿，梁长九丈。宣见而大怒，斩匠，截梁而去。韬怒，增之至十丈。宣闻之，谓所幸杨柸、牟成、赵生曰："凶竖傲愎敢尔，汝能杀之，吾入西宫，当尽以韬之国邑分封汝等。韬死，主上必临丧，吾因行大事，蔑不济矣。"柸等许诺。

秋八月，韬夜与僚属宴于东明观，因宿于佛精舍。宣使杨柸等缘猕猴梯而入，杀韬，置其刀箭而去。旦日，宣奏之，虎哀惊气绝，久之方苏。将出临其丧，司空李农谏曰："害秦公者未知何人，贼在京师，銮舆不宜轻出。"虎乃止，严兵发哀于太武殿。宣往临韬丧，不哭，直言"呵呵"，使举衾观尸，大笑而去。收大将军记室参军郑靖、尹武等，将委之以罪。

虎疑宣杀韬，欲召之，恐其不入，乃诈言其母杜后哀过危惙，宣不谓见疑，入朝中宫，因留之。建兴人史科知其谋，告之。虎使收杨柸、牟成，皆亡去；获赵生，诘之，具服。虎悲怒弥甚，囚宣于席库，以铁环穿其颔而锁之。取杀韬刀箭舐其血，哀号震动宫殿。佛图澄曰："宣、韬皆陛下之子，今为韬杀宣，是重祸也。陛下若加慈恕，福祚犹长，若必诛之，宣当为彗星下扫邺宫。"虎不从。积柴于邺北，树标其上，标末置鹿卢，穿之以绳，倚梯柴积，送宣其下，使韬所幸宦者郝稚、刘霸拔其发，抽其舌，牵之登梯。郝稚以绳贯其颔，鹿卢绞上，刘霸断其手足，斫眼溃肠，如韬之伤。四面纵火，烟炎际天。虎从昭仪已下数千人登中台以观之。火灭，取灰分置诸门交道中。杀其妻子九人。宣小子才数岁，虎素爱之，抱之而泣，欲赦之，其大臣不听，就抱中取而杀之。儿挽虎衣大叫，至于绝带，虎因此发病。又废其后杜氏为庶人，诛其四率已下三百人，宦者五十人，皆车裂节解，弃之漳水。洿其东宫，以养猪牛。东宫卫士十余万人皆谪戍凉州。先是，散骑常侍赵揽言于虎曰："宫中将有变，宜备之。"及宣杀韬，虎疑其知而不告，亦诛之。

秋九月，赵王虎议立太子。太尉张举曰："燕公斌有武略，彭城公遵有文德，惟陛下所择。"虎曰："卿言正起吾意。"戎昭将军张豺曰："燕公母贱，又尝有过。彭城公母前以太子事废，今立之，臣恐不能无微恨。陛下宜审思之。"初，虎之拔上邽也，张豺获前赵主曜幼女安定公主，有殊色，纳于虎，虎嬖之，生齐公世。豺以虎老病，欲立世为嗣，冀刘氏为太后，己得辅政。乃说虎曰："陛下再立太子，其母皆出于倡贱，故祸乱相寻。今宜择母贵子孝者立之。"虎曰："卿勿言，吾知太子处矣。"虎再与群臣议于东堂，虎曰："吾欲以纯灰三斛自涤其肠，何为专生恶子，年逾二十辄欲杀父。今世方十岁，比其二十，吾已老矣。"乃与张举、李农定议，令公卿上书请立世为太子。大司农曹莫不肯署名，虎使张豺问其故，莫顿首曰："天下重器，不宜立少，故不敢署。"虎曰："莫忠臣也，然未达朕意。张举、李农知朕意矣，可令谕之。"遂立世为太子，以刘昭仪为后。

五年春正月，赵王虎即皇帝位，大赦，改元太宁，诸子皆进爵为王。

冠军大将军姚弋仲至邺，求见虎。虎病，弋仲让虎曰："儿死愁邪？何为而病？儿幼时不择善人教之，使坐于为逆，既为逆而诛之，又何愁焉。且汝久病，所立儿幼，汝若不愈，天下必乱，当先忧此，勿忧贼也。"

夏四月乙卯，赵主虎病甚，以彭城王遵为大将军，镇关右；燕王斌为丞相、录尚书事；张豺为镇卫大将军、领军将军、吏部尚书，并受遗诏辅政。

刘后恶斌辅政，恐不利于太子，与张豺谋去之。斌时在襄国，遣使诈谓斌曰："主上疾已渐愈，王须猎者，可小停也。"斌素好猎、嗜酒，遂留猎，且纵酒。刘氏与豺因矫诏称斌无忠孝之心，免官归第，使豺弟雄帅龙腾五百人守之。

乙丑，遵自幽州至邺，敕朝堂受拜，配禁兵三万遣之，遵涕泣而去。是日，虎疾小瘳，问："遵至未？"左右对曰："去已久矣。"虎曰："恨不见之。"虎临西閤，龙腾中郎二百余人列拜于前，虎问"何求？"皆曰："圣体不安，宜令燕王入宿卫，典兵马。"或言："乞为皇太子。"虎曰："燕王不在内邪？召以来。"左右言"王酒病，不能入。"虎曰："促持辇迎之，当付玺绶。"亦竟无行者。寻惛眩而入。张豺使张雄矫诏杀斌。

戊辰，刘氏复矫诏以豺为太保、都督中外诸军、录尚书事，如霍光故事。侍中徐统叹曰："乱将作矣，吾无为预之。"仰药而死。

己巳，虎卒，太子世即位，尊刘氏为皇太后。刘氏临朝称制，以张豺为丞相。豺辞不受，请以彭城王遵、义阳王鉴为左右丞相，以慰其心。刘氏从之。

豺与太尉张举谋诛司空李农，举素与农善，密告之。农奔广宗，帅乞活数万家保上白。刘氏使张举统宿卫诸军围之。豺以张离为镇军大将军，监中外诸军事，以为己副。彭城王遵至河内，闻丧。姚弋仲、蒲洪、刘宁及征虏将军石闵、武卫将军王鸾等共说遵曰："殿下长且贤，先帝亦有意以殿下为嗣，正以末年惛惑，为张豺所误。今女主临朝，奸臣用事，上白相持未下，京师宿卫空虚，殿下若声张豺之罪，鼓行而讨之，其谁不开门倒戈而迎殿下者。"遵从之。

五月，遵自李城举兵，还趣邺，洛州刺史刘国帅洛阳之众往会之。檄至邺，张豺大惧，驰召上白之军。丙戌，遵军于荡阴，戎卒九万，石闵为前锋。豺将出拒之，耆旧、羯士皆曰："彭城王来奔丧，吾当出迎之，不能为张豺守城也。"逾城而出，豺斩之，不能止。张离亦帅龙腾二千，斩关迎遵。刘氏惧，召张豺入，对之悲哭曰："先帝梓宫未殡，而祸难至此。今嗣子冲幼，托之将军，将军将若之何？欲加遵重位，能弭之乎？"豺惶怖不知所出，但云"唯唯"。乃下诏，以遵为丞相、领大司马、大都督、督中外诸军、录尚书事，加黄钺、九锡。己丑，遵至安阳亭，张豺惧而出迎，遵命执之。庚寅，遵擐甲曜兵，入自凤阳门，升太武前殿，擗踊尽哀，退如东阁。斩张豺于平乐市，夷其三族。假刘氏令曰："嗣子幼冲，先帝私恩所授，皇业至重，非所克堪，其以遵嗣位。"于是遵即位，大赦，罢上白之围。辛卯，封世为谯王，废刘氏为太妃，寻皆杀之。

李农来归罪，使复其位。尊母郑氏为皇太后，立妃张氏为皇后，故燕王斌子衍为皇太子。以义阳王鉴为侍中、太傅，沛王冲为太保，乐平王苞为大司马，汝阴王琨为大将军，武兴公闵为都督中外诸军事、辅国大将军。

甲午，邺中暴风拔树，震雷，雨雹大如盂升。太武晖华殿灾，及诸门观阁荡然无余，乘舆服御烧者太半，金石皆尽，火月余乃灭。

时沛王冲镇蓟，闻遵杀世自立，谓其僚佐曰："世受先帝之命，遵辄废而杀之，罪莫大焉。其敕内外戒严，孤将亲讨之。"于是留宁北将军沭坚戍幽州，帅众五万自蓟南下，传檄燕、赵，所在云集。比至常山，众十余万，军于苑乡。遇遵赦书，冲曰："皆吾弟也。死者不可复追，何为复相残乎？吾将归矣。"其将陈暹曰："彭城篡弑自尊，为罪大矣。王虽北旆，臣将南辕，俟平京师，擒彭城，然后奉迎大驾。"冲乃复进。遵驰遣王擢以书喻冲，冲弗听。遵使武兴公闵及李农等帅精卒十万讨之，战于平棘，冲兵大败。获冲于元氏，赐死，坑其士卒三万余人。

燕平狄将军慕容霸上书于燕王儁曰："石虎穷凶极暴，天之所弃，余烬仅存，自相鱼肉。今中国倒悬，企望仁恤，若大军一振，势必投戈。"北平太守孙兴亦表言："石氏大乱，宜以时进取中原。"儁以新遭大丧，弗许。霸驰诣龙城，言于儁曰："难得而易失者，时也。万一石氏衰而复兴，或有英雄据其成资，岂惟失此大利，亦恐更为后患。"儁曰："邺中虽乱，邓恒据安乐，兵强粮足。今若伐赵，东道不可由也，当由卢龙。卢龙山径险狭，虏乘高断要，首尾为患，将若之何？"霸曰："恒虽欲为石氏拒守，其将士顾家，人怀归志，若大军临之，自然瓦解。臣请为殿下前驱，东出徒河，潜趣令支，出其不意，彼闻之势必震骇，上不过闭门自守，下不免弃城逃溃，何暇御我哉。然则殿下可以安步而前，无复留难矣。"儁犹豫未决，以问五材将军封奕，对曰："用兵之道，敌强则用智，敌弱则用势。是故以大吞小，犹狼之食豚也；以治易乱，犹日之消雪也。大王自上世以来，积德累仁，兵强士练，石虎极其残暴，死未瞑目，子孙争国，上下乖乱。中国之民坠于涂炭，延颈企踵以待振拔。大王若扬兵南迈，先取蓟城，次指邺都，宣耀威德，怀抚遗民，彼孰不扶老提幼以迎大王。凶党将望旗冰碎，安能为害乎！"从事中郎黄泓曰："今太白经天，岁集毕北，天下易主，阴国受命，此必然之验也。宜速出师，以承天意。”折冲将军慕舆根曰：“中国之民，困于石氏之乱，咸思易主，以救汤火之急，此千载一时，不可失也。自武宣王以来，招贤养民，务农训兵，正俟今日。今时至不取，更复顾虑，岂天意未欲使海内平定邪，将大王不欲取天下也？”儁笑而从之。以慕容恪为辅国将军，慕容评为辅弼将军，左长史阳骛为辅义将军，谓之“三辅”。慕容霸为前锋都督、建锋将军，选精兵二十余万，讲武戒严，为进取之计。

初，赵主遵之发李城也，谓武兴公闵曰：“努力，事成以尔为太子。”既而立太子衍。闵恃功，欲专朝政，遵不听。闵素骁勇，屡立战功，夷夏宿将皆惮之。既为都督，总内外兵权，乃抚循殿中将士，皆奏为殿中员外将军，爵关外侯，遵弗之疑，而更题名善恶以挫抑之，众咸怨怒。中书令孟准、左卫将军王鸾劝遵稍夺闵兵权，闵益恨望，準等咸劝诛之。

十一月，遵召义阳王鉴、乐平王苞、汝阴王琨、淮南王昭等入议于郑太后前，曰：“闵不臣之迹渐著，今欲诛之，如何？”鉴等皆曰：“宜然。”郑氏曰：“李城还兵，无棘奴，岂有今日。小骄纵之，何可遽杀！”鉴出，遣宦者杨环驰以告闵，闵遂劫李农及右卫将军王基密谋废遵，使将军苏彦、周成帅甲士三千人执遵于南台。遵方与妇人弹棋，问成曰：“反者谁也？”成曰：“义阳王鉴当立。”遵曰：“我尚如是，鉴能几时？”遂杀之于琨华殿，并杀郑太后、张后、太子衍、孟準、王鸾及上光禄张斐。

鉴即位，大赦，以武兴公闵为大将军，封武德王，司空李农为大司马，并录尚书事；郎闿为司空，秦州刺史刘群为尚书左仆射，侍中卢谌为中书监。

赵主鉴使乐平王苞、中书令李松、殿中将军张才夜攻石闵、李农于琨华殿，不克，禁中扰乱。鉴惧，伪若不知者，夜斩松、才于西中华门，并杀苞。

新兴王祗，虎之子也，时镇襄国，与姚弋仲、蒲洪等连兵，移檄中外，欲共诛闵、农。闵、农以汝阴王琨为大都督，与张举及侍中呼延盛帅步骑七万分讨祗等。

中领军石成、侍中石启、前河东太守石晖谋诛闵、农，闵、农皆杀之。龙骧将军孙伏都、刘铢等结羯士三千伏于胡天，亦欲诛闵、农。鉴在中台，伏都帅三十余人将升台挟鉴以攻之。鉴见伏都毁阁道，临问其故。伏都曰："李农等反，已在东掖门，臣欲帅卫士以讨之，谨先启知。"鉴曰："卿是功臣，好为官陈力，朕从台上观，卿勿虑无报也。"于是伏都、铢帅众攻闵、农，不克，屯于凤阳门。闵、农帅众数千毁金明门而入。鉴惧闵之杀己，驰招闵、农开门内之，谓曰："孙伏都反，卿宜速讨之。"闵、农攻斩伏都等，自凤阳至琨华，横尸相枕，流血成渠。宣令内外，六夷敢称兵仗者斩。胡人或斩关、或逾城而出者，不可胜数。

闵使尚书王简、少府王郁帅众数千守鉴于御龙观，悬食以给之。下令城中曰："近日孙、刘构逆，支党伏诛，良善一无预也。今日已后，与官同心者留，不同者各任所之，敕城门不复相禁。"于是赵人百里内悉入城，胡羯去者填门。闵知胡之不为己用，班令内外，赵人斩一胡首送凤阳门者，文官进位三等，武官悉拜牙门。一日之中，斩首数万。闵亲帅赵人以诛胡羯，无贵贱、男女、少长皆斩之，死者二十余万，尸诸城外，悉为野犬豺狼所食。其屯戍四方者，闵皆以书命赵人为将帅者诛之，或高鼻多须，滥死者半。

六年春正月，赵大将军闵欲灭去石氏之迹，托以谶文有“继赵李”，更国号曰卫，易姓李氏，大赦，改元青龙。太宰赵庶、太尉张举、中军将军张春、光禄大夫石岳、抚军石宁、武卫将军张季及公、侯、卿、校、龙腾等万余人出奔襄国，汝阴王琨奔冀州。抚军将军张沈据滏口，张贺度据石渎，建义将军段勤据黎阳，宁南将军杨群据桑壁，刘国据阳城，段龛据陈留，姚弋仲据滠头，蒲洪据枋头，众各数万，皆不附于闵。勤，末柸之子；龛，兰之子也。

王朗、麻秋自长安赴洛阳。秋承闵书，诛朗部胡千余人，朗奔襄国。秋帅众归邺，蒲洪使其子龙骧将军雄迎击，获之，以为军师将军。

汝阴王琨及张举、王朗帅众七万伐邺，大将军闵帅骑千余与战于城北。闵操两刃矛，驰骑击之，所向摧陷，斩首三千级，琨等大败而去。闵与李农帅骑三万讨张贺度于石渎。

闰月，卫主鉴密遣宦者赍书召张沈等，使乘虚袭邺。宦者以告闵、农，闵、农驰还，废鉴，杀之，并杀赵主虎三十八孙，尽灭石氏。姚弋仲子曜武将军益、武卫将军若，帅禁兵数千斩关奔滠头。弋仲帅众讨闵，军于混桥。

司徒申锺等上尊号于闵，闵以让李农，农固辞。闵曰：“吾属故晋人也，今晋室犹存，请与诸君分割州郡，各称牧守公侯，奉表迎晋天子还都洛阳，何如？”尚书胡睦进曰：“陛下圣德应天，宜登大位。晋氏衰微，远窜江表，岂能总驭英雄，混壹四海乎！”闵曰：“胡尚书之言，可谓识机知命矣。”乃即皇帝位，大赦，改元永兴，国号大魏。

二月，燕王儁使慕容霸将兵二万自东道出徒河，慕舆于自西道出蠮螉塞，儁自中道出卢龙塞以伐赵。以慕容恪、鲜于亮为前驱，命慕舆逕槎山通道。留世子晔守龙城，以内史刘斌为大司农，与典书令皇甫真留统后事。

霸军至三陉，赵征东将军邓恒惶怖，焚仓库，弃安乐遁去，与幽州刺史王午共保蓟。徒河南部都尉孙泳急入安乐，扑灭余火，籍其谷帛。霸收安乐、北平兵粮，与儁会临渠。

三月，燕兵至无终，王午留其将王佗以数千人守蓟，与邓恒走保鲁口。乙巳，儁拔蓟，执王佗，斩之。儁欲悉坑其士卒千余人，慕容霸谏曰："赵为暴虐，王兴师伐之，将以拯民于涂炭而抚有中州也。今始得蓟而坑其士卒，恐不可以为王师之先声也。"乃释之。儁入都于蓟，中州士女降者相继。

燕兵至范阳，范阳太守李产欲为石氏拒燕，众莫为用，乃帅八城令长出降，儁复以产为太守。产子绩为幽州别驾，弃其家从王午在鲁口。邓恒谓午曰："绩乡里在北，父已降燕，今虽在此，恐终难相保，徒为人累，不如去之。"午曰："此何言也！夫以当今丧乱，而绩乃能立义捐家，情节之重，虽古烈士无以过。乃欲以猜嫌害之，燕、赵之士闻之，谓我直相聚为贼，了无意识。众情一散，不可复集，此为坐自屠溃也。"恒乃止。午犹虑诸将不与己同心，或致非意，乃遣绩归。绩始辞午往见燕王儁，儁让之曰："卿不识天命，弃父邀名，今日乃始来邪！"对曰："臣眷恋旧主，志存微节，官身所在，何事非君。殿下方以义取天下，臣未谓得见之晚也。"儁悦，善待之。

儁以弟宜为代郡城郎，孙泳为广宁太守，悉置幽州郡县守宰。甲子，儁使中部俟厘慕舆句督蓟中留事，自将击邓恒于鲁口。军至清梁，恒将鹿勃早将数千人夜袭燕营，半已得入，先犯前锋都督慕容霸，突入幕下，霸起奋击，手杀十余人，早不能进，由是燕军得严。儁谓慕舆根曰："贼锋甚锐，宜且避之。"根正色曰："我众彼寡，力不相敌，故乘夜来战，冀万一获利。今求贼得贼，正当击之，复何所疑。王但安卧，臣等自为王破之。"儁不能自安，内史李洪从儁出营外，屯高冢上。根帅左右精勇数百人从中牙直前击旱，李洪徐整骑队还助之，旱乃退走。众军追击四十余里，旱仅以身免，所从士卒死亡略尽。儁引兵还蓟。

魏主闵复姓冉氏。初，闵父瞻，内黄人，本姓冉，赵主勒破陈午，获之，命虎养以为子。闵骁勇善战，多策略，虎爱之，比于诸孙。尊母王氏为皇太后，立妻董氏为皇后，子智为皇太子，胤、明、裕皆为王。以李农为太宰、领太尉、录尚书事，封齐王，其子皆封县公。遣使者持节赦诸军屯，皆不从。

赵新兴王祗即皇帝位于襄国，改元永宁。以汝阴王琨为相国。六夷据州郡拥兵者皆应之。祗以姚弋仲为右丞相、亲赵王，待以殊礼。

夏四月，赵主祗遣汝阴王琨将兵十万伐魏。

魏主闵杀李农及其三子，并尚书令王谟、侍中王衍、中常侍严震、赵昇。闵遣使临江告晋曰："逆胡乱中原，今已诛之，能共讨者，可遣军来也。"朝廷不应。

六月，赵汝阴王琨进据邯郸，镇南将军刘国自繁阳会之。魏卫将军王泰击琨，大破之，死者万余人。刘国还繁阳。

冬十一月，魏主闵帅步骑十万攻襄国。署其子太原王胤为大单于、骠骑大将军，以降胡一千配之为麾下。光禄大夫韦謏谏曰："胡羯皆我之仇敌，今来归附，苟全性命耳；万一为变，悔之何及。请诛屏降胡，去单于之号，以防微杜渐。"闵方欲抚纳群胡，大怒，诛謏及其子伯阳。

七年春二月，魏主闵攻围襄国百余日。赵主祗危急，乃去皇帝之号称赵王，遣太尉张举乞师于燕，许送传国玺。中军将军张春乞师于姚弋仲。弋仲遣其子襄帅骑二万八千救赵，诫之曰："冉闵弃仁背义，屠灭石氏。我受人厚遇，当为复仇，老病不能自行。汝才十倍于闵，若不枭擒以来，不必复见我也。"弋仲亦遣使告于燕，燕王儁遣御难将军悦绾将兵三万往会之。

冉闵闻儁欲救赵，遣大司马从事中郎广宁常炜使于燕，儁使封裕诘之曰："冉闵，石氏养息，负恩作逆，何敢辄称大号？"炜曰："汤放桀，武王伐纣，以兴商、周之业。曹孟德养于宦官，莫知所出，卒立魏氏之基。苟非天命，安能成功。推此而言，何必致问。"裕曰："人言冉闵初立，铸金为己像以卜成败，而像不成，信乎？"炜曰："不闻。"裕曰："南来者皆云如是，何故隐之？"炜曰："奸伪之人，欲矫天命以惑人者，乃假符瑞、托蓍龟以自重。魏主握符玺，据中州，受命何疑，而更反真为伪，取决于金像乎！"裕曰："传国玺果安在？"炜曰："在邺。"裕曰："张举言在襄国。"炜曰："杀胡之日，在邺者殆无孑遗，时有迸漏者，皆潜伏沟渎中耳，彼安知玺之所在乎，彼求救者为妄诞之辞，无所不可，况一玺乎！"

儁犹以张举之言为信，乃积柴其旁，使裕以其私诱之曰："君更孰思，无为徒取灰灭。"炜正色曰："石氏贪暴，亲帅大兵攻燕国都，虽不克而返，然志在必取。故运资粮、聚器械于东北者，非以相资，乃欲相灭也。魏主诛翦石氏，虽不为燕，臣子之心，闻仇雠之灭，义当如何？而更为彼责我，不亦异乎！吾闻死者骨肉下于土，精魂升于天。蒙君之惠，速益薪纵火，使仆得上诉于帝足矣。"左右请杀之，儁曰："彼不惮杀身以徇其主，忠臣也。且冉闵有罪，使臣何预焉。”使出就馆。夜，使其乡人赵瞻往劳之，且曰：“君何不以实言？王怒，欲处君于辽、碣之表，奈何？”炜曰：“吾结发以来，尚不欺布衣，况人主乎。曲意苟合，性所不能；直情尽言，虽沉东海，不敢避也。”遂卧向壁，不复与瞻言。瞻具以白儁，儁乃囚炜于龙城。

三月，姚襄及赵汝阴王琨各引兵救襄国。冉闵遣车骑将军胡睦拒襄于长芦，将军孙威拒琨于黄丘，皆败还，士卒略尽。

闵欲自出击之，卫将军王泰谏曰：“今襄国未下，外救云集，若我出战，必覆背受敌，此危道也。不若固垒以挫其锐，徐观其衅而击之。且陛下亲临行阵，如失万全，则大事去矣。”闵将止，道士法饶进曰：“陛下围襄国经年，无尺寸之功，今贼至又避不击，将何以使将士乎！且太白入昴，当杀胡王。百战百克，不可失也。”闵攘袂大言曰：“吾战决矣，敢沮众者斩！”乃悉众出与襄、琨战。悦绾适以燕兵至，去魏兵数里，疏布骑卒，曳柴扬尘，魏人望之恼惧。襄、琨、绾三面击之，赵王祗自后冲之，魏兵大败，闵与十余骑走还邺。降胡栗特康等执大单于胤及左仆射刘琦以降赵，赵王祗杀之。胡睦及司空石璞、尚书令徐机、中书监卢谌等并将士死者凡十余万人。闵潜还，人无知者。邺中震恐，讹言闵已没。射声校尉张艾请闵亲郊以安众心，闵从之，讹言乃息。闵支解法饶父子，赠韦謏大司徒。姚襄还滠头，姚弋仲怒其不擒闵，杖之一百。

初，闵之为赵相也，悉散仓库以树私恩，与羌胡相攻，无月不战。赵所徙青、雍、幽、荆四州之民及氐、羌、胡、蛮数百万口，以赵法禁不行，各还本土，道路交错，互相杀掠，其能达者什有二三。中原大乱，因以饥疫，人相食，无复耕者。

赵王祗使其将刘显帅众七万攻邺，军于明光宫，去邺二十三里，魏主闵恐，召王泰，欲与之谋。泰恚前言之不从，辞以疮甚。闵亲临问之，泰固称疾笃。闵怒，还宫，谓左右曰："巴奴，乃公岂假汝为命邪！要将先灭群胡，却斩王泰。"乃悉众出战，大破显军，追奔至阳平，斩首三万余级。显惧，密使请降，求杀祗以自效，闵乃引归。会有告王泰欲叛入秦者，闵杀之，夷其三族。

夏四月，勃海人逢约因赵乱，拥众数千家附于魏，魏以约为勃海太守。故太守刘準，隗之兄子也；土豪封放，奕之从弟也；别聚众自守。闵以準为幽州刺史，与约中分勃海。



燕王儁使封奕讨约，使昌黎太守高开讨準、放。开，瞻之子也。奕引兵直抵约垒，遣人谓约曰："相与乡里，隔绝日久，会遇甚难。时事利害，人各有心，非所论也。愿单出一相见，以写伫结之情。"约素信重奕，即出见奕于门外，各屏骑卒，单马交语。奕与论叙平生毕，因说之曰："与君累世同乡，情相爱重，诚欲君享祚无穷。今既获展奉，不可不尽所怀。冉闵乘石氏之乱，奄有成资，是宜天下服其强矣，而祸乱方始，固知天命不可力争也。燕王奕世载德，奉义讨乱，所征无敌，今已都蓟，南临赵、魏，远近之民，襁负归之。民厌荼毒，咸思有道。冉闵之亡，匪朝伊夕，成败之形，昭然易见。且燕王肇开王业，虚心贤隽。君能翻然改图，则功参绛、灌，庆流苗裔，孰与为亡国将，守孤城以待必至之祸哉！"约闻之，怅然不言。奕给使张安有勇力，奕豫戒之，俟约气下，安突前持其马鞚因挟之而驰。至营，奕与坐，谓曰："君计不能自决，故相为决之，非欲取君以邀功，乃欲全君以安民也。"高开至勃海，準、放迎降。儁以放为勃海太守，準为右司马，约参军事。以约诱于人而遇获，更其名曰钓。

刘显弑赵王祗及其丞相乐安王炳、太宰赵庶等十余人，传首于邺。骠骑将军石宁奔柏人。魏主闵焚祗首于通衢，拜显上大将军、大单于、冀州牧。

秋七月，刘显复引兵攻邺，魏主闵击败之。显还，称帝于襄国。

八月，燕王儁遣慕容恪攻中山，慕容评攻王午于鲁口。魏中山太守上谷侯龛闭城拒守。恪南徇常山，军于九门，魏赵郡太守辽西李邽举郡降，恪厚抚之，将邽还围中山，侯龛乃降。恪入中山，迁其将帅、土豪数十家诣蓟，余皆安堵，军令严明，秋豪不犯。慕容评至南安，王午遣其将郑生拒战，评击斩之。

悦绾还自襄国，儁乃知张举之妄而杀之。常炜有四男二女在中山，儁释炜之囚，使诸子就见之。炜上疏谢恩，儁手令答曰："卿本不为生计，孤以州里相存耳。今大乱之中，诸子尽至，岂非天所念邪。天且念卿，况于孤乎。"赐妾一人，谷三百斛，使居凡城。以北平太守孙兴为中山太守，兴善于绥抚，中山遂安。

冬十一月，逄钓亡归勃海，招集旧众以叛燕。乐陵太守贾坚使人告谕乡人，示以成败，钓部众稍散，遂来奔。

八年春正月，刘显攻常山，魏主闵留大将军蒋幹使辅太子智守邺，自将八千骑救之。显大司马清河王宁以枣强降魏。闵击显，败之，追奔至襄国。显大将军曹伏驹开门纳闵，闵杀显及其公卿已下百余人，焚襄国宫室，迁其民于邺。赵汝阴王琨以其妻妾来奔，斩于建康市，石氏遂绝。

魏主闵既克襄国，因游食常山、中山诸郡。赵立义将军段勤聚胡羯万余人保据绎幕，自称赵帝。夏四月甲子，燕王儁遣慕容恪等击魏，慕容霸等击勤。

魏主闵将与燕战，大将军董闰、车骑将军张温谏曰："鲜卑乘胜锋锐，且彼众我寡，请且避之，俟其骄惰，然后益兵以击之。"闵怒曰："吾欲以此众平幽州，斩慕容儁，今遇恪而避之，人谓我何！"司徒刘茂、特进郎闿相谓曰："吾君此行，必不还矣。吾等何为坐待戮辱！"皆自杀。

闵军于安喜，慕容恪引兵从之。闵趣常山，恪追之，丙子，及于魏昌之廉台。闵与燕兵十战，燕兵皆不胜。闵素有勇名，所将兵精锐，燕人惮之。慕容恪巡阵，谕将士曰："冉闵勇而无谋，一夫敌耳。其士卒饥疲，甲兵虽精，其实难用，不足破也。"闵以所将多步卒，而燕皆骑兵，引兵将趣林中。恪参军高开曰："吾骑兵利平地，若闵得入林，不可复制。宜亟遣轻骑邀之，既合而阳走，诱致平地，然后可击也。"恪从之。魏兵还就平地，恪分军为三部，谓诸将曰："闵性轻锐，又自以众少，必致死于我。我厚集中军之阵以待之，俟其合战，卿等从旁击之，无不克矣。"乃择鲜卑善射者五千人，以铁锁连其马，为方阵而前。闵所乘骏马曰朱龙，日行千里。闵左操双刃矛，右执钩戟，以击燕兵，斩首三百余级。望见大幢，知其为中军，直冲之。燕两军从旁夹击，大破之，围闵数重。闵溃围东走二十余里，朱龙忽毙，为燕兵所执。燕人杀魏仆射刘群，执董闵、张温及闵皆送于蓟。闵子操奔鲁口。高开被创而卒。慕容恪进屯常山，儁命恪镇中山。

己卯，冉闵至蓟。儁大赦。立闵而责之曰："汝奴仆下才，何得妄称帝！"闵曰："天下大乱，尔曹夷狄禽兽之类犹称帝，况我中土英雄，何为不得称帝邪！"儁怒，鞭之三百，送于龙城。

慕容霸军至绎幕，段勤与弟思聪举城降。甲申，儁遣慕容评及中尉侯龛帅精骑万人攻邺。癸巳，至邺，魏蒋幹及太子智闭城拒守，城外皆降于燕。刘宁及弟崇帅胡骑三千奔晋阳。

五月，邺中大饥，人相食，故赵时宫人被食略尽。蒋幹遣侍中缪嵩、詹事刘猗奉表请降，且求救于谢尚。庚寅，燕王儁遣广威将军慕容军、殿中将军慕舆根、右司马皇甫真等帅步骑二万助慕容评攻邺。

辛卯，燕人斩冉闵于龙城。会大旱、蝗，燕王儁谓闵为祟，遣使祀之，谥曰悼武天王。

初，谢尚使戴施据枋头，施闻蒋幹求救，乃自仓垣徙屯棘津，止幹使者求传国玺。刘猗使缪嵩还邺白幹，幹疑尚不能救，沉吟未决。

六月，施帅壮士百余人入邺，助守三台，绐之曰："今燕寇在外，道路不通，玺未敢送也。卿且出以付我，我当驰白天子。天子闻玺在吾所，信卿至诚，必多发兵粮以相救饷。"幹以为然，出玺付之。施宣言使督护何融迎粮，阴令怀玺送于枋头。甲子，蒋幹帅锐卒五千及晋兵出战，慕容评大破之，斩首四千级，幹脱走入城。

秋七月，王午闻魏败，时邓恒已死，午自称安国王。八月戊辰，燕王儁遣慕容恪、封奕、阳骛攻之，午闭城自守，送冉操诣燕军，燕人掠其禾稼而还。

庚午，魏长水校尉马愿等开邺城纳燕兵，戴施、蒋幹悬縋而下，奔于仓垣。慕容评送魏后董氏、太子智、太尉申钟、司空条攸等及乘舆、服御于蓟。尚书令王简、左仆射张乾、右仆射郎肃皆自杀。燕王儁诈云董氏得传国玺献之，赐号奉玺君，赐冉智爵海宾侯，以申钟为大将军右长史，命慕容评镇邺。

谢尚自枋头迎传国玺至建康，百僚毕贺。

冬十月，故赵将拥兵据州郡者各遣使降燕，燕王儁以王擢为益州刺史，夔逸为秦州刺史，张平为并州刺史，李历为兖州刺史，高昌为安西将军，刘宁为车骑将军。

慕容恪屯安平，积粮治攻具，将讨王午。丙戌，中山苏林起兵于无极，自称天子。恪自鲁口还讨林。闰月戊子，燕王儁遣广威将军慕舆根助恪攻林，斩之。王午为其将秦兴所杀。吕护杀兴，复自称安国王。

燕群僚共上尊号于燕王儁，儁许之。十一月丁卯，始置百官，以国相封奕为太尉，左长史阳骛为尚书令，右司马皇甫真为尚书左仆射，典书令张悕为右仆射，其余文武拜授有差。戊辰，儁即皇帝位，大赦。自谓获传国玺，改元元玺。追尊武宣王为高祖武宣皇帝，文明王为太祖文明皇帝。时晋使适至燕，儁谓曰："汝还白汝天子，我承人乏，为中国所推，已为帝矣。"改司州为中州，建留台于龙都。以玄菟太守乙逸为尚书，专委留务。

# 通鉴纪事本末卷第十五

## 江左经略中原

晋成帝咸康五年春三月，征西将军庾亮欲开复中原，表桓宣为都督沔北前锋诸军事、司州刺史，镇襄阳。又表其弟临川太守怿为监梁雍二州诸军事、梁州刺史，镇魏兴；西阳太守翼为南蛮校尉，领南郡太守，镇江陵；皆假节。又请解豫州，以授征虏将军毛宝。诏以宝监扬州及江西诸军事、豫州刺史，与西阳太守樊峻帅精兵万人戍邾城。以建威将军陶称为南中郎将、江夏相，入沔中。称将二百人下见亮，亮素恶称轻狡，数称前后罪恶，收而斩之。后以魏兴险远，命庾怿徙屯半洲。更以武昌太守陈嚣为梁州刺史，趣汉中，遣参军李松攻汉巴郡、江阳。夏四月，执汉荆州刺史李闳、巴郡太守黄植送建康。汉主寿以李奕为镇东将军，代闳守巴郡。

庾亮上疏言："蜀甚弱而胡尚强，欲帅大众十万移镇石城，遣诸军罗布江、沔，为伐赵之规。"帝下其议。丞相导请许之。太尉鉴议，以为"资用未备，不可大举"。太常蔡谟议，以为："时有否泰，道有屈伸，苟不计强弱而轻动，则亡不终日，何功之有。为今之计，莫若养威以俟时。时之可否系胡之强弱，胡之强弱系石虎之能否。自石勒举事，虎常为爪牙，百战百胜，遂定中原，所据之地，同于魏世。勒死之后，虎挟嗣君，诛将相，内难既平，翦削外寇，一举而拔金墉，再战而禽石生，诛石聪如拾遗，取郭权如振槁，四境之内，不失尺土。以是观之，虎为能乎，将不能也？论者以胡前攻襄阳不能拔，谓之无能为。夫百战百胜之强，而以不拔一城为劣，譬诸射者百发百中而一失，可以谓之拙乎？且石遇，偏师也，桓平北，边将也，所争者疆埸之土，利则进，否则退，非所急也。今征西以重镇名贤，自将大军欲席卷河南，虎必自帅一国之众来决胜负，岂得以襄阳为比哉。今征西欲与之战，何如石生？若欲城守，何如金墉？欲阻沔水，何如大江？欲拒石虎，何如苏峻？凡此数者，宜详校之。石生猛将，关中精兵，征西之战，殆不能胜也。金墉险固，刘曜十万众不能拔，征西之守，殆不能胜也。又当是时，洛阳、关中皆举兵击虎，今此三镇反为其用，方之于前，倍半之势也。石生不能敌其半，而征西欲当其倍，愚所疑也，苏峻之强不及石虎，沔水之险不及大江，大江不能御苏峻，而欲以沔水御石虎，又所疑也。昔祖士稚在谯，佃于城北界，胡来攻，豫置军屯以御其外。谷将熟，胡果至，丁夫战于外，老弱获于内，多持炬火，急则烧谷而走。如此数年，竟不得其利。当是时，胡唯据河北，方之于今，四分之一耳，士稚不能捍其一，而征西欲以御其四，又所疑也。然此但论征西既至之后耳，尚未论道路之虑也。自沔以西，水急岸高，鱼贯溯流，首尾百里。若胡无宋襄之义，及我未阵而击之，将如之何？今王土与胡，水陆异势，便习不同。胡若送死，则敌之有余，若弃江远进，以我所短击彼所长，惧非庙胜之算也。”朝议多与谟同，乃诏亮，不听移镇。

秋八月，南昌文成公郗鉴疾笃，以府事付长史刘遐，上疏乞骸骨，且曰："臣所统错杂，率多北人，或逼迁徙，或是新附，百姓怀土，皆有归本之心。臣宣国恩，示以好恶，处与田宅，渐得少安。闻臣疾笃，众情骇动，若当北渡，必启寇心。太常臣谟，平简贞正，素望所归，谓可以为都督、徐州刺史。"诏以蔡谟为太尉军司，加侍中。辛酉，鉴薨，即以谟为征北将军、都督徐兖青三州诸军事、领徐州刺史、假节。

时左卫将军陈光请伐赵，诏遣光攻寿阳。谟上疏曰："寿阳城小而固。自寿阳至琅邪，城壁相望，一城见攻，众城必救。又王师在路五十余日，前驱未至，声息久闻，贼之邮驿，一日千里，河北之骑，足以来赴。夫以白起、韩信、项籍之勇，犹发梁焚舟，背水而阵。今欲停船水渚，引兵造城，前对坚敌，顾临归路，此兵法之所诫。若进攻未拔，胡骑猝至，惧桓子不知所为，而舟中之指可掬也。今光所将皆殿中精兵，宜令所向有征无战，而顿之坚城之下，以国之爪士击寇之下邑，得之则利薄而不足损敌，失之则害重而足以益寇，惧非策之长者也。"乃止。

初，陶侃在武昌，议者以江北有邾城，宜分兵戍之。侃每不答，而言者不已。侃乃渡水猎，引将佐语之曰："我所以设险而御寇者，正以长江耳。邾城隔在江北，内无所倚，外接群夷。夷中利深，晋人贪利，夷不堪命，必引虏入寇。此乃致祸之由，非御寇也。且吴时戍此城用三万兵，今纵有兵守之，亦无益于江南，若羯虏有可乘之会，此又非所资也。"及庾亮镇武昌，卒使毛宝、樊峻戍邾城。赵王虎恶之，以夔安为大都督，帅石鉴、石闵、李农、张貉、李菟等五将军，兵五万人，寇荆、扬北鄙，二万骑攻邾城。毛宝求救于庾亮，亮以城固，不时遣兵。

九月，石闵败晋兵于沔阴，杀将军蔡怀；夔安、李农陷沔南；朱保败晋兵于白石，杀郑豹等五将军；张貉陷邾城，死者六千人，毛宝、樊峻突围出走，赴江溺死。夔安进据胡亭，寇江夏，义阳将军黄冲、义阳太守郑进皆降于赵。安进围石城，竟陵太守李阳拒战，破之，斩首五千余级，安乃退。遂掠汉东，拥七千余户迁于幽、冀。

是时庾亮犹上疏欲迁镇石城，闻邾城陷，乃止。上表陈谢。自贬三等，行安西将军。有诏复位。以辅国将军庾怿为豫州刺史，监宣城、庐江、历阳、安丰四郡诸军事、假节，镇芜湖。

六年春正月庚子朔，都亭文康侯庾亮薨。以护军将军、录尚书何充为中书令。庚戌，以南郡太守庾翼为都督江荆司雍梁益六州诸军事、安西将军、荆州刺史、假节，代亮镇武昌。时人疑翼年少，不能继其兄。翼悉心为治，戎政严明，数年之间，公私充实，人皆称其才。

八年〔春三月〕，庾翼在武昌，数有妖怪，欲移镇乐乡。征虏长史王述与庾冰笺曰："乐乡去武昌千有余里，数万之众，一旦移徙，兴立城壁，公私劳扰。又江州当泝流数千里供给军府，力役增倍。且武昌实江东镇戍之中，非但捍御上流而已，缓急赴告，骏奔不难。若移乐乡，远在西陲，一朝江渚有虞，不相接救。方岳重将，固当居要害之地，为内外形势，使窥闟之心不知所向。昔秦忌亡胡之谶，卒为刘、项之资。周恶檿弧之谣，而成褒姒之乱。是以达人君子，直道而行，禳避之道，皆所不取，正当择人事之胜理，思社稷之长计耳。"朝议亦以为然，翼乃止。

秋七月己未，以何充为骠骑将军，都督徐州扬州之晋陵诸军事、领徐州刺史，镇京口，避诸庾也。

康帝建元元年。庾翼为人慷慨，喜功名，不尚浮华。琅邪内史桓温，彝之子也，尚南康公主，豪爽有风概，翼与之友善，相期以宁济海内。翼尝荐温于成帝曰："桓温有英雄之才，愿陛下勿以常人遇之，常婿畜之，宜委以方、邵之任，必有弘济艰难之勋。"时杜乂、殷浩并才名冠世，翼独弗之重也，曰："此辈宜束之高阁，俟天下太平，然后徐议其任耳。"浩累辞征辟，屏居墓所，几将十年，时人拟之管、葛。江夏相谢尚、长山令王蒙常伺其出处，以卜江左兴亡。尝相与省之，知浩有确然之志。既返，相谓曰："深源不起，当如苍生何！"尚，鲲之子也。翼请浩为司马；诏除侍中、安西军司，浩不应。翼遗浩书曰："王夷甫立名非真，虽云谈道，实长华竞。明德君子，遇会处际，宁可然乎？"浩犹不起。

殷羡为长沙相，在郡贪残，庾冰与翼书属之。翼报曰："殷君骄豪，亦似由有佳儿，弟故小令物情容之。大较江东之政，以妪煦豪强，常为民蠹，时有行法，辄施之寒劣。如往年偷石头仓米一百万斛，皆是豪将辈，而直杀仓督监以塞责。山遐为馀姚长，为官出豪强所藏二千户，而众共驱之，令遐不得安席。虽皆前宰之惛谬，江东事去，实此之由。兄弟不幸，横陷此中，自不能拔足于风尘之外，当共明目而治之。荆州所统二十余郡，唯长沙最恶，恶而不黜，与杀督监者复何异邪！"遐，简之子也。

翼以灭胡取蜀为己任，遣使东约燕王皝，西约张骏，刻期大举。朝议多以为难，唯庾冰意与之同，而桓温、谯王无忌皆赞成之。无忌，承之子也。

秋七月，赵汝南太守戴开帅数千人诣翼降。丁巳，下诏议经略中原。翼欲悉所部之众北伐，表桓宣为都督司雍梁三州荆州之四郡诸军事、梁州刺史，前趣丹水；桓温为前锋小督、假节，帅众入临淮，并发所统六州奴及车牛驴马，百姓嗟怨。

八月，庾翼欲移镇襄阳，恐朝廷不许，乃奏云移镇安陆。帝及朝士皆遣使譬止翼，翼遂违诏北行，至夏口，复上表请镇襄阳。翼时有众四万，诏加翼都督征讨诸军事。先是，车骑将军、扬州刺史庾冰屡求出外，辛巳，以冰都督荆江宁益梁交广七州豫州之四郡诸军事、领江州刺史、假节，镇武昌，以为翼继援。征徐州刺史何充为都督扬豫徐州之琅邪诸军事、领扬州刺史、录尚书事，辅政。以琅邪内史桓温为都督青徐兖三州诸军事、徐州刺史。征江州刺史褚裒为卫将军，领中书令。

二年夏四月，征西将军庾翼使梁州刺史桓宣击赵将李罴于丹水，为罴所败，翼贬宣为建威将军。宣惭愤成疾，秋八月庚辰，卒。翼以长子方之为义城太守，代领宣众。又以司马应诞为襄阳太守，参军司马勋为梁州刺史，戍西城。

中书令褚裒固辞枢要，闰月丁巳，以裒为左将军，都督兖州徐州之琅邪诸军事、兖州刺史，镇金城。

秋九月，帝崩，穆帝即位。以裒为侍中、卫将军、录尚书事，持节、督、刺史如故。裒以近戚，惧获讥嫌，上疏固请居藩，改授都督徐兖青三州扬州之二郡诸军事、卫将军、徐兖二州刺史，镇京口。

冬十月，江州刺史庾冰有疾，太后征冰辅政，冰辞，十一月庚辰，卒。庾翼以家国情事，留子方之为建武将军，戍襄阳。方之年少，以参军毛穆之为建武司马以辅之。穆之，宝之子也。翼还镇夏口。诏翼复督江州，又领豫州刺史。翼辞豫州，复欲移镇乐乡，诏不许。翼仍缮修军器，大佃积谷，以图后举。

穆帝永和元年春正月，诏征卫将军褚裒欲以为扬州刺史、录尚书事。吏部尚书刘遐、长史王胡之说裒曰："会稽王令德雅望，国之周公也，足下宜以大政授之。"裒乃固辞，归藩。壬戌，以会稽王昱为抚军大将军、录尚书六条事。

都亭肃侯庾翼疽发于背，表子爰之行辅国将军、荆州刺史，委以后任；司马义阳朱焘为南蛮校尉，以千人守巴陵。秋七月庚午，卒。

庾翼既卒，朝议皆以诸庾世在西藩，人情所安，宜依翼所请，以庾爰之代其任。何充曰："荆楚，国之西门，户口百万，北带强胡，西邻劲蜀，地势险阻，周旋万里。得人则中原可定，失人则社稷可忧，陆抗所谓'存则吴存，亡则吴亡'者也，岂可以白面少年当之哉！桓温英略过人，有文武器干，西夏之任，无出温者。"议者又曰："庾爰之肯避温乎？如令阻兵，耻惧不浅。"充曰："温足以制之，诸君勿忧。"

丹杨尹刘惔每奇温才，然知其有不臣之志，谓会稽王昱曰："温不可使居形胜之地，其位号常宜抑之。"劝昱自镇上流，以己为军司，昱不听；又请自行，亦不听。

〔八月〕庚辰，以徐州刺史桓温为安西将军、持节、都督荆司雍益梁宁六州诸军事、领护南蛮校尉、荆州刺史，爰之果不敢争。又以刘惔监沔中诸军事，领义成太守，代庾方之。徙方之、爰之于豫章。

桓温尝乘雪欲猎，先过刘惔，惔见其装束甚严，谓之曰："老贼欲持此何为？"温笑曰："我不为此，卿安得坐谈乎？"

二年春二月，褚裒荐前光禄大夫顾和、前司徒左长史殷浩。三月丙子，以和为尚书令，浩为建武将军、扬州刺史。和有母丧，固辞不起，谓所亲曰："古人有释衰绖从王事者，以其才足干时故也。如和者，正足以亏孝道，伤风俗耳。”识者美之。浩亦固辞。会稽王昱与浩书曰：“属当厄运，危弊理极，足下沉识淹长，足以经济。若复深存挹退，苟遂本怀，吾恐天下之事于此去矣。足下去就，即时之废兴，则家国不异，足下宜深思之。”浩乃就职。

四年(夏四月)〔秋八月〕，会稽王昱以扬州刺史殷浩有盛名，朝野推服，乃引为心膂，与参综朝权，欲以抗温；由是与温寖相疑贰。浩以征北长史荀羡、前江州刺史王羲之夙有令名，擢羡为吴国内史，羲之为护军将军，以为羽翼。羡，蕤之弟；羲之，导之从子也。羲之以为内外协和，然后国家可安，劝浩及羡不宜与温构隙，浩不从。

五年夏六月，桓温闻赵乱，出屯安陆，遣诸将经营北方。赵扬州刺史王浃举寿春降，西中郎将陈逵进据寿春。征北大将军褚裒上表请伐赵，即日戒严，直指泗口。朝议以裒事任贵重，不宜深入，宜先遣偏师。裒奏言：“前已遣前锋督护王颐之等径造彭城，后遣督护麋嶷进据下邳，今宜速发，以成声势。”

秋七月，加裒征讨大都督、督徐兖青扬豫五州诸军事。裒帅众三万，径赴彭城，北方士民降附者日以千计。朝野皆以为中原指期可复，光禄大夫蔡谟独谓所亲曰：“胡灭诚为大庆，然恐更贻朝廷之忧。”其人曰：“何谓也？”谟曰：“夫能顺天乘时济群生于艰难者，非上圣与英雄不能为也，自余则莫若度德量力。观今日之事，殆非时贤所及，必将经营分表，疲民以逞。既而材略疏短，不能副心，财殚力竭，智勇俱困，安得不忧及朝廷乎！”

鲁郡民五百余家相与起兵附晋，求援于褚裒，裒遣部将王龛、李迈将锐卒三千迎之。赵南讨大都督李农帅骑二万与龛等战于代陂，龛等大败，皆没于赵。八月，裒退屯广陵，陈逵闻之，焚寿春积聚，毁城遁还。裒上疏乞自贬，诏不许，命裒还镇京口，解征讨都督。时河北大乱，遗民二十余万口渡河欲来归附，会裒已还，威势不接，皆不能自拔，死亡略尽。

冬十一月，都乡元穆侯褚裒还至京口，闻哭声甚多，以问左右。对曰："皆代陂死者之家也。"裒惭愤发疾。十二月己酉，卒。以吴国内史荀羡为使持节、监徐兖二州扬州之晋陵诸军事、徐州刺史，时年二十八，中兴方伯未有如羡之少者。

六年春正月，朝廷闻中原大乱，复谋进取。己丑，以扬州刺史殷浩为中军将军、假节、都督扬豫徐兖青五州诸军事，以蒲洪为氐王、使持节、征北大将军、都督河北诸军事、冀州刺史、广川郡公，蒲健为假节、右将军、监河北征讨前锋诸军事、襄国公。

七年。初，桓温闻石氏乱，上疏请出师经略中原，事久不报。温知朝廷杖殷浩以抗己，甚忿之，然素知浩之为人，亦不之惮也。以国无他衅，遂得相持弥年，虽有君臣之迹，羁縻而已，八州士众资调殆不为国家用。屡求北伐，诏书不听。十二月辛未，温拜表辄行，帅众四五万顺流而下，军于武昌，朝廷大惧。殷浩欲去位以避温，又欲以驺虞幡驻温军。吏部尚书王彪之言于会稽王昱曰："此属皆自为计，非能保社稷，为殿下计也。若殷浩去职，人情离骇，天子独坐，当此之际，必有任其责者，非殿下而谁乎？"又谓浩曰："彼若抗表问罪，卿为之首。事任如此，猜衅已成，欲作匹夫，岂有全地邪，且当静以待之。令相王与手书，示以款诚，为陈成败，彼必旋师；若不从，则遣中诏；又不从，乃当以正义相裁，奈何无故匆匆，先自猖獗乎！"浩曰："决大事正自难，顷日来欲使人闷。闻卿此谋，意始得了。"彪之，彬之子也。

抚军司马高崧言于昱曰："王宜致书，谕以祸福，自当返旆。

如其不尔，便六军整驾，逆顺于兹判矣。”乃于坐为昱草书曰：“寇难宜平，时会宜接。此实为国远图，经略大算，能弘斯会，非足下而谁？但以比兴师动众，要当以资实为本。运转之艰，古人所难，不可易之于始而不熟虑。顷所以深用为疑，惟在此耳。然异常之举，众之所骇，游声噂喈，想足下亦少闻之。苟患失之，无所不至，或能望风振扰，一时崩散。如此则望实并丧，社稷之事去矣。皆由吾暗弱，德信不著，不能镇静群庶，保固维城，所以内愧于心，外惭良友。吾与足下虽职有内外，安社稷，保家国，其致一也。天下安危，系之明德。当先思宁国而后图其外，使王基克隆，大义弘著。所望于足下，区区诚怀，岂可复顾嫌而不尽哉！”温即上疏，惶恐致谢，回军还镇。



八年春正月，尚书左丞孔严言于殷浩曰：“比来众情，良可寒心，不知使君当何以镇之？愚谓宜明受任之方，韩、彭专征伐，萧、曹守管籥，内外之任，各有攸司。深思廉、蔺屈身之义，平、勃交欢之谋，令穆然无间，然后可以保大定功也。观顷日降附之徒，皆人面兽心，贪而无亲，恐难以义感也。”浩不从。严，愉之从子也。

浩上疏请北出许、洛，诏许之。以安西将军谢尚、北中郎将荀羡为督统，进屯寿春。谢尚不能抚慰张遇，遇怒，据许昌叛，使其将上官恩据洛阳，乐弘攻督护戴施于仓垣，浩军不能进。三月，命荀羡镇淮阴，寻加监青州诸军事，又领兖州刺史，镇下邳。



姚弋仲卒，子襄帅众归晋。襄单骑渡淮，见谢尚于寿春。尚闻其名，命去仗卫，幅巾待之，欢若平生。襄博学，善谈论，江东人士皆重之。

夏四月，秦以张遇为征东大将军、豫州牧。六月，谢尚、姚襄共攻张遇于许昌。秦主健遣丞相东海王雄、卫大将军平昌王菁略地关东，帅步骑二万救之。丁亥，战于颍水之诫桥，尚等大败，死者万五千人。尚奔还淮南，襄弃辎重，送尚于芍陂，尚悉以后事付襄。殷浩闻尚败，退屯寿春。秋七月，秦丞相雄徙张遇及陈、颍、许、洛之民五万余户于关中，以右卫将军杨群为豫州刺史，镇许昌。谢尚降号建威将军。

殷浩之北伐也，中军将军王羲之以书止之，不听。既而无功，复谋再举。〔八月〕羲之遗浩书曰："今以区区江左，天下寒心，固已久矣，力争武功，非所当作。自顷处内外之任者，未有深谋远虑，而疲竭根本，各从所志，竟无一功可论，遂令天下将有土崩之势，任其事者岂得辞四海之责哉！今军破于外，资竭于内，保淮之志，非所复及。莫若还保长江，督将各复旧镇，自长江以外，羁縻而已。引咎责躬，更为善治，省其赋役，与民更始，庶可以救倒悬之急也。使君起于布衣，任天下之重，当董统之任，而败丧至此，恐阖朝群贤未有与人分其谤者。若犹以前事为未工，故复求之于分外，宇宙虽广，自容何所？此愚智所不解也。"又与会稽王昱笺曰："为人臣者，谁不愿尊其主比隆前世，况遇难得之运哉？顾力有所不及，岂可不权轻重而处之也。今虽有可喜之会，内求诸己，而所忧乃重于所喜。功未可期，遗黎歼尽，劳役无时，征求日重，以区区吴、越，经纬天下十分之九，不亡何待？而不度德量力，不弊不已，此封内所痛心叹悼而莫敢吐诚者也。'往者不可谏，来者犹可追。'愿殿下更垂三思，先为不可胜之基，须根立势举，谋之未晚。若不行，恐麋鹿之游，将不止林薮而已。愿殿下暂废虚远之怀，以救倒悬之急，可谓以亡为存，转祸为福也。"不从。

九月，浩屯泗口，遣河南太守戴施据石门，荥阳太守刘遁戍仓垣。浩以军兴，罢遣太学生徒，学校由此遂废。

冬十月，谢尚遣冠军将军王侠攻许昌，克之。秦豫州刺史杨群退屯弘农。征尚为给事中，戍石头。

九年秋七月，张遇叛秦，伏诛。九月，姚襄屯历阳，以燕、秦方强，未有北伐之志，乃夹淮广兴屯田，训厉将士。殷浩在寿春，恶其强盛，囚襄诸弟，屡遣刺客刺之，刺客皆以情告襄。安北将军魏统卒，弟憬代领部曲。浩潜遣憬帅众五千袭之，襄斩憬，并其众。浩愈恶之，使龙骧将军刘启守谯，迁襄于梁国蠡台，表授梁国内史。



魏憬子弟数往来寿春，襄益疑惧，遣参军权翼使于浩。浩曰："身与姚平北共为王臣，休戚同之。平北每举动自专，甚失辅车之理，岂所望也。"翼曰："平北英姿绝世，拥兵数万而远归晋室者，以朝廷有道，宰辅明哲故也。今将军轻信谗慝之言，与平北有隙，愚谓猜嫌之端，在此不在彼也。"浩曰："平北姿性豪迈，生杀自由，又纵小人掠夺吾马，王臣之体，固若是乎？"翼曰："平北归命圣朝，岂肯妄杀无辜。奸宄之人，亦王法所不容也，杀之何害！"浩曰："然则掠马何也？"翼曰："将军谓平北雄武难制，终将讨之，故取马欲以自卫耳。"浩笑曰："何至是也。"



初，浩阴遣人诱秦梁安、雷弱儿，使杀秦主健，许以关右之任。弱儿等伪许之，且请兵应接。浩闻张遇作乱，健兄子辅国将军黄眉自洛阳西奔，以为安等事已成。冬十月，浩自寿春帅众七万北伐，欲进据洛阳，修复园陵。吏部尚书王彪之上会稽王昱笺，以为："弱儿等容有诈伪，浩未应轻进。"不从。浩以姚襄为前驱。襄引兵北行，度浩将至，诈令部众夜遁，阴伏甲以邀之。

浩闻而追襄至山桑，襄纵兵击之，浩大败，弃辎重走保谯城。襄俘斩万余，悉收其资仗，使兄益守山桑，襄复如淮南。会稽王昱谓王彪之曰："君言无不中，张、陈无以过也。"

冬十一月，殷浩使部将刘启、王彬之攻姚益于山桑，姚襄自淮南击之，启、彬之皆败死。襄进据芍陂。十二月，姚襄济淮，屯盱眙，招掠流民，众至七万，分置守宰，劝课农桑。遣使诣建康罪状殷浩，并自陈谢。诏以谢尚都督江西、淮南诸军事、豫州刺史，镇历阳。

十年。故魏降将周成反，自宛袭洛阳。

殷浩连年北伐，师徒屡败，粮械都尽。征西将军桓温因朝野之怨，上疏数浩之罪，请废之。朝廷不得已，免浩为庶人，徙东阳之信安。自此，内外大权一归于温矣。

春二月乙丑，桓温统步骑四万发江陵，水军自襄阳入均口，至南乡，步兵自淅川趣武关，命司马勋出子午道以伐秦。

姚襄遣使降燕。三月，桓温别将攻上洛，获秦荆二州刺史郭敬，进击青泥，破之。司马勋掠秦西鄙，凉秦州刺史王擢攻陈仓以应温。秦主健遣太子苌、丞相雄、淮南王生、平昌王菁、北平王硕帅众五万，军于峣柳以拒温。夏四月己亥，温与秦兵战于蓝田。秦淮南王生单骑突阵，出入以十数，杀伤晋将士甚众。温督众力战，秦兵大败，将军桓冲又败秦丞相雄于白鹿原。冲，温之弟也。温转战而前，壬寅，进至灞上。秦太子苌等退屯城南，秦主健与老弱六千固守长安小城，悉发精兵三万，遣大司马雷弱儿等与苌合兵以拒温。三辅郡县皆来降，温抚谕居民，使安堵复业。民争持牛酒迎劳，男女夹路观之，耆老有垂泣者，曰："不图今日复睹官军！"

夏五月，北海王猛，少好学，倜傥有大志，不屑细务，人皆轻之。猛悠然自得，隐居华阴。闻桓温入关，披褐诣之，扪虱而谈当世之务，旁若无人。温异之，问曰："吾奉天子之命，将锐兵十万为百姓除残贼，而三秦豪杰未有至者，何也？"猛曰："公不远数千里，深入敌境，今长安咫尺而不度灞水，百姓未知公心，所以不至。"温嘿然无以应，徐曰："江东无卿比也。"乃署猛军谋祭酒。

温与秦丞相雄等战于白鹿原，温兵不利，死者万余人。初，温指秦麦以为粮，既而秦人悉芟麦，清野以待之，温军乏食。六月丁丑，徙关中三千余户而归。以王猛为高官督护，欲与俱还，猛辞不就。呼延毒帅众一万从温还。秦太子苌等随温击之，比至潼关，温军屡败，失亡以万数。温之屯灞上也，顺阳太守薛珍劝温径进逼长安，温弗从。珍以偏师独济，颇有所获。及温退，乃还，显言于众，自矜其勇而咎温之持重，温杀之。

秋九月，桓温还自伐秦，帝遣侍中黄门劳温于襄阳。

十一年夏四月，姚襄所部多劝襄北还，襄从之。五月，襄攻冠军将军高季于外黄，会季卒，襄进据许昌。

冬十月，以豫州刺史谢尚督并冀幽三州，镇寿春。

十二年春二月，桓温请移都洛阳，修复园陵，章十余上，不许。拜温征讨大都督、督司冀二州诸军事，以讨姚襄。

夏(四)〔五〕月，姚襄自许昌攻周成于洛阳。

秋七月，姚襄攻洛阳，逾月不克。长史王亮谏曰："明公英名盖世，兵强民附。今顿兵坚城之下，力屈威挫，或为他寇所乘，此危亡之道也。"襄不从。

桓温自江陵北伐，遣督护高武据鲁阳，辅国将军戴施屯河上，自帅大兵继进。与寮属登平乘楼，望中原，叹曰："遂使神州陆沉，百年丘墟，王夷甫诸人不得不任其责！"记室陈郡袁宏曰："运有兴废，岂必诸人之过。"温作色曰："昔刘景升有千斤大牛，啖刍豆十倍于常牛，负重致远，曾不若一羸牸，魏武入荆州杀以享军。"

八月己亥，温至伊水，姚襄撤围拒之，匿精锐于水北林中，遣使谓温曰："承亲帅王师以来，襄今奉身归命，愿敕三军小却，当拜伏路左。"温曰："我自开复中原，展敬山陵，无预君事。欲来者便前，相见在近，何烦使人？"襄拒水而战，温结阵而前，亲被甲督战，襄众大败，死者数千人。襄帅麾下数千骑奔于洛阳北山，其夜，民弃妻子随襄者五千余人。襄勇而爱人，虽战屡败，民知襄所在，辄扶老携幼奔驰而赴之。温军中传言襄病创已死，许、洛士女为温所得者，无不北望而泣。襄西走，温追之不及。弘农杨亮自襄所来奔，温问襄之为人，亮曰："襄神明器宇，孙策之俦，而雄武过之。"

周成帅众出降，温屯故太极殿前，既而徙屯金墉城。己丑，谒诸陵，有毁坏者修复之，各置陵令。表镇西将军谢尚都督司州诸军事，镇洛阳。以尚未至，留颍川太守毛穆之、督护陈午、河南太守戴施以二千人戍洛阳，卫山陵。徙降民三千余家于江、汉之间，执周成以归。

姚襄奔平阳，秦并州刺史尹赤复以众降襄，襄遂据襄陵。秦大将军张平击之，襄为平所败，乃与平约为兄弟，各罢兵。

冬十一月，诏遣兼司空、散骑常侍车灌等持节如洛阳，修五陵。十二月庚戌，帝及群臣皆服缌，临于太极殿三日。

司州都督谢尚以疾不行，以丹杨尹王胡之代之，未行而卒。

胡之，廙之子也。

## 桓温伐燕

晋穆帝升平二年。赵之亡也，其将高昌遣使降燕，已而降晋，又降秦，各受爵位，欲中立以自固。燕主儁使司空阳骛讨昌于东燕。

三年（夏六月），高昌不能拒燕，秋七月，自白马奔荥阳。

五年春二月，高昌卒，燕河内太守吕护并其众，遣使来降，拜护冀州刺史。护欲引晋兵以袭邺。三月，燕太宰恪将兵五万，冠军将军皇甫真将兵万人，共讨之。燕兵至野王，护婴城自守。护军将军傅颜请急攻之，以省大费。恪曰："老贼经变多矣，观其守备，未易猝攻。顷攻黎阳，多杀精锐，卒不能拔，自取困辱。护内无蓄积，外无救援，我深沟高垒，坐而守之，休兵养士，离间其党，于我不劳而贼势日蹙，不过十旬，取之必矣，何为多杀士卒以求旦夕之功乎？"乃筑长围守之。

夏四月，桓温以其弟黄门郎豁督沔中七郡诸军事，兼新野、义城二郡太守，将兵取许昌，破燕将慕容尘。

燕人围野王数月，吕护遣其将张兴出战，傅颜击斩之，城中日蹙。皇甫真戒部将曰："护势穷奔突，必择虚隙而投之。吾所部士卒多羸，器甲不精，宜深为之备。"乃多课橹楯，亲察行夜者。〔秋七月〕，护食尽，果夜悉精锐趋真所部，突围，不得出。太宰恪引兵击之，护众死伤殆尽，弃妻子奔荥阳。恪存抚降民，给其廪食，徙士人将帅于邺，自余各随所乐。以护参军广平梁琛为中书著作郎。

冬十月，吕护复叛，奔燕，燕人赦之，以为广州刺史。

哀帝隆和元年春正月，燕豫州刺史孙兴请攻洛阳，曰："晋将陈祐弊卒千余，介守孤城，不足取也。"燕人从其言，遣宁南将军吕护屯河阴。

二月辛未，以吴国内史庾希为北中郎将、徐兖二州刺史，镇下邳，龙骧将军袁真为西中郎将、监护豫司并冀四州诸军事、豫州刺史，镇汝南，并假节。希，冰之子也。

燕吕护攻洛阳。三月乙酉，河南太守戴施奔宛，陈祐告急。五月丁巳，桓温遣庾希及竟陵太守邓遐，帅舟师三千人助祐守洛阳。遐，嶽之子也。

温上疏请迁都洛阳，自永嘉之乱播流江表者，请一切北徙，以实河南。朝廷畏温，不敢为异，而北土萧条，人情疑惧，虽并知不可，莫敢先谏。散骑常侍领著作郎孙绰上疏曰："昔中宗龙飞，非惟信顺协于天人，实赖万里长江画而守之耳。今自丧乱已来，六十余年，河、洛丘墟，函夏萧条。士民播流江表，已经数世，存者老子长孙，亡者丘陇成行，虽北风之思感其素心，目前之哀实为交切。若迁都旋轸之日，中兴五陵即复缅成遐域。泰山之安，既难以理保，烝烝之思，岂不缠于圣心哉。温今此举，诚欲大览始终，为国远图，而百姓震骇，同怀危惧，岂不以反旧之乐赊，而趋死之忧促哉！何者？植根江外，数十年矣，一朝顿欲拔之，驱蹙于空荒之地，提挈万里，逾险浮深，离坟墓，弃生业，田宅不可复售，舟车无从而得，舍安乐之国，适习乱之乡，将顿仆道涂，飘溺江川，仅有达者。此仁者所宜哀矜，国家所宜深虑也。臣之愚计，以为且宜遣将帅有威名资实者，先镇洛阳，扫平梁、许，清壹河南。运漕之路既通，开垦之积已丰，豺狼远窜，中夏小康，然后可徐议迁徙耳。奈何舍百胜之长理,举天下而一掷哉!”绰,楚之孙也,少慕高尚,尝着遂初赋以见志。温见绰表,不悦,曰:“致意兴公,何不寻君遂初赋,而知人家国事邪。”

时朝廷忧惧,将遣侍中止温。扬州刺史王述曰:“温欲以虚声威朝廷耳,非事实也。但从之,自无所至。”乃诏温曰:“在昔丧乱,忽涉五纪,戎狄肆暴,继袭凶迹,眷言西顾,慨叹盈怀。知欲躬帅三军,荡涤氛秽,廓清中畿,光复旧京。非夫外身徇国,孰能若此?诸所处分,委之高算。但河、洛丘墟,所营者广,经始之勤,(政)〔致〕劳怀也。”事果不行。温又议移洛阳钟虡,述曰:“永嘉不竞,暂都江左,方当荡平区宇,旋轸旧京。若其不尔,宜改迁园陵,不应先事钟虡。”温乃止。朝廷以交、广辽远,改授温都督并司冀三州,温表辞不受。

秋七月,吕护退守小平津,中流矢而卒。燕将段崇收军北渡,屯于野王。邓遐进屯新城。八月,西中郎将袁真进屯汝南,运米五万斛以馈洛阳。冬十二月,庾希自下邳退屯山阳,袁真自汝南退屯寿阳。

兴宁元年夏四月,燕宁东将军慕容忠攻荥阳太守刘远,远奔鲁阳。五月,以西中郎将袁真都督司冀并三州诸军事,北中郎将庾希都督青州诸军事。癸卯,燕人拔密城,刘远奔江陵。冬十月,燕镇南将军慕容尘攻陈留太守袁披于长平;汝南太守朱斌乘虚袭许昌,克之。

二年春二月,燕太傅评、龙骧将军李洪略地河南。夏四月甲辰,燕李洪攻许昌、汝南,败晋兵于悬瓠,颍川太守李福战死,汝南太守朱斌奔寿春,陈郡太守朱辅退保彭城。大司马温遣西中郎将袁真等御之,温帅舟师屯合肥。燕人遂拔许昌、汝南、陈郡,徙万余户于幽、冀二州，遣镇南将军慕容尘屯许昌。秋八月，燕太宰恪将取洛阳，先遣人招纳士民，远近诸坞皆归之。乃使司马悦希军于盟津，豫州刺史孙兴军于成皋。

初，沈充之子劲，以其父死于逆乱，志欲立功以雪旧耻，年三十余，以刑家不得仕。吴兴太守王胡之为司州刺史，上疏称劲才行，请解禁锢，参其府事，朝廷许之。会胡之以病，不行。及燕人逼洛阳，冠军将军陈祐守之，众不过二千。劲自表求配祐效力，诏以劲补冠军长史，令自募壮士，得千余人以行。劲屡以少击燕众，摧破之。而洛阳粮尽援绝，祐自度不能守，乃以救许昌为名，九月，留劲以五百人守洛阳，祐帅众而东。劲喜曰："吾志欲致命，今得之矣。"祐闻许昌已没，遂奔新城。燕悦希引兵略河南诸城，尽取之。

三年春正月，大司马温移镇姑孰。二月乙未，以其弟右将军豁监荆州扬州之义城雍州之京兆诸军事、领荆州刺史，加江州刺史桓冲监江州及荆豫八郡诸军事，并假节。

司徒昱闻陈祐弃洛阳，会大司马温于洌洲，共议征讨。丙申，帝崩于西堂，事遂寝。

燕太宰恪、吴王垂共攻洛阳。恪谓诸将曰："卿等常患吾不攻。今洛阳城高而兵弱，易克也，勿更畏懦而怠惰。"遂攻之。三月，克之，执扬武将军沈劲。劲神气自若，恪将宥之。中军将军慕舆虔曰："劲虽奇士，观其志度，终不为人用，今赦之，必为后患。"遂杀之。恪略地至崤、渑，关中大震，秦王坚自将屯陕城以备之。燕人以左中郎将慕容筑为洛州刺史，镇金墉；吴王垂为都督荆扬洛徐兖豫雍益凉秦十州诸军事，征南大将军，荆州牧，配兵一万，镇鲁阳。

海西公太和元年冬十月，燕抚军将军下邳王厉寇兖州，拔鲁、高平数郡，置守宰而还。十二月，南阳督护赵亿据宛城降燕，太守桓澹走保新野。燕人遣南中郎将赵盘自鲁阳戍宛。

二年夏四月，燕慕容尘寇竟陵，太守罗崇击破之。

荆州刺史桓豁、竟陵太守罗崇攻宛，拔之，赵亿走，赵盘退归鲁阳。豁追击盘于雉城，擒之，留兵戍宛而还。秋九月，以会稽内史郗愔为都督徐兖青幽扬州之晋陵诸军事、徐兖二州刺史，镇京口。

四年春三月，大司马温请与徐兖二州刺史郗愔、江州刺史桓冲、豫州刺史袁真等伐燕。初，愔在北府，温常云"京口酒可饮，兵可用"，深不欲愔居之。而愔暗于事机，乃遗温笺，欲共奖王室，请督所部出河上。愔子超为温参军，取视，寸寸毁裂，乃更作愔笺，自陈非将帅才，不堪军旅，老病，乞间地自养，劝温并领己所统。温得笺大喜，即转愔冠军将军、会稽内史，温自领徐兖二州刺史。夏四月庚戌，温帅步骑五万发姑孰。

大司马温自兖州伐燕。郗超曰："道远，汴水又浅，恐漕运难通。"温不从。六月辛丑，温至金乡，天旱，水道绝，温使冠军将军毛虎生凿钜野三百里，引汶水会于清水。虎生，宝之子也。温引舟自清水入河，舳舻数百里。郗超曰："清水入河，难以通运。若寇不战，运道又绝，因敌为资，复无所得，此危道也。不若尽举见众，直趋邺城，彼畏公威名，必望风逃溃，北归辽、碣。若能出战，则事可立决。若欲城邺而守之，则当此盛夏，难为功力，百姓布野，尽为官有，易水以南必交臂请命矣。但恐明公以此计轻锐，胜负难必，欲务持重，则莫若顿兵河、济，控引漕运，俟资储充备，至来夏乃进兵，虽如赊迟，然期于成功而已。舍此二策，而连军北上，进不速决，退必愆乏。贼因此势以日月相引，渐及秋冬，水更涩滞。且北土早寒，三军裘褐者少，恐于时所忧，非独无食而已。”温又不从。

温遣建威将军檀玄攻湖陆，拔之，获燕宁东将军慕容忠。燕主暐以下邳王厉为征讨大都督，帅步骑二万逆战于黄墟，厉兵大败，单马奔还。高平太守徐翻举郡来降。前锋邓遐、朱序败燕将傅颜于林渚。暐复遣乐安王臧统诸军拒温，臧不能抗，乃遣散骑常侍李凤求救于秦。

秋七月，温屯武阳，燕故兖州刺史孙元帅其族党起兵应温。温至枋头，暐及太傅评大惧，谋奔和龙。吴王垂曰：“臣请击之，若其不捷，走未晚也。”暐乃以垂代乐安王臧为使持节、南讨大都督，帅征南将军范阳王德等众五万以拒温。垂表司徒左长史申胤、黄门侍郎封孚、尚书郎悉罗腾皆从军。胤，锺之子；孚，放之子也。

暐又遣散骑侍郎乐嵩请救于秦，许赂以虎牢以西之地。秦王坚引群臣议于东堂，皆曰：“昔桓温伐我，至灞上，燕不我救，今温伐燕，我何救焉？且燕不称藩于我，我何为救之？”王猛密言于坚曰：“燕虽强大，慕容评非温敌也。若温举山东，进屯洛邑，收幽、冀之兵，引并、豫之粟，观兵崤、渑，则陛下大事去矣。今不如与燕合兵以退温，温退，燕亦病矣，然后我承其弊而取之，不亦善乎？”坚从之。八月，遣将军苟池、洛州刺史邓羌帅步骑二万以救燕，出自洛阳，军至颍川。又遣散骑侍郎姜抚报使于燕。以王猛为尚书令。

太子太傅封孚问于申胤曰：“温众强士整，乘流直进，今大军徒逡巡高岸，兵不接刃，未见克殄之理，事将何如？”胤曰：“以温今日声势，似能有为，然在吾观之，必无成功。何则？晋室衰弱，温专制其国，晋之朝臣，未必皆与之同心。故温之得志，众所不愿也，必将乖阻以败其事。又温骄而恃众，怯于应变。大众深入，值可乘之会，反更逍遥中流，不出赴利，欲望持久，坐取全胜。若粮廪愆悬，情见势屈，必不战自败，此自然之数也。”

温以燕降人段思为乡导，悉罗腾与温战，生擒思。温使故赵将李述徇赵、魏，腾又与虎贲中郎将染干津共击斩之；温军夺气。初，温使豫州刺史袁真攻谯、梁，开石门以通水运，真克谯、梁而不能开石门，水运路塞。



九月，燕范阳王德帅骑一万、兰台治书侍御史刘当帅骑五千屯石门，豫州刺史李邽帅州兵五千断温粮道。当，佩之子也。德使将军慕容宙帅骑一千为前锋，与晋兵遇，宙曰：“晋人轻剽，怯于陷敌，勇于乘退。宜设饵以钓之。”乃使二百骑挑战，分余骑为三伏。挑战者兵未交而走，晋兵追之，宙帅伏以击之，晋兵死者甚众。

温战数不利，粮储复竭，又闻秦兵将至，丙申，焚舟，弃辎重、铠仗，自陆道奔还。以毛虎生督东燕等四郡诸军事，领东燕太守。

温自东燕出仓垣，凿井而饮，行七百余里。燕之诸将争欲追之，吴王垂曰：“不可。温初退惶恐，(以)〔必〕严设警备，简精锐为后拒，击之未必得志，不如缓之。彼幸吾未至，必昼夜疾趋，俟其士众力尽气衰，然后击之，无不克矣。”乃帅八千骑徐行蹑其后。温果兼道而进。数日，垂告诸将曰：“温可击矣。”乃急追之，及温于襄邑。范阳王德先帅劲骑四千伏于襄邑东涧中，与垂夹击温，大破之，斩首三万级。秦苟池邀击温于谯，又破之，死者复以万计。孙元遂据武阳以拒燕，燕左卫将军孟高讨擒之。

冬十月己巳，大司马温收散卒屯于山阳。温深耻丧败，乃归罪于袁真，奏免真为庶人，又免冠军将军邓遐官。真以温诬己，不服，表温罪状；朝廷不报。真遂据寿春叛降燕，且请救，亦遣使如秦。温以毛虎生领淮南太守，守历阳。

燕主暐遣大鸿胪温统拜袁真使持节、都督淮南诸军事、征南大将军、扬州刺史，封宣城公。统未逾淮而卒。

冬十一月辛丑，丞相昱与大司马温会涂中，以谋后举。以温世子熙为豫州刺史、假节。十二月，大司马温发徐、兖州民筑广陵城，徙镇之。时征役既频，加之疫疠，死者什四五，百姓嗟怨。秘书监太原孙盛作晋春秋，直书时事。大司马温见之，怒，谓盛子曰："枋头诚为失利，何至乃如尊君所言？若此史遂行，自是关君门户事。"其子遽拜谢，请改之。时盛年老家居，性方严，有轨度，子孙虽班白，待之愈峻。至是诸子乃共号泣稽颡，请为百口切计。盛大怒，不许，诸子遂私改之。盛先已写别本，传之外国。及孝武帝购求异书，得之于辽东人，与见本不同，遂两存之。

五年春二月癸酉，袁真卒。陈郡太守朱辅立真子瑾为建威将军、豫州刺史，以保寿春。遣其子乾之及司马爨亮如邺请命。燕人以瑾为扬州刺史，辅为荆州刺史。

夏四月，燕、秦皆遣兵助袁瑾，大司马温遣督护竺瑶等御之。燕兵先至，瑶等与战于武(兵)〔丘〕，破之。南顿太守桓石虔克南城。石虔，温之弟子也。

秋(七)〔八〕月，大司马温自广陵帅众二万讨袁瑾，以襄城太守刘波为淮南内史，将五千人镇石头。波，隗之孙也。癸丑，温败瑾于寿春，遂围之。燕左卫将军孟高将骑兵救瑾，至淮北，未渡，会秦伐燕，燕召高还。

简文帝咸安元年春正月，袁瑾、朱辅求救于秦。秦王坚以瑾为扬州刺史，辅为交州刺史，遣武卫将军武都王鉴、前将军张蚝帅步骑二万救之。大司马温遣淮南太守桓伊、南顿太守桓石虔等击鉴、蚝于石桥，大破之，秦兵退屯慎城。伊，宣之子也。丁亥，温拔寿春，擒瑾及辅，并其宗族送建康斩之。

## 桓温灭蜀



晋明帝太宁二年。成主雄，后任氏无子，有妾子十余人，雄立其兄荡之子班为太子，使任后母之。群臣请立诸子，雄曰："吾兄，先帝之嫡统，有奇材大功，事垂克而早世，朕常悼之。且班仁孝好学，必能负荷先烈。"太傅骧、司徒王达谏曰："先王立嗣必子者，所以明定分而防篡夺也。宋宣公、吴馀祭足以观矣。"雄不听。骧退而流涕曰："乱自此始矣。"班为人谦恭下士，动遵礼法，雄每有大议，辄令豫之。

成帝咸和九年夏六月，成主雄生疡于头。身素多金创，及病，旧痕皆脓溃，诸子皆恶而远之，独太子班昼夜侍侧，不脱衣冠，亲为吮脓。雄召大将军建宁王寿受遗诏辅政。丁卯，雄卒，太子班即位。以建宁王寿录尚书事，政事皆委于寿及司徒何点、尚书令王瓌，班居中行丧礼，一无所预。



秋九月，成主雄之子车骑将军越屯江阳，奔丧至成都。以太子班非雄所生，意不服，与其弟安东将军期谋作乱。班弟玝劝班遣越还江阳，以期为梁州刺史，镇葭萌。班以未葬，不忍遣，推心待之，无所疑间，遣玝出屯于涪。冬十月癸亥朔，越因班夜哭，弑之于殡宫，并杀班兄领军将军都，矫太后任氏令，罪状班而废之。

初，期母冉氏贱，任氏母养之。期多才艺，有令名。及班死，众欲立越，越奉期而立之。甲子，期即皇帝位，谥班曰戾太子。以越为相国，封建宁王；加大将军寿大都督，徙封汉王；皆录尚书事。以兄霸为中领军、镇南大将军，弟保为镇西大将军、汶山太守；从兄始为征东大将军，代越镇江阳。丙寅，葬雄于安都陵，谥曰武皇帝，庙号太宗。

始欲与寿共攻期，寿不敢发。始怒，反谮寿于期，请杀之。期欲藉寿以讨李玝，故不许，遣寿将兵向涪。寿先遣使告玝以去就利害，开其去路。玝遂来奔，诏以玝为巴郡太守。期以寿为梁州刺史，屯涪。

咸康元年秋九月，成太子班之舅罗演与汉王相天水上官澹谋杀成主期，立班子。事觉，期杀演、澹及班母罗氏。期自以得志，轻诸旧臣，信任尚书令景骞、尚书姚华、田褒、中常侍许涪等，刑赏大政，皆决于数人，希复关公卿。褒无他才，尝劝成主雄立期为太子，故有宠。由是纪纲隳紊，雄业始衰。

四年。成主期骄虐日甚，多所诛杀，而籍没其资财、妇女，由是大臣多不自安。汉王寿素贵重，有威名，期及建宁王越等皆忌之。寿惧不免，每当入朝，常诈为边书，辞以警急。初，巴西处士龚壮，父、叔皆为李特所杀。壮欲报仇，积年不除丧。寿数以礼辟之，壮不应，而往见寿。寿密问壮以自安之策，壮曰："巴、蜀之民本皆晋臣，节下若能发兵西取成都，称藩于晋，谁不争为节下奋臂前驱者？如此，则福流子孙，名垂不朽，岂徒脱今日之祸而已。"寿然之，阴与长史略阳罗恒、巴西解思明谋攻成都。期颇闻之，数遣许涪至寿所，伺其动静，又鸩杀寿养弟安北将军攸。

〔夏四月〕,寿乃诈为妹夫任调书,云期当取寿,其众信之。遂帅步骑万余人自涪袭成都,许赏以城中财物;以其将李奕为前锋。期不意其至,初不设备。寿世子势为翊军校尉,开门纳之,遂克成都,屯兵宫门。期遣侍中劳寿。寿奏建宁王越、景骞、田褒、姚华、许涪及征西将军李遐、将军李西等怀奸乱政,皆收杀之,纵兵大掠,数日乃定。寿矫以太后任氏令,废期为邛都县公,幽之别宫,追谥戾太子曰哀皇帝。

罗恒、解思明、李奕等劝寿称镇西将军、益州牧、成都王,称藩于晋,送邛都公于建康。任调及司马蔡兴、侍中李艳等劝寿自称帝。寿命筮之,占者曰:"可数年天子。"调喜曰:"一日尚足,况数年乎?"思明曰:"数年天子,孰与百世诸侯?"寿曰:"朝闻道,夕死可矣。"遂即皇帝位,改国号曰汉,大赦,改元汉兴。以安车束帛征龚壮为太师,壮誓不仕,寿所赠遗,一无所受。

寿改立宗庙,追尊父骧曰献皇帝,母昝氏为皇太后,立妃阎氏为皇后,世子势为皇太子。更以旧庙为大成庙,凡诸制度,多所改易。以董皎为相国,罗恒为尚书令,解思明为广汉太守,任调为镇北将军、梁州刺史,李奕为西夷校尉,从子权为宁州刺史。公卿、州郡,悉用其僚佐代之。成氏旧臣、近亲及六郡士人皆见疏斥。邛都县公期叹曰:"天下主乃为小县公,不如死。"五月,缢而卒。寿谥曰幽公,葬以王礼。

夏六月,汉李奕从兄广汉太守乾告大臣谋废立。秋七月,汉主寿使其子广与大臣盟于前殿。徙乾为汉嘉太守;以李闳为荆州刺史,镇巴郡。

八月,蜀中久雨,百姓饥疫,寿命群臣极言得失。龚壮上封事称:"陛下起兵之初,上指星辰,昭告天地,歃血盟众,举国称藩，天应人悦，大功克集，而论者未谕，权宜称制。今淫雨百日，饥疫并臻，天其或者将以监示陛下故也。愚谓宜遵前盟，推奉建康，彼必不爱高爵重位以报大功。虽降阶一等，而子孙无穷，永保福祚，不亦休哉！论者或言二州附晋则荣，六郡人事之不便。昔公孙述在蜀，羁客用事，刘备在蜀，楚士多贵。及吴、邓西伐，举国屠灭，宁分客主。论者不达安固之基，苟惜名位，以为刘氏守令方仕州郡，曾不知彼乃国亡主易，岂同今日义举，主荣臣显哉！论者又谓臣当为法正。臣蒙陛下大恩，恣臣所安，至于荣禄，无问汉、晋，臣皆不处，复何为效法正乎！”寿省书内惭，秘而不宣。九月，汉仆射任颜谋反，诛。颜，任太后之弟也。汉主寿因尽诛成主雄诸子。

五年秋九月，汉主寿疾病，罗恒、解思明复议奉晋，寿不从。李演复上书言之，寿怒，杀演。寿常慕汉武、魏明之为人，耻闻父兄时事，上书者不得言先世政教，自以为胜之也。舍人杜袭作诗十篇，托言应璩以讽谏。寿报曰：“省诗知意。若今人所作，乃贤哲之话言；若古人所作，则死鬼之常辞耳。”

七年冬十二月，汉主寿以其太子势领大将军、录尚书事。初，成主雄以俭约宽惠得蜀人心。及李闳、王嘏还自邺，盛称邺中繁庶，宫殿壮丽，且言赵王虎以刑杀御下，故能控制境内。寿慕之，徙旁郡民三丁以上者以实成都，大修宫室，治器玩，人有小过，辄杀以立威。左仆射蔡兴、右仆射李嶷皆坐直谏死。民疲于赋役，吁嗟满道，思乱者众矣。

康帝建元元年秋八月，汉主寿卒，谥曰昭文，庙号中宗。太子势即位，大赦。

二年夏四月，汉太史令韩皓上言：“荧惑守心，乃宗庙不修之谴。"汉主势命群臣议之。相国董皎、侍中王嘏以为:"景武创业,献文承基,至亲不远,无宜疏绝。"势乃更命祀成始祖、太宗,皆谓之汉。

穆帝永和元年秋八月,汉主势之弟大将军广以势无子,求为太弟,势不许。马当、解思明谏曰:"陛下兄弟不多,若复有所废,将益孤危。"固请许之。势疑其与广有谋,收当、思明斩之,夷其三族。遣太保李奕袭广于涪城,贬广为临邛侯,广自杀。思明被收,叹曰:"国之不亡,以我数人在也。今其殆矣!"言笑自若而死。思明有智略,敢谏诤,马当素得人心,及其死,士民无不哀之。

二年冬,汉太保李奕自晋寿举兵反,蜀人多从之,众至数万。汉主势登城拒战,奕单骑突门,门者射而杀之,其众皆溃。势大赦境内,改年嘉宁。势骄淫,不恤国事,多居禁中,罕接公卿,疏忌旧臣,信任左右,谗谄并进,刑罚苛滥,由是中外离心。蜀土先无獠,至是始从山出,自巴西至犍为、梓潼,布满山谷,十余万落,不可禁制,大为民患。加以饥馑,四境之内,遂至萧条。

安西将军桓温将伐汉,将佐皆以为不可。江夏相袁乔劝之曰:"夫经略大事,固非常情所及,智者了于胸中,不必待众言皆合也。今为天下之患者,胡、蜀二寇而已。蜀虽险固,比胡为弱,将欲除之,宜先其易者。李势无道,臣民不附,且恃其险远,不修战备。宜以精卒万人轻赍疾趋,比其觉之,我已出其险要,可一战擒也。蜀地富饶,户口繁庶,诸葛武侯用之抗衡中夏,若得而有之,国家之大利也。论者恐大军既西,胡必窥觎,此似是而非。胡闻我万里远征,以为内有重备,必不敢动。纵有侵轶,缘江诸军足以拒守,必无忧也。"温从之。乔,瓌之子也。十一月辛未,温帅益州刺史周抚、南郡太守谯王无忌伐汉，拜表即行。委安西长史范汪以留事，加抚督梁州之四郡诸军事，使袁乔帅二千人为前锋。

三年春二月，桓温军至青衣。汉主势大发兵，遣叔父右卫将军福、从兄镇南将军权、前将军昝坚等将之，自山阳趣合水。诸将欲设伏于江南以待晋兵，昝坚不从，引兵自江北鸳鸯埼渡向犍为。

三月，温至彭模。议者欲分为两军，异道俱进，以分汉兵之势。袁乔曰："今悬军深入万里之外，胜则大功可立，不胜则噍类无遗。当合势齐力，以取一战之捷；若分两军，则众心不一，万一偏败，大事去矣。不如全军而进，弃去釜甑，赍三日粮，以示无还心，胜可必也。"温从之。留参军孙盛、周楚将羸兵守辎重，温自将步卒直指成都。楚，抚之子也。

李福进攻彭模，孙盛等奋击，走之。温进，遇李权，三战三捷，汉兵散走归成都，镇东将军李位都迎诣温降。昝坚至犍为，乃知与温异道，还，自沙头津济，比至，温已军于成都之十里陌，坚众自溃。

势悉众出战于笮桥，温前锋不利，参军龚护战死，矢及温马首。众惧，欲退，而鼓吏误鸣进鼓，袁乔拔剑督士卒力战，遂大破之。温乘胜长驱至成都，纵火烧其城门。汉人惶惧，无复斗志。势夜开东门走，至葭萌，使散骑常侍王幼送降文于温，自称"略阳李势叩头死罪"。寻舆榇面缚诣军门，温解缚、焚榇，送势及宗室十余人于建康；引汉司空谯献之等以为参佐，举贤旌善，蜀人悦之。

汉故尚书仆射王誓、镇东将军邓定、平南将军王润、将军隗文等皆举兵反，众各万余。桓温自击定，使袁乔击文，皆破之。温命益州刺史周抚镇彭模，斩王誓、王润。温留成都三十日，振旅还江陵。李势至建康，封归义侯。

夏四月丁巳，邓定、隗文等入据成都。隗文、邓定等立故国师范长生之子贲为帝而奉之，以妖异惑众，蜀人多归之。

五年夏四月，益州刺史周抚、龙骧将军朱焘击范贲，斩之，益州平。



## 桓温废立

晋穆帝永和二年冬十一月，安西将军桓温伐汉。朝廷以蜀道险远，温众少而深入，皆以为忧，惟刘惔以为必克。或问其故，惔曰："以博知之。温善博者也，不必得则不为。但恐克蜀之后，温终专制朝廷耳。"

三年。汉主势降于温。事见桓温灭蜀。

四年秋八月，朝廷论平蜀之功，欲以豫章郡封桓温。尚书左丞荀蕤曰："温若复平河、洛，将何以赏之？"乃加温征西大将军、开府仪同三司，封临贺郡公；加谯王无忌前将军；袁乔龙骧将军，封湘西伯。蕤，崧之子也。温既灭蜀，威名大振，朝廷惮之。



升平四年冬十一月，封桓温为南郡公，温弟冲为丰城县公，子济为临贺县公。

哀帝兴宁元年夏五月，加征西大将军桓温侍中、大司马、都督中外诸军、领尚书事，假黄钺。温以抚军司马王坦之为长史。坦之，述之子也。又以征西掾郗超为参军，王珣为主簿，每事必与二人谋之。府中为之语曰："髯参军，短主簿，能令公喜，能令公怒。”温气概高迈,罕有所推,与超言,常自谓不能测,倾身待之,超亦深自结纳。珣,导之孙也,与谢玄皆为温掾,温俱重之。曰:“谢掾年四十必拥旄杖节,王掾当作黑头公,皆未易才也。”玄,奕之子也。

二年夏五月戊辰,加大司马温扬州牧、录尚书事。壬申,使侍中召温入参朝政,温辞不至。

秋七月丁卯,诏复征大司马温入朝。八月,温至赭圻,诏尚书车灌止之。温遂城赭圻居之,固让内录,遥领扬州牧。

三年。大司马温移镇姑孰。二月丙申,帝崩于西堂。帝无嗣,皇太后诏以琅邪王奕承大统。百官奉迎于琅邪第,是日即皇帝位,大赦。

海西公太和三年冬十二月,加大司马温殊礼,位在诸侯王上。

简文帝咸安元年。大司马温恃其材略位望,阴蓄不臣之志,尝抚枕叹曰:“男子不能流芳百世,亦当遗臭万年!”术士杜炅能知人贵贱,温问炅以己禄位所至。炅曰:“明公勋格宇宙,位极人臣。”温不悦。温欲先立功河朔以收时望,还受九锡。及枋头之败,威名顿挫。既克寿春,谓参军郗超曰:“足以雪枋头之耻乎?”超曰:“未也。”久之,超就温宿,中夜,谓温曰:“明公都无所虑乎?”温曰:“卿欲有言邪?”超曰:“明公当天下重任,今以六十之年,败于大举,不建不世之勋,不足以镇惬民望。”温曰:“然则奈何?”超曰:“明公不为伊、霍之举者,无以立大威权,镇压四海。”温素有心,深以为然,遂与之定议。以帝素谨无过,而床笫易诬,乃言“帝早有痿疾,嬖人相龙、计好、朱灵宝等参侍内寝,二美人田氏、孟氏生三男,将建储立王,倾移皇基。”密播此言于民间，时人莫能审其虚实。

十一月癸卯，温自广陵将还姑孰，屯于白石。丁未，诣建康，讽褚太后，请废帝立丞相会稽王昱，并作令草呈之。太后方在佛屋烧香，内侍启云“外有急奏”，太后出，倚户视奏数行，乃曰：“我本自疑此。”至半，便止，索笔益之曰：“未亡人不幸罹此百忧，感念存没，心焉如割。”

己酉，温集百官于朝堂。废立既旷代所无，莫有识其故典者，百官震栗。温亦色动，不知所为。尚书仆射王彪之知事不可止，乃谓温曰：“公阿衡皇家，当倚傍先代。”乃命取霍光传，礼度仪制，定于须臾。彪之朝服当阶，神彩毅然，曾无惧容，文武仪准，莫不取定，朝廷以此服之。于是宣太后令，废帝为东海王，以丞相、录尚书事会稽王昱统承皇极。百官入太极前殿，温使督护竺瑶、散骑侍郎刘亨收帝玺绶。帝着白帢单衣，步下西堂，乘犊车出神虎门，群臣拜辞，莫不歔欷。侍御史、殿中监将兵百人卫送东海第。温帅百官具乘舆法驾，迎会稽王于会稽邸。王于朝堂变服，着平巾帻、单衣，东向流涕，拜受玺绶。是日，即皇帝位，改元。温出次中堂，分兵屯卫。温有足疾，诏乘舆入殿。温撰辞，欲陈述废立本意，帝引见，便泣下数十行，温兢惧，竟不能一言而出。

太宰武陵王晞好习武事，为温所忌，欲废之，以事示王彪之。彪之曰：“武陵亲尊，未有显罪，不可以猜嫌之间便相废徙。公建立圣明，当崇奖王室，与伊、周同美。此大事，宜更深详。”温曰：“此已成事，卿勿复言。”乙卯，温表“晞聚纳轻剽，息综矜忍。袁真叛逆，事相连染。顷日猜惧，将成乱阶。请免晞官，以王归藩。”从之，并免其世子综、梁王逢等官。温使魏郡太守毛安之帅所领宿卫殿中。安之，虎生之弟也。庚戌，尊褚太后曰崇德太后。

初，殷浩卒，大司马温使人赍书吊之。浩子涓不答，亦不诣温，而与武陵王晞游。广州刺史庾蕴，希之弟也，素与温有隙。温恶殷、庾宗强，欲去之。辛亥，使其弟秘逼新蔡王晃诣西堂叩头自列，称与晞及子综、著作郎殷涓、太宰长史庾倩、掾曹秀、舍人刘彊、散骑常侍庾柔等谋反。帝对之流涕，温皆收付廷尉。倩、柔，皆蕴之弟也。癸丑，温杀东海王三子及其母。甲寅，御史中丞谯王恬承温旨，请依律诛武陵王晞。诏曰："悲惋惶怛，非所忍闻，况言之哉，其更详议。"恬，(承)〔丞〕之孙也。乙卯，温重表固请诛晞，词甚酷切。帝乃赐温手诏曰："若晋祚灵长，公便宜奉行前诏；如其大运去矣，请避贤路。"温览之，流汗变色，乃奏废晞及三子，家属皆徙新安郡。丙辰，免新蔡王晃为庶人，徙衡阳。殷涓、庾倩、曹秀、刘彊、庾柔皆族诛，庾蕴饮酖死。蕴兄东阳太守友子妇，桓豁之女也，故温特赦之。庾希闻难，与弟会稽王参军邈及子攸之逃于海陵陂泽中。温既诛殷、庾，威势翕赫，侍中谢安见温遥拜。温惊曰："安石，卿何事乃尔？"安曰："未有君拜于前，臣揖于后。"

戊午，大赦，增文武位二等。己未，温如白石，上书求归姑孰。庚申，诏进温丞相，大司马如故，留京师辅政。温固辞，仍请还镇。辛酉，温自白石还姑孰。

秦王坚闻温废立，谓群臣曰："温前败灞上，后败枋头，不能思愆自贬以谢百姓，方更废君以自说。六十之叟，举动如此，将何以自容于四海乎？谚曰'怒其室而作色于父'，其桓温之谓矣。"

十二月，大司马温奏："废放之人，屏之以远，不可以临黎元。东海王宜依昌邑故事，筑第吴郡。"太后诏曰："使为庶人，情有不忍，可特封王。"温又奏："可封海西县侯。"庚寅，封海西县公。

温威振内外，帝虽处尊位，拱默而已，常惧废黜。先是，荧惑守太微端门，逾月而海西废。辛卯，荧惑逆行入太微，帝甚恶之。中书侍郎郗超在直，帝谓超曰："命之修短，本所不计，故当无复近日事邪？"超曰："大司马臣温，方内固社稷，外恢经略，非常之事，臣以百口保之。"及超请急省其父，帝曰："致意尊公，家国之事，遂至于此，由吾不能以道匡卫，愧叹之深，言何能谕。"因咏庾阐诗云："志士痛朝危，忠臣哀主辱。"遂泣下沾襟。帝美风仪，善容止，留心典籍，凝尘满席，湛如也。虽神识恬畅，然无济世大略，谢安以为惠帝之流，但清谈差胜耳。

郗超以温故，朝中皆畏事之。谢安尝与左卫将军王坦之共诣超，日旰未得前，坦之欲去，安曰："独不能为性命忍须臾邪！"

二年春三月戊午，遣侍中王坦之征大司马温入辅，温复辞。

夏四月，徙海西公于吴县西柴里，敕吴国内史刁彝防卫，又遣御史顾允监察之。彝，协之子也。

六月，庾希、庾邈与故青州刺史武沈之子遵聚众夜入京口城，晋陵太守卞眈逾城奔曲阿。希诈称受海西公密旨诛大司马温。建康震扰，内外戒严。卞眈发诸县兵二千人击希，希败，闭城自守。温遣东海内史周少孙讨之。秋七月壬辰，拔其城，擒希、邈及其亲党皆斩之。眈，壸之子也。

甲寅，帝不豫，急召大司马温入辅，一日一夜发四诏，温辞不至。初，帝为会稽王，娶王述从妹为妃，生世子道生及弟俞生。道生疏躁无行，母子皆以幽废死。余三子，郁、朱生、天流，皆早夭。诸姬绝孕将十年，王使善相者视之，皆曰："非其人。"又使视诸婢媵，有李陵容者，在织坊中，黑而长，宫人谓之"昆仑"，相者惊曰："此其人也。"王召之侍寝，生子昌明及道子。己未，立昌明为皇太子，生十年矣。以道子为琅邪王，领会稽国，以奉帝母郑太妃之祀。遗诏："大司马温依周公居摄故事。"又曰："少子可辅者辅之，如不可，君自取之。"侍中王坦之自持诏入，于帝前毁之。帝曰："天下，傥来之运，卿何所嫌！"坦之曰："天下，宣、元之天下，陛下何得专之？"帝乃使坦之改诏曰："家国事一禀大司马，如诸葛武侯、王丞相故事。"是日，帝崩。

群臣疑惑，未敢立嗣，或曰"当须大司马处分"。尚书仆射王彪之正色曰："天子崩，太子代立，大司马何容得异？若先面咨，必反为所责。"朝议乃定。太子即皇帝位，大赦。崇德太后令，以帝冲幼，加在谅闇，令温依周公居摄故事。事已施行，王彪之曰："此异常大事，大司马必当固让，使万机停滞，稽废山陵，未敢奉命，谨具封还。"事遂不行。

温望简文临终禅位于己，不尔便当居摄。既不副所望，甚愤怨，与弟冲书曰："遗诏使吾依武侯、王公故事耳。"温疑王坦之、谢安所为，心衔之。诏谢安征温入辅，温又辞。冬十月，彭城妖人卢悚自称大道祭酒，事之者八百余家。十一月，遣弟子许龙如吴，晨到海西公门，称太后密诏，奉迎兴复。公初欲从之，纳保母谏而止。龙曰："大事垂捷，焉用儿女子言乎！"公曰："我得罪于此，幸蒙宽宥，岂敢妄动。且太后有诏，便应官属来，何独使汝也？汝必为乱。"因叱左右缚之，龙惧而走。甲午，悚帅众三百人晨攻广莫门，诈称海西公还，由云龙门突入殿庭，略取武库甲仗，门下吏士骇愕不知所为。游击将军毛安之闻难，帅众直入云龙门，手自奋击。左卫将军殷康、中领军桓秘入止车门，与安之并力讨诛之，并党与死者数百人。海西公深虑横祸，专饮酒，恣声色，有子不育，时人怜之。朝廷以其安于屈辱，故不复为虞。

〔孝〕武帝宁康元年春二月，大司马温来朝。辛巳，诏吏部尚书谢安、侍中王坦之迎于新亭。是时，都下人情恟恟，或云欲诛王、谢，因移晋室。坦之甚惧。安神色不变，曰："晋祚存亡，决于此行。"温既至，百官拜于道侧。温大陈兵卫，延见朝士，有位望者皆战慑失色，坦之流汗沾衣，倒执手板。安从容就席，坐定，谓温曰："安闻诸侯有道，守在四邻，明公何须壁后置人邪？"温笑曰："正自不能不(然)尔。"遂命左右撤之，与安笑语移日。郗超常为温谋主，安与坦之见温，温使超卧帐中听其言。风动帐开，安笑曰："郗生可谓入幕之宾矣。"时天子幼弱，外有强臣，安与坦之尽忠辅卫，卒安晋室。

三月，温有疾，停建康十四日，甲午，还姑孰。

秋七月己亥，南郡宣武公桓温薨。

初，桓温疾笃，讽朝廷求九锡，屡使人趣之。谢安、王坦之故缓其事，使袁宏具草。宏以示王彪之，彪之叹其文辞之美，因曰："卿固大才，安可以此示人！"谢安见其草，辄改之，由是历旬不就。宏密谋于彪之，彪之曰："闻彼病日增，亦当不复支久，自可更小迟回。"宏从之。

温弟江州刺史冲问温以谢安、王坦之所任，温曰："渠等不为汝所处分。"其意以为，己存，彼必不敢立异，死则非冲所制；若害之，无益于冲，更失时望故也。

温以世子熙才弱，使冲领其众。于是桓秘与熙弟济谋共杀冲。冲密知之，不敢入。俄顷，温薨，冲先遣力士拘录熙、济而后临丧。秘遂被废弃，熙、济俱徙长沙。诏葬温依汉霍光及安平献王故事。冲称温遗命，以少子玄为嗣，时方五岁，袭封南郡公。

庚戌，加右将军荆州刺史桓豁征西将军、督荆扬雍交广五州诸军事。以江州刺史桓冲为中军将军、都督扬豫江三州诸军事、扬豫二州刺史，镇姑孰。竟陵太守桓石秀为宁远将军、江州刺史，镇寻阳。石秀，豁之子也。冲既代温居任，尽忠王室。或劝冲诛除时望，专执时权，冲不从。始温在镇，死罪皆专决不请，冲以为生杀之重，当归朝廷，凡大辟皆先上，须报，然后行之。

谢安以天子幼冲，新丧元辅，欲请崇德太后临朝。王彪之曰："前世人主幼在襁褓，母子一体，故可临朝；太后亦不能决事，要须顾问大臣。今上年出十岁，垂及冠婚，反令从嫂临朝，示人君幼弱，岂所以光扬圣德乎？诸公必欲行此，岂仆所制，所惜者大体耳。"安不欲委任桓冲，故使太后临朝，己得以专献替裁决，遂不从彪之之言。八月壬子，太后复临朝摄政。

太元二年冬十二月，临海太守郗超卒。初，超党于桓氏，以父愔忠于王室，不令知之。及病甚，出一箱书授门生曰："公年尊，我死之后，若以哀惋害寝食者，可呈此箱；不尔，即焚之。"既而愔果哀惋成疾，门生呈箱，皆与桓温往返密计。愔大怒曰："小子死已晚矣！"遂不复哭。

十一年冬十月甲申，海西公奕薨于吴。

## 苻氏据长安　苻坚篡立

晋怀帝永嘉四年。略阳临渭氐酋蒲洪，骁勇多权略，群氐畏服之。汉主聪遣使拜洪平远将军，洪不受，自称护氐校尉、秦州刺史、略阳公。

元帝大兴二年。蒲洪降赵，赵主曜以洪为率义侯。

成帝咸和四年秋八月，后赵中山公虎攻集木且羌于河西，克之。氐王蒲洪、羌酋姚弋仲俱降于虎，虎表洪监六夷军事。

八年冬十月，氐帅蒲洪自称雍州刺史，西附张骏。丞相虎分命诸将屯汧、陇，遣将军麻秋讨蒲洪。洪帅户二万降于虎，虎迎拜洪光烈将军、护氐校尉。洪至长安，说虎徙关中豪桀及氐、羌以实东方，曰："诸氐皆洪家部曲，洪帅以从，谁敢违者？"虎从之，徙秦、雍及氐、羌十余万户于关东。以洪为龙骧将军、流民都督，使居枋头。

咸康四年。赵王虎之攻燕，蒲洪以功拜使持节、都督六夷诸军事、冠军大将军，封西平郡公。石闵言于虎曰："蒲洪雄俊，得将士死力，诸子皆有非常之才，且握强兵五万，屯据近畿。宜密除之，以安社稷。"虎曰："吾方倚其父子以取吴、蜀，奈何杀之？"待之愈厚。

穆帝永和五年。高力督定阳梁犊作乱，赵王虎以车骑将军蒲洪讨灭，进封蒲洪为侍中、车骑大将军、开府仪同三司、都督雍秦州诸军事、雍州刺史，进封略阳郡公。

夏四月，赵王虎病卒，太子世即位，以彭城王遵为丞相，遵杀世自立。

武兴公闵言于遵曰："蒲洪，人杰也。今以洪镇关中，臣恐秦、雍之地非复国家之有。此虽先帝临终之命，然陛下践祚，自宜改图。"遵从之，罢洪都督，余如前制。洪怒，归枋头。

冬十一月，秦、雍流民相帅西归，路由枋头，共推蒲洪为主，众至十余万。洪子健在邺，斩关出奔枋头。侍中王鉴惧洪之逼，欲以计遣之，乃以洪为都督关中诸军事、征西大将军、雍州牧、领秦州刺史。洪会官属，议应受与不。主簿程朴请且与赵连和，如列国分境而治。洪怒曰："吾不堪为天子邪，而云列国乎？"引朴斩之。

六年春正月，姚弋仲、蒲洪各有据关右之志。弋仲遣其子襄帅众五万击洪，洪迎击，破之，斩获三万余级。洪自称大都督、大将军、大单于、三秦王，改姓苻氏。以南安雷弱儿为辅国将军；安定梁楞为前将军，领左长史；冯翊鱼遵为后将军，领右长史；京兆段陵为左将军，领左司马；王堕为右将军，领右司马；天水赵俱、陇西牛夷、北地辛牢皆为从事中郎，氐酋毛贵为单于辅相。

三月，麻秋说苻洪曰："冉闵、石祗方相持，中原之乱未可平也。不如先取关中，基业已固，然后东争天下，谁能敌之。"洪深然之。既而秋因宴鸩洪，欲并其众，世子健收秋斩之。洪谓健曰："吾所以未入关者，以为中州可定。今不幸为竖子所困。中州非汝兄弟所能办，我死，汝急入关。"言终而卒。健代统其众，乃去大都督、大将军、三秦王之号，称晋官爵，遣其叔父安来告丧，且请朝命。

秋八月，京兆杜洪据长安，自称晋征北将军、雍州刺史，以冯翊张琚为司马，关西夷、夏皆应之。苻健欲取之，恐洪知之，乃受赵官爵。以赵俱为河内太守，戍温；牛夷为绥集将军，戍怀。治宫室于枋头，课民种麦，示无西意。有知而不种者，健杀之以徇。既而自称晋征西大将军、都督关中诸军事、雍州刺史。以武威贾玄硕为左长史，略阳梁安为右长史，段纯为左司马，辛牢为右司马，京兆王鱼、安定程肱、胡文等为军咨祭酒。悉众而西，以鱼遵为前锋，行至盟津，为浮梁以济。遣弟辅国将军雄帅众五千自潼关入，兄子扬武将军菁帅众七千自轵关入。临别，执菁手曰："若事不捷，汝死河北，我死河南，不复相见。"既济，焚桥，自帅大众随雄而进。

杜洪闻之，与健书，侮嫚之。以张琚弟先为征虏将军，帅众万三千逆战于潼关之北，先兵大败，走还长安。洪悉召关中之众以拒健。洪弟郁劝洪迎健，洪不从，郁帅所部降于健。

健遣苻雄徇渭北。氐酋毛受屯高陵，徐磋屯好畤，羌酋白犊屯黄白，众各数万，皆斩洪使，遣子降于健。苻菁、鱼遵所过城邑，无不降附。洪惧，固守长安。

九月，苻菁与张先战于渭北，擒之，三辅郡县堡壁皆降。冬十月，苻健长驱至长安，杜洪、张琚奔司竹。

十一月甲午，苻健入长安，以民心思晋，乃遣参军杜山伯诣建康献捷，并修好于桓温。于是秦、雍夷夏皆附之。赵凉州刺史石宁独据上邽不下，十二月，苻雄击斩之。

七年春正月，苻健左长史贾玄硕等请依刘备称汉中王故事，表健为都督关中诸军事、大将军、大单于、秦王。健怒曰："吾岂堪为秦王邪！且晋使未返，我之官爵，非汝曹所知也。"既而密使梁安讽玄硕等上尊号，健辞让再三，然后许之。丙辰，健即天王、大单于位，国号大秦，大赦，改元皇始。追尊父洪为武惠皇帝，庙号太祖。立妻强氏为天王后，子苌为太子，靓为平原公，生为淮南公，觌为长乐公，方为高阳公，硕为北平公，腾为淮阳公，柳为晋公，桐为汝南公，廋为魏公，武为燕公，幼为赵公。以苻雄为都督中外诸军事、丞相、领车骑大将军、雍州牧、东海公，苻菁为卫大将军、平昌公，宿卫二宫。雷弱儿为太尉，毛贵为司空，略阳姜伯周为尚书令，梁楞为左仆射，王堕为右仆射，鱼遵为太子太师，强平为太傅，段纯为太保，吕婆楼为散骑常侍。伯周，健之舅；平，王后之弟；婆楼，本略阳氐酋也。

三月，秦王健分遣使者问民疾苦，搜罗俊异。宽重敛之税，弛离宫之禁，罢无用之器，去侈靡之服，凡赵之苛政不便于民者，皆除之。

杜洪、张琚遣使召梁州刺史司马勋。夏四月，勋帅步骑三万赴之，秦王健御之于五丈原。勋屡战皆败，退归南郑。健以中书令贾玄硕始者不上尊号，衔之，使人告玄硕与司马勋通，并其诸子皆杀之。

八年春正月，秦丞相雄等请秦王健正尊号，依汉、晋之旧，不必效石氏之初。健从之，即皇帝位，大赦。诸公皆进爵为王。且言单于所以统壹百蛮，非天子所宜领，以授太子苌。

司马勋既还汉中，杜洪、张琚屯宜秋。洪自以右族，轻琚，琚遂杀洪，自立为秦王，改元建昌。夏五月，秦主健攻张琚于宜秋，斩之。

十年夏六月丙申，秦东海敬武王雄卒，秦主健哭之呕血，曰："天不欲吾平四海邪？何夺吾元才之速也！"赠魏王。雄以佐命元勋，位兼将相，权侔人主，而谦恭泛爱，遵奉法度，故健重之，常曰："元才，吾之周公也。"子坚袭爵。坚性至孝，幼有志度，博学多能，交结英豪，吕婆楼、强汪及略阳梁平老皆与之善。

十一年。秦淮南王苻生，幼无一目，性粗暴。其祖父洪尝戏之曰："吾闻瞎儿一泪，信乎？"生怒，引佩刀自刺出血，曰："此亦一泪也。"洪大惊，鞭之。生曰："性耐刀槊，不堪鞭棰。"洪谓其父健曰："此儿狂悖，宜早除之，不然必破人家。"健将杀之，健弟雄止之曰："儿长自应改，何可遽尔！"及长，力举千钧，手格猛兽，走及奔马，击刺骑射，冠绝一时。献哀太子卒，强后欲立少子晋王柳。秦主健以谶文有“三羊五眼”，乃立生为太子。以司空平昌王菁为太尉，尚书令王堕为司空，司隶校尉梁楞为尚书令。

夏六月丙子，秦主健寝疾。庚辰，平昌王菁勒兵入东宫，将杀太子生而自立。时生侍疾西宫，菁以为健已卒，攻东掖门。健闻变，登端门，陈兵自卫。众见健，惶惧，皆舍仗逃散。健执菁，数而杀之，余无所问。

壬午，以大司马武都王安都督中外诸军事。甲申，健引太师鱼遵、丞相雷弱儿、太傅毛贵、司空王堕、尚书令梁楞、左仆射梁安、右仆射段纯、吏部尚书辛牢等受遗诏辅政。健谓太子生曰：“六夷酋帅及大臣执权者，若不从汝命，宜渐除之。”

臣光曰：顾命大臣，所以辅导嗣子，为之羽翼也。为之羽翼，而教使翦之，能无毙乎！知其不忠，则勿任而已矣；任以大柄，又从而猜之，鲜有不召乱者也。

乙酉，健卒，谥曰景明皇帝，庙号高祖。丙戌，太子生即位，大赦，改元寿光。群臣奏曰：“未逾年而改元，非礼也。”生怒，穷推议主，得右仆射段纯，杀之。

秋七月，秦主生尊母强氏曰皇太后，立妃梁氏为皇后。梁氏，安之女也。以其嬖臣太子门大夫南安赵韶为右仆射，太子舍人赵诲为中护军，著作郎董荣为尚书。

八月，秦主生封卫大将军黄眉为广平王，前将军飞为新兴王，皆素所善也。征大司马武都王安领太尉。以晋王柳为征东大将军、并州牧，镇蒲坂；魏王庾为镇东大将军、豫州牧，镇陕城。中书监胡文、中书令王鱼言于生曰：“比有星孛于大角，荧惑入东井。大角帝座，东井，秦分。于占，不出三年，国有大丧，大臣戮死。愿陛下修德以禳之。"生曰:"皇后与朕对临天下,可以应大丧矣。毛太傅、梁车骑、梁仆射受遗辅政,可以应大臣矣。"九月,生杀梁后及毛贵、梁楞、梁安。贵,后之舅也。右仆射赵韶、中护军赵诲,皆洛州刺史俱之从弟也,有宠于生,乃以俱为尚书令。俱固辞以疾,谓韶、诲曰:"汝等不复顾祖宗,欲为灭门之事!毛、梁何罪,而诛之?吾何功,而代之?汝等可自为,吾其死矣。"遂以忧卒。

冬十一月,秦以辛牢守尚书令,赵韶为左仆射,尚书董荣为右仆射,中护军赵诲为司隶校尉。

十二月,秦丞相雷弱儿性刚直,以赵韶、董荣乱政,每公言于朝,见之常切齿。韶、荣谮之于秦主生,生杀弱儿及其九子、二十七孙。于是诸羌皆有离心。

生虽在谅阴,游饮自若。弯弓露刃以见朝臣,锤钳锯凿,可以害人之具,备置左右。即位未几,后妃公卿已下至于仆隶,凡杀五百余人,截胫、拉胁、锯项、刳胎者,比比有之。

十二年。秦司空王堕性刚峻,右仆射董荣、侍中强国皆以佞幸进,堕疾之如仇,每朝见荣,未尝与之言。或谓堕曰:"董君贵幸无比,公宜小降意接之。"堕曰:"董龙是何鸡狗,而令国士与之言乎?"会有天变,荣与强国言于秦主生曰:"今天谴甚重,宜以贵臣应之。"生曰:"贵臣唯有大司马及司空耳。"荣、国曰:"大司马国之懿亲,不可杀也。"乃杀王堕。将刑,荣谓之曰:"今日复敢比董龙于鸡狗乎?"堕瞋目叱之。洛州刺史杜郁,堕之甥也,左仆射赵韶恶之,谮于生,以为贰于晋而杀之。〔春正月〕壬戌,生宴群臣于太极殿,以尚书令辛牢为酒监,酒酣,生怒曰:"何不强人酒而犹有坐者!"引弓射牢,杀之。群臣惧,莫敢不醉,偃仆失冠,生乃悦。三月,秦主生发三辅民治渭桥,金紫光禄大夫程肱谏,以为妨农,生杀之。

夏四月,长安大风,发屋拔木。秦宫中惊扰,或称贼至,宫门昼闭,五日乃止。秦主生推告贼者,刳出其心。左光禄大夫强平谏曰:“天降灾异,陛下当爱民事神,缓刑崇德以应之,乃可弭也。”生怒,凿其顶而杀之。卫将军广平王黄眉、前将军新兴王飞、建节将军邓羌,以平,太后之弟,叩头固谏;生弗听,出黄眉为左冯翊,飞为右扶风,羌行咸阳太守,犹惜其骁勇,故皆弗杀。五月,太后强氏以忧恨卒,谥曰明德。



六月,秦主生下诏曰:“朕受皇天之命,君临万邦,嗣统已来,有何不善,而谤讟之音,扇满天下。杀不过千,而谓之残虐。行者比肩,未足为希。方当峻刑极罚,复如朕何!”

自去春以来,潼关之西至于长安,虎狼为暴,昼则继道,夜则发屋,不食六畜,专务食人,凡杀七百余人。民废耕桑,相聚邑居,而为害不息。秋七月,秦群臣奏请禳灾。生曰:“野兽饥则食人,饱当自止,何禳之有。且天岂不爱民哉,正以犯罪者多,故助朕杀之耳。”

冬十月,秦主生夜食枣多,旦而有疾,召太医令程延使诊之。延曰:“陛下无它疾,食枣多耳。”生怒曰:“汝非圣人,安知吾食枣?”遂斩之。



升平元年春二月,太白入东井。秦有司奏:“太白罚星,东井秦分,必有暴兵起京师。”秦主生曰:“太白入井,自为渴耳,何所怪乎?”

夏五月,秦主生梦大鱼食蒲,又长安谣曰:“东海大鱼化为龙,男皆为王女为公。”生乃诛太师、录尚书事广宁公鱼遵,并其七子、十孙。金紫光禄大夫牛夷惧祸,求为荆州,生不许,以为中军将军,引见,调之曰:"牛性迟重,善持辕轭,虽无骥足,动负百石。"夷曰:"虽服大车,未经峻壁,愿试重载,乃知勋绩。"生笑曰:"何其快也!公嫌所载轻乎,朕将以鱼公爵位处公。"夷惧,归而自杀。

生饮酒无昼夜,或连月不出,奏事不省,往往寝落。或醉中决事,左右因以为奸,赏罚无准。或至申酉乃出视朝,乘醉多所杀戮。自以眇目,讳言"残、缺、偏、只、少、无、不具"之类,误犯而死者不可胜数。好生剥牛羊驴马,燖鸡豚鹅鸭,纵之殿前,数十为群。或剥人面皮,使之歌舞,临观以为乐。尝问左右曰:"自吾临天下,汝外间何所闻?"或对曰:"圣明宰世,赏罚明当,天下唯歌太平。"怒曰:"汝媚我也。"引而斩之。他日,又问,或对曰:"陛下刑罚微过。"又怒曰:"汝谤我也。"亦斩之。勋旧亲戚,诛之殆尽,群臣得保一日,如度十年。

东海王坚,素有时誉,与故姚襄参军薛讚、权翼善。讚、翼密说坚曰:"主上猜忍暴虐,中外离心。方今宜主秦祀者,非殿下而谁?愿早为计,勿使他姓得之。"坚以问尚书吕婆楼,婆楼曰:"仆,刀镮上人耳,不足以办大事。仆里舍有王猛者,其人谋略不世出,殿下宜请而咨之。"坚因婆楼以招猛,一见如旧友。语及时事,坚大悦,自谓如刘玄德之遇诸葛孔明也。

六月,太史令康权言于秦主生曰:"昨夜三月并出,孛星入太微,连东井。自去月上旬沉阴不雨以至于今,将有下人谋上之祸。"生怒,以为妖言,扑杀之。特进、领御史中丞梁平老等谓坚曰:"主上失德,上下嗷嗷,人怀异志,燕、晋二方,伺隙而动,恐祸发之日,家国俱亡。此殿下之事也,宜早图之。"坚心然之,畏生趫勇，未敢发。

生夜对侍婢言曰："阿法兄弟亦不可信，明当除之。"婢以告坚及坚兄清河王法。法与梁平老及特进、光禄大夫强汪帅壮士数百潜入云龙门，坚与吕婆楼帅麾下三百人鼓噪继进，宿卫将士皆舍仗归坚。生犹醉寐，坚兵至，生惊问左右曰："此辈何人？"左右曰："贼也。"生曰："何不拜之？"坚兵皆笑。生又大言："何不速拜？不拜者斩之！"坚兵引生置别室，废为越王，寻杀之，谥曰厉王。



坚以位让法，法曰："汝嫡嗣，且贤，宜立。"坚曰："兄年长，宜立。"坚母苟氏泣谓群臣曰："社稷重事，小儿自知不能，他日有悔，失在诸君。"群臣皆顿首请立坚。坚乃去皇帝之号，称大秦天王，即位于太极殿。诛生倖臣中书监董荣、左仆射赵韶等二十余人。大赦，改元永兴。追尊父雄为文桓皇帝。母苟氏为皇太后，妃苟氏为皇后，世子宏为皇太子。以清河王法为都督中外诸军事、丞相、录尚书事、东海公。诸王皆降爵为公。以从祖右光禄大夫永安公侯为太尉，晋公柳为车骑大将军、尚书令。封弟融为阳平公，双为河南公，子丕为长乐公，晖为平原公，熙为广平公，叡为钜鹿公。以汉阳李威为左仆射，梁平老为右仆射，强汪为领军将军，吕婆楼为司隶校尉，王猛为中书侍郎。



融好文学，明辩过人，耳闻则诵，过目不忘。力敌百夫，善骑射击刺，少有令誉，坚爱重之，常与共议国事。融经综内外，刑政修明，荐才扬滞，补益弘多。丕亦有文武才干，治民断狱，皆亚于融。

威，苟太后之姑子也，素与魏王雄友善，生屡欲杀坚，赖威营救得免。威得幸于苟太后，坚事之如父。威知王猛之贤，常劝坚以国事任之。坚谓猛曰："李公知君，犹鲍叔牙之知管仲也。"猛以兄事之。

秋八月，秦王坚以权翼为给事黄门侍郎，薛讚为中书侍郎，与王猛并掌机密。九月，追复太师鱼遵等官，以礼改葬，子孙存者皆随才擢叙。

冬十一月，秦太后苟氏游宣明台，见东海公法之第门车马辐凑，恐终不利于秦王坚，乃与李威谋赐法死。坚与法诀于东堂，恸哭欧血。谥曰献哀公，封其子阳为东海公，敷为清河公。

十二月，秦王坚行至尚书，以文案不治，免左丞程卓官，以王猛代之。坚举异才，修废职，课农桑，恤困穷，礼百神，立学校，旌节义，继绝世，秦民大悦。

## 苻秦灭凉

晋穆帝永和九年冬十月，西平敬烈公张重华有疾，子曜灵才十岁，立为世子，赦其境内。重华庶兄长宁侯祚，有勇力吏干，而倾巧善事内外，与重华嬖臣赵长、尉缉等结异姓兄弟。都尉常据请出之，重华曰："吾方以祚为周公，使辅幼子，君是何言也！"

谢艾以枹罕之功，有宠于重华，左右疾之，谮艾出为酒泉太守。艾上疏言："权倖用事，公室将危，乞听臣入侍。"且言："长宁侯祚及赵长等将为乱，宜尽逐之。"十一月己未，重华疾甚，手令征艾为卫将军，监中外诸军事，辅政。祚、长等匿而不宣。丁卯，重华卒，世子曜灵立，称大司马、凉州刺史、西平公。赵长等矫重华遗令，以长宁侯祚为都督中外诸军事、抚军大将军，辅政。

冬十二月，凉右长史赵长等建议，以为"时难未夷，宜立长君。曜灵冲幼，请立长宁侯祚”。张祚先得幸于重华之母马氏，马氏许之，乃废张曜灵为凉宁侯，立祚为大都督、大将军、凉州牧、凉公。祚既得志，恣为淫虐，杀重华妃裴氏及谢艾。

十年春正月，张祚自称凉王，改建兴四十二年为和平元年。立妻辛氏为王后，子太和为太子。封弟天锡为长宁侯，子庭坚为建康侯，曜灵弟玄靓为凉武侯。置百官，郊祀天地，用天子礼乐。尚书马岌切谏，坐免官。郎中丁琪复谏曰："我自武公以来，世守臣节，抱忠履谦，五十余年，故能以一州之众，抗举世之虏，师徒岁起，民不告疲。殿下勋德未高于先公，而亟谋革命，臣未见其可也。彼士民所以用命，四远所以归向者，以吾能奉晋室故也。今而自尊，则中外离心，安能以一隅之地，拒天下之强敌乎！"祚大怒，斩之于阙下。

十一年秋七月，凉王祚淫虐无道，上下怨愤。祚恶河州刺史张瓘之强，遣张掖太守索孚代瓘守枹罕，使瓘讨叛胡，又遣其将易揣、张玲帅步骑万三千以袭瓘。张掖人王鸾知术数，言于祚曰："此军出，必不还，凉国将危。"并陈祚三不道。祚大怒，以鸾为訞言，斩以徇。鸾临刑曰："我死，军败于外，王死于内，必矣。"祚族灭之。瓘闻之，斩孚，起兵击祚，传檄州郡，废祚，以侯还第，复立凉宁侯曜灵。易揣、张玲军始济河，瓘击破之。揣等单骑奔还，瓘军蹑之，姑臧振恐。骁骑将军敦煌宋混兄脩与祚有隙，惧祸。八月混与弟澄西走，合众万余人以应瓘，还向姑臧。祚遣杨秋胡将曜灵于东苑，拉其腰而杀之，埋于沙阬，谥曰哀公。

九月，凉宋混军于武始大泽，为曜灵发哀。闰月，混军至姑臧，凉王祚收张瓘弟琚及子嵩，将杀之。琚、嵩闻之，募市人数百，扬言"张祚无道，我兄大军已至城东，敢举手者诛三族"。遂开西门纳混兵。领军将军赵长等惧罪，入閤呼张重华母马氏出殿，立凉武侯玄靓为主。易揣等引兵入殿，收长等，杀之。祚按剑殿上，大呼，叱左右力战。祚素失众心，莫肯为之斗者，遂为兵人所杀。混等枭其首，宣示内外，暴尸道左，城内咸称万岁。以庶人礼葬之，并杀其二子。混、琚上玄靓为大将军、凉州牧、西平公，赦境内，复称建兴四十三年。时玄靓始七岁。

张瓘至姑臧推玄靓为凉王，自为使持节、都督中外诸军事、尚书令、凉州牧、张掖郡公，以宋混为尚书仆射。陇西人李俨据郡，不受瓘命，用江东年号，众多归之。瓘遣其将牛霸讨之，未至，西平人卫綝亦据郡叛，霸兵溃，奔还。瓘遣弟琚击綝，败之。酒泉太守马基起兵以应綝，瓘遣司马张姚、王国击斩之。

十二年春正月，秦征东大将军晋王柳遣参军阎负、梁殊使于凉，以书说凉王玄靓。负、殊至姑臧，张瓘见之曰："我晋臣也，臣无境外之交，二君何以来辱？"负、殊曰："晋王与君邻藩，虽山河阻绝，风通道会，故来修好，君何怪焉？"瓘曰："吾尽忠事晋，于今六世矣。若与苻征东通使，是上违先君之志，下隳士民之节，其可乎！"负、殊曰："晋室衰微，坠失天命，固已久矣，是以凉之先王，北面二赵，唯知机也。今大秦威德方盛，凉王若欲自帝河右，则非秦之敌，欲以小事大，则曷若舍晋事秦，长保福禄乎。"瓘曰："中州好食言，向者石氏使车适返，而戎骑已至，吾不敢信也。"负、殊曰："自古帝王居中州者，政化各殊，赵为奸诈，秦敦信义，岂得一概待之乎？张先、杨初，皆阻兵不服，先帝讨而擒之，赦其罪戾，宠以爵秩，固非石氏之比也。"瓘曰："必如君言，秦之威德无敌，何不先取江南，则天下尽为秦有，征东何辱命焉。"负、殊曰："江南文身之俗，道污先叛，化隆后服。主上以为江南必须兵服，河右可以义怀，故遣行人先申大好。若君不达天命，则江南得延数年之命，而河右恐非君之土也。”瓘曰：“我跨据三州，带甲十万，西苞葱岭，东距大河，伐人有余，况于自守，何畏于秦？”负、殊曰：“贵州山河之固，孰若崤、函？民物之饶，孰若秦、雍？杜洪、张琚因赵氏成资，兵强财富，有囊括关中，席卷四海之志。先帝戎旗西指，冰消云散，旬月之间，不觉易主。主上若以贵州不服，赫然奋怒，控弦百万，鼓行而西，未知贵州将何以待之？”瓘笑曰：“兹事当决之于王，非身所了。”负、殊曰：“凉王虽英睿夙成，然年在幼冲。君居伊、霍之任，国家安危，系君一举耳。”瓘惧，乃以玄靓之命，遣使称藩于秦，秦因玄靓所称官爵而授之。



升平三年。凉州牧张瓘，猜忌苛虐，专以爱憎为赏罚。郎中殷郇谏之，瓘曰：“虎生三日，自能食肉，不须人教也。”由是人情不附。辅国将军宋混性忠鲠，瓘惮之，欲杀混及弟澄，因废凉王玄靓而代之，征兵数万集姑臧。混知之，〔夏六月〕，与澄帅壮士杨和等四十余骑奄入南城，宣告诸营曰：“张瓘谋逆，被太后令诛之。”俄而众至二千。瓘帅众出战，混击破之。瓘麾下玄胪刺混，不能穿甲，混擒之，瓘众悉降。瓘与弟琚皆自杀，混夷其家族。玄靓以混为使持节、都督中外诸军事、骠骑大将军、酒泉郡侯，代瓘辅政。混乃请玄靓去凉王之号，复称凉州牧。混谓玄胪曰：“卿刺我，幸而不伤，今我辅政，卿其惧乎？”胪曰：“胪受瓘恩，唯恨刺节下不深耳，窃无所惧。”混义之，任为心膂。



五年夏四月，凉骠骑大将军宋混疾甚，张玄靓及其祖母马氏往省之，曰：“将军万一不幸，寡妇孤儿将何所托？欲以林宗继将军，可乎？”混曰：“臣子林宗幼弱，不堪大任。殿下傥未弃臣门，臣弟澄政事愈于臣，但恐其儒缓，机事不称耳。殿下策励而使之，可也。”混戒澄及诸子曰：“吾家受国大恩，当以死报，无恃势位以骄人。”又见朝臣，皆戒之以忠贞。及卒，行路为之挥涕。玄靓以澄为领军将军，辅政。

秋九月，凉右司马张邕恶宋澄专政，起兵攻澄，杀之，并灭其族。张玄靓以邕为中护军，叔父天锡为中领军，同辅政。

凉张邕骄矜淫纵，树党专权，多所刑杀，国人患之。张天锡所亲敦煌刘肃谓天锡曰：“国家事欲未静！”天锡曰：“何谓也？”肃曰：“今护军出入，有似长宁。”天锡惊曰：“我固疑之，未敢出口。计将安出？”肃曰：“正当速除之耳。”天锡曰：“安得其人？”肃曰：“肃即其人也。”肃时年未二十。天锡曰：“汝年少，更求其助。”肃曰：“赵白驹与肃二人足矣。”十一月，天锡与邕俱入朝，肃与白驹从天锡值邕于门下，肃斫之不中，白驹继之又不克，二人与天锡俱入宫中。邕得逸走，帅甲士三百余人攻宫门。天锡登屋大呼曰：“张邕凶逆无道，既灭宋氏，又欲倾覆我家。汝将士世为凉臣，何忍以兵相向邪？今所取者止张邕耳，他无所问。”于是邕兵悉散走，邕自刎死，尽灭其族党。玄靓以天锡为使持节、冠军大将军、都督中外诸军事，辅政。十二月，始改建兴四十九年，奉升平年号。诏以玄靓为大都督、督陇右诸军事、凉州刺史、护羌校尉、西平公。

哀帝兴宁元年秋八月，张玄靓祖母马氏卒，尊庶母郭氏为太妃。郭氏以张天锡专政，与大臣张钦等谋诛之。事泄，钦等皆死。玄靓惧，以位让天锡，天锡不受。右将军刘肃等劝天锡自立。闰月，天锡使肃等夜帅兵入宫，弑玄靓，宣言暴卒，谥曰冲公。天锡自称使持节、大都督、大将军、凉州牧、西平公，时年十八。尊母刘美人曰太妃。遣司马纶骞奉章诣建康请命，并送御史俞归东还。

二年夏六月，秦王坚遣大鸿胪拜张天锡为大将军、凉州牧、西平公。

海西公太和元年冬十月，张天锡遣使至秦境上，告绝于秦。

简文帝咸安元年〔夏四月〕，秦王坚命王猛为书谕天锡曰："昔贵先公称藩刘、石者，惟审于强弱也。今论凉土之力则损于往时，语大秦之德则非二赵之匹，而将军翻然自绝，无乃非宗庙之福也欤？以秦之威，旁振无外，可以回弱水使东流，返江、河使西注。关东既平，将移兵河右，恐非六郡士民所能抗也。刘表谓汉南可保，将军谓西河可全，吉凶在身，元龟不远，宜深算妙虑，以求多福，无使六世之业一旦而坠地也。"天锡大惧，遣使谢罪称藩。坚拜天锡使持节、都督河右诸军事、骠骑大将军、开府仪同三司、凉州刺史、西平公。

冬十二月，秦以河州刺史李辩领兴晋太守，还镇枹罕，徙凉州治金城。张天锡闻秦有兼并之志，大惧，立坛于姑臧南，刑三牲，帅其官属，遥与晋三公盟。遣从事中郎韩博奉表送盟文，并献书于大司马温，期以明年夏同大举，会于上邽。

〔孝〕武帝太元元年。初，张天锡之杀张邕也，刘肃及安定梁景皆有功，二人由是有宠，赐姓张氏，以为己子，使预政事。天锡荒于酒色，不亲庶务，黜世子大怀而立嬖妾焦氏之子大豫，以焦氏为左夫人，人情愤怨。从弟从事中郎宪舆榇切谏，不听。

〔夏五月〕，秦王坚下诏曰："张天锡虽称藩受位，然臣道未纯，可遣使持节武卫将军武都苟苌、左将军毛盛、中书令梁熙、步兵校尉姚苌等将兵临西河，尚书郎阎负、梁殊奉诏征天锡入朝，若有违王命，即进师扑讨。”是时，秦步骑十三万，军司段铿谓周虓曰：“以此众战，谁能敌之！”虓曰：“戎狄以来，未之有也。”坚又命秦州刺史苟池、河州刺史李辩、凉州刺史王统帅三州之众为苟苌后继。

秋七月，阎负、梁殊至姑臧。张天锡会官属谋之，曰：“今入朝，必不返。如其不从，秦兵必至。将若之何？”禁中录事席仂曰：“以爱子为质，赂以重宝，以退其师，然后徐为之计，此屈伸之术也。”众皆怒曰：“吾世事晋朝，忠节著于海内。今一旦委身贼庭，辱及祖宗，丑莫大焉。且河西天险，百年无虞，若悉境内精兵，右招西域，北引匈奴以拒之，何遽知其不捷也。”天锡攘袂大言曰：“孤计决矣，言降者斩。”使谓阎负、梁殊曰：“君欲生归乎？死归乎？”殊等辞气不屈，天锡怒，缚之军门，命军士交射之，曰：“射而不中，不与我同心者也。”其母严氏泣曰：“秦主以一州之地横制天下，东平鲜卑，南取巴、蜀，兵不留行，所向无敌。汝若降之，犹可延数年之命。今以蕞尔一隅，抗衡大国，又杀其使者，亡无日矣。”天锡使龙骧将军马建帅众二万拒秦。

秦人闻天锡杀阎负、梁殊，八月，梁熙、姚苌、王统、李辩济自清石津，攻凉骁烈将军梁济于河会城，降之。甲申，苟苌济自石城津，与梁熙等会攻缠缩城，拔之。马建惧，自杨非退屯清塞。天锡又遣征东将军掌据帅众三万军于洪池，天锡自将余众五万军于金昌城。安西将军敦煌宋皓言于天锡曰：“臣昼察人事，夜观天文，秦兵不可敌也，不如降之。”天锡怒，贬皓为宣威护军。广武太守辛章曰：“马建出于行阵，必不为国家用。”苟苌使姚苌帅甲士三千为前驱。庚寅，马建帅万人迎降，余兵皆散走。辛卯，苟苌及掌据战于洪池，据兵败，马为乱兵所杀，其属董儒授之以马，据曰："吾三督诸军，再秉节钺，八将禁旅，十总外兵，宠任极矣。今卒困于此，此吾之死地也，尚安之乎！"乃就帐免胄，西向稽首，伏剑而死。秦兵杀军司席仂。癸巳，秦兵入清塞，天锡遣司兵赵充哲帅众拒之。秦兵与充哲战于赤岸，大破之，俘斩三万八千级，充哲死。天锡出城自战，城内又叛，天锡与数千骑奔还姑臧。甲午，秦兵至姑臧，天锡素车白马，面缚舆榇，降于军门。苟苌释缚、焚榇，送于长安。凉州郡县悉降于秦。

九月，秦王坚以梁熙为凉州刺史，镇姑臧。徙豪右七千余户于关中，余皆按堵如故。封天锡为归义侯，拜北部尚书。初，秦兵之出也，先为天锡筑第于长安，至则居之。以天锡晋兴太守陇西彭和正为黄门侍郎，治中从事武兴苏膺、敦煌太守张烈为尚书郎，西平太守金城赵凝为金城太守，高昌杨幹为高昌太守，余皆随才擢叙。



## 苻秦灭燕

晋穆帝永和九年春二月庚子，燕王儁立其妃可足浑氏为皇后，世子晔为皇太子，皆自龙城迁于蓟宫。

十年夏四月戊申，燕主儁命冀州刺史吴王霸徙治信都。初，燕王皝奇霸之才，故名之曰霸，将以为世子，群臣谏而止，然宠遇犹逾于世子。由是儁恶之，以其尝坠马折齿，更名曰𡙇，寻以其应谶文，更名曰垂，迁侍中，录留台事，徙镇龙城。垂大得东北之和，儁愈恶之，复召还。

十二年秋七月丙子，燕献太子晔卒。

升平元年春二月癸丑，燕主儁立其子中山王暐为太子。

二年。燕吴王垂娶段末柸女，生子令宝。段氏才高性烈，自以贵姓，不尊事可足浑后，可足浑氏衔之。燕主儁素不快于垂，中常侍涅皓因希旨告段氏及吴国典书令辽东高弼为巫蛊，欲以连污垂。儁收段氏及弼下大长秋、廷尉考验，段氏及弼志气确然，终无挠辞。掠治日急，垂愍之，私使人谓段氏曰："人生会当一死，何堪楚毒如此，不若引服。"段氏叹曰："吾岂爱死者邪？若自诬以恶逆，上辱祖宗，下累于王，固不为也。"辩答益明，故垂得免祸，而段氏竟死于狱中。出垂为平州刺史，镇辽东。垂以段氏女弟为继室，可足浑氏黜之，以其妹长安君妻垂。垂不悦，由是益恶之。

三年春二月，燕主儁宴群臣于蒲池，语及周太子晋，潸然流涕曰："才子难得。自景先之亡，吾鬓发中白。卿等谓景先何如？"司徒左长史李绩对曰："献怀太子之在东宫，臣为中庶子，太子志业，敢不知之。太子大德有八，至孝一也，聪敏二也，沉毅三也，疾谀喜直四也，好学五也，多艺六也，谦恭七也，好施八也。"儁曰："卿誉之虽过，然此儿在，吾死无忧矣。景茂何如？"时太子暐侍侧，绩曰："皇太子天资岐嶷，虽八德已闻，然二阙未补，好游畋而乐丝竹，此其所以为损也。"儁顾谓暐曰："伯阳之言，药石之惠也，汝宜诫之。"暐甚不平。

儁梦赵主虎啮其臂，乃发虎墓，求尸不获，购以百金。邺女子李菟知而告之，得尸于东明观下，僵而不腐。儁蹋而骂之曰："死胡，何敢怖生天子！"数其残暴之罪而鞭之，投于漳水，尸倚桥柱不流。及秦灭燕，王猛为之诛李菟，收而葬之。冬十二月辛酉，燕主儁寝疾，谓大司马太原王恪曰："吾病必不济。今二方未平，景茂冲幼，国家多难，吾欲效宋宣公，以社稷属汝，何如？"

恪曰："太子虽幼，胜残致治之主也。臣实何人，敢干正统。"儁怒曰："兄弟之间，岂虚饰邪！"恪曰："陛下若以臣能荷天下之任者，岂不能辅少主乎？"儁喜曰："汝能为周公，吾复何忧。李绩清方忠亮，汝善遇之。"召吴王垂还邺。

四年春正月癸巳，燕主儁疾笃，召大司马恪等受遗诏辅政。甲午，卒。戊子，太子暐即位，年十一。大赦，改元建熙。

二月，燕人尊可足浑后为皇太后。以太原王恪为太宰，专录朝政。上庸王评为太傅，阳骛为太保，慕舆根为太师，参辅朝政。根性木强，自恃先朝勋旧，心不服恪，举动倨傲。时太后可足浑氏颇预外事，根欲为乱，乃言于恪曰："今主上幼冲，母后干政，殿下宜防意外之变，思有以自全。且定天下者，殿下之功也。兄亡弟及，古今成法，俟毕山陵，宜废主上为王，殿下自践尊位，以为大燕无穷之福。"恪曰："公醉邪？何言之悖也！吾与公受先帝遗诏，云何而遽有此议。"根愧谢而退。恪以告吴王垂，垂劝恪诛之。恪曰："今新遭大丧，二邻观衅，而宰辅自相诛夷，恐乖远近之望，且可忍之。"秘书监皇甫真言于恪曰："根本庸竖，过蒙先帝厚恩，引参顾命。而小人无识，自国哀已来，骄很日甚，将成祸乱。明公今日居周公之地，当为社稷深谋，早为之所。"恪不听。根又言于可足浑氏及燕主暐曰："太宰、太傅将谋不轨，臣请帅禁兵以诛之。"可足浑氏将从之，暐曰："二公，国之亲贤，先帝选之，托以孤嫠，必不肯尔。安知非太师欲为乱也。"乃止。根又思恋东土，言于可足浑氏及暐曰："今天下萧条，外寇非一，国大忧深，不如还东。"恪闻之，乃与太傅评谋，密奏根罪状，使右卫将军傅颜就内省诛根，并其妻子党与。大赦。

哀帝兴宁二年。燕侍中慕舆龙诣龙城，徙宗庙及所留百官皆诣邺。

海西公太和二年夏四月，燕太原桓王恪言于燕主暐曰："吴王垂将相之才，十倍于臣，先帝以长幼之次，臣得先之。臣死之后，愿陛下举国以听吴王。"五月壬辰，恪疾病，暐亲视之，问以后事。恪曰："臣闻报恩莫大于荐贤，贤者虽在板筑，犹可为相，况至亲乎？吴王文武兼资，管、萧之亚，陛下若任以大政，国家可安；不然，秦、晋必有窥窬之计。"言终而卒。

秦王坚闻恪卒，阴有图燕之计，欲觇其可否，命匈奴曹毂发使如燕朝贡，以西戎主簿冯翊郭辩为之副。燕司空皇甫真兄腆及从子奋、覆皆仕秦，腆为散骑常侍。辩至燕，历造公卿，谓真曰："仆本秦人，家为秦所诛，故寄命曹王。贵兄常侍及奋、覆兄弟，并相知有素。"真怒曰："臣无境外之交，此言何以及我？君似奸人，得无因缘假托乎！"白暐，请穷治之，太傅评不许。辩还，为坚言："燕朝政无纲纪，实可图也。鉴机识变，唯皇甫真耳。"坚曰："以六州之众，岂不得使有智士一人哉！"曹毂寻卒，秦分其部落为二，使其二子分统之，号东、西曹。

三年。初，燕太宰恪有疾，以燕主暐幼弱，政不在已，太傅评多猜忌，恐大司马之任不当其人，谓暐兄乐安王臧曰："今南有遗晋，西有强秦，二国常蓄进取之志，顾我未有隙耳。夫国之兴衰，系于辅相。大司马总统六军，不可任非其人，我死之后，以亲疏言之，当在汝及冲。汝曹虽才识明敏，然年少，未堪多难。吴王天资英杰，智略超世，汝曹若能推大司马以授之，必能混壹四海，况外寇，不足惮也。慎无冒利而忘害，不以国家为意也。"又以语太傅评。及恪卒，评不能用其言，三月，以车骑将军中山王冲为大司马。冲，暐之弟也。以荆州刺史吴王垂为侍中、车骑大将军、仪同三司。

秦镇东将军洛州刺史魏公廋据陕城举兵反，以陕城降燕，请兵应接。秦人大惧，盛兵守华阴。燕魏尹范阳王德上疏，以为："先帝应天受命，志平六合，陛下纂统，当继而成之。今苻氏骨肉乖离，国分为五，投诚请援，前后相寻，是天以秦赐燕也。天与不取，反受其殃，吴、越之事，足以观矣。宜命皇甫真引并、冀之众径趋蒲(陕)〔阪〕，吴王垂引许、洛之兵驰解廋围，太傅总京师虎旅，为二军后继，传檄三辅，示以祸福，明立购赏，彼必望风响应，浑壹之期，于此乎在矣。"时燕人多请救陕，因图关中者，太傅评曰："秦，大国也，今虽有难，未易可图。朝廷虽明，未如先帝，吾等智略，又非太宰之比。但能闭关保境足矣，平秦非吾事也。"

魏公廋遗吴王垂及皇甫真笺曰："苻坚、王猛，皆人杰也，谋为燕患久矣。今不乘机取之，恐异日燕之君臣，将有甬东之悔矣。"垂谓真曰："方今为人患者，必在于秦。主上富于春秋，观太傅识度，岂能敌苻坚、王猛乎？"真曰："然。吾虽知之，如言不用何。"

四年。晋大司马温伐燕，下邳王厉与温战，败于黄墟。燕又使乐安王臧拒温，臧不能抗。温至枋头，暐与太傅评谋奔龙城。吴王垂自请击之，又使乐嵩请救于秦，许赂以虎牢以西之地。秦遣苟池、邓羌帅步骑救燕，范阳王德、李邽断温粮道。温数战不利，粮储复竭，闻秦兵将至，弃辎重、铠仗奔还。吴王垂追及温于襄邑，大破之。事见桓温伐燕。

燕、秦既结好，使者数往来。燕散骑侍郎太原郝晷、给事黄门侍郎梁琛相继如秦。晷与王猛有旧，猛接以平生，问晷东方之事。晷见燕政不修，而秦大治，知燕将亡，阴欲自托于猛，颇泄其实。〔冬十月〕,琛至长安,秦王坚方畋于万年,欲引见琛。琛曰:“秦使至燕,燕之君臣朝服备礼,洒扫宫庭,然后敢见。今秦主欲野见之,使臣不敢闻命。”尚书郎辛劲谓琛曰:“宾客入境,惟主人所以处之,君焉得专制其礼。且天子称乘舆,所至曰行在所,何常居之有。又春秋亦有遇礼,何为不可乎?”琛曰:“晋室不纲,灵祚归德,二方承运,俱受明命。而桓温猖狂,窥我王略,燕危秦孤,势不独立,是以秦主同恤时患,要结好援。东朝君臣,引领西望,愧其不竞,以为邻忧,西使之辱,敬待有加。今强寇既退,交聘方始,谓宜崇礼笃义,以固二国之欢。若忽慢使臣,是卑燕也,岂修好之义乎?夫天子以四海为家,故行曰乘舆,止曰行在。今海县瓜裂,天光分曜,安得以乘舆行在为言哉。礼,不期而见曰遇,盖因事权行,其礼简略,岂平居容与之所为哉。客使单行,诚势屈于主人,然苟不以礼,亦不敢从也。”坚乃为之设行宫,百僚陪位,然后延客,如燕朝之仪。事毕,坚与之私宴,问“东朝名臣为谁?”琛曰:“太傅上庸王评,明德茂亲,光辅王室。车骑大将军吴王垂,雄略冠世,折冲御侮。其余或以文进,或以武用,官皆称职,野无遗贤。”

琛从兄奕为秦尚书郎,坚使典客,馆琛于奕舍,琛曰:“昔诸葛瑾为吴聘蜀,与诸葛亮惟公朝相见,退无私面,余窃慕之。今使之即安私室,所不敢也。”乃不果馆。奕数来就邸舍,与琛卧起,间问琛东国事。琛曰:“今二方分据,兄弟并蒙荣宠,论其本心,各有所在。琛欲言东国之美,恐非西国之所欲闻;欲言其恶,又非使臣之所得论也。兄何用问为?”

坚使太子延琛相见。秦人欲使琛拜太子,先讽之曰:“邻国之君,犹其君也;邻国之储君,亦何以异乎?”琛曰:“天子之子视元士，欲其由贱以登贵也。尚不敢臣其父之臣，况他国之臣乎？苟无纯敬，则礼有往来，情岂忘恭，但恐降屈为烦耳。”乃不果拜。

王猛劝坚留琛，坚不许。

吴王垂自襄邑还邺，威名益振，太傅评愈忌之。垂奏“所募将士忘身立效，将军孙盖等椎锋陷陈，应蒙殊赏”。评皆抑而不行。垂数以为言，与评廷争，怨隙愈深。太后可足浑氏素恶垂，毁其战功，与评密谋诛之。太宰恪之子楷及垂舅兰建知之，以告垂曰：“先发制人，但除评及乐安王臧，余无能为矣。”垂曰：“骨肉相残而首乱于国，吾有死而已，不忍为也。”顷之，二人又以告曰：“内意已决，不可不早发。”垂曰：“必不可弥缝，吾宁避之于外，余非所议。”

垂内以为忧，而未敢告诸子。世子令请曰：“尊比者如有忧色，岂非以主上幼冲，太傅疾贤，功高望重，愈见猜邪？”垂曰：“然。吾竭力致命以破强寇，本欲保全家国，岂知功成之后，返令身无所容。汝既知吾心，何以为吾谋？”令曰：“主上暗弱，委任太傅，一旦祸发，疾于骇机。今欲保族全身，不失大义，莫若逃之龙城，逊辞谢罪，以待主上之察，若周公之居东，庶几可以感寤而得还，此幸之大者也。如其不然，则内抚燕、代，外怀群夷，守肥如之险以自保，亦其次也。”垂曰：“善。”

十一月辛亥朔，垂请畋于大陆，因微服出邺，将趋龙城。至邯郸，少子麟素不为垂所爱，逃还告状，垂左右多亡叛。太傅评白燕主暐，遣西平公强帅精骑追之，及于范阳。世子令断后，强不敢逼。会日暮，令谓垂曰：“本欲保东都以自全，今事已泄，谋不及设。秦主方招延英杰，不如往归之。”垂曰：“今日之计，舍此安之？”乃散骑灭迹，傍南山复还邺，隐于赵之显原陵。俄有猎者数百骑四面而来，抗之则不能敌，逃之则无路，不知所为。会猎者鹰皆飞飏，众骑散去，垂乃杀白马以祭天，且盟从者。

世子令言于垂曰：“太傅忌贤疾能，构事以来，人尤忿恨。今邺城之中，莫知尊处，如婴儿之思母，夷、夏同之，若顺众心，袭其无备，取之如指掌耳。事定之后，革弊简能，大匡朝政，以辅主上，安国存家，功之大者也。今日之便，诚不可失，愿给骑数人，足以办之。”垂曰：“如汝之谋，事成诚为大福，不成悔之何及。不如西奔，可以万全。”子马奴潜谋逃归，杀之而行。至河阳，为津吏所禁，斩之而济。遂自洛阳，与段夫人、世子令、令弟宝、农、隆、兄子楷、舅兰建、郎中令高弼俱奔秦，留妃可足浑氏于邺。乙泉戍主吴归追及于阌乡，世子令击之而退。

初，秦王坚阴有图燕之志，惮吴王垂，不敢发。及闻垂至，大喜，郊迎，执手与语，乃以垂为冠军将军，封宾徒侯，楷为积弩将军。事见慕容叛秦复燕。

秦留梁琛月余，乃遣归。琛兼程而进，比至邺，吴王垂已奔秦。琛言于太傅评曰：“秦人日阅军旅，多聚粮于陕东，以琛观之，为和必不能久。今吴王又往归之，秦必有窥燕之谋，宜早为之备。”评曰：“秦岂肯受叛臣而败和好哉！”琛曰：“今二国分据中原，常有相吞之志，桓温之入寇，彼以计相救，非爱燕也。若燕有衅，彼岂忘其本志哉？”评曰：“秦主何如人？”琛曰：“明而善断。”问王猛，曰：“名不虚得。”评皆不以为然。琛又以告燕主暐，暐亦不然之。以告皇甫真，真深忧之，上疏言：“苻坚虽聘问相寻，然实有窥上国之心，非能慕乐德义不忘久要也。前出兵洛川，及使者继至，国之险易虚实，彼皆得之矣。今吴王垂又往从之，为其谋主，伍员之祸，不可不备。洛阳、太原、壶关皆宜选将益兵，以防未然。"暐召太傅评谋之，评曰："秦国小力弱，恃我为援。且苻坚庶几善道，终不肯纳叛臣之言，绝二国之好。不宜轻自惊扰，以启寇心。"卒不为备。

秦遣黄门郎石越聘于燕，太傅评示之以奢，欲以夸燕之富盛。高泰及太傅参军河间刘靖言于评曰："越言诞而视远，非求好也，乃观衅也。宜耀兵以示之，用折其谋。今乃示之以奢，益为其所轻矣。"评不从，泰遂谢病归。

是时太后可足浑氏侵桡国政，太傅评贪昧无厌，货赂上流，官非才举，群下怨愤。尚书左丞申绍上疏，以为："守宰者，致治之本。今之守宰，率非其人，或武人出于行伍，或贵戚生长绮纨，既非乡曲之选，又不更朝廷之职。加之黜陟无法，贪惰者无刑罚之惧，清修者无旌赏之劝。是以百姓困弊，寇盗充斥，纲颓纪紊，莫相纠摄。又官吏猥多，逾于前世，公私纷然，不胜烦扰。大燕户口，数兼二寇，弓马之劲，四方莫及。而比者战则屡北，皆由守宰赋调不平，侵渔无已，行留俱窘，莫肯致命故也。后宫之女四千余人，僮侍厮役尚在其外，一日之费，厥直万金，士民承风，竞为奢靡。彼秦、吴僭僻，犹能条治所部，有兼并之心，而我上下因循，日失其序。我之不修，彼之愿也。谓宜精择守宰，并官省职，存恤兵家，使公私两遂，节抑浮靡，爱惜用度，赏必当功，罚必当罪。如此则温、猛可枭，二方可取，岂特保境安民而已哉。又索头什翼犍疲病昏悖，虽乏贡御，无能为患，而劳兵远戍，有损无益。不若移于并土，控制西河，南坚壶关，北重晋阳，西寇来则拒守，过则断后，犹愈于戍孤城守无用之地也。"疏奏，不省。

初，燕人许割虎牢以西赂秦。晋兵既退，燕人悔之，谓秦人曰："行人失辞。有国有家者，分灾救患，理之常也。"秦王坚大怒，遣辅国将军王猛、建威将军梁成、洛州刺史邓羌帅步骑三万伐燕。十二月，进攻洛阳。

五年春正月，秦王猛遗燕荆州刺史武威王筑书曰："国家今已塞成皋之险，杜盟津之路，大驾虎旅百万，自轵关取邺都，金墉穷戍，外无救援，城下之师，将军所监，岂三百弊卒所能支也。"筑惧，以洛阳降，猛陈师受之。燕卫大将军乐安王臧城新乐，破秦兵于石门，执秦将杨猛。

王猛之发长安也，请慕容令参其军事，以为乡导。将行，造慕容垂饮酒，从容谓垂曰："今当远别，卿何以赠我？使我睹物思人。"垂脱佩刀赠之。猛至洛阳，赂垂所亲金熙，使诈为垂使者，谓令曰："吾父子来此，以逃死也。今王猛疾人如仇，谗毁日深，秦王虽外相厚善，其心难知。丈夫逃死而卒不免，将为天下笑。吾闻东朝比来始更悔寤，主、后相尤。吾今还东，故遣告汝，吾已行矣，便可速发。"令疑之，踌躇终日，又不可审覆。乃将旧骑，诈为出猎，遂奔乐安王臧于石门。猛表令叛状，垂惧而出走，及蓝田，为追骑所获。秦王坚引见东堂，劳之曰："卿家国失和，委身投朕。贤子心不忘本，犹怀首丘，亦各其志，不足深咎。然燕之将亡，非令所能存，惜其徒入虎口耳。且父子兄弟，罪不相及，卿何为过惧而狼狈如是乎？"待之如旧。燕人以令叛而复还，其父为秦所厚，疑令为反间，徙之沙城，在龙都东北六百里。

臣光曰：昔周得微子而革商命，秦得由余而霸西戎，吴得伍员而克强楚，汉得陈平而诛项籍，魏得许攸而破袁绍。彼敌国之材臣来为己用，进取之良资也。王猛知慕容垂之心久而难信，独不念燕尚未灭，垂以材高功盛，无罪见疑，穷困归秦，未有异心，遽以猜忌杀之，是助燕为无道而塞来者之门也，如何其可哉！故秦王坚礼之以收燕望，亲之以尽燕情，宠之以倾燕众，信之以结燕心，未为过矣。猛何汲汲于杀垂，至乃为市井鬻卖之行，有如嫉其宠而谗之者，岂雅德君子所宜为哉！

乐安王臧进屯荥阳，王猛遣建威将军梁成、洛州刺史邓羌击走之。留羌镇金墉，以辅国司马桓寅为弘农太守，代羌戍陕城而还。

秦王坚以王猛为司徒、录尚书事，封平阳郡侯。猛固辞曰："今燕、吴未平，戎车方驾，而始得一城，即受三事之赏，若克殄二寇，将何以加之？"坚曰："苟不暂抑朕心，何以显卿谦光之美。已诏有司权听所守，封爵酬庸，其勉从朕命。"



秦王坚复遣王猛督镇南将军杨安等十将步骑六万以伐燕。夏六月乙卯，秦王坚送王猛于灞上，曰："今委卿以关东之任，当先破壶关，平上党，长驱取邺，所谓'疾雷不及掩耳'。吾当亲督万众继卿星发，舟车粮运，水陆俱进，卿勿以为后虑也。"猛曰："臣仗威灵，奉成算，荡平残胡，如风扫叶。愿不烦銮舆亲犯尘雾，但愿速敕所司部置鲜卑之所。"坚大悦。

秋七月，秦王猛攻壶关，杨安攻晋阳。八月，燕主暐命太傅上庸王评将中外精兵三十万以拒秦。暐以秦寇为忧，召散骑侍郎李凤、黄门侍郎梁琛、中书侍郎乐嵩问曰："秦兵众寡何如？今大军既出，秦能战乎？"凤曰："秦国小兵弱，非王师之敌。景略常才，又非太傅之比。不足忧也。"琛、嵩曰："胜败在谋，不在众寡。秦远来为寇，安肯不战？且吾当用谋以求胜，岂可冀其不战而已乎？"暐不悦。王猛克壶关，执上党太守南安王越，所过郡县皆望风降附，燕人大震。

秦杨安攻晋阳，晋阳兵多粮足，久之未下。王猛留屯骑校尉苟长戍壶关，引兵助安攻晋阳，为地道，使虎牙将军张蚝帅壮士数百潜入城中，大呼斩关，纳秦兵。辛巳，猛、安入晋阳，执燕并州刺史东海王庄。太傅评畏猛不敢进，屯于潞川。冬十月辛亥，猛留将军武都毛当戍晋阳，进兵潞川，与慕容评相持。壬戌，猛遣将军徐成觇燕军形要，期以日中，及昏而返，猛怒，将斩之。邓羌请之曰："今贼众我寡，诘朝将战，成大将也，宜且宥之。"猛曰："若不杀成，军法不立。"羌固请曰："成，羌之郡将也，虽违期应斩，羌愿与成效战以赎之。"猛弗听。羌怒，还营，严鼓勒兵，将攻猛。猛问其故，羌曰："受诏讨远贼，今有近贼自相杀，欲先除之。"猛谓羌义而有勇，使语之曰："将军止，吾今赦之。"成既免，羌诣猛谢，猛执其手曰："吾试将军耳。将军于郡将尚尔，况国家乎？吾不复忧贼矣。"

太傅评以猛悬军深入，欲以持久制之。评为人贪鄙，鄣固山泉，鬻樵及水，积财帛如丘陵，士卒怨愤，莫有斗志。猛闻之笑曰："慕容评真奴才，虽亿兆之众不足畏，况数十万乎？吾今兹破之必矣。"乃遣游击将军郭庆帅骑五千，夜从间道出评营后，烧评辎重，火见邺中。燕主暐惧，遣侍中兰伊让评曰："王，高祖之子也，当以宗庙社稷为忧，奈何不抚战士而榷卖樵水，专以殖货为心乎！府库之积，朕与王共之，何忧于贫？若贼兵遂进，家国丧亡，王持钱帛，欲安所置之？"乃命悉以其钱帛散之军士，且趋使战。评大惧，遣使请战于猛。

甲子，猛陈于渭源而誓之曰："王景略受国厚恩，任兼内外。今与诸君深入贼地，当竭力致死，有进无退，共立大功，以报国家，受爵明君之朝，称觞父母之室，不亦美乎！"众皆踊跃，破釜弃粮,大呼竞进。猛望燕兵之众,谓邓羌曰:“今日之事,非将军不能破勍敌,成败之机,在兹一举,将军勉之。”羌曰:“若能以司隶见与者,公勿以为忧。”猛曰:“此非吾所及也。必以安定太守、万户侯相处。”羌不悦而退。俄而兵交,猛召羌,羌寝弗应。猛驰就许之,羌乃大饮帐中,与张蚝、徐成等跨马运矛,驰赴燕陈,出入数四,旁若无人,所杀伤数百。及日中,燕兵大败,俘斩五万余人,乘胜追击,所杀及降者又十万余人。评单骑走还邺。

崔鸿曰:邓羌请郡将以桡法,徇私也。勒兵欲攻王猛,无上也。临战豫求司隶,邀君也。有此三者,罪孰大焉。猛能容其所短,收其所长,若驯猛虎,驭悍马,以成大功。诗云“采葑采菲,无以下体”,猛之谓矣。

秦兵长驱而东,丁卯,围邺。猛上疏称:“臣以甲子之日,大歼丑类。顺陛下仁爱之志,使六州士庶,不觉易主,自非守迷违命,一无所害。”秦王坚报之曰:“将军役不逾时,而元恶克举,勋高前古。朕今亲帅六军,星言电赴。将军其休养将士,以待朕至,然后取之。”

猛之未至也,邺旁剽劫公行,及猛至,远近帖然,号令严明,军无私犯,法简政宽,燕民各安其业,更相谓曰:“不图今日复见太原王。”猛闻之,叹曰:“慕容玄恭信奇士也,可谓古之遗爱矣。”设太牢以祭之。

十一月,秦王坚留李威辅太子守长安,阳平公融镇洛阳,自帅精锐十万赴邺。七日而至安阳,宴祖父时故老。猛潜如安阳谒坚,坚曰:“昔周亚夫不迎汉文帝,今将军临敌而弃军,何也?”猛曰:“亚夫前却人主以求名,臣窃少之。且臣奉陛下威灵,击垂亡之虏,譬如釜中之鱼,何足虑也。监国冲幼,銮驾远临,脱有不虞,悔之何及!陛下忘臣灞上之言耶?”

初,燕宜都王桓帅众万余屯沙亭,为太傅评后继,闻评败,引兵屯内黄。坚使邓羌攻信都。丁丑,桓帅鲜卑五千奔龙城。戊寅,燕散骑侍郎馀蔚帅扶馀、高句丽及上党质子五百余人,夜开邺北门,纳秦兵。燕主暐与上庸王评、乐安王臧、定襄王渊、左卫将军孟高、殿中将军艾朗等奔龙城。辛巳,秦王坚入邺宫。

燕主暐之出邺也,卫士犹千余骑,既出城,皆散,惟十余骑从行。秦王坚使游击将军郭庆追之。时道路艰难,孟高扶侍暐,经护二王,极其勤瘁。又所在遇盗,转斗而前。数日,行至福禄,依冢解息,盗二十余人猝至,皆挟弓矢,高持刀与战,杀伤数人。高力极,自度必死,乃直前抱一贼,顿击于地,大呼曰:“男儿穷矣!”余贼从旁射高,杀之。艾朗见高独战,亦还趋贼,并死。暐失马步走,郭庆追及于高阳。部将巨武将缚之,暐曰:“汝何小人,敢缚天子。”武曰:“我受诏追贼,何谓天子?”执以诣秦王坚。坚诘其不降而走之状,对曰:“狐死首丘,欲归死于先人坟墓耳。”坚哀而释之,命还宫,帅文武出降。暐称孟高、艾朗之忠于坚,坚命厚加敛葬,拜其子为郎中。

郭庆进至龙城,太傅评奔高句丽,高句丽执评送于秦。宜都王桓杀镇东将军勃海王亮,并其众,奔辽东。辽东太守韩稠先已降秦,桓至不得入,攻之不克。郭庆遣将军朱嶷击之,桓弃众单走,嶷获而杀之。

诸州牧守及六夷渠帅尽降于秦,凡得郡百五十七,户二百四十六万,口九百九十九万。以燕宫人、珍宝分赐将士。下诏大赦曰:“朕以寡薄,猥承休命,不能怀远以德,柔服四维,至使戎车屡驾,有害斯民,虽百姓之过,然亦朕之罪也。其大赦天下,与之更始。”

初，梁琛之使秦也，以侍辇苟纯为副。琛每应对，不先告纯。纯恨之，归言于燕主暐曰：“琛在长安与王猛甚亲善，疑有异谋。”琛又数称秦王坚及王猛之美，且言“秦将兴师，宜为之备”。已而秦果伐燕，皆如琛言，暐乃疑琛知其情。及慕容评败，遂收琛系狱。秦王坚入邺而释之，除中书著作郎，引见，谓之曰：“卿昔言上庸王、吴王皆将相奇材，何为不能谋画，自使亡国？”对曰：“天命废兴，岂二人所能移也。”坚曰：“卿不能见几而作，虚称燕美，忠不自防，返为身祸，可谓智乎？”对曰：“臣闻‘几者动之微，吉凶之先见者也’。如臣愚暗，实所不及。然为臣莫如忠，为子莫如孝，自非有一至之心者，莫能保忠孝之始终。是以古之烈士，临危不改，见死不避，以徇君亲。彼知几者，心达安危，身择去就，不顾家国，臣就使知之，尚不忍为，况非所及邪。”坚闻悦绾之忠，恨不及见，拜其子为郎中。

坚以王猛为使持节、都督关东六州诸军事、车骑大将军、开府仪同三司、冀州牧，镇邺，进爵清河郡侯，悉以慕容评第中之物赐之。赐杨安爵博平县侯。以邓羌为持节、征虏将军、安定太守，赐爵真定郡侯；郭庆为持节、都督幽州诸军事、幽州刺史，镇蓟，赐爵襄城侯。其余将士封赏各有差。坚以京兆韦锺为魏郡太守，彭豹为阳平太守，其余州县牧守令长，皆因旧而授之。以燕常山太守申绍为散骑侍郎，使与散骑侍郎京兆韦儒俱为绣衣使者，循行关东州郡，观省风俗，劝课农桑，振恤穷困，收葬死亡，旌显节行，燕政有不便于民者，皆变除之。

十二月，秦王坚迁慕容暐及燕后妃、王公、百官并鲜卑四万余户于长安。

王猛表留梁琛为主簿，领记室督。他日，猛与僚属宴语及燕朝使者，猛曰："人心不同。昔梁君至长安专美本朝，乐君但言桓温军盛，郝君微说国弊。"参军冯诞曰："今三子皆为国臣，敢问取臣之道何先？"猛曰："郝君知几为先。"诞曰："然则明公赏丁公而诛季布也。"猛大笑。

秦王坚自邺如枋头，宴父老，改枋头为永昌，复之终世。甲寅，至长安，封慕容暐为新兴侯，以燕故臣慕容评为给事中，皇甫真为奉车都尉，李洪为驸马都尉，皆奉朝请；李邽为尚书，封衡为尚书郎，慕容德为张掖太守，燕国平叡为宣威将军，悉罗腾为三署郎；其余封授各有差。衡，裕之子也。

简文帝咸安二年春二月，冠军将军慕容垂言于秦王坚曰："臣叔父评，燕之恶来(革)〔辈〕也，不宜复污圣朝，愿陛下为燕戮之。"坚乃出评为范阳太守，燕之诸王悉补边郡。

臣光曰：古之人，灭人之国而人悦，何哉？为人除害故也。彼慕容评者，蔽君专政，忌贤疾功，愚暗贪虐，以丧其国，国亡不死，逃遁见擒。秦王坚不以为诛首，又从而宠秩之，是爱一人而不爱一国之人也，其失人心多矣。是以施恩于人而人莫之恩，尽诚于人而人莫之诚，卒于功名不遂，容身无所，由不得其道故也。

# 通鉴纪事本末卷第十六

## 慕容叛秦复燕　肥水之役　姚苌灭秦　慕容灭西燕

晋海西公太和四年。燕车骑大将军吴王垂奔秦。初,秦王坚闻太宰恪卒,阴有图燕之志,惮垂威名,不敢发。及闻垂至,大喜,郊迎,执手曰:“天生贤杰,必相与共成大功,此自然之数也。要当与卿共定天下,告成岱宗,然后还卿本邦,世封幽州,使卿去国不失为子之孝,归朕不失事君之忠,不亦美乎!”垂谢曰:“羁旅之臣,免罪为幸,本邦之荣,非所敢望。”坚复爱世子令及慕容楷之才,皆厚礼之,赏赐钜万,每进见,属目观之。关中士民素闻垂父子名,皆向慕之。王猛言于坚曰:“慕容垂父子譬如龙虎,非可驯之物,若借以风云,将不可复制,不如早除之。”坚曰:“吾方收揽英雄以清四海,奈何杀之?且其始来,吾已推诚纳之矣,匹夫犹不弃言,况万乘乎!”乃以垂为冠军将军,封宾徒侯,楷为积弩将军。

五年。秦王猛之克壶关也,黄门侍郎封孚问司徒长史申胤曰:“事将何如?”胤叹曰:“邺必亡矣,吾属今兹将为秦虏。然越得岁而吴伐之,卒受其祸。今福德在燕,秦虽得志,而燕之复建,不过一纪耳。”

初，秦王坚入邺宫，慕容垂见燕公卿、大夫及故时僚吏，有愠色。高弼密言于垂曰：“大王凭祖宗积累之资，负英杰高世之略，遭值迍厄，栖集外邦。今虽家国倾覆，安知其不为兴运之始邪？愚谓国之旧人，宜恢江海之量，有以慰结其心，以立覆篑之基，成九仞之功，奈何以一怒捐之，愚窃为大王不取也。”垂悦，从之。

燕故太史黄泓叹曰：“燕必中兴，其在吴王乎？恨吾老，不及见耳。”汲郡赵秋曰：“天道在燕而秦灭之，不及十五年，秦必复为燕有。”

慕容桓之子凤，年十一，阴有复仇之志，鲜卑、丁零有气干者皆倾身与之交结。权翼见而谓之曰：“儿方以才望自显，勿效尔父不识天命。”凤厉色曰：“先王欲建忠而不遂，此乃人臣之节。君侯之言，岂奖劝将来之义乎？”翼改容谢之，言于秦王坚曰：“慕容凤忼慨有才器，但狼子野心，恐终不为人用耳。”

简文帝咸安元年春正月，秦王坚徙关东豪杰及杂夷十五万户于关中，处乌桓于冯翊、北地，丁零翟斌于新安、渑池。

孝武帝宁康元年。有彗星出于尾、箕，长十余丈，经太微，扫东井，自四月始见，及秋冬不灭。秦太史令张孟言于秦王坚曰：“尾、箕燕分，东井秦分也。今彗起尾、箕而扫东井，十年之后，燕当灭秦，二十年之后，代当灭燕。慕容暐父子兄弟，我之仇敌，而布列朝廷，贵盛莫二，臣窃忧之，宜剪其魁杰者以消天变。”坚不听。

阳平公融上疏曰：“东胡跨据六州，南面称帝，陛下劳师累年，然后得之。本非慕义而来，今陛下亲而幸之，使其父子兄弟森然满朝，执权履职，势倾勋旧。臣愚以为狼虎之心，终不可养，星变如此,愿少留意。”坚报曰:“朕方混六合为一家,视夷狄为赤子,汝宜息虑,勿怀耿介。夫惟修德可以禳灾,苟能内求诸己,何惧外患乎?”

二年冬十二月,有人入秦明光殿大呼曰:“甲申、乙酉,鱼羊食人,悲哉无复遗!”秦王坚命执之,不获。秘书监朱彤、秘书侍郎略阳赵整固请诛诸鲜卑,坚不听。整,宦官也,博闻强记,能属文,好直言,上书及面谏前后五十余事。慕容垂夫人得幸于坚,坚与之同辇游于后庭,整歌曰:“不见雀来入燕室,但见浮云蔽白日。”坚改容谢之,命夫人下辇。

三年夏六月,秦清河武侯王猛寝疾,秦王坚亲为之祈南、北郊及宗庙、社稷,分遣侍臣遍祷河、岳诸神。猛疾少瘳,为之赦殊死以下。猛上疏曰:“不图陛下以臣之命而亏天地之德,开辟已来,未之有也。臣闻报德莫如尽言,谨以垂没之命,窃献遗款。伏惟陛下威烈振乎八荒,声教光乎六合,九州百郡,十居其七,平燕、定蜀,有如拾芥,夫善作者不必善成,善始者不必善终,是以古先哲王知功业之不易,战战兢兢,如临深谷。伏惟陛下追踪前圣,天下幸甚。”坚览之悲恸。秋七月,坚亲至猛第视疾,访以后事。猛曰:“晋虽僻处江南,然正朔相承,上下安和,臣没之后,愿勿以晋为图。鲜卑、西羌,我之仇敌,终为人患,宜渐除之,以便社稷。”言终而卒。坚比敛,三临哭,谓太子宏曰:“天不欲使吾平壹六合耶,何夺吾景略之速也?”葬之如汉霍光故事。

太元元年。阳平国常侍慕容绍私谓其兄楷曰:“秦恃其强大,务胜不休,北戍云中,南守蜀、汉,转运万里,道殣相望,兵疲于外,民困于内,危亡近矣。冠军叔仁智度英拔,必能恢复燕祚,吾属但当爱身以待时耳。”

二年春，高句丽、新罗、西南夷皆遣使入贡于秦。赵故将作功曹熊邈屡为秦王坚言石氏宫室器玩之盛，坚以邈为将作长史，领尚方丞，大修舟舰、兵器，饰以金银，颇极精巧。慕容农私言于慕容垂曰："自王猛之死，秦之法制日以颓靡，今又重之以奢侈，殃将至矣，图谶之言，行当有验。大王宜结纳英杰以承天意，时不可失也。"垂笑曰："天下事非尔所及。"

荆州刺史桓豁表兖州刺史朱序为梁州刺史，镇襄阳。

秋七月丁未，以尚书仆射谢安为司徒，安让不拜，复加侍中、都督扬豫徐兖青五州诸军事。丙辰，征西大将军荆州刺史桓豁卒。冬十月辛丑，以桓冲都督江荆梁益宁交广七州诸军事、领荆州刺史；以冲子嗣为江州刺史。又以五兵尚书王蕴都督江南诸军事、假节、领徐州刺史；征西司马领南郡相谢玄为兖州刺史、领广陵相、监江北诸军事。

桓冲以秦人强盛，欲移阻江南，奏自江陵徙镇上明，使冠军将军刘波守江陵，谘议参军杨亮守江夏。

王蕴固让徐州，谢安曰："卿居后父之重，不应妄自菲薄，以亏时遇。"蕴乃受命。初，中书郎郗超自以其父愔位遇应在谢安之右，而安入掌机权，愔优游散地，常愤邑形于辞色，由是与谢氏有隙。是时朝廷方以秦寇为忧，诏求文武良将可以镇御北方者，谢安以兄子玄应诏。超闻之，叹曰："安之明，乃能违众举亲；玄之才，足以不负所举。"众咸以为不然。超曰："吾尝与玄共在桓公府，见其使才，虽履屐间未尝不得其任，是以知之。"玄募骁勇之士，得彭城刘牢之等数人。以牢之为参军，常领精锐为前锋，战无不捷，时号"北府兵"，敌人畏之。

三年春二月，秦王坚遣征南大将军都督征讨诸军事守尚书令长乐公丕、武卫将军苟苌、尚书慕容暐帅步骑七万寇襄阳。以荆州刺史杨安帅樊邓之众为前锋，征虏将军始平石越帅精骑一万出鲁阳关，京兆尹慕容垂、扬武将军姚苌帅众五万出南乡，领军将军苟池、右将军毛当、强弩将军王显帅众四万出武当，会攻襄阳。夏四月，秦兵至沔北，梁州刺史朱序以秦无舟楫，不以为虞。既而石越帅骑五千浮渡汉水，序惶骇，固守中城，越克其外郭，获船百余艘以济余军。长乐公丕督诸将攻中城。序母韩氏闻秦兵将至，自登城履行，至西北隅，以为不固，帅百余婢及城中女丁筑邪城于其内。及秦兵至，西北隅果溃，众移守新城，襄阳人谓之夫人城。

恒冲在上明，拥众七万，惮秦兵之强不敢进。丕欲急攻襄阳，苟苌曰："吾众十倍于敌，糗粮山积，但稍迁汉、沔之民于许、洛，塞其运道，绝其援兵，譬如网中之禽，何患不获？而多杀将士，急求成功哉！"丕从之。慕容垂拔南阳，执太守郑裔，与丕会襄阳。

秋七月，秦兖州刺史彭超请攻沛郡太守戴逯于彭城，且曰："愿更遣重将攻淮南诸城，为征南棋劫之势，东西并进，丹阳不足平也。"秦王坚从之，使都督东讨诸军事。后将军俱难、右禁将军毛盛、洛州刺史邵保帅步骑七万寇淮阳、盱眙。超，越之弟；保，羌之从弟也。八月，彭超攻彭城。诏右将军毛虎生帅众五万镇姑孰以御秦兵。秦梁州刺史韦锺围魏兴太守吉挹于西城。

冬十二月，秦御史中丞李柔劾奏："长乐公丕等拥众十万，攻围小城，日费万金，久而无效，请征下廷尉。"秦王坚曰："丕等广费无成，实宜贬戮，但师已淹时，不可虚返，其特原之，令以成功赎罪。"使黄门侍郎韦华持节切让丕等，赐丕剑曰："来春不捷，汝可自裁，勿复持面见吾也。”

四年春正月，秦长乐公丕等得诏惶恐，乃命诸军并力攻襄阳。秦王坚欲自将攻襄阳，诏阳平公融以关东六州之兵会寿春，梁熙以河西之兵为后继。阳平公融谏曰：“陛下欲取江南，固当博谋熟虑，不可仓猝。若止取襄阳，又岂足亲劳大驾乎？未有动天下之众而为一城者，所谓‘以随侯之珠，弹千仞之雀’也。”梁熙谏曰：“晋主之暴，未如孙皓，江山险固，易守难攻。陛下必欲廓清江表，亦不过分命将帅，引关东之兵南临淮、泗，下梁、益之卒东出巴、峡，又何必亲屈銮辂，远幸沮泽乎！昔汉光武诛公孙述，晋武帝擒孙皓，未闻二帝自统六师，亲执枹鼓，蒙矢石也。”坚乃止。

诏冠军将军南郡相刘波帅众八千救襄阳，波畏秦，不敢进。朱序屡出战，破秦兵，引退稍远，序不设备。二月，襄阳督护李伯护密遣其子送款于秦，请为内应。长乐公丕命诸军进攻之。戊午克襄阳，执朱序送长安。秦王坚以序能守节，拜度支尚书；以李伯护为不忠，斩之。

秦将军慕容越拔顺阳，执太守谯国丁穆。坚欲官之，穆固辞不受。坚以中垒将军梁成为荆州刺史，配兵一万镇襄阳，选其才望，礼而用之。

桓冲以襄阳陷没，上疏送章、节，请解职，不许。诏免刘波官，俄复以为冠军将军。

兖州刺史谢玄帅众万余救彭城，军于泗口，欲遣间使报戴逯而不可得。部曲将田泓请没水潜行趣彭城，玄遣之。泓为秦人所获，厚赂之，使云南军已败。泓伪许之，既而告城中曰：“南军垂至，我单行来报，为贼所得，勉之！”秦人杀之。彭超置辎重于留城，谢玄扬声遣后军将军东海何谦向留城。超闻之，释彭城围，引兵还保辎重。戴逯帅彭城之众随谦奔玄，超遂据彭城，留兖州治中徐褒守之，南攻盱眙。俱难克淮阴，留邵保戍之。

夏四月，秦毛当、王显帅众二万自襄阳东会俱难、彭超攻淮南。五月乙丑，难、超拔盱眙，执高密内史毛璪之。秦兵六万围幽州刺史田洛于三阿，去广陵百里。朝廷大震，临江列戍，遣征虏将军谢石帅舟师屯涂中。石，安之弟也。

右卫将军毛安之等帅众四万屯堂邑。秦毛当、毛盛帅骑二万袭堂邑，安之等惊溃。兖州刺史谢玄自广陵救三阿。丙子，难、超战败，退保盱眙。六月戊子，玄与田洛帅众五万进攻盱眙，难、超又败，退屯淮阴。玄遣何谦等帅舟师乘潮而上，夜焚淮桥，邵保战死，难、超退屯淮北。玄与何谦、戴逯、田洛共追之，战于君川，复大破之，难、超北走，仅以身免。谢玄还广陵，诏进号冠军将军，加领徐州刺史。秦王坚闻之，大怒。秋七月，槛车征超下廷尉，超自杀。难削爵为民。以毛当为徐州刺史，镇彭城；毛盛为兖州刺史，镇胡陆；王显为扬州刺史，戍下邳。

谢安为宰相，秦人屡入寇，边兵失利，众心危惧，安每镇之以和静。其为政，务举大纲，不为小察。时人比安于王导，而谓其文雅过之。

五年夏五月，朝廷以秦兵之退为谢安、桓冲之功，拜安卫将军，与冲皆开府仪同三司。

六月，秦王坚召阳平公融为侍中、中书监、车骑大将军、司隶校尉、录尚书事，以征南大将军守尚书令长乐公丕为都督关东诸军事、征东大将军、冀州牧。坚以诸氐种类繁滋，秋七月，分三原、九嵕、武都、汧、雍氐十五万户，使诸宗亲各领之，散居方镇，如古诸侯。长乐公丕领氐三千户，以仇池氐酋射声校尉杨膺为征东左司马，九嵕氐酋长水校尉齐午为右司马，各领一千五百户，为长乐世卿。长乐国郎中令略阳垣敞为录事参军，侍讲扶风韦干为参军事，申绍为别驾。膺，丕之妃兄也。午，膺之妻父也。八月，分幽州置平州，以石越为平州刺史，镇龙城。中书令梁谠为幽州刺史，镇蓟城。抚军将军毛兴为都督河秦二州诸军事、河州刺史，镇枹罕。长水校尉王腾为并州刺史，镇晋阳。河、并二州，各配氐户三千。兴、腾并苻氏婚姻，氐之崇望也。平原公晖为都督豫洛荆南兖东豫扬六州诸军事、镇东大将军、豫州牧，镇洛阳；移洛州刺史治丰阳；以钜鹿公叡为雍州刺史，镇蒲坂；各配氐户三千二百。



坚送丕至灞上，诸氐别其父兄，皆恸哭，哀感路人。赵整因侍宴，援琴而歌曰："阿得脂，阿得脂，博劳舅父是仇绥，尾长翼短不能飞。远徙种人留鲜卑，一旦缓急当语谁？"坚笑而不纳。冬十二月，秦以左将军都贵为荆州刺史，镇彭城。置东豫州，以毛当为刺史，镇许昌。

六年春正月丁酉，以尚书谢石为仆射。冬十一月，秦荆州刺史都贵遣其司马阎振、中兵参军吴仲帅众二万寇竟陵。桓冲遣南平太守桓石虔、卫军参军桓石民等，帅水陆二万拒之。石民，石虔之弟也。十二月甲辰，石虔袭击振、仲，大破之，振、仲退保管城。石虔进攻之，癸亥，拔管城，获振、仲，斩首七千级，俘虏万人。诏封桓冲子谦为宜阳侯，以桓石虔领河东太守。



七年夏四月，秦王坚以阳平公融为司徒，融固辞不受。坚方谋伐晋，乃以融为征南大将军、开府仪同三司。

秋八月，秦王坚以谏议大夫裴元略为巴西、梓潼二郡太守，使密具舟师。

九月，桓冲使扬威将军朱绰击秦荆州刺史都贵于襄阳，焚践沔北屯田，掠六百余户而还。

冬十月，秦王坚会群臣于太极殿，议曰："自吾承业垂三十载，四方略定，唯东南一隅未沾王化。今略计吾士卒，可得九十七万，吾欲自将以讨之，何如？"秘书监朱肜曰："陛下恭行天罚，必有征无战，晋主不衔璧军门，则走死江海，陛下返中国士民，使复其桑梓，然后回舆东巡，告成岱宗，此千载一时也。"坚喜曰："是吾志也。"尚书左仆射权翼曰："昔纣为无道，三仁在朝，武王犹为之旋师。今晋虽微弱，未有大恶，谢安、桓冲皆江表伟人，君臣辑睦，内外同心。以臣观之，未可图也。"坚嘿然良久曰："诸君各言其志。"太子左卫率石越曰："今岁镇守斗，福德在吴，伐之必有天殃。且彼据长江之险，民为之用，殆未可伐也。"坚曰："昔武王伐纣，逆岁违卜，天道幽远，未易可知。夫差、孙晧皆保据江、湖，不免于亡。今以吾之众，投鞭于江，足断其流，又何险之足恃乎？"对曰："三国之君，皆淫虐无道，故敌国取之，易于拾遗。今晋虽无德，未有大罪，愿陛下且案兵积谷，以待其衅。"于是群臣各言利害，久之不决。坚曰："此所谓筑室道旁，无时可成。吾当内断于心耳。"

群臣皆出，独留阳平公融，谓之曰："自古定大事者，不过一二臣而已。今众言纷纷，徒乱人意，吾当与汝决之。"对曰："今伐晋有三难：天道不顺，一也；晋国无衅，二也；我数战兵疲，民有畏敌之心，三也。群臣言晋不可伐者，皆忠臣也，愿陛下听之。"坚作色曰："汝亦如此，吾复何望！吾强兵百万，资仗如山。吾虽未为令主，亦非暗劣。乘累捷之势，击垂亡之国，何患不克？岂可复留此残寇，使长为国家之忧哉！”融泣曰：“晋未可灭，昭然甚明。今劳师大举，恐无万全之功。且臣之所忧，不止于此。陛下宠育鲜卑、羌、羯，布满畿甸，此属皆我之深仇。太子独与弱卒数万留守京师，臣惧有不虞之变生于腹心肘腋，不可悔也。臣之顽愚，诚不足采，王景略一时英杰，陛下常比之诸葛武侯，独不记其临没之言乎？”坚不听。于是朝臣进谏者众，坚曰：“以吾击晋，校其强弱之势，犹疾风之扫秋叶，而朝廷内外皆言不可，诚吾所不解也。”太子宏曰：“今岁在吴分，又晋君无罪，若大举不捷，恐威名外挫，财力内竭，此群下所以疑也。”坚曰：“昔吾灭燕，亦犯岁而捷，天道固难知也。秦灭六国，六国之君岂皆暴虐乎？”

冠军、京兆尹慕容垂言于坚曰：“弱并于强，小并于大，此理势自然，非难知也。以陛下神武应期，威加海外，虎旅百万，韩、白满朝，而蕞尔江南，独违王命，岂可复留之，以遗子孙哉！诗云‘谋夫孔多，是用不集’，陛下断自圣心足矣，何必广询朝众。晋武平吴，所仗者张、杜二三臣而已，若从朝众之言，岂有混壹之功乎？”坚大悦曰：“与吾共定天下者，独卿而已。”赐帛五百匹。

坚锐意欲取江东，寝不能旦。阳平公融谏曰：“‘知足不辱，知止不殆’，自古穷兵极武，未有不亡者。且国家本戎狄也，正朔曾不归之。江东虽微弱仅存，然中华正统，天意必不绝之。”坚曰：“帝王历数，岂有常邪？惟德之所在耳。刘禅岂非汉之苗裔邪？终为魏所灭。汝所以不如吾者，正病此不达变通耳。”

坚素信重沙门道安，群臣使道安乘间进言。十一月，坚与道安同辇游于东苑，坚曰：“朕将与公南游吴、越，泛长江，临沧海，不亦乐乎？”安曰：“陛下应天御世，居中土而制四维，自足以比隆尧、舜，何必栉风沐雨，经略遐方乎？且东南卑湿，沴气易构，虞舜游而不归，大禹往而不复，何足以上劳大驾也。”坚曰：“天生烝民而树之君，使司牧之，朕岂敢惮劳，使彼一方独不被泽乎！必如公言，是古之帝王皆无征伐也。”道安曰：“必不得已，陛下宜驻跸洛阳，遣使者奉尺书于前，诸将总六师于后，彼必稽首入臣，不必亲涉江、淮也。”坚不听。

坚所幸张夫人谏曰：“妾闻天地之生万物，圣王之治天下，皆因其自然而顺之，故功无不成。是以黄帝服牛乘马，因其性也；禹浚九川，障九泽，因其势也；后稷播殖百谷，因其时也；汤、武帅天下而攻桀、纣，因其心也：皆有因则成，无因则败。今朝野之人皆言晋不可伐，陛下独决意行之，妾不知陛下何所因也。书曰‘天聪明自我民聪明’，天犹因民，而况人乎！妾又闻王者出师，必上观天道，下顺人心。今人心既不然矣，请验之天道。谚云：‘鸡夜鸣者不利行师，犬群嗥者宫室将空，兵动马惊军败不归。’自秋冬以来，众鸡夜鸣，群犬哀嗥，厩马多惊，武库兵器自动有声，此皆非出师之祥也。”坚曰：“军旅之事，非妇人所当预也。”

坚幼子中山公诜最有宠，亦谏曰：“臣闻国之兴亡，系贤人之用舍。今阳平公，国之谋主，而陛下违之，晋有谢安、桓冲，而陛下伐之，臣窃惑之。”坚曰：“天下大事，孺子安知。”

八年夏五月，桓冲帅众十万伐秦，攻襄阳。遣前将军刘波等攻沔北诸城。辅国将军杨亮攻蜀，拔五城，进攻涪城。鹰扬将军郭铨攻武当。六月，冲别将攻万岁、筑阳，拔之。秦王坚遣征南将军钜鹿公叡、冠军将军慕容垂等帅步骑五万救襄阳，兖州刺史张崇救武当，后将军张蚝、步兵校尉姚苌救涪城。叡军于新野，垂军于邓城。桓冲退屯沔南。秋七月，郭铨及冠军将军桓石虔败张崇于武当，掠二千户以归。钜鹿公叡遣慕容垂为前锋，进临沔水。垂夜命军士人持十炬系于树枝,光照数十里。冲惧,退还上明。张蚝出斜谷,杨亮引兵还。冲表其兄子石民领襄城太守,戍夏口。冲自求领江州刺史,诏许之。

秦王坚下诏大举入寇,民每十丁遣一兵,其良家子年二十已下有材勇者,皆拜羽林郎。又曰:“其以司马昌明为尚书左仆射,谢安为吏部尚书,桓冲为侍中;势还不远,可先为起第。”良家子至者三万余骑,拜秦州主簿金城赵盛之为少年都统。是时朝臣皆不欲坚行,独慕容垂、姚苌及良家子劝之。阳平公融言于坚曰:“鲜卑、羌虏,我之仇雠,常思风尘之变以逞其志,所陈策画,何可从也!良家少年皆富饶子弟,不闲军旅,苟为谄谀之言,以会陛下之意耳。今陛下信而用之,轻举大事,臣恐功既不成,仍有后患,悔无及也。”坚不听。

八月戊午,坚遣阳平公融督张蚝、慕容垂等步骑二十五万为前锋;以兖州刺史姚苌为龙骧将军,督益梁州诸军事。坚谓苌曰:“昔朕以龙骧建业,未尝轻以授人,卿其勉之!”左将军窦冲曰:“王者无戏言,此不祥之征也。”坚默然。

慕容楷、慕容绍言于慕容垂曰:“主上骄矜已甚,叔父建中兴之业,在此行也。”垂曰:“然。非汝,谁与成之!”

甲子,坚发长安戎卒六十余万,骑二十七万,旗鼓相望,前后千里。九月,坚至项城,凉州之兵始达咸阳,蜀、汉之兵方顺流而下,幽、冀之兵至于彭城,东西万里,水陆齐进,运漕万艘。阳平公融等兵三十万,先至颍口。

诏以尚书仆射谢石为征虏将军、征讨大都督,以徐兖二州刺史谢玄为前锋都督,与辅国将军谢琰、西中郎将桓伊等众共八万拒之,使龙骧将军胡彬以水军五千援寿阳。琰,安之子也。

是时秦兵既盛，都下震恐。谢玄入问计于谢安，安夷然，答曰："已别有旨。"既而寂然。玄不敢复言，乃令张玄重请。安遂命驾出游山墅，亲朋毕集，与玄围棋赌墅。安棋常劣于玄，是日玄惧，便为敌手而又不胜。安遂游陟，至夜乃还。桓冲深以根本为忧，遣精锐三千入援京师。谢安固却之，曰："朝廷处分已定，兵甲无阙，西藩宜留以为防。"冲对佐吏叹曰："谢安石有庙堂之量，不闲将略。今大敌垂至，方游谈不暇，遣诸不经事少年拒之，众又寡弱，天下事已可知，吾其左衽矣！"

冬十月，秦阳平公融等攻寿阳，癸酉，克之，执平虏将军徐元喜等。融以其参军河南郭褒为淮南太守。慕容垂拔郧城。胡彬闻寿阳陷，退保硖石，融进攻之。秦卫将军梁成等帅众五万屯于洛涧，栅淮以遏东兵。谢石、谢玄等去洛涧二十五里而军，惮成，不敢进。胡彬粮尽，潜遣使告石等曰："今贼盛粮尽，恐不复见大军。"秦人获之，送于阳平公融。融驰使白秦王坚曰："贼少易擒，但恐逃去，宜速赴之。"坚乃留大军于项城，引轻骑八千兼道就融于寿阳。遣尚书朱序来说谢石等以"强弱异势，不如速降"。序私谓石等曰："若秦百万之众尽至，诚难与为敌。今乘诸军未集，宜速击之。若败其前锋，则彼已夺气，可遂破也。"

石闻坚在寿阳，甚惧，欲不战以老秦师。谢琰劝石从序言。十一月，谢玄遣广陵相刘牢之帅精兵五千趣洛涧，未至十里，梁成阻涧为陈以待之。牢之直前渡水，击成，大破之，斩成及弋阳太守王咏。又分兵断其归津，秦步骑崩溃，争赴淮水，士卒死者万五千人，执秦扬州刺史王显等，尽收其器械军实。于是谢石等诸军，水陆继进。秦王坚与阳平公融登寿阳城望之，见晋兵部阵严整，又望见八公山上草木皆以为晋兵，顾谓融曰："此亦勍敌，何谓弱也!”怃然始有惧色。

秦兵逼肥水而陈,晋兵不得渡。谢玄遣使谓阳平公融曰:“君悬军深入,而置陈逼水,此乃持久之计,非欲速战者也。若移陈小却,使晋兵得渡,以决胜负,不亦善乎?”秦诸将皆曰:“我众彼寡,不如遏之,使不得上,可以万全。”坚曰:“但引兵少却,使之半渡,我以铁骑蹙而杀之,蔑不胜矣。”融亦以为然,遂麾兵使却。秦兵遂退,不可复止。谢玄、谢琰、桓伊等引兵渡水击之。融驰骑略陈,欲以帅退者,马倒,为晋兵所杀,秦兵遂溃。玄等乘胜追击,至于青冈,秦兵大败,自相蹈藉而死者,蔽野塞川。其走者闻风声鹤唳,皆以为晋兵且至,昼夜不敢息,草行露宿,重以饥冻,死者什七八。初,秦兵小却,朱序在陈后呼曰:“秦兵败矣!”众遂大奔。序因与张天锡、徐元喜皆来奔,复取寿阳,执其淮南太守郭褒。

坚中流矢,单骑走至淮北,饥甚,民有进壶飧、豚髀者,坚食之,赐绵帛。辞曰:“陛下厌苦安乐,自取危困。臣为陛下子,陛下为臣父,安有子饲其父而求报乎!”弗顾而去。坚谓张夫人曰:“吾今复何面目治天下乎!”潸然流涕。

是时,诸军皆溃,惟慕容垂所将三万人独全,坚以千余骑赴之。世子宝言于垂曰:“家国倾覆,天命人心皆归至尊,但时运未至,故晦迹自藏耳。今秦主兵败,委身于我,是天借之便以复燕祚。此时不可失也,愿不以意气微恩忘社稷之重。”垂曰:“汝言是也。然彼以赤心投命于我,若之何害之!天苟弃之,何患不亡。不若保护其危以报德,徐俟其衅而图之,既不负宿心,且可以义取天下。”奋威将军慕容德曰:“秦强而并燕,秦弱而图之,此为报仇雪耻,非负宿心也。兄奈何得而不取,释数万之众以授人乎？”垂曰：“吾昔为太傅所不容，置身无所，逃死于秦，秦主以国士遇我，恩礼备至。后复为王猛所卖，无以自明，秦主独能明之。此恩何可忘也！若氐运必穷，吾当怀集关东以复先业耳，关西会非吾有也。”冠军行参军赵秋曰：“明公当绍复燕祚，著于图谶。今天时已至，尚复何待？若杀秦主，据邺都，鼓行而西，三秦亦非苻氏之有也。”垂亲党多劝垂杀坚，垂皆不从，悉以兵授坚。平南将军慕容暐屯郧城，闻坚败，弃其众遁去。至荥阳，慕容德复说暐起兵以复燕祚，暐不从。

谢安得驿书，时方与客围棋，摄书置床上，了无喜色，围棋如故。客问之，徐答曰：“小儿辈遂已破贼。”既罢，还内，过户限，不觉屐齿之折。丁亥，谢石归建康。乙未，以张天锡为散骑常侍，朱序为琅邪内史。

秦王坚收集离散，比至洛阳，众十余万，百官、仪物、军容粗备。慕容农谓慕容垂曰：“尊不迫人于险，其义声足以感动天地。农闻秘记曰‘燕复兴当在河阳’。夫取果于未熟与自落，不过晚旬日之间，然其难易美恶，相去远矣。”垂心善其言，行至渑池，言于坚曰：“北鄙之民，闻王师不利，轻相扇动，臣请奉诏书以镇慰安集之，因过谒陵庙。”坚许之。权翼谏曰：“国兵新破，四方皆有离心，宜征集名将，置之京师，以固根本，镇枝叶。垂勇略过人，世豪东夏，顷以避祸而来，其心岂止欲作冠军而已哉！譬如养鹰，饥则附人，每闻风飙之起，常有陵霄之志，正宜谨其绦笼，岂可解纵，任其所欲哉！”坚曰：“卿言是也，然朕已许之，匹夫犹不食言，况万乘乎！若天命有废兴，固非智力所能移也。”翼曰：“陛下重小信而轻社稷，臣见其往而不返，关东之乱，自此始矣。”坚不听，遣将军李蛮、闵亮、尹国帅众三千送垂。又遣骁骑将军石越帅精卒三千戍邺，骠骑将军张蚝帅羽林五千戍并州，镇军将军毛当帅众四千戍洛阳。权翼密遣壮士邀垂于河桥南空仓中，垂疑之，自凉马台结草筏以渡，使典军程同衣己衣，乘己马，与僮仆趣河桥。伏兵发，同驰马获免。

十二月，秦王坚至长安，哭阳平公融而后入，谥曰哀公。大赦，复死事者家。

庚午，大赦。以谢石为尚书令。进谢玄号前将军，固让不受。

慕容垂至安阳，遣参军田山修笺于长乐公丕。丕闻垂北来，疑其欲为乱，然犹身自迎之。赵秋劝垂于座取丕，因据邺起兵，垂不从。丕谋袭击垂，侍郎天水姜让谏曰："垂反形未著，而明公擅杀之，非臣子之义。不如待以上宾之礼，严兵卫之，密表情状，听敕而后图之。"丕从之，馆垂于邺西。垂潜与燕之故臣谋复燕祚。会丁零翟斌起兵叛秦，谋攻豫州牧平原公晖于洛阳，秦王坚驿书使垂将兵讨之。石越言于丕曰："王师新败，民心未安，负罪亡匿之徒，思乱者众，故丁零一唱，旬日之中，众已数千，此其验也。慕容垂燕之宿望，有兴复旧业之心，今复资之以兵，此为虎傅翼也。"丕曰："垂在邺，如藉虎寝蛟，常恐为肘腋之变。今远之于外，不犹愈乎？且翟斌凶悖，必不肯为垂下，使两虎相毙，吾从而制之，此卞庄子之术也。"乃以羸兵二千及铠仗之弊者给垂，又遣广武将军苻飞龙帅氐骑一千为垂之副。密戒飞龙曰："垂为三军之帅，卿为谋垂之将，行矣，勉之！"

垂请入邺城拜庙，丕弗许，乃潜服而入。亭吏禁之，垂怒，斩吏烧亭而去。石越言于丕曰："垂敢轻侮方镇，杀吏烧亭，反形已露，可因此除之。"丕曰："淮南之败，垂侍卫乘舆，此功不可忘也。”越曰：“垂尚不忠于燕，安能尽忠于我？失今不取，必为后患。”丕不从。越退告人曰：“公父子好为小仁，不顾大计，终当为人擒耳。”

垂留慕容农、慕容楷、慕容绍于邺，行至安阳之汤池，闵亮、李毗自邺来，以丕与苻飞龙所谋告垂。垂因激怒其众曰：“吾尽忠于苻氏，而彼专欲图吾父子，吾虽欲已，得乎！”乃托言兵少，停河内募兵，旬日间有众八千。

平原公晖遣使让垂，趣使进兵。垂谓飞龙曰：“今寇贼不远，当昼止夜行，袭其不意。”飞龙以为然。壬午夜，垂遣世子宝将兵居前，少子隆勒兵从己，令氐兵五人为伍。阴与宝约，闻鼓声，前后合击氐兵及飞龙，尽杀之，参佐家在西者皆遣还，并以书遗秦王坚，言所以杀飞龙之故。

初，垂从坚入邺，以其子麟屡尝告变于燕，立杀其母，然犹不忍杀麟，置之外舍，希得侍见。及杀苻飞龙，麟屡进策画，启发垂意，垂更奇之，宠待与诸子均矣。

慕容凤及燕故臣之子燕郡王腾、辽西段延等闻翟斌起兵，各帅部曲归之。平原公晖使武平武侯毛当讨斌。慕容凤曰：“凤今将雪先王之耻，请为将军斩此氐奴。”乃擐甲直进，丁零之众随之，大败秦兵，斩毛当，遂进攻陵云台戍，克之，收万余人甲仗。

癸未，慕容垂济河焚桥，有众三万，留辽东鲜卑可足浑谭集兵于河内之沙城。垂遣田山如邺，密告慕容农等使起兵相应。时日已暮，农与慕容楷留宿邺中，慕容绍先出，至蒲池，盗丕骏马数百匹以待农、楷。甲申晦，农、楷将数十骑微服出邺，遂同奔列人。

九年春正月乙酉朔，秦长乐公丕大会宾客，请慕容农不得，始觉有变，遣人四出求之，三日，乃知其在列人，已起兵矣。

慕容凤、王腾、段延皆劝翟斌奉慕容垂为盟主，斌从之。垂欲袭洛阳，且未知斌之诚伪，乃拒之曰："吾来救豫州，不来赴君。君既建大事，成享其福，败受其祸，吾无预焉。"丙戌，垂至洛阳，平原公晖闻其杀苻飞龙，闭门拒之。翟斌复遣长史郭通往说垂，垂犹未许。通曰："将军所以拒通者，岂非以翟斌兄弟山野异类，无奇才远略，必无所成故邪？独不念将军今日凭之，可以济大业乎！"垂乃许之。于是斌帅其众来与垂会，劝垂称尊号。垂曰："新兴侯，吾主也，当迎归返正耳。"



垂以洛阳四面受敌，欲取邺而据之，乃引兵而东。故扶馀王馀蔚为荥阳太守，及昌黎鲜卑卫驹各帅其众降垂。垂至荥阳，群下固请上尊号，垂乃依晋中宗故事，称大将军、大都督、燕王，承制行事，谓之统府。群下称臣，文表奏诰，封拜官爵，皆如王者。以弟德为车骑大将军，封范阳王；兄子楷为征西大将军，封太原王；翟斌为建义大将军，封河南王；馀蔚为征东将军、统府左司马，封扶馀王；卫驹为鹰扬将军；慕容凤为建策将军。帅众二十余万，自石门济河，长驱向邺。

慕容农之奔列人也，止于乌桓鲁利家，利为之置馔，农笑而不食。利谓其妻曰："恶奴，郎贵人，家贫无以馔之，奈何？"妻曰："郎有雄才大志，今无故而至，必将有异，非为饮食来也。君亟出远望，以备非常。"利从之。农谓利曰："吾欲集兵列人以图兴复，卿能从我乎？"利曰："死生唯郎是从。"农乃诣乌桓张骧，说之曰："家王已举大事，翟斌等咸相推奉，远近响应，故来相告耳。"骧再拜曰："得旧主而奉之，敢不尽死。"于是农驱列人居民为士卒，斩桑榆为兵，裂襜裳为旗。使赵秋说屠各毕聪，聪与屠各卜胜、张延、李白、郭超及东夷馀和、敕勃、易阳乌桓刘大，各帅部众数千赴之。农假张骧辅国将军，刘大安远将军，鲁利建威将军。农自将攻破馆陶，收其军资器械，遣兰汗、段讚、赵秋、慕舆悕略取康台牧马数千匹。汗，燕王垂之从舅；讚，聪之子也。于是步骑云集，众至数万，骧等共推农为使持节、都督河北诸军事、骠骑大将军，监统诸将，随才部署，上下肃然。农以燕王垂未至，不敢封赏将士。赵秋曰："军无赏，士不往。今之来者，皆欲建一时之功，规万世之利，宜承制封拜，以广中兴之基。"农从之，于是赴者相继，垂闻而善之。农西招库傉官伟于上党，东引乞特归于东阿，北召光烈将军平叡及叡兄汝阳太守幼于燕国，伟等皆应之。又遣兰汗等攻顿丘，克之。农号令整肃，军无私掠，士女喜悦。

长乐公丕使石越将步骑万余讨之。农曰："越有智勇之名，今不南拒大军而来此，是畏王而陵我也，必不设备，可以计取之。"众请治列人城，农曰："善用兵者，结士以心，不以异物。今起义兵，唯敌是求，当以山河为城池，何列人之足治也。"辛卯，越至列人西，农使赵秋及参军綦毋滕击越前锋，破之。参军太原赵谦言于农曰："越甲仗虽精，人心危骇，易破也，宜急击之。"农曰："彼甲在外，我甲在心。昼战，则士卒见其外貌而惮之，不如待暮击之，可以必克。"令军士严备以待，毋得妄动。越立栅自固，农笑谓诸将曰："越兵精士众，不乘其初至之锐以击我，方更立栅，吾知其无能为也。"向暮，农鼓噪出，陈于城西。牙门刘木请先攻越栅，农笑曰："凡人见美食，谁不欲之，何得独请！然汝猛锐可嘉，当以先锋惠汝。"木乃帅壮士四百腾栅而入，秦兵披靡，农督大众随之，大败秦兵，斩越，送首于垂。越与毛当，皆秦之骁将也，故秦王坚使助二子镇守；既而相继败没，人情骚动，所在盗贼群起。

庚戌，燕王垂至邺，改秦建元二十年为燕元年，服色朝仪皆如旧章。以前岷山公库傉官伟为左长史，前尚书段崇为右长史，荥阳郑豁等为从事中郎。慕容农引兵会垂于邺，垂因其所称之官而授之。立世子宝为太子，封从弟拔等十七人及甥宇文输、舅子兰审皆为王，其余宗族及功臣封公者三十七人，侯、伯、子、男者八十九人。可足浑谭集兵得二万余人，攻野王，拔之，引兵会攻邺。平幼及弟叡、规亦帅众数万会垂于邺。



长乐公丕使姜让诮让燕王垂，且说之曰："过而能改，今犹未晚也。"垂曰："孤受主上不世之恩，故欲安全长乐公，使尽众赴京师，然后修复国家之业，与秦永为邻好。何故暗于机运，不以邺城见归？若迷而不复，当穷极兵势，恐单马求生亦不可得也。"让厉色责之曰："将军不容于家国，投命圣朝，燕之尺土，将军岂有分乎？主上与将军风殊类别，一见倾心，亲如宗戚，宠逾勋旧，自古君臣际遇有如是之厚者乎？一旦因王师小败，遽有异图。长乐公，主上元子，受分陕之任，宁可束手输将军以百城之地乎？将军欲裂冠毁冕，自可极其兵势，奚更云云。但惜将军以七十之年，悬首白旗，高世之忠，更为逆鬼耳。"垂默然。左右请杀之，垂曰："彼各为其主耳，何罪？"礼而归之，遗丕书及上秦王坚表，陈述利害，请送丕归长安。坚及丕怒，复书切责之。



壬子，燕王垂攻邺，拔其外郭，长乐公丕退守中城。关东六州郡县多送任请降于燕。癸丑，垂以陈留王绍行冀州刺史，屯广阿。

桓冲闻谢玄等有功，自以失言，惭恨成疾而卒。

二月，燕王垂引丁零、乌桓之众二十余万，为飞梯、地道以攻邺，不拔，乃筑长围守之，分处老弱于肥乡，筑新兴城以置辎重。燕范阳王德击秦枋头，取之，置戍而还。东胡王晏据馆陶，为邺中声援，鲜卑、乌桓及郡县民据坞壁不从燕者尚众。燕王垂遣太原王楷与镇南将军陈留王绍讨之。楷谓绍曰："鲜卑、乌桓及冀州之民本皆燕臣，今大业始尔，人心未洽，所以小异。唯宜绥之以德，不可震之以威。吾当止一处，为军声之本，汝巡抚民夷，示以大义，彼必当听从。"楷乃屯于辟阳。绍帅骑数百往说王晏，为陈祸福，晏随绍诣楷降。于是鲜卑、乌桓及坞民降者数十万口。楷留其老弱，置守宰以抚之，发其丁壮十余万，与王晏诣邺。垂大悦曰："汝兄弟才兼文武，足以继先王矣。"

三月，秦北地长史慕容泓闻燕王垂攻邺，亡奔关东，收集鲜卑，众至数千，还屯华阴，败秦将军强永，其众遂盛，自称都督陕西诸军事、大将军、雍州牧、济北王。推垂为丞相、都督陕东诸军事、领大司马、冀州牧、吴王。

秦王坚谓权翼曰："不用卿言，使鲜卑至此。关东之地，吾不复与之争，将若泓何？"乃以广平公熙为雍州刺史，镇蒲坂。征雍州牧钜鹿公叡为都督中外诸军事、卫大将军、录尚书事，配兵五万，以左将军窦冲为长史，龙骧将军姚苌为司马，以讨泓。

平阳太守慕容冲亦起兵于平阳，有众二万，进攻蒲坂。坚使窦冲讨之。

库傉官伟帅营部数万至邺，燕王垂封伟为安定王。

秦冀州刺史阜城侯定守信都，高城男绍在其国，高邑侯亮、重合侯谟守常山，固安侯鉴守中山。燕王垂遣前将军乐浪王温督诸军攻信都，不克；夏四月丙辰，遣抚军大将军麟益兵助之。

定、鉴，秦王坚之从叔；绍、谟，从弟；亮，从子也。温，燕王垂之弟子也。

慕容泓闻秦兵且至，惧，帅众将奔关东。秦钜鹿愍公叡粗猛轻敌，欲驰兵邀之。姚苌谏曰："鲜卑皆有思归之志，故起而为乱，宜驱令出关，不可遏也。夫执鼷鼠之尾，犹能反噬于人，彼自知困穷，致死于我，万一失利，悔将何及。但可鸣鼓随之，彼将奔败不暇矣。"叡弗从。战于华泽，叡兵败，为泓所杀。苌遣龙骧长史赵都、参军姜协诣秦王坚谢罪，坚怒杀之。苌惧，奔渭北马牧，于是天水尹纬、尹详、南安庞演等纠扇羌豪，帅其户口归苌者五万余家，推苌为盟主。苌自称大将军、大单于、万年秦王，大赦，改元白雀。以尹详、庞演为左、右长史，南安姚晃及尹纬为左、右司马，天水狄伯支等为从事中郎，姜训等为掾属，王据等为参军，王钦卢、姚方成等为将帅。



秦窦衝击慕容冲于河东，大破之，冲帅鲜卑骑八千奔慕容泓。泓众至十余万，遣使谓秦王坚曰："吴王已定关东，可速资备大驾，奉送家兄皇帝，泓当帅关中燕人翼卫乘舆，还返邺都，与秦以虎牢为界，永为邻好。"坚大怒，召慕容暐责之曰："今泓书如此，卿欲去者，朕当相资。卿之宗族，可谓人面兽心，不可以国士期也。"暐叩头流血，涕泣陈谢。坚久之曰："此自三竖所为，非卿之过。"复其位，待之如初。命暐以书招谕泓、冲及垂。暐密遣使谓泓曰："吾笼中之人，必无还理，且燕室之罪人也，不足复顾。汝勉建大业，以吴王为相国，中山王为太宰、领大司马，汝可为大将军、领司徒，承制封拜，听吾死问，汝便即尊位。"泓于是进向长安，改元燕兴。



燕王垂以邺城犹固，会寮佐议之。右司马封衡请引漳水灌之，从之。垂行围，因饮于华林园，秦人密出兵掩之，矢下如雨，垂几不得出，冠军大将军隆将骑冲之，垂仅而得免。

五月，秦苻定、苻绍皆降于燕。燕慕容麟引兵西攻常山。后秦王苌进屯北地，秦华阴、北地、新平、安定羌胡降之者十余万。

六月，秦王坚自帅步骑二万以击后秦军于赵氏坞，使护军将军杨璧等分道攻之。后秦兵屡败，斩后秦王苌之弟镇军将军尹买。后秦军中无井，秦人塞安公谷，堰同官水以困之。后秦人恟惧，有渴死者。会天大雨，后秦营中水三尺，绕营百步之外，寸余而已，后秦军复振。秦王坚叹曰："天亦佑贼乎！"

慕容泓谋臣高盖等以泓德望不如慕容冲，且持法苛峻，乃杀泓立冲为皇太弟，承制行事，置百官，以高盖为尚书令。后秦王苌遣其子嵩为质于冲以请和。

后秦王苌帅众七万击秦。秦王坚遣杨璧等拒之，为苌所败，获杨璧及右将军徐成、镇军将军毛盛等将吏数十人，苌皆礼而遣之。

燕慕容麟拔常山，秦苻亮、苻谟皆降。麟进围中山，秋七月，克之，执苻鉴。麟威声大振，留屯中山。

秦幽州刺史王永、平州刺史苻冲帅二州之众以击燕。燕王垂遣宁朔将军平规击永，永遣昌黎太守宋敞逆战于范阳，敞兵败，规进据蓟南。

秦平原公晖帅洛阳、陕城之众七万归于长安。

秦王坚闻慕容冲去长安浸近，乃引兵归，遣抚军大将军高阳公方戍骊山，拜平原公晖为都督中外诸军事，配兵五万以拒冲。冲与晖战于郑西，大破之。坚又遣前将军姜宇与少子河间公琳帅众三万拒冲于灞上，琳、宇皆败死。冲遂据阿房城。

燕翟斌与秦长乐公丕通谋，垂杀斌，翟真奔邯郸。事见丁零叛燕。

八月，邺中刍粮俱尽，削松木以饲马。燕王垂谓诸将曰："苻丕穷寇，必无降理。不如退屯新城，开丕西归之路，以谢秦王畴昔之恩，且为讨翟真之计。"丙寅夜，垂解围趋新城，遣慕容农徇清河、平原，征督租赋。农明立约束，均适有无，军令严整，无所侵暴，由是谷帛属路，军资丰给。

秦王永求救于振威将军刘库仁，库仁遣其妻兄公孙希帅骑三千救之，大破平规于蓟南，乘胜长驱，进据唐城，与慕容麟相持。九月，慕容冲进逼长安，秦王坚登城观之，叹曰："此虏何从出哉！"大呼责冲曰："奴何苦来送死！"冲曰："奴厌奴苦，欲取汝为代耳。"冲少有宠于坚，坚遣使以锦袍称诏遗之。冲遣詹事称皇太弟令答之曰："孤今心在天下，岂顾一袍小惠。苟能知命，君臣束手，早送皇帝，自当宽贷苻氏以酬曩好。"坚大怒曰："吾不用王景略、阳平公之言，使白虏敢至于此。"

冬十月，秦长乐公丕遣宦者冗从仆射清河光祚将兵数百赴中山，与燕叛将翟真相结。又遣阳平太守邵兴将数千骑招集冀州故郡县，与光祚期会襄国。是时燕军疲弊，秦势复振，冀州郡县皆观望成败。赵郡人赵栗等起兵柏乡以应兴。燕王垂遣冠军大将军隆、龙骧将军张崇将兵邀击兴，命骠骑大将军农自清河引兵会之。隆与兴战于襄国，大破之，兴走至广阿，遇农，执之。光祚闻之，循西山走归邺。隆遂击赵栗等，皆破之，冀州郡县复从燕。

刘库仁闻公孙希已破平规，欲大举兵以救长乐公丕，发雁门、上谷、代郡兵屯繁畤。燕太子太保慕舆句之子文、零陵公慕舆虔之子常时在库仁所，知三郡兵不乐远征，因作乱，夜攻库仁，杀之，窃其骏马奔燕。公孙希之众闻乱自溃。

秦长乐公丕遣光祚及参军封孚召骠骑将军张蚝、并州刺史王腾于晋阳以自救，蚝、腾以众少不能赴。丕进退路穷，谋于僚佐。司马杨膺请自归于晋，丕未许。会谢玄遣龙骧将军刘牢之等据碻磝，济阳太守郭满据滑台，将军颜肱、刘袭军于河北，丕遣将军桑据屯黎阳以拒之。〔刘袭夜袭据，走之，遂克黎阳。〕丕惧，乃遣从弟就与参军焦逵请救于玄，致书称"欲假途求粮，西赴国难，须援军既接，以邺与之。若西路不通，长安陷没，请帅所领保守邺城"。逵与参军姜让密谓杨膺曰："今丧败如此，长安阻绝，存亡不可知。屈节竭诚以求粮援，犹惧不获，而公豪气不除，方设两端，事必无成。宜正书为表，许以王师之至，当致身南归；如其不从，可逼缚与之。"膺自以力能制丕，乃改书而遣之。

后秦王苌闻慕容冲攻长安，会群僚议进止，皆曰："大王宜先取长安，建立根本，然后经营四方。"苌曰："不然。燕人因其众有思归之心以起兵，若得其志，必不久留关中，吾当移屯岭北，广牧资实，以待秦亡燕去，然后拱手取之耳。"乃留其长子兴守北地，使宁北将军姚穆守同官川，自将其众攻新平。

初，新平人杀其郡将，秦王坚缺其城角以耻之，新平民望深以为病，欲立忠义以雪之。及后秦王苌至新平，新平太守南安苟辅欲降之，郡人辽西太守冯傑、莲勺令冯羽、尚书郎赵义、汶山太守冯苗谏曰："昔田单以一城存齐。今秦之州镇犹连城过百，奈何遽为叛臣乎？"辅喜曰："此吾志也，但恐久而无救，郡人横被无辜。诸君能尔，吾岂顾生哉！"于是凭城固守。后秦为土山地道，辅亦于内为之，或战地下，或战山上，后秦之众死者万余人。

辅诈降以诱苌，苌将入城，觉之而返。辅伏兵邀击，几获之，又杀万余人。

鲜卑在长安城中者犹千余人，慕容绍之兄肃与慕容暐阴谋结鲜卑为乱。十二月，暐白坚以其子新昏，请坚幸其家，置酒，欲伏兵杀之。坚许之，会天大雨，不果往。事觉，坚召暐及肃，肃曰："事必泄矣，入则俱死。今城内已严，不如杀使者驰出，既得出门，大众便集。"暐不从，遂俱入。坚曰："吾相待何如，而起此意？"暐饰辞以对。肃曰："家国事重，何论意气！"坚先杀肃，乃杀暐及其宗族，城内鲜卑无少长、男女皆杀之。燕王垂幼子柔养于宦者宋牙家，为牙子，故得不坐，与太子宝之子盛乘间得出，奔慕容冲。

燕王垂以秦长乐公丕犹据邺不去，乃更引兵围邺，开其西走之路。焦逵见谢玄，玄欲征丕任子然后出兵。逵固陈丕款诚，并述杨膺之意，玄乃遣刘牢之、滕恬之等帅众二万救邺。丕告饥，玄水陆运米二千斛以馈之。

十年春正月，秦王坚朝飨群臣。时长安饥，人相食，诸将归，吐肉以饲妻子。

慕容冲即皇帝位于阿房，改元更始。冲有自得之志，赏罚任情。慕容盛年十三，谓慕容柔曰："夫十人之长，亦须才过九人，然后得安。今中山王才不逮人，功未有成，而骄汰已甚，殆难济乎！"

后秦王苌留诸将攻新平，自引兵击安定，擒秦安西将军勃海公珍，岭北诸城悉降之。

甲寅，秦王坚与西燕主冲战于仇班渠，大破之。乙卯，战于雀桑，又破之。甲子，战于白渠，秦兵大败，西燕兵围秦王坚，殿中将军邓迈等力战却之，坚乃得免。壬申，冲遣尚书令高盖夜袭长安，入其南城，左将军窦衝、前禁将军李辩等击破之，斩首八百级，分其尸而食之。乙亥，高盖引兵攻渭北诸垒，太子宏与战于成贰壁，大破之，斩首三万。二月癸未，秦王坚与西燕主冲战于城西，大破之，追奔至阿城，诸将请乘胜入城，坚恐为冲所掩，引兵还。

刘牢之至枋头，杨膺、姜让谋泄，长乐公丕收杀之，牢之闻之，盘桓不进。

秦平原悼公晖数为西燕主冲所败，秦王坚让之曰："汝，吾之才子也，拥大众与白虏小儿战而屡败，何用生为！"三月，晖愤恚自杀。

西燕主冲攻秦高阳愍公方于骊山，杀之，执秦尚书韦锺，以其子谦为冯翊太守，使招集三辅之民。冯翊垒主邵安民等责谦曰："君雍州望族，今乃从贼，与之为不忠不义，何面目以行于世乎？"谦以告锺，锺自杀，谦来奔。

秦左将军苟池、右将军俱石子与西燕主冲战于骊山，兵败。西燕将军慕容永斩苟池，俱石子奔邺。永，廆弟运之孙；石子，难之弟也。秦王坚遣领军将军杨定击冲，大破之，虏鲜卑万余人而还，悉坑之。

三月，燕王垂攻邺，久不下，将北诣冀州，乃命抚军大将军麟屯信都，乐浪王温屯中山，召骠骑大将军农还邺。于是远近闻之，以燕为不振，颇怀去就。农至高邑，遣从事中郎眭邃近出，违期不还。长史李攀言于农曰："邃目下参佐，敢欺罔不还，请回军讨之。"农不应，敕备假版，以邃为高阳太守，参佐家在赵北者，悉假署遣归。凡举补太守三人，长史二十余人，退谓攀曰："君所见殊误，当今岂可自相鱼肉。俟吾北还，邃等自当迎于道左，君但观之。”

乐浪王温在中山，兵力甚弱，丁零四布，分据诸城。温谓诸将曰：“以吾之众，攻则不足，守则有余。骠骑、抚军，首尾连兵，会须灭贼，但应聚粮厉兵以俟时耳。”于是抚旧招新，劝课农桑，民归附者相继，郡县壁垒争送军粮，仓库充溢。翟真夜袭中山，温击破之，自是不敢复至。温乃遣兵一万运粮以饷垂，且营中山宫室。

刘牢之攻燕黎阳太守刘抚于孙就栅，燕王垂留慕容农守邺围，自引兵救之。秦长乐公丕闻之，出兵乘虚夜袭燕营，农击败之。刘牢之与垂战，不胜，退屯黎阳，垂复还邺。

夏四月，刘牢之进兵至邺，燕王垂逆战而败，遂撤围，退屯新城。乙卯，自新城北遁。牢之不告秦长乐公丕，即引兵追之。丕闻之，发兵继进。庚申，牢之追及垂于董唐渊。垂曰：“秦、晋瓦合，相待为强，一胜则俱豪，一失则俱溃，非同心也。今两军相继，势既未合，宜急击之。”牢之军疾趋二百里，至五桥泽，争燕辎重，垂邀击，大破之，斩首数千级。牢之单马走，会秦救至，得免。

邺中饥甚，秦长乐公丕帅众就晋谷于枋头。刘牢之入屯邺城，收集亡散，兵复少振。坐军败，征还。

燕、秦相持经年，幽、冀大饥，人相食，邑落萧条。燕之军士多饿死，燕王垂禁民养蚕，以桑椹为军粮。

垂将北趣中山，以骠骑大将军农为前驱，前所假授吏眭邃等皆来迎候，上下如初，李攀乃服农之智略。

新平粮竭矢尽，外救不至，后秦王苌使人谓苟辅曰：“吾方以义取天下，岂仇忠臣邪！卿但帅城中之人还长安，吾正欲得此城耳。”辅以为然，帅民五千口出城，苌围而坑之，男女无遗。独冯杰子终得脱，奔长安。秦王坚追赠辅等官爵，皆谥曰节愍侯，以终为新平太守。

五月，西燕主冲攻长安，秦王坚身自督战，飞矢满体，流血淋漓。冲纵兵暴掠，关中士民流散，道路断绝，千里无烟。有堡壁三十余，推平远将军赵敖为主，相与结盟，冒难遣兵粮助坚，多为西燕兵所杀。坚谓之曰：“闻来者率不善达，此诚忠臣之义。然今寇难殷繁，非一人之力所能济也，徒相随入虎口，何益？汝曹宜为国自爱，畜粮厉兵，以俟天时，庶几善不终否，有时而泰也。”

三辅之民为冲所略者，遣人密告坚，请遣兵攻冲，欲纵火为内应。坚曰：“甚哀诸卿忠诚。然吾猛士如虎豹，利兵如霜雪，困于乌合之虏，岂非天乎！恐徒使诸卿坐自夷灭，吾不忍也。”其人固请不已，乃遣七百骑赴之。冲营纵火者，反为风火所烧，其得免者什一二，坚祭而哭之。

卫将军杨定与冲战于城西，为冲所擒。定，秦之骁将也。坚大惧，以谶书云“帝出五将久长得”，乃留太子宏守长安，谓之曰：“天其或者欲导予出外。汝善守城，勿与贼争利，吾当出陇收兵、运粮以给汝。”遂帅骑数百与张夫人及中山公诜、二女宝、锦出奔五将山，宣告州郡，期以孟冬救长安。

六月，秦太子宏不能守长安，将数千骑与母、妻、宗室西奔下辨。百官逃散，司隶校尉权翼等数百人奔后秦。西燕主冲入据长安，纵兵大掠，死者不可胜计。

秋七月，秦王坚至五将山，后秦王苌遣骁骑将军吴忠帅骑围之。秦兵皆散走，独侍御十数人在侧，坚神色自若，坐而待之，召宰人进食。俄而忠至，执之，送诣新平，幽于别室。

太子宏至下辨，南秦州刺史杨璧拒之。璧妻，坚之女顺阳公主也，弃其夫从宏。宏奔武都，投氐豪强熙，假道来奔，诏处之江州。长乐公丕帅众自枋头将归邺城，龙骧将军檀玄击之，玄兵败，丕复入邺城。

八月，后秦王苌使求传国玺于秦王坚曰："苌次应历数，可以为惠。"坚瞋目叱之曰："小羌，敢逼天子！五胡次序，无汝羌名。玺已送晋，不可得也。"苌复遣右司马尹纬说坚，求为禅代。坚曰："禅代圣贤之事，姚苌叛贼，何得为之？"坚与纬语，问纬："在朕朝何官？"纬曰："尚书令史。"坚叹曰："卿王景略之俦，宰相才也，而朕不知卿，宜其亡也。"坚自以平生遇苌有恩，尤忿之，数骂苌求死，谓张夫人曰："岂可令羌奴辱吾儿。"乃先杀宝、锦。辛丑，苌遣人缢坚于新平佛寺，张夫人、中山公诜皆自杀。后秦将士皆为之哀恸。苌欲隐其名，谥坚曰壮烈天王。

臣光曰：论者皆以为秦王坚之亡，由不杀慕容垂、姚苌故也，臣独以为不然。许劭谓魏武帝治世之能臣，乱世之奸雄。使坚治国无失其道，则垂、苌皆秦之能臣也，乌能为乱哉？坚之所以亡，由骤胜而骄故也。魏文侯问李克，吴之所以亡，对曰："数战数胜。"文侯曰："数战数胜，国之福也，何故亡？"对曰："数战则民疲，数胜则主骄，以骄主御疲民，未有不亡者也。"秦王坚似之矣。

长乐公丕在邺，将西赴长安，幽州刺史王永在壶关，遣使招丕，丕乃帅邺中男女六万余口西如潞川，骠骑将军张蚝、并州刺史王腾迎之入晋阳。王永留平州刺史苻冲守壶关，自帅骑一万会丕于晋阳。丕始知长安不守，坚已死，乃发丧，即皇帝位。追谥坚曰宣昭皇帝，庙号世祖。大赦，改元大安。

燕王垂以鲁王和为南中郎将，镇邺。

九月，秦王丕以张蚝为侍中、司空，王永为侍中、都督中外诸军事、车骑大将军、尚书令，王腾为中军大将军、司隶校尉，苻冲为尚书左仆射，封西平王。又以左长史杨辅为右仆射，右长史王亮为护军将军。立妃杨氏为皇后，子宁为皇太子，寿为长乐王，锵为平原王，懿为勃海王，昶为济北王。

秦尚书令魏昌公纂自关中奔晋阳，秦主丕拜纂太尉，封东海王。

冬十月，西燕主冲遣尚书令高盖帅众五万伐后秦，战于新平南，盖大败，降于后秦。苻定、苻绍、苻谟、苻亮闻秦主丕即位，皆自河北遣使谢罪。中山太守王兖，本新平氐也，固守博陵，为秦拒燕。十一月，丕以兖为平州刺史，定为冀州牧，绍为冀州都督，谟为幽州牧，亮为幽平二州都督，并进爵郡公。左将军窦衝据兹川，有众数万，与秦州刺史王统、河州刺史毛兴、益州刺史王广、南秦州刺史杨璧、卫将军杨定皆自陇右遣使邀丕，共击后秦。丕以定为雍州牧，衝为梁州牧，加统镇西大将军，兴车骑大将军，璧征南大将军，并开府仪同三司，加广安西将军，皆进位州牧。

慕容麟攻王兖于博陵，城中粮竭矢尽，功曹张猗逾城出，聚众以应麟。兖临城数之曰："卿是秦民，吾是卿君，卿起兵应贼，自号'义兵'，何名实之相违也？古人求忠臣必于孝子之门，卿母在城，弃而不顾，吾何有焉！今人取卿一切之功则可矣，宁能忘卿不忠不孝之事乎？不意中州礼义之邦，乃有如卿者也！"十二月，麟拔博陵，执兖及苻鉴，杀之。昌黎太守宋敞帅乌桓、索头之众救兖，不及而还。秦主丕以敞为平州刺史。

十二月，燕王垂北如中山，谓诸将曰："乐浪王招流散，实仓廪，外给军粮，内营宫室，虽萧何何以加之！”丙申，垂始定都中山。

秦苻定据信都以拒燕，燕王垂以从弟北地王精为冀州刺史，将兵攻之。

十一年春正月，燕王垂即皇帝位。后秦王苌如安定。秦益州牧王广自陇右引兵攻河州牧毛兴于枹罕，兴遣建节将军卫平帅其宗人一千七百夜袭广，大破之。二月，秦州牧王统遣兵助广攻兴，兴婴城自守。

燕大赦，改元建兴，置公卿尚书百官，缮宗庙、社稷。

西燕主冲乐在长安，且畏燕主垂之强，不敢东归，课农筑室，为久安之计。鲜卑咸怨之，左将军韩延因众心不悦，攻冲杀之，立冲将段随为燕王，改元昌平。

三月，西燕左仆射慕容恒、尚书慕容永袭段随杀之，立宜都王子顗为燕王，改元建明，帅鲜卑男女四十余万口去长安而东。恒弟护军将军韬诱顗杀之于临晋，恒怒，舍韬去。永与武卫将军刁云帅众攻韬，韬败，奔恒营。恒立西燕主冲之子瑶为帝，改元建平，谥冲曰威皇帝。众皆去瑶奔永，永执瑶，杀之，立慕容泓子忠为帝，改元建武。忠以永为太尉，守尚书令，封河东公。永持法宽平，鲜卑安之。至闻喜，闻燕主垂已称尊号，不敢进，筑燕熙城而居之。

鲜卑既东，长安空虚，前荥阳太守高陵赵榖等招杏城卢水胡郝奴帅户四千入于长安，渭北皆应之，以榖为丞相。扶风王驎有众数千，保据马嵬，奴遣弟多攻之。夏四月，后秦王苌自安定伐之，驎奔汉中。苌执多而进，奴惧，请降，拜镇北将军、六谷大都督。

毛兴袭击王广，败之，广奔秦州，陇西鲜卑匹兰执广送于后秦。兴复欲攻王统于上邽，枹罕诸氐皆厌苦兵事，乃共杀兴，推卫平为河内刺史，遣使请命于秦。

秦大赦，以卫平为抚军将军、河州刺史，使者没于后秦，不能达。

后秦王苌即皇帝位于长安，大赦，改元建初，国号大秦。追尊其父弋仲为景元皇帝。立妻虵氏为皇后，子兴为太子。置百官。苌与群臣宴，酒酣，言曰："诸卿皆与朕北面秦朝，今忽为君臣，得无耻乎？"赵迁曰："天不耻以陛下为子，臣等何耻为臣。"苌大笑。

六月，西燕刁云等杀西燕主忠，推慕容永为使持节、大都督中外诸军事、大将军、大单于、雍秦梁凉四州牧、录尚书事、河东王，称藩于燕。

燕主垂遣太原王楷、赵王麟、陈留王绍、章武王宙攻秦苻定、苻绍、苻谟、苻亮等。楷先以书与之，为陈祸福，定等皆降。垂封定等为侯，曰："以酬秦主之德。"

秦主丕以都督中外诸军事、司徒、录尚书事王永为左丞相，太尉东海王纂为大司马，司空张蚝为太尉，尚书令咸阳徐义为司空，司隶校尉王腾为骠骑大将军、仪同三司。永传檄四方公侯、牧守、垒主、民豪，共讨姚苌、慕容垂，令各帅所统，以孟冬上旬会大驾于临晋。于是天水姜延、冯翊寇明、河东王昭、新平张晏、京兆杜敏、扶风马朗、建忠将军高平牧官都尉扶风王敏等，咸承檄起兵，各有众数万，遣使诣秦，丕皆就拜将军、郡守，封列侯。冠军将军邓景拥众五千据彭池，与窦衝为首尾，以击后秦。丕以景为京兆尹。景，羌之子也。

后秦主苌徙安定五千余户于长安。

秋七月，秦平凉太守金熙、安定都尉没奕干与后秦左将军姚方成战于孙丘谷，方成兵败。后秦主苌以其弟征虏将军绪为司隶校尉，镇长安，自将至安定击熙等，大破之。金熙本东胡之种，没奕干鲜卑多兰部帅也。

枹罕诸氐以卫平衰老，难以成功，议废之，而惮其宗强，累日不决。氐啖青谓诸将曰："大事宜时定，不然变生。诸君但请卫公为会，观我所为。"会七夕大宴，青抽剑而前曰："今天下大乱，吾曹休戚同之，非贤主不可以济大事。卫公老，宜返初服，以避贤路。狄道长苻登，虽王室疏属，志略雄明，请共立之，以赴大驾。诸君有不同者，即下异议。"乃奋剑攘袂，将斩异己者。众皆从之，莫敢仰视。于是推登为使持节、都督陇右诸军事、大将军、雍河二州牧、略阳公，帅众五万，东下陇，攻南安，拔之，驰使请命于秦。登，秦主丕之族子也。

八月，秦主丕以苻登为征西大将军、开府仪同三司、南安王，持节、州牧、都督，皆因其所称而授之。又以徐义为右丞相。留王腾守晋阳，右仆射杨辅戍壶关，帅众四万进屯平阳。

初，后秦主苌之弟硕德统所部羌居陇上，闻苌起兵，自称征西将军，聚众于冀城以应之。以兄孙详为安远将军，据陇城；从孙训为安西将军，据南安之赤亭，与秦秦州刺史王统相持。苌自安定引兵会硕德攻统，天水屠各、略阳羌胡应之者二万余户。秦略阳太守王皮降之。

九月，王统以秦州降于后秦，后秦主苌以姚硕德为使持节、都督陇右诸军事、秦州刺史，镇上邽。

冬十月，西燕慕容永遣使诣秦主丕求假道东归，丕弗许，与永战于襄陵，秦兵大败，左丞相王永、卫大将军俱石子皆死。初，东海王纂自长安来，麾下壮士三千余人，丕忌之，既败，惧为纂所杀，帅骑数千南奔东垣，谋袭洛阳。扬威将军冯该自陕邀击之，杀丕，执其太子宁、长乐王寿送建康，诏赦不诛，以付苻宏。纂与其弟尚书永平侯师奴帅秦众数万走据杏城，其余王公百官皆没于永。永遂进据长子，即皇帝位，改元中兴。将以秦后杨氏为上夫人，杨氏引剑刺永，为永所杀。

后秦主苌还安定。

秦南安王登既克南安，夷夏归之者三万余户，遂进攻姚硕德于秦州，后秦主苌自往救之。登与苌战于胡奴阜，大破之，斩首二万余级。将军啖青射苌，中之。苌创重，走保上邽，姚硕德代之统众。

十一月，秦尚书寇遗奉勃海王懿、济北王昶自杏城奔南安，南安王登发丧行服，谥秦主丕曰哀平皇帝。登议立懿为主，众曰："勃海王虽先帝之子，然年在幼冲，未堪多难。今三虏窥觎，宜立长君，非大王不可。"登乃为坛于陇东，即皇帝位，大赦，改元太初，置百官。

慕容柔、慕容盛及盛弟会皆在长子，盛谓柔、会曰："主上已中兴幽、冀，东西未壹，吾属居嫌疑之地，为智为愚，皆将不免。不若以时东归，无为坐待鱼肉也。"遂相与亡归燕。后岁余，西燕主永悉诛燕主儁及燕主垂之子孙，男女无遗。

十二月，秦主登立世祖神主于军中，载以辎軿，建黄旗青盖，以虎贲三百人卫之，凡所欲为，必启主而后行。引兵五万，东击后秦。将士皆刻鉾、铠为"死"、"休"字。每战以剑稍为方圆大阵，知有厚薄，从中分配，故人自为战，所向无前。

初，长安之将败也，中垒将军徐嵩、屯骑校尉胡空各聚众五千，结垒自固。既而受后秦官爵。后秦主苌以王礼葬秦主坚于二垒之间。及登至，嵩、空以众降之。登拜嵩雍州刺史，空京兆尹，改葬坚以天子之礼。

十二年春正月，秦主登立妃毛氏为皇后，勃海王懿为太弟。后，兴之女也。遣使拜东海王纂为使持节、都督中外诸军事、太师、领大司马，封鲁王；纂弟师奴为抚军大将军、并州牧，封朔方公。纂怒，谓使者曰："勃海王先帝之子也，南安王何以不立而自立乎？"长史王旅谏曰："南安已立，理无中改。今寇虏未灭，不可宗室之中自为仇敌也。"纂乃受命。于是卢水胡彭沛谷、屠各董成、张龙世、新平羌雷恶地等皆附于纂，有众十余万。

后秦主苌徙秦州豪杰三万户于安定。

三月，秦主登以窦衝为南秦州牧，杨定为益州牧，杨璧为司空、梁州牧。

夏四月，后秦征西将军姚硕德为杨定所逼，退守泾阳。定与秦鲁王纂共攻之，战于泾阳，硕德大败。后秦主苌自阴密救之，纂退屯敷陆。

燕主垂自碻磝还中山，慕容柔、慕容盛、慕容会来自长子。庚辰，垂为之大赦。垂问盛："长子人情如何，为可取乎？"盛曰："西军扰扰，人有东归之志，陛下唯当修仁政以俟之耳。若大军一临，必投戈而来，若孝子之归慈父也。"垂悦。癸未，封柔为阳平王，盛为长乐公，会为清河公。

秋七月，秦主登军于瓦亭。后秦主苌攻彭沛縠堡，拔之，縠奔杏城。苌还阴密，以太子兴镇长安。

八月，秦冯翊太守兰椟帅众二万自频阳入和宁，与鲁王纂谋攻长安。纂弟师奴劝纂称尊号,纂不从。师奴杀纂而代之,楼遂与师奴绝。西燕主永攻楼,楼遣使请救于秦。后秦主苌欲自救之,尚书令姚旻、左仆射尹纬曰:"苻登近在瓦亭,将乘虚袭吾后。"苌曰:"苻登众盛,非旦夕可制。登迟重少决,必不能轻军深入。比两月间,吾必破贼而返,登虽至,无能为也。"九月,苌军于泥源。师奴逆战,大败,亡奔鲜卑。后秦尽收其众,屠各董成等皆降。

秦主登进据胡空堡,戎夏归者十余万。

后秦主苌进击西燕主永于河西,永走。兰楼复列兵拒守,苌攻之。十二月,禽楼,遂如杏城。

后秦姚方成攻秦雍州刺史徐嵩垒,拔之,执嵩而数之。嵩骂曰:"汝姚苌罪当万死,苻黄眉欲斩之,先帝止之。授任内外,荣宠极矣。曾不如犬马识所养之恩,亲为大逆。汝羌辈,岂可以人理期也!何不速杀我,早见先帝,取姚苌于地下治之。"方成怒,三斩嵩,悉坑其士卒,以妻子赏军。后秦主苌掘秦主坚尸,鞭挞无数,剥衣裸形荐之以棘,坎土而埋之。

十三年春二月,秦主登军朝那,后秦主苌军武都。秋七月,秦、后秦自春相持,屡战,互有胜负,至是各解归。关西豪桀以后秦久无成功,多去而附秦。

八月,秦主登立子崇为皇太子。

冬十月,后秦主苌还安定。秦主登就食新平,帅众万余围苌营,四面大哭,苌命营中哭以应之,登乃退。

十四年春正月,后秦主苌以秦战屡胜,谓得秦王坚之神助,亦于军中立坚像而祷之,曰:"臣兄襄敕臣复仇,新平之祸,臣行襄之命,非臣罪也。苻登陛下疏属,犹欲复仇,况臣敢忘其兄乎?

且陛下命臣以龙骧建业，臣敢违之。今为陛下立像，陛下勿追计臣过也。”秦主登升楼遥谓苌曰：“为臣弑君，而立像求福，庸有益乎？”因大呼曰：“弑君贼姚苌，何不自出？吾与汝决之！”苌不应。久之，以战未有利，军中每夜数惊，乃斩像首以送秦。

夏五月，后秦主苌与秦主登战，数败，乃遣中军将军姚崇袭大界，登邀击之于安丘，又败之。

秋七月，秦主登攻后秦右将军吴忠等于平凉，克之。八月，登据苟头原以逼安定。诸将劝后秦主苌决战，苌曰：“与穷寇竞胜，兵家之忌也，吾将以计取之。”乃留尚书令姚旻守安定，夜帅骑三万袭秦辎重于大界，克之，杀毛后及南安王弁、北海王尚，擒名将数十人，驱掠男女五万余口而还。毛氏美而勇，善骑射，后秦兵入其营，毛氏犹弯弓跨马，帅壮士数百力战，杀七百余人，众寡不敌，为后秦所执。苌将纳之，毛氏骂且哭曰：“姚苌，汝先已杀天子，今又欲辱皇太后，皇天后土宁汝容乎！”苌杀之。诸将欲因秦军骇乱击之，苌曰：“登众虽乱，怒气犹盛，未可轻也。”遂止。登收余众屯胡空堡。苌使姚硕德镇安定，徙安定千余家于阴密，遣其弟征南将军靖镇之。

秦主登之东也，后秦主苌使姚硕德置秦州守宰，以从弟常戍陇城，邢奴戍冀城，姚详戍略阳。杨定攻陇、冀，克之，斩常，执邢奴。详弃略阳，奔阴密。定自称秦州牧、陇西王，秦因其所称而授之。

冬十月，秦主登以窦衝为大司马、都督陇东诸军事、雍州牧，杨定为左丞相、都督中外诸军事、秦梁二州牧，杨璧为都督陇右诸军事、南秦益二州牧，约与共攻后秦。又约监河西诸军事并州刺史杨政、都督河东诸军事冀州刺史杨楷，各帅其众会长安。

政、楷皆河东人，秦主丕既败，政、楷收集流民数万户，政据河西，楷据湖、陕之间，遣使请命于秦，登因而授之。

十二月，后秦主苌使其东门将军任瓫诈遣使招秦主登，许开门纳之。登将从之，征东将军雷恶地将兵在外，闻之，驰骑见登，曰："姚苌多诈，不可信也。"登乃止。苌闻恶地诣登，谓诸将曰："此羌见登，事不成矣。"登以恶地勇略过人，阴惮之。恶地惧，降于后秦，苌以恶地为镇军将军。

十五年春正月，西燕主永引兵向洛阳，朱序自河阴北济河，击败之。

三月，后秦主苌攻秦扶风太守齐益男于新罗堡，克之，益男走。秦主登攻后秦天水太守张业生于陇东，苌救之，登引去。

秋七月，冯翊人郭质起兵于广乡以应秦，移檄三辅曰："姚苌凶虐，毒被神人。吾属世蒙先帝尧、舜之仁，非常伯、纳言之子，即卿校、牧守之孙也。与其含耻而存，孰若蹈道而死。"于是三辅壁垒皆应之。独郑县人苟曜不从，聚众数千，附于后秦。秦以质为冯翊太守，后秦以曜为豫州刺史。冬十二月，郭质及苟曜战于郑东，质败，奔洛阳。

十六年春三月，秦主登自雍攻后秦安东将军金荣于范氏堡，克之。遂渡渭水，攻京兆太守韦范于段氏堡，不克，进据曲牢。

夏四月，燕兰汗破贺染干于牛都。

苟曜有众一万，密召秦主登，许为内应。登自曲牢向繁川，军于马头原。五月，后秦主苌引兵逆战，登击破之，斩其右将军吴忠。苌收众复战，姚硕德曰："陛下慎于轻战，每欲以计取之，今战失利而更前逼贼，何也？"苌曰："登用兵迟缓，不识虚实。今轻兵直进，遥据吾东，此必苟曜竖子与之有谋也。缓之则其谋得成，故及其交之未合，急击之，以败散其事耳。”遂进战，大破之，登退屯于郿。

秦兖州刺史强金槌据新平降后秦，以其子逵为质。后秦主苌将数百骑入金槌营，群下谏之。苌曰：“金槌既去苻登，又欲图我，将安所归乎？且彼初来款附，宜推心以结之，奈何复以不信疑之乎？”既而群氐欲取苌，金槌不从。

秋七月，秦主登攻新平，后秦主苌救之，登引去。

冬十二月，秦主登攻安定，后秦主苌如阴密以拒之。谓太子兴曰：“苟曜闻吾北行，必来见汝，汝执诛之。”曜果见兴于长安，兴使尹纬让而诛之。苌败登于安定城东，登退据路承堡。苌置酒高会，诸将皆曰：“若值魏武王，不令此贼至今，陛下将牢太过耳。”苌笑曰：“吾不如亡兄有四：身长八尺五寸，臂垂过膝，人望而畏之，一也；将十万之众，与天下争衡，望麾而进，前无横阵，二也；温古知今，讲论道艺，收罗英隽，三也；董帅大众，上下咸悦，人尽死力，四也。所以得建立功业，驱策群贤者，正望算略中有片长耳。”群臣咸称万岁。

十七年春三月，后秦主苌寝疾，命姚硕德镇李润，尹纬守长安，召太子兴诣行营。征南将军姚方成言于兴曰：“今寇敌未灭，上复寝疾。王统等皆有部曲，终为人患，宜尽除之。”兴从之，杀王统、王广、苻胤、徐成、毛盛。苌怒曰：“王统兄弟，吾之州里，实无他志。徐成等皆前朝名将，吾方用之，奈何辄杀之！”

秋七月，秦主登闻后秦主苌疾病，大喜，告祠世祖神主，大赦，百官进位二等，秣马厉兵，进逼安定，去城九十余里。八月，苌疾小瘳，出兵拒之。登引兵出营，将逆战，苌遣安南将军姚熙隆别攻秦营，登惧而还。苌夜引兵旁出以蹑其后，旦而候骑告曰："贼诸营已空，不知所向。"登惊曰："彼为何人，去令我不知，来令我不觉，谓其将死，忽然复来。朕与此羌同世，何其厄哉！"登遂还雍，苌亦还安定。

巴、蜀人在关中者皆叛后秦，据弘农以附秦。秦主登以窦衝为左丞相，衝徙屯华阴。郗恢遣将军赵睦守金墉，河南太守杨佺期帅众军湖城，击衝，走之。

十八年夏五月，秦右丞相窦衝矜才尚人，自请封天水王，秦主登不许。六月，衝自称秦王，改元元光。

秋七月，秦主登攻窦衝于野人堡，衝求救于后秦。尹纬言于后秦主苌曰："太子仁厚之称著于远近，而英略未着，请使击苻登以着之。"苌从之。太子兴将兵攻胡空堡，登解冲围以赴之。兴因袭平凉，大获而归。苌使兴还镇长安。

冬十月，后秦主苌疾甚，还长安。

燕主垂议伐西燕，诸将皆曰："永未有衅，我连年征讨，士卒疲弊，未可也。"范阳王德曰："永既国之枝叶，又僭举位号，惑民视听，宜先除之，以壹民心。士卒虽疲，庸得已乎！"垂曰："司徒意正与吾同。吾比老，叩囊底智，足以取之，终不复留此贼以累子孙也。"遂戒严。

十一月，垂发中山步骑七万，遣镇西将军丹杨王缵、龙骧将军张崇出井陉，攻西燕武乡公友于晋阳，征东将军平规攻镇东将军段平于沙亭。攻西燕主永遣其尚书令刁云、车骑将军慕容锺帅众五万守潞川。友，永之弟也。十二月，垂至邺。

己亥，后秦主苌召太尉姚旻、仆射尹纬、姚晃、将军姚大目、尚书狄伯支入禁中，受遗诏辅政。苌谓太子兴曰："有毁此诸公者，慎勿受之。汝抚骨肉以恩，接大臣以礼，待物以信，遇民以仁,四者不失,吾无忧矣。"姚晃垂涕问取苻登之策,苌曰:"今大业垂成,兴才智足办,奚所复问?"庚子,苌卒。兴秘不发丧,以其叔父绪镇安定,硕德镇阴密,弟崇守长安。或谓硕德曰:"公威名素重,部曲最强,今易世之际,必为朝廷所疑,不如且奔秦州,观望事势。"硕德曰:"太子志度宽明,必无他虑。今苻登未灭,而骨肉相攻,是自亡也,吾有死而已,终不为也。"遂往见兴,兴优礼而遣之。兴自称大将军,以尹纬为长史,狄伯支为司马,帅众伐秦。



十九年春正月,秦主登闻后秦主苌卒,喜曰:"姚兴小儿,吾折杖笞之耳。"乃大赦,尽众而东,留司徒安成王广守雍,太子崇守胡空堡。

二月,燕主垂留清河公会镇邺,发司、冀、青、兖兵,遣太原王楷出滏口,辽西王农出壶关,垂自出沙庭,以击西燕,标榜所趣,军各就顿。西燕主永闻之,严兵分道拒守,聚粮台壁,遣从子征东将军小逸豆归、镇东将军王次多、右将军勒马驹帅众万余人戍之。

夏四月,秦主登自六陌趣废桥,后秦始平太守姚详据马嵬堡以拒之。太子兴遣尹纬将兵救详,纬据废桥以待秦。秦兵争水,不能得,渴死者什二三,因急攻纬。兴驰遣狄伯支谓纬曰:"苻登穷寇,宜持重以挫之。"纬曰:"先帝登遐,人情扰惧,今不因思奋之力以禽敌,大事去矣。"遂与秦战,秦兵大败。其夜,秦众溃,登单骑奔雍。太子崇及安成王广闻败,皆弃城走。登至,无所归,乃奔平凉,收集遗众,入马毛山。



燕主垂顿军邺西南,月余不进。西燕王永怪之,以为太行道宽,疑垂欲诡道取之,乃悉敛诸军屯轵关,杜太行口,惟留台壁一军。甲戌，垂引大军出滏口，入天井关。五月乙酉，燕军至台壁，永遣从兄太尉大逸豆归救之，平规击破之。小逸豆归出战，辽西王农又击破之。斩勒马驹，禽王次多，遂围台壁。永召太行军还，自将精兵五万以拒之。刁云、慕容钟震怖，帅众降燕，永诛其妻子。己亥，垂陈于台壁南，遣骁骑将军慕容国伏千骑于涧下。庚子，与永合战，垂伪退，永众追之，行数里，国骑从涧中出，断其后，诸军四面俱进，大破之，斩首八千余级，永走归长子。晋阳守将闻之，弃城走。丹杨王瓒等进取晋阳。

五月，后秦太子兴始发丧，即皇帝位于槐里，大赦，改元皇初。遂如安定，谥后秦主苌曰武昭皇帝，庙号太祖。

六月，燕主垂进军围长子，西燕主永欲奔后秦。侍中兰英曰："昔石虎伐龙都，太祖坚守不去，卒成大燕之基。今垂七十老翁，厌苦兵革，终不能顿兵连岁以攻我也，但当城守以疲之。"永从之。

秦主登遣其子汝阴王宗为质于河南王乾归以请救，进封乾归梁王，纳其妹为梁王后。乾归遣前军将军乞伏益州等帅骑一万救之。秋七月，登引兵出迎乾归兵，后秦主兴自安定如泾阳，与登战于山南，执登，杀之。悉散其部众，使归农业。徙阴密三万户于长安。以李后赐姚晃。益州等闻之，引兵还。秦太子崇奔湟中，即帝位，改元延初，谥登曰高皇帝，庙号太宗。

八月，西燕主永困急，遣其子常山公弘等求救于雍州刺史郗恢，并献玉玺一纽。恢上书言："垂若并永，为患益深，不如两存之，可以乘机双毙。"帝以为然，诏青兖二州刺史王恭、豫州刺史庾楷救之。楷，亮之孙也。永恐晋兵不出，又遣其太子亮来为质，平规追亮及于高都，获之。永又告急于魏，魏王珪遣陈留公虔、将军庾岳帅骑五万东渡河，屯秀容以救之。晋、魏兵皆未至，大逸豆归等部将伐勤等开门纳燕兵，燕人执永，斩之，并斩其公卿、大将刁云、大逸豆归等三十余人，得永所统八郡七万余户及秦乘舆、服御、妓乐、珍宝甚众。九月，垂自长子如邺。

十月，秦主崇为梁王乾归所逐，奔陇西王杨定。定留司马邵彊守秦州，帅众二万，与崇共攻乾归。乾归遣凉州牧轲弹、秦州牧益州、立义将军诘归帅骑三万拒之。益州与定战，败于平州，轲弹、诘归皆引退。轲弹司马翟瑥奋剑怒曰："主上以雄武开基，所向无敌，威振秦、蜀。将军以宗室居元帅之任，当竭力致命以佐国家。今秦州虽败，二军尚全，奈何望风退衄，将何面以见主上乎？瑥虽无任，独不能以便宜斩将军乎！"轲弹谢曰："向者未知众心何如耳。果能若是，吾敢爱死。"乃帅骑进战，益州、诘归亦勒兵继之，大败定兵，杀定及崇，斩首万七千级。乾归于是尽有陇西之地。

定无子，其叔父佛狗之子盛先守仇池，自称征西将军、秦州刺史、仇池公，谥定为武王，仍遣使来称藩。秦太子宣奔盛，盛分氐、羌为二十部护军，各为镇戍，不置郡县。

## 丁零叛燕

晋〔孝〕武帝太元八年。丁零翟斌起兵叛秦，慕容凤及燕故臣之子燕郡王腾、辽西段延等各帅部曲归之。初，丁零翟斌世居康居，后徙中国。

九年。慕容凤、王腾、段延皆劝翟斌奉慕容垂为盟主，斌从之。垂至洛阳，斌帅其众来与垂会，劝垂称尊号。垂至荥阳，称大将军、大都督、燕王。承制以翟斌为建义大将军，封河南王。事见慕容叛秦复燕。

燕翟斌恃功骄纵，邀求无厌。又以邺城久不下，潜有贰心。太子宝请除之，燕王垂曰："河南之盟，不可负也。若其为难，罪由于斌。今事未有形而杀之，人必谓我忌惮其功能。吾方收揽豪杰以隆大业，不可示人以狭，失天下之望也。藉彼有谋，吾以智防之，无能为也。"范阳王德、陈留王绍、骠骑大将军农皆曰："翟斌兄弟恃功而骄，必为国患。"垂曰："骄则速败，焉能为患！彼有大功，当听其自毙耳。"礼遇弥重。

斌讽丁零及其党请斌为尚书令，垂曰："翟王之功，宜居上辅，但台既未建，此官不可遽置耳。"斌怒，密与前秦长乐公丕通谋，使丁零决堤溃水。事觉，垂杀斌及其弟檀、敏，余皆赦之。

斌兄子真，夜将营众北奔邯郸，引兵还向邺围，欲与丕内外相应。太子宝与冠军大将军隆击破之，真还走邯郸。太原王楷、陈留王绍言于垂曰："丁零非有大志，但宠过为乱耳。今急之则屯聚为寇，缓之则自散，散而击之，无不克矣。"垂从之。秋八月，翟真自邯郸北走，燕王垂遣太原王楷、骠骑大将军农帅骑追之，甲寅，及于下邑。楷欲战，农曰："士卒饥倦，且视贼营不见丁壮，殆有他伏。"楷不从，进战，燕兵大败。真北趋中山，屯于承营。冬十月，翟真在承营，与公孙希、宋敞遥相首尾。

十一月，燕慕容农自信都西击丁零翟辽于鲁口，破之。辽退屯无极，农屯藁城以逼之。辽，真之从兄也。十二月，燕慕容麟、慕容农合兵袭翟辽，大破之，辽单骑奔翟真。

十年春二月，慕容农引兵会慕容麟于中山，与共攻翟真。麟、农先帅数千骑至承营，观察形势。翟真望见，陈兵而出。诸将欲退,农曰:“丁零非不劲勇,而翟真懦弱。今简精锐,望真所在而冲之,真走,众必散矣,乃邀门而蹙之,可尽杀也。”使骁骑将军慕容国帅百余骑冲之,真走,其众争门,自相蹈藉,死者太半,遂拔承营外郭。

夏四月,翟真自承营徙屯行唐,真司马鲜于乞杀真及诸翟自立为赵王。营人共杀乞,立真从弟成为主,其众多降于燕。

闰五月庚戌,燕王垂至常山,围翟成于行唐。命带方王佐镇龙城。秋七月癸酉,翟成长史鲜于得斩成出降,垂屠行唐,尽坑成众。



十一年。鲜于乞之杀翟真也,翟辽奔黎阳,黎阳太守滕恬之甚爱信之。恬之喜畋猎,不爱士卒,辽潜施奸惠以收众心。恬之南攻鹿鸣城,辽于后闭门拒之,恬之东奔鄄城,辽追执之,遂据黎阳。豫州刺史朱序遣将军秦膺、童斌与淮、泗诸郡共讨之。春三月,泰山太守张愿以郡叛降翟辽。秋八月,翟辽寇谯,朱序击走之。

十二年春正月,翟辽遣其子钊寇陈、颍,朱序遣将军秦膺击走之。夏四月,高平人翟畅执太守徐含远,以郡降翟辽。燕主垂谓诸将曰:“辽以一城之众,返覆(二)〔三〕国之间,不可不讨。”五月,以章武王宙监中外诸军事,辅太子宝守中山。垂自帅诸将南攻辽,以太原王楷为前锋都督。辽众皆燕、赵之人,闻楷至,皆曰:“太原王子,吾之父母也。”相帅归之。辽惧,遣使请降。垂以辽为徐州牧,封河南公。前至黎阳,受降而还。井陉人贾鲍招引北山丁零翟遥等五千余人,夜袭中山,陷其外郭。章武王宙以奇兵出其外,太子宝鼓噪于内,合击,大破之,尽俘其众,唯遥、鲍单马走免。冬十月,翟辽复叛燕,遣兵与王祖、张申寇抄清河、平原。

十三年春二月，翟辽遣司马眭琼诣燕谢罪，燕主垂以其数反覆，斩琼以绝之。辽乃自称魏天王，改元建光，置百官。夏五月，翟辽徙屯滑台。

十四年夏四月，翟辽寇荥阳，执太守张卓。冬十月，燕乐浪悼王温为冀州刺史，翟辽遣丁零故堤诈降于温，为温帐下。乙酉，刺温，杀之，并其长史司马驱，帅守兵二百户奔西燕。辽西王农邀击于襄国，尽获之，惟堤走免。

十五年秋八月，刘牢之击翟钊于鄄城，钊走河北。又败翟辽于滑台，张願来降。

十六年冬十月，翟辽卒，子钊代立，改元定鼎。攻燕邺城，燕辽西王农却之。

十七年春三月壬寅，燕主垂自鲁口如河间、勃海、平原。翟钊遣其将翟都侵馆陶，屯苏康垒。三月，垂引兵南击钊。燕主垂进逼苏康垒。夏四月，翟都南走滑台，翟钊求救于西燕。西燕主永谋于群臣，尚书郎勃海鲍遵曰："使两寇相弊，吾承其后，此卞庄子之策也。"中书侍郎太原张腾曰："垂强钊弱，何弊之承？不如速救之，以成鼎足之势。今我引兵趋中山，昼多疑兵，夜多火炬，垂必惧而自救。我冲其前，钊蹑其后，此天授之机，不可失也。"永不从。

六月，燕主垂军黎阳，临河欲济，翟钊列兵南岸以拒之。辛亥，垂徙营就西津，去黎阳西四十里，为牛皮船百余艘，伪列兵仗，溯流而上。钊亟引兵趣西津，垂潜遣中垒将军桂林王镇等自黎阳津夜济，营于河南，比明而营成。钊闻之，亟还，攻镇等营，垂命镇等坚壁勿战。钊兵往来疲暍，攻营不能拔，将引去。镇等引兵出战，骠骑将军农自西津济，与镇等夹击，大破之。钊走还滑台，将妻子，收遗众，北济河，登白鹿山，凭险自守，燕兵不得进。农曰："钊无粮，不能久居山中。"乃引兵还，留骑候之。钊果下山，还兵掩击，尽获其众，钊单骑奔长子。西燕主永以钊为车骑大将军、兖州牧，封东郡王。岁余，钊谋反，永杀之。

初，郝晷、崔逞及清河崔宏、新兴张卓、辽东夔腾、阳平路纂皆仕于秦，避秦乱来奔，诏以为冀州诸郡，各将部曲营于河南。既而受翟氏官爵，翟氏败，皆降于燕，燕主垂各随其材而用之。钊所统七郡三万余户，皆按堵如故。以章武王宙为兖豫二州刺史，镇滑台。徙徐州民七千余户于黎阳，以彭城王脱为徐州刺史，镇黎阳。脱，垂之弟子也。垂以崔荫为宙司马。



初，陈留王绍为镇南将军，太原王楷为征西将军，乐浪王温为征东将军，垂皆以荫为之佐。荫才干明敏强正，善规谏，四王皆严惮之；所至简刑法，轻赋役，流民归之，户口滋息。

秋七月，以太原王楷为冀州牧，右光禄大夫馀蔚为左仆射。

## 拓跋兴魏

魏元皇帝景元二年。鲜卑索头部大人拓跋力微始遣其子沙漠汗入贡，因留为质。力微之先，世居北荒，不交南夏。至可汗毛，始强大，统国三十六，大姓九十九。后五世至可汗推寅，南迁大泽。又七世至可汗邻，使其兄弟七人及族人乙旃氏车惃氏分统部众为十族。邻老，以位授其子诘汾，使南迁遂居匈奴故地。诘汾卒，力微立，复徙居定襄之盛乐，部众浸盛，诸部皆畏服之。



晋武帝泰始三年。遣鲜卑拓跋沙漠汗归其国。

咸宁元年夏六月,鲜卑拓跋力微复遣其子沙漠汗入贡,将还,幽州刺史卫瓘表请留之,又密以金赂其诸部大人离间之。

三年冬十二月,卫瓘遣拓跋沙漠汗归国。自沙漠汗入质,力微可汗诸子在侧者多有宠。及沙漠汗归,诸部大人共谮而杀之。既而力微疾笃,乌桓王库贤亲近用事,受卫瓘赂,欲扰动诸部,乃砺斧于庭,谓诸大人曰:"可汗恨汝曹谗杀太子,欲尽收汝曹长子杀之。"诸大人惧,皆散走。力微以忧卒,时年一百。四子悉禄立,其国遂衰。初,幽、并二州皆与鲜卑接,东有务桓,西有力微,多为边患。卫瓘密以计间之,务桓降而力微死,朝廷嘉瓘功,封其弟为亭侯。

太康七年。鲜卑拓跋悉鹿卒,弟绰立。

惠帝元康三年夏六月,拓跋绰卒,弟子弗立。

四年。拓跋弗卒,叔父禄官立。

五年冬十二月,拓跋禄官分其国为三部:一居上(俗)〔谷〕之北,濡源之西,自统之;一居代郡参合陂之北,使兄沙漠汗之子猗㐌统之;一居定襄之盛乐故城,使猗㐌弟猗卢统之。猗卢善用兵,西击匈奴、乌桓诸部,皆破之。代人卫操与从子雄及同郡箕澹往依拓跋氏,说猗㐌、猗卢招纳晋人。猗㐌悦之,任以国事,晋人附者稍众。

七年秋九月,拓跋猗㐌度漠北巡,因西略诸国,积五岁,降附者三十余国。

永兴元年秋七月,东嬴公腾乞师于拓跋猗㐌,以击刘渊,猗㐌与弟猗卢合兵击渊于西河,破之,与腾盟于汾东而还。

二年夏六月,汉王渊攻东嬴公腾,腾复乞师于拓跋猗㐌,卫操劝猗㐌助之。猗㐌帅轻骑数千救腾,斩汉将綦毋豚。诏假猗㐌大单于,加操右将军。甲申,猗㐌卒,子普根代立。

怀帝永嘉元年。拓跋禄官卒,弟猗卢总摄三部。

四年冬十月,刘琨之讨刘虎、白部也,遣使卑辞厚礼说鲜卑拓跋猗卢以请兵。猗卢使其弟弗之子郁律帅骑二万助之,遂破刘虎、白部,屠其营。琨与猗卢结为兄弟,表猗卢为大单于,以代郡封之为代公。猗卢以封邑去国悬远,民不相接,乃帅部落万余家自云中入雁门,从琨求陉北之地。琨不能制,且欲倚之为援,乃徙楼烦、马邑、阴馆、繁畤、崞五县民于陉南,以其地与猗卢,由是猗卢益盛。

五年。刘琨遣子遵请兵于代公猗卢,猗卢遣其子六脩将兵助琨,戍新兴。事见石勒寇河朔。

六年。汉靳冲等攻刘琨于晋阳,猗卢遣兵救琨,击走之。刘粲等复攻晋阳,拔之。猗卢自将破粲等,琨复入晋阳。事并见西晋之乱。

愍帝建兴元年。代公猗卢城盛乐,以为北都,治故平城为南都。又作新平城于灅水之阳,使右贤王六脩镇之,统领南部。

三年春二月,诏进拓跋猗卢爵为代王,置官属,食代、常山二郡。猗卢请并州从事雁门莫含于刘琨,琨遣之。含不欲行,琨曰:"以并州单弱,吾之不材而能自存于胡羯之间者,代王之力也。吾倾身竭赀,以长子为质而奉之者,庶几为朝廷雪大耻也。卿欲为忠臣,奈何惜共事之小诚,而忘徇国之大节乎?往事代王,为之腹心,乃一州之所赖也。"含遂行。猗卢甚重之,常与参大计。猗卢用法严,国人犯法者或举部就诛,老幼相携而行,人问何之,曰:"往就死。"无一人敢逃匿者。

四年。初,代王猗卢爱其少子比延,欲以为嗣,使长子六脩出居新平城，而黜其母。六修有骏马，日行五百里，猗卢夺之，以与比延。六修来朝，猗卢使拜比延，六修不从。猗卢乃坐比延于其步辇，使人导从出游，六修望见，以为猗卢，伏谒路左，至，乃比延，六修惭怒而去。猗卢召之不至，大怒，帅众讨之，为六修所败。猗卢微服逃民间，有贱妇人识之，遂为六修所弑。拓跋普根先守外境，闻难来赴，攻六修，灭之。

普根代立，国中大乱，新旧猜嫌，迭相诛灭。左将军卫雄、信义将军箕澹，久佐猗卢，为众所附，谋归刘琨，乃言于众曰："闻旧人忌新人悍战，欲尽杀之，将奈何？"晋人及乌桓皆惊惧，曰："死生随二将军。"乃与琨质子遵帅晋人及乌桓三万家，马牛羊十万头归于琨。琨大喜，亲诣平城抚纳之，琨兵由是复振。

夏四月，普根卒，其子始生，普根母惟氏立之。十二月，拓跋普根之子又卒，国人立其从父郁律。

元帝大兴元年夏六月，刘虎自朔方侵拓跋郁律西部。秋七月，郁律击虎，大破之，虎走出塞，从弟路孤帅其部落降于郁律。于是郁律西取乌孙故地，东兼勿吉以西，士马精强，雄于北方。

四年。拓跋猗㐌妻惟氏忌代王郁律之强，恐不利于其子，乃杀郁律而立其子贺傉，大人死者数十人。郁律之子什翼犍幼在襁褓，其母王氏匿于裤中，祝之曰："天苟存汝，则勿啼。"久之，不啼，乃得免。惟氏专制国政，遣使聘后赵，后赵人谓之"女国使"。

明帝大宁二年。代王贺傉始亲国政，以诸部多未服，乃筑城于东木根山，徙居之。

三年十二月，代王贺傉卒，弟纥那立。

成帝咸和二年。代王郁律之子翳槐居于其舅贺兰部，纥那遣使求之，贺兰大人蔼头拥护不遣。纥那与宇文部共击蔼头，不克。

四年。贺兰部及诸大人共立拓跋翳槐为代王，代王纥那奔宇文部。翳槐遣其弟什翼犍质于赵以请和。

咸康三年。赵将李穆纳拓跋翳槐于大宁，其故部落多归之。代王纥那奔燕，国人复奉翳槐为代王，翳槐城盛乐而居之。

四年。代王翳槐之弟什翼犍质于赵，翳槐疾病，命诸大人立之。翳槐卒，诸大人梁盖等以新有大故，什翼犍在远，来未可必，比其至，恐有变乱，谋更立君。而翳槐次弟屈，刚猛多诈，不如屈弟孤仁厚，乃相与杀屈而立孤。孤不可，自诣邺迎什翼犍，请身留为质，赵王虎义而俱遣之。十一月，什翼犍即代王位于繁畤北，改元曰建国，分国之半以与孤。

初，代王猗卢既卒，国多内难，部落离散，拓跋氏寖衰。及什翼犍立，雄勇有智略，能修祖业，国人附之。始置百官，分掌众务。以代人燕凤为长史，许谦为郎中令。始制反逆、杀人、奸盗之法，号令明白，政事清简，无系讯连逮之烦。百姓安之。于是东自濊貊，西及破落那，南距阴山，北尽沙漠，率皆归服，有众数十万人。

五年五月，代王什翼犍会诸大人于参合陂，议都灅源川。其母王氏曰："吾自先世以来，以迁徙为业。今国家多难，若城郭而居，一旦寇来，无所避之。"乃止。代人谓他国之民来附者皆为乌桓，什翼犍分之为二部，各置大人以监之，弟孤监其北，子寔君监其南。什翼犍求昏于燕，燕王皝以其妹妻之。

六年春三月，代王什翼犍始都云中之盛乐宫。

七年秋九月，代王什翼犍筑盛乐城于故城南八里。代王妃慕容氏卒。冬十月，匈奴刘虎寇代西部，代王什翼犍遣军逆击，大破之。虎卒，子务桓立，遣使求和于代，什翼犍以女妻之。务桓又朝贡于赵，赵以务桓为平北将军、左贤王。

康帝建元元年。代王什翼犍复求婚于燕，燕王皝使纳马千匹为礼，什翼犍不与，又倨慢无子婿礼。八月，皝遣世子儁帅前军师评等击代。什翼犍帅众避去，燕人无所见而还。

二年春正月，代王什翼犍遣其大人长孙秩迎妇于燕。

穆帝永和十二年春正月，匈奴大人刘务桓卒，弟阏头立，将贰于代。二月，代王什翼犍引兵西巡，临河，阏头惧，请降。

升平二年冬十二月，匈奴刘阏头部落多叛，惧而东走，乘冰渡河，半度而冰解，后众尽归刘悉勿祈，阏头奔代。悉勿祈，务桓之子也。

三年夏四月，匈奴刘悉勿祈卒，弟卫辰杀其子而代之。

四年。匈奴刘卫辰遣使降秦，请田内地，春来秋返。秦王坚许之。夏四月，云中护军贾雍遣司马徐赟帅骑袭之，大获而还。坚怒曰："朕方以恩信怀戎狄，而汝贪小利以败之，何也！"黜雍以白衣领职，遣使还其所获，慰抚之。卫辰于是入居塞内，贡献相寻。六月，代王什翼犍妃慕容氏卒。秋七月，刘卫辰如代会葬，因求婚，什翼犍以女妻之。

五年春正月，刘卫辰掠秦边民五十余口为奴婢以献于秦，秦王坚责之，使归所掠。卫辰由是叛秦，专附于代。

哀帝兴宁三年。刘卫辰复叛代，代王什翼犍东渡河击走之。

海西公太和元年。代王什翼犍遣左长史燕凤入贡于秦。

二年冬十月，代王什翼犍击刘卫辰，河冰未合，什翼犍命以苇絙约流澌。俄而冰合，然犹未坚，乃散苇于其上，冰草相结，有如浮梁，代兵乘之以渡。卫辰不意兵猝至，与宗族西走，什翼犍收其部落什六七而还。卫辰奔秦，秦王坚送卫辰还朔方，遣兵戍之。

简文帝咸安元年春三月，代将长孙斤谋弑代王什翼犍，世子寔格之，伤胁，遂执斤杀之。夏五月，代世子寔病伤而卒。秋七月，代世子寔娶东部大人贺野干之女，有遗腹子，甲戌，生男，代王什翼犍为之赦境内，名曰涉圭。

〔孝〕武帝宁康元年夏，代王什翼犍使燕凤入贡于秦。



二年。代王什翼犍击刘卫辰南走。

太元元年冬十月，刘卫辰为代所逼，求救于秦。秦王坚以幽州刺史行唐公洛为北讨大都督，帅幽、冀兵十万击代，使并州刺史俱难、镇军将军邓羌、尚书赵迁、李柔、前将军朱肜、前禁将军张蚝、右禁将军郭庆帅步骑二十万东出和龙，西出上郡，皆与洛会，以卫辰为乡道。十一月，代王什翼犍使白部、独孤部南御秦兵，皆不胜，又使南部大人刘库仁将十万骑御之。库仁者，卫辰之族。什翼犍之甥也。与秦战，战于石子岭，库仁大败。什翼犍病，不能自将，乃帅诸部奔阴山之北。高车杂种尽叛，四面寇钞，不得刍牧，什翼犍复度漠南。闻秦兵稍退，十二月，什翼犍还云中。



初，什翼犍分国之半以授弟孤，孤卒，子斤失职怨望。世子寔及弟翰早卒，寔子珪尚幼，慕容妃之子阏婆、寿鸠、纥根、地干、力真、窟咄皆长，继嗣未定。时秦兵尚在君子津，诸子每夜执兵警卫。斤因说什翼犍之庶长子寔君曰："王将立慕容妃之子，欲先杀汝，故顷来诸子每夜戎服，以兵绕庐帐，伺便将发耳。"寔君信之，遂杀诸弟，并弑什翼犍。是夜诸子妇及部人奔告秦军，秦李柔、张蚝勒兵趋云中,部众逃溃,国中大乱。珪母贺氏以珪走依贺讷。讷,野干之子也。

秦王坚召代长史燕凤,问代所以乱故,凤具以状对。坚曰:"天下之恶一也。"乃执寔君及斤至长安,车裂之。坚欲迁珪于长安,凤固请曰:"代王初亡,群下叛散,遗孙冲幼,莫相统摄。其别部大人刘库仁勇而有智,铁弗卫辰狡猾多变,皆不可独任。宜分诸部为二,令此两人统之,两人素有深仇,其势莫敢先发。俟其孙稍长,引而立之,是陛下有存亡继绝之德于代,使其子子孙孙永为不侵不叛之臣,此安边之良策也。"坚从之。分代民为二部,自河以东属库仁,自河以西属卫辰,各拜官爵,使统其众。贺氏以珪归独孤部,与南部大人长孙嵩、元佗等皆依库仁。行唐公洛以什翼犍子窟咄年长,迁之长安。刘库仁招抚离散,恩信甚著,奉事拓跋珪,恩勤周备,不以废兴易意。常谓诸子曰:"此儿有高天下之志,必能恢隆祖业,汝曹当谨遇之。"秦王坚赏其功,加广武将军,给幢麾鼓盖。刘卫辰耻在库仁之下,怒杀秦五原太守而叛。库仁击卫辰,破之,追至阴山西北千余里,获其妻子。又西击库狄部,徙其部落,置之桑乾川。久之,坚以卫辰为西单于,督摄河西杂类,屯代来城。

九年冬十月,燕太子太保慕舆句之子文、零陵公慕舆虔之子常攻杀刘库仁,库仁弟头眷代领库仁部众。

十年秋八月,鲜卑刘头眷击破贺兰部于善无,又破柔然于意亲山。头眷子罗辰言于头眷曰:"比来行兵,所向无敌,然心腹之疾,愿早图之。"头眷曰:"谁也?"罗辰曰:"从兄显,忍人也,必将为乱。"头眷不听。显,库仁之子也。顷之,显果杀头眷自立。又将杀拓跋珪,显弟亢埿妻,珪之姑也,以告珪母贺氏。显谋主梁六眷，代王什翼犍之甥也，亦使其部人穆崇、奚牧密告珪，且以其爱妻、骏马付崇曰："事泄，当以此自明。"贺氏夜饮显酒，令醉，使珪阴与旧臣长孙犍、元佗、罗结轻骑亡去。向晨，贺氏故惊厩中群马，使显起视之。贺氏哭曰："吾子适在此，今皆不见，汝等谁杀之邪？"显以故不急追，珪遂奔贺兰部，依其舅贺讷。讷惊喜曰："复国之后，当念老臣。"珪笑曰："诚如舅言，不敢忘也。"

显疑梁六眷泄其谋，将囚之。穆崇宣言曰："六眷不顾恩义，助显为逆，我掠得其妻、马，足以解忿。"显乃舍之。贺氏从弟外朝大人贺悦举所部以奉圭。显怒，将杀贺氏，贺氏奔亢埿家，匿神车中三日，亢埿举家为之请，乃得免。

故南部大人长孙嵩帅所部七百余家叛显，将奔五原。时拓跋寔君之子渥亦聚众自立，嵩欲归之。乌渥谓嵩曰："逆父之子，不足从也，不如归珪。"嵩从之。久之，刘显所部有乱，故中部大人庾和辰奉贺氏奔珪。

贺讷弟染干以珪得众心，忌之，使其党侯引七突杀珪。代人尉古真知之，以告珪，侯引七突不敢发。染干疑古真泄其谋，执而讯之，以两车轴夹其头，伤一目，不伏，乃免之。染干遂举兵围珪，贺氏出谓染干曰："汝等欲于何置我，而杀吾子乎？"染干惭而去。

冬十二月，拓跋珪从曾祖纥罗与其弟建及诸部大人共请贺讷推珪为主。

十一年春正月戊申，拓跋珪大会于牛川，即代王位，改元登国。以长孙嵩为南部大人，叔孙普洛为北部大人，分治其众。以上谷张衮为左长史，许谦为右司马，广宁王建、代人和跋、叔孙建、庾岳等为外朝大人，奚牧为治民长，皆掌宿卫及参军国谋议。

长孙道生、贺毗等侍从左右，出纳教命。王建娶代王什翼犍之女。岳，和辰之弟。道生，嵩之从子也。二月，代王珪徙居定襄之盛乐，务农息民，国人悦之。

三月，刘显自善无南走马邑，其族人奴真帅所部降于代。奴真有兄犍，先居贺兰部，奴真言于代王珪，请召犍，而以所部让之，珪许之。犍既领部，遣弟去斤遗贺讷金马。贺染干谓去斤曰："我待汝兄弟厚，汝今领部，宜来从我。"去斤许之。奴真怒曰："我祖父以来，世为代忠臣，故我以部让汝等，欲为义也。今汝等无状，乃谋叛国，义于何在！"遂杀犍及去斤。染干闻之，引兵攻奴真，奴真奔代。珪遣使责染干，染干乃止。

夏四月，代王珪初改称魏王。魏王珪东如陵石，护佛侯部帅侯辰、乙佛部帅代题皆叛走。诸将请追之，珪曰："侯辰等累世服役，有罪且当忍之。方今国家草创，人情未壹，愚者固宜前却，不足追也。"秋七月己酉，魏王珪还盛乐，代题复以部落来降，十余日又奔刘显。珪使其孙倍斤代领其众。刘显弟肺泥帅众降魏。

初，秦灭代，迁代王什翼犍少子窟咄于长安，从慕容永东徙，(亢)〔永〕以窟咄为新兴太守。刘显遣其弟亢埿迎窟咄，以兵随之，逼魏南境，诸部骚动。魏王珪左右于桓等与部人谋执珪以应窟咄，幢将代人莫题等亦潜与窟咄交通。桓舅穆崇告之，珪诛桓等五人，莫题等七姓悉原不问。珪惧内难，北逾阴山，复依贺兰部，遣外朝大人辽东安同求救于燕，燕主垂遣赵王麟救之。

冬十月，燕赵王麟军未至魏，拓拔窟咄稍前逼魏王珪，贺染干侵魏北部以应之。魏众惊扰，北部大人叔孙普洛亡奔刘卫辰。麟闻之，遽遣安同等归魏。人知燕军在近，众心少安。窟咄进屯高柳，珪引兵与麟会，击之，窟咄大败，奔刘卫辰，卫辰杀之。珪悉收其众，以代人库狄干为北部大人。麟引兵还中山。刘卫辰居朔方，士马甚盛。后秦主苌以卫辰为大将军、大单于、河西王、幽州牧，西燕主永以卫辰为大将军、朔州牧。十二月，燕主垂以魏王珪为西单于，封上谷王，珪不受。

十二年。刘显地广兵强，雄于北方。会其兄弟乖争，魏长史张衮言于魏王珪曰："显志在并吞，今不乘其内溃而取之，必为后患。然吾不能独克，请与燕共攻之。"珪从之，复遣安同乞师于燕。



秋七月，刘卫辰献马于燕，刘显掠之。燕主垂怒，遣太原王楷将兵助赵王麟击显，大破之，显奔马邑西山。魏王珪引兵会麟击显于弥泽，又破之，显奔西燕。麟悉收其部众，获马牛羊以千万数。

十三年。魏王珪破库莫奚于弱落水南。秋七月，库莫奚复袭魏营，珪又破之。库莫奚者，本属宇文部，与契丹同类而异种，其先皆为燕王皝所破，徙居松漠之间。

十四年春正月甲寅，魏王珪袭高车，破之。二月癸巳，魏王珪击吐突邻部于女水，大破之，尽徙其部落而还。

十五年夏四月丙寅，魏王珪会燕赵王麟于意辛山，击贺兰、纥突邻、纥奚三部，破之，纥突邻、纥奚皆降于魏。秋七月，刘卫辰遣子直力鞮攻贺兰部，贺讷困急，请降于魏。丙子，魏王珪引兵救之，直力鞮退。珪徙讷部落，处之东境。



十六年冬十月，刘卫辰遣子直力鞮帅众八九万攻魏南部。十一月己卯，魏王珪引兵五六千人拒之，壬午，大破直力鞮于铁岐山南，直力鞮单骑走。乘胜追之，戊子，自五原金津南济河，径入卫辰国，卫辰部落骇乱。辛卯，珪直抵其所居悦跋城，卫辰父子出走。壬辰,分遣诸将轻骑追之,将军伊谓禽直力鞮于木根山,卫辰为其部下所杀。十二月,珪军于盐池,诛卫辰宗党五千余人,皆投尸于河。自河以南诸部悉降,获马三十余万匹,牛羊四百余万头,国用由是遂饶。

卫辰少子勃勃亡奔薛干部,珪使人求之。薛干部帅太悉伏出勃勃以示使者曰:"勃勃国破家亡,以穷归我,我宁与之俱亡,何忍执以与魏。"乃送勃勃于没弈干,没弈干以女妻之。

十八年秋七月,魏王珪以薛干太悉伏不送刘勃勃,八月,袭其城,屠之,太悉伏奔秦。

二十一年秋七月,魏群臣劝魏王珪称尊号,珪始建天子旌旗,出警入跸,改元皇始。

安帝隆安二年夏六月丙子,魏王珪命群臣议国号,皆曰:"周、秦以前,皆自诸侯升为天子,因以其国为天下号。汉氏以来,皆无尺土之资。我国家百世相承,开基代北,遂抚有方夏,今宜以代为号。"黄门侍郎崔宏曰:"昔商人不常厥居,故两称殷、商。代虽旧邦,其命惟新,登国之初,已更曰魏。夫魏者,大名,神州之上国也,宜称魏如故。"珪从之。

秋七月,魏王珪迁都平城,始营宫室,建宗庙,立社稷。宗庙岁五祭,用分、至及腊。

魏王珪命有司正封畿,标道里,平权衡,审度量。遣使循行郡国,举奏守宰不法者,亲考察黜陟之。

冬十一月辛亥,魏王珪命尚书吏部郎邓渊立官制,协音律,仪曹郎清河董谧制礼仪,三公郎王德定律命,太史令晁崇考天象,吏部尚书崔宏总而裁之,以为永式。渊,羌之孙也。

十二月己丑,魏王珪即皇帝位,大赦,改元天兴。命朝野皆束发加帽。追尊远祖毛以下二十七人皆为皇帝，谥六世祖力微曰神元皇帝，庙号始祖；祖什翼犍曰昭成皇帝，庙号高祖；父寔曰献明皇帝。魏之旧俗，孟夏祀天及东庙，季夏帅众却霜于阴山，孟秋祀天于西郊。至是始依仿古制，定郊庙朝飨礼乐，然惟孟夏祀天亲行，其余多有司摄事。又用崔宏议，自谓黄帝之后，以土德王。徙六州二十二郡守宰、豪杰二千家于代都，东至代郡，西及善无，南极阴馆，北尽参合，皆为畿内，其外四方、四维置八部帅以监之。



## 魏伐后燕　慕容德据广固附

晋〔孝〕武帝太元十三年。魏王珪密有图燕之志，遣九原公仪奉使至中山。燕主垂诘之曰："魏王何以不自来？"仪曰："先王与燕并事晋室，世为兄弟，臣今奉使，于理未失。"垂曰："吾今威加四海，岂得以昔日为比？"仪曰："燕若不修德礼，欲以兵威自强，此乃将帅之事，非使臣所知也。"仪还言于圭曰："燕主衰老，太子暗弱，范阳王自负材气，非少主臣也。燕主既没，内难必作，于时乃可图也，今则未可。"珪善之。仪，珪母弟翰之子也。

十六年春正月，贺染干谋杀其兄讷，讷知之，举兵相攻。魏王珪告于燕，请为乡导以讨之。二月甲戌，燕主垂遣赵王麟将兵击讷。夏六月甲辰，燕赵王麟破贺讷于赤城，禽之，降其部落数万。燕主垂命麟归讷部落，徙染干于中山。麟归，言于垂曰："臣观拓跋珪举动，终为国患，不若摄之还朝，使其弟监国事。"垂不从。秋七月，魏王珪遣其弟觚献见于燕。燕主垂衰老，子弟用事，留觚以求良马。魏王珪弗与，遂与燕绝，使长史张衮求好于西燕。觚逃归，燕太子宝追获之，垂待之如初。

二十年。魏王珪叛燕，侵逼附塞诸部。夏五月甲戌，燕主垂遣太子宝、辽西王农、赵王麟帅众八万自五原伐魏，范阳王德、陈留王绍别将步骑万八千为后继。散骑常侍高湖谏曰："魏与燕世为昏姻，彼有内难，燕实存之，其施德厚矣，结好久矣。间以求马不获而留其弟，曲在于我，奈何遽兴兵击之？拓跋涉珪沉勇有谋，幼历艰难，兵精马强，未易轻也。皇太子富于春秋，志果气锐，今委之专征，必小魏而易之，万一不如所欲，伤威毁重。愿陛下深图之。"言颇激切，垂怒，免湖官。湖，泰之子也。

秋七月，魏张衮闻燕军将至，言于魏王珪曰："燕狃于滑台、长子之捷，竭国之资力以来，有轻我之心，宜羸形以骄之，乃可克也。"珪从之，悉徙部落畜产，西渡河千余里以避之。燕军至五原，降魏别部三万余家，收穄田百余万斛，置黑城，进军临河，造船为济具。珪遣右司马许谦乞师于秦。

八月，魏王珪治兵河南，九月，进军临河。燕太子宝列兵将济，暴风起，漂其船数十艘泊南岸。魏获其甲士三百余人，皆释而遣之。

宝之发中山也，燕主垂已有疾，既至五原，珪使人邀中山之路，伺其使者，尽执之。宝等数月不闻垂起居，珪使所执使者临河告之曰："若父已死，何不早归？"宝等忧恐，士卒骇动。

珪使陈留公虔将五万骑屯河东，东平公仪将十万骑屯河北，略阳公遵将七万骑塞燕军之南。遵，寿鸠之子也。秦主兴遣杨佛嵩将兵救魏。

燕术士靳安言于太子宝曰："天时不利，燕必大败，速去可免。"宝不听。安退告人曰："吾辈皆当弃尸草野，不得归矣。"

燕、魏相持积旬，赵王麟将慕舆嵩等以垂为实死，谋作乱，奉麟为主。事泄，嵩等皆死。宝、麟等内自疑。冬十月辛未，烧船夜遁。时河冰未结，宝以魏兵必不能渡，不设斥候。十一月己卯，暴风，冰合，魏王珪引兵济河，留辎重，选精锐二万余骑急追之。

燕军至参合陂，有大风，黑气如堤，自军后来，临覆军上。沙门支昙猛言于宝曰："风气暴迅，魏兵将至之候，宜遣兵御之。"宝以去魏军已远，笑而不应。昙猛固请不已，麟怒曰："以殿下神武，师徒之盛，足以横行沙漠，索虏何敢远来。而昙猛妄言惊众，当斩以徇。"昙猛泣曰："苻氏以百万之师败于淮南，正由恃众轻敌，不信天道故也。"司徒德劝宝从昙猛言，宝乃遣麟帅骑三万居军后以备非常。麟以昙猛为妄，纵骑游猎，不肯设备。宝遣骑还诇魏兵，骑行十余里，即解鞍寝。

魏军晨夜兼行，乙酉暮，至参合陂西。燕军在陂东，营于蟠羊山南水上。魏王珪夜部分诸将，掩覆燕军，士卒衔枚束马口潜进。丙戌，日出，魏军登山，下临燕营，燕军将东引，顾见之，士卒大惊扰乱。珪纵兵击之，燕兵走赴水，人马相腾蹑，压溺死者以万数。略阳公遵以兵邀击其前，燕兵四五万人，一时放仗敛手就禽，其遗迸去者不过数千人，太子宝等皆单骑仅免。杀燕右仆射陈留悼王绍，生禽鲁阳王倭奴、桂林王道成、济阴公尹国等文武将吏数千人，兵甲、粮货以钜万计。道成，垂之弟子也。

魏王珪择燕臣之有才用者代郡太守广川贾闰、闰从弟骠骑长史昌黎太守彝、太史郎辽东晁崇等留之，其余欲悉给衣粮遣还，以招怀中州之人。中部大人王建曰："燕众强盛，今倾国而来，我幸而大捷，不如悉杀之，则其国空虚，取之为易。且获寇而纵之，无乃不可乎？”乃尽坑之。十二月，珪还云中之盛乐。

燕太子宝耻于参合之败，请更击魏。司徒德言于燕主垂曰：“虏以参合之捷，有轻太子之心，宜及陛下神略以服之，不然将为后患。”垂乃以清河公会录留台事、领幽州刺史，代高阳王隆镇龙城，以阳城王兰汗为北中郎将，代长乐公盛镇蓟，命隆、盛悉引其精兵还中山，期以明年火举击魏。

二十一年春正月，燕高阳王隆引龙城之甲入中山，军容精整，燕人之气稍振。三月庚子，燕主垂留范阳王德守中山，引兵密发，逾青岭，经天门，凿山通道，出魏不意，直指云中。魏陈留公虔帅部落三万余家镇平城。垂至猎岭，以辽西王农、高阳王隆为前锋以袭之。是时燕兵新败，皆畏魏，惟龙城兵勇锐争先。虔素不设备，闰月乙卯，燕军至平城，虔乃觉之，帅麾下出战，败死，燕军尽收其部落。魏王珪震怖欲走，诸部闻虔死，皆有贰心，珪不知所适。

垂之过参合陂也，见积骸如山，为之设祭，军士皆恸哭，声震山谷。垂惭愤呕血，由是发疾，乘马舆而进，顿平城西北三十里。太子宝等闻之，皆引还。燕军叛者奔告于魏，云“垂已死，舆尸在军。”魏王珪欲追之，闻平城已没，乃引还阴山。

垂在平城积十日，疾转笃，乃筑燕昌城而还。夏四月癸未，卒于上谷之沮阳，秘不发丧。丙申，至中山。戊戌，发丧，谥曰成武皇帝，庙号世祖。壬寅，太子宝即位，大赦，改元永康。

五月辛亥，以范阳王德为都督冀兖青徐荆豫六州诸军事、车骑大将军、冀州牧，镇邺；辽西王农为都督并雍益梁秦凉六州诸军事、并州牧，镇晋阳。又以安定王库傉官伟为太师，夫馀王蔚为太傅。甲寅，以赵王麟领尚书左仆射，高阳王隆领右仆射，长乐公盛为司隶校尉，宜都王凤为冀州刺史。

初，燕主垂先段后生子令、宝，后段后生子朗、鉴，爱诸姬子麟、农、隆、柔、熙。宝初为太子，有美称，已而荒怠，中外失望。后段后尝言于垂曰："太子遭承平之世，足为守成之主。今国步艰难，恐非济世之才。辽西、高阳二王，陛下之贤子，宜择一人付以大业。赵王麟奸诈强愎，异日必为国家之患，宜早图之。"宝善事垂左右，左右多誉之，故垂以为贤，谓段氏曰："汝欲使我为晋献公乎？"段氏泣而退，告其妹范阳王妃曰："太子不才，天下所知。吾为社稷言之，主上乃以吾为骊姬，何其苦哉！观太子必丧社稷，范阳王有非常器度，若燕祚未尽，其在王乎？"宝及麟闻而恨之。

乙丑，宝使麟谓段氏曰："后常谓主上不能守大业，今竟能不？宜早自裁，以全段宗。"段氏怒曰："汝兄弟不难逼杀其母，况能守先业乎！吾岂爱死，但念国亡不久耳。"遂自杀。宝议以"段后谋废嫡统，无母后之道，不宜成丧"。群臣咸以为然。中书令眭邃飏言于朝曰："子无废母之义。汉安思阎后亲废顺帝，犹得配飨太庙，况先后暧昧之言，虚实未可知乎？"乃成丧。

夏六月癸酉，魏王珪遣将军王建等击燕广宁太守刘亢埿斩之，徙其部落于平城。燕上谷太守开封公详弃郡走。详，皝之曾孙也。

燕主宝定士族旧籍，分辨清浊，校阅户口，罢军营封荫之户悉属郡县。由是士民嗟怨，始有离心。

上谷张恂劝珪进取中原，珪善之。

燕辽西王农悉将部曲数万口之并州。并州素乏储偫，是岁早霜，民不得供其食。又遣诸部护军分监诸胡。由是民夷俱怨，潜召魏军。八月己亥，魏王珪大举伐燕，步骑四十余万南出马邑，逾句注，旌旗二千余里，鼓行而进。左将军雁门李栗将五万骑为前驱，别遣将军封真等从东道出军都，袭燕幽州。

燕征北大将军、幽平二州牧、清河公会母贱，而年长，雄俊有器艺，燕主垂爱之。宝之伐魏也，垂命会摄东宫事、总录，礼遇一如太子。及垂伐魏，命会镇龙城，委以东北之任，国官府佐，皆选一时才望。垂疾笃，遗言命宝以会为嗣。而宝爱少子濮阳公策，意不在会。长乐公盛与会同年，耻为之下，乃与赵王麟共劝宝立策，宝从之。乙亥，立妃段氏为皇后，策为皇太子，会、盛皆进爵为王。策年十一，素憃弱，会闻之，心愠怼。

九月，章武王宙奉燕主垂及成哀段后之丧葬于龙城宣平陵，宝诏宙悉徙高阳王隆参佐、部曲、家属还中山，会违诏，多留部曲不遣。宙年长属尊，会每事陵侮之，见者皆知其有异志。

戊午，魏军至阳曲，乘西山，临晋阳，遣骑环城大噪而去。燕辽西王农出战，大败，奔还晋阳，司马慕舆嵩闭门拒之。农将妻子帅数千骑东走，魏中领将军长孙肥追之，及于潞川，获农妻子。燕军尽没，农被创，独与三骑逃归中山。

魏王珪遂取并州。初建台省，置刺史、太守、尚书郎以下官，悉用儒生为之。士大夫诣军门者，无少长，皆引入存慰，使人人尽言，少有才用，咸加擢叙。己未，遣辅国将军奚收略地汾川，获燕丹杨王买得及离石护军高秀和。以中书侍郎张恂等为诸郡太守，招抚离散，劝课农桑。

燕主宝闻魏军将至，议于东堂。中山尹苻谟曰："今魏军众强，千里远斗，乘胜气锐，若纵之使入平土，不可敌也，宜杜险以拒之。"中书令眭邃曰："魏多骑兵，往来剽速，马上赍粮，不过旬日。宜令郡县聚民千家为一堡，深沟高垒，清野以待之，彼至无所掠，不过六旬，食尽自退。”尚书封懿曰：“今魏兵数十万，天下之勍敌也。民虽筑堡，不足以自固，是聚兵及粮以资之也。且动摇民心，示之以弱，不如阻关拒战，计之上也。”赵王麟曰：“魏今乘胜气锐，其锋不可当，宜完守中山，待其弊而乘之。”于是修城、积粟，为持久之备。命辽西王农出屯安喜，军事动静，悉以委麟。

冬十月，魏王珪使冠军将军代人于栗磾、宁朔将军公孙兰，帅步骑二万，潜自晋阳开韩信故道。己酉，珪自井陉趋中山。李先降魏，珪以为征东左长史。



魏王珪进攻常山，拔之，获太守苟延。自常山以东守宰，或走或降，诸郡县皆附于魏，惟中山、邺、信都三城为燕守。十一月，珪命东平公仪将五万骑攻邺，冠军将军王建、左将军李栗攻信都。戊午，圭进军中山，己未，攻之。燕高阳王隆守南郭，帅众力战，自旦至晡，杀伤数千人，魏兵乃退。珪谓诸将曰：“中山城固，宝必不肯出战。急攻则伤士，久围则费粮，不如先取邺、信都，然后图之。”丁卯，珪引兵而南。

章武王宙自龙城还，闻有魏寇，驰入蓟，与镇北将军阳城王兰乘城固守。兰，垂之从弟也。魏别将石河头攻之，不克，退屯渔阳。



珪军于鲁口，博陵太守申永奔河南，高阳太守崔宏奔海渚。珪素闻宏名，遣吏追求，获之，以为黄门侍郎，与给事黄门侍郎张衮对掌机要，创立制度。博陵令屈遵降魏，珪以为中书令，出纳号令，兼总文诰。

燕范阳王德使南安王青等夜击魏军于邺下，破之，魏军退屯新城。青等请追击之，别驾韩諲曰：“古人先计而后战。魏军不可击者四：悬军远客，利在野战，一也；深入近畿，顿兵死地，二也；前锋既败，后阵方固，三也；彼众我寡，四也。官军不宜动者三：自战其地，一也；动而不胜，众心难固，二也；城隍未修，敌来无备，三也。今魏无资粮，不如深垒固军以老之。"德从之，召青还。青，详之兄也。

十二月，魏辽西公贺赖卢帅骑二万会东平公仪攻邺。赖卢，讷之弟也。

魏别部大人没根有胆勇，魏王珪恶之。没根惧诛，己丑，将亲兵数十人降燕，燕主宝以为镇东大将军，封雁门公。没根求还袭魏，宝难与重兵，给百余骑。没根效其号令，夜入魏营，至中仗，珪乃觉之，狼狈惊走。没根以所从人少，不能坏其大众，多获首虏而还。

安帝隆安元年春正月，燕范阳王德求救于秦，秦兵不出，邺中恼惧。贺赖卢自以魏王珪之舅，不受东平公仪节度，由是与仪有隙。仪司马丁建阴与德通，从而构间之，射书入城中，言其状。甲辰，风霾，昼晦，赖卢营有火，建言于仪曰："赖卢烧营为变矣。"仪以为然，引兵退。赖卢闻之，亦退。建帅其众诣德降，且言仪师老，可击。德遣桂阳王镇、南安王青帅骑七千追击魏军，大破之。燕主宝使左卫将军慕舆腾攻博陵，杀魏所置守宰王建等。

攻信都六十余日不下，士卒多死，庚申，魏王珪自攻信都。壬戌夜，燕宜都王凤逾城奔中山。癸亥，信都降魏。

燕主宝闻魏王珪攻信都，出屯深泽，遣赵王麟攻杨城，杀守兵三百。宝悉出珍宝及宫人募郡县群盗以击魏。

二月己巳朔，圭还屯杨城。没根兄子醜提为并州监军，闻其叔父降燕，惧诛，帅所部兵还国作乱。圭欲北还，遣其国相涉延求和于燕，且请以其弟为质。宝闻魏有内难，不许，使冗从仆射兰真责珪负恩，悉发其众步卒十二万，骑三万七千屯于曲阳之柏肆，营于滹沱水北以邀之。丁丑，魏军至，营于水南，宝潜师夜济，募勇敢万余人袭魏营，宝陈于营北以为之援。募兵因风纵火，急击魏军，魏军大乱，珪惊起，弃营跣走。燕将军乞特真帅百余人至其帐下，得珪衣靴。既而募兵无故自惊，互相斫射，珪于营外望见之，乃击鼓收众，左右及中军将士稍稍来集，多布火炬于营外，纵骑冲之，募兵大败，还赴宝陈。宝引兵复渡水北。戊寅，魏整众而至，与燕相持，燕军夺气。宝引还中山，魏兵随而击之，燕兵屡败。宝惧，弃大军，帅骑二万奔还，时大风雪，冻死者相枕。宝恐为魏军所及，命士卒皆弃袍仗、兵器数十万，寸刃不返。燕之朝臣将卒降魏及为魏所系虏者甚众。

先是，张衮尝为魏王珪言燕秘书监崔逞之材，珪得之，甚喜，以逞为尚书，使录三十六曹，任以政事。

己卯夜，燕尚书郎慕舆皓谋弑燕主宝，立赵王麟，不克，斩关出奔魏。麟由是不自安。

初，燕清河王会闻魏军东下，表求赴难，燕主宝许之。会初无去意，使征南将军库傉官伟、建威将军馀崇将兵五千为前锋。崇，嵩之子也。伟等顿卢龙近百日，无食，啖马牛且尽，会不发。宝怒，累诏切责。会不得已，以治行简练为名，复留月余。时道路不通，伟欲使轻军前行通道，侦魏强弱，且张声势。诸将皆畏避不欲行。馀崇奋曰："今巨寇滔天，京都危逼，匹夫犹思致命以救君父，诸君荷国宠任，而更惜生乎？若社稷倾覆，臣节不立，死有余辱。诸君安居于此，崇请当之。"伟喜，简给步骑数百人。崇进至渔阳，遇魏千余骑。崇谓其众曰：“彼众我寡，不击则不得免。”乃鼓噪直进，崇手杀十余人。魏骑溃去，崇亦引还，斩首获生，具言敌中阔狭，众心稍振。会乃上道徐进，是月始达蓟城。

魏围中山既久，城中将士皆思出战。征北大将军隆言于宝曰：“涉圭虽屡获小利，然顿兵经年，凶势沮屈，士马死伤太半，人心思归，诸部离解，正是可破之时也。加之举城思奋，若因我之锐，乘彼之衰，往无不克。如其持重不决，将卒气丧，日益困逼，事久变生，后虽欲用之，不可得也。”宝然之。而卫大将军麟每沮其议，隆成列而罢者，前后数四。

宝使人请于魏王珪，欲还其弟觚，割常山以西皆与魏以求和。珪许之。既而宝悔之。己酉，珪如卢奴，辛亥，复围中山。燕将士数千人俱自请于宝曰：“今坐守穷城，终于困弊。臣等愿得一出乐战，而陛下每抑之，此为坐自摧败也。且受围历时，无他奇变，徒望积久寇贼自退。今内外之势，强弱悬绝，彼必不自退明矣。宜从众一决。”宝许之。隆退而勒兵，召诸参佐谓之曰：“皇威不振，寇贼内侮，臣子同耻，义不愿生。今幸而破贼，吉还固善，若其不幸，亦使吾志节获展。卿等有北见吾母者，为吾道此情也。”乃被甲上马，诣门俟命。麟复固止。宝众大忿恨，隆涕泣而还。

是夜，麟以兵劫左卫将军北地王精，使帅禁兵弑宝。精以义拒之，麟怒，杀精出奔西山，依丁零余众。于是城中人情震骇。

宝不知麟所之，以清河王会军在近，恐麟夺会军，先据龙城，乃召隆及骠骑大将军农谋去中山，走保龙城。隆曰：“先帝栉风沐雨以成中兴之业，崩未期年而天下大坏，岂得不谓之孤负邪？今外寇方盛而内难复起，骨肉乖离，百姓疑惧，诚不可以拒敌，北迁旧都，亦事之宜然。龙川地狭民贫，若以中国之意取足其中，复朝夕望有大功，此必不可。若节用爱民，务农训兵，数年之中，公私充实，而赵、魏之间，厌苦寇暴，民思燕德，庶几返旆，克复故业。如其未能，则凭险自固，犹足以优游养锐耳。"宝曰："卿言尽理，朕一从卿意耳。"

辽东高抚善卜筮，素为隆所信厚，私谓隆曰："殿下北行，终不能达，太妃亦不可得见。若使主上独往，殿下潜留于此，必有大功。"隆曰："国有大难，主上蒙尘，且老母在北，吾得北首而死，犹无所恨，卿是何言也！"乃遍召僚佐，问其去留，唯司马鲁恭、参军成岌愿从，余皆欲留，隆并听之。

农部将谷会归说农曰："城中之人，皆涉圭参合所杀者父兄子弟，泣血踊跃欲与魏战而为卫军所抑。今闻主上当北迁，皆曰：'得慕容氏一人奉而立之，以与魏战，死无所恨！'大王幸而留此，以副众望，击退魏军，抚宁畿甸，奉迎大驾，亦不失为忠臣也。"农欲杀归而惜其材力，谓之曰："必如此以望生，不如就死。"

壬子夜，宝与太子策、辽西王农、高阳王隆、长乐王盛等万余骑出赴会军，河间王熙、勃海王朗、博陵王鉴皆幼，不能出城，隆还入迎之，自为鞁乘，俱得免。燕将王沈等降魏。乐浪王惠、中书侍郎韩范、员外郎段宏、太史令刘起等帅工伎三百奔邺。

中山城中无主，百姓惶惑，东门不闭。魏王珪欲夜入城，冠军将军王建志在虏掠，乃言恐士卒盗府库物，请俟明旦，珪乃止。燕开封公详从宝不及，城中立以为主，闭门拒守。圭尽众攻之，连日不拔。使人登巢车临城谕之曰："慕容宝已弃汝走，汝曹百姓空自取死，欲谁为乎？"皆曰："群小无知，恐复如参合之众，故苟延旬月之命耳。"珪顾王建而唾其面。使中领将军长孙肥、左将军李东将三千骑追宝至范阳,不及,破其新城戍而还。

燕主宝出中山,与赵王麟遇于阱城。麟不意宝至,惊骇,帅其众奔蒲阴,复出屯望都,土人颇供给之。慕容详遣兵掩击麟,获其妻子,麟脱走入山。甲寅,宝至蓟,殿中亲近散亡略尽,惟高阳王隆所领数百骑为宿卫。清河王会帅骑卒二万迎于蓟南,宝怪会容止怏怏有恨色,密告隆及辽西王农。农、隆俱曰:"会年少,专任方面,习骄所致,岂有他也,臣等当以礼责之。"宝虽从之,然犹诏解会兵以属隆。隆固辞,乃减会兵分给农、隆。又遣西河公库傉官骥帅兵三千助守中山。

丙辰,宝尽徙蓟中府库北趣龙城。魏石河头引兵追之,戊午,及宝于夏谦泽。宝不欲战,清河王会曰:"臣抚教士卒,惟敌是求。今大驾蒙尘,人思效命,而虏敢自送,众心忿愤。兵法曰'归师勿遏',又曰'置之死地而后生'。今我皆得之,何患不克?若其舍去,贼必乘人,或生余变。"宝乃从之。会整陈与魏兵战,农、隆等将南来骑冲之,魏兵大败,追奔百余里,斩首数千级。隆又独追数十里而还,谓故吏留台治书阳璆曰:"中山城中积兵数万,不得展吾意,今日之捷,令人遗恨。"因慷慨流涕。

会既败魏兵,矜很滋甚,隆屡训责之,会益忿恚。会以农、隆皆尝镇龙城,属尊位重,名望素出己右,恐至龙城权政不复在己,又知终无为嗣之望,乃谋作乱。

幽、平之兵皆怀会恩,不乐属二王,请于宝曰:"清河王勇略高世,臣等与之誓同生死,愿陛下与皇太子、诸王留蓟宫,臣等从王南解京师之围,还迎大驾。"宝左右皆恶会,言于宝曰:"清河王不得为太子,神色甚不平。且其才武过人,善收人心,陛下若从众请,臣恐解围之后,必有卫辄之事。"宝乃谓众曰:"道通年少，才不及二王，岂可当专征之任！且朕方自统六师，杖会以为羽翼，何可离左右也。”众不悦而退。

左右劝宝杀会，侍御史仇尼归闻之，告会曰：“大王所恃者父，父已异图；所杖者兵，兵已去手；欲于何所自容乎？不如诛二王，废太子，大王自处东宫，兼将相之任，以匡复社稷，此上策也。”会犹豫未许。

宝谓农、隆曰：“观道通志趣，必反无疑，宜早除之。”农、隆曰：“今寇敌内侮，中土纷纭，社稷之危，有如累卵。会镇抚旧都，远赴国难，其威名之重，足以震动四邻。逆状未彰而遽杀之，岂徒伤父子之恩，亦恐大损威望。”宝曰：“会逆志已成，卿等慈恕，不忍早杀，恐一旦为变，必先害诸父，然后及吾，至时勿悔自负也。”会闻之，益惧。

夏四月癸酉，宝宿广都黄榆谷，会遣其党仇尼归、吴提染干帅壮士二十余人分道袭农、隆，杀隆于帐下，农被重创，执仇尼归逃入山中。会以仇尼归被执，事终显发，乃夜诣宝曰：“农、隆谋逆，臣已除之。”宝欲讨会，阳为好言以安之，曰：“吾素疑二王久矣，除之甚善。”

甲戌旦，会立仗严备，乃引道。会欲弃隆丧，馀崇涕泣固请，乃听载随军。农出，自归，宝呵之曰：“何以自负邪?”命执之。行十余里，宝顾召群臣食，且议农罪。会就坐，宝目卫军将军慕舆腾使斩会，伤其首，不能杀。会走赴其军，勒兵攻宝。宝帅数百骑驰二百里，晡时，至龙城。会遣骑追至石城，不及。

乙亥，会遣仇尼归攻龙城，宝夜遣兵袭击，破之。会遣使请诛左右佞臣，并求为太子，宝不许。会尽收乘舆器服，以后宫分给将帅，署置百官，自称皇太子、录尚书事，引兵向龙城，以讨慕舆腾为名。丙子，顿兵城下。宝临西门，会乘马遥与宝语，宝责让之。会命军士向宝大噪以耀威，城中将士皆愤怒，向暮出战，大破之。会兵死伤太半，走还营。侍御郎高云夜帅敢死士百余人袭会军，会众皆溃。会将十余骑奔中山，开封公详杀之。宝杀会母及其三子。丁丑，宝大赦，凡与会同谋者皆除罪，复旧职。论功行赏，拜将军、封侯者数百人。

魏王珪以军食不给，命东平公仪去邺，徙屯钜鹿，积租杨城。慕容详出步卒六千人，伺间袭魏诸屯，珪击破之，斩首五千，生擒七百人，皆纵之。

五月，燕库傉官骥入中山，与开封公详相攻。详杀骥，尽灭库傉官氏，又杀中山尹苻谟，夷其族。中山城无定主，民恐魏兵乘之，男女结盟，人自为战。

甲辰，魏王珪罢中山之围，就谷河间，督诸郡义租。甲寅，以东平公仪为骠骑大将军、都督中外诸军事、兖豫雍荆徐扬六州牧、左丞相，封卫王。

慕容详自谓能却魏兵，威德已振，乃即皇帝位，改元建始，置百官。以新平公可足浑潭为车骑大将军、尚书令。杀拓跋觚以固众心。

邺中官属劝范阳王德称尊号，会有自龙城来者，知燕主宝犹存，乃止。

秋七月，慕容详杀可足浑潭。详嗜酒奢淫，不恤士民，刑杀无度，所诛王公以下五百余人，群下离心。城中饥窘，详不听民出采稆，死者相枕，举城咨谋迎赵王麟。详遣辅国将军张骧帅五千余人督租于常山，麟自丁零入骧军，潜袭中山，城门不闭，执详，斩之。麟遂称尊号，听人四出采稆。人既饱，求与魏战，麟不从，稍复穷馁。魏王珪军鲁口，遣长孙肥帅骑七千袭中山，入其郛。麟追至泒水，为魏所败而还。

八月丙寅朔，魏王珪徙军常山之九门。军中大疫，人畜多死，将士皆思归。珪问疫于诸将，对曰："在者才什四五。"珪曰："此固天命，将若之何？四海之民，皆可为国，在吾所以御之耳，何患无民。"群臣乃不敢言。遣抚军大将军略阳公遵袭中山，入其郛而还。

中山饥甚，慕容麟帅二万余人出据新市。九月甲子晦，魏王珪进军攻之。太史令晁崇曰："不吉。昔纣以甲子亡，谓之疾日，兵家忌之。"珪曰："纣以甲子亡，周武不以甲子兴乎？"崇无以对。冬十月丙寅，麟退阻泒水。甲戌，珪与麟战于义台，大破之，斩首九千余级。麟与数十骑驰取妻子入西山，遂奔邺。

甲申，魏克中山，燕公卿、尚书、将吏、士卒降者二万余人。

燕人有自中山至龙城者，言拓跋涉圭衰弱，司徒德完守邺城。会德表至，劝燕主宝南还。十二月，宝遣将军启仑视形势。

乙亥，慕容麟至邺，说范阳王德曰："魏既克中山，将乘胜攻邺。邺中虽有蓄积，然城大难固，且人心恇惧，不可守也，不如南趣滑台。"时鲁阳王和镇滑台，亦遣使迎德。

二年春正月，范阳王德自邺徙滑台。魏卫王仪入邺，追德至河，弗及。赵王麟上尊号于德，德称燕王，以统府行帝制，置百官，以赵王麟为司空，领尚书令。

燕启崙还至龙城，言中山已陷，燕主宝命罢兵。辽西王农言于宝曰："今迁都尚新，未可南征，宜因成师袭库莫奚，取其牛马以充军资，更审虚实，俟明年而议之。"宝从之。己未，北行。庚申，渡浇洛水，会南燕王德遣侍郎李延诣宝，言"涉圭西上，中国空虚”，延追宝及之，宝大喜，即日引还。

燕主宝还龙城宫，诏诸军就顿，不听罢散，文武将士皆以家属随驾。辽西王农、长乐王盛切谏，以为“兵疲力弱，魏新得志，未可与敌，宜且养兵观衅”。宝将从之，抚军将军慕舆腾曰：“百姓可与乐成，难与图始。今师众已集，宜独决圣心，乘机进取，不宜广采异同，以沮大计。”宝乃曰：“吾计决矣，敢谏者斩。”二月乙亥，宝出就顿，留盛统后事。己卯，燕军发龙城，慕舆腾为前军，司空农为中军，宝为后军，相去各一顿，连营百里。

壬午，宝至乙连，长上段速骨、宋赤眉等因众心之惮征役，遂作乱。速骨等皆高阳王隆旧队，共逼立隆子高阳王崇为主，杀乐浪威王宙、中牟熙公段谊及宗室诸王。河间王熙素与崇善，崇拥佑之，故独得免。燕主宝将十余骑奔司空农营，农将出迎，左右抱其腰止之，曰：“宜小清澄，不可便出。”农引刀将斫之，遂出见宝，又驰信追慕舆腾。癸未，宝、农引兵还趣大营讨速骨等。农营兵亦厌征役，皆弃仗走，腾营亦溃。宝、农奔还龙城。长乐王盛闻乱，引兵出迎，宝、农仅而得免。

燕尚书顿丘王兰汗阴与段速骨等通谋，引兵营龙城之东。城中留守兵至少，长乐王盛徙内近城之民，得丁夫万余，乘城以御之。速骨等同谋才百余人，余皆为所驱胁，莫有斗志。三月甲午，速骨等将攻城，辽西桓烈王农恐不能守，且为兰汗所诱，夜潜出赴之，冀以自全。明旦，速骨等攻城，城上拒战甚力，速骨之众死者以百数。速骨乃将农循城，农素有忠节威名，城中之众恃以为强，忽见在城下，无不惊愕丧气，遂皆逃溃。速骨入城，纵兵杀掠，死者狼藉。宝、盛与慕舆腾、馀崇、张真、李旱、赵恩等轻骑南走。速骨幽农于殿内。长上阿交罗，速骨之谋主也，以高阳王崇幼弱，更欲立农。崇亲信醱让、出力犍等闻之，丁酉，杀罗及农。速骨即为之诛让等。农故吏左卫将军宇文拔亡奔辽西。

庚子，兰汗袭击速骨，并其党尽杀之，废崇，奉太子策，承制大赦。遣使迎宝，及于蓟城。宝欲还，长乐王盛等皆曰："汗之忠诈未可知，今单骑赴之，万一汗有异志，悔之无及。不如南就范阳王，合众以取冀州，若其不捷，收南方之众徐归龙都，亦未晚也。"宝从之。

夏四月，燕主宝过邺，邺人请留，宝不许。南至黎阳，伏于河西，遣中黄门令赵思告北地王锺曰："上以二月得丞相表，即时南征，至乙连，会长上作乱，失据来此。王亟白丞相奉迎。"锺，德之从弟也，首劝德称尊号，闻而恶之，执思付狱，以状白南燕主德。德谓群下曰："卿等以社稷大计，劝吾摄政，吾亦以嗣帝播越，民神乏主，故权顺群议，以系众心。今天方悔祸，嗣帝得还，吾将具法驾奉迎，谢罪行阙，何如？"黄门侍郎张华曰："今天下大乱，非雄才无以宁济群生。嗣帝暗懦，不能绍隆先统。陛下若蹈匹夫之节，舍天授之业，威权一去，身首不保，况社稷其得血食乎？"慕舆护曰："嗣帝不达时宜，委弃国都，自取败亡，不堪多难，亦已明矣。昔蒯聩出奔，卫辄不纳，春秋是之。以子拒父犹可，况以父拒子乎？今赵思之言，未明虚实，臣请为陛下驰往诇之。"德流涕遣之。

护帅壮士数百人随思而北，声言迎卫，其实图之。宝既遣思诣锺，于后得樵者，言德已称制，惧而北走。护至无所见，执思以还。德以思练习典故，欲留而用之，思曰："犬马犹知恋主，思虽刑臣，乞还就上。"德固留之，思怒曰："周室东迁，晋、郑是依。殿下亲则叔父，位为上公，不能帅先群后，以匡帝室，而幸本根之倾，为赵王伦之事，思虽不能如申包胥之存楚，犹慕龚君宾不偷生于莽世也。”德斩之。

宝遣扶风忠公慕舆腾与长乐王盛收兵冀州。盛以腾素暴横，为民所怨，乃杀之。行至钜鹿、长乐，说诸豪杰，皆愿起兵奉宝。宝以兰汗祀燕宗庙，所为似顺，意欲还龙城，不肯留冀州。乃北行，至建安，抵民张曹家。曹素武健，请为宝合众，盛亦劝宝宜且驻留，察汗情状。宝乃遣冗从仆射李旱先往见汗，宝留顿石城。会汗遣左将军苏超奉迎，陈汗忠款。宝以汗燕主垂之舅，盛之妃父也，谓必无他，不待旱返，遂行。盛流涕固谏，宝不听，留盛在后，盛与将军张真下道避匿。

丁亥，宝至索莫汗陉，去龙城四十里，城中皆喜。汗惶怖，欲自出请罪，兄弟共谏止之。汗乃遣弟加难帅五百骑出迎，又遣兄堤闭门止仗，禁人出入。城中皆知其将为变，而无如之何。加难见宝于陉北，拜谒已，从宝俱进。颍阴烈公馀崇密言于宝曰：“观加难形色，祸变甚逼，宜留三思，奈何径前？”宝不从。行数里，加难先执崇，崇大呼骂曰：“汝家幸缘肺附，蒙国宠荣，覆宗不足以报。今乃敢谋篡逆，此天地所不容，计旦暮即屠灭，但恨我不得手脍汝曹耳！”加难杀之，引宝入龙城外邸，弑之。汗谥宝曰灵帝。杀献哀太子策及王、公、卿、士百余人。自称大都督、大将军、大单于、昌黎王，改元青龙。以堤为太尉，加难为车骑将军。封河间王熙为辽东公，如杞、宋故事。

长乐王盛闻之，驰欲赴哀，张真止之。盛曰：“我今以穷归汗，汗性愚浅，必念婚姻，不忍杀我。旬月之间，足以展吾情志。”遂往见汗。汗妻乙氏及盛妃皆泣涕请盛于汗，盛妃复顿头于诸兄弟，汗恻然哀之，乃舍盛于宫中，以为侍中、左光禄大夫，亲待如旧。堤、加难屡请杀盛，汗不从。堤骄很荒淫，事汗多无礼，盛因而间之，由是汗兄弟浸相嫌忌。

燕太原王奇，楷之子，兰汗之外孙也，汗亦不杀，以为征南将军。得入见长乐王盛，盛潜使奇逃出起兵。奇起兵于建安，众至数千，汗遣兰堤讨之。盛谓汗曰："善驹小儿，未能办此，岂非有假托其名，欲为内应者乎？太尉素骄，难信，不宜委以大众。"汗然之，罢堤兵，更遣抚军将军仇尼慕将兵讨奇。

于是龙城自夏不雨至于秋七月，汗日诣燕诸庙及宝神座顿首祷请，委罪于兰加难。堤及加难闻之，怒，且惧诛，乙巳，相与帅所部袭仇尼慕军，败之。汗大惧，遣太子穆将兵讨之。穆谓汗曰："慕容盛我之仇雠，必与奇相表里，此乃腹心之疾，不可养也，宜先除之。"汗欲杀盛，先引见察之，盛妃知之，密以告盛。盛称疾不出，汗亦止不杀。

李旱、卫双、刘忠、张豪、张真，皆盛素所厚也，而穆引以为腹心，旱、双得出入至盛所，潜与盛结谋。丁未，穆击堤、加难等，破之。庚戌，飨将士，汗、穆皆醉，盛夜如厕，因逾垣入于东宫，与旱等共杀穆。时军未解严，皆聚在穆舍，闻盛得出，呼跃争先，攻汗，斩之。汗子鲁公和、陈公扬分屯令支、白狼，盛遣旱、真袭诛之。堤、加难亡匿，捕得，斩之。于是内外帖然，士女相庆。宇文拔帅壮士数百来赴，盛拜拔为大宗正。

辛亥，告于太庙，令曰："赖五祖之休，文武之力，宗庙社稷幽而复显。不独孤以眇眇之身免不同天之责，凡在臣民皆得明目当世。"因大赦，改元建平。盛谦不敢称尊号，以长乐王摄行统制，诸王皆降称公。以东阳公根为尚书左仆射，卫伦、阳璆、鲁恭、王腾为尚书，悦真为侍中，阳哲为中书监，张通为中领军，自余文武各复旧位。改谥宝曰惠闵皇帝,庙号烈宗。群臣固请上尊号,盛不许。

八月,燕以河间公熙为侍中、车骑大将军、中领军、司隶校尉,城阳公元为卫将军。元,宝之子也。又以刘忠为左将军,张豪为后将军,并赐姓慕容氏。

冬十月癸酉,燕群臣复上尊号,丙子,长乐王盛始即皇帝位,大赦。尊皇后段氏曰皇太后,太妃丁氏曰献庄皇后。

三年。初,秦主登之弟广帅众三千依南燕王德,德以为冠军将军,处之乞活堡。会荧惑守东井,或言秦当复兴,广乃自称秦王,击南燕北地王锺,破之。是时滑台孤弱,土无十城,众不过一万,锺既败,附德者多去德而附广。德乃留鲁阳王和守滑台,自帅众讨广,斩之。

燕主宝之至黎阳也,鲁阳王和长史李辩劝和纳之,和不从。辩惧,故潜引晋军至管城,欲因德出战而作乱。既而德不出,辩愈不自安。及德讨苻广,辩复劝和反,和不从,辩乃杀和以滑台降魏。魏行台尚书和跋在邺,帅轻骑自邺赴之。既至,辩悔之,闭门拒守。跋使尚书郎邓晖说之,辩乃开门内跋。跋悉收德宫人、府库。德遣兵击跋,跋逆击,破之,又破德将桂阳王镇,俘获千余人。陈、颍之民多附于魏。

南燕右卫将军慕容云斩李辩,帅将士家属二万余口出滑台赴德。德欲攻滑台,韩范曰:"向也魏为客,吾为主人;今也吾为客,魏为主人。人心危惧,不可复战,不如先据一方,自立基本,乃图进取。"张华曰:"彭城,楚之旧都,可攻而据之。"北地王锺等皆劝德攻滑台。尚书潘聪曰:"滑台四通八达之地,北有魏,南有晋,西有秦,居之未尝一日安也。彭城土旷人稀,平夷无险,且晋之旧镇,未易可取。又密迩江、淮,夏秋多水,乘舟而战者,吴之所长,我之所短也。青州沃野二千里,精兵十余万,左有负海之饶,右有山河之固,广固城曹嶷所筑,地形阻峻,足为帝王之都。三齐英杰,思得明主以立功于世久矣。辟闾浑昔为燕臣,今宜遣辩士驰说于前,大兵继踵于后,若其不服,取之如拾芥耳。既得其地,然后闭关养锐,伺隙而动,此乃陛下之关中、河内也。"德犹豫未决。沙门竺朗素善占候,德使牙门苏抚问之。朗曰:"敬览三策,潘尚书之议,兴邦之言也。且今岁之初,彗星起奎、娄,扫虚、危。彗者除旧布新之象,奎、娄为鲁,虚、危为齐,宜先取兖州,巡抚琅邪,至秋乃北徇齐地,此天道也。"抚又密问以年世,朗以周易筮之,曰:"燕衰庚戌,年则一纪,世则及子。"抚还报德,德乃引师而南,兖州北鄙诸郡县皆降之。德置守宰以抚之,禁军士无得虏掠,百姓大悦,牛酒属路。

秋七月,南燕王德遣使说幽州刺史辟闾浑,欲下之。浑不从,德遣北地王钟帅步骑二万击之。德进据琅邪,徐、兖之民归附者十余万。德自琅邪引兵而北,以南海王法为兖州刺史,镇梁父。进攻莒城,守将任安委城走,德以潘聪为徐州刺史,镇莒城。兰汗之乱,燕吏部尚书封孚南奔辟闾浑,浑表为勃海太守。及德至,孚出降,德大喜曰:"孤得青州不为喜,喜得卿耳。"遂委以机密。北地王钟传檄青州诸郡,谕以祸福。辟闾浑徙八千余家入守广固,遣司马崔诞戍薄荀固,平原太守张豁戍柳泉,诞、豁承檄皆降于德。浑惧,携妻子奔魏。德遣射声校尉刘纲追之,及于莒城,斩之。浑子道秀自诣德,请与父俱死。德曰:"父虽不忠,而子能孝。"特赦之。浑参军张瑛为浑作檄,辞多不逊,德执而让之。瑛神色自若,徐曰:"浑之有臣,犹韩信之有蒯通。通遇汉祖而生，臣遭陛下而死，比之古人，窃为不幸耳。”德杀之。遂定都广固。

四年。南燕王德即皇帝位于广固，大赦，改元建平。更名备德，欲使吏民易避。追谥燕主暐曰幽皇帝。以北地王锺为司徒，慕舆拔为司空，封孚为左仆射，慕舆护为右仆射。立妃段氏为皇后。

# 通鉴纪事本末卷第十七

## 伪楚之乱

晋武帝太元十四年。初，帝既亲政事，威权已出，有人主之量。已而溺于酒色，委事于琅邪王道子。道子亦嗜酒，日夕与帝以酣歌为事。又崇尚浮屠，穷奢极费，所亲昵者皆姏姆、僧尼。左右近习，争弄权柄，交通请托，贿赂公行，官赏滥杂，刑狱谬乱。尚书令陆纳望宫阙叹曰："好家居，纤儿欲撞坏之邪！"左卫领营将军会稽许营上疏曰："今台府局吏、直卫武官及仆隶婢儿取母之姓者，本无乡邑品第，皆得为郡守县令，或带职在内，及僧尼乳母，竞进亲党，又受货赂；辄临官领众，政教不均，暴滥无罪，禁令不明，劫盗公行。昔年下书敕群下尽规，而众议兼集，无所采用。臣闻佛者清远玄虚之神，今僧尼往往依傍法服，五诫粗法尚不能遵，况精妙乎？而流惑之徒，竞加敬事，又侵渔百姓，取财为惠，亦未合布施之道也。"疏奏，不省。

道子势倾内外，远近奔凑，帝渐不平，然犹外加优崇。侍中王国宝以谗佞有宠于道子，扇动朝众，讽八座启道子宜进位丞相、扬州牧，假黄钺，加殊礼。护军将军南平车胤曰："此乃成王所以尊周公也。今主上当阳，非成王之比；相王在位，岂得为周公乎？”乃称疾不署。疏奏，帝大怒，而嘉胤有守。

中书侍郎范宁、徐邈为帝所亲信，数进忠言，补正阙失，指斥奸党。王国宝，宁之甥也，宁尤疾其阿谀，劝帝黜之。陈郡袁悦之有宠于道子，国宝使悦之因尼支妙音致书于太子母陈淑媛云：“国宝忠谨，宜见亲信。”帝知之，发怒，托以他事斩悦之。国宝大惧，与道子共谮范宁，出为豫章太守。宁临发，上疏言：“今边烽不举，而仓库空匮。古者使民岁不过三日，今之劳扰，殆无三日之休，至有生儿不复举养，鳏寡不敢嫁娶。臣恐社稷之忧，厝火积薪，不足喻也。”



十五年。琅邪王道子恃宠骄恣，侍宴酣醉，或亏礼敬。帝浸不能平，欲选时望为藩镇以潜制道子，问于太子左卫率王雅曰：“吾欲用王恭、殷仲堪何如？”雅曰：“王恭风神简贵，志气方严；仲堪谨于细行，以文义著称。然皆峻狭自是，且干略不长，若委以方面，天下无事足以守职，若其有事必为乱阶矣。”帝不从。恭，蕴之子；仲堪，融之孙也。二月，以中书令王恭为都督青兖幽并冀五州诸军事、兖青二州刺史，镇京口。九月，以侍中王国宝为中书令，俄兼中领军。

十六年秋九月癸未，以尚书右仆射王珣为左仆射。珣，桓温之故吏也。



十七年冬十一月癸酉，以黄门郎殷仲堪为都督荆益宁三州诸军事、荆州刺史，镇江陵。仲堪虽有英誉，资望犹浅，议者不以为允。到官，好行小惠，纲目不举。

南郡公桓玄负其才地，以雄豪自处，朝廷疑而不用，年二十三始拜太子洗马。玄尝诣琅邪王道子，值其酣醉，张目谓众客曰:"桓温晚涂欲作贼,云何?"玄伏地流汗,不能起,由是益不自安,常切齿于道子。后出补义兴太守,郁郁不得志,叹曰:"父为九州伯,儿为五湖长。"遂弃官归国,上疏自讼曰:"先臣勤王匡复之勋,朝廷遗之,臣不复计。至于先帝龙飞,陛下继明,请问谈者,谁之由邪?"疏寝不报。

玄在江陵,仲堪甚敬惮之。桓氏累世临荆州,玄复豪横,士民畏之,过于仲堪。尝于仲堪听事前戏马,以矟拟仲堪。仲堪中兵参军彭城刘迈谓玄曰:"马矟有余,精理不足。"玄不悦,仲堪为之失色。玄出,仲堪谓迈曰:"卿狂人也。玄夜遣杀卿,我岂能相救邪?"使迈下都避之。玄使人追之,迈仅而获免。征虏参军豫章胡藩过江陵,见仲堪,说之曰:"桓玄志趣不常,每怏怏于失职,节下崇待太过,恐非将来之计也。"仲堪不悦。藩内弟同郡罗企生为仲堪功曹,藩退谓企生曰:"殷侯倒戈以授人,必及于祸。君不早图去就,后悔无及矣。"

庚寅,立皇子德文为琅邪王,徙琅玡王道子为会稽王。

二十年春三月,皇太子出就东宫,以丹杨尹王雅领少傅。时会稽王道子专权奢纵,嬖人赵牙本出倡优,茹千秋本钱塘捕贼吏,皆以谄赂得进。道子以牙为魏郡太守,千秋为骠骑谘议参军。牙为道子开东第,筑山穿池,功用钜万。帝尝幸其第,谓道子曰:"府内乃有山,甚善,然修饰太过。"道子无以对。帝去,道子谓牙曰:"上若知山是人力所为,尔必死矣。"牙曰:"公在,牙何敢死。"营作弥甚。千秋卖官招权,聚货累亿。博平令吴兴闻人奭上疏言之,帝益恶道子,而逼于太后,不忍废黜。乃擢时望及所亲幸王恭、郗恢、殷仲堪、王珣、王雅等使居内外要任,以防道子。道子亦引王国宝及国宝从弟琅邪内史绪以为心腹。由是朋党竞起，无复向时友爱之欢矣。太后每和解之。中书侍郎徐邈从容言于帝曰："汉文明主，犹悔淮南；世祖聪达，负愧齐王。兄弟之际，实为深慎。会稽王虽有酣媟之累，宜加弘贷，消散群议，外为国家之计，内慰太后之心。"帝纳之，复委任道子如故。

二十一年。帝嗜酒，流连内殿，醒治既少，外人罕得进见。张贵人宠冠后宫，后宫皆畏之。秋九月庚申，帝与后宫宴，妓乐尽侍。时贵人年近三十，帝戏之曰："汝以年亦当废矣，吾意更属少者。"贵人潜怒，向夕，帝醉，寝于清暑殿。贵人遍饮宦者酒，散遣之，使婢以被蒙帝面，弑之，重赂左右，云"因魇暴崩"。时太子暗弱，会稽王道子昏荒，遂不复推问。王国宝夜叩禁门，欲入为遗诏，侍中王爽拒之曰："大行晏驾，皇太子未至，敢入者斩。"国宝乃止。爽，恭之弟也。辛酉，太子即皇帝位，大赦。

癸亥，有司奏会稽王道子宜进位太傅、扬州牧，假黄钺，诏内外众事动静咨之。安帝幼而不慧，口不能言，至于寒暑饥饱亦不能辨，饮食寝兴皆非己出。母弟琅邪王德文性恭谨，常侍左右，为之节适，始得其宜。

初，王国宝党附会稽王道子，骄纵不法，屡为御史中丞褚粲所纠。国宝起斋，侔清暑殿，孝武帝甚恶之。国宝惧，遂更求媚于帝而疏道子，帝复宠昵之。道子大怒，尝于内省面责国宝，以剑掷之，旧好尽矣。及帝崩，国宝复事道子，与王绪共为邪谄，道子更惑之，倚为心腹，遂参管朝权，威震内外，并为时之所疾。

王恭入赴山陵，每正色直言，道子深惮之。恭罢朝叹曰："榱栋虽新，便有黍离之叹。"绪说国宝，因恭入朝，劝相王伏兵杀之，国宝不许。道子欲辑和内外，乃深布腹心于恭，冀除旧恶，而恭每言及时政，辄厉声色。道子知恭不可和协，遂有相图之志。

或劝恭因入朝以兵诛国宝，恭以豫州刺史庾楷士马甚盛，党于国宝，惮之，不敢发。王珣谓恭曰："国宝虽终为祸乱，要之罪逆未彰，今遽先事而发，必大失朝野之望。况拥强兵窃发于京辇，谁谓非逆？国宝若遂不改，恶布天下，然后顺众心以除之，亦无忧不济也。"恭乃止。既而谓珣曰："比来视君一似胡广。"珣曰："王陵廷争，陈平慎默，但问岁晏何如耳。"

冬十月甲申，葬孝武帝于隆平陵。王恭还镇，将行，谓道子曰："主上谅暗，冢宰之任，伊、周所难，愿大王亲万机，纳直言，放郑声，远佞人。"国宝等愈惧。

安帝隆安元年春正月己亥朔，帝加元服，改元。以左仆射王珣为尚书令；领军将军王国宝为左仆射，领选，仍加后将军、丹杨尹。会稽王道子悉以东宫兵配国宝，使领之。

夏四月，仆射王国宝、建威将军王绪依附会稽王道子，纳贿穷奢，不知纪极。恶王恭、殷仲堪，劝道子裁损其兵权，中外恟恟不安。恭等各缮甲勒兵，表请北伐。道子疑之，诏以盛夏妨农，悉使解严。

恭遣使与仲堪谋讨国宝等。桓玄以仕不得志，欲假仲堪兵势以作乱，乃说仲堪曰："国宝与君诸人素已为对，唯患相毙之不速耳。今既执大权，与王绪相表里，其所回易，无不如志。孝伯居元舅之地，必未敢害之。君为先帝所拔，超居方任，人情皆以君为虽有思致，非方伯才。彼若发诏征君为中书令，用殷觊为荆州，君何以处之？"仲堪曰："忧之久矣，计将安出？"玄曰："孝伯疾恶深至，君宜潜与之约，兴晋阳之甲以除君侧之恶，东西齐举，玄虽不肖，愿帅荆、楚豪桀荷戈先驱，此桓、文之勋也。"仲堪心然之。乃外结雍州刺史郗恢，内与从兄南蛮校尉觊、南郡相陈留江绩谋之。觊曰:“人臣当各守职分,朝廷是非,岂藩屏之所制也。晋阳之事,不敢预闻。”仲堪固邀之,觊怒曰:“吾进不敢同,退不敢异。”绩亦极言其不可。觊恐绩及祸,于坐和解之。绩曰:“大丈夫何至以死相胁邪!江仲元行年六十,但未获死所耳。”仲堪惮其坚正,以杨佺期代之。朝廷闻之,征绩为御史中丞。觊遂称散发,辞位。仲堪往省之,谓觊曰:“兄病殊为可忧。”觊曰:“我病不过身死,汝病乃当灭门。宜深自爱,勿以我为念!”郗恢亦不肯从。仲堪疑未决,会王恭使至,仲堪许之。恭大喜。甲戌,恭上表罪状国宝,举兵讨之。

初,孝武帝倚任王珣,及帝暴崩,不及受顾命,珣一旦失势,循默而已。丁丑,王恭表至,内外戒严。道子问珣曰:“二藩作逆,卿知之乎?”珣曰:“朝政得失,珣弗之预。王、殷作难,何由可知!”王国宝惶惧,不知所为,遣数百人戍竹里,夜遇风雨,各散归。王绪说国宝矫相王之命召王珣、车胤杀之,以除时望,因挟君相发兵以讨二藩。国宝许之。珣、胤至,国宝不敢害,更问计于珣。珣曰:“王、殷与卿素无深怨,所竞不过势利之间耳。”国宝曰:“将曹爽我乎?”珣曰:“是何言欤?卿宁有爽之罪,王孝伯岂宣帝之俦邪?”又问计于胤,胤曰:“昔桓公围寿阳,弥时乃克。今朝廷遣军,恭必城守。若京口未拔,而上流奄至,君将何以待之?”国宝尤惧,遂上疏解职,诣阙待罪。既而悔之,诈称诏复其本官。道子暗懦,欲求姑息,乃委罪国宝,遣骠骑谘议参军谯王尚之收国宝付廷尉。尚之,恬之子也。甲申,赐国宝死,斩绪于市,遣使诣恭深谢愆失。恭乃罢兵还京口。国宝兄侍中恺、骠骑司马愉并请解职,道子以恺、愉与国宝异母,又素不协,皆释不问。戊子,大赦。

殷仲堪虽许王恭，犹豫不敢下，闻国宝等死，乃始抗表举兵，遣杨佺期屯巴陵。道子以书止之，仲堪乃还。

会稽世子元显，年十六，有俊才，为侍中，说道子以王、殷终必为患，请潜为之备。道子乃拜元显征虏将军，以其卫府及徐州文武悉配之。

司徒左长史王廞，导之孙也，以母丧居吴。王恭之讨王国宝也，版廞行吴国内史，使起兵于东方。廞使前吴国内史虞啸父等入吴兴、义兴召募兵众，赴者万计。未几，国宝死，恭罢兵，符廞去职，反丧服。廞以起兵之际，诛异己者颇多，势不得止，遂大怒，不承恭命，使其子泰将兵伐恭，笺于会稽王道子，称恭罪恶。道子以其笺送恭。五月，恭遣司马刘牢之帅五千人击泰，斩之。又与廞战于曲阿，众溃，廞单骑走，不知所在。收虞啸父下廷尉，以其祖潭有功，免为庶人。

二年。会稽王道子忌王、殷之逼，以谯王尚之及弟休之有才略，引为腹心。尚之说道子曰："今方镇强盛，宰相权轻，宜密树腹心于外以自藩卫。"道子从之，以其司马王愉为江州刺史，都督江州及豫州之四郡军事，用为形援，日夜与尚之谋议，以伺四方之隙。

秋七月，桓玄求为广州，会稽王道子忌玄，不欲使居荆州，因其所欲，以玄为督交广二州军事、广州刺史。玄受命而不行。豫州刺史庾楷以道子割其四郡使王愉督之，上疏言："江州内地，而西府北带寇戎，不应使愉分督。"朝廷不许。楷怒，遣其子鸿说王恭曰："尚之兄弟复秉机权，过于国宝；欲假朝威削弱方镇，惩艾前事，为祸不测。今及其谋议未成，宜早图之。"恭以为然，以告殷仲堪、桓玄。仲堪、玄许之，推恭为盟主，刻期同趣京师。

时内外疑阻，津逻严急，仲堪以斜绢为书，内箭簳中，合镝漆之，因庾楷以送恭。恭发书，绢文角戾，不复能辨仲堪手书，疑楷诈为之，且谓仲堪去年已违期不赴，今必不动，乃先期举兵。司马刘牢之谏曰："将军，国之元舅；会稽王，天子叔父也。会稽王又当国秉政，向为将军戮其所爱王国宝、王绪，又送王廞书，其深伏将军已多矣。顷所授任，虽未允惬，亦非大失。割庾楷四郡以配王愉，于将军何损？晋阳之甲，岂可数兴乎？"恭不从，上表请讨王愉、司马尚之兄弟。



道子使人说楷曰："昔我与卿，恩如骨肉，帐中之饮，结带之言，可谓亲矣。卿今弃旧交，结新援，忘王恭畴昔陵侮之耻乎？若欲委体而臣之，使恭得志，必以卿为反覆之人，安肯深相亲信。首身且不可保，况富贵乎？"楷怒曰："王恭昔赴山陵，相王忧惧无计，我知事急，寻勒兵而至，恭不敢发。去年之事，我亦俟命而动。我事相王，无相负者。相王不能拒恭，反杀国宝及绪，自尔已来，谁敢复为相王尽力者？庾楷实不能以百口助人屠灭。"时楷已应恭檄，正征士马。信返，朝廷忧惧，内外戒严。

会稽世子元显言于道子曰："前不讨王恭，故有今日之难。今若复从其欲，则太宰之祸至矣。"道子不知所为，悉以事委元显，日饮醇酒而已。元显聪警，颇涉文义，志气果锐，以安危为己任。附会之者，谓元显神武，有明帝之风。



殷仲堪闻恭举兵，自以去岁后期，乃勒兵趣发。仲堪素不习为将，悉以军事委南郡相杨佺期兄弟。使佺期帅舟师五千为前锋，桓玄次之，仲堪帅兵二万相继而下。佺期自以其先汉太尉震至父亮，九世皆以才德著名，矜其门地，谓江左莫及。有以比王珣者，佺期犹恚恨。而时流以其晚过江，婚宦失类，佺期及兄广、弟思平、从弟孜敬皆粗犷，每排抑之。佺期常慷慨切齿，欲因事际以逞其志，故亦赞成仲堪之谋。八月，佺期、玄奄至湓口，王愉无备，惶遽奔临川，玄遣偏将军追获之。

秋九月辛卯，加会稽王道子黄钺，以世子元显为征讨都督。遣卫将军王珣、右将军谢琰将兵讨王恭，谯王尚之将兵讨庾楷。己亥，谯王尚之大破庾楷于牛渚，楷单骑奔桓玄。会稽王道子以尚之为豫州刺史，弟恢之为骠骑司马、丹杨尹，允之为吴国内史，休之为襄城太守，各拥兵马，以为己援。乙巳，桓玄大破官军于白石。玄与杨佺期进至横江，尚之退走，恢之所领水军皆没。丙午，道子屯中堂，元显守石头；己酉，王珣守北郊，谢琰屯宣阳门以备之。

王恭素以才地陵物，既杀王国宝，自谓威无不行。仗刘牢之为爪牙，而但以部曲将遇之，牢之负其才，深怀耻恨。元显知之，遣庐江太守高素说牢之，使叛恭，许事成即以恭位号授之。又以道子书遗牢之，为陈祸福。牢之谓其子敬宣曰："王恭昔受先帝大恩，今为帝舅，不能翼戴王室，数举兵向京师。吾不能审恭之志，事捷之日，必能为天子、相王之下乎？吾欲奉国威灵以顺讨逆，何如？"敬宣曰："朝廷虽无成、康之美，亦无幽、厉之恶，而恭恃其兵威，暴蔑王室。大人亲非骨肉，义非君臣，虽共事少时，意好不协，今日讨之，于情义何有？"恭参军何澹之知其谋，以告恭。

恭以澹之素与牢之有隙，不信，乃置酒请牢之，于众中拜之为兄，精兵坚甲，悉以配之，使帅帐下督颜延为前锋。牢之至竹里，斩延以降。遣敬宣及其婿东莞太守高雅之还袭恭。恭方出城曜兵，敬宣纵骑横击之，恭兵皆溃。恭将入城，雅之已闭城门，恭单骑奔曲阿，素不习马，髀中生疮。曲阿人殷确，恭故吏也，以船载恭，将奔桓玄。至长塘湖，为人所告，获之，送京师，斩于倪塘。恭临刑，犹理须鬓，神色自若，谓监刑者曰："我暗于信人，所以至此。原其本心，岂不忠于社稷邪！但令百世之下，知有王恭耳。"并其子弟党与皆死。以刘牢之为都督兖青冀幽并徐扬州晋陵诸军事，以代恭。

俄而杨佺期、桓玄至石头，殷仲堪至芜湖。元显自竹里驰还京师，遣丹杨尹王恺等发京邑士民数万人据石头以拒之。佺期、玄等上表理王恭，求诛刘牢之。牢之帅北府之众驰赴京师，军于新亭，佺期、玄见之失色，回军蔡洲。朝廷未知西军虚实，仲堪等拥众数万充斥郊畿，内外忧逼。

左卫将军桓脩，冲之子也，言于道子曰："西军可说而解也。修知其情矣。殷、桓之下，专恃王恭，恭既破灭，西军沮恐。今若以重利啖玄及佺期，二人必内喜，玄能制仲堪，佺期可使倒戈取仲堪矣。"道子纳之，以玄为江州刺史，召郗恢为尚书，以佺期代恢为都督梁雍秦三州诸军事、雍州刺史。以修为荆州刺史，权领左卫文武之镇，又令刘牢之以千人送之。黜仲堪为广州刺史，遣仲堪叔父太常茂宣诏，敕仲堪回军。

冬十月，殷仲堪得诏书，大怒，趣桓玄、杨佺期进军。玄等喜于朝命，欲受之，犹豫未决。仲堪闻之，遽自芜湖南归，遣使告谕蔡洲军士曰："汝辈不各自散归，吾至江陵，尽诛汝余口。"佺期部将刘系帅二千人先归。玄等大惧，狼狈西还，追仲堪至寻阳，及之。仲堪既失职，倚玄等为援，玄等亦资仲堪兵，虽内相疑阻，势不得不合。乃以子弟交质，壬午，盟于寻阳，俱不受朝命，连名上疏申理王恭，求诛刘牢之及谯王尚之，并诉仲堪无罪，独被降黜。朝廷深惮之，内外骚然。乃复罢桓修，以荆州还仲堪，优诏慰谕，以求和解，仲堪等乃受诏。御史中丞江绩劾奏桓修专为身计，疑误朝廷，诏免修官。

初，桓玄在荆州，所为豪纵，仲堪亲党皆劝仲堪杀之，仲堪不听。及在寻阳，资其声地，推玄为盟主，玄愈自矜倨。杨佺期为人骄悍，玄每以寒士裁之，佺期甚恨，密说仲堪以玄终为患，请于坛所袭之。仲堪忌佺期兄弟勇健，恐既杀玄，不可复制，苦禁之。于是各还所镇。玄亦知佺期之谋，阴有取佺期之志，乃屯于夏口，引始安太守济阳卞范之为长史，以为谋主。是时诏书独不赦庾楷，玄以楷为武昌太守。

三年夏四月，以世子元显为扬州刺史。元显以庐江太守张法顺为谋主。

冬十二月，殷仲堪恐桓玄跋扈，乃与杨佺期结婚为援。佺期屡欲攻玄，仲堪每抑止之。玄恐终为殷、杨所灭，乃告执政，求广其所统。执政亦欲交构，使之乖离，乃加玄都督荆州四郡军事，又以玄兄伟代佺期兄广为南蛮校尉。佺期忿惧。杨广欲拒桓伟，仲堪不听，出广为宜都、建平二郡太守。杨孜敬先为江夏相，玄以兵袭而劫之，以为谘议参军。

佺期勒兵建牙，声云援洛，欲与仲堪共袭玄。仲堪虽外结佺期，而内疑其心，苦止之，犹虑弗能禁，遣从弟遹屯于北境以遏佺期。佺期既不能独举，又不测仲堪本意，乃解兵。

仲堪多疑少决，谘议参军罗企生谓其弟遵生曰："殷侯仁而无断，必及于难。吾蒙知遇，义不可去，必将死之。"

是岁，荆州大水，平地三丈，仲堪竭仓廪以赈饥民。桓玄欲乘其虚而伐之，乃发兵西上，亦声言救洛，与仲堪书曰："佺期受国恩而弃山陵，宜共罪之。今当入沔讨除佺期，已顿兵江口。若见与无贰，可收杨广杀之；如其不尔，便当帅兵入江。”时巴陵有积谷，玄先遣兵袭取之。梁州刺史郭铨当之官，路经夏口，玄诈称朝廷遣铨为己前锋，乃授以江夏之众，使督诸军并进，密报兄伟令为内应。伟遑遽不知所为，自赍疏示仲堪。仲堪执伟为质，令与玄书，辞甚苦至。玄曰：“仲堪为人无决，常怀成败之计，为儿子作虑，我兄必无忧也。”

仲堪遣殷遹帅水军七千至西江口，玄使郭铨、苻宏击之，遹等败走。玄顿巴陵，食其谷。仲堪遣杨广及弟子道护等拒之，皆为玄所败。江陵震骇。



城中乏食，以胡麻廪军士。玄乘胜至零口，去江陵二十里，仲堪急召杨佺期以自救。佺期曰：“江陵无食，何以待敌？可来见就，共守襄阳。”仲堪志在全军保境，不欲弃州逆走，乃绐之曰：“比来收集，已有储矣。”佺期信之，帅步骑八千，精甲耀日，至江陵，仲堪唯以饭饷其军。佺期大怒曰：“今兹败矣！”不见仲堪，与其兄广共击玄。玄畏其锐，退军马头。明日，佺期引兵急击郭铨，几获之。会玄兵至，佺期大败，单骑奔襄阳。仲堪出奔酂城。玄遣将军冯该追佺期及广，皆获而杀之，传首建康。佺期弟思平、从弟尚保、孜敬逃入蛮中。仲堪闻佺期死，将数百人将奔长安，至冠军城，该追获之，还至柞溪，逼令自杀，并杀殷道护。仲堪奉天师道，祷请鬼神，不吝财贿，而啬于周急。好为小惠以悦人，病者自为胗脉分药。用计倚伏烦密，而短于鉴略，故至于败。



仲堪之走也，文武无送者，惟罗企生从之。路经家门，弟遵生曰：“作如此分离，何可不一执手！”企生旋马授手，遵生有力，因牵下之，曰：“家有老母，去将何之？”企生挥泪曰：“今日之事，我必死之，汝等奉养，不失子道。一门之中，有忠与孝，亦复何恨。”遵生抱之愈急，仲堪于路待之，见企生无脱理，策马而去。及玄至，荆州人士无不诣玄者，企生独不往，而营理仲堪家事。或曰：“如此，祸必至矣。”企生曰：“殷侯遇我以国士，为弟所制，不得随之共殄丑逆，复何面目就桓求生乎！”玄闻之怒，然待企生素厚，先遣人谓曰：“若谢我，当释汝。”企生曰：“吾为殷荆州吏，荆州败不能救，尚何谢为？”玄乃收之，复遣人问企生欲何言。企生曰：“文帝杀嵇康，嵇绍为晋忠臣。从公乞一弟以养老母。”玄乃杀企生而赦其弟。

四年春三月，桓玄既克荆、雍，表求领荆、江二州。诏以玄为都督荆司雍秦梁益宁七州诸军事、荆州刺史，以中护军桓修为江州刺史。玄上疏固求江州，于是进玄督八州及扬豫八部诸军事，复领江州刺史。玄辄以兄伟为雍州刺史，朝廷不能违。又以从子振为淮南太守。

五年冬十二月，桓玄表其兄伟为江州刺史，镇夏口；司马刁畅为辅国将军，督八郡军事，镇襄阳。遣其将皇甫敷、冯该戍湓口。移沮、漳蛮二千户于江南，立武宁郡。更招集流民，立绥安郡。诏征广州刺史刁逵、豫章太守郭昶之，玄皆留不遣。

玄自谓有晋国三分之二，数使人上己符瑞，欲以惑众。又致笺于会稽王道子曰：“贼造近郊，以风不得进，以雨不致火，食尽故去耳，非力屈也。昔国宝死后，王恭不乘此威入统朝政，足见其心非侮于明公也，而谓之不忠。今之贵要腹心，有时流清望者谁乎？岂可云无佳胜，直是不能信之耳。尔来一朝一夕，遂成今日之祸。在朝君子，皆畏祸不言，玄忝任在远，是以披写事实。”元显见之，大惧。

张法顺谓元显曰：“桓玄承藉世资，素有豪气，既并殷、杨，专有荆、楚，第下之所控引，止三吴耳。孙恩为乱，东土涂地，公私困竭，玄必乘此纵其奸凶，窃用忧之。”元显曰：“为之奈何？”法顺曰：“玄始得荆州，人情未附，方务绥抚，未暇他图。若乘此际使刘牢之为前锋，而第下以大军继进，玄可取也。”元显以为然。会武昌太守庾楷以玄与朝廷构怨，恐事不成，祸及于己，密使人自结于元显，云“玄大失人情，众不为用。若朝廷遣军，己当为内应”。元显大喜，遣张法顺至京口谋于刘牢之，牢之以为难。法顺还谓元显曰：“观牢之言色，必贰于我，不如召入杀之；不尔，败人大事。”元显不从。于是大治水军，征兵装舰，以谋讨玄。

元兴元年春正月庚午朔，下诏罪状桓玄。以尚书令元显为骠骑大将军、征讨大都督、都督十八州诸军事，加黄钺。又以镇北将军刘牢之为前锋都督，前将军谯王尚之为后部。因大赦，改元，内外戒严。加会稽王道子太傅。

元显欲尽诛诸桓。中护军桓修，骠骑长史王诞之甥也，诞有宠于元显，固陈修等与玄志趣不同，元显乃止。诞，导之曾孙也。

张法顺言于元显曰：“桓谦兄弟每为上流耳目，宜斩之以杜奸谋。且事之济不，系在前军，而牢之反覆，万一有变，则祸败立至。可令牢之杀谦兄弟，以示无贰心，若不受命，当逆为其所。”元显曰：“今非牢之无以敌玄，且始事而诛大将，人情不安。”再三不可。又以桓氏世为荆土所附，桓冲特有遗惠，而谦，冲之子也，乃自骠骑司马除都督荆益宁梁四州诸军事、荆州刺史，欲以结西人之心。

东土遭孙恩之乱，因以饥馑，漕运不继。桓玄禁断江路，商旅俱绝，公私匮乏，以粰、橡给士卒。玄谓朝廷方多忧虞，必未暇讨己，可以蓄力观衅。及大军将发，从兄太傅长史石生密以书报之。玄大惊，欲完聚保江陵。长史卞范之曰："明公英威振于远近，元显口尚乳臭，刘牢之大失物情，若兵临近畿，示以祸福，土崩之势，可翘足而待，何有延敌入境，自取穷蹙者乎？"玄从之，留桓伟守江陵，抗表传檄，罪状元显，举兵东下。檄至，元显大惧。二月丙午，帝饯元显于西池，元显下船而不发。

桓玄发江陵，虑事不捷，常为西还之计。及过寻阳，不见官军，意甚喜，将士之气亦振。庾楷谋泄，玄囚之。

丁巳，诏遣齐王柔之以驺虞幡宣告荆、江二州，使罢兵，玄前锋杀之。柔之，宗之子也。丁卯，玄至姑孰，使其将冯该等攻历阳，襄城太守司马休之婴城固守。玄军断洞浦，焚豫州舟舰。豫州刺史谯王尚之帅步卒九千阵于浦上，遣武都太守杨秋屯横江。秋降于玄军。尚之众溃，逃于涂中，玄捕获之。司马休之出战而败，弃城走。

刘牢之素恶骠骑大将军元显，恐桓玄既灭，元显益骄恣，又恐己功名愈盛，不为元显所容。且自恃材武，拥强兵，欲假玄以除执政，复伺玄之隙而自取之，故不肯讨玄。元显日夜昏酣，以牢之为前锋，牢之骤诣门，不得见，及帝出饯元显，遇之公坐而已。

牢之军溧洲，参军刘裕请击玄，牢之不许。玄使牢之族舅何穆说牢之曰："自古戴震主之威，挟不赏之功而能自全者，谁邪？越之文种，秦之白起，汉之韩信，皆事明主，为之尽力，功成之日，犹不免诛夷，况为凶愚者之用乎？君如今日战胜则倾宗，战败则覆族，欲以此安归乎？不若翻然改图，则可以长保富贵矣。古人射钩斩袪，犹不害为辅佐，况玄与君无宿昔之怨乎。"时谯王尚之已败，人情愈恐，牢之颇纳穆言，与玄交通。东海中尉东海何无忌，牢之之甥也，与刘裕极谏，不听。其子骠骑从事中郎敬宣谏曰："今国家衰危，天下之重在大人与玄。玄藉父、叔之资，据有全楚，割晋国三分之二，一朝纵之，使陵朝廷，玄威望既成，恐难图也，董卓之变，将在今矣。"牢之怒曰："吾岂不知，今日取玄如反覆手耳，但平玄之后，令我奈骠骑何？"三月乙巳朔，牢之遣敬宣诣玄请降。玄阴欲诛牢之，乃与敬宣宴饮，陈名书画共观之，以安悦其意。敬宣不知觉，玄佐吏莫不相视而笑。玄板敬宣为谘议参军。



元显将发，闻玄已至新亭，弃船退屯国子学。辛未，陈于宣阳门外。军中相惊，言玄已至南桁，元显引兵欲还宫。玄遣人拔刀随后大呼曰："放仗！"军人皆崩溃，元显乘马走入东府，唯张法顺一骑随之。元显问计于道子，道子但对之涕泣。玄遣太傅从事中郎毛泰收元显送新亭，缚于舫前而数之；元显曰："为王诞、张法顺所误耳。"

壬申，复隆安年号。帝遣侍中劳玄于安乐渚。玄入京师，称诏解严，以玄总百揆，都督中外诸军事、丞相、录尚书事、扬州牧、领徐荆江三州刺史，假黄钺。玄以桓伟为荆州刺史，桓谦为尚书左仆射，桓修为徐兖二州刺史，桓石生为江州刺史，卞范之为丹杨尹。



初，玄之举兵，侍中王谧奉诏诣玄，玄亲礼之。及玄辅政，以谧为中书令。谧，导之孙也。新安太守殷仲文，觊之弟也，玄姊为仲文妻。仲文闻玄克京师，弃郡投玄，玄以为谘议参军。刘迈往见玄，玄曰："汝不畏死，而敢来邪？"迈曰："射钩斩袪，并迈为三。"玄悦，以为参军。

癸酉，有司奏："会稽王道子酣纵不孝，当弃市。"诏徙安成郡。斩元显及东海王彦璋、谯王尚之、庾楷、张法顺、毛泰等于建康市。桓修为王诞固请，得流岭南。

玄以刘牢之为会稽内史。牢之曰："始尔，便夺我兵，祸其至矣。"刘敬宣请归谕牢之使受命，玄遣之。敬宣劝牢之袭玄，牢之犹豫不决，移屯班渎，私告刘裕曰："今当北就高雅之于广陵，举兵以匡社稷，卿能从我去乎？"裕曰："将军以劲卒数万，望风降服，彼新得志，威震天下，朝野人情皆已去矣，广陵岂可得至邪？裕当反服还京口耳。"何无忌谓裕曰："我将何之？"裕曰："吾观镇北必不免，卿可随我还京口。桓玄若守臣节，当与卿事之；不然，当与卿图之。"

于是牢之大集僚佐，议据江北以讨玄。参军刘袭曰："事之不可者莫大于反。将军往年反王兖州，近日反司马郎君，今复反桓公，一人三反，何以自立？"语毕，趋出，佐吏多散走。牢之惧，使敬宣之京口迎家，失期不至。牢之以为事已泄，为玄所杀，乃帅部曲北走，至新洲，缢而死。敬宣至，不暇哭，即渡江奔广陵。将吏共殡敛牢之，以其丧归丹徒。玄令斫棺斩首，暴尸于市。

桓玄让丞相、荆江徐三州，改授太尉、都督中外诸军事、扬州牧、领豫州刺史，总百揆。司马休之、刘敬宣、高雅之俱奔洛阳，求救于秦。

夏四月，太尉玄出屯姑孰，辞录尚书事，诏许之；而大政皆就咨焉，小事则决于尚书令桓谦及卞范之。自隆安以来，中外之人厌于祸乱。及玄初至，黜奸佞，擢隽贤，京师欣然，冀得少安。既而玄奢豪纵逸，政令无常，朋党互起，陵侮朝廷，裁损乘舆供奉之具，帝几不免饥寒，由是众心失望。三吴大饥，户口减半，会稽减什三四，临海、永嘉殆尽，富室皆衣罗纨，怀金玉，闭门相守饿死。

秋八月，太尉玄讽朝廷以玄平元显功，封豫章公，平殷、杨功，封桂阳公，并本封南郡如故。玄以豫章封其子昇，桂阳封其兄子俊。

冬十月，太尉玄杀吴兴太守高素、将军竺谦之及谦之从兄朗之、刘袭并袭弟季武，皆刘牢之北府旧将也。袭兄冀州刺史轨邀司马休之、刘敬宣、高雅之等共据山阳，欲起兵攻玄，不克而走。将军袁虔之、刘寿、高长庆、郭恭等皆往从之，将奔魏。至陈留南，分为二辈，轨、休之、敬宣奔南燕，虔之、寿、长庆、恭奔秦。

冬十二月，太尉玄使御史杜林防卫会稽文孝王道子至安成，林承玄旨，酖道子，杀之。

袁虔之等至长安，秦王兴问曰："桓玄才略何如其父，卒能成功乎？"虔之曰："玄乘晋室衰乱，盗据宰衡，猜忌安忍，刑赏不公，以臣观之，不如其父远矣。玄今已执大柄，其势必将篡逆，正可为他人驱除耳。"兴善之，以虔之为广州刺史。

二年二月乙卯，以太尉玄为大将军。丁巳，玄杀冀州刺史孙无终。

玄上表请帅诸军扫平关、洛，既而讽朝廷下诏不许，乃云"奉诏故止"。玄初欲饬装，先命作轻舸载服玩、书画，或问其故。玄曰："兵凶战危，脱有意外，当使轻而易运。"众皆笑之。

秋八月，荆州刺史桓伟卒，大将军玄以桓修代之。从事中郎曹靖之说玄曰："谦、修兄弟专据内外，权势太重。"玄乃以南郡相桓石康为荆州刺史。石康，豁之子也。

九月，侍中殷仲文、散骑常侍卞范之劝大将军玄早受禅，阴撰九锡文及册命。以桓谦为侍中、开府、录尚书事，王谧为中书监、领司徒，桓胤为中书令，加桓修抚军大将军。胤，冲之孙也。

丙子，册命玄为相国，总百揆，封十郡为楚王，加九锡，楚国置丞相以下官。

桓谦私问彭城内史刘裕曰："楚王勋德隆重，朝廷之情，咸谓宜有揖让，卿以为何如？"裕曰："楚王，宣武之子，勋德盖世。晋室微弱，民望久移，乘运禅代，有何不可？"谦喜曰："卿谓之可即可耳。"

新野人庾仄，殷仲堪之党也，闻桓伟死，石康未至，乃起兵袭雍州刺史冯该于襄阳，走之。仄有众七千，设坛祭七庙，云"欲讨桓玄"，江陵震动。石康至州，发兵攻襄阳，仄败，奔秦。

冬十月，楚王玄上表请归藩，使帝作手诏固留之。又诈言钱塘临平湖开，江州甘露降，使百僚集贺，用为已受命之符。又以前世皆有隐士，耻于己时独无，求得西朝隐士安定皇甫谧六世孙希之，给其资用，使隐居山林，征为著作郎，使希之固辞不就，然后下诏旌礼，号曰"高士"，时人谓之"充隐"。又欲废钱用谷帛及复肉刑，制作纷纭，志无一定，变更回复，卒无所施行。性复贪鄙，人士有法书、好画及佳园宅，必假蒱博而取之，尤爱珠玉，未尝离手。

十一月，诏楚王玄行天子礼乐，妃为王后，世子为太子。丁丑，卞范之为禅诏，使临川王宝逼帝书之。宝，晞之曾孙也。庚辰，帝临轩，遣兼太保、领司徒王谧奉玺绶禅位于楚。壬午，帝出居永安宫。癸未，迁太庙神主于琅邪国。穆章何皇后及琅邪王德文皆徙居司徒府。百官诣姑孰劝进。十二月庚寅朔，玄筑坛于九井山北，壬辰，即皇帝位。册文多非薄晋室，或谏之，玄曰："揖让之文，正可陈之于下民耳，岂可欺上帝乎！"大赦，改元永始。以南康之平固县封帝为平固王，降何后为零陵县君，琅邪王德文为石阳县公，武陵王遵为彭泽县侯。追尊父温为宣武皇帝，庙号太祖，南康公主为宣皇后。封子升为豫章王。以会稽内史王愉为尚书仆射，愉子相国左长史绥为中书令。绥，桓氏之甥也。戊戌，玄入建康宫，登御坐而床忽陷，群下失色。殷仲文曰："将由圣德深厚，地不能载。"玄大悦。梁王珍之国臣孔朴奉珍之奔寿阳。珍之，晞之曾孙也。辛亥，桓玄迁帝于寻阳。癸丑，纳桓温神主于太庙。桓玄临听讼观阅囚徒，罪无轻重，多得原放，有干舆乞者，时或恤之。其好行小惠如此。



三年春正月，桓玄立其妻刘氏为皇后。刘氏，乔之曾孙也。玄以其祖彝以上名位不显，不复追尊立庙。散骑常侍徐广曰："'敬其父则子悦。'请依故事立七庙。"玄曰："礼，大祖东向，左昭右穆。晋立七庙，宣帝不得正东向之位，何足法也。"秘书监卞承之谓广曰："若宗庙之祭果不及祖，有以知楚德之不长矣。"广，邈之弟也。

玄自即位，心常不自安。二月己丑朔，夜，涛水入石头，流杀人甚多，欢哗震天。玄闻之惧，曰："奴辈作矣！"

玄性苛细，好自矜伐。主者奏事，或一字不体，或片辞之谬，必加纠擿，以示聪明。尚书答诏误书"春搜"为"春菟"，自左丞王纳之以下，凡所关署，皆被降黜。或手注直官，或自用令史，诏令纷纭，有司奉答不暇；而纪纲不治，奏案停积，不能知也。又性好游畋，或一日数出。迁居东宫，更缮宫室，土木并兴，督迫严促。朝野骚然，思乱者众。



玄遣使加益州刺史毛璩散骑常侍、左将军。璩执留玄使，不受其命。璩，宝之孙也。玄以桓希为梁州刺史，分命诸将戍三巴以备之。璩传檄远近，列玄罪状，遣巴东太守柳约之、建平太守罗述、征虏司马甄季之击破希等，仍帅众进屯白帝。

玄以桓弘为青州刺史，镇广陵；刁逵为豫州刺史，镇历阳。弘，修之弟；逵，彝之子也。

初，太原王元德及弟仲德为苻氏起兵攻燕主垂，不克，来奔，朝廷以元德为弘农太守。仲德见桓玄称帝，谓人曰："自古革命诚非一族，然今之起者，恐不足以成大事。"

平昌孟昶为青州主簿，桓弘使昶至建康，玄见而悦之，谓刘迈曰："素士中得一尚书郎，卿与共州里，宁相识否？"迈素与昶不善，对曰："臣在京口，不闻昶有异能，唯闻父子纷纷更相赠诗耳。"玄笑而止。昶闻而恨之。既还京口，裕谓昶曰："草间当有英雄起，卿颇闻乎？"昶曰："今日英雄有谁，正当是卿耳。"

于是裕、毅、无忌、元德、仲德、昶及裕弟道规、任城魏咏之、高平檀凭之、琅邪诸葛长民、河内太守陇西辛扈兴、振威将军东莞童厚之，相与合谋起兵。道规为桓弘中兵参军，裕使毅就道规及昶于江北，共杀弘，据广陵。长民为刁逵参军，使长民杀逵，据历阳。元德、扈兴、厚之在建康，使之聚众攻玄，为内应。刻期齐发。

孟昶妻周氏富于财，昶谓之曰："刘迈毁我于桓公，使我一生沦陷，我决当作贼。卿幸早离绝，脱得富贵，相迎不晚也。"周氏曰："君父母在堂，欲建非常之谋，岂妇人所能谏。事之不成，当于奚官中奉养大家，义无归志也。"昶怆然，久之而起。周氏追昶坐曰："观君举措，非谋及妇人者，不过欲得财物耳。"因指怀中儿示之曰："此而可卖，亦当不惜。"遂倾赀以给之。昶弟顗妻，周氏之从妹也，周氏绐之曰："昨夜梦殊不祥，门内绛色物宜悉取以为厌胜。"妹信而与之，遂尽缝以为军士袍。

何无忌夜于屏风里草檄文，其母刘牢之姊也，登橙密窥之，泣曰："吾不及东海吕母明矣，汝能如此，吾复何恨！"问所与同谋者，曰："刘裕。"母尤喜，因为言玄必败，举事必成之理以劝之。

乙卯，裕托以游猎，与无忌收合徒众，得百余人。丙辰，诘旦，京口城开，无忌着传诏服，称敕使，居前，徒众随之齐入，即斩桓修以徇。修司马刁弘帅文武佐吏来赴，裕登城谓之曰："郭江州已奉乘舆返正于寻阳，我等并被密诏诛除逆党，今日贼玄之首已当枭于大航矣。诸君非大晋之臣乎？今来欲何为？"弘等信之，收众而退。



裕问无忌曰："今急须一府主簿，何由得之？"无忌曰："无过刘道民。"道民者，东莞刘穆之也。裕曰："吾亦识之。"即驰信召焉。时穆之闻京口欢噪声，晨起出陌头，属与信会。穆之直视不言者久之，既而返室，坏布裳为裤，往见裕。裕曰："始举大义，方造艰难，须一军吏甚急，卿谓谁堪其选？"穆之曰："贵府始建，军吏实须其才，仓猝之际，略当无见逾者。"裕笑曰："卿能自屈，吾事济矣。"即于坐署主簿。

孟昶劝桓弘其日出猎，天未明，开门出猎人。昶与刘毅、刘道规帅壮士数十人直入，弘方啖粥，即斩之，因收众济江。裕使毅诛刁弘。



先是，裕遣同谋周安穆入建康报刘迈，迈虽酬许，意甚惶惧，安穆虑事泄，乃驰归。玄以迈为竟陵太守，迈欲亟之郡，是夜，玄与迈书曰："北府人情云何？卿近见刘裕何所道？"迈谓玄已知其谋，晨起，白之。玄大惊，封迈为重安侯。既而嫌迈不执安穆，使得逃去，乃杀之，悉诛元德、扈兴、厚之等。

众推刘裕为盟主，总督徐州事。以孟昶为长史，守京口，檀凭之为司马。彭城人应募者，裕悉使郡主簿刘钟统之。丁巳，裕帅二州之众千七百人，军于竹里，移檄远近，声言益州刺史毛璩已定荆、楚，江州刺史郭昶之奉迎主上返正于寻阳，镇北参军王元德等并帅部曲保据石头，扬武将军诸葛长民已据历阳。

玄移还上宫，召侍官皆入止省中。加扬州刺史新安王桓谦征讨都督，以殷仲文代桓修为徐兖二州刺史。谦等请亟遣兵击裕，玄曰："彼兵锐甚，计出万死，若有蹉跌，则彼气成而吾事去矣，不如屯大众于覆舟山以待之。彼空行二百里，无所得，锐气已挫，忽见大军，必惊愕。我案兵坚阵，勿与交锋，彼求战不得，自然散走，此策之上也。"谦等固请击之，乃遣顿丘太守吴甫之、右卫将军皇甫敷相继北上。

玄忧惧特甚。或曰："裕等乌合微弱，势必无成，陛下何虑之深？"玄曰："刘裕足为一世之雄；刘毅家无檐石之储，摴蒱一掷百万；何无忌酷似其舅：共举大事，何谓无成？"

初，袁真杀朱宪，宪弟绰逃奔桓温。温克寿阳，绰辄发真棺，戮其尸。温怒，将杀之，桓冲请而免之。绰事冲如父，冲薨，绰呕血而卒。刘裕克京口，以绰子龄石为建武参军。三月戊午朔，裕军与吴甫之遇于江乘。将战，龄石言于裕曰："龄石世受桓氏厚恩，不欲以兵刃相向，乞在军后。"裕义而许之。甫之，玄骁将也，其兵甚锐。裕手执长刀大呼以冲之，众皆披靡，即斩甫之。进至罗落桥，皇甫敷帅数千人逆战，宁远将军檀凭之败死。裕进战弥厉，敷围之数重，裕倚大树挺战。敷曰："汝欲作何死？"拔戟将刺之，裕瞋目叱之，敷辟易。裕党俄至，射敷中额而踣，裕援刀直进。敷曰："君有天命，以子孙为托。"裕斩之，厚抚其孤。裕以檀凭之所领兵配参军檀祗。祗，凭之之从子也。

玄闻二将死，大惧，召诸道术人推算及为厌胜。问群臣曰："朕其败乎？"吏部郎曹靖之对曰："民怨神怒，臣实惧焉。"玄曰："民或可怨，神何为怒？"对曰："晋氏宗庙飘泊江滨，大楚之祭上不及祖，此其所以怒也。"玄曰："卿何不谏？"对曰："辇上君子皆以为尧、舜之世，臣何敢言。"玄默然。使桓谦及游击将军何澹之屯东陵，侍中、后将军卞范之屯覆舟山西，众合二万。

己未，裕军食毕，悉弃其余粮，进至覆舟山东，使羸弱登山，张旗帜为疑兵，数道并前，布满山谷。玄侦候者还，云"裕军四塞，不知多少"。玄益忧恐，遣武卫将军庾赜之帅精卒副援诸军。谦等士卒多北府人，素畏伏裕，莫有斗志。裕与刘毅等分为数队，进突谦陈。裕以身先之，将士皆殊死战，无不一当百，呼声动天地。时东北风急，因纵火焚之，烟炎熛天，鼓噪之音，震动京邑，谦等诸军大溃。

玄时虽遣军拒裕，而走意已决，潜使领军将军殷仲文具舟于石头。闻谦等败，帅亲信数千人，声言赴战，遂将其子升兄子浚出南掖门。遇前相国参军胡藩，执马鞚谏曰："今羽林射手犹有八百，皆是义故。西人受累世之恩，不驱令一战，一旦舍此，欲安之乎？"玄不对，但举策指天，因鞭马而走，西趋石头，与仲文等浮江南走。经日不食，左右进粗饭，玄咽不能下，升抱其胸而抚之，玄悲不自胜。

裕入建康，王仲德抱元德子方回出候裕，裕于马上抱方回与仲德对哭，追赠元德给事中，以仲德为中兵参军。裕止桓谦故营，遣刘钟据东府。庚申，裕屯石头城，立留台百官。焚桓温神主于宣阳门外，造晋新主纳于太庙。遣诸将追玄，尚书王嘏帅百官奉迎乘舆。诛玄宗族在建康者。裕使臧熹入宫收图书、器物，封闭府库。有金饰乐器，裕问熹："卿得无欲此乎？"熹正色曰："皇上幽逼，播越非所，将军首建大义，劬劳王家，虽复不肖，实无情于乐。"裕笑曰："聊以戏卿耳。"熹，焘之弟也。

壬戌，玄司徒王谧与众议推裕领扬州，裕固辞。乃以谧为侍中、领司徒、扬州刺史、录尚书事，谧推裕为使持节、都督扬徐兖豫青冀幽并八州诸军事、徐州刺史，刘毅为青州刺史，何无忌为琅邪内史，孟昶为丹杨尹，刘道规为义昌太守。

裕始至建康，诸大处分皆委于刘穆之，仓猝立定，无不允惬。裕遂托以腹心，动止咨焉。穆之亦竭节尽诚，无所遗隐。时晋政宽弛，纲纪不立，豪族陵纵，小民穷蹙，重以司马元显政令违舛，桓玄虽欲厘整，而科条繁密，众莫之从。穆之斟酌时宜，随方矫正，裕以身范物，先以威禁内外，百官皆肃然奉职。不盈旬日，风俗顿改。

初，诸葛长民至豫州，失期，不得发。刁逵执长民，槛车送桓玄。至当利而玄败，送人共破槛出长民，还趣历阳。逵弃城走，为其下所执，斩于石头，子侄无少长皆死，唯赦其季弟给事中骋。逵故吏匿其弟子雍送洛阳，秦王兴以为太子中庶子。裕以魏咏之为豫州刺史，镇历阳，诸葛长民为宣城内史。

初，裕名微位薄，轻狡无行，盛流皆不与相知，惟王谧独奇贵之。谓裕曰："卿当为一代英雄。"裕尝与刁逵摴蒱，不时输直，逵缚之马(柳)〔枊〕，谧见之，责逵而释之，代之还直。由是裕深憾逵而德谧。

萧方等曰：夫蛟龙潜伏，鱼虾亵之，是以汉高赦雍齿，魏武免梁鹄，安可以布衣之嫌而成万乘之隙也。今王谧为公，刁逵亡族，酬恩报怨，何其狭哉！

丁卯，刘裕迁镇东府。

桓玄至寻阳，郭昶之给其器用、兵力。辛未，玄逼帝西上，刘毅帅何无忌、刘道规等诸军追之。玄留龙骧将军何澹之、前将军郭铨与郭昶之守湓口。

丙戌，刘裕称受帝密诏，以武陵王遵承制总百官行事，因大赦，惟桓玄一族不宥。

刘敬宣、高雅之谋杀南燕主备德，推司马休之为主。雅之邀刘轨同谋，轨不从。谋颇泄，敬宣等南走，南燕人收轨杀之，追及雅之，又杀之。敬宣、休之至淮、泗间，闻桓玄败，遂来归，刘裕以敬宣为晋陵太守。

夏四月己丑，武陵王遵入居东宫，内外毕敬。迁除百官称制书，教称令书。以司马休之监荆益梁宁秦雍六州诸军事、领荆州刺史。

庚寅，桓玄挟帝至江陵，桓石康纳之。玄更署置百官，以卞范之为尚书仆射。自以奔败之后，恐威令不行，乃更增峻刑罚，众益离怨。殷仲文谏，玄怒曰："今以诸将失律，天文不利，故还都旧楚，而群小纷纷，妄兴异议。方当纠之以猛，未可施之以宽也。"荆江诸郡闻玄播越，有上表奔问起居者，玄皆不受，更令所在贺迁新都。初，王谧为玄佐命元臣，玄之受禅，谧手解帝玺绶。及玄败，众谓谧宜诛，刘裕特保全之。刘毅尝因朝会，问谧玺绶所在。谧内不自安，逃奔曲阿。裕笺白武陵王，迎还复位。

桓玄兄子歆引氐帅杨秋寇历阳，魏咏之帅诸葛长民、刘敬宣、刘钟共击破之，斩杨秋于练固。

玄使武卫将军庾稚祖、江夏太守桓道恭帅数千人就何澹之等共守湓口。何无忌、刘道规至桑落洲，庚戌，澹之等引舟师逆战。澹之常所乘舫，羽仪旗帜甚盛。无忌曰："贼帅必不居此，欲诈我耳，宜亟攻之。"众曰："澹之不在其中，得之无益。"无忌曰："今众寡不敌，战无全胜，澹之既不居此舫，战士必弱，我以劲兵攻之必得之，得之，则彼势沮而我气倍，因而薄之，破贼必矣。"道规曰："善。"遂往攻而得之，因传呼曰："已得何澹之矣。"澹之军中惊扰，无忌之众亦以为然，乘胜进攻澹之等，大破之。无忌等克湓口，进据寻阳，遣使奉送宗庙主祏还京师。加刘裕都督江州诸军事。

桑落之战，胡藩所乘舰为官军所烧，藩全铠入水，潜行三十许步乃得登岸。时江陵路已绝，乃还豫章。刘裕素闻藩为人忠直，引参领诸军事。

桓玄收集荆州兵，曾未三旬，有众二万，楼船、器械甚盛。甲寅，玄复帅诸军挟帝东下，以苻宏领梁州刺史，为前锋。又使散骑常侍徐放先行，说刘裕等曰："若能旋军散甲，当与之更始，各授位任，令不失分。"刘裕以诸葛长民都督淮北诸军事，镇山阳；以刘敬宣为江州刺史。

刘毅、何无忌、刘道规、下邳太守平昌孟怀玉帅众自寻阳西上，五月癸酉，与桓玄遇于峥嵘洲。毅等兵不满万人，而玄战士数万，众惮之，欲退还寻阳。道规曰："不可。彼众我寡，强弱异势，今若畏懦不进，必为所乘，虽至寻阳，岂能自固。玄虽窃名雄豪，内实恇怯，加之已经奔败，众无固心。决机两阵，将雄者克，不在众也。"因麾众先进，毅等从之。玄常漾舸于舫侧以备败走，由是众莫有斗心。毅等乘风纵火，尽锐争先，玄众大溃，烧辎重夜遁。郭铨诣毅降。

玄故将刘统、冯稚等聚党四百人袭破寻阳城，毅遣建威将军刘怀肃讨平之。怀肃,怀敬之弟也。

玄挟帝单舸西走,留永安何皇后及王皇后于巴陵。殷仲文时在玄舰,求出别船收集散卒,因叛玄,奉二后奔夏口,遂还建康。

己卯,玄与帝入江陵。冯该劝使更下战,玄不从,欲奔汉中就桓希,而人情乖沮,号令不行。庚辰夜中,处分欲发,城内已乱,乃与亲近腹心百余人乘马出城西走。至城门,左右于暗中斫玄,不中,其徒更相杀害,前后交横。玄仅得至船,左右分散,惟卞范之在侧。



辛巳,荆州别驾王康产奉帝入南郡府舍,太守王腾之帅文武为侍卫。

玄将之汉中,屯骑校尉毛修之,璩之弟子也,诱玄入蜀,玄从之。宁州刺史毛璠,璩之弟也,卒于官。璩使其兄孙祐之及参军费恬帅数百人送璠丧归江陵,壬午,遇玄于枚回洲。祐之、恬迎击玄,矢下如雨,玄嬖人丁仙期、万盖等以身蔽玄,皆死。益州督护汉嘉冯迁抽刀前欲击玄,玄拔头上玉导与之,曰:“汝何人,敢杀天子!”迁曰:“我杀天子之贼耳。”遂斩之,又斩桓石康、桓濬、庾颐之,执桓升送江陵,斩于市。乘舆反正于江陵,以毛修之为骁骑将军。甲申,大赦,诸以畏逼从逆者一无所问。戊寅,奉神主于太庙。刘毅等传送玄首,枭于大桁。



毅等既战胜,以为大事已定,不急追蹑,又遇风,船未能进,玄死几一旬,诸军犹未至。时桓谦匿于沮中,扬武将军桓振匿于华容浦。玄故将王稚徽戍巴陵,遣人报振,云:“桓歆已克京邑,冯稚复克寻阳,刘毅诸军并中路败退。”振大喜,聚党得二百人,袭江陵,桓谦亦聚众应之。闰月己丑,复陷江陵,杀王康产、王腾之。振见帝于行宫，跃马奋戈，直至阶下，问桓升所在。闻其已死，瞋目谓帝曰："臣门户何负国家，而屠灭若是！"琅邪王德文下床谓曰："此岂我兄弟意邪。"振欲杀帝，谦苦禁之，乃下马敛容，致拜而出。壬辰，振为玄举哀，立丧庭，谥曰武悼皇帝。

癸巳，谦等帅群臣奉玺绶于帝曰："主上法尧禅舜，今楚祚不终，百姓之心复归于晋矣。"以琅邪王德文领徐州刺史，振为都督八州诸军事、荆州刺史，谦复为侍中、卫将军，加江豫二州刺史。帝侍御左右，皆振之腹心。

振少薄行，玄不以子姪齿之，至是叹曰："公昔不早用我，遂致此败。若使公在，我为前锋，天下不足定也。今独作此，安归乎？"遂纵意酒色，肆行诛杀。谦劝振引兵下战，己守江陵，振素轻谦，不从其言。

刘毅至巴陵，诛王稚徽。何无忌、刘道规进攻桓谦于马头，桓蔚于龙泉，皆破之。蔚，秘之子也。

无忌欲乘胜直趣江陵，道规曰："兵法屈申有时，不可苟进。诸桓世居西楚，群小皆为竭力，振勇冠三军，难与争锋。且可息兵养锐，徐以计策縻之，不忧不克。"无忌不从。振逆战于灵溪，冯该以兵会之，无忌等大败，死者千余人。退还寻阳，与刘毅等上笺请罪。刘裕以毅节度诸军，免其青州刺史。桓振以桓蔚为雍州刺史，镇襄阳。

柳约之、罗述、甄季之闻桓玄死，自白帝进军至枝江，闻何无忌等败于灵溪，亦引兵退。俄而述、季之皆病，约之诣桓振伪降，欲谋袭振，事泄，振杀之。约之司马时延祖、涪陵太守文处茂收其余众保涪陵。

六月，毛璩遣将攻汉中，斩桓希，璩自领梁州。

刘敬宣在寻阳，聚粮缮船，未尝无备，故何无忌等虽败退，赖以复振。〔冬十月〕，桓玄兄子亮自称江州刺史，寇豫章，敬宣击破之。刘毅、何无忌、刘道规复自寻阳西上，至夏口。桓振遣镇东将军冯该守东岸，扬武将军孟山图据鲁山城，辅国将军桓仙客守偃月垒，众合万人，水陆相援。毅攻鲁山城，道规攻偃月垒，无忌遏中流，自辰至午，二城俱溃，生擒山图、仙客，该走石城。

十二月，刘毅等进克巴陵。毅号令严整，所过百姓安悦。刘裕复以毅为兖州刺史。桓振以桓放之为益州刺史，屯西陵，文处茂击破之，放之走还江陵。

是岁，晋民避乱，襁负之淮北者道路相属。

义熙元年春正月，南阳太守扶风鲁宗之起兵袭襄阳，桓蔚走江陵。己丑，刘毅等诸军至马头。桓振挟帝出屯江津，遣使求割江、荆二州，奉送天子，毅等不许。辛卯，宗之击破振将温楷于柞溪，进屯纪南。振留桓谦、冯该守江陵，引兵与宗之战，大破之。刘毅等击破冯该于豫章口，桓谦弃城走。毅等入江陵，执卞范之等斩之。桓振还，望见火起，知城已陷，其众皆溃，振逃于涢川。

乙未，诏大处分悉委冠军将军刘毅。戊戌，大赦，改元，惟桓氏不原。以桓冲忠于王室，特宥其孙胤。以鲁宗之为雍州刺史，毛璩为征西将军、都督益梁秦凉宁五州诸军事，璩弟瑾为梁秦二州刺史，瑗为宁州刺史，刘怀肃追斩冯该于石城。桓谦、桓怡、桓蔚、桓谧、何澹之、温楷皆奔秦。怡，弘之弟也。

二月丁巳，留台备法驾迎帝于江陵，刘毅、刘道规留屯夏口，何无忌奉帝东还。

三月，桓振自郧城袭江陵，荆州刺史司马休之战败，奔襄阳，振自称荆州刺史。建威将军刘怀肃自云杜引兵驰赴，与振战于沙桥，刘毅遣广武将军唐兴助之，临阵斩振，复取江陵。

甲午，帝至建康。乙未，百官诣阙请罪，诏令复职。

尚书殷仲文以朝廷音乐未备，言于刘裕，请治之。裕曰："今日不暇给，且性所不解。"仲文曰："好之自解。"裕曰："正以解则好之，故不习耳。"

庚子，以琅邪王德文为大司马，武陵王遵为太保，刘裕为侍中、车骑将军、都督中外诸军事，徐青二州刺史如故，刘毅为左将军，何无忌为右将军、督豫州扬州五郡军事、豫州刺史，刘道规为辅国将军、督淮北诸军事、并州刺史，魏咏之为征虏将军、吴国内史。裕固让不受，加录尚书事，又不受，屡请归藩。诏百僚敦劝，帝亲幸其第，裕惶惧，复诣阙陈请，乃听归藩。以魏咏之为荆州刺史代司马休之。

初，刘毅尝为刘敬宣宁朔参军，时人或以雄杰许之。敬宣曰："夫非常之才自有调度，岂得便谓此君为人豪邪？此君之性，外宽而内忌，自伐而尚人，若一旦遭遇，亦当以陵上取祸耳。"毅闻而恨之。及敬宣为江州，辞以无功，不宜授任先于毅等，裕不许。毅使人言于裕曰："刘敬宣不豫建义。猛将劳臣，方须叙报，如敬宣之比，宜令在后。若使君不忘平生，正可为员外常侍耳。闻已授郡，实为过优，寻复为江州，尤用骇惋。"敬宣愈不自安，自表解职，乃召还为宣城内史。

桓玄余党桓亮、苻宏等，拥众寇乱郡县者以十数，刘毅、刘道规、檀祗等分兵讨灭之，荆、湘、江、豫皆平。〔夏五月〕，诏以毅为都督淮南等五郡军事、豫州刺史，何无忌为都督江东五郡军事、会稽内史。

二年冬十月，尚书论建义功，奏封刘裕豫章郡公，刘毅南平郡公，何无忌安城郡公，自余封赏有差。

## 卢循之乱

晋安帝隆安二年。初，琅邪人孙泰学妖术于钱唐杜子恭，士民多奉之。王珣恶之，流泰于广州。王雅荐泰于孝武帝，云知养性之方，召还，累官至新安太守。泰知晋祚将终，因王恭之乱，以讨恭为名，收合兵众，聚货钜亿，三吴之人多从之。识者皆忧其为乱，以中领军元显与之善，无敢言者。〔冬十二月〕，会稽内史谢輶发其谋，己酉，会稽王道子使元显诱而斩之，并其六子。兄子恩逃入海，愚民犹以为泰蝉蜕不死，就海中资给恩。恩乃聚合亡命，得百余人，以谋复仇。

三年。会稽世子元显，性苛刻，生杀任意，发东土诸郡免奴为客者，号曰“乐属”，移置京师，以充兵役，东土嚣然苦之。

〔冬十月〕，孙恩因民心骚动，自海岛帅其党杀上虞令，遂攻会稽。会稽内史王凝之，羲之之子也，世奉天师道，不出兵亦不设备，日于道室稽颡跪咒。官属请出兵讨恩，凝之曰：“我已请大道，借鬼兵守诸津要，各数万，贼不足忧也。”及恩渐近，乃听出兵，恩已至郡下。甲寅，恩陷会稽，凝之出走，恩执而杀之，并其诸子。凝之妻谢道蕴，奕之女也，闻寇至，举措自若，命婢肩舆，抽刀出门，手杀数人乃被执。吴国内史桓谦、临海太守新秦王崇、义兴太守魏隐皆弃郡走。于是会稽谢针、吴郡陆瑰、吴兴丘尪、义兴许允之、临海周胄、永嘉张永等及东阳、新安凡八郡人，一时起兵，杀长吏以应恩，旬日之中，众数十万。吴兴太守谢邈、永嘉太守司马逸、嘉兴公顾胤、南康公谢明慧、黄门郎谢冲、张琨、中书郎孔道等皆为恩党所杀。邈、冲皆安之弟子也。时三吴承平日久,民不习战,故郡县兵皆望风奔溃。

恩据会稽,自称征东将军,逼人士为官属,号其党曰"长生人",民有不与之同者,戮及婴孩,死者什七八。醢诸县令以食其妻子,不肯食者,辄支解之。所过掠财物,烧邑屋,焚仓廪,刊木,堙井,相帅聚于会稽。妇人有婴儿不能去者,投于水中,曰:"贺汝先登仙堂,我当寻后就汝。"恩表会稽王道子及世子元显之罪,请诛之。

自帝即位以来,内外乖异,石头以南皆为荆、江所据,以西皆豫州所专,京口及江北皆刘牢之及广陵相高雅之所制,朝政所行,惟三吴而已。及孙恩作乱,八郡皆为恩有,畿内诸县,盗贼处处蜂起,恩党亦有潜伏在建康者,人情危惧,常虑窃发,于是内外戒严。加道子黄钺,元显领中军将军,命徐州刺史谢琰兼督吴兴、义兴军事以讨恩。刘牢之亦发兵讨恩,拜表辄行。

冬十二月,谢琰击斩许允之,迎魏隐还郡,进击丘尫,破之,与刘牢之转斗而前,所向辄克。琰留屯乌程,遣司马高素助牢之,进临浙江。诏以牢之都督吴(都)〔郡〕诸军事。

牢之引刘裕为参军事,使将数十人觇贼。遇贼数千人,即迎击之,从者皆死,裕坠岸下。贼临岸欲下,裕奋长刀仰斫杀数人,乃得登岸,仍大呼逐之,贼皆走,裕所杀伤甚众。刘敬宣怪裕久不返,引兵寻之,见裕独驱数千人,咸共叹息。因进击贼,大破之,斩获千余人。

初,恩闻八郡响应,谓其属曰:"天下无复事矣,当与诸君朝服至建康。"既而闻牢之临江,曰:"我割浙江以东,不失作句践。"戊申,牢之引兵济江,恩闻之曰:"孤不羞走。"遂驱男女二十余万口东走，多弃宝物、子女于道，官军竞取之，恩由是得脱，复逃入海岛。高素破恩党于山阴，斩恩所署吴郡太守陆瑰、吴兴太守丘尪、余姚令吴兴沉穆夫。

东土遭乱，企望官军之至，既而牢之等纵军士暴掠，士民失望，郡县城中无复人迹，月余乃稍有还者。朝廷忧恩复至，以谢琰为会稽太守，都督五郡军事，帅徐州文武戍海浦。

四年夏五月，谢琰以资望镇会稽，不能绥怀，又不为武备。诸将咸谏曰："贼近在海浦，伺人形便，宜开其自新之路。"琰不从，曰："苻坚之众百万，尚送死淮南，孙恩小贼，败死入海，何能复出？若其果出，是天欲杀之也。"既而恩寇浃口，入余姚，破上虞，进及邢浦，琰遣参军刘宣之击破之，恩退走。少日，复寇邢浦，官军失利，恩乘胜径进。己卯，至会稽，琰尚未食，曰："要当先灭此贼而后食。"因跨马出战，兵败，为帐下都督张猛所杀。吴兴太守庾桓恐郡民复应恩，杀男女数千人。恩转寇临海。朝廷大震，遣冠军将军桓不才、辅国将军孙无终、宁朔将军高雅之拒之。

冬十一月，高雅之与孙恩战于余姚，雅之败，走山阴，死者什七八。诏以刘牢之都督会稽等五郡，帅众击恩，恩走入海。牢之东屯上虞，使刘裕戍句章，吴国内史袁崧筑沪渎垒以备恩。

五年春二月丙子，孙恩出浃口，攻句章，不能拔。刘牢之击之，恩复走入海。

三月，孙恩北趣海盐，刘裕随而拒之，筑城于海盐故治。恩日来攻城，裕屡击破之，斩其将姚盛。城中兵少不敌，裕夜偃旗匿众，明晨开门，使羸疾数人登城。贼遥问刘裕所在，曰："夜已走矣。"贼信之，争入城，裕奋击，大破之。恩知城不可拔，乃进向沪渎，裕复弃城追之。

海盐令鲍陋遣子嗣之帅吴兵一千，请为前驱。裕曰："贼兵甚精，吴人不习战，若前驱失利，必败我军，可在后为声势。"嗣之不从。裕乃多伏旗鼓。前驱既交，诸伏皆出，裕举旗鸣鼓，贼以为四面有军，乃退。嗣之追之，战没。裕且战且退，所领死伤且尽，至向战处，令左右脱取死人衣以示闲暇。贼疑之，不敢逼。裕大呼更战，贼惧而退，裕乃引归。

夏五月，孙恩陷沪渎，杀吴国内史袁崧，死者四千人。

六月甲戌，孙恩浮海奄至丹徒，战士十余万，楼船千余艘，建康震骇。乙亥，内外戒严，百官入居省内。冠军将军高素等守石头，辅国将军刘袭栅断淮口，丹杨尹司马恢之戍南岸，冠军将军桓谦等备白石，左卫将军王嘏等屯中堂。征豫州刺史谯王尚之入卫京师。

刘牢之自山阴引兵邀击恩，未至而恩已过，乃使刘裕自海盐入援。裕兵不满千人，倍道兼行，与恩俱至丹徒。裕众既少，加以涉远疲劳，而丹徒守军莫有斗志。恩帅众鼓噪，登蒜山，居民皆荷担而立。裕帅所领奔击，大破之，投崖赴水死者甚众，恩狼狈仅得还船。然恩犹恃其众，寻复整兵径向京师。后将军元显帅兵拒战，频不利。会稽王道子无他谋略，唯日祷蒋侯庙。恩来渐近，百姓恼惧，谯王尚之帅精锐驰至，径屯积弩堂。恩楼船高大，溯风不得疾行，数日乃至白石。恩本以诸军分散，欲掩不备，既而知尚之在建康，复闻刘牢之已还，至新洲，不敢进而去，浮海北走郁洲。恩别将攻陷广陵，杀三千人。宁朔将军高雅之击恩于郁洲，为恩所执。

秋八月，诏以刘裕为下邳太守，讨孙恩于郁洲，累战，大破之。恩由是衰弱，复缘海南走，裕亦随而邀击之。

冬十一月，刘裕追孙恩至沪渎、海盐，又破之，俘斩以万数。恩遂自浃口远窜入海。

元兴元年春三月，孙恩寇临海，临海太守辛景击破之。恩所虏三吴男女，死亡殆尽，恩恐为官军所获，乃赴海死，其党及妓妾从死者以百数，谓之"水仙"。余众数千人复推恩妹夫卢循为主。循，谌之曾孙也，神采清秀，雅有材艺。少时，沙门惠远尝谓之曰："君虽体涉风素，而志存不轨，如何？"太尉玄欲抚安东土，乃以循为永嘉太守。循虽受命，而寇暴不已。

夏五月，卢循自临海入东阳，太尉桓玄遣抚军中兵参军刘裕将兵击之，循败走永嘉。

二年春正月，卢循使司马徐道覆寇东阳。二月辛丑，建武将军刘裕击破之。道覆，循之姊夫也。

秋八月，刘裕破卢循于永嘉，追至晋安，屡破之，循浮海南走。

三年。卢循寇南海，攻番禺。广州刺史濮阳吴隐之拒守百余日，冬十月壬戌，循夜袭城而陷之，烧府舍、民室俱尽，执吴隐之。循自称平南将军，摄广州事，聚烧骨为共冢，葬于洲上，得髑髅三万余枚。又使徐道覆攻始兴，执始兴相阮腆之。

义熙元年。卢循遣使贡献。时朝廷新定，未暇征讨。夏四月壬申，以循为广州刺史，徐道覆为始兴相。循遗刘裕益智粽，裕报以续命汤。

循以前琅邪内史王诞为平南长史。诞说循曰："诞本非戎旅，在此无用。素为刘镇军所厚，若得北归，必蒙寄任，公私际会，仰答厚恩。"循甚然之。刘裕与循书，令遣吴隐之还，循不从。

诞复说循曰："将军今留吴公，公私非计。孙伯符岂不欲留华子鱼邪？但以一境不容二君耳。"于是循遣隐之与诞俱还。

六年。初，徐道覆闻刘裕北伐，劝卢循乘虚袭建康，循不从。道覆自至番禺说循曰："本住岭外，岂以理极于此，传之子孙邪？正以刘裕难与为敌故也。今裕顿兵坚城之下，未有还期，我以此思归死士，掩击何、刘之徒，如反掌耳。不乘此机而苟求一日之安，朝廷常以君为腹心之疾，若裕平齐之后，息甲岁余，以玺书征君，裕自将屯豫章，遣诸将帅锐师过岭，虽复以将军之神武，恐必不能当也。今日之机，万不可失。若先克建康，倾其根蒂，裕虽南还，无能为也。君若不同，便当帅始兴之众直指寻阳。"循甚不乐此举，而无以夺其计，乃从之。

初，道覆使人伐船材于南康山，至始兴，贱卖之，居人争市之，船材大积而人不疑。至是，悉取以装舰，旬日而办。循自始兴寇长沙，道覆寇南康、庐陵、豫章，诸守相皆委任奔走。道覆顺流而下，舟楫甚盛。时克燕之问未至，朝廷急征刘裕。裕方议留镇下邳，经营司、雍，会得诏书，乃以韩范为都督八郡军事、燕郡太守，封融为勃海太守，檀韶为琅邪太守，戊申，引兵还。韶，祗之兄也。久之，刘穆之称范、融谋反，皆杀之。

安成忠肃公何无忌自寻阳引兵拒卢循。长史邓潜之谏曰："国家安危，在此一举。闻循兵舰大盛，势居上流，宜决南塘，守〔二〕城以待之，彼必不敢舍我远下。蓄力养锐，俟其疲老，然后击之，此万全之策也。今决成败于一战，万一失利，悔将无及。"参军殷阐曰："循所将之众，皆三吴旧贼，百战余勇，始兴溪子，拳捷善斗，未易轻也。将军宜留屯豫章，征兵属城，兵至合战，未为晚也。若以此众轻进，殆必有悔。"无忌不听。三月壬申，与徐道覆遇于豫章，贼令强弩数百登西岸小山邀射之。会西风暴急，飘无忌所乘小舰向东岸，贼乘风以大舰逼之，众遂奔溃。无忌厉声曰："取我苏武节来！"节至，执以督战。贼众云集，无忌辞色无挠，握节而死。于是中外震骇。朝议欲奉乘舆北走就刘裕，既而知贼未至，乃止。

刘裕至下邳，以船载辎重，自帅精锐步归。至山阳，闻何无忌败死，虑京邑失守，卷甲兼行，与数十人至淮上，问行人以朝廷消息。行人曰："贼尚未至，刘公若还，便无所忧。"裕大喜。将济江，风急，众咸难之。裕曰："若天命助国，风当自息。若其不然，覆溺何害？"即命登舟，舟移而风止。过江至京口，众乃大安。夏四月癸未，裕至建康。以江州覆没，表送章绶，诏不许。

青州刺史诸葛长民、兖州刺史刘藩、并州刺史刘道怜各将兵入卫建康。藩，豫州刺史毅之从弟也。毅闻卢循入寇，将拒之而疾作。既瘳，将行，刘裕遗毅书曰："吾往习击妖贼，晓其变态。贼新获奸利，其锋不可轻。今修船垂毕，当与弟同举。克平之日，上流之任，皆以相委。"又遣刘藩往谕止之。毅怒，谓藩曰："往以一时之功相推耳，汝便谓我真不及刘裕邪！"投书于地，帅舟师二万发姑孰。

循之初入寇也，使徐道覆向寻阳，循自将攻湘中诸郡。荆州刺史刘道规遣军逆战，败于长沙。循进至巴陵，将向江陵。徐道覆闻毅将至，驰使报循曰："毅兵甚盛，成败之事，系之于此。宜并力摧之，若此克捷，江陵不足忧也。"循即日发巴陵，与道覆合兵而下。五月戊午，毅与循战于桑落洲，毅兵大败，弃船以数百人步走，余众皆为循所虏，所弃辎重山积。

初，循至寻阳，闻裕已还，犹不信；既破毅，乃得审问，与其党相视失色。循欲退还寻阳，攻取江陵，据三州以抗朝廷。道覆谓宜乘胜径进，固争之。循犹豫累日，乃从之。

己未，大赦。裕募人为兵，赏之同京口赴义之科。发民治石头城。议者谓宜分兵守诸津要，裕曰："贼众我寡，若分兵屯守，则测人虚实，且一处失利，则沮三军之心。今聚众石头，随宜应赴，既令彼无以测多少，又于众力不分。若徒旅转集，徐更论之耳。"

朝廷闻刘毅败，人情恟惧。时北师始还，将士多创病，建康战士不盈数千。循既克二镇，战士十余万，舟车百里不绝，楼船高十二丈，败还者争言其强盛。孟昶、诸葛长民欲奉乘舆过江，裕不听。初，何无忌、刘毅之南讨也，昶策其必败，已而果然。至是，又谓裕必不能抗循，众颇信之，(为)〔惟〕龙骧将军东海虞丘进廷折昶等，以为不然。中兵参军王仲德言于裕曰："明公命世作辅，新建大功，威震六合，妖贼乘虚入寇，既闻凯还，自当奔溃。若先自遁逃，则势同匹夫，号令何以威物？此谋若立，请从此辞。"裕甚悦。昶固请不已，裕曰："今重镇外倾，强寇内逼，人情危骇，莫有固志。若一旦迁动，便自土崩瓦解，江北亦岂可得至？设令得至，不过延日月耳。今兵士虽少，自足一战。若其克济，则臣主同休；苟厄运必至，我当横尸庙门，遂其由来以身许国之志，不能窜伏草间苟求存活也。我计决矣，卿勿复言。"昶恚其言不行，且以为必败，因请死。裕怒曰："卿且申一战，死复何晚？"昶知裕终不用其言，乃抗表自陈曰："臣裕北讨，众并不同，唯臣赞裕行计，致使强贼乘间，社稷危逼，臣之罪也。谨引咎以谢天下。"封表毕，仰药而死。

乙丑，卢循至淮口，中外戒严。琅邪王德文都督宫城诸军事，屯中堂皇，刘裕屯石头，诸将各有屯守。裕子义隆始四岁，裕使谘议参军刘粹辅之，镇京口。粹，毅之族弟也。

裕见民临水望贼，怪之，以问参军张劭。劭曰："若节钺未反，民奔散之不暇，亦何能观望？今当无复恐耳。"裕谓将佐曰："贼若于新亭直进，其锋不可当，宜且回避，胜负之事，未可量也。若回泊西岸，此成禽耳。"

徐道覆请于新亭至白石焚舟而上，数道攻裕。循欲以万全为计，谓道覆曰："大军未至，孟昶便望风自裁；以大势言之，自当计日溃乱。今决胜负于一朝，干没求利，既非必克之道，且杀伤士卒，不如案兵待之。"道覆以循多疑少决，乃叹曰："我终为卢公所误，事必无成。使我得为英雄驱驰，天下不足定也。"

裕登石头城望循军，初见引向新亭，顾左右失色，既而回泊蔡洲，乃悦。于是众军转集。裕恐循侵轶，用虞丘进计，伐树栅石头淮口，修治越城，筑查浦、药园、廷尉三垒，皆以兵守之。

刘毅经涉蛮、晋，仅能自免，从者饥疲，死亡什七八。丙寅，至建康，待罪。裕慰勉之，使知中外留事。毅乞自贬，诏降为后将军。

卢循伏兵南岸，使老弱乘舟向白石，声言悉众自白石步上。刘裕留参军沈林子、徐赤特戍南岸，断查浦，戒令坚守勿动。裕及刘毅、诸葛长民北出拒之。林子曰："妖贼此言，未必有实，宜深为之防。"裕曰："石头城险，且淮栅甚固，留卿在后，足以守之。"林子，穆夫之子也。

庚辰，卢循焚查浦，进至张侯桥。徐赤特将击之，林子曰："贼声往白石而屡来挑战，其情可知。吾众寡不敌，不如守险，以待大军。"赤特不从，遂出战，伏兵发，赤特大败，单舸奔淮北。林子及将军刘钟据栅力战，朱龄石救之，贼乃退。循引精兵大上，至丹杨郡。裕帅诸军驰还石头，斩徐赤特，解甲久之，乃出陈于南塘。

卢循寇掠诸县无所得，谓徐道覆曰："师老矣，不如还寻阳，并力取荆州，据天下三分之二，徐更与建康争衡耳。"秋七月庚申，循自蔡洲南还寻阳，留其党范崇民将五千人据南陵。甲子，裕使辅国将军王仲德、广川太守刘钟、河间内史兰陵蒯(思)〔恩〕、中军谘议参军孟怀玉等帅众追循。

八月，刘裕还东府，大治水军，遣建威将军会稽孙处、振武将军沈田子帅众三千，自海道袭番禺。田子，林子之兄也。众皆以为"海道艰远，必至为难。且分撤见力，非目前之急"。裕不从，敕处曰："大军十二月之交必破妖虏，卿至时，先倾其巢窟，使彼走无所归也。"

江州刺史庾悦以鄱阳太守虞丘进为前驱，屡破卢循兵，进据豫章，绝循粮道。

九月，刘毅固求追讨卢循，长史王诞密言于刘裕曰："毅既丧败，不宜复使立功。"裕从之。冬十月，裕帅兖州刺史刘藩、宁朔将军檀韶、冠军将军刘敬宣等南击卢循，以刘毅监太尉留府，后事皆委焉。癸巳，裕发建康。

徐道覆帅众三万趣江陵，奄至破冢。时鲁宗之已还襄阳，追召不及，人情大震。或传循已平京邑，遣道覆来为刺史，江、汉士民感刘道规焚书之恩，无复贰志。道规使刘遵别为游军，自拒道覆于豫章口，前驱失利。遵自外横击，大破之，斩首万余级，赴水死者殆尽，道覆单舸走还湓口。初，道规使遵为游军，众咸以为强敌在前，唯患众少，不应分割见力，置无用之地。及破道覆，卒得游军之力，众心乃服。

王仲德等闻刘裕大军且至，进攻范崇民于南陵。崇民战舰夹屯两岸。十一月，刘钟自行觇贼，大雾，贼钩得其舸。钟因帅左右攻舰户，贼遽闭户拒之，钟乃徐还，与仲德共攻崇民，崇民走。

卢循兵守广州者不以海道为虞。庚戌，孙处乘海奄至，会大雾，四面攻之，即日拔其城。处抚其旧民，戮循亲党，勒兵谨守，分遣沈田子等击岭表诸郡。

刘裕军雷池，卢循扬声不攻雷池，当乘流径下。裕知其欲战，十二月己卯，进军大雷。庚辰，卢循、徐道覆帅众数万塞江而下，前后莫见舳舻之际。裕悉出轻舰，帅众军齐力击之，又分步骑屯于西岸，先备火具。裕以劲弩射循军，因风水之势以蹙之。循舰悉泊西岸，岸上军投火焚之，烟炎张天；循兵大败，走还寻阳。将趣豫章，乃悉力栅断左里。丙申，裕军至左里，不得进。裕麾兵将战，所执麾竿折，幡沉于水，众并怪惧。裕笑曰："往年覆舟之战，幡竿亦折，今者复然，贼必破矣。"即攻栅而进，循兵虽殊死战，弗能禁。循单舸走，所杀及投水死者凡万余人。纳其降附，宥其逼略，遣刘藩、孟怀玉轻军追之。循收散卒，尚有数千人，径还番禺，道覆走保始兴。裕版建威将军褚裕之行广州刺史。裕之，裒之曾孙也。裕还建康。刘毅恶刘穆之，每从容与裕言穆之权太重，裕益亲任之。

七年春正月，刘藩帅孟怀玉等诸将追卢循至岭表。二月壬午，怀玉克始兴，斩徐道覆。

三月，卢循行收兵至番禺，遂围之，孙处拒守二十余日。沈田子言于刘藩曰："番禺城虽险固，本贼之巢穴，今循围之，或有内变。且孙季高众力寡弱，不能持久，若使贼还据广州，凶势复振矣。”夏四月，田子引兵救番禺，击循破之，所杀万余人。循走，田子与处共追之，又破循于苍梧、郁林、宁浦。会处病，不能进，循奔交州。

初，九真太守李逊作乱，交州刺史交趾杜瑗讨斩之。瑗卒，朝廷以其子慧度为交州刺史。诏书未至，循袭破合浦，径向交州，慧度帅州府文武拒循于石埼，破之。循余众犹三千人，李逊余党李脱等结集俚獠（三）〔五〕千余人以应循。庚子，循晨至龙编南津，慧度悉散家财以赏军士，与循合战，掷雉尾炬焚其舰，以步兵夹岸射之，循众舰俱然，兵众大溃。循知不免，先鸩妻子，召妓妾问曰：“谁能从我死者？”多云：“雀鼠贪生，就死实难。”或云：“官尚当死，某岂愿生。”乃悉杀诸辞死者，因自投于水。慧度取其尸斩之，并其父子及李脱等，函七首送建康。

## 谯纵之乱

晋安帝义熙元年。初，毛璩闻桓振陷江陵，帅众三万顺流东下，将讨之，使其弟西夷校尉瑾、蜀郡太守瑗出外水，参军巴西谯纵、侯晖出涪水。蜀人不乐远征，晖至五城水口，与巴西阳昧谋作乱。纵为人和谨，蜀人爱之，晖、昧共逼纵为主。纵不可，走投于水，引出，以兵逼纵登舆。纵又投地，叩头固辞，晖缚纵于舆。还，袭毛瑾于涪城，杀之，推纵为梁、秦二州刺史。〔春二月〕，璩至略城，闻变，奔还成都，遣参军王琼将兵讨之，为纵弟明子所败，死者什八九。益州营户李腾开城纳纵兵，杀璩及弟瑗，灭其家。纵称成都王，以从弟洪为益州刺史，以明子为巴州刺史，屯白帝。于是蜀大乱，汉中空虚，氐王杨盛遣其兄子平南将军抚据之。

二年春正月，益州刺史司马荣期击谯明子于白帝，破之。秋九月，刘裕闻谯纵反，遣龙骧将军毛修之将兵与司马荣期、文处茂、时延祖共讨之。修之至宕渠，荣期为其参军杨承祖所杀，承祖自称巴州刺史，修之退还白帝。

三年秋八月，毛修之与汉嘉太守冯迁合兵击杨承祖，斩之。修之欲进讨谯纵，益州刺史鲍陋不可。修之上表言："人之所以重生，实有生理可保。臣之情地，生涂已竭，所以借命朝露者，庶凭天威诛夷仇逆。今屡有可乘之机，而陋每违期不赴，臣虽效死寇庭，而救援理绝，将何以济？"刘裕乃表襄城太守刘敬宣帅众五千伐蜀，以刘道规为征蜀都督。九月，谯纵称藩于秦。

四年夏五月，谯纵遣使称藩于秦，又与卢循潜通。纵上表请桓谦于秦，欲与之共击刘裕。秦王兴以问谦，谦曰："臣之累世着恩荆、楚，若得因巴、蜀之资，顺流东下，士民必翕然响应。"兴曰："小水不容巨鱼，若纵之才力自足办事，亦不假君以为鳞翼。宜自求多福。"遂遣之。谦至成都，虚怀引士，纵疑之，置于龙格，使人守之。谦泣谓诸弟曰："姚主之言神矣。"

秋七月，刘敬宣既入峡，遣巴东太守温祚以二千人出外水，自帅益州刺史鲍陋、辅国将军文处茂、龙骧将军时延祖由垫江转战而前。谯纵求救于秦，秦王兴遣平西将军姚赏、南梁州刺史王敏将兵二万赴之。敬宣军至黄虎，去成都五百里。纵辅国将军谯道福悉众拒险，相持六十余日，敬宣不得进，食尽，军中疾疫，死者太半，乃引军还。敬宣坐免官，削封三分之一，荆州刺史刘道规，以督统降号建威将军。九月，刘裕以敬宣失利，请逊位。

诏降为中军将军，开府如故。刘毅欲以重法绳敬宣，裕保护之。何无忌谓毅曰："奈何以私憾伤至公？"毅乃止。

五年春正月，秦王兴遣使册拜谯纵为大都督、相国、蜀王，加九锡，承制封拜，悉如王者之仪。

六年秋八月，谯纵遣侍中谯良等入见于秦，请兵以伐晋。纵以桓谦为荆州刺史，谯道福为梁州刺史，帅众二万寇荆州，秦王兴遣前将军苟林帅骑兵会之。

江陵自卢循东下，不得建康之问，群盗互起。荆州刺史刘道规遣司马王镇之帅天门太守檀道济、广武将军彭城到彦之入援建康。道济，祗之弟也。镇之至寻阳，为苟林所破。卢循闻之，以林为南蛮校尉，分兵配之，使乘胜伐江陵，声言徐道覆已克建康。桓谦于道召募义旧，民投之者二万人。谦屯枝江，林屯江津，二寇交逼，江陵士民多怀异心。道规乃会将士告之曰："桓谦今在近道，闻诸长者颇有去就之计。吾东来文武足以济事，若欲去者，本不相禁。"因夜开城门，达晓不闭。众咸惮服，莫有去者。

雍州刺史鲁宗之帅众数千自襄阳赴江陵。或谓宗之情未可测，道规单马迎之，宗之感悦。道规使宗之居守，委以腹心，自帅诸军攻谦。诸将佐皆曰："今远出讨谦，其胜难必。苟林近在江津，伺人动静，若来攻城，宗之未必能固，脱有蹉跌，大事去矣。"道规曰："苟林愚懦，无他奇计，以吾去未远，必不敢向城。吾今取谦，往至便克，沉疑之间，已自还返。谦败则林破胆，岂暇得来？且宗之独守，何为不支数日。"乃驰往攻谦，水陆齐进。谦等大陈舟师，兼以步骑，战于枝江。檀道济先进陷陈，谦等大败。谦单舸奔苟林，道规追斩之。还，至涌口讨林，林走，道规遣谘议参军临淮刘遵帅众追之。初，谦至枝江，江陵士民皆与谦书，言城内虚实，欲为内应。至是检得之，道规悉焚不视，众于是大安。九月，刘遵斩苟林于巴陵。冬十一月癸丑，益州刺史鲍陋卒。谯道福陷巴东，杀守将温祚、时延祖。

八年冬十一月，太尉裕谋伐蜀，择元帅而难其人。以西阳太守朱龄石既有武干，又练吏职，欲用之。众皆以为"龄石资名尚轻，难当重任"，裕不从。十二月，以龄石为益州刺史，帅宁朔将军臧熹、河间太守蒯恩、下邳太守刘钟等伐蜀，分大军之半二万人以配之。熹，裕之妻弟，位居龄石之右，亦隶焉。

裕与龄石密谋进取，曰："刘敬宣往年出黄虎，无功而退。贼谓我今应从外水往，而料我当出其不意犹从内水来也。如此，必以重兵守涪城，以备内道。若向黄虎，正堕其计。今以大众自外水取成都，疑兵出内水，此制敌之奇也。"而虑此声先驰，贼审虚实，别有函书封付龄石，署函边曰："至白帝乃开。"诸军虽进，未知处分所由。

毛修之固请行，裕恐修之至蜀必多所诛杀，土人与毛氏有嫌，亦当以死自固，不许。

九年夏六月，朱龄石等至白帝，发函书，曰："众军悉从外水取成都，臧熹从中水取广汉，老弱乘高舰十余，从内水向黄虎。"于是诸军倍道兼行。谯纵果命谯道福将重兵镇涪城以备内水。

龄石至平模，去成都二百里，纵遣秦州刺史侯晖、尚书仆射谯诜帅众万余屯平模，夹岸筑城以拒之。龄石谓刘钟曰："今天时盛热，而贼严兵固险，攻之未必可拔，祇增疲困。且欲养锐息兵，以伺其隙，何如？"钟曰："不然。前扬声言大众向内水，谯道福不敢舍涪城，今重军猝至，出其不意，侯晖之徒已破胆矣。贼阻兵守险者，是其惧不敢战也。因其凶惧，尽锐攻之，其势必克。

克平模之后，自可鼓行而进，成都必不能守矣。若缓兵相守，彼将知人虚实，涪军忽来，并力拒我，人情既安，良将又集，此求战不获，军食无资，二万余人悉为蜀子虏矣。”龄石从之。

诸将以水北城地险兵多，欲先攻其南城。龄石曰：“今屠南城，不足以破北，若尽锐以拔北城，则南城不麾自散矣。”秋七月，龄石帅诸军急攻北城，克之，斩侯晖、谯诜；引兵回趣南城，南城自溃。龄石舍船步进，谯纵大将谯抚之屯牛脾，谯小苟塞打鼻。臧熹击抚之，斩之，小苟闻之，亦溃。于是纵诸营屯望风相次奔溃。

戊辰，纵弃成都出走，尚书令马耽封府库以待晋师。壬申，龄石入成都，诛纵同祖之亲，余皆按堵，使复其业。纵出成都，先辞墓，其女曰：“走必不免，只取辱焉。等死，死于先人之墓可也。”纵不从。谯道福闻平模不守，自涪引兵入赴，纵往投之。道福见纵怒曰：“大丈夫有如此功业而弃之，将安归乎？人谁不死，何怯之甚也！”因投纵以剑，中其马鞍。纵乃去，自缢死。巴西人王志斩其首以送龄石。道福谓其众曰：“蜀之存亡，实系于我，不在谯王。今我在，犹足一战。”众皆许诺。道福尽散金帛以赐众，众受之而走。道福逃于獠中，巴民杜瑾执送之，斩于军门。

龄石徙马耽于越嶲，耽谓其徒曰：“朱侯不送我京师，欲灭口也，吾必不免。”乃盥洗而卧，引绳而死。须臾，龄石使至，戮其尸。诏以龄石进监梁秦州六郡诸军事，赐爵丰城县侯。

## 吕光据姑臧

晋〔孝〕武帝太元七年秋九月，车师前部王弥置、鄯善王休密驮入朝于秦，请为乡导，以伐西域之不服者，因如汉法置都护以统理之。秦王坚以骁骑将军吕光为使持节、都督西域征讨诸军事，与凌江将军姜飞、轻车将军彭晃、将军杜进、康盛等总兵十万，铁骑五千，以伐西域。光，略阳羌酋婆楼之子也。阳平公融谏曰："西域荒远，得其民不可使，得其地不可食，汉武征之，得不补失。今劳师万里之外，以踵汉氏之过举，臣窃惜之。"不听。

八年春正月，秦吕光发长安，以鄯善王休密䭾、车师前部王弥置为乡导。冬十二月，秦吕光行越流沙三百余里，焉耆等诸国皆降，惟龟兹王帛纯拒之，婴城固守，光进军攻之。

九年秋七月，龟兹王帛纯窘急，重赂狯胡以求救，狯胡王遣其弟呐龙、侯将馗帅骑二十余万，并引温宿、尉头等诸国兵合七十余万以救龟兹。秦吕光与战于城西，大破之，帛纯出走，王侯降者三十余国。光入其城，城如长安市邑，宫室甚盛。光抚宁西域，威恩甚著，远方诸国，前世所不能服者，皆来归附，上汉所赐节传；光皆表而易之。立帛纯弟震为龟兹王。八月，秦王坚闻吕光平西域，以光为都督玉门以西诸军事、西域校尉。道绝，不通。

十年春三月，吕光以龟兹饶乐，欲留居之。天竺沙门鸠摩罗什谓光曰："此凶亡之地，不足留也。将军但东归，中道自有福地可居。"光乃大飨将士，议进止，众皆欲还。乃以驼二万余头载外国珍宝、奇玩，驱骏马万余匹而还。

秋九月，吕光自龟兹还至宜禾，秦凉州刺史梁熙谋闭境拒之。高昌太守杨翰言于熙曰："吕光新破西域，兵强气锐，闻中原丧乱，必有异图。河西地方万里，带甲十万，足以自保。若光出流沙，其势难敌。高梧谷口险阻之要，宜先守之，而夺其水，彼既穷渴，可以坐制。如以为远，伊吾关亦可拒也。度此二厄，虽有子房之策，无所施矣。"熙弗听。美水令犍为张统谓熙曰："今关中大乱，京师存亡不可知。吕光之来，其志难测，将军何以抗之？”熙曰：“忧之未知所出。”统曰：“光智略过人，今拥思归之士，乘战胜之气，其锋未易当也。将军世受大恩，忠诚夙著，立勋王室，宜在今日。行唐公洛，上之从弟，勇冠一时，为将军计，(岂)〔莫〕若奉为盟主，以收众望，推忠义以帅群豪，则光虽至，不敢有异心也。资其精锐，东兼毛兴，连王统、杨璧，合四州之众，扫凶逆，宁帝室，此桓、文之举也。”熙又弗听，杀洛于西海。

光闻杨翰之谋，惧不敢进。杜进曰：“梁熙文雅有余，机鉴不足，终不能用翰之谋，不足忧也。宜及其上下离心，速进以取之。”光从之，进至高昌，杨翰以郡迎降。至玉门，熙移檄责光擅命还师，以子胤为鹰扬将军，与振威将军南安姚皓、别驾卫翰帅众五万拒光于酒泉。敦煌太守姚静、晋昌太守李纯以郡降光。光报檄凉州，责熙无赴难之志，而遏归国之众。遣彭晃、杜进、姜飞为前锋，与胤战于安弥，大破，擒之。于是四山胡夷皆附于光。武威太守彭济执熙以降，光杀之。

光入姑臧，自领凉州刺史，表杜进为武威太守，自余将佐各受职位。凉州郡县皆降于光，独酒泉太守宋皓、西郡太守索泮城守不下。光攻而执之，让泮曰：“吾受诏平西域，而梁熙绝我归路，此朝廷之罪人，卿何为附之？”泮曰：“将军受诏平西域，不受诏乱凉州。梁公何罪，而将军杀之？泮但苦力不足，不能报君父之仇耳，岂肯如逆氐彭济之所为乎！主灭臣死，固其常也。”光杀泮及皓。

主簿尉祐奸佞倾险，与彭济同执梁熙，光宠信之。祐谮杀名士姚皓等十余人，凉州人由是不悦。光以祐为金城太守，祐至允吾，袭据其城以叛，姜飞击破之，祐奔，据兴城。

十一年。初，张天锡之南奔也，秦长水校尉王穆匿其世子大豫，与俱奔河西，依秃发思复鞬，思复鞬送于魏安。魏安人焦松、齐肃、张济等聚兵数千人迎大豫为主，攻吕光昌松郡，拔之，执太守王世强。光使辅国将军杜进击之，进兵败，大豫进逼姑臧。王穆谏曰："光粮丰城固，甲兵精锐，逼之非利。不如席卷岭西，砺兵积粟，然后东向与之争，不及期年，光可取也。"大豫不从，自号抚军将军、凉州牧，改元凤凰，以王穆为长史，传檄郡县，使穆说谕岭西诸郡，建康太守李隰、祁连都尉严纯皆起兵应之，有众三万，保据杨坞。

夏四月，张大豫自杨坞进屯姑臧城西，王穆及秃发思复鞬子奚于帅众三万屯于城南。吕光出击，大破之，斩奚于等二万余级。秋九月，吕光得秦王坚凶问，举军缟素，谥曰文昭皇帝。冬十月，大赦，改元太安。十一月，张大豫自西郡入临洮，掠民五千余户，保据俱城。十二月，吕光自称使持节、侍中、中外大都督、督陇右河西诸军事、大将军、凉州牧、酒泉公。

十二年秋七月，吕光将彭晃、徐炅攻张大豫于临洮，破之。大豫奔广武，王穆奔建康。八月，广武人执大豫送姑臧，斩之。穆袭据酒泉，自称大将军、凉州牧。

冬十二月，吕光西平太守康宁自称匈奴王，杀湟河太守强禧以叛。张掖太守彭晃亦叛，东结康宁，西通王穆。光欲自击晃，诸将皆曰："今康宁在南，伺衅而动，若晃、穆未诛，康宁复至，进退狼狈，势必大危。"光曰："实如卿言，然我今不往，是坐待其来也。若三寇连兵，东西交至，则城外皆非吾有，大事去矣。今晃初叛，与宁、穆情契未密，出其仓猝，取之差易耳。"乃自帅骑三万，倍道兼行，既至，攻之二旬，拔其城，诛晃。

初，王穆起兵，遣使招敦煌处士郭瑀。瑀叹曰："今民将左衽，吾忍不救之邪?"乃與同郡索嘏起兵应穆，运粟三万石以饷之。穆以瑀为太府左长史、军师将军，嘏为敦煌太守。既而穆听谗言，引兵攻嘏，瑀谏不听，出城大哭，举手谢城曰："吾不复见汝矣!"还而引被覆面，不与人言，不食而卒。吕光闻之曰："二虏相攻，此成擒也，不可以惮屡战之劳，而失永逸之机也。"遂帅步骑二万攻酒泉，克之。进屯凉兴，穆引兵东还，未至，众溃，穆单骑走，骍马令郭文斩其首送之。

十三年。吕光之定凉州也，杜进功居多，光以为武威太守，贵宠用事，群僚莫及。光甥石聪自关中来，光问之曰："中州人言我为政何如?"聪曰："但闻有杜进耳，不闻有舅。"光由是忌进而杀之。

光与群僚宴，语及政事，参军京兆段业曰："明公用法太峻。"光曰："吴起无恩而楚强，商鞅严刑而秦兴。"业曰："起丧其身，鞅亡其家，皆残酷之致也。明公方开建大业，景行尧、舜，犹惧不济，乃慕起、鞅之为治，岂此州士女所望哉!"光改容谢之。

十四年春二月，吕光自称三河王，大赦，改元麟嘉，置百官。光妻石氏、子绍、弟德世自仇池来至姑臧，光立石氏为妃，绍为世子。

十九年秋七月，三河王光以子覆为都督玉门以西诸军事、西域大都护，镇高昌，命大臣子弟随之。

二十一年夏六月，三河王吕光即天王位，国号大凉，大赦，改元龙飞，备置百官。以世子绍为太子，封子弟为公侯者二十人。以中书令王详为尚书左仆射，著作郎段业等五人为尚书。

## 乞伏据金城

晋成帝咸和四年。初，陇西鲜卑乞伏述延居于苑川，侵并邻部，士马强盛。及赵亡，述延惧，迁于麦田。述延卒，子傉大寒立。傉大寒卒，子司繁立。

简文帝咸安元年。秦益州刺史王统攻陇西鲜卑乞伏司繁于度坚山，司繁帅骑三万拒统于苑川。统潜袭度坚山，司繁部落五万余皆降于统，其众闻妻子已降秦，不战而溃。司繁无所归，亦诣统降。秦王坚以司繁为南单于，留之长安，以司繁从叔吐雷为勇士护军，抚其部众。



〔孝〕武帝宁康元年。鲜卑勃寒寇掠陇右，秦王坚使乞伏司繁讨之。勃寒请降，遂使司繁镇勇士川。

太元元年。乞伏司繁卒，子国仁立。

八年。秦王坚之入寇也，以乞伏国仁为前将军，领先锋骑。会国仁叔父步颓反于陇西，坚遣国仁还讨之。步颓闻之大喜，迎国仁于路。国仁置酒大言曰："苻氏疲民逞兵，殆将亡矣，吾当与诸君共建一方之业。"及坚败，国仁遂迫胁诸部，有不从者，击而并之，众至十余万。



十年秋九月，乞伏国仁自称大都督、大将军、单于、领秦河二州牧，改元建义。以乙旃童渥为左相，屋引出支为右相，独孤匹蹄为左辅，武群勇士为右辅，弟乾归为上将军。分其地置武城等十二郡，筑勇士城而都之。

十一年春正月，南安秘宜帅羌胡五万余人攻乞伏国仁，国仁将兵五千逆击，大破之。宜奔还南安。秋七月，秘宜与莫侯悌眷帅其众三万余户降于乞伏国仁，国仁拜宜东秦州刺史，悌眷梁州刺史。

十二年春三月，秦主登以乞伏国仁为大将军、大单于、苑川王。夏六月，苑川王国仁帅骑三万袭鲜卑大人密贵、裕苟、提伦三部于六泉。秋七月，与没弈干金熙战于渴浑川，没弈干金熙大败，三部皆降。

十三年夏四月，苑川王国仁破鲜卑越质叱黎于平襄，获其子诘归。六月，苑川王乞伏国仁卒，谥曰宣烈，庙号烈祖。其子公府尚幼，群下推国仁弟乾归为大都督、大将军、大单于、河南王。大赦，改元太初。

秋七月，河南王乾归立其妻边氏为王后。置百官，仿汉制，以南川侯出连乞都为丞相，梁州刺史悌眷为御史大夫，金城边芮为左长史，东秦州刺史秘宜为右长史，武始翟勍为左司马，略阳王松寿为主簿，从弟轲弹为梁州牧，弟益州为秦州牧，屈眷为河州牧。九月，河南王迁都金城。

十四年春正月，秦主登以河南王乾归为大将军、大单于、金城王。夏五月，金城王乾归击侯年部，大破之，于是秦、凉、鲜卑、羌胡多附乾归。冬十一月，抱罕羌彭奚念附于乾归，以奚念为北河州刺史。

十五年冬十二月，越质诘归据平襄，叛金城王乾归。

十六年春正月，金城王乾归击越质诘归，诘归降，乾归以宗女妻之。

十八年。金城王乾归立其子炽磐为太子。炽磐勇略明决，过于其父。

十九年春正月，秦主登遣使拜金城王乾归为左丞相、河南王、领秦梁益凉沙五州牧，加九锡。夏六月，秦主登进封乾归梁王，纳其妹为梁王后。冬十月，秦主崇为梁王乾归所逐，奔陇西王杨定。定与崇共攻乾归，乾归遣凉州牧轲弹、秦州牧益州、立义将军诘归帅骑三万拒之。大败定兵，杀定及崇，斩首万七千级。乾归于是尽有陇西之地。十一月，梁王乾归自称秦王，大赦。

二十年春正月，西秦王乾归以太子炽磐领尚书令，左长史边芮为左仆射，右长史秘宜为右仆射，置官皆如魏武、晋文故事，然犹称大单于、大将军，边芮等领府佐如故。夏六月，西秦王乾归迁于西城。



二十一年。越质诘归帅户二万叛西秦降于秦。

安帝隆安元年春正月，凉王光以西秦王乾归数反覆，举兵伐之。乾归群下请东奔成纪以避之，乾归曰："军之胜败，在于巧拙，不在众寡。光兵虽众而无法，其弟延勇而无谋，不足惮也。且其精兵尽在延所，延败，光自走矣。"光军于长最，遣太原公纂等帅步骑三万攻金城，乾归帅众二万救之，未至，纂等拔金城。光又遣其将梁恭等以甲卒万余出阳武下峡，与秦州刺史没弈干攻其东，天水公延以枹罕之众攻临洮、武始、河关，皆克之。乾归使人绐延云："乾归众溃，奔成纪。"延欲引轻骑追之，司马耿稚谏，延不从。进，与乾归遇，延战死。稚与将军姜显收散卒还屯枹罕，光亦引兵还姑臧。



夏六月，西秦王乾归征北河州刺史彭奚念为镇卫将军，以镇西将军屋弘破光为河州牧，定州刺史翟瑥为兴晋太守，镇枹罕。

三年〔秋七月〕，西秦丞相出连乞都卒。冬十月，以金城太守辛静为右丞相。

四年春正月，西秦王乾归迁都苑川。夏五月，秦征西大将军陇西公硕德将兵五千伐西秦，入自南安峡，西秦王乾归帅诸将拒之，军于陇西。

秋七月，西秦王乾归使武卫将军慕兀等屯守，秦军樵采路绝，秦王兴潜引兵救之。乾归闻之，使慕兀帅中军二万屯柏杨。镇军将军罗敦帅外军四万屯侯辰谷。乾归自将轻骑数千前候秦兵，会大风昏雾，与中军相失，为追骑所逼，入于外军，旦，与秦战，大败，走归苑川，其部众三万六千皆降于秦。兴进军枹罕。

乾归奔金城，谓诸豪帅曰："吾不才，叨窃名号，已逾一纪。今败散如此，无以待敌，欲西保允吾。若举国而去，必不得免。卿等留此，各以其众降秦，以全宗族，勿吾随也。"皆曰："死生愿从陛下。"乾归曰："吾今将寄食于人，若天未亡我，庶几异日克复旧业，复与卿等相见，今相随而死，无益也。"乃大哭而别。乾归独引数百骑奔允吾，乞降于武威王利鹿孤。利鹿孤遣广武公傉檀迎之，置于晋兴，待以上宾之礼。镇北将军秃发俱延言于利鹿孤曰："乾归本吾之属国，因乱自尊，今势穷归命，非其诚款，若逃归姚氏，必为国患，不如徙置乙弗之间，使不得去。"利鹿孤曰："彼穷来归我，而逆疑其心，何以劝来者？"俱延，利鹿孤之弟也。

秦兵既退，南羌梁戈等密招乾归，乾归将应之。其臣屋引阿洛以告晋兴太守阴畅，畅驰白利鹿孤，利鹿孤遣其弟吐雷帅骑三千屯扪天岭。乾归惧为利鹿孤所杀，谓其太子炽磐曰："吾父子居此，必不为利鹿孤所容。今姚氏方强，吾将归之，若尽室俱行，必为追骑所及，吾以汝兄弟及汝母为质，彼必不疑，吾在长安，彼终不敢害汝也。"乃送炽磐等于西平。八月，乾归南奔枹罕，遂降于秦。冬十一月，乞伏乾归至长安，秦王兴以为都督河南诸军事、河州刺史、归义侯。久之，乞伏炽磐欲逃诣乾归，武威王利鹿孤追获之。利鹿孤将杀炽磐，广武公傉檀曰："子而归父，无足深责，宜宥之以示大度。"利鹿孤从之。

五年春二月，秦王兴使乞伏乾归还镇苑川，尽以其故部众配之。夏四月，乞伏乾归至苑川，以边芮为长史，王松寿为司马，公卿将帅皆降为僚佐、偏裨。

元兴元年夏四月，乞伏炽磐自西平逃归苑川，南凉王傉檀归其妻子。乞伏乾归使炽磐入朝于秦，秦主兴以炽磐为兴晋太守。

义熙二年十一月，乞伏乾归入朝于秦。

三年春正月，秦主兴以乞伏乾归浸强难制，留为主客尚书，以其世子炽磐行西夷校尉，监其部众。

四年。乞伏炽磐以秦政浸衰，且畏秦之攻袭，冬十月，招结诸部二万余人，筑城于嵻崀山而据之。冬十二月，乞伏炽磐攻彭奚念于枹罕，为奚念所败而还。

五年春二月，乞伏炽磐入见秦太原公懿于上邽，彭奚念乘虚伐之。炽磐闻之，怒，不告懿而归，击奚念，破之，遂围枹罕。乞伏乾归从秦王兴如平凉，炽磐克枹罕，遣人告乾归，乾归逃还苑川。

夏四月，乞伏乾归如枹罕，留世子炽磐镇之，收其众得二万，徙都度坚山。秋七月，乞伏乾归复即秦王位，大赦，改元更始，公卿以下皆复本位。冬十月，西秦王乾归立夫人边氏为王后，世子炽磐为太子，仍命炽磐都督中外诸军，录尚书事。以屋引破光为河州刺史，镇枹罕；以南安焦遗为太子太师，与参军国大谋。

六年春三月，西秦王乾归攻秦金城郡，拔之。秋七月乙丑，西秦王乾归讨越质屈机等十余部，降其众二万五千，徙于苑川。

八月，乾归复都苑川。九月，西秦王乾归攻秦略阳、南安、陇西诸郡，皆克之，徙民二万五千户于苑川及枹罕。

七年春正月，秦王兴以太常索棱招抚西秦。西秦王乾归遣使送所掠守宰，谢罪请降。兴遣鸿胪拜乾归都督陇西岭北匈奴杂胡诸军事、征西大将军、河州牧、单于、河南王，太子炽磐为镇西将军、左贤王、平昌公。二月，河南王乾归徙鲜卑仆浑部于度坚城，以子敕勃为秦兴太守以镇之。夏四月，河南王乾归徙羌句岂等部众于叠兰城，以兄子阿柴为兴国太守以镇之。五月，复以子木弈干为武威太守，镇嵻峎城。秋八月，河南王乾归攻秦略阳太守姚龙于柏阳堡，克之。冬十一月，进攻南平太守王憬于水洛城，又克之，徙民三千余户于谭郊，遣乞伏审虔帅众二万城谭郊。十二月，西羌彭利发袭据枹罕，乾归讨之，不克。

八年春正月，河南王乾归复讨彭利发，利发南走，追斩之。以乞伏审虔为河州刺史，镇枹罕，而还。二月，干归徙都谭郊，命平昌公炽磐镇苑川。

夏六月，乞伏公府弑河南王乾归，并杀其诸子十余人，走保大夏。平昌公炽磐遣其弟广武将军智达、扬武将军木弈干帅骑三千讨之，以其弟昙达为镇京将军，镇谭郊，骁骑将军娄机镇苑川。炽磐帅文武及民二万余户迁于枹罕。

秋七月，乞伏智达等击破乞伏公府于大夏。公府奔叠兰城，就其弟阿柴。智达等攻拔之，斩阿柴父子五人。公府奔嵻峎南山，追获之，并其四子，轘之于谭郊。八月，乞伏炽磐自称大将军、河南王，大赦，改元永康。葬乾归于枹罕，谥曰武元王，庙号高祖。九月，河南王炽磐以尚书令武始翟勍为相国，侍中、太子詹事赵景为御史大夫，罢尚书令、仆射、尚书六卿、侍中等官。

十年冬十月，河南王炽磐复称秦王，置百官。

## 秃发据广武

晋哀帝兴宁三年冬十月，鲜卑秃发椎斤卒，年一百一十，子思复鞬代统其众。椎斤，树机能从弟务丸之孙也。

〔孝〕武帝太元十九年。初，秃发思复鞬卒，子乌孤立。乌孤雄勇有大志，与大将纷阤谋取凉州。纷阤曰："公必欲得凉州，宜先务农讲武，礼俊贤，修政刑，然后可也。"乌孤从之。三河王光遣使拜乌孤冠军大将军、河西鲜卑大都统。乌孤与其群下谋之曰："可受乎？"皆曰："吾士马众多，何为属人？"石真若留不对，乌孤曰："卿畏吕光邪？"石真若留曰："吾本根未固，小大非敌，若光致死于我，何以待之？不如受以骄之，俟衅而动，蔑不克矣。"乌孤乃受之。

二十年秋七月，秃发乌孤击乙弗、折掘等诸部，皆破降之，筑廉川堡而都之。广武赵振少好奇略，闻乌孤在廉川，弃家从之。乌孤喜曰："吾得赵生，大事济矣。"拜左司马。三河王光封乌孤为广武郡公。

二十一年夏六月，三河王吕光遣使拜秃发乌孤为征南大将军、益州牧、左贤王。乌孤谓使者曰："吕王诸子贪淫，三甥暴虐，远近愁怨，吾安可违百姓之心，受不义之爵乎！吾当为帝王之事耳。"乃留其鼓吹、羽仪，谢而遣之。

安帝隆安元年春正月，秃发乌孤自称大都督、大将军、大单于、西平王，大赦，改元太初。治兵广武，攻凉金城，克之。凉王光遣将军窦苟伐之，战于街亭，凉兵大败。

凉散骑常侍、太常西平郭麐，善天文数术，国人信重之。会荧惑守东井，麐谓仆射王详曰：“凉之分野，将有大兵。主上老病，太子暗弱，太原公凶悍，一旦不讳，祸乱必起。吾二人久居内要，彼常切齿，将为诛首矣。田胡王乞基部落最强，二苑之人，多其旧众。吾欲与公举大事，推乞基为主，二苑之众，尽我有也。得城之后，徐更议之。”详从之。麐夜以二苑之众烧洪范门，使详为内应。事泄，详被诛，麐遂据东苑以叛。民间皆言圣人起兵，事无不成，从之者甚众。

凉王光召太原公纂使讨麐。纂司马杨统谓其从兄桓曰：“郭麐举事，必不虚发。吾欲杀纂，推兄为主，西袭吕弘，据张掖，号令诸郡，此千载一时也。”桓怒曰：“吾为吕氏臣，安享其禄，危不能救，岂可复增其难乎？吕氏若亡，吾为弘演矣。”统至番禾，遂叛归麐。弘，纂之弟也。

纂与西安太守石元良共击麐，大破之。麐得光孙八人于东苑，及败而恚，悉投于锋上，枝分节解，饮其血以盟众，众皆掩目。

凉人张捷、宋生等招集戎夏三千人反于休屠城，与麐共推凉后将军杨轨为盟主。轨，略阳氐也。将军程肇谏曰：“卿弃龙头而从蛇尾，非计也。”轨不从，自称大将军、凉州牧、西平公。

纂击破麐将王斐于城西，麐兵势渐衰，遣使请救于秃发乌孤。九月，乌孤使其弟骠骑将军利鹿孤帅骑五千赴之。

二年春正月，杨轨以其司马郭纬为西平相，帅步骑三万北赴郭麐。秃发乌孤遣其弟车骑将军傉檀帅骑一万助轨，轨至姑臧，营于城北。夏四月，凉太原公纂将兵击杨轨，郭麐救之，纂败还。六月，杨轨自恃其众，欲与凉王光决战，郭麐每以天道抑止之。凉常山公弘镇张掖，段业使沮渠男成及王德攻之，光使太原公纂将兵迎之。杨轨曰:“吕弘精兵一万,若与光合,则姑臧益强,不可取矣。”乃与秃发利鹿孤共邀击纂。纂与战,大破之,轨奔王乞基。麐性褊急残忍,不为士民所附,闻轨败走,降西秦,西秦王干归以为建忠将军、散骑常侍。弘引兵弃张掖东走。

秋九月,杨轨屯廉川,收集夷夏众至万余。王乞基谓轨曰:“秃发氏才高而兵盛,且乞基之主也,不如归之。”轨乃遣使降于西平王乌孤。轨寻为羌酋梁饥所败,西奔獡海,袭乙弗鲜卑而据其地。乌孤谓群臣曰:“杨轨、王乞基归诚于我,卿等不速救,使为羌人所覆,孤甚愧之。”平西将军浑屯曰:“梁饥无经远大略,可一战禽也。”

饥进攻西平,西平人田玄明执太守郭倖而代之,以拒饥,遣子为质于乌孤。乌孤欲救之,群臣惮饥兵强,多以为疑。左司马赵振曰:“杨轨新败,吕氏方强,洪池以北,未可冀也,岭南五郡,庶几可取。大王若无开拓之志,振不敢言,若欲经营四方,此机不可失也。使羌得西平,华夷震动,非我之利也。”乌孤喜曰:“吾亦欲乘时立功,安能坐守穷谷乎!”乃谓群臣曰:“梁饥若得西平,保据山河,不可复制。饥虽骁猛,军令不整,易破也。”遂进击饥,大破之。饥退屯龙支堡,乌孤进攻,拔之,饥单骑奔浇河,俘斩数万。以田玄明为西平内史。乐都太守田瑶、湟河太守张裯、浇河太守王稚皆以郡降,岭南羌胡数万落皆附于乌孤。

冬十一月,杨轨、王乞基帅户数千自归于西平王乌孤。十二月,西平王秃发乌孤更称武威王。

三年春正月,武威王乌孤徙治乐都,以其弟西平公利鹿孤镇安夷,广武公傉檀镇西平,叔父素渥镇湟河,若留镇浇河,从弟替引镇岭南,洛回镇廉川,从叔吐若留镇浩亹。夷夏俊杰,随才授任，内居显位，外典郡县，咸得其宜。

乌孤谓群臣曰："陇右、河西本数郡之地，遭乱分裂，至十余国。吕氏、乞伏氏、段氏最强，今欲取之，三者何先？"杨统曰："乞伏氏本吾之部落，终当服从。段氏书生，无能为患，且结好于我，攻之不义。吕光衰耄，嗣子微弱，纂、弘虽有才，而内相猜忌，若使浩亹、廉川乘虚迭出，彼必疲于奔命，不过二年，兵劳民困，则姑臧可图也。姑臧举，则二寇不待攻而服矣。"乌孤曰："善。"

夏六月，乌孤以利鹿孤为凉州牧，镇西平，召车骑大将军傉檀入录府国事。

秋八月，武威王秃发乌孤醉，走马伤胁而卒，遗令立长君。国人立其弟利鹿孤，谥乌孤曰武王，庙号烈祖。利鹿孤大赦，徙治西平。

四年春正月，秃发利鹿孤大赦，改元建和。夏五月，杨轨、田玄明谋杀武威王利鹿孤，利鹿孤杀之。

五年春正月，武威王利鹿孤欲称帝，群臣皆劝之。安国将军鍮勿仑曰："吾国自上世以来，被发左衽，无冠带之饰，逐水草迁徙，无城郭室庐，故能雄视沙漠，抗衡中夏。今举大号，诚顺民心。然建都立邑，难以避患，储畜仓库，启敌人心。不如处晋民于城郭，劝课农桑，以供资储，帅国人以习战射，邻国弱则乘之，强则避之，此久长之良策也。且虚名无实，徒足为世之质的，将安用之。"利鹿孤曰："安国之言是也。"乃更称河西王，以广武公傉檀为都督中外诸军事、凉州牧、录尚书事。

夏六月，河西王利鹿孤命群臣极言得失。西曹从事史暠曰："陛下命将出征，往无不捷。然不以绥宁为先，唯以徙民为务，民安土重迁，故多离叛，此所以斩将拔城而地不加广也。"利鹿孤善之。

元兴元年春三月，河西王秃发利鹿孤寝疾，遗令以国事授弟傉檀。初，秃发思复鞬爱重傉檀，谓诸子曰："傉檀器识，非汝曹所及也。"故诸兄不以传子而传于弟。利鹿孤在位，垂拱而已，军国大事皆委于傉檀。利鹿孤卒，傉檀袭位，更称凉王，改元弘昌，迁于乐都，谥利鹿孤曰康王。是岁，秦王兴遣使拜秃发傉檀为车骑将军、广武公。

三年春二月，南凉王傉檀畏秦之强，乃去年号，罢尚书丞郎官，遣参军关尚使于秦。秦王兴曰："车骑献款称藩，而擅兴兵造大城，岂为臣之道乎？"尚曰："王公设险以守其国，先王之制也。车骑僻在遐藩，密迩勍寇，盖为国家重门之防，不图陛下忽以为嫌。"兴善之。傉檀求领凉州，兴不许。

义熙二年夏六月，秃发傉檀伐沮渠蒙逊，蒙逊婴城固守。傉檀至赤泉而还，献马三千匹、羊三万口于秦。秦王兴以为忠，以傉檀为都督河右诸军事、车骑大将军、凉州刺史，镇姑臧。征王尚还长安。凉州人申屠英等遣主簿胡威诣长安请留尚，兴弗许。威见兴，流涕言曰："臣州奉戴王化，于兹五年，土宇僻远，威灵不接，士民尝胆抆血，共守孤城。仰恃陛下圣德，俯仗良牧仁政，克自保全，以至今日。陛下奈何乃以臣等贸马三千匹、羊三万口，贱人贵畜，无乃不可？若军国须马，直烦尚书一符，臣州三千余户，各输一马，朝下夕办，何难之有？昔汉武倾天下之资力，开拓河西，以断匈奴右臂。今陛下无故弃五郡之地，忠良华族，以资暴虏，岂惟臣州士民坠于涂炭，恐方为圣朝旰食之忧。"兴悔之，使西平人车普驰止王尚，又遣使谕傉檀。会傉檀已帅步骑三万军于五涧，普先以状告之，傉檀遽逼遣王尚。尚出自清阳门，傉檀入自凉风门。

别驾宗敞送尚还长安，傉檀谓敞曰："吾得凉州三千余家，情之所寄，唯卿一人，奈何舍我去乎？"敞曰："今送旧君，所以忠于殿下也。"傉檀曰："吾新牧贵州，怀远安迩之略如何？"敞曰："凉土虽弊，形胜之地。殿下惠抚其民，收其贤俊，以建功名，其何求不获。"因荐本州文武名士十余人，傉檀嘉纳之。王尚至长安，兴以为尚书。

傉檀燕群僚于宣德堂，仰视叹曰："古人有言'作者不居，居者不作'，信矣。"武威孟祎曰："昔张文王始为此堂，于今百年，十有二主矣，惟履信思顺者可以久处。"傉檀善之。

秋八月，秃发傉檀以兴城侯文支镇姑臧，自还乐都。虽受秦爵命，然其车服、礼仪皆如王者。冬十一月，秃发傉檀迁于姑臧。

三年秋七月，秃发傉檀复贰于秦，遣使邀乞伏炽磐，炽磐斩其使送长安。九月，秃发傉檀将五万余人伐沮渠蒙逊，蒙逊与战于均石，大破之。十一月，夏王勃勃帅骑二万击傉檀于支阳，杀伤万余人而还。傉檀帅众追之，勃勃逆击于武阳下，大破之，杀伤万计。勃勃积尸而封之，号曰"髑髅台"。

四年夏五月，秦王兴以秃发傉檀外内多难，欲因而取之，使尚书郎韦宗往觇之。傉檀与宗论当世大略，纵横无穷。宗退，叹曰："奇才英器，不必华夏，明智敏识，不必读书，吾乃今知九州之外，五经之表，复自有人也。"归言于兴曰："凉州虽弊，傉檀权谲过人，未可图也。"兴曰："刘勃勃以乌合之众犹能破之，况我举天下之兵以加之乎？"宗曰："不然，形移势变，返覆万端，陵人者易败，戒惧者难攻。傉檀之所以败于勃勃者，轻之也。今我以大军临之，彼必惧而求全。臣窃观群臣才略，无傉檀之比者，虽以天威临之,亦未敢保其必胜也。”兴不听,使其子中军将军广平公弼、后军将军敛成、镇远将军乞伏干归帅步骑三万袭傉檀,左仆射齐难帅骑二万讨勃勃。吏部尚书尹昭谏曰:“傉檀恃其险远,故敢违慢。不若诏沮渠蒙逊及李皓讨之,使自相困毙,不必烦中国之兵也。”亦不听。

兴遗傉檀书曰:“今遣齐难讨勃勃,恐其西逸,故令弼等于河西邀之。”傉檀以为然,遂不设备。弼济自金城,姜纪言于弼曰:“今王师声言讨勃勃,傉檀犹豫,守备未严,愿给轻骑五千掩其城门,则山泽之民皆为吾有,孤城无援,可坐克也。”弼不从。进至漠口,昌松太守苏霸闭城拒之。弼遣人谕之使降,霸曰:“汝弃信誓而伐与国,吾有死而已,何降之有!”弼进攻,斩之,长驱至姑臧。傉檀婴城固守,出奇兵击弼,破之,弼退据西苑。城中人王钟等谋为内应,事泄,傉檀欲诛首谋者而赦其余。前军将军伊力延侯曰:“今强寇在外,而奸人窃发于内,危孰甚焉,不悉坑之,何以惩后?”傉檀从之,杀五千余人。命郡县悉散牛羊于野,敛成纵兵钞掠,傉檀遣镇北大将军俱延、镇军将军敬归等击之,秦兵大败,斩首七千余级。姚弼固垒不出,傉檀攻之,未克。

秋七月,兴遣卫大将军常山公显帅骑二万为诸军后继,至高平,闻弼败,倍道赴之。显遣善射者孟钦等五人挑战于凉风门,弦未及发,傉檀材官将军宋益等迎击,斩之。显乃委罪敛成,遣使谢傉檀,慰抚河外,引兵还。傉檀遣使者徐宿诣秦谢罪。

冬十一月,秃发傉檀复称凉王,大赦,改元嘉平,置百官。立夫人折掘氏为皇后,世子武台为太子,录尚书事。左长史赵鼌、右长史郭幸为尚书左、右仆射,昌松侯俱延为太尉。

## 蒙逊据张掖

晋安帝隆安元年。初，张掖卢水胡沮渠罗仇，匈奴沮渠王之后也，世为部帅。凉王光以罗仇为尚书，从光伐西秦。及吕延败死，罗仇弟三河太守麹粥谓罗仇曰："主上荒耄信谗，今军败将死，正其猜忌智勇之时也。吾兄弟必不见容，与其死之无名，不若勒兵向西平，出苕藋，奋臂一呼，凉州不足定也。"罗仇曰："诚如汝言，然吾家世以忠孝著于西土，宁使人负我，我不忍负人也。"光果听谗，以败军之罪杀罗仇及麹粥。罗仇弟子蒙逊，雄杰有策略，涉猎书史，以罗仇、麹粥之丧归葬，诸部多其族姻，会葬者凡万余人。蒙逊哭谓众曰："吕王昏荒无道，多杀不辜。吾之上世，虎视河西，今欲与诸部雪二父之耻，复上世之业，何如？"众咸称万岁。遂结盟起兵，攻凉临松郡，拔之，屯据金山。

夏五月，凉王光遣太原公纂将兵击沮渠蒙逊于忽谷，破之，蒙逊逃入山中。蒙逊从兄男成为凉将军，闻蒙逊起兵，亦合众数千屯乐涫。酒泉太守垒澄讨男成，兵败，澄死。男成进攻建康，遣使说建康太守段业曰："吕氏政衰，权臣擅命，刑杀无常，人无容处。一州之地，叛者相望，瓦解之形，昭然在目，百姓嗷然，无所依附。府君奈何以盖世之才，欲立忠于垂亡之国。男成等既唱大义，欲屈府君抚临鄙州，使涂炭之余，蒙来苏之惠，何如？"业不从。相持二旬，外救不至，郡人高逵、史惠等劝业从男成之请。业素与凉侍中房晷、仆射王详不平，惧不自安，乃许之。男成等推业为大都督、龙骧大将军、凉州牧、建康公，改元神玺。以男成为辅国将军，委以军国之任。蒙逊帅众归业，业以蒙逊为镇西将军。光命太原公纂将兵讨业，不克。

二年夏四月，段业使沮渠蒙逊攻西郡，执太守吕纯以归。纯，光之弟子也。于是晋昌太守王德、敦煌太守赵郡孟敏皆以郡降业。业封蒙逊为临池侯，以德为酒泉太守，敏为沙州刺史。

六月，凉常山公弘镇张掖，段业使沮渠男成及王德攻之，光使太原公纂将兵迎之。弘引兵弃张掖东走，段业徙治张掖，将追击弘。沮渠蒙逊谏曰："归师勿遏，穷寇勿追，此兵家之戒也。"业不从，大败而还，赖蒙逊以免。业城安西，以其将臧莫孩为太守。蒙逊曰："莫孩勇而无谋，知进不知退，此乃为之筑冢，非筑城也。"业不从，莫孩寻为吕纂所破。



三年春二月，段业即凉王位，改元天玺。以沮渠蒙逊为尚书左丞，梁中庸为右丞。

五年夏四月，北凉王业惮沮渠蒙逊勇略，欲远之，蒙逊亦深自晦匿。业以门下侍郎马权代蒙逊为张掖太守。权素豪俊，为业所亲重，常轻侮蒙逊。蒙逊谮之于业曰："天下不足虑，惟当忧马权耳。"业遂杀权。

蒙逊谓沮渠男成曰："段公无鉴断之才，非拨乱之主。向所惮者惟索嗣、马权，今皆已死。蒙逊欲除之以奉兄，何如?"男成曰："业本孤客，为吾家所立，恃吾兄弟，犹鱼之有水。夫人亲信我而图之，不祥。"蒙逊乃求为西安太守，业喜其出外，许之。



蒙逊与男成约同祭兰门山，而阴使司马许咸告业曰："男成欲以取假日为乱，若求祭兰门山，臣言验矣。"至期，果然。业收男成，赐死。男成曰："蒙逊先与臣谋反，臣以兄弟之故，隐而不言。今以臣在，恐部众不从，故约臣祭山而返诬臣，其意欲王之杀臣也。乞诈言臣死，暴臣罪恶，蒙逊必反，臣然后奉王命而讨之，无不克矣。”业不听，杀之。蒙逊泣告众曰：“男成忠于段王，而段王无故枉杀之，诸君能为报仇乎？且始者共立段王，欲以安众耳，今州土纷乱，非段王所能济也。”男成素得众心，众皆愤泣争奋，比至氐池，众逾一万，镇军将军臧莫孩帅所部降之，羌胡多起兵应蒙逊者。蒙逊进壁侯坞。

业先疑右将军田昂，囚之，至是召昂谢而赦之，使与武卫将军梁中庸共讨蒙逊。别将王丰孙言于业曰：“西平诸田，世有反者，昂貌恭而心险，不可信也。”业曰：“吾疑之久矣，但非昂无可以讨蒙逊者。”昂至侯坞，帅骑五百降于蒙逊，业军遂溃。中庸亦诣蒙逊降。

五月，蒙逊至张掖，田昂兄子承爱斩关内之，业左右皆散。蒙逊至，业谓蒙逊曰：“孤孑然一己，为君家所推，愿丐余命，使得东还与妻子相见。”蒙逊斩之。

业儒素长者，无他权略，威禁不行，群下擅命，尤信卜筮、巫觋，故至于败。

沮渠男成之弟富占将军俱傫，帅户五百降于河西王利鹿孤。傫，石子之子也。

夏六月，梁中庸等共推沮渠蒙逊为大都督、大将军、凉州牧、张掖公，赦其境内，改元永安。蒙逊署从兄伏奴为张掖太守、和平侯，弟拿为建忠将军、都谷侯，田昂为西郡太守，臧莫孩为辅国将军，房晷、梁中庸为左右长史，张骘、谢正礼为左右司马，擢任贤才，文武咸悦。

秋九月，沮渠蒙逊所部酒泉、凉宁二郡叛降于西凉，又闻吕隆降秦，大惧，遣其弟建忠将军拿、牧府长史张潜见秦陇西公硕德于姑臧，请帅其众东迁。硕德喜，拜潜张掖太守，拿建康太守。

潜劝蒙逊东迁。拿私谓蒙逊曰："姑臧未拔，吕氏犹存，硕德粮尽将还，不能久也；何为自弃土宇，受制于人乎！"臧莫孩亦以为然。

蒙逊遣子奚念为质于河西王利鹿孤，利鹿孤不受，曰："奚念年小，可遣拿也。"冬十月，蒙逊复遣使上疏于利鹿孤曰："臣前遣奚念，具披诚款，而圣旨未昭，复征弟拿。臣窃以为苟有诚信则子不为轻，若其不信则弟不为重。今寇难未夷，不获奉诏，愿陛下亮之。"利鹿孤怒，遣张松侯俱延、兴城侯文支将骑一万袭蒙逊，至万岁临松，执蒙逊从弟鄯善苟子，虏其民六千余户。蒙逊从叔孔遮入朝于利鹿孤，许以拿为质，利鹿孤乃归其所掠，召俱延等还。文支，利鹿孤之弟也。

元兴元年。秦王兴遣使拜沮渠蒙逊为镇西将军、沙州刺史、西海侯。

二年秋八月，秦遣使者梁构至张掖，蒙逊问曰："秃发傉檀为公，而身为侯，何也？"构曰："傉檀凶狡，款诚未着，故朝廷以重爵虚名羁縻之。将军忠贯白日，当入赞帝室，岂可以不信相待也。圣朝爵必称功，如尹纬、姚晃，佐命之臣，齐难、徐洛，一时猛将，爵皆不过侯伯，将军何以先之乎？昔窦融殷勤固让，不欲居旧臣之右，不意将军忽有此问。"蒙逊曰："朝廷何不即封张掖，而更远封西海邪？"构曰："张掖，将军已自有之，所以远授西海者，欲广大将军之国耳。"蒙逊悦，乃受命。

义熙八年冬十月，沮渠蒙逊迁于姑臧。

十一月，沮渠蒙逊即河西王位，大赦，改元玄始。置百官，如凉王光为三河王故事。

〔十四年〕。河西王蒙逊奉表称藩，拜凉州刺史。

## 秦灭后凉

晋安帝隆安三年冬十二月，凉王光疾甚，立太子绍为天王，自号"太上皇帝"，以太原公纂为太尉，常山公弘为司徒。谓绍曰："今国家多难，三邻伺隙，吾没之后，使纂统六军，弘管朝政，汝恭己无为，委重二兄，庶几可济。若内相猜忌，则萧墙之变，旦夕至矣。"又谓纂、弘曰："永业才非拨乱，直以立嫡有常，猥居元首。今外有强寇，人心未宁，汝兄弟辑睦，则祚流万世，若内自相图，则祸不旋踵矣。"纂、弘泣曰："不敢。"又执纂手戒之曰："汝性粗暴，深为吾忧，善辅永业，勿听谗言。"是日，光卒。绍秘不发丧，纂排閤入哭，尽哀而出。绍惧，以位让之，曰："兄功高年长，宜承大统。"纂曰："陛下国之冢嫡，臣敢奸之！"绍固让，纂不许。骠骑将军吕超谓绍曰："纂为将积年，威震内外，临丧不哀，步高视远，必有异志，宜早除之。"绍曰："先帝言犹在耳，奈何弃之！吾以弱年负荷大任，方赖二兄以宁家国，纵其图我，我视死如归，终不忍有此意也。卿勿复言。"纂见绍于湛露堂，超执刀侍侧，目纂请收之，绍弗许。超，光弟宝之子也。

弘密遣尚书姜纪谓纂曰："主上暗弱，未堪多难。兄威恩素著，宜为社稷计，不可徇小节也。"纂于是夜帅壮士数百逾北城，攻广夏门，弘帅东苑之众斧洪范门。左卫将军齐从守融明观，逆问之曰："谁也？"众曰："太原公。"从曰："国有大故，主上新立，太原公行不由道，夜入禁城，将为乱邪？"因抽剑直前，斫纂中额，纂左右禽之。纂曰："义士也，勿杀。"绍遣虎贲中郎将吕开帅禁兵拒战于端门，吕超帅卒二千赴之，众素惮纂，皆不战而溃。纂入自青角门，升谦光殿。绍登紫阁自杀，吕超奔广武。

纂惮弘兵强，以位让弘。弘曰："弘以绍弟也而承大统，众心不顺，是以违先帝遗命而废之，惭负黄泉。今复逾兄而立，岂弘之本志乎？"纂乃使弘出告众曰："先帝临终受诏如此。"群臣皆曰："苟社稷有主，谁敢违者。"纂遂即天王位，大赦，改元咸宁。谥光曰懿武皇帝，庙号太祖；谥绍曰隐王。以弘为大都督、督中外诸军事、大司马、车骑大将军、司隶校尉、录尚书事，改封番禾郡公。



纂谓齐从曰："卿前斫我，一何甚也？"从泣曰："隐王先帝所立。陛下虽应天顺人，而微心未达，唯恐陛下不死，何谓甚也！"纂赏其忠，善遇之。

纂叔父征东将军方镇广武，纂遣使谓方曰："超实忠臣，义勇可嘉，但不识国家大体，权变之宜。方赖其用，以济世难，可以此意谕之。"超上疏陈谢，纂复其爵位。

四年春三月，凉王纂以大司马弘功高地逼，忌之。弘亦自疑，遂以东苑之兵作乱，攻纂。纂遣其将焦辨击之，弘众溃，出走。纂纵兵大掠，悉以东苑妇女赏军，弘之妻子亦在中。纂笑谓群臣曰："今日之战何如？"侍中房晷对曰："天祸凉室，忧患仍臻。先帝始崩，隐王废黜。山陵甫讫，大司马称兵。京师流血，昆弟接刃，虽弘自取夷灭，亦由陛下无常棣之恩，当省己责躬，以谢百姓。乃更纵兵大掠，囚辱士女，衅自弘起，百姓何罪？且弘妻，陛下之弟妇，弘女，陛下之侄也，奈何使无赖小人辱为婢妾，天地神明岂忍见此？"遂歔欷流涕。纂改容谢之，召弘妻子置于东宫，厚抚之。



弘将奔秃发利鹿孤，道过广武，诣吕方，方见之，大哭曰："天下甚宽,汝何为至此!”乃执弘送狱,纂遣力士康龙就拉杀之。

纂立妃杨氏为后,以后父桓为尚书左仆射、凉都尹。

五年。凉王纂嗜酒好猎,太常杨颖谏曰:“陛下应天受命,当以道守之。今疆宇日蹙,崎岖二岭之间,陛下不兢兢夕惕以恢弘先业,而沉湎游畋,不以国家为事,臣窃危之。”纂逊辞谢之,然犹不悛。

番禾太守吕超擅击鲜卑思盘,思盘遣其弟乞珍诉于纂,纂命超及思盘皆入朝。超惧,至姑臧,深自结于殿中监杜尚。纂见超,责之曰:“卿恃兄弟桓桓,乃敢欺吾,要当斩卿,天下乃定。”超顿首谢。纂本以恐愒超,实无意杀之。因引超、思盘及群臣同宴于内殿。超兄中领军隆数劝纂酒,纂醉,乘步挽车,将超等游禁中。至琨华堂东閤,车不得过,纂亲将窦川、骆腾倚剑于壁,推车过閤。超取剑击纂,纂下车禽超,超刺纂洞胸。川、腾与超格战,超杀之。纂后杨氏命禁兵讨超,杜尚止之,皆舍仗不战。将军魏益多入,取纂首,杨氏曰:“人已死,如土石,无所复知,何忍复残其形骸乎!”益多骂之,遂取纂首以徇曰:“纂违先帝之命,杀太子而自立,荒淫暴虐。番禾太守超顺人心而除之,以安宗庙,凡我士庶,同兹休庆。”

纂叔父巴西公佗、弟陇西公纬皆在北城。或说纬曰:“超为逆乱,公以介弟之亲,仗大义而讨之,姜纪、焦辨在南城,杨桓、田诚在东苑,皆吾党也,何患不济?”纬严兵欲与佗共击超,佗妻梁氏止之曰:“纬、超俱兄弟之子,何为舍超助纬,自为祸首乎?”佗乃谓纬曰:“超举事已成,据武库,拥精兵,图之甚难。且吾老矣,无能为也。”超弟邈有宠于纬,说纬曰:“纂贼杀兄弟,隆、超顺人心而讨之,正欲尊立明公耳。方今明公先帝之长子,当主社稷,人无异望,夫复何疑。"纬信之,乃与隆、超结盟,单马入城,超执而杀之。让位于隆,隆有难色。超曰:"今如乘龙上天,岂可中下!"隆遂即天王位,大赦,改元神鼎。尊母卫氏为太后,妻杨氏为后。以超为都督中外诸军事、辅国大将军、录尚书事,封安定公。谥纂曰灵帝。

纂后杨氏将出宫,超恐其挟珍宝,命索之。杨氏曰:"尔兄弟不义,手刃相屠,我旦夕死人,安用宝为!"超又问玉玺所在,杨氏曰:"已毁之矣。"后有美色,超将纳之,谓其父右仆射桓曰:"后若自杀,祸及卿宗。"桓以告杨氏。杨氏曰:"大人卖女与氐以图富贵,一之谓甚,其可再乎!"遂自杀。谥曰穆后。桓奔河西王利鹿孤,利鹿孤以为左司马。



夏五月,凉王隆多杀豪望以立威名,内外嚣然,人不自保。魏安人焦朗遣使说秦陇西公硕德曰:"吕氏自武皇弃世,兄弟相攻,政纲不立,竞为威虐,百姓饥馑,死者过半。今乘其篡夺之际,取之易于反掌,不可失也。"硕德言于秦王兴,帅步骑六万伐凉,乞伏干归帅骑七千从之。

秋七月,秦陇西公硕德自金城济河,直趣广武,河西王利鹿孤摄广武守军以避之。秦军至姑臧,凉王隆遣辅国大将军超、龙骧将军邈等逆战,硕德大破之,生擒邈,俘斩万计。隆婴城固守。巴西公佗帅东苑之众二万五千降于秦。西凉公暠、河西王利鹿孤、沮渠蒙逊各遣使奉表入贡于秦。



初,凉将姜纪降于河西王利鹿孤,广武公傉檀与论兵略,甚爱重之,坐则连席,出则同车,每谈论,以夜继昼。利鹿孤谓傉檀曰:"姜纪信有美才,然视候非常,必不久留于此,不如杀之。纪若入秦,必为人患。"傉檀曰:"臣以布衣之交待纪,纪必不相负也。”八月,纪将数十骑奔秦军,说硕德曰:“吕隆孤城无援,明公以大军临之,其势必请降。然彼徒文降而已,未肯遂服也。请给纪步骑三千,与王松匆因焦朗、华纯之众,伺其衅隙,隆不足取也。不然,今秃发在南,兵强国富,若兼姑臧而据之,威势益盛,沮渠蒙逊、李暠不能抗也,必将归之,如此则为国家之大敌矣。”硕德乃表纪为武威太守,配兵二千,屯据晏然。秦王兴闻杨桓之贤而征之,利鹿孤不敢留。

闰月,秦陇西公硕德围姑臧累月,东方之人在城中者多谋外叛,魏益多复诱扇之,欲杀凉王隆及安定公超,事发,坐死者三百余家。硕德抚纳夷夏,分置守宰,节食聚粟,为持久之计。凉之群臣请与秦连和,隆不许。安定公超曰:“今资储内竭,上下嗷嗷,虽使张、陈复生,亦无以为策。陛下当思权变屈伸,何爱尺书、单使为卑辞以退敌?敌去之后,修德政以息民,若卜世未穷,何忧旧业之不复。若天命去矣,亦可以保全宗族。不然,坐守穷困,终将何如?”隆乃从之。九月,遣使请降于秦。硕德表隆为镇西大将军、凉州刺史、建康公。隆遣子弟及文武旧臣慕容筑、杨颖等五十余家入质于长安。硕德军令严整,秋毫不犯,祭先贤,礼名士,西土悦之。

冬十二月,吕超攻姜纪不克,遂攻焦朗。朗遣其弟子嵩为质于河西王利鹿孤以请迎,利鹿孤遣车骑将军傉檀赴之。比至,超已退,朗闭门拒之。傉檀怒,将攻之。镇北将军俱延谏曰:“安土重迁,人之常情。朗孤城无食,今年不降,后年自服,何必多杀士卒以攻之?若其不捷,彼必去从他国,弃州境士民以资邻敌,非计也,不如以善言谕之。”傉檀乃与朗连和,遂曜兵姑臧,壁于胡坑。傉檀知吕超必来斫营,畜火以待之。超夜遣中垒将军王集帅精兵二千斫傉檀营，傉檀徐严不起。集入垒中，内外皆举火，光照如昼，纵兵击之，斩集及甲首三百余级。吕隆惧，伪与傉檀通好，请于苑内结盟。傉檀遣俱延入盟，俱延疑其有伏，毁苑墙而入。超伏兵击之，俱延失马步走，凌江将军郭祖力战拒之，俱延乃得免。傉檀怒，攻其昌松太守孟祎于显美。隆遣广武将军荀安国、宁远将军石可帅骑五百救之，安国等惮傉檀之强，遁还。

元兴元年春正月，秃发傉檀克显美，执孟祎而责之，以其不早降。祎曰："祎受吕氏厚恩，分符守土。若明公大军甫至，望旗归附，恐获罪于执事矣。"傉檀释而礼之。徙二千余户而归，以祎为左司马。祎辞曰："吕氏将亡，圣朝必取河右，人无愚智皆知之。但祎为人守城不能全，复忝显任，于心窃所未安。若蒙明公之惠，使得就戮姑臧，死且不朽。"傉檀义而归之。

姑臧大饥，米斗直钱五千，人相食，饿死者十余万口。城门昼闭，樵采路绝，民请出城为胡虏奴婢者，日有数百。吕隆恶其沮动众心，尽坑之，积尸盈路。

沮渠蒙逊引兵攻姑臧，隆遣使求救于河西王利鹿孤。利鹿孤遣广武公傉檀帅骑一万救之，未至，隆击破蒙逊军。蒙逊请与隆盟，留谷万余斛遗之而还。傉檀至昌松，闻蒙逊已退，乃徙凉泽段冢民五百余户而还。中散骑常侍张融言于利鹿孤曰："焦朗兄弟据魏安，潜通姚氏，数为反覆，今不取，后必为朝廷忧。"利鹿孤遣傉檀讨之，朗面缚出降，傉檀送于西平，徙其民于乐都。

冬十月，南凉王傉檀攻吕隆于姑臧。

二年秋七月，南凉王傉檀及沮渠蒙逊互出兵攻吕隆，隆患之。秦之谋臣言于秦王兴曰："隆藉先世之资，专制河外，今虽饥窘，尚能自支，若将来丰赡，终不为吾有。凉州险绝，土田饶沃，不如因其危而取之。”兴乃遣使征吕超入侍。隆念姑臧终无以自存，乃因超请迎于秦。兴遣尚书左仆射齐难、镇西将军姚诘、左贤王乞伏干归、镇远将军赵曜帅步骑四万迎隆于河西，南凉王傉檀摄昌松、魏安二戍以避之。八月，齐难等至姑臧，隆素车白马迎于道旁。隆劝难击沮渠蒙逊，蒙逊使臧莫孩拒之，败其前军。难乃与蒙逊结盟。蒙逊遣弟拏入贡于秦。难以司马王尚行凉州刺史，配兵三千，镇姑臧。以将军阎松为仓松太守，郭将为番禾太守，分戍二城。徙隆宗族、僚属及民万户于长安。兴以隆为散骑常侍，超为安定太守，自余文武，随才擢叙。

初，郭麐常言“代吕者王”，故其起兵，先推王详，后推王乞基，及隆东迁，王尚卒代之。麐从乞伏干归降秦，以为“灭秦者晋也”，遂来奔，秦人追得，杀之。

# 通鉴纪事本末卷第十八

## 冯跋灭后燕

晋安帝隆安五年。燕王盛惩其父宝以懦弱失国，务峻威刑，又自矜聪察，多所猜忌，群臣有纤介之嫌，皆先事诛之，由是宗亲、勋旧，人不自保。八月丁亥，左将军慕容国与殿上将军秦舆、段赞谋帅禁兵袭盛，事发，死者五百余人。壬辰夜，前将军段玑与秦舆之子兴、段赞之子泰潜于禁中鼓噪大呼。盛闻变，帅左右出战，贼众逃溃。玑被创，匿厢屋间。俄有一贼从暗中击盛，盛被伤，辇升前殿，申约禁卫，事定而卒。

中垒将军慕容拔、冗从仆射郭仲白太后丁氏，以为国家多难，宜立长君。时众望在盛弟司徒、尚书令平原公元，而河间公熙素得幸于丁氏，丁氏乃废太子定，密迎熙入宫。明旦，群臣入朝，始知有变，因上表劝进于熙。熙以让元，元不敢当。癸巳，熙即天王位，捕获段玑等，皆夷三族。甲午，大赦。丙申，平原公元以嫌赐死。闰月辛酉，葬盛于兴平陵，谥曰昭武皇帝，庙号中宗。丁氏送葬未还，中领军慕容提、步军校尉张佛等谋立故太子定，事觉，伏诛，定亦赐死。丙寅，大赦，改元光始。

元兴元年。燕王熙纳故中山尹苻谟二女，长曰娀娥，为贵人，幼曰训英，为贵嫔，贵嫔尤有宠。丁太后怨恚，与兄子尚书信谋废熙立章武公渊。事觉，熙逼丁太后令自杀，葬以后礼，谥曰献幽皇后。十一月戊辰，杀渊及信。

辛未，熙畋于北原，石城令高和与尚方兵于后作乱，杀司隶校尉张显，入掠宫殿，取库兵，胁营署，闭门乘城。熙驰还，城上人皆投仗开门，尽诛反者，唯和走免。甲戌，大赦。

二年夏五月，燕王熙作龙腾苑，方十余里，役徒二万人。筑景云山于苑内，基广五百步，峰高十七丈。冬十二月己酉，立苻贵嫔为皇后，大赦。

三年夏四月，燕王熙于龙腾苑起逍遥宫，连房数百，凿曲光海，盛夏，士卒不得休息，暍死者太半。秋七月，燕苻昭仪有疾，龙城人王荣自言能疗之。昭仪卒，燕王熙立荣于公车门，支解而焚之。冬十一月，燕王熙与苻后游畋，北登白鹿山，东逾青岭，南临沧海而还，士卒为虎狼所杀及冻死者五千余人。

义熙元年冬十二月，燕王熙袭契丹。

二年春正月，燕王熙至陉北，畏契丹之众，欲还，苻后不听。戊申，遂弃辎重，轻兵袭高句丽。二月，燕军行三千余里，士马疲冻，死者属路。攻高句丽木底城，不克而还。夕阳公云伤于矢，且畏燕王熙之虐，遂以疾去官。

三年春二月，燕王熙为其后苻氏起承华殿，负土于北门，土与谷同价。宿军典军杜静载棺诣阙极谏，熙斩之。苻氏尝季夏思冻鱼，仲冬须生地黄，熙下有司，切责不得而斩之。夏四月癸丑，苻氏卒，熙哭之懑绝，久而复苏。丧之如父母，服斩衰，食粥。命百官于宫内设位而哭，使人案检哭者，无泪则罪之，群臣皆含辛以为泪。高阳王妃张氏，熙之嫂也，美而有巧思，熙欲以为殉，乃毁其禭靴中得弊毡，遂赐死。右仆射韦璆等皆恐为殉，沐浴俟命。公卿以下至兵民，户率营陵，费殚府藏。陵周围数里，熙谓监作者曰："善为之，朕将继往。"丁酉，燕太后段氏去尊号，出居外宫。

秋七月癸亥，燕王熙葬其后苻氏于徽平陵，丧车高大，毁北门而出。熙被发徒跣，步从二十余里。甲子，大赦。初，中卫将军冯跋及弟侍御郎素弗，皆得罪于熙，熙欲杀之，跋兄弟亡命山泽。熙赋役繁数，民不堪命；跋、素弗与其从弟万泥谋曰："吾辈还首无路，不若因民之怨，共举大事，可以建公侯之业，事之不捷，死未晚也。"遂相与乘车，使妇人御，潜入龙城，匿于北部司马孙护之家。及熙出送葬，跋等与左卫将军张兴及苻进余党作乱。跋素与慕容云善，乃推云为主。云以疾辞，跋曰："河间淫虐，人神共怒，此天亡之时也。公高氏名家，何能为人养子，而弃难得之运乎？"扶之而出。跋弟乳陈等帅众攻弘光门，鼓噪而进，禁卫皆散走，遂入宫授甲，闭门拒守。中黄门赵洛生走告于熙，熙曰："鼠盗何能为，朕当还诛之。"乃置后柩于南苑，收发贯甲，驰还赴难。夜至龙城，攻北门，不克，宿于门外。乙丑，云即天王位，大赦，改元正始。

熙退入龙腾苑，尚方兵褚头逾城从熙，称营兵同心效顺，唯俟军至。熙闻之，惊走而出，左右莫敢迫。熙从沟下潜遁，良久，左右怪其不还，相与寻之，唯得衣冠，不知所适。中领军慕容拔谓中常侍张仲曰："大事垂捷，而帝无故自惊，深可怪也。然城内企迟，至必成功，不可稽留。吾当先往趣城，卿留待帝，得帝速来；若帝未还，吾得如意安抚城中，徐迎未晚。"乃分将壮士二千余人登北城。将士谓熙至，皆投仗请降。既而熙久不至，拔兵无后继，众心疑惧，复下城赴苑，遂皆溃去。拔为城中人所杀。丙寅，熙微服匿于林中，为人所执，送于云，云数而杀之，并其诸子。云复姓高氏。

幽州刺史上庸公懿以令支降魏，魏以懿为平州牧、昌黎王。懿，评之孙也。

秋八月，北燕王云以冯跋为都督中外诸军事、开府仪同三司、录尚书事，冯万泥为尚书令，冯素弗为昌黎尹，冯弘为征东大将军，孙护为尚书左仆射，张兴为辅国大将军。弘，跋之弟也。



四年春正月，北燕王云立妻李氏为皇后，子彭城为太子。夏五月，北燕以尚书令冯万泥为幽冀二州牧，镇肥如；中军将军冯乳陈为并州牧，镇白狼；抚军大将军冯素弗为司隶校尉，务银提为尚书令。秋七月，北燕王云封慕容归为辽东公，使主燕祀。

五年冬十月，北燕王云自以无功德而居大位，内怀危惧，常畜养壮士以为腹心、爪牙。宠臣离班、桃仁专典禁卫，赏赐以巨万计，衣食起居皆与之同，而班、仁志愿无厌，犹有怨憾。戊辰，云临东堂，班、仁怀剑执纸而入，称有所启。班抽剑击云，云以几捍之，仁从旁击云，弑之。

冯跋升洪光门以观变，帐下督张泰、李桑言于跋曰："此竖势何所至，请为公斩之。"乃奋剑而下。桑斩班于西门，泰杀仁于庭中。众推跋为主，跋以让其弟范阳公素弗，素弗不可。跋乃即天王位于昌黎，大赦，诏曰："陈氏代姜，不改齐国，宜即国号曰燕。"改元太平，谥云曰惠懿皇帝。跋尊母张氏为太后，立妻孙氏为王后，子永为太子。以范阳公素弗为车骑大将军、录尚书事，孙护为尚书令，张兴为左仆射，汲郡公弘为右仆射，广川公万泥为幽平二州牧,上谷公乳陈为并青二州牧。素弗少豪侠放荡,尝请婚于尚书左丞韩业,业拒之。及为宰辅,待业尤厚。好申拔旧门,谦恭俭约,以身帅下,百僚惮之,论者美其有宰相之度。

七年秋七月,燕王跋以太子永领大单于,置四辅。柔然可汗斛律遣使献马三千匹于跋,求娶跋女乐浪公主,跋命群臣议之。辽西公素弗曰:“前世皆以宗女妻六夷,宜许以妃嫔之女,乐浪公主不宜下降非类。”跋曰:“朕方崇信殊俗,奈何欺之。”乃以乐浪公主妻之。跋勤于政事,劝课农桑,省徭役,薄赋敛。每遣守宰,必亲引见,问为政之要,以观其能。燕人悦之。

十年夏五月,河间人褚匡言于燕王跋曰:“陛下龙飞辽、碣,旧邦族党,倾首朝阳,以日为岁,请往迎之。”跋曰:“道路数千里,复隔异国,如何可致?”匡曰:“章武临海,舟楫可通,出于辽西临渝,不为难也。”跋许之,以匡为游击将军、中书侍郎,厚资遣之。匡与跋从兄买、从弟睹自长乐帅五千余户归于和龙,契丹、库莫奚皆降于燕。跋署其大人为归善王。跋弟丕避乱在高句丽,跋召之以为左仆射,封常山公。

## 蒙逊灭西凉

晋安帝隆安四年。初,陇西李暠好文学,有令名。尝与郭黁及同母弟敦煌宋繇同宿,黁起谓繇曰:“君当位极人臣,李君终当有国家,有骒马生白额驹,此其时也。”及孟敏为沙州刺史,以暠为效谷令。宋繇事北凉王业,为中散常侍。孟敏卒,敦煌护军冯翊郭谦、沙州治中敦煌索仙等以暠温毅有惠政,推为敦煌太守。暠初难之。会宋繇自张掖告归,谓暠曰:“段王无远略,终必无成。兄忘郭黁之言邪？白额驹今已生矣。”暠乃从之，遣使将命于业，业因以皓为敦煌太守。

右卫将军敦煌索嗣言于业曰：“李暠不可使处敦煌。”业以嗣代暠为敦煌太守，使帅五百骑之官。嗣未至二十里，移暠迎己。暠惊疑，将出迎之，效谷令张邈及宋繇止之，曰：“段王暗弱，正是英豪有为之日。将军据一国成资，奈何拱手授人？嗣自恃本郡，谓人情附己，不意将军猝能拒之，可一战禽也。”暠从之，先遣繇见嗣，啖以甘言。繇还谓皓曰：“嗣志骄兵弱，易取也。”暠乃遣邈、繇与其二子歆、让逆击之，嗣败走，还张掖。暠素与嗣善，尤恨之，表业请诛嗣。沮渠男成亦恶嗣，劝业除之。业乃杀嗣，遣使谢暠，进暠都督凉兴已西诸军事、镇西将军。

冬十一月，北凉晋昌太守唐瑶叛，移檄六郡，推李暠为冠军大将军、沙州刺史、凉公、领敦煌太守。暠赦其境内，改元庚子。以瑶为征虏将军，郭谦为军咨祭酒，索仙为左长史，张邈为右长史，尹建兴为左司马，张体顺为右司马。遣从事中郎宋繇东伐凉兴，并击玉门已西诸城，皆下之。

酒泉太守王德亦叛北凉，自称河州刺史。北凉王业使沮渠蒙逊讨之。德焚城，将部曲奔唐瑶。蒙逊追至沙头，大破之，虏其妻子、部落而还。

元兴三年秋九月，西凉公暠立子歆为世子。

义熙元年春正月，西凉公暠自称大将军、大都督、领秦、凉二州牧，大赦，改元建初。遣舍人黄始梁兴间行奉表诣建康。秋九月，西凉公暠与长史张邈谋徙都酒泉以逼沮渠蒙逊。以张体顺为建康太守，镇乐涫，以宋繇为敦煌护军，与其子敦煌太守让镇敦煌，遂迁于酒泉。

暠手令戒诸子,以为:“从政者当审慎赏罚,勿任爱憎,近忠正,远佞谀,勿使左右窃弄威福。毁誉之来当研覈真伪,听讼折狱必和颜任理,慎勿逆诈亿必,轻加声色。务广咨询,勿自专用。吾莅事五年,虽未能息民,然含垢匿瑕,朝为寇仇,夕委心膂,粗无负于新旧,事任公平,坦然无颣,初不容怀,有所损益。计近则如不足,经远乃为有余,庶亦无愧前人也。”

二年秋九月,沮渠蒙逊袭酒泉,至安珍。暠战败城守,蒙逊引还。

六年秋八月,沮渠蒙逊伐西凉,败西凉世子歆于马庙,禽其将朱元虎而还。凉公暠以银二千斤、金二千两赎元虎,蒙逊归之,遂与暠结盟而还。

七年秋八月,沮渠蒙逊帅轻骑袭西凉,西凉公暠曰:“兵有不战而败敌者,挫其锐也。蒙逊新与吾盟,而遽来袭我,我闭门不与战,待其锐气竭而击之,蔑不克矣。”顷之,蒙逊粮尽而归,暠遣世子歆帅骑七千邀击之,蒙逊大败,获其将沮渠百年。

十二年夏六月,凉司马索承明上书,劝凉公暠伐河西王蒙逊。暠引见,谓之曰:“蒙逊为百姓患,孤岂忘之,顾势力未能除耳。卿有必禽之策,当为孤陈之。直唱大言,使孤东讨,此与言‘石虎小竖,宜肆诸市朝’者何异?”承明惭惧而退。

十三年春正月,凉公暠寝疾,遗命长史宋繇曰:“吾死之后,世子犹卿子也,善训导之。”二月,皓卒。官属奉世子歆为大都督、大将军、凉公、领凉州牧。大赦,改元嘉兴。尊歆母天水尹氏为太后。以宋繇录三府事。谥暠曰武昭王,庙号太祖。

夏四月,河西王蒙逊遣张掖太守沮渠广宗诈降以诱凉公歆,歆发兵应之。蒙逊将兵三万伏于蓼泉,歆觉之,引兵还。蒙逊追之，歆与战于解支涧，大破之，斩首七千余级。蒙逊城建康，置戍而还。

十四年秋九月，河西王蒙逊复引兵伐凉，凉公歆将拒之，左长史张体顺固谏，乃止。蒙逊芟其秋稼而还。

歆遣使来告袭位，冬十月，以歆为都督七郡诸军事、镇西大将军、酒泉公。

恭帝元熙元年。凉公歆用刑过严，又好治宫室。从事中郎张显上疏，以为："凉土三分，势不支久，兼并之本，在于务农；怀远之略，莫如宽简。今入岁已来，阴阳失序，风雨乖和，是宜减膳撤悬，侧身修道，而更繁刑峻法，缮筑不止，殆非所以致兴隆也。昔文王以百里而兴，二世以四海而灭，前车之轨，得失昭然。太祖以神圣之姿，为西夏所推，左取酒泉，右开西域。殿下不能奉承遗志，混壹凉土，侔踪张后，将何以下见先王乎？沮渠蒙逊，胡夷之杰，内修政事，外礼英贤，攻战之际，身均士卒；百姓怀之，乐为之用。臣谓殿下非但不能平殄蒙逊，亦惧蒙逊方为社稷之忧。"歆览之，不悦。

主簿氾称上疏谏曰："天之子爱人主，殷勤至矣，故政之不修，下灾异以戒告之，改者虽危必昌，不改者虽安必亡。元年三月癸卯，敦煌谦德堂陷；八月，效谷地裂；二年元日，昏雾四塞；四月，日赤无光，二旬乃复；十一月，狐上南门；今兹春、夏，地频五震；六月，陨星于建康。臣虽学不稽古，行年五十有九，请为殿下略言耳目之所闻见，不复能远论书传之事也。乃者咸安之初，西平地裂，狐入谦光殿前。俄而秦师奄至，都城不守。梁熙既为凉州，不抚百姓，专为聚敛，建元十九年，姑臧南门崩，陨石于闲豫堂。明年为吕光所杀。段业称制此方，三年之中，地震五十余所。既而先王龙兴于瓜州，蒙逊篡弑于张掖。此皆目前之成事，殿下所明知也。效谷，先王鸿渐之地，谦德，即尊之室，基陷、地裂，大凶之征也。日者太阳之精，中国之象，赤而无光，中国将衰。谚曰：'野兽入家，主人将去。'狐上南门，亦变异之大者也。今蛮夷益盛，中国益微。愿殿下亟罢宫室之役，止游畋之娱，延礼英俊，爱养百姓，以应天变，防未然。"歆不从。

宋(高祖)武帝初元元年秋七月甲辰，诏以凉公歆为都督高昌等七郡诸军事，征西大将军、酒泉公，秦王炽磐为安西大将军。

河西王蒙逊欲伐凉，先引兵攻秦浩亹。既至，潜师还屯川岩。

凉公歆欲乘虚袭张掖，宋繇、张体顺切谏，不听。太后尹氏谓歆曰："汝新造之国，地狭民希，自守犹惧不足，何暇伐人？先王临终，殷勤戒汝深慎用兵，保境宁民，以俟天时。言犹在耳，奈何弃之！蒙逊善用兵，非汝之敌，数年以来，常有兼并之志。汝国虽小，足为善政，修德养民，静以待之。彼若昏暴，民将归汝，若其休明，汝将事之，岂得轻为举动，侥冀非望。以吾观之，非但丧师，殆将亡国。"亦不听。宋繇叹曰："今兹大事去矣！"

歆将步骑三万东出。蒙逊闻之曰："歆已入吾术中，然闻吾旋师，必不敢前。"乃露布西境，云已克浩亹，将进攻黄谷。歆闻之喜，进入都渎涧。蒙逊引兵击之，战于怀城，歆大败。或劝歆还保酒泉，歆曰："吾违老母之言以取败，不杀此胡，何面目复见我母？"遂勒兵战于蓼泉，为蒙逊所杀。歆弟酒泉太守翻、新城太守预、领羽林右监密、左将军眺、右将军亮西奔敦煌。蒙逊入酒泉，禁侵掠，士民安堵。以宋繇为吏部郎中，委之选举，凉之旧臣有才望者，咸礼而用之。以其子牧犍为酒泉太守。敦煌太守李恂，翻之弟也，与翻等弃敦煌奔北山。蒙逊以索嗣之子元绪行敦煌太守。蒙逊还姑臧，见凉太后尹氏，娶其女为牧犍妇。索元绪粗险好杀，大失人和。郡人宋承、张弘密信招李恂。冬，恂帅数千骑入敦煌，元绪东奔凉兴。承等推恂为冠军将军、凉州刺史。

二年春正月，河西王蒙逊帅众二万攻李恂于敦煌。三月，河西王蒙逊筑堤壅水以灌敦煌，李恂乞降，不许。宋承举城降，恂自杀。蒙逊屠其城，获恂子弟宝，囚于姑臧。



## 乞伏灭南凉

晋安帝义熙六年。初，南凉王傉檀遣左将军枯木等伐沮渠蒙逊，掠临松千余户而还。蒙逊伐南凉，至显美，徙数千户而去。南凉太尉俱延复伐蒙逊，大败而归。(是)〔春三〕月，傉檀自将五万骑伐蒙逊，战于穷泉，傉檀大败，单马奔还。蒙逊乘胜进围姑臧，姑臧人惩王钟之诛，皆惊溃，夷夏万余户降于蒙逊。傉檀惧，遣司隶校尉敬归及子佗为质于蒙逊以请和，蒙逊许之。归至胡坑，逃还，佗为追兵所执，蒙逊徙其众八千余户而去。右卫将军折掘奇镇据石驴山以叛。傉檀畏蒙逊之逼，且惧岭南为奇镇所据，乃迁于乐都，留大司农成公绪守姑臧。傉檀才出城，魏安人侯谌等闭门作乱，收合三千余家据南城，推焦朗为大都督、龙骧大将军，谌自称凉州刺史，降于蒙逊。



七年。焦朗犹据姑臧，沮渠蒙逊攻拔其城，执朗而宥之，以其弟拏为秦州刺史，镇姑臧。遂伐南凉，围乐都，三旬不克。南凉王傉檀以子安周为质，乃还。南凉王傉檀欲复伐沮渠蒙逊，邯川护军孟恺谏曰："蒙逊新并姑臧，凶势方盛，不可攻也。"傉檀不从，五道俱进，至番禾、苕藋，掠五千余户而还。将军屈右曰："今既获利，宜倍道旋师，早度险厄。蒙逊善用兵，若轻军猝至，大敌外逼，徙户内叛，此危道也。"卫尉伊力延曰："彼步我骑，势不相及。今倍道而归则示弱，且捐弃资财，非计也。"俄而昏雾，风雨，蒙逊兵大至，傉檀败走。蒙逊进围乐都，傉檀婴城固守，以子染干为质以请和，蒙逊乃还。

九年。南凉王傉檀伐河西王蒙逊，蒙逊败之于若厚坞，又败之于若凉，因进围乐都，二旬不克。南凉湟河太守文支以郡降于蒙逊，蒙逊以文支为广武太守。蒙逊复伐南凉，傉檀以太尉俱延为质，乃还。

十年。唾契汗、乙弗等部皆叛南凉，南凉王傉檀欲讨之。邯川护军孟恺谏曰："今连年饥馑，南逼炽磐，北逼蒙逊，百姓不安。远征虽克，必有后患。不如与炽磐结盟通籴，慰抚杂部，足食缮兵，俟时而动。"傉檀不从，谓太子虎台曰："蒙逊近去，不能猝来，旦夕所虑，唯在炽磐。然炽磐兵少易御，汝谨守乐都，吾不过一月必还矣。"乃帅骑七千袭乙弗，大破之，获马牛羊四十余万。

河南王炽磐闻之，欲袭乐都，群臣咸以为不可。太府主簿焦袭曰："傉檀不顾近患而贪远利，我今伐之，绝其西路，使不得还救，则虎台独守穷城，可坐禽也。此天亡之时，必不可失。"炽磐从之，帅步骑二万袭乐都。虎台凭城拒守，炽磐四面攻之。

南凉抚军从事中郎尉肃言于虎台曰："外城广大难守，殿下不若聚国人守内城，肃等帅晋人拒战于外，虽有不捷，犹足自存。"虎台曰："炽磐小贼，旦夕当走，卿何过虑之深？"虎台疑晋人有异心，悉召豪望有谋勇者闭之于内。孟恺泣曰："炽磐乘虚内侮，国家危于累卵。恺等进欲报恩，退顾妻子，人思效死，而殿下乃疑之如是邪!”虎台曰:“吾岂不知君之忠笃,惧余人脱生虑表,以君等安之耳。”

一夕,城溃,炽磐入乐都,遣平远将军捷虔帅骑五千追傉檀,以镇南将军谦屯为都督河右诸军事、凉州刺史,镇乐都;秃发赴单为西平太守,镇西平;以赵恢为广武太守,镇广武;曜武将军王基为晋兴太守,镇浩亹。徙虎台及其文武百姓万余户于枹罕。赴单,乌孤之子也。

乐都之溃也,南凉安西将军樊尼自西平奔告南凉王傉檀。傉檀谓其众曰:“今妻子皆为炽磐所虏,退无所归,卿等能与吾藉乙弗之资,取契汗以赎妻子乎?”乃引兵西,众多逃还,傉檀遣镇北将军段苟追之,苟亦不还。于是将士皆散,唯樊尼与中军将军纥勃、后军将军洛肱、散骑常侍阴利鹿不去。傉檀曰:“蒙逊、炽磐,昔皆委质于吾,今而归之,不亦鄙乎!四海之广,无所容身,何其痛也!与其聚而同死,不若分而或全。樊尼,吾长兄之子,宗部所寄。吾众在北者户垂一万,蒙逊方招怀士民,存亡继绝,汝其从之。纥勃、洛肱亦与尼俱行。吾年老矣,所适不容,宁见妻子而死。”遂归于炽磐,唯阴利鹿随之。傉檀谓利鹿曰:“吾亲属皆散,卿何独留?”利鹿曰:“臣老母在家,非不思归。然委质为臣,忠孝之道难以两全。臣不才,不能为陛下泣血求救于邻国,敢离左右乎!”傉檀叹曰:“知人固未易。大臣、亲戚皆弃我去,今日忠义终始不亏者,唯卿一人而已。”

傉檀诸城皆降于炽磐,独尉贤政屯浩亹,固守不下。炽磐遣人谓之曰:“乐都已溃,卿妻子皆在吾所,独守一城,将何为也?”贤政曰:“受凉王厚恩,为国藩屏。虽知乐都已陷,妻子为禽,先归获赏,后顺受诛。然不知主上存亡,未敢归命,妻子小事,岂足动心。若贪一时之利,忘委付之重者,大王亦安用之?”炽磐乃遣虎台以手书谕之,贤政曰:“汝为储副,不能尽节,面缚于人,弃父忘君,堕万世之业,贤政义士,岂效汝乎?”闻傉檀至左南,乃降。

炽磐闻傉檀至,遣使郊迎,待以上宾之礼。秋七月,炽磐以傉檀为骠骑大将军,赐爵左南公。南凉文武,依才铨叙。岁余,炽磐使人鸩傉檀,左右请解之,傉檀曰:“吾病岂宜疗邪?”遂死,谥曰景王。虎台亦为炽磐所杀。傉檀子保周、贺,俱延子覆龙,利鹿孤孙副周,乌孤孙承钵,皆奔河西王蒙逊,久之又奔魏。

宋营阳王景平元年。南凉秃发傉檀之死也,河西王蒙逊遣人诱其故太子虎台,许以番禾、西安二郡处之,且借之兵,使伐秦,报其父仇,复取故地。虎台阴许之,事泄而止。秦王炽磐之后,虎台之妹也,炽磐待之如初。后密与虎台谋曰:“秦本我之仇雠,虽以婚姻待之,盖时宜耳。先王之薨,又非天命,遗令不治者,欲全济子孙故也。为人子者,岂可臣妾于仇雠,而不思报复乎?”乃与武卫将军越质洛城谋弑炽磐。后妹为炽磐左夫人,有宠,知其谋而告之,炽磐杀后及虎台等十余人。

## 蒙逊伐西秦

晋安帝义熙十一年春三月,河西王蒙逊攻西秦广武郡,拔之。西秦王炽磐遣将军乞伏魋尼寅邀蒙逊于浩亹,蒙逊击斩之。又遣将军折斐等帅骑一万据勒姐岭,蒙逊击禽之。夏五月,西秦王炽磐帅众三万袭湟河,蒙逊弟汉平遣司马隗仁夜出击,破之。炽磐将引去,汉平长史焦昶、将军段景潜召炽磐,炽磐复攻之。汉平力屈,为炽磐所禽。

十二年春正月，西秦王炽磐攻秦洮阳公彭利和于漒川，沮渠蒙逊攻石泉以救之。炽磐至沓中，引还。二月，炽磐遣襄武侯昙达救石泉，蒙逊亦引去。蒙逊遂与炽磐结和亲。

宋武帝永初元年春正月，秦王炽磐立其子暮末为太子。秋九月，秦振武将军王基等袭河西王蒙逊胡园戍，俘二千余人而还。

二年秋七月，河西王蒙逊遣右卫将军沮渠鄯善、建节将军沮渠苟生帅众七千伐秦。秦王炽磐遣征北将军木弈干等帅步骑五千拒之，败鄯善等于五涧，虏苟生，斩首二千而还。

三年秋七月，河西王蒙逊遣前将军沮渠成都帅众一万，耀兵岭南，遂屯五(涧)〔涧〕。九月，秦王炽磐遣征北将军出连虔等帅骑六千击之。冬十月，秦出连虔与河西沮渠成都战，擒之。

营阳王景平元年夏四月，秦王炽磐谓其群臣曰："今宋虽奄有江南，夏人雄据关中，皆不足与也。独魏主奕世英武，贤能为用，且谶云'恒代之北，当有真人'，吾将举国而事之。"乃遣尚书郎莫者阿胡等入见于魏，贡黄金二百斤，并陈伐夏方略。

文帝元嘉元年秋七月，秦王炽磐遣太子暮末帅征北将军木弈干等步骑三万，出貂渠谷，攻河西白草岭、临松郡，皆破之，徙民二万余口而还。

二年夏四月，秦王炽磐遣平远将军叱卢犍等袭河西镇南将军沮渠白蹄于临松，擒之，徙其民五千余户于枹罕。

三年春正月，秦王炽磐复遣使如魏，请用师于夏。

秋八月，秦王炽磐伐河西，至廉川，遣太子暮末等步骑三万攻西安，不克，又攻番禾。河西王蒙逊发兵御之，且遣使说夏主，使乘虚袭枹罕。夏主遣征南大将军呼卢古将骑二万攻苑川，车骑大将军韦伐将骑三万攻南安。炽磐闻之，引归。九月，徙其境内老弱畜产于浇河及莫河仍寒川，留左丞相昙达守枹罕。韦伐攻拔南安，获秦秦州刺史翟爽、南安太守李亮。

冬十月，秦左丞相昙达与夏呼卢古战于嵻崀山，昙达兵败。十一月，呼卢古、韦伐进攻枹罕，秦王炽磐迁保定连。呼卢古入南城，镇京将军赵寿生帅死士三百人力战，却之。呼卢古、韦伐又攻沙州刺史出连虔于湟河，虔遣后将军乞伏万年击败之。又攻西平，执安西将军库洛干，坑战士五千余人，掠民二万余户而去。

四年夏六月，秦王炽磐还枹罕。秋八月，秦王炽磐遣其叔父平远将军渥头等入贡于魏。

五年夏五月，秦文昭王炽磐卒，太子暮末即位，大赦，改元永弘。

六月，葬秦文昭王于武平陵，庙号太祖。秦王暮末以右丞相元基为侍中、相国、都督中外诸军、录尚书事，以镇军大将军、河州牧谦屯为骠骑大将军，征安北将军、凉州刺史段晖为辅国大将军、御史大夫，叔父右禁将军千年为镇北将军、凉州牧，镇湟河，以征北将军木弈干为尚书令、车骑大将军，以征南将军吉毗为尚书仆射、卫大将军。

河西王蒙逊因秦丧伐秦西平，西平太守麹承谓之曰："殿下若先取乐都，则西平必为殿下之有。西平苟望风请服，亦明主之所疾也。"蒙逊乃释西平攻乐都。相国元基帅骑三千救乐都，甫入城，而河西兵至，攻其外城，克之，绝其水道，城中饥渴，死者太半。东羌乞提从元基救乐都，阴与河西通谋，下绳引内其兵，登城者百余人，鼓噪烧门。元基帅左右奋击，河西兵乃退。

初，文昭王疾病，谓暮末曰：“吾死之后，汝能保境则善矣。沮渠成都为蒙逊所亲重，汝宜归之。”至是，暮末遣使诣蒙逊，许归成都以求和。蒙逊引兵还，遣使入秦吊祭，暮末厚资送成都，遣将军王伐送之。蒙逊犹疑之，使恢武将军沮渠奇珍伏兵于扪天岭，执伐并其骑士三百人以归。既而遣尚书郎王杼送伐还秦，并遗暮末马千匹及锦罽、银缯。秋七月，暮末遣记室郎中马艾如河西报聘。

冬十二月，河西王蒙逊伐秦，至磐夷，秦相国元基等将骑万五千拒之。蒙逊还攻西平，征虏将军出连辅政等将骑二千救之。

六年春正月，秦出连辅政等未至西平，河西王蒙逊拔西平，执太守麹承。

夏五月，河西王蒙逊伐秦，秦王暮末留相国元基守枹罕，迁保定连。南安太守翟承伯等据罕幵谷以应河西，暮末击破之，进至治城。西安太守莫者幼眷据汧川以叛，暮末讨之，为幼眷所败，还于定连。

蒙逊至枹罕，遣世子兴国进攻定连。六月，暮末逆击兴国于治城，擒之，追击蒙逊至谭郊。吐谷浑王慕瑰遣其弟没利延将骑五千会蒙逊伐秦，暮末遣辅国大将军段晖等邀击，大破之。

秋七月，河西王蒙逊遣使送谷三十万斛以赎世子兴国于秦，秦王暮末不许。蒙逊乃立兴国母弟菩提为世子。暮末以兴国为散骑常侍，以其妹平昌公主妻之。

七年〔冬十月〕，秦王暮末为河西所逼，遣其臣王恺、乌讷阗请迎于魏。魏人许以平凉、安定封之，暮末乃焚城邑，毁宝器，帅户万五千，东如上邽。至高田谷，给事黄门侍郎郭恒谋劫沮渠兴国以叛，事觉，暮末杀之。夏主闻暮末将至，发兵拒之。暮末留保南安，其故地皆入于吐谷浑。

十一月，魏尚书库结帅骑五千迎秦王暮末。秦卫将军吉毗以为不宜内徙，暮末从之，库结引还。

南安诸羌万余人叛秦，推安南将军、督八郡诸军事、广宁太守焦遗为主，遗不从，乃劫遗族子长城护军亮为主，帅众攻南安。暮末请救于氐王杨难当。难当遣将军苻献帅骑三千救之，暮末与之合击诸羌。诸羌溃，亮奔还广宁，暮末进军攻之，以手令与焦遗使取亮。十二月，遗斩亮首出降，暮末进遗号镇国将军。秦略阳太守弘农杨显以郡降夏。

八年〔春正月〕，夏主击秦将姚献，败之，遂遣其叔父北平公韦伐帅众一万攻南安。城中大饥，人相食。秦侍中征虏将军出连辅政、侍中右卫将军乞伏延祚、吏部尚书乞伏跋跋逾城奔夏。秦王暮末穷蹙，舆榇出降，并沮渠兴国送于上邽。秦太子司直焦楷奔广宁，泣谓其父遗曰："大人荷国宠灵，居藩镇重任。今本朝颠覆，岂得不帅见众唱大义以殄寇仇。"遣曰："今主上已陷贼庭，吾非爱死而忘义，顾以大兵追之，是趣绝其命也，不如择王族之贤者奉以为主而伐之，庶有济也。"楷乃筑坛誓众，二旬之间，赴者万余人。会遗病卒，楷不能独举事，亡奔河西。

夏(五)〔六〕月，夏主杀乞伏暮末及其宗族五百人。





## 刘裕灭南燕

晋安帝义熙元年。初，南燕主备德仕秦，为张掖太守，其兄纳与母公孙氏居于张掖。备德之从秦王坚寇淮南也，留金刀与其母别。备德与燕主垂举兵于山东，张掖太守苻昌收纳及备德诸子，皆诛之，公孙氏以老获免，纳妻段氏方娠，未决。狱掾呼延平，备德之故吏也，窃以公孙氏及段氏逃于羌中。段氏生子超，十岁而公孙氏病，临卒，以金刀授超曰："汝得东归，当以此刀还汝叔也。"呼延平又以超母子奔凉。及吕隆降秦，超随凉州民徙长安。平卒，段氏为超娶其女为妇。超恐为秦人所录，乃阳狂行乞。秦人贱之，惟东平公绍见而异之，言于秦王兴曰："慕容超姿干瑰伟，殆非真狂，愿微加官爵以縻之。"兴召见与语，超故为谬对，或问而不答。兴谓绍曰："谚云'妍皮不裹痴骨'，徒妄语耳。"乃罢遣之。



备德闻纳有遗腹子在秦，遣济阴人吴辩往视之，辩因乡人宗正谦卖卜在长安，以告超。超不敢告其母、妻，潜与谦变姓名逃归南燕。行至梁父，镇南长史悦寿以告兖州刺史慕容法，法曰："昔汉有卜者诈称卫太子，今安知非此类也。"不礼之。超由是与法有隙。备德闻超至，大喜，遣骑三百迎之。〔夏四月〕，超至广固，以金刀献于备德，备德恸哭，悲不自胜。封超为北海王，拜侍中、骠骑大将军、司隶校尉、开府，妙选时贤，为之僚佐。备德无子，欲以超为嗣。超入则侍奉尽欢，出则倾身下士，由是内外誉望翕然归之。

秋九月，汝水竭，南燕主备德恶之，俄而寝疾，北海王超请祷之。备德曰："人主之命，短长在天，非汝水所能制也。"固请，不许。戊午，备德引见群臣于东阳殿，议立超为太子，俄而地震，百僚惊恐，备德亦不自安，还宫。是夜，疾笃，瞑不能言。段后大呼："今召中书作诏立超，可乎？"备德开目颔之，乃立超为皇太子，大赦。备德寻卒。为十余棺，夜，分出四门，潜瘗山谷。己未，超即皇帝位，大赦，改元太上。尊段后为皇太后，以北地王钟都督中外诸军、录尚书事，慕容法为征南大将军、都督徐兖扬南兖四州诸军事，加慕容镇开府仪同三司，以尚书令封孚为太尉，麴仲为司空，封嵩为尚书左仆射。癸亥，虚葬备德于东阳陵，谥曰献武皇帝，庙号世宗。

超引所亲公孙五楼为腹心，备德故大臣北地王钟、段宏等皆不自安，求补外职。超以钟为青州牧，宏为徐州刺史。公孙五楼为武卫将军，领屯骑校尉，内参政事。封孚谏曰："臣闻亲不处外，羁不处内。钟，国之宗臣，社稷所赖；宏，外戚望懿，百姓具瞻；正应参翼百揆，不宜远镇外方。今钟等出藩，五楼内辅，臣窃未安。"超不从。钟、宏心皆不平，相谓曰："黄犬之皮，恐终补狐裘也。"五楼闻而恨之。

二年。南燕主超猜虐日甚，政出权幸，盘于游畋，封孚、韩諲屡谏不听。超尝临轩问孚曰："朕可方前世何主？"对曰："桀、纣。"超惭怒，孚徐步而出，不为改容。鞠仲谓孚曰："与天子言，何得如是？宜还谢。"孚曰："行年七十，惟求死所耳。"竟不谢。超以其时望，优容之。

秋九月，南燕公孙五楼欲擅朝权，谮北地王钟于南燕主超，请诛之。南燕主备德之卒也，慕容法不奔丧，超遣使让之。法惧，遂与钟及段宏谋反。超闻之，征钟，钟称疾不至，超收其党侍中慕容统等杀之。征南司马卜珍告左仆射封嵩数与法往来，疑有奸，超收嵩下廷尉。太后惧，泣告超曰："嵩数遣黄门令牟常说吾，云'帝非太后所生，恐依永康故事'。我妇人识浅，恐帝见杀，即以语法，法为谋见误，知复何言。"超乃车裂嵩。西中郎将封融奔魏。

超遣慕容镇攻青州，慕容昱攻徐州，右仆射济阳王凝及韩范攻兖州。昱拔莒城,段宏奔魏。封融与群盗袭石塞城,杀镇西大将军余郁,国中振恐。济阳王凝谋杀韩范,袭广固,范知之,勒兵攻凝,凝奔梁父。范并将其众,攻梁父,克之。法出奔魏,凝出奔秦。慕容镇克青州,钟杀其妻子,为地道以出,与高都公始皆奔秦。秦以钟为始平太守,凝为侍中。

南燕主超好变更旧制,朝野多不悦。又欲复肉刑,增置烹、轘之法,众议不合而止。冬十月,封孚卒。

三年。南燕主超母、妻犹在秦,超遣御史中丞封恺使于秦以请之。秦王兴曰:"昔苻氏之败,太乐诸伎悉入于燕。燕今称藩,送伎或送吴口千人,所请乃可得也。"超与群臣议之,左仆射段晖曰:"陛下嗣守社稷,不宜以私亲之故遂降尊号。且太乐先代遗音,不可与也,不如掠吴口与之。"尚书张华曰:"侵掠邻国,兵连祸结,此既能往,彼亦能来,非国家之福也。陛下慈亲在人掌握,岂可靳惜虚名,不为之降屈乎?中书令韩范尝与秦王俱为苻氏太子舍人,若使之往,必得如志。"超从之,乃使韩范聘于秦,称藩奉表。慕容凝言于兴曰:"燕王得其母、妻,不复可臣,宜先使送伎。"兴乃谓范曰:"朕归燕王家属必矣,然今天时尚热,当俟秋凉。"八月,秦使员外散骑常侍韦宗聘于燕,超与群臣议见宗之礼。张华曰:"陛下前既奉表,今宜北面受诏。"封逞曰:"大燕七圣重光,奈何一旦为竖子屈节!"超曰:"吾为太后屈,愿诸君勿复言。"遂北面受诏。

冬十月,南燕主超使左仆射张华、给事中宗正元献太乐伎一百二十人于秦,秦王兴乃还超母、妻,厚其资礼而遣之。超亲帅六宫迎于马耳关。

四年春正月,南燕主超尊其母段氏为皇太后,妻呼延氏为皇后。超祀南郊，有兽如鼠，而赤大如马，来至坛侧。须臾，大风昼晦，羽仪、帷幄皆毁裂。超惧，以问太史令成公绥，对曰："陛下信用奸佞，诛戮贤良，赋敛繁多，事役殷重之所致也。"超乃大赦，黜公孙五楼等，俄而复用之。冬十一月，南燕汝水竭，河冻皆合，而渑水不冰。南燕主超恶之，问于李宣，对曰："渑水无冰，良由逼带京城，近日月也。"超大悦，赐朝服一具。

五年春正月庚寅朔，南燕主超朝会群臣，叹太乐不备，议掠晋人以补伎。领军将军韩諄曰："先帝以旧京倾覆，戢翼三齐。陛下不养士息民，以伺魏衅，恢复先业，而更侵掠南邻，以广仇敌，可乎？"超曰："我计已定，不与卿言。"二月，南燕将慕容兴宗、斛谷提、公孙归等帅骑寇宿豫，拔之，大掠而去，简男女二千五百付太乐教之。归，五楼之兄也。是时，五楼为侍中、尚书、领左卫将军，专总朝政，宗亲并居显要，王公内外无不惮之。南燕主超论宿豫之功，封斛谷提等并为郡、县公。桂林王镇谏曰："此数人者，勤民顿兵，为国结怨，何功而封？"超怒，不答。尚书都令史王俨谄事五楼，比岁屡迁，官至左丞。国人为之语曰："欲得侯，事五楼。"超又遣公孙归等寇济南，俘男女千余人而去。自彭城以南，民皆堡聚以自固。诏并州刺史刘道怜镇淮阴以备之。

三月，刘裕抗表伐南燕，朝议皆以为不可，惟左仆射孟昶、车骑司马谢裕、参军臧熹以为必克，劝裕行。裕以昶监中军留府事。谢裕，安之兄孙也。

〔夏四月〕己巳，刘裕发建康，帅舟师自淮入泗。五月，至下邳，留船舰、辎重，步进至琅邪，所过皆筑城，留兵守之。或谓裕曰："燕人若塞大岘之险，或坚壁清野，大军深入，不唯无功，将不能自归，奈何？"裕曰："吾虑之熟矣。鲜卑贪婪，不知远计，进利虏获，退惜禾苗，谓我孤军远入，不能持久，不过进据临朐，退守广固，必不能守险、清野，敢为诸君保之。”

南燕主超闻有晋师，引群臣会议。征虏将军公孙五楼曰：“吴兵轻果，利在速战，不可争锋。宜据大岘，使不得入，旷日延时，沮其锐气。然后徐简精骑二千，循海而南，绝其粮道，别敕段晖帅兖州之众，缘山东下，腹背击之，此上策也。各命守宰，依险自固，校其资储之外，余悉焚荡，芟除禾苗，使敌无所资。彼侨军无食，求战不得，旬月之间，可以坐制，此中策也。纵贼入岘，出城逆战，此下策也。”超曰：“今岁星居齐，以天道推之，不战自克。客主势殊，以人事言之，彼远来疲弊，势不能久。吾据五州之地，拥富庶之民，铁骑万群，麦禾布野，奈何芟苗徙民，先自蹙弱乎？不如纵使入岘，以精骑蹂之，何忧不克。”辅国将军广宁王贺赖卢苦谏，不从，退谓五楼曰：“必若此，亡无日矣。”太尉桂林王镇曰：“陛下必以骑兵利平地者，宜出岘逆战，战而不胜，犹可退守，不宜纵敌入岘，自弃险固也。”超不从。镇出，谓韩𧨳曰：“主上既不能逆战却敌，又不肯徙民清野，延敌入腹，坐待攻围，酷似刘璋矣。今年国灭，吾必死之。卿中华之士，复为文身矣。”超闻之，大怒，收镇下狱。乃摄莒、梁父二戍，修城隍，简士马以待之。

刘裕过大岘，燕兵不出，裕举手指天，喜形于色。左右曰：“公未见敌而先喜，何也？”裕曰：“兵已过险，士有必死之志，余粮栖亩，人无匮乏之忧。虏已入吾掌中矣。”六月己巳，裕至东莞。超先遣公孙五楼、贺赖卢及左将军段晖等将步骑五万屯临朐，闻晋兵入岘，自将步骑四万往就之，使五楼帅骑进据巨蔑水。前锋孟龙符与战，破之，五楼退走。裕以车四千乘为左右翼，方轨徐进，与燕兵战于临朐南，日向昃，胜负犹未决。参军胡藩言于裕曰："燕悉兵出战，临朐城中留守必寡。愿以奇兵从间道取其城，此韩信所以破赵也。"裕遣藩及谘议参军檀韶、建威将军河内向弥潜师出燕兵之后攻临朐，声言轻兵自海道至矣。向弥擐甲先登，遂克之。超大惊，单骑就段晖于城南。裕因纵兵奋击，燕众大败，斩段晖等大将十余人，超遁还广固，获其玉玺、辇及豹尾。裕乘胜逐北至广固，丙子，克其大城。超收众入保小城。裕筑长围守之，围高三丈，穿堑三重。抚纳降附，采拔贤俊，华夷大悦。于是因齐地粮储，悉停江、淮漕运。

超遣尚书郎张纲乞师于秦。赦桂林王镇，以为录尚书、都督中外诸军事，引见，谢之，且问计焉。镇曰："百姓之心，系于一人。今陛下亲董六师，奔败而还，群臣离心，士民丧气。闻秦人自有内患，恐不暇分兵救人。散卒还者尚有数万，宜悉出金帛以饵之，更决一战。若天命助我，必能破敌，如其不然，死亦为美，比于闭门待尽，不犹愈乎？"司徒乐浪王惠曰："不然。晋兵乘胜，气势百倍，我以败军之卒当之，不亦难乎！秦虽与勃勃相持，不足为患，且与我分据中原，势如唇齿，安得不来相救。但不遣大臣则不能得重兵，尚书令韩范为燕、秦所重，宜遣乞师。"超从之。

秋七月，加刘裕北青冀二州刺史。

南燕尚书略阳垣尊及弟京兆太守苗逾城来降，裕以为行参军。尊、苗皆超所委任以为腹心者也。

或谓裕曰："张纲有巧思，若得纲使为攻具，广固必可拔也。"会纲自长安还太山，太守申宣执之送于裕。裕升纲于楼车，使周城呼曰："刘勃勃大破秦军，无兵相救。"城中莫不失色。江南每发兵及遣使者至广固，裕辄潜遣兵夜迎之，明日，张旗鸣鼓而至，北方之民执兵负粮归裕者，日以千数，围城益急。张华、封恺皆为裕所获。超请割大岘以南地为藩臣，裕不许。

秦王兴遣使谓裕曰："慕容氏相与邻好，今晋攻之急。秦已遣铁骑十万屯洛阳，晋军不还，当长驱而进。"裕呼秦使者谓曰："语汝姚兴：我克燕之后，息兵三年，当取关、洛。今能自送，便可速来。"刘穆之闻有秦使，驰入见裕，而秦使者已去。裕以所言告穆之，穆之尤之曰："常日事无大小，必赐预谋，此宜善详，云何遽尔答之？此语不足以威敌，适足以怒之。若广固未下，羌寇奄至，不审何以待之？"裕笑曰："此是兵机，非卿所解，故不相语耳。夫兵贵神速，彼若审能赴救，必畏我知，宁容先遣信命，逆设此言，是自张大之辞也。晋师不出，为日久矣，羌见伐齐，始将内惧，自保不暇，何能救人邪！"

秋八月，封融诣刘裕降。

初，秦王兴遣卫将军姚强帅步骑一万随韩范往就姚绍于洛阳，并兵以救南燕，及为勃勃所败，追强兵还长安。韩范叹曰："天灭燕矣！"南燕尚书张俊自长安还，降于刘裕，因说裕曰："燕人所恃者，谓韩范必能致秦师也。今得范以示之，燕必降矣。"裕乃表范为散骑常侍，且以书招之。长水校尉王蒲劝范奔秦，范曰："刘裕起布衣，灭桓玄，复晋室，今兴师伐燕，所向崩溃，此殆天授，非人力也。燕亡则秦为之次矣，吾不可以再辱。"遂降于裕。裕将范循城，城中人情离沮。或劝燕主超诛范家，超以范弟諲尽忠无贰，并范家赦之。

冬十月，段宏自魏奔于裕。

张纲为裕造攻具，尽诸奇巧。超怒，县纲母于城上，支解之。

冬十二月乙巳，太白犯虚、危。南燕灵台令张光劝南燕主超出降，超手杀之。

六年春正月甲寅朔，南燕主超登天门，朝群臣于城上。乙卯，超与宠姬魏夫人登城，见晋兵之盛，握手对泣。韩𧮪谏曰："陛下遭堙厄之运，正当努力自强，以壮士民之志，而更为儿女子泣邪！"超拭目谢之。尚书令董铣劝超降，超怒，囚之。

二月，南燕贺赖卢、公孙五楼为地道出击晋兵，不能却。城久闭，城中男女病脚弱者太半，出降者相继。超辇而登城，尚书悦寿说超曰："今天助寇为虐，战士凋瘁，独守穷城，绝望外援，天时人事亦可知矣。苟历数有终，尧、舜避位，陛下岂可不思变通之计乎？"超叹曰："废兴，命也。吾宁奋剑而死，不能衔璧而生。"

丁亥，刘裕悉众攻城，或曰："今日往亡，不利行师。"裕曰："我往彼亡，何为不利？"四面急攻之。悦寿开门纳晋师，超与左右数十骑逾城突围出走，追获之。裕数以不降之罪，超神色自若，一无所言，惟以母托刘敬宣而已。

裕忿广固久不下，欲尽坑之，以妻女赏将士。韩范谏曰："晋室南迁，中原鼎沸，士民无援，强则附之。既为君臣，必须为之尽力。彼皆衣冠旧族，先帝遗民，今王师吊伐而尽坑之，使安所归乎？窃恐西北之人，无复来苏之望矣。"裕改容谢之，然犹斩王公以下三千人，没入家口万余，夷其城隍。送超诣建康，斩之。

臣光曰：晋自济江以来，威灵不竞，戎狄横骛，虎噬中原。刘裕始以王师翦平东夏，不于此际旌礼贤俊，慰抚疲民，宣恺悌之风，涤残秽之政，使群士向风，遗黎企踵，而更恣行屠戮以快忿心。迹其施设，曾苻、姚之不如，宜其不能荡壹四海，成美大之业，岂非虽有智勇而无仁义使之然哉！

## 刘裕灭后秦

晋安帝元兴元年〔春二月〕，秦王兴立子泓为太子，大赦。泓孝友宽和，喜文学，善谈咏，而懦弱多病。兴欲以为嗣，而狐疑不决，久乃立之。是岁，秦王兴立昭仪张氏为皇后，封子懿、弼、洸、宣、谌、愔、璞、质、逵、裕、国儿皆为公。



义熙三年〔夏六月〕，秦王兴以太子泓录尚书事。

七年。秦广平公弼有宠于秦王兴，为雍州刺史，镇安定。姜纪谄附于弼，劝弼结兴左右以求入朝。兴征弼为尚书令、侍中、大将军，弼遂倾身结纳朝士，收采名势，以倾东宫，国人恶之。会兴以西北多叛乱，欲命重将镇抚之，陇东太守郭播请使弼出镇，兴不从。

十年夏五月，秦左将军姚文宗有宠于太子泓，广平公弼恶之，诬文宗有怨言；秦王兴怒，赐文宗死，于是群臣畏弼侧目。弼言于兴，无不从者，以所亲天水尹冲为给事黄门侍郎，唐盛为治书侍御史。兴左右掌机要者，皆其党也。右仆射梁喜、侍中任谦、京兆尹尹昭承间言于兴曰："父子之际，人所难言，然君臣之义，不薄于父子，故臣等不得默然。广平公弼潜有夺嫡之志，陛下宠之太过，假其威权，倾险无赖之徒，辐凑附之。道路皆言陛下将有废立之计，信有之乎？"兴曰："岂有此邪？"喜等曰："苟无之，则陛下爱弼适所以祸之。愿去其左右，损其威权，如此非特安弼，乃所以安宗庙、社稷。"兴不应。大司农窦温、司徒左长史王弼皆密疏劝兴立弼为太子，兴虽不从，亦不责也。

兴疾笃，弼潜聚众数千人，谋作乱。姚裕遣使以弼逆状告诸兄在藩镇者，于是姚懿治兵于蒲阪，镇东将军、豫州牧洸治兵于洛阳，平西将军谌治兵于雍，皆欲赴长安讨弼。会兴疾瘳，见群臣，征虏将军刘羌泣以告兴。梁喜、尹昭请诛弼，且曰："苟陛下不忍杀弼，亦当夺其权任。"兴不得已，免弼尚书令，使以将军、公还第。懿等各罢兵。

懿、洸、谌与姚宣皆入朝，使裕入白兴，求见。兴曰："汝等正欲论弼事耳，吾已知之。"裕曰："弼苟有可论，陛下所宜垂听。若懿等言非是，便当置之刑辟，奈何逆拒之？"于是引见懿等于谘议堂。宣流涕极言，兴曰："吾自处之，非汝曹所忧。"抚军东曹属姜虬上疏曰："广平公弼衅成逆着，道路皆知之。昔文王之化，刑于寡妻。今圣朝之乱，起自爱子，虽欲含忍掩蔽，而逆党扇惑不已，弼之乱心何由可革。宜斥散凶徒，以绝祸端。"兴以虬表示梁喜曰："天下人皆以吾儿为口实，将何以处之？"喜曰："信如虬言，陛下早宜裁决。"兴默然。

十一年春三月，秦广平公弼谮姚宣于秦王兴，宣司马权丕至长安，兴责以不能辅导，将诛之。丕惧，诬宣罪恶，以求自免。兴怒，遣使就杏城收宣，下狱，命弼将三万人镇秦州。尹昭曰："广平公与皇太子不平，今握强兵于外，陛下一旦不讳，社稷必危。'小不忍，乱大谋'，陛下之谓也。"兴不从。

秋九月，秦王兴药动。广平公弼称疾不朝，聚兵于第。兴闻之，怒，收弼党唐盛、孙玄等杀之。太子泓请曰："臣不肖，不能辑谐兄弟，使至于此，皆臣之罪也。若臣死而国家安，愿赐臣死。若陛下不忍杀臣，乞退就藩。"兴恻然悯之，召姚赞、孙喜、尹昭、敛曼嵬与之谋，囚弼，将杀之，穷治党与。泓流涕固请，乃并其党赦之。泓待弼如初,无忿恨之色。

魏太史奏:"荧惑在匏瓜中,忽亡,不知所在。于法当入危亡之国,先为童谣妖言,然后行其祸罚。"魏主嗣召名儒十余人,使与太史议荧惑所诣。崔浩对曰:"按春秋左氏传'神降于莘',以其至之日推知其物。庚午之夕,辛未之朝,天有阴云,荧惑之亡,当在二日。庚之与午,皆主于秦,辛为西夷。今姚兴据长安,荧惑必入秦矣。"众皆怒曰:"天上失星,人间安知所诣?"浩笑而不应。后八十余日,荧惑出东井,留守句已,久之乃去。秦大旱,昆明池竭,童谣讹言,国人不安,间一岁而秦亡。众乃服浩之精妙。

十二年春二月,秦王兴如华阴,使太子泓监国,入居西宫。兴疾笃,还长安。黄门侍郎尹冲谋因泓出迎而杀之。兴至,泓将出迎,宫臣谏曰:"主上疾笃,奸臣在侧,殿下今出,进不得见主上,退有不测之祸。"泓曰:"臣子闻君父疾笃,而端居不出,何以自安?"对曰:"全身以安社稷,孝之大者也。"泓乃止。尚书姚沙弥谓尹冲曰:"太子不出迎,宜奉乘舆幸广平公第,宿卫将士闻乘舆所在,自当来集,太子谁与守乎。且吾属以广平公之故,已陷名逆节,将何所自容?今奉乘舆以举事,乃杖大顺,不惟救广平之祸,吾属前罪亦尽雪矣。"冲以兴死生未可知,欲随兴入宫作乱,不用沙弥之言。

兴入宫,命太子泓录尚书事,东平公绍及右卫将军胡翼度典兵禁中,防制内外。遣殿中上将军敛曼嵬收弼第中甲仗,内之武库。兴疾转笃,其妹南安长公主问疾,不应。幼子耕儿出,告其兄南阳公愔曰:"上已崩矣,宜速决计。"愔即与尹冲帅甲士攻端门,敛曼嵬、胡翼度等勒兵闭门拒战。愔等遣壮士登门,缘屋而入,及于马道。泓侍疾在谘议堂,太子右卫率姚和都帅东宫兵入屯马道南。愔等不得进，遂烧端门。兴力疾临前殿，赐弼死。禁兵见兴，喜跃，争进赴贼，贼众惊扰，和都以东宫兵自后击之，愔等大败。愔逃于骊山，其党建康公吕隆奔雍，尹冲及弟泓来奔。兴引东平公绍及姚赞、梁喜、尹昭、敛曼嵬入内寝，受遗诏辅政。明日，兴卒。泓秘不发丧，捕南阳公愔及吕隆、大将军尹元等皆诛之，乃发丧，即皇帝位，大赦，改元永和。

三月，加太尉裕中外大都督。裕戒严，将伐秦，诏加裕领司豫二州刺史，以其世子义符为徐兖二州刺史。琅邪王德文请启行戎路，修敬山陵，诏许之。

秋八月，宁州献琥珀枕于太尉裕。裕以琥珀治金创，得之大喜，命碎捣分赐北征将士。裕以世子义符为中军将军，监太尉留府事。刘穆之为左仆射，领监军、中军二府军司，入居东府，总摄内外。以太尉左司马东海徐羡之为穆之之副，左将军朱龄石守卫殿省，徐州刺史刘怀慎守卫京师，扬州别驾从事史张裕任留州事。怀慎，怀敬之弟也。

丁巳，裕发建康，遣龙骧将军王镇恶、冠军将军檀道济将步军自淮、淝向许、洛，新野太守朱超石、宁朔将军胡藩趋阳城，振武将军沈田子、建威将军傅弘之趋武关，建武将军沈林子、彭城内史刘遵考将水军出石门，自汴入河，以冀州刺史王仲德督前锋诸军开钜野入河。遵考，裕之族弟也。刘穆之谓王镇恶曰："公今委卿以伐秦之任，卿其勉之！"镇恶曰："吾不克关中，誓不复济江。"

裕既行，青州刺史檀祗自广陵帅众至涂中掩讨亡命。刘穆之恐祗为变，议欲遣军。时檀韶为江州刺史，张卲曰："今韶据中流，道济为军首，若有相疑之迹，则大府立危。不如逆遣慰劳，以观其意，必无患也。”穆之乃止。

九月，太尉裕至彭城，加领徐州刺史，以太原王玄谟为从事史。王镇恶、檀道济入秦境，所向皆捷。秦将王苟生以漆丘降镇恶，徐州刺史姚掌以项城降道济，诸屯守皆望风款附。惟新蔡太守董遵不下，道济攻拔其城，执遵杀之。进克许昌，获秦颍川太守姚坦及大将杨业。沈林子自汴入河，襄邑人董神虎聚众千余人来降，太尉裕拔为参军。林子与神虎共攻仓垣，克之，秦兖州刺史韦华降。神虎擅还襄邑，林子杀之。

秦东平公绍言于秦主泓曰：“晋兵已过许昌，安定孤远，难以救卫，宜迁其镇户，内实京畿，可得精兵十万，虽晋、夏交侵，犹不亡国。不然，晋攻豫州，夏攻安定，将若之何？事机已至，宜在速决。”左仆射梁喜曰：“齐公恢有威名，为岭北所惮，镇人已与勃勃深仇，理应守死无贰。勃勃终不能越安定远寇京畿。若无安定，虏马必至于郿。今关中兵足以拒晋，无为豫自损削也。”泓从之。吏部郎懿横密言于泓曰：“恢于广平之难，有忠勋于陛下。自陛下龙飞绍统，未有殊赏以答其意。今外则致之死地，内则不豫朝权，安定人自以孤危逼寇，思南迁者十室而九，若恢拥精兵数万，鼓行而向京师，得不为社稷之累乎？宜征还朝廷，以慰其心。”泓曰：“恢若怀不逞之心，征之适所以速祸耳。”又不从。

王仲德水军入河，将逼滑台，魏兖州刺史尉建畏懦，帅众弃城，北渡河。仲德入滑台，宣言曰：“晋本欲以布帛七万匹假道于魏，不谓魏之守将弃城遽去。”魏主嗣闻之，遣叔孙建、公孙表自河内向枋头，因引兵济河，斩尉建于城下，投尸于河。呼仲德军人，问以侵寇之状。仲德使司马竺和之对曰：“刘太尉使王征虏自河入洛，清扫山陵，非敢为寇于魏也。魏之守将自弃滑台去，王征虏借空城以息兵，行当西引，于晋、魏之好无废也，何必扬旗鸣鼓以曜威乎！”嗣使建以问太尉裕。裕逊辞谢之曰：“洛阳，晋之旧都，而羌据之，晋欲修复山陵久矣。诸桓宗族，司马休之、国璠兄弟，鲁宗之父子，皆晋之蠹也，而羌收之，以为晋患。今晋将伐之，欲假道于魏，非敢为不利也。”魏河内镇将于栗磾有勇名，筑垒于河上以备侵轶。裕以书与之，题曰“黑矟公麾下”。栗磾好操黑矟以自标，故裕以此目之。司马休之等奔秦事，见刘裕篡晋。

冬十月，秦阳城、荥阳二城皆降，晋兵进至成皋。秦征南将军陈留公洸镇洛阳，遣使求救于长安。秦主泓遣越骑校尉阎生帅骑三千救之，武卫将军姚益男将步卒一万助守洛阳，又遣并州牧姚懿南屯陕津，为之声援。宁朔将军赵玄言于洸曰：“今晋寇益深，人情骇动，众寡不敌，若出战不捷，则大事去矣。宜摄诸戍之兵，固守金墉，以待西师之救。金墉不下，晋必不敢越我而西，是我不战而坐收其弊也。”司马姚禹阴与檀道济通，主簿阎恢、杨虔，皆禹之党也，共嫉玄，言于洸曰：“殿下以英武之略，受任方面，今婴城示弱，得无为朝廷所责乎？”洸以为然，乃遣赵玄将兵千余南守柏谷坞，广武将军石无讳东戍巩城。玄泣谓洸曰：“玄受三帝重恩，所守正有死耳。但明公不用忠臣之言，为奸人所误，后必悔之。”既而成皋、虎牢皆来降，檀道济等长驱而进，无讳至石关，奔还。龙骧司马荥阳毛德祖与玄战于柏谷，玄兵败，被十余创，据地大呼。玄司马蹇鉴冒刃抱玄而泣，玄曰：“吾创已重，君宜速去。”鉴曰：“将军不济，鉴去安之！”与之皆死。姚禹逾城奔道济。甲子，道济进逼洛阳。丙寅，洸出降。道济获秦人四千余人，议者欲尽坑之，以为京观。道济曰：“伐罪吊民，正在今日。”皆释而遣之。于是夷夏感悦，归之者甚众。阎生、姚益男未至，闻洛阳已没，不敢进。

己丑，诏遣兼司空高密王恢之修谒五陵，置守卫。太尉裕以冠军将军毛修之为河南、河内二郡太守，行司州事，戍洛阳。

十一月，西秦王炽磐遣使诣太尉裕，求击秦以自效，裕拜炽磐平西将军、河南公。

秦姚懿司马孙畅说懿，使袭长安，诛东平公绍，废秦主泓而代之。懿以为然，乃散谷以赐河北夷夏，欲树私恩。左常侍张敞、侍郎左雅谏曰："殿下以母弟居方面，安危休戚，与国同之。今吴寇内侵，四州倾没，西虏扰边，秦、凉覆败，朝廷之危，有如累卵。谷者，国之本也，而殿下无故散之，虚损国储，将若之何？"懿怒，笞杀之。

泓闻之，召东平公绍密与之谋。绍曰："懿性识鄙浅，从物推移。造此谋者必孙畅也，但驰使征畅，遣抚军将军赞据陕城，臣向潼关，为诸军节度。若畅奉诏而至，臣当遣懿帅河东见兵共御晋师，若不受诏命，便当声其罪而讨之。"泓曰："叔父之言，社稷之计也。"乃遣姚赞及冠军将军司马国璠、建义将军蛇玄屯陕津，武卫将军姚驴屯潼关。

懿遂举兵称帝，传檄州郡，欲运匈奴堡谷以给镇人。宁东将军姚成都拒之，懿卑辞诱之，送佩刀为誓，成都不从。懿遣骁骑将军王国帅甲士数百攻成都，成都击禽之，遣使让懿曰："明公以至亲当重任，国危不能救，而更图非望，三祖之灵，其肯佑明公乎！成都将纠合义兵，往见明公于河上耳。"于是传檄诸城，谕以逆顺，征兵调食以讨懿。懿亦发诸城兵，莫有应者，惟临晋数千户应懿。成都引兵济河，击临晋叛者，破之。镇人安定郭纯等起兵围懿，东平公绍入蒲阪，执懿，诛孙畅等。

十三年春正月，秦主泓朝会百官于前殿，以内外危迫，君臣相泣。征北将军齐公恢帅安定镇户三万八千焚庐舍，自北雍州趋长安，自称大都督、建义大将军，移檄州郡，欲除君侧之恶；扬威将军姜纪帅众归之，建节将军彭完都弃阴密奔还长安。恢至新支，姜纪说恢曰："国家重将大兵皆在东方，京师空虚，公亟引轻兵袭之，必克。"恢不从，南攻郿城，镇西将军姚谌为恢所败，长安大震。泓驰使征东平公绍，遣姚裕及辅国将军胡翼度屯沣西。扶风太守姚㑺等皆降于恢。东平公绍引诸军西还，与恢相持于灵台，姚赞留宁朔将军尹雅为弘农太守，守潼关，亦引兵还。恢众见诸军四集，皆有惧心，其将齐黄等诣大军降。恢进兵逼绍，赞自后击之，恢兵大败，杀恢及其三弟。泓哭之恸，葬以公礼。

太尉裕引水军发彭城，留其子彭城公义隆镇彭城，诏以义隆为监徐兖青冀四州诸军事、秦州刺史。

二月，王镇恶进军渑池，遣毛德祖袭尹雅于蠡吾城，禽之，雅杀守者而逃。镇恶引兵径前抵潼关。檀道济、沈林子自陕北渡河，拔襄邑堡，秦河北太守薛帛奔河东。又攻秦并州刺史尹昭于蒲阪，不克。别将攻匈奴堡，为姚成都所败。

辛酉，荥阳守将傅洪以虎牢降魏。

秦主泓以东平公绍为太宰、大将军、都督中外诸军事，假黄钺，改封鲁公，使督武卫将军姚鸾等步骑五万守潼关。又遣别将姚驴救蒲阪。沈林子谓檀道济曰："蒲阪城坚兵多，不可猝拔，攻之伤众，守之引日。王镇恶在潼关，势孤力弱，不如与镇恶合势，并力以争潼关；若得之，尹昭不攻自溃矣。"道济从之。

三月，道济、林子至潼关，秦鲁公绍引兵出战，道济、林子奋击，大破之，斩获以千数。绍退屯定城，据险拒守，谓诸将曰："道济等兵力不多，悬军深入，不过坚壁以待继援。吾分军绝其粮道，可坐禽也。”乃遣姚鸾屯大路以绝道济粮道。

鸾遣尹雅将兵与晋战于关南，为晋兵所获。将杀之，雅曰：“雅前日已当死，幸得脱至今。死固甘心，然夷夏虽殊，君臣之义一也。晋以大义行师，独不使秦有守节之臣乎？”乃免之。

丙子夜，沈林子将锐卒袭鸾营，斩鸾，杀其士卒数千人。绍又遣东平公赞屯河上以断水道，沈林子击之，赞败，走还定城。薛帛据河曲来降。太尉裕将水军自淮、泗入清河，将溯河西上，先遣使假道于魏，秦主泓亦遣使请救于魏。魏主嗣使群臣议之，皆曰：“潼关天险，刘裕以水军攻之，甚难，若登岸北侵，其势便易。裕声言伐秦，其志难测。且秦，婚姻之国，不可不救也。宜发兵断河上流，勿使得西。”博士祭酒崔浩曰：“裕图秦久矣，今姚兴死，子泓懦劣，国多内难。裕承其危而伐之，其志必取。若遏其上流，裕心忿戾，必上岸北侵，是我代秦受敌也。今柔然寇边，民食又乏，若复与裕为敌，发兵南赴，则北寇愈深，救北则南州复危，非良计也。不若假之水道，听裕西上，然后屯兵以塞其东。使裕克捷，必德我之假道；不捷，吾不失救秦之名，此策之得者也。且南北异俗，借使国家弃恒山以南，裕必不能以吴、越之兵，与吾争守河北之地，安能为吾患乎？夫为国计者，惟社稷是利，岂顾一女子乎！”议者犹曰：“裕西入关，则恐吾断其后，腹背受敌；北上，则姚氏必不出关助我，其势必声西而实北也。”嗣乃以司徒长孙嵩督山东诸军事，又遣振威将军娥清、冀州刺史阿薄干将步骑十万屯河北岸。

庚辰，裕引军入河，以左将军向弥为北青州刺史，留戍碻磝。

初，裕命王镇恶等，若克洛阳，须大军到俱进。镇恶等乘利径趋潼关，为秦兵所拒，不得前。久之乏食，众心疑惧，或欲弃辎重还赴大军。沈林子按剑怒曰："相公志清六合，今许、洛已定，关右将平，事之济否，系于前锋。奈何沮乘胜之气，弃垂成之功乎！且大军尚远，贼众方盛，虽欲求还，岂可得乎？下官授命不顾，今日之事，当自为将军办之，未知二三君子将何面以见相公之旗鼓邪！"镇恶等遣使驰告裕，求遣粮援。裕呼使者，开舫北户，指河上魏军以示之曰："我语令勿进，今轻佻深入。岸上如此，何由得遣军？"镇恶乃亲至弘农，说谕百姓，百姓竞送义租，军食复振。

魏人以数千骑缘河随裕军西行，军人于南岸牵百丈，风水迅急，有漂渡北岸者，辄为魏人所杀略。裕遣军击之，裁登岸则走，退则复来。夏四月，裕遣白直队主丁旿帅仗士七百人，车百乘，渡北岸，去水百余步，为却月阵，两端抱河车，置七仗士，事毕，使竖一白毦。魏人不解其意，皆未动。裕先命宁朔将军朱超石戒严，白毦既举，超石帅二千人驰往赴之，赍大弩百张，一车益二十人，设彭排于辕上。魏人见营阵既立，乃进围之。长孙嵩帅三万骑助之，四面肉薄攻营，弩不能制。时超石别赍大锤及槊千余张，乃断槊长三四尺，以锤锤之，一槊辄洞贯三四人。魏兵不能当，一时奔溃，死者相积。临陈斩阿薄干。魏人退还畔城，超石帅宁朔将军胡藩、宁远将军刘荣祖追击，又破之，杀获千计。魏主嗣闻之，乃恨不用崔浩之言。

秦鲁公绍遣长史姚洽、宁朔将军安鸾、护军姚墨蠡、河东太守唐小方帅众三千屯河北之九原，阻河为固，欲以绝檀道济粮援。沈林子邀击，破之，斩洽、墨蠡、小方，杀获殆尽。林子因启太尉裕曰："绍气盖关中，今兵屈于外，国危于内，恐其凶命先尽，不得以膏齐斧耳。”绍闻洽等败死，愤恚，发病呕血，以兵属东平公赞而卒。赞既代绍，众力犹盛，引兵袭林子，林子复击破之。

太尉裕至洛阳，行视城堑，嘉毛修之完葺之功，赐衣服、玩好，直二千万。

秋七月，太尉裕至陕。沈田子、傅弘之入武关，秦戍将皆委城走。田子等进屯青泥，秦主泓使给事黄门侍郎姚和都屯峣柳以拒之。

太尉裕至阌乡。沈田子等将攻峣柳，秦主泓欲自将以御裕军，恐田子等袭其后，欲先击灭田子等，然后倾国东出，乃帅步骑数万奄至青泥。田子本为疑兵，所领裁千余人，闻泓至，欲击之。傅弘之以众寡不敌止之，田子曰：“兵贵用奇，不必在众。且今众寡相悬，势不两立，若彼结围既固，则我无所逃矣。不如乘其始至，营陈未立，先薄之，可以有功。”遂帅所领先进，弘之继之。秦兵合围数重。田子抚慰士卒曰：“诸君冒险远来，正求今日之战，死生一决，封侯之业于此在矣。”士卒皆踊跃鼓噪，执短兵奋击，秦兵大败，斩馘万余级，得其乘舆服御物，秦主泓奔还灞上。

初，裕以田子等众少，遣沈林子将兵自秦岭往助之。至则秦兵已败，乃相与追之，关中郡县多潜送款于田子。辛丑，太尉裕至潼关，以朱超石为河东太守，使与振武将军徐猗之会薛帛于河北，共攻蒲阪。秦平原公璞与姚和都共击之，猗之败死，超石奔还潼关。东平公赞遣司马国播引魏兵以蹑裕后。

王镇恶请帅水军自河入渭以趋长安，裕许之。秦恢武将军姚难自香城引兵而西，镇恶追之。秦主泓自灞上引兵还屯石桥以为之援，镇北将军姚强与难合兵屯泾上以拒镇恶。镇恶使毛德祖进击，破之，强死，难奔长安。

东平公赞退屯郑城，太尉裕进军逼之。泓使姚丕守渭桥，胡翼度屯石积，东平公赞屯灞东，泓屯逍遥园。

镇恶溯渭而上，乘蒙冲小舰，行船者皆在舰内。秦人见舰进而无行船者，皆惊以为神。壬戌旦，镇恶至渭桥，令军士食毕，皆持仗登岸，后登者斩。众既登，渭水迅急，舰皆随流，倏忽不知所在。时泓所将尚数万人。镇恶谕士卒曰："吾属并家在江南，此为长安北门，去家万里，舟楫、衣粮皆已随流。今进战而胜则功名俱显，不胜则骸骨不返，无他岐矣，卿等勉之！"乃身先士卒，众腾踊争进，大破姚丕于渭桥。泓引兵救之，为丕败卒所蹂践，不战而溃。姚谌等皆死，泓单马还宫。镇恶入自平朔门，泓与姚裕等数百骑逃奔石桥。东平公赞闻泓败，引兵赴之，众皆溃去。胡翼度降于太尉裕。

泓将出降，其子佛念年十一，言于泓曰："晋人将逞其欲，虽降必不免，不如引决。"泓怃然不应。佛念登宫墙自投而死。癸亥，泓将妻子、群臣诣镇恶垒门请降，镇恶以属吏。城中夷晋六万余户，镇恶以国恩抚慰，号令严肃，百姓安堵。

九月，太尉裕至长安，镇恶迎于灞上。裕劳之曰："成吾霸业者卿也。"镇恶再拜谢曰："明公之威，诸将之力，镇恶何功之有？"裕笑曰："卿欲学冯异邪？"镇恶性贪，秦府库盈积，镇恶盗取不可胜纪，裕以其功大不问。或谮诸裕曰："镇恶藏姚泓伪辇，将有异志。"裕使人觇之，镇恶剔取其金银，弃辇于垣侧，裕意乃安。

裕收秦彝器、浑仪、土圭、记里鼓、指南车送诣建康，其余金玉、缯帛、珍宝皆以颁赐将士。秦平原公璞、并州刺史尹昭以蒲阪降，东平公赞帅宗族百余人诣裕降，裕皆杀之。送姚泓至建康，斩于市。

裕以薛辩为平阳太守,使镇捍北道。

裕议迁都洛阳,谘议参军王仲德曰:"非常之事,固非常人所及,必致骇动。今暴师日久,士卒思归,迁都之计,未可议也。"裕乃止。羌众十余万口西奔陇上,沈林子追击至槐里,俘虏万计。

初,夏王勃勃闻太尉裕伐秦,谓群臣曰:"姚泓非裕敌也,且其兄弟内叛,安能拒人,裕取关中必矣。然裕不能久留,必将南归,留子弟及诸将守之,吾取之如拾芥耳。"乃秣马砺兵,训养士卒,进据安定,秦岭北郡县镇戍皆降之。裕遣使遗勃勃书,约为兄弟。勃勃使中书侍郎皇甫徽为报书而阴诵之,对裕使者,口授舍人使书之。裕读其文,叹曰:"吾不如也。"

冬十一月辛未,刘穆之卒,太尉裕闻之,惊恸哀惋者累日。始裕欲留长安经略西北,而诸将佐皆久役思归,多不欲留。会穆之卒,裕以根本无托,遂决意东还。

穆之之卒也,朝廷恇惧,欲发诏,以太尉左司马徐羡之代之。中军谘议参军张邵曰:"今诚急病,任终在徐,然世子无专命,宜须咨之。"裕欲以王弘代穆之,从事中郎谢晦曰:"休元轻易,不若羡之。"乃以羡之为吏部尚书、建威将军、丹阳尹,代管留任。于是朝廷大事常决于穆之者,并悉北咨。

裕以次子桂阳公义真为都督雍梁秦三州诸军事、安西将军、领雍东秦二州刺史。义真时年十二。以太尉谘议参军京兆王修为长史,王镇恶为司马、领冯翊太守,沈田子、毛德祖皆为中兵参军,仍以田子领始平太守,德祖领秦州刺史、天水太守,傅弘之为雍州治中从事史。

先是,陇上流户寓关中者,望因兵威得复本土。及置东秦州,知裕无复西略之意,皆叹息失望。

裕之克长安，王镇恶功为多，由是南人皆忌之。沈田子自以峣柳之捷，与镇恶争功不平。裕将还，田子及傅弘之屡言于裕曰："镇恶家在关中，不可保信。"裕曰："今留卿文武将士精兵万人，彼若欲为不善，正足自灭耳，勿复多言。"裕私谓田子曰："钟会不得遂其乱者，以有卫瓘故也。语曰'猛兽不如群狐'，卿等十余人，何惧王镇恶？"

臣光曰：古人有言："疑则勿任，任则勿疑。"裕既委镇恶以关中，而复与田子有后言，是斗之使为乱也。惜乎百年之寇，千里之土，得之艰难，失之造次，使丰、鄗之都复输寇手。荀子曰："兼并易能也，坚凝之难。"信哉。

三秦父老闻裕将还，诣门流涕诉曰："残民不沾王化，于今百年，始睹衣冠，人人相贺。长安十陵是公家坟墓，咸阳宫殿是公家室宅，舍此欲何之乎？"裕为之愍然，慰谕之曰："受命朝廷，不得擅留。诚多诸君怀本之志，今以次息与文武贤才共镇此境，勉与之居。"十二月庚子，裕发长安，自洛入河，开汴渠以归。

闰月，夏王勃勃闻太尉裕东还，大喜，问于王买德曰："朕欲取关中，卿试言其方略。"买德曰："关中形胜之地，而裕以幼子守之，狼狈而归，正欲急成篡事耳，不暇复以中原为意。此天以关中赐我，不可失也。青泥、上洛，南北之险要，宜先遣游军断之，东塞潼关，绝其水陆之路，然后传檄三辅，施以威德，则义真在网罟之中，不足取也。"勃勃乃以其子抚军大将军璝都督前锋诸军事，帅骑二万向长安，前将军昌屯潼关，以买德为抚军右长史，屯青泥，勃勃将大军为后继。

十四年春正月，夏赫连璝至渭〔阳〕，关中民降之者属路。龙骧将军沈田子将兵拒之，畏其众盛，退屯刘回堡，遣使还报王镇恶。镇恶谓王修曰:“公以十岁儿付吾属,当共思竭力,而拥兵不进,虏何由得平?”使者还以告田子,田子与镇恶素有相图之志,由是益忿惧。未几镇恶与田子俱出北地以拒夏兵,军中讹言:“镇恶欲尽杀南人,以数十人送义真南还,因据关中反。”辛亥,田子请镇恶至傅弘之营计事,田子求屏人语,使其宗人沈敬仁斩之幕下,矫称受太尉令诛之。弘之奔告刘义真,义真与王修被甲登横门以察其变。俄而田子帅数十人来至,言镇恶反,修执田子,数以专戮,斩之。以冠军将军毛修之代镇恶为安西司马。傅弘之大破赫连瑰于池阳,又破之于寡妇渡,斩获甚众,夏兵乃退。



壬戌,太尉裕至彭城,解严。琅邪王德文先归建康。

裕闻王镇恶死,表言“沈田子忽发狂易,奄害忠勋”,追赠镇恶左将军、青州刺史。以彭城内史刘遵考为并州刺史,领河东太守,镇蒲阪。征荆州刺史刘道怜为徐兖二州刺史。

裕欲以世子义符镇荆州,以徐州刺史刘义隆为司州刺史,镇洛阳。中军谘议张邵谏曰:“储贰之重,四海所系,不宜处外。”乃更以义隆为都督荆益宁雍梁秦六州诸军事、西中郎将、荆州刺史,以南郡太守到彦之为南蛮校尉,张邵为司马、领南郡相,冠军功曹王昙首为长史,北徐州从事王华为西中郎主簿,沈林子为西中郎参军。义隆尚幼,府事皆决于邵。昙首,弘之弟也。裕谓义隆曰:“王昙首沉毅有器度,宰相才也。汝每事咨之。”以南郡公刘义庆为豫州刺史。义庆,道怜之子也。裕解司州,领徐冀二州刺史。



冬十月,刘义真年少,赐与左右无节,王修每裁抑之。左右皆怨,谮修于义真曰:“王镇恶欲反,故沈田子杀之。修杀田子,是亦欲反也。”义真信之,使左右刘乞等杀修。

修既死,人情离骇,莫相统壹。义真悉召外军入长安,闭门拒守。关中郡县悉降于夏。赫连瑰夜袭长安,不克。夏王勃勃进据咸阳,长安樵采路绝。

宋公裕闻之,使辅国将军蒯恩如长安召义真东归,以相国右司马朱龄石为都督关中诸军事、右将军、雍州刺史,代镇长安。裕谓龄石曰:“卿至,可敕义真轻装速发,既出关,然可徐行。若关右必不可守,可与义真俱归。”又命中书侍郎朱超石慰劳河、洛。

十一月,龄石至长安。义真将士贪纵,大掠而东,多载宝货、子女,方轨徐行。雍州别驾韦华奔夏。赫连瑰帅众三万追义真,建威将军傅弘之曰:“公处分亟进,今多将辎重,一日行不过十里,虏追骑且至,何以待之?宜弃车轻行,乃可以免。”义真不从。俄而夏兵大至,傅弘之、蒯恩断后,力战连日。至青泥,晋兵大败,弘之、恩皆为王买德所禽,司马毛修之与义真相失,亦为夏兵所禽。义真行在前,会日暮,夏兵不穷追,故得免,左右尽散,独逃草中。中兵参军段宏单骑追寻,缘道呼之,义真识其声,出就之曰:“君非段中兵耶?身在此,行矣!必不两全,可刎身头以南,使家公望绝。”宏泣曰:“死生共之,下官不忍。”乃束义真于背,单马而归。义真谓宏曰:“今日之事,诚无算略。然丈夫不经此,何以知艰难!”

夏王勃勃欲降傅弘之,弘之不屈。时天寒,勃勃裸之,弘之叫骂而死。勃勃积人头为京观,号曰“髑髅台”。长安百姓逐朱龄石,龄石焚其宫殿,奔潼关。勃勃入长安,大飨将士,举觞谓王买德曰:“卿往日之言,一期而验,可谓算无遗策。此觞所集,非卿而谁!”以买德为都官尚书,封河阳侯。

龙骧将军王敬先戍曹公垒,龄石往从之。朱超石至蒲阪,闻龄石所在,亦往从之。赫连昌攻敬先垒,断其水道,众渴不能战,城且陷。龄石谓超石曰:“弟兄俱死异域,使老亲何以为心?尔求间道亡归,我死此无恨矣。”超石持兄泣曰:“人谁不死,宁忍今日辞兄去乎!”遂与敬先及右军参军刘钦之皆被执,送长安,勃勃杀之。钦之弟秀之悲泣不欢燕者十年。钦之,穆之之从兄子也。

宋公裕闻青泥败,未知义真存亡,怒甚,刻日北伐。侍中谢晦谏,以“士卒疲弊,请俟他年”,不从。郑鲜之上表,以为:“虏闻殿下亲征,必并力守潼关。径往攻之,恐未易可克,若舆驾顿洛,则不足上劳圣躬。且虏虽得志,不敢乘胜过陕者,犹慑服大威,为将来之虑故也。若造洛而返,虏必更有揣量之心,或益生边患。况大军远出,后患甚多。昔岁西征,刘、钟狼狈;去年北讨,广州倾覆,既往之效,后来之鉴也。今诸州大水,民食寡乏,三吴群盗攻没诸县,皆由困于征役故也。江南士庶,引领颙颙以望殿下之返旆,闻更北出,不测浅深之谋,往还之期,臣恐返顾之忧更在腹心也。若虑西虏更为河、洛之患者,宜结好北虏,北虏亲则河南安,河南安则济、泗静矣。”会得段宏启,知义真得免,裕乃止,但登城北望,慨然流涕而已。降义真为建威将军、司州刺史,以段宏为宋台黄门郎、领太子右卫率。裕以天水太守毛德祖为河东太守,代刘遵考守蒲阪。





## 赫连据朔方

晋安帝义熙三年。初,魏王珪灭刘卫辰,其子勃勃奔秦,秦高平公没弈干以女妻之。勃勃魁岸美风仪，性辩慧，秦王兴见而奇之，与论军国大事，宠遇逾于勋旧。兴弟邕谏曰："勃勃不可近也。"兴曰："勃勃有济世之才，吾方与之平天下，奈何逆忌之？"乃以为安远将军，使助没弈干镇高平，以三城、朔方杂夷及卫辰部众三万配之，使伺魏间隙。邕固争以为不可。兴曰："卿何以知其为人？"邕曰："勃勃奉上慢，御众残，贪猾不仁，轻为去就。宠之逾分，恐终为边患。"兴乃止，久之，竟以勃勃为安北将军、五原公，配以三交五部鲜卑及杂虏二万余落，镇朔方。〔夏五月〕，魏主珪归所虏秦将唐小方于秦。秦王兴请归贺狄干，仍送良马千匹以赎狄伯支，珪许之。

勃勃闻秦复与魏通而怒，乃谋叛秦。柔然可汗社仑献马八十匹于秦，至大城，勃勃掠取之，悉集其众三万余人伪畋于高平川，因袭杀没弈干而并其众。勃勃自谓夏后氏之苗裔，六月，自称大夏天王、大单于，大赦，改元龙升，置百官。

初，魏王珪遣北部大人贺狄干献马千匹求昏于秦，秦王兴止狄干而绝其昏，于是秦、魏有隙。秦王兴遣尚书右仆射狄伯支等伐魏，魏王珪自将大军击之，败狄伯支及赵骑校尉唐小方等。冬十月，夏王勃勃破鲜卑薛干等三部，降其众以万数，进攻秦三城已北诸戍，斩秦将杨丕、姚石生等。诸将皆曰："陛下欲经营关中，宜先固根本，使人心有所凭系。高平山川险固，土田饶沃，可以定都。"勃勃曰："卿知其一，未知其二。吾大业草创，士众未多，姚兴亦一时之雄，诸将用命，关中未可图也。我今专固一城，彼必并力于我，众非其敌，亡可立待。不如以骁骑风驰，出其不意，救前则击后，救后则击前，使彼疲于奔命，我则游食自若。不及十年，岭北、河东尽为我有。待兴既死，嗣子暗弱，徐取长安，在吾计中矣。”于是侵掠岭北，岭北诸城门不昼启。兴乃叹曰：“吾不用黄儿之言，以至于此。”

十一月，勃勃又败秦将张佛生于青石原，俘斩五千余人。

四年夏五月，秦王兴使左仆射齐难帅骑二万讨勃勃。秋七月，夏王勃勃闻秦兵且至，退保河曲。齐难以勃勃既远，纵兵野掠，勃勃潜师袭之，俘斩七千余人。难引兵退走，勃勃追至木城，禽之，虏其将士万三千人。于是岭北夷夏附于勃勃者以万数，勃勃皆置守宰以抚之。

五年春正月，秦王兴遣其弟平北将军冲、征虏将军狄伯支等帅骑四万，击夏王勃勃。冲至岭北，谋还袭长安，伯支不从而止，因酖杀伯支以灭口。

夏四月，夏王勃勃帅骑二万攻秦，掠取平凉杂胡七千余户，进屯依力川。

秋九月，秦王兴自将击夏王勃勃，至贰城，遣安远将军姚详等分督租运。勃勃乘虚奄至，兴惧，欲轻骑就详等。右仆射韦华曰：“若銮舆一动，众心骇惧，必不战自溃，详营亦未必可至也。”兴与勃勃战，秦兵大败，将军姚榆生为勃勃所禽，左将军姚文宗等力战，勃勃乃退，兴还长安。勃勃复攻秦敕奇堡、黄石固、我罗城，皆拔之，徙七千余家于大城，以其丞相右地代领幽州牧以镇之。

六年春三月，夏王勃勃遣尚书胡金纂攻平凉，秦王兴救平凉，击金纂，杀之。勃勃又遣兄子左将军罗提攻拔定阳，坑将士四千余人。秦将曹炽、曹云、王肆佛等各将数千户内徙，兴处之湟山及陈仓。勃勃寇陇右，破白崖堡，遂趣清水，略阳太守姚寿都弃城走，勃勃徙其民万六千户于大城。兴自安定追之，至寿渠川，不及而还。

七年春正月，秦姚详屯杏城，为夏王勃勃所逼，南奔大苏，勃勃遣平东将军鹿弈干追斩之，尽俘其众。勃勃南攻安定，破尚书杨佛嵩于青石北原，降其众四万五千。进攻东乡，下之，徙三千余户于贰城。秦镇北参军王买德奔夏，夏王勃勃问以灭秦之策。买德曰："秦德虽衰，藩镇犹固，愿且蓄力以待之。"勃勃以买德为军师中郎将。秦王兴遣卫大将军常山公显迎姚详，弗及，遂屯杏城。

八年冬十月，秦王兴以杨佛嵩为雍州刺史，帅岭北见兵以击夏。行数日，兴谓群臣曰："佛嵩每见敌，勇不自制，吾常节其兵不过五千人。今所将既多，遇敌必败。行已远，追之无及，将若之何？"佛嵩与夏王勃勃战，果败，为勃勃所执，绝亢而死。

九年春三月，夏王勃勃大赦，改元凤翔。以叱干阿利领将作大匠，发岭北夷夏十万人筑都城于朔方水北、黑水之南。勃勃曰："朕方统一天下，君临万邦，宜名新城曰统万。"阿利性巧而残忍，蒸土筑城，锥入一寸，即杀作者而并筑之。勃勃以为忠，委任之。凡造兵器成，呈之，工人必有死者。射甲不入则斩弓人，入则斩甲匠。又铸铜为一大鼓，飞廉、翁仲、铜驼、龙虎之属，饰以黄金，列于宫殿之前。凡杀工匠数千。由是器物皆精利。勃勃自谓其祖从母姓为刘，非礼也。古人氏族无常，乃改姓赫连氏，言帝王系天为子，其徽赫与天连也。其非正统者皆以铁伐为氏，言其刚锐如铁，皆堪伐人也。

十一年春三月，夏王勃勃攻秦杏城，拔之，执守将姚逵，坑士卒二万人。秦王兴如北地，遣广平公弼及辅国将军敛曼嵬向新平，兴还长安。秋九月，夏赫连建将兵击秦，执平凉太守姚周都，遂入新平，广平公弼与战于龙尾堡，禽之。

十二年春正月，秦王兴卒，太子泓即皇帝位，大赦，改元永和。

夏六月，夏王勃勃帅骑四万袭上邽，未至，〔上邽守将姚〕嵩与〔氐王杨〕盛战于竹岭，败死。勃勃攻上邽，二旬克之，杀秦州刺史姚军都及将士五千余人，因毁其城。进攻阴密，又杀秦将姚良子及将士万余人。以其子昌为雍州刺史，镇阴密。征北将军姚恢弃安定，奔还长安，安定人胡俨等帅户五万据城降于夏。勃勃使镇东将军羊苟儿将鲜卑五千镇安定，进攻秦镇西将军姚谌于雍城，谌委镇奔长安。勃勃据雍，进掠郿城。秦东平公绍及征虏将军尹昭等将步骑五万击之，勃勃退趋安定，胡俨闭门拒之，杀羊苟儿及所将鲜卑，复以安定降秦。绍进击勃勃于马鞍阪，破之，追至朝那，不及而还。勃勃归杏城。杨盛复遣兄子倦击秦至陈仓，秦敛曼嵬击却之。夏王勃勃复遣兄子提南侵泄阳，秦车骑将军姚裕等击却之。

十三年。夏王勃勃闻太尉裕伐秦，乃进据安定，秦岭北郡县镇戍皆降之。太尉裕克秦，东还，留次子桂阳公义真为都督。夏王勃勃闻太尉裕东还，乃以其子抚军大将军瑰都督前锋诸军事，帅骑二万向长安。

十四年。夏赫连瓒至渭〔阳〕，龙骧将军沈田子将兵拒之。田子杀王镇恶，王修执田子斩之，以冠军将军毛修之代镇恶。傅弘之大破（慕容）〔赫连〕瓒，夏兵乃退。

刘义真召外军入长安，关中郡县悉降于夏。夏王勃勃进据咸阳。宋公裕召义真东归，以相国右司马朱龄石代镇长安。义真将士大掠而东，赫连瓒帅众追之，傅弘之等力战，晋兵大败，夏兵不穷追，故得免。长安百姓逐朱龄石，龄石奔潼关。勃勃入长安。五事并见刘裕灭后秦。

〔冬十一月〕，夏王勃勃筑坛于灞上，即皇帝位，改元昌武。

恭帝元熙元年春三月，夏群臣请都长安。勃勃曰："朕岂不知长安历世帝王之都，沃饶险固。然晋人僻远，终不能为吾患。魏与我风俗略同，土壤邻接，自统万距魏境裁百余里，朕在长安，统万必危，若在统万，魏必不敢济河而西。诸卿适未见此耳。"皆曰："非所及也。"乃于长安置南台，以赫连璝领大将军、雍州牧、录南台尚书事。勃勃还统万，大赦，改元真兴。勃勃性骄虐，视民如草芥。常居城上，置弓剑于侧，有所嫌忿，手自杀之。群臣迕视者凿其目，笑者决其唇，谏者先截其舌而后斩之。

## 魏灭北燕

晋安帝义熙十年秋八月辛丑，魏主嗣遣谒者于什门使于燕。什门至和龙，不肯入见，曰："大魏皇帝有诏，须冯王出受，然后敢入。"燕王跋使人牵逼令入。什门见跋不拜，跋使人按其项，什门曰："冯王拜受诏，吾自以宾主致敬，何苦见逼邪！"跋怒，留什门不遣，什门数众辱之。左右请杀之，跋曰："彼各为其主耳。"乃幽执什门，欲降之，什门终不降。久之，衣冠弊坏略尽，虮虱流溢，跋遗之衣冠，什门皆不受。

十四年。初，和龙有赤气四塞蔽日，自寅至申。燕太史令张穆言于燕王跋曰："此兵气也。今魏方强盛，而执其使者，好命不通，臣窃惧焉。"跋曰："吾方思之。"五月，魏主嗣东巡，至濡源及甘松，遣征东将军长孙道生、安东将军李先、给事黄门侍郎奚观帅精骑二万袭燕，又命骁骑将军延普、幽州刺史尉诺自幽州引兵趋辽西，为之声势，嗣屯突门岭以待之。道生等拔乙连城，进攻和龙，与燕单于右辅古泥战，破之，杀其将皇甫轨。燕王跋婴城自守，魏人攻之，不克，掠其民万余家而还。

宋文帝元嘉三年秋八月，燕太子永卒，立次子翼为太子。

七年秋八月，燕太祖寝疾，召中书监申秀、侍中阳哲于内殿，属以后事。九月，病甚，辇而临轩，命太子翼摄国事，勒兵听政，以备非常。

宋夫人欲立其子受居，恶翼听政，谓翼曰："上疾将瘳，奈何遽欲代父临天下乎！"翼性仁弱，遂还东宫，日三往省疾。宋夫人矫诏绝内外，遣阍寺传问而已，翼及诸子、大臣并不得见，唯中给事胡福独得出入，专掌禁卫。

福虑宋夫人遂成其谋，乃言于司徒、录尚书事中山公弘，弘与壮士数十人被甲入禁中，宿卫皆不战而散。宋夫人命闭东合，弘家僮库斗头劲捷有勇力，逾阁而入，至于皇堂，射杀女御一人。太祖惊惧而殂，弘遂即天王位。遣人巡城告曰："天降凶祸，大行崩背，太子不侍疾，群公不奔丧，疑有逆谋，社稷将危。吾备介弟之亲，遂摄大位，以宁国家。百官叩门入者，进阶二等。"

太子翼帅东宫兵出战而败，兵皆溃去，弘遣使赐翼死。太祖有子百余人，弘皆杀之。谥太祖曰文成皇帝，葬长谷陵。

九年春正月，〔燕王〕立慕容后之子王仁为太子。

夏五月，魏主治兵于南郊，谋伐燕。六月庚寅，魏主伐燕，命太子晃录尚书事，时晃才五岁。

秋七月己未，魏主至濡水。庚申，遣安东将军奚斤发幽州民及密云丁零万余人，运攻具，出南道，会和龙。魏主至辽西，燕王遣其侍御史崔聘奉牛酒犒师。己巳，魏主至和龙。

燕石城太守李崇等十郡降于魏。魏发其民三万穿围堑以守和龙。崇，绩之子也。

八月，燕王使数万人出战，魏昌黎公丘等击破之，死者万余人。燕尚书高绍帅万余家保羌胡固，辛巳，魏主攻绍，斩之。平东将军贺多罗攻带方，抚军大将军永昌王健攻建德，骠骑大将军乐平王丕攻冀阳，皆拔之。

九月乙卯，魏主引兵西还，徙营丘、成周、辽东、乐浪、带方、玄菟六郡民三万家于幽州。

燕尚书郭渊劝燕王送款献女于魏，乞为附庸。燕王曰："负衅在前，结忿已深，降附取死，不如守志更图也。"

魏主之围和龙也，宿卫之士多在战陈，行宫人少。云中镇将朱修之谋与南人袭杀魏主。因入和龙，浮海南归；以告冠军将军毛修之，毛修之不从，乃止。既而事泄，朱修之逃奔燕。魏人数伐燕，燕王遣修之南归求救，修之泛海至东莱，遂还建康，拜黄门侍郎。

初，燕王嫡妃王氏生长乐公崇，崇于兄弟为最长。及即位，立慕容氏为王后，王氏不得立，又黜崇，使镇肥如。崇母弟广平公朗、乐陵公邈相谓曰："今国家将亡，人无愚智皆知之。王复受慕容后之谮，吾兄弟死无日矣。"乃相与亡奔辽西说崇使降魏，崇从之。会魏主使给事郎王德招崇，十二月己丑，崇使邈如魏请举郡降。燕王闻之，使其将封羽围崇于辽西。

十年春正月乙卯，魏主遣永昌王健督诸军救辽西。二月庚午，魏主以冯崇为都督幽平东夷诸军事、车骑大将军、幽平二州牧，封辽西王，录其国尚书事，食辽西十郡，承制假授尚书、刺史、征虏已下官。

夏六月，魏永昌王健、左仆射安原督诸军击和龙，将军楼勃别将五千骑围凡城，燕守将封羽以凡城降，收其三千余家而还。秋八月，冯崇上表请说降其父，魏主不听。

十一年春正月戊戌，燕王遣使请和于魏，魏主不许。闰三月辛巳，燕王遣尚书高颙上表称藩，请罪于魏，乞以季女充掖庭。魏主乃许之，征其太子王仁入朝。燕王送魏使者于什门还平城。什门在燕二十一年，不屈节。魏主下诏褒称，以比苏武，拜治书御史。

夏六月，燕王不遣太子质魏，散骑常侍刘滋谏曰："昔刘禅有重山之险，孙晧有长江之阻，皆为晋擒。何则？强弱之势异也。今吾弱于吴、蜀，而魏强于晋，不从其欲，将有危亡之祸。愿亟遣太子，而修政事，抚百姓，收离散，赈饥穷，劝农桑，省赋役，社稷犹庶几可保。"燕王怒，杀之。辛亥，魏主遣抚军大将军永昌王健等伐燕，收其禾稼，徙民而还。

十二年春正月，燕王数为魏所攻，遣使诣建康称藩，奉贡。癸酉，诏封为燕王，江南谓之"黄龙国"。三月癸亥，燕王遣大将汤烛入贡于魏，辞以太子王仁有疾，故未之遣。

夏六月戊申，魏主命骠骑大将军乐平王丕、镇东大将军徒河屈垣等帅骑四万伐燕。秋七月己卯，魏乐平王丕等至和龙，燕王以牛酒犒军，献甲三千。屈垣责其不送侍子，掠男女六千口而还。

冬十一月，魏人数伐燕，燕日危蹙，上下忧惧。太常杨岷复劝燕王速遣太子入侍。燕王曰："吾未忍为此。若事急，且东依高丽，以图后举。"岷曰："魏举天下以击一隅，理无不克。高丽无信，始虽相亲，终恐为变。”燕王不听，密遣尚书阳伊请迎于高丽。

十三年春二月戊子，燕王遣使入贡于魏，请送侍子。魏主不许，将举兵讨之；壬辰，遣使者十余辈诣东方高丽等诸国，告谕之。

三月辛未，魏平东将军娥清、安西将军古弼将精骑一万伐燕，平州刺史拓跋婴帅辽西诸军会之。夏四月，魏娥清、古弼攻燕白狼城，克之。高丽遣其将葛卢孟光将众数万随阳伊至和龙迎燕王。高丽屯于临川。燕尚书令郭生因民之惮迁，开城门纳魏兵，魏人疑之，不入。生遂勒兵攻燕王，王引高丽兵入自东门，与生战于阙下，生中流矢死。葛卢孟光入城，命军士脱弊褐，取燕武库精仗以给之，大掠城中。

五月乙卯，燕王帅龙城见户东徙，焚宫殿，火一旬不灭。令妇人被甲居中，阳伊等勒精兵居外，葛卢孟光帅骑殿后，方轨而进，前后八十余里。古弼部将高苟子帅骑欲追之，弼醉，拔刀止之，故燕王得逃去。魏主闻之，怒，槛车征弼及娥清至平城，皆黜为门卒。戊午，魏主遣散骑常侍封拨使高丽，令送燕王。

秋九月，高丽不送燕王于魏，遣使奉表称：“当与冯弘俱奉王化。”魏主以高丽违诏，议击之，将发陇右骑卒，刘絜曰：“秦、陇新民，且当优复，俟其饶实，然后用之。”乐平王丕曰：“和龙新定，宜广修农桑以丰军实，然后进取，则高丽一举可灭也。”魏主乃止。

十五年。初，燕王弘至辽东，高丽王琏遣使劳之曰：“龙城王冯君爰适野次，士马劳乎？”弘惭怒，称制让之。高丽处之平郭，寻徙北丰。弘素侮高丽，政刑赏罚，犹如其国。高丽乃夺其侍人，取其太子王仁为质。弘怨高丽，遣使来上表求迎。上遣使者王白驹等迎之，并令高丽资遣。高丽王不欲使弘南来，遣将孙漱、高仇等杀弘于北丰，并其子孙十余人，谥弘曰昭成皇帝。

## 魏灭夏



宋文帝元嘉元年。夏主将废太子璝而立少子酒泉公伦。璝闻之，将兵七万北伐伦，伦将骑三万拒之，战于高平，伦败死。伦兄太原公昌将骑一万袭璝，杀之，并其众八万五千，归于统万。夏主大悦，立昌为太子。

夏主好自矜大名，其四门东曰招魏，南曰朝宋，西曰服凉，北曰平朔。

二年秋八月，夏武烈帝殂，庙号世祖。太子昌即皇帝位，大赦，改元承光。

三年夏六月，魏主诏问公卿："今当用兵，赫连、蠕蠕二国何先？"长孙嵩、长孙翰、奚斤皆曰："赫连土著，未能为患，不如先伐蠕蠕。"太常崔浩曰："赫连氏土地不过千里，政刑残虐，人神所弃，宜先伐之。"尚书刘洁、武京侯安原请先伐燕。于是魏主自云中西巡至五原，因畋于阴山，东至和兜山。秋八月，还平城。



秋九月，魏主闻夏世祖殂，诸子相图，国人不安，欲伐之。长孙嵩等皆曰："彼若城守，以逸待劳，大檀闻之，乘虚入寇，此危道也。"崔浩曰："往年以来，荧惑再守羽林，钩己而行，其占秦亡。今年五星并出东方，利以西伐。天人相应，不可失也。"嵩固争之，帝大怒，责嵩在官贪污，命武士顿辱之。于是遣司空奚斤帅四万五千人袭蒲阪，宋兵将军周几帅万人袭陕城，以河东太守薛谨为乡导。谨,辨之子也。魏主欲以中书博士平棘李顺总前驱之兵,访于崔浩。浩曰:“顺诚有筹略,然臣与之婚姻,深知其为人果于去就,不可专委。”帝乃止。冬十月丁巳,魏主发平城。

魏主行至君子津,会天暴寒,冰合。十一月戊寅,帅轻骑二万济河袭统万。壬午,冬至,夏主方燕群臣,魏师奄至,上下惊扰。魏主军于黑水,去城三十余里。夏主出战而败,退走入城。门未及闭,内三郎豆代田帅众乘胜入西宫,焚其西门,宫门闭,代田逾宫垣而出。魏主拜代田勇武将军。魏军夜宿城北,癸未,分兵四掠,杀获数万,得牛马十余万。魏主谓诸将曰:“统万未可得也,他年当与卿等取之。”乃徙其民万余家而还。

夏弘农太守曹达闻周几将至,不战而走,魏师乘胜长驱,遂入三辅。会几卒于军中,蒲阪守将东平公乙斗闻奚斤将至,遣使诣统万告急。使者至统万,魏军已围其城。还告乙斗曰:“统万已败矣。”乙斗惧,弃城西奔长安,斤遂克蒲阪。夏主之弟助兴先守长安,乙斗至,与助兴弃长安,西奔安定。十二月,斤入长安。

四年春正月乙酉,魏主还平城。统万徙民在道多死,能至平城者什才六七。己亥,魏主如幽州。夏主遣平原公定帅众二万向长安。魏主闻之,伐木阴山,大造攻具,再谋伐夏。二月,魏主还平城。三月丙子,魏主遣高凉王礼镇长安。礼,斤之孙也。又诏执金吾桓贷造桥于君子津。

夏四月,魏奚斤与夏平原公定相持于长安。魏主欲乘虚伐统万,简兵练士,部分诸将,命司徒长孙翰等将三万骑为前驱,常山王素等将步兵三万为后继,南阳王伏真等将步兵三万部送攻具,将军贺多罗将精骑三千为前候。素,遵之子也。五月,魏主发平城,命龙骧将军代人陆俟督诸军镇大碛以备柔然。辛巳,济君子津。

魏主至拔邻山，筑城，舍辎重，以轻骑三万倍道先行。群臣咸谏曰："统万城坚，非朝夕可拔。今轻军讨之，进不可克，退无所资，不若与步兵、攻具一时俱往。"帝曰："用兵之术，攻城最下，必不得已，然后用之。今以步兵、攻具皆进，彼必惧而坚守。若攻不时拔，食尽兵疲，外无所掠，进退无地。不如以轻骑直抵其城，彼见步兵未至，意必宽弛，吾羸形以诱之，彼或出战，则成擒矣。所以然者，吾之军士去家二千余里，又隔大河，所谓'置之死地而后生'者也。故以之攻城则不足，决战则有余矣。"遂行。



六月，魏主至统万，分军伏于深谷，以少众至城下。夏将狄子玉降魏，言："夏主闻有魏师，遣使召平原公定，定曰'统万坚峻，未易攻拔，待我擒奚斤然后徐往，内外击之，蔑不济矣'，故夏主坚守以待之。"魏主患之，乃退军以示弱，遣娥清及永昌王健帅骑五千西掠居民。

魏军士有得罪亡奔夏者，言："魏军粮尽，士卒食菜，辎重在后，步兵未至，宜急击之。"夏主从之，甲辰，将步骑三万出城。长孙翰等皆言："夏兵步陈难陷，宜避其锋。"魏主曰："吾远来求贼，惟恐不出。今既出矣，乃避而不击，彼奋我弱，非计也。"遂收众伪遁，引而疲之。



夏兵为两翼，鼓噪追之，行五六里，会有风雨从东南来，扬沙晦冥。宦者赵倪颇晓方术，言于魏主曰："今风雨从贼上来，我向之，彼背之，天不助人。且将士饥渴，愿陛下摄骑避之，更待后日。"崔浩叱之曰："是何言也！吾千里制胜，一日之中，岂得变易。贼贪进不止，后军已绝，宜隐军分出，奄击不意。风道在人，岂有常也。"魏主曰："善。"乃分骑为左右队以掎之。魏主马蹶而坠，几为夏兵所获，拓跋齐以身捍蔽，决死力战，夏兵乃退。魏主腾马得上，刺夏尚书斛黎文，杀之，又杀骑兵十余人，身中流矢，奋击不辍，夏众大溃。齐，翳槐之玄孙也。

魏人乘胜逐夏主至城北，杀夏主之弟河南公满及兄子蒙逊，死者万余人。夏主不及入城，遂奔上邽。魏主微服逐奔者，入其城。拓跋齐固谏，不听。夏人觉之，诸门悉闭。魏主因与齐等入其宫中，得妇人裙，系之槊上，魏主乘之而上，仅乃得免。会日暮，夏尚书仆射问至奉夏主之母出走，长孙翰将八千骑追夏主至高平，不及而还。

乙巳，魏主入城，获夏王、公、卿、校及诸母、后妃、姊妹、宫人以万数，马三十余万匹，牛羊数千万头，府库珍宝、车旗、器物不可胜计，颁赐将士有差。

初，夏世祖性豪侈，筑统万城，高十仞，基厚三十步，上广十步，宫墙高五仞，其坚可以厉刀斧。台榭壮大，皆雕镂图画，被以绮绣，穷极文采。魏主顾谓左右曰："蕞尔国而用民如此，欲不亡得乎！"

得夏太史令张渊、徐辩，复以为太史令。得故晋将毛修之、秦将军库洛干，归库洛干于秦，以毛修之善烹调，用为太官令。魏主见夏著作郎天水赵逸所为文，誉夏主太过，怒曰："此竖无道，何敢如是，谁所为邪？当速推之。"崔浩曰："文士褒贬多过其实，盖非得已，不足罪也。"乃止。魏主纳夏世祖三女为贵人。

奚斤与夏平原公定犹相拒于长安。魏主命宗正娥清、太仆丘堆帅骑五千略地关右。定闻统万已破，遂奔上邽，斤追至雍，不及而还。清、堆攻夏贰城，拔之。

魏主诏斤等班师，斤上疏言："赫连昌亡保上邽，鸠合余烬，未有蟠据之资，今因其危，灭之为易。请益铠马，平昌而还。”魏主不许。斤固请，乃许之，给斤兵万人，遣将军刘拔送马三千匹，并留娥清、丘堆使共击夏。

辛酉，魏主自统万东还，以常山王素为征南大将军、假节，与执金吾桓贷、莫云留镇统万。云，题之弟也。

五年春二月，魏平北将军尉眷攻夏主于上邽，夏主退屯平凉。奚斤进军安定，与丘堆、娥清军合。斤马多疫死，士卒乏粮，乃深垒自固。遣丘堆督租于民间，士卒暴掠，不设儆备，夏主袭之，堆兵败，以数百骑还城。夏主乘胜，日来城下钞掠，不得刍牧，诸将患之。监军侍御史安颉曰："受诏灭贼，今更为贼所困，退守穷城。若不为贼杀，当坐法诛，进退皆无生理，而诸王公晏然曾不为计乎？"斤曰："今军士无马，以步击骑，必无胜理，当须京师救骑至合击之。"颉曰："今猛寇游逸于外，吾兵疲食尽，不一决战，则死在旦夕，救骑何可待乎？等于就死，死战，不亦可乎！"斤又以马少为辞。颉曰："今敛诸将所乘马，可得二百匹，颉请募敢死之士出击之，就不能破敌，亦可以折其锐。且赫连昌狷而无谋，好勇而轻，每自出挑战，众皆识之，若伏兵掩击，昌可禽也。"斤犹难之，颉乃阴与尉眷等谋，选骑待之。既而夏主来攻城，颉出应之。夏主自出陈前搏战，军士识其貌，争赴之。会天大风扬尘，昼昏，夏主败走。颉追之，夏主马蹶而坠，遂擒之。颉，同之子也。

夏大将军、领司徒平原王定收其余众数万，奔还平凉，即皇帝位，大赦，改元胜光。

三月辛巳，赫连昌至平城，魏主馆之于西宫，门内器用皆给乘舆之副，又以妹始平公主妻之，假常忠将军，赐爵会稽公。以安颉为建节将军，赐爵西平公；尉眷为宁北将军，进爵渔阳公。

魏主常使赫连昌侍从左右，与之单骑共逐鹿，深入山涧。昌素有勇名，诸将咸以为不可。魏主曰："天命有在，亦何所惧？"亲遇如初。

奚斤自以为元帅，而昌为偏裨所擒，深耻之。乃舍辎重，赍三日粮，追夏主于平凉。娥清欲循水而往，斤不从，自北道邀其走路。至马髦岭，夏军将遁，会魏小将有罪亡归于夏，告以魏军食少无水。夏主乃分兵邀斤，前后夹击之，魏兵大溃，斤及娥清、刘拔皆为夏所擒，士卒死者六七千人。

丘堆守辎重在安定，闻斤败，弃辎重奔长安，与高凉王礼偕奔蒲阪，夏人复取长安。魏主大怒，命安颉斩丘堆，代将其众，镇蒲阪以拒之。

夏四月，夏主遣使请和于魏，魏主以诏谕之使降。

六年春正月，夏酒泉公隽自平凉奔魏。

夏五月，夏主欲复取统万，引兵东至侯尼城，不敢进而还。

夏主少凶暴无赖，不为世祖所知。十月，畋于阴槃，登苛蓝山，望统万城，泣曰："先帝若以朕承大业者，岂有今日之事乎！"

七年春三月壬寅，魏封赫连昌为秦王。

秋九月己丑，夏主遣其弟谓以代伐魏鄜城，魏平西将军始平公隗归等击之，杀万余人，谓以代遁去。夏主自将数万人邀击隗归于鄜城东，留其弟上谷公社干、广阳公度洛孤守平凉，遣使来求和，约合兵灭魏，遥分河北自恒山以东属宋，以西属夏。

魏主闻之，治兵将伐夏，群臣咸曰："刘义隆兵犹在河中，舍之西行，前寇未可必克，而义隆乘虚济河，则失山东矣。"魏主以问崔浩，对曰："义隆与赫连定遥相招引，以虚声唱和，共窥大国。

义隆望定进，定待义隆前，皆莫敢先入，譬如连鸡，不得俱飞，无能为害也。赫连定残根易摧，拟之必仆。克定之后，东出潼关，席卷而前，则威震南极，江、淮以北无立草矣。圣策独发，非愚近所及，愿陛下勿疑。”甲辰，魏主如统万，遂袭平凉，以卫兵将军王斤镇蒲阪。

冬十一月乙酉，魏主至平凉，夏上谷公社干等婴城固守。魏主使赫连昌招之，不下，乃使安西将军古弼等将兵趣安定。夏主自鄜城还安定，将步骑二万北救平凉，与弼遇，弼伪退以诱之，夏主追之，魏主使高车驰击之，夏兵大败，斩首数千级。夏主还走，登鹑觚原，为方陈以自固，魏兵就围之。

魏军围夏主数日，断其水草，人马饥渴。丁酉，夏主引众下鹑觚原，魏武卫将军丘眷击之，夏众大溃，死者万余人。夏主中重创，单骑走，收其余众，驱民五万，西保上邽。魏人获夏主之弟丹杨公乌视拔、武陵公秃骨及公侯以下百余人。是日，魏兵乘胜进攻安定，夏东平公乙斗弃城奔长安，驱略数千家，西奔上邽。己亥，魏主如安定。庚子，还临平凉，掘堑围之，安慰初附，赦秦、雍之民，赐复七年。夏陇西守将降魏。

十二月丁卯，夏上谷公社干、广阳公度洛孤出降，魏克平凉。

关中侯豆代田得奚斤、娥清等献于魏主。魏主以夏主之后赐代田，命斤膝行执酒以奉代田，谓斤曰：“全汝生者，代田也。”赐代田爵井陉侯，加散骑常侍、右卫将军、领内都幢将。

夏长安、临晋、武功守将皆走，关中悉入于魏。魏主留巴东公延普镇安定，以镇西将军王斤镇长安。壬申，魏主东还，以奚斤为宰士，使负酒食以从。王斤骄矜不法，信用左右，调役百姓，民不堪命，南奔汉川者数千家。魏主案治得实，斩斤以徇。

八年夏六月，夏主畏魏人之逼，拥秦民十余万口，自治城济河，欲击河西王蒙逊而夺其地。吐谷浑王慕璝遣益州刺史慕利延、宁州刺史拾虔帅骑三万，乘其半济邀击之，执夏主定以归。秋八月，吐谷浑王慕璝遣侍郎谢太宁奉表于魏，请送赫连定。

九年春三月壬申，吐谷浑王慕璝送赫连定于魏，魏人杀之。

十一年春闰三月甲戌，赫连昌叛魏西走。丙子，河西候将格杀之，魏人并其群弟诛之。

## 魏灭北凉

宋文帝元嘉七年冬十一月，河西王蒙逊遣尚书郎宗舒等入贡于魏，魏主与之宴，执崔浩之手以示舒等曰："汝所闻崔公，此则是也。才略之美，于今无比。朕动止咨之，豫陈成败，若合符契，未尝失也。"

八年秋八月乙酉，河西王蒙逊遣子安周入侍于魏。九月，魏主欲选使者诣河西，崔浩荐尚书李顺，乃以顺为太常，拜河西王蒙逊为侍中、都督凉州西域羌戎诸军事、太傅、行征西大将军、凉州牧、凉王，王武威、张掖、敦煌、酒泉、西海、金城、西平七郡。册曰："盛衰存亡，与魏升降。北尽穷发，南极庸、岷，西被昆岭，东至河曲，王实征之，以夹辅皇室。置将相、群卿、百官，承制假授。建天子旌旗，出入警跸，如汉初诸侯王故事。"

九年冬十二月，魏李顺复奉使至凉。凉王蒙逊遣中兵校郎杨定归谓顺曰："年衰多疾，腰髀不随，不堪拜伏，比三五日消息小差，当相见。"顺曰："王之老疾，朝廷所知，岂得自安，不见诏使。"明日，蒙逊延顺入至庭中，蒙逊箕坐隐几，无动起之状。顺正色大言曰："不谓此叟无礼，乃至于此！今不忧覆亡而敢陵侮天地，魂魄逝矣，何用见之！"握节将出，凉王使定归追止之，曰："太常既雅恕衰疾，传闻朝廷有不拜之诏，是以敢自安耳。"顺曰："齐桓公九合诸侯，一匡天下，周天子赐胙，命无下拜，桓公犹不敢失臣礼，下拜登受。今王虽功高，未如齐桓，朝廷虽相崇重，未有不拜之诏，而遽自偃蹇，此岂社稷之福邪！"蒙逊乃起，拜受诏。

使还，魏主问以凉事，顺曰："蒙逊控制河右逾三十年，经涉艰难，粗识机变，绥集荒裔，群下畏服，虽不能贻厥孙谋，犹足以终其一世。然礼者德之舆，敬者身之基也。蒙逊无礼、不敬，以臣观之，不复年矣。"魏主曰："易世之后，何时当灭？"顺曰："蒙逊诸子，臣略见之，皆庸才也。如闻敦煌太守牧犍，器性粗立，继蒙逊者，必此人也。然比之于父，皆云不及。此殆天之所以资圣明也。"魏主曰："朕方有事东方，未暇西略。如卿所言，不过数年之外，不为晚也。"



初，罽宾沙门昙无谶，自云能使鬼治病，且有秘术。凉王蒙逊甚重之，谓之"圣人"，诸女及子妇皆往受术。魏主闻之，使李顺往征之。蒙逊留不遣，仍杀之。魏主由是怒凉。蒙逊荒淫猜虐，群下苦之。



十年夏四月，凉王蒙逊病甚，国人共议，以世子菩提幼弱，立菩提之兄敦煌太守牧犍为世子，加中外都督、大将军、录尚书事。蒙逊卒，谥曰武宣王，庙号太祖。牧犍即河西王位，大赦，改元永和。立子封坛为世子，加抚军大将军、录尚书事。遣使请命于魏。牧犍聪颖好学，和雅有度量，故国人立之。

先是，魏主遣李顺迎武宣王女为夫人，会卒，牧犍称先王遗意，遣左丞宋繇送其妹兴平公主于魏，拜右昭仪。

魏主谓李顺曰："卿言蒙逊死，今则验矣。又言牧犍立，何其妙哉！朕克凉州，亦当不远。"于是赐绢十匹，厩马一乘，进号安西将军，宠待弥厚，政事无巨细皆与之参议。遣顺拜牧犍都督凉沙河三州西域羌戎诸军事、车骑将军、开府仪同三司、凉州刺史、河西王，以宋繇为河西王右相。牧犍以无功受赏，留顺，上表乞"安"、"平"一号，优诏不许。牧犍尊敦煌刘昞为国师，亲拜之，命官属以下皆北面受业。

十一年夏四月，河西王牧犍遣使上表，告嗣位。戊寅，诏以牧犍为都督凉秦等四州诸军事、征西大将军、凉州刺史、河西王。

十二年春正月，有老父投书于敦煌东门，求之，不获。书曰："凉王三十年若七年。"河西王牧犍以问奉常张慎，对曰："昔虢之将亡，神降于莘。愿殿下崇德修政，以享三十〔年〕之祚。若盘于游田，荒于酒色，臣恐七年将有大变。"牧犍不悦。

十四年冬十一月，魏主以其妹武威公主妻河西王牧犍，河西王遣宋繇奉表诣平城谢，且问其母及公主所宜称。魏主使群臣议之，皆曰："母以子贵，妻从夫爵。牧犍母宜称河西国太后，公主于其国称王后，于京师则称公主。"魏主从之。

牧犍遣将军沮渠旁周入贡于魏，魏主遣侍中古弼、尚书李顺赐其侍臣衣服，并征世子封坛入侍。是岁，牧犍遣封坛如魏。李顺自河西还，魏主问之曰："卿往年言取凉州之策，朕以东方有事，未遑也。今和龙已平，吾欲即以此年西征，可乎？"对曰："臣畴昔所言，以今观之，私谓不谬。然国家戎车屡动，士马疲劳，西征之议，请俟他年。"魏主乃止。

十六年春三月，河西王牧犍通于其嫂李氏，兄弟三人传嬖之。李氏与牧犍之姊共毒魏公主，魏主遣解毒医乘传救之，得愈。魏主征李氏，牧犍不遣，厚资给，使居酒泉。

魏每遣使者诣西域，常诏牧犍发导护送出流沙。使者自西域还至武威，牧犍左右有告魏使者曰："我君承蠕蠕可汗妄言，云：'去岁魏天子自来伐我，士马疫死，大败而还。我擒其长弟乐平王丕。'我君大喜，宣言于国。又闻可汗遣使告西域诸国，称'魏已削弱，今天下唯我为强，若更有魏使，勿复供奉'。西域诸国颇有贰心。"使还，具以状闻。魏主遣尚书贺多罗使凉州观虚实，多罗还，亦言牧犍虽外修臣礼，内实乖悖。



魏主欲讨之，以问崔浩。对曰："牧犍逆心已露，不可不诛。官军往年北伐，虽不克获，实无所损。战马三十万匹，计在道死伤不满八千，常岁羸死亦不减万匹。而远方乘虚，遽谓衰耗不能复振。今出其不意，大军猝至，彼必骇扰，不知所为，擒之必矣。"魏主曰："善，吾意亦以为然。"于是大集公卿，议于西堂。弘农王奚斤等三十余人皆曰："牧犍，西垂下国，虽心不纯臣，然继父位以来，职贡不乏。朝廷待以藩臣，妻以公主。今其罪恶未彰，宜加恕宥。国家新征蠕蠕，士马疲弊，未可大举。且闻其土地卤瘠，难得水草，大军既至，彼必婴城固守，攻之不拔，野无所掠，此危道也。"



初，崔浩恶尚书李顺，顺使凉州凡十二返，魏主以为能。凉武宣王数与顺游宴，对其群下时为骄慢之语，恐顺泄之，随以金宝纳于顺怀，顺亦为之隐。浩知之，密以白魏主，魏主未之信。及议伐凉州，顺与尚书古弼皆曰："自温圉水以西至姑臧，地皆枯石，绝无水草。彼人言'姑臧城南天梯山上，冬有积雪，深至丈余，春夏消释，下流成川，居民引以溉灌'。彼闻军至，决此渠口，水必乏绝。环城百里之内，地不生草，人马饥渴，难以久留。斤等之议是也。”魏主乃命浩与斤等相诘难，众无复他言，但云“彼无水草”。浩曰：“汉书地理志称凉州之畜，为天下饶，若无水草，畜何以蕃？又汉人终不于无水草之地筑城郭，建郡县也。且雪之消释，仅能敛尘，何得通渠溉灌乎？此言大为欺诬矣。”李顺曰：“耳闻不如目见。吾尝目见，何可共辩！”浩曰：“汝受人金钱，欲为之游说，谓我目不见，便可欺邪？”帝隐听闻之，乃出见斤等，辞色严厉，群臣不敢复言，唯唯而已。

群臣既出，振威将军代人伊馛言于帝曰：“凉州若果无水草，彼何以为国？众议皆不可用，宜从浩言。”帝善之。

夏五月丁丑，魏主治兵于西郊。六月甲辰，发平城。使侍中宜都王穆寿辅太子晃监国，决留台事，内外听焉。又使大将军长乐王嵇敬、辅国大将军建宁王崇将二万人屯漠南以备柔然。命公卿为书以让河西王牧犍，数其十二罪，且曰：“若亲帅群臣委贽远迎，谒拜马首，上策也。六军既临，面缚舆榇，其次也。若守迷穷城，不时悛悟，身死族灭，为世大戮。宜思厥中，自求多福。”

魏主自云中济河，秋七月己巳，至上郡属国城。壬午，留辎重，部分诸军，使抚军大将军永昌王健、尚书令刘洁与常山王素为前锋，两道并进；骠骑大将军乐平王丕、太宰阳平王杜超为后继，以平西将军源贺为乡导。

魏主问贺以取凉州方略。对曰：“姑臧城旁有四部鲜卑，皆臣祖父旧民，臣愿处军前，宣国威信，示以祸福，必相帅归命。外援既(复)〔服〕，然后取其孤城，如反掌耳。”魏主曰：“善。”

八月甲午，永昌王健获河西畜产二十余万。河西王牧犍闻有魏师，惊曰：“何为乃尔！”用左丞姚定国计，不肯出迎，求救于柔然。遣其弟征南大将军董来将兵万余人出战于城南,望风奔溃。刘絜用卜者言,以为日辰不利,敛兵不追,董来遂得入城。魏主由是怒之。

丙申,魏主至姑臧,遣使谕牧犍令出降。牧犍闻柔然欲入魏边为寇,冀幸魏主东还,遂婴城固守。其兄子祖逾城出降。魏主具知其情,乃分军围之。源贺引兵招慰诸部下三万余落,故魏主得专攻姑臧,无复外虑。

魏主见姑臧城外水草丰饶,由是恨李顺,谓崔浩曰:"卿之昔言,今果验矣。"对曰:"臣之言不敢不实,类皆如此。"

魏主之伐凉州也,太子晃亦以为疑。至是,魏主赐太子诏曰:"姑臧城东西门外,涌泉合于城北,其大如河。自余沟渠流入漠中,其间乃无燥地。故有此敕,以释汝疑。"

九月丙戌,河西王牧犍兄子万年帅所领降魏。姑臧城溃,牧犍帅其文武五千人面缚请降,魏主释其缚而礼之。收其城内户口二十余万,仓库珍宝不可胜计。使张掖王秃发保周、龙骧将军穆罴、安远将军源贺分徇诸郡,杂胡降者又数十万。

初,牧犍以其弟无讳为沙州刺史、都督建康以西诸军事、领酒泉太守,宜得为秦州刺史、都督丹岭以西诸军事、领张掖太守,安周为乐都太守,从弟唐儿为敦煌太守。及姑臧破,魏主遣镇南将军代人奚眷击张掖,镇北将军封沓击乐都。宜得烧仓库西奔酒泉,安周南奔吐谷浑,封沓掠数千户而还。奚眷进攻酒泉,无讳、宜得收遗民奔晋昌,遂就唐儿于敦煌。魏主使弋阳公元洁守酒泉,及武威、张掖皆置将守之。

魏主置酒姑臧,谓群臣曰:"崔公智略有余,吾不复以为奇。伊馛弓马之士,而所见乃与崔公同,此深可奇也。"

冬十月辛酉，魏主东还，留乐平王丕及征西将军贺多罗镇凉州，徙沮渠牧犍宗族及吏民三万户于平城。

十二月壬午，魏主至平城，犹以妹婿待沮渠牧犍。〔牧犍〕尤喜文学，以敦煌阚骃为姑臧太守，张湛为兵部尚书，刘昞、索敞、阴兴为国师助教，金城宋钦为世子洗马，赵柔为金部郎，广平程骏、骏从弟弘为世子侍讲。魏主克凉州，皆礼而用之。

十七年春正月己酉，沮渠无讳寇魏酒泉，元洁轻之，出城与语。壬子，无讳执洁以围酒泉。三月，沮渠无讳拔酒泉。夏四月庚辰，沮渠无讳寇魏张掖。丙戌，魏主遣抚军大将军永昌王健督诸将讨之。

五月乙巳，沮渠无讳复围张掖，不克，退保临松。魏主不复加讨，但以诏谕之。

秋八月甲申，沮渠无讳使其中尉梁伟诣魏永昌王健请降，归酒泉郡及所虏将士元洁等。魏主使尉眷留镇凉州。

十八年春正月癸卯，魏以沮渠无讳为征西大将军、凉州牧、酒泉王。

三月辛亥，魏赐沮渠万年为张掖王。

夏四月，沮渠唐儿叛沮渠无讳。无讳留从弟天周守酒泉，与弟宜得引兵击唐儿，唐儿败死。魏以无讳终为边患，庚辰，遣镇南将军奚眷击酒泉。

冬十一月，酒泉城中食尽，万余口皆饿死，沮渠天周杀妻以食战士。庚子，魏奚眷拔酒泉，获天周送平城，杀之。沮渠无讳乏食，且畏魏兵之盛，乃谋西度流沙，遣其弟安周西击鄯善。鄯善王欲降，会魏使者至，劝令拒守，安周不能克，退保东城。

十九年夏四月，沮渠无讳将万余家，弃敦煌西就沮渠安周。

未至，鄯善王比龙畏之，将其众奔且末，其世子降于安周。无讳遂据鄯善，其士卒经流沙渴死者太半。李宝自伊吾帅众二千入据敦煌，缮修城府，安集故民。

沮渠牧犍之亡也，凉州人阚爽据高昌，自称太守。唐契为柔然所逼，拥众西趋高昌，欲夺其地。柔然遣其将阿若追击之，契败死。契弟和收余众奔车师前部王伊洛。时沮渠安周屯横截城，和攻拔之，又拔高宁、白力二城，遣使请降于魏。

唐契之攻阚爽也，爽遣使诈降于沮渠无讳，欲与之共击契。八月，无讳将其众趋高昌，比至，契已死，爽闭门拒之。九月，无讳将卫兴奴夜袭高昌，屠其城，爽奔柔然。无讳据高昌，遣其常侍氾隽奉表诣建康。诏以无讳为都督凉河沙三州诸军事、征西大将军、凉州刺史、河西王。

二十一年秋九月甲辰，以沮渠安周为都督凉河沙三州诸军事、凉州刺史、河西王。

二十四年。魏师之克(敦煌)〔姑臧〕也，沮渠牧犍使人斫开府库，取金玉及宝器，因不复闭，小民争入盗取之，有司索盗不获。至是，牧犍所亲及守藏者告之，且言牧犍父子多蓄毒药，潜杀人，前后以百数，姊妹皆学左道。有司索牧犍家，得所匿物。魏主大怒，赐沮渠昭仪死，并诛其宗族，唯沮渠祖以先降得免。又有告牧犍犹与故臣民交通谋反者，三月，魏主遣崔浩就第赐牧犍死，谥曰哀王。

## 魏平仇池

晋〔孝〕武帝太元十年冬十月，西燕主冲遣尚书令高盖帅众五万伐后秦，战于新平南，盖大败，降于后秦。初，盖以杨定为子，及盖败，定亡奔陇右，复收集其旧众。定，佛奴之孙也。

十一月，卫将军杨定徙治历城，置储蓄于百顷，自称龙骧将军、仇池公，遣使来称藩。诏因其所号假之。其后又取天水、略阳之地，自称秦州刺史、陇西王。

十九年冬十月，秦主崇为梁王干归所逐，奔陇西王杨定。定与崇共攻干归，干归遣凉州牧轲弹等拒之，大败定兵，杀定及崇。定无子，其叔父佛狗之子盛先守仇池，自称征西将军、秦州刺史、仇池公。谥定为武王，仍遣使来称藩。秦太子宣奔盛。

二十一年冬十二月，杨盛遣使来请命，诏拜盛镇南将军、仇池公。盛表苻宣为平北将军。

安帝隆安二年。杨盛遣使附魏，魏以盛为仇池王。

义熙元年夏六月，秦陇西公硕德伐仇池，屡破杨盛兵。秋七月，杨盛请降于秦，秦以盛为都督益宁二州诸军事、征南大将军、益州牧。

三年夏四月，氐王杨盛以平北将军苻宣为梁州督护，将兵入汉中，秦梁州别驾吕莹等起兵应之。刺史王敏攻之，莹等求援于盛。盛遣军临浕口，敏退屯武兴。盛复通于晋，晋以盛为都督陇右诸军事、征西大将军、开府仪同三司，盛因以宣行梁州刺史。

八年冬十月，仇池公杨盛叛秦，侵扰祁山。秦王兴遣建威将军赵琨为前锋，立节将军姚伯寿继之，前将军姚恢出鹫峡，秦州刺史姚嵩出羊头峡，右卫将军胡翼度出汧城以讨盛。兴自雍赴之，与诸将会于陇口。

天水太守王松匆言于嵩曰："先帝神略无方，徐洛生以英武佐命，再入仇池，无功而还。非杨氏智勇能全也，直地势险固耳。

今以赵琨之众，使君之威，准之先朝，实未见成功。使君具悉形便，何不表闻?”嵩不从。盛帅众与琨相持，伯寿畏懦不进，琨众寡不敌，为盛所败。兴斩伯寿而还。

十二年夏六月，氐王杨盛攻秦祁山，拔之，进逼秦州。秦后将军姚平救之，盛引兵退。平与上邽守将姚嵩追之，嵩与盛战于竹岭，败死。

宋(高祖)武帝永初三年夏四月乙亥，诏封仇池公杨盛为武都王。

文帝元嘉二年夏六月，武都惠文王杨盛卒。初，盛闻晋亡，不改义熙年号，谓世子玄曰："吾老矣，当终为晋臣。汝善事宋帝。"及盛卒，玄自称都督陇右诸军事、征西大将军、开府仪同三司、秦州刺史、武都王，遣使来告丧，始用元嘉年号。

三年冬十月，仇池氐杨兴平求内附。梁南秦二州刺史吉翰遣始平太守庞咨据武兴，氐王杨玄遣其弟难当将兵拒咨，咨击走之。

四年秋九月，氐王杨玄遣将军苻白作围秦梁州刺史出连辅政于赤水，城中粮尽，民执辅政以降。辅政至骆谷，逃还。冬十月，秦以骁骑将军吴汉为平南将军、梁州刺史，镇南漒。(冬)十一月，魏主遣军司马公孙轨兼大鸿胪，持节策拜杨玄为都督荆梁等四州诸军事、梁州刺史、南秦王。及境，玄不出迎，轨责让之，欲奉策以还，玄惧而郊迎。

六年秋七月，武都孝昭王杨玄疾病，欲以国授其弟难当。难当固辞，请立玄子保宗而辅之，玄许之。玄卒，保宗立。难当妻姚氏劝难当自立，难当乃废保宗，自称都督雍凉秦三州诸军事、征西大将军、开府仪同三司、秦州刺史、武都王。

七年夏六月己卯，以氐王杨难当为冠军将军、秦州刺史、武都王。

九年夏六月，加北秦州刺史杨难当征西将军。难当以兄子保宗为镇南将军，镇宕昌；以其子顺为秦州刺史，守上邽。保宗谋袭难当，事泄，难当囚之。

十年夏四月，帝闻梁南秦二州刺史甄法护刑政不治，失氐、羌之和，乃自徒中起萧思话为梁南秦二州刺史。法护，法崇之兄也。

秋九月戊午，魏主遣兼大鸿胪崔赜持节拜氐王杨难当为征南大将军、开府仪同三司、秦梁二州牧、南秦王。赜，逞之子也。

杨难当因萧思话未至，甄法护将下，举兵袭梁州，破白马，获晋昌太守张范，败法护参军鲁安期等。又攻葭萌，获晋寿太守范延朗。冬十一月丁未，法护弃城奔洋川之西城。难当遂有汉中之地，以其司马赵温为梁秦二州刺史。

十一年春正月，杨难当以克汉中告捷于魏，送雍州流民七千家于长安。萧思话至襄阳，遣横野司马萧承之为前驱。承之缘道收兵，得千人，进据磝头。杨难当焚掠汉中，引众西还，留赵温守梁州，又遣其魏兴太守薛健据黄金山。思话遣阴平太守萧坦攻铁城戍，拔之。

二月，赵温、薛健与其冯翊太守蒲甲子合攻坦营，坦击破之，温等退保西水。临川王义庆遣龙骧将军裴方明将三千人助承之，拔黄金戍而据之。温弃州城，退据小城，健、甲子退保下桃城。思话继至，与承之共击赵温等，屡破之。行参军王灵济别将出洋川，攻南城，拔之，擒其守将赵英。南城空无所资，灵济引兵还，与承之合。

三月，杨难当遣其子和将兵与蒲甲子等共击萧承之，相拒四十余日，围承之数十重，短兵接，弓矢无所复施。氐悉衣犀甲，戈矛所不能入。承之断槊长数尺，以大斧椎之，一槊辄贯数人，氐不能当，烧营走，据大桃。闰月，承之等追击之，至南城，氐败走，斩获甚众，悉收汉中故地，置戍于葭萌水。

初，桓希既败，氐王杨盛据汉中，梁州刺史范元之、傅歆皆治魏兴，唯得魏兴、上庸、新城三郡。及索邈为刺史，乃治南城。至是，南城为氐所焚，不可复固，萧思话徙镇南郑。

夏四月，甄法护坐委镇，赐死于狱。杨难当遣使奉表谢罪，帝下诏赦之。

十二年。杨难当释杨保宗之囚，使镇童亭。

十三年春三月，氐王杨难当自称大秦王，改元建义。立妻为王后，世子为太子，置百官，皆如天子之制，然犹贡奉宋、魏不绝。

赫连定之西迁也，杨难当遂据上邽。秋七月，魏主遣骠骑大将军乐平王丕、尚书令刘洁督河西高平诸军以讨之，先遣平东将军崔赜赍诏书谕难当。

九月庚戌，魏乐平王丕等至略阳，杨难当惧，请奉诏，摄上邽守兵还仇池。诸将议，以为："不诛其豪帅，军还之后，必相聚为乱。又大众远出，不有所掠，无以充军实，赏将士。"丕将从之，中书侍郎高允参丕军事，谏曰："如诸将之谋，是伤其向化之心，大军既还，为乱必速。"丕乃止。抚慰初附，秋毫不犯，秦、陇遂安。难当以其子顺为雍州刺史，守下辨。

十六年春三月，杨保宗与兄保显自童亭奔魏。庚寅，魏主以保宗为都督陇西诸军事、征西大将军、开府仪同三司、秦州牧、武都王，镇上邽，妻以公主；保显为镇西将军、晋寿公。

冬十二月，氐王杨难当将兵数万寇魏上邽，秦州人多应之。东平吕罗汉说镇将拓跋意头曰："难当众盛，今不出战，示之以弱，众情离沮，不可守也。"意头遣罗汉将精骑千余出冲难当陈，所向披靡，杀其左右骑八人，难当大惊。会魏主以玺书责让难当，难当引还仇池。

十七年。大秦王杨难当复称武都王。

十八年冬十一月，氐王杨难当倾国入寇，谋据蜀土，遣其建忠将军苻冲出东洛以御梁州兵。梁秦二州刺史刘真道击冲，斩之。真道，怀敬之子也。难当攻拔葭萌，获晋寿太守申坦，遂围涪城。巴西、梓潼二郡太守刘道锡婴城固守，难当攻之，十余日不克，乃还。道锡，道产之弟也。十二月癸亥，诏龙骧将军裴方明等帅甲士三千人，又发荆雍二州兵以讨难当，皆受刘真道节度。

十九年夏五月，裴方明等至汉中，与刘真道分兵攻武兴、下辨、白水，皆取之。杨难当遣建节将军苻弘祖守兰皋，使其子抚军大将军和将重兵为后继。方明与弘祖战于浊水，大破之，斩弘祖，和退走，追至赤亭，又破之。难当奔上邽，获难当兄子建节将军保炽。难当以其子虎为益州刺史，守阴平，闻难当走，引兵还，至下辨。方明使其子肃之邀击之，擒虎，送建康斩之。仇池平，以辅国司马胡崇之为北秦州刺史，镇其地。立杨保炽为杨玄后，使守仇池。魏人遣中山王辰迎杨难当诣平城。秋七月，以刘真道为雍州刺史，裴方明为梁南秦二州刺史，方明辞不拜。

丙寅，魏主使安西将军古弼督陇右诸军及殿中虎贲与武都王杨保宗自祁山南入，征西将军渔阳皮豹子与琅邪王司马楚之督关中诸军自散关西入，俱会仇池。又使谯王司马文思督洛、豫诸军南趋襄阳，征南将军刁雍东趋广陵，移书徐州，称为杨难当报仇。

二十年春正月，魏皮豹子等进击乐乡，将军王奂之等败没。魏军进至下辨，将军强玄明等败死。

二月，胡崇之与魏战于浊水，崇之为魏所擒，余众走还汉中。将军姜道祖兵败降魏，魏遂取仇池，杨保炽走。

魏河间公齐与武都王杨保宗对镇雒谷，保宗弟文德说保宗，令闭险自固以叛魏。或以告齐，夏四月，齐诱执保宗，送平城，杀之。前镇东司马苻达、征西从事中郎任朏等遂举兵，立杨文德为主，据白崖，分兵取诸戍，进围仇池，自号征西将军、秦河梁三州牧、仇池公。

(夏)五月，魏古弼发上邽、高平、岍城诸军击杨文德，文德退走。皮豹子督关中诸军至下辨，闻仇池解围，欲还，弼遣人谓豹子曰："宋人耻败，必将复来。军还之后，再举为难，不如练兵蓄力以待之。不出秋冬，宋师必至，以逸待劳，无不克矣。"豹子从之。魏以豹子为仇池镇将。

杨文德遣使来求援，秋七月癸丑，诏以文德为都督北秦雍二州诸军事、征西大将军、北秦州刺史、武都王。文德屯葭芦城，以任朏为左司马，武都、阴平氐多归之。

甲子，前雍州刺史刘真道，梁南秦州刺史裴方明坐破仇池减匿金宝及善马，下狱死。

冬十一月，将军姜道盛与杨文德合众二万攻魏浊水(城)〔戍〕，魏皮豹子、河间公齐救之，道盛败死。

二十四年冬十二月，杨文德据葭芦城，招诱氐、羌，武都等五郡氐皆应之。

二十五年春正月，魏仇池镇将皮豹子帅诸军击之，文德兵败，弃城奔汉中。豹子收其妻子、僚属、军资及杨保宗所尚魏公主而还。

初，保宗将叛，公主劝之，或曰："奈何叛父母之国？"公主曰："事成为一国之母，岂比小县公主哉。"魏主赐之死。

杨文德坐失守免官，削爵土。